U0690751

教育部人文社会科学重点研究基地重大项目成果

国际商事争议解决机制
专题研究丛书
A Study Series of Settlement Mechanism
for International Commercial Disputes
丛书主编 黄进

美国商事仲裁制度研究
——以仲裁协议和仲裁裁决为中心

丁颖 著

武汉大学出版社

图书在版编目(CIP)数据

美国商事仲裁制度研究:以仲裁协议和仲裁裁决为中心/丁颖著.—武汉:武汉大学出版社,2007.3
国际商事争议解决机制专题研究丛书
ISBN 978-7-307-05417-2

Ⅰ.美…　Ⅱ.丁…　Ⅲ.商务—仲裁法—研究—美国　Ⅳ.D971.257

中国版本图书馆 CIP 数据核字(2006)第 163705 号

责任编辑:张　琼　　　责任校对:黄添生　　　版式设计:杜　枚

出版发行:**武汉大学出版社**　　(430072　武昌　珞珈山)
　　　　　(电子邮件:wdp4@whu.edu.cn　网址:www.wdp.com.cn)
印刷:武汉市楚风印刷有限公司
开本:787×980　　1/16　　印张:29　　字数:502 千字　　插页:2
版次:2007 年 3 月第 1 版　　2007 年 3 月第 1 次印刷
ISBN 978-7-307-05417-2/D・715　　　定价:38.00 元

版权所有,不得翻印;凡购我社的图书,如有缺页、倒页、脱页等质量问题,请与当地图书销售部门联系调换。

序

黄 进

2000 年，教育部确定武汉大学国际法研究所为普通高等学校人文社会科学重点研究基地。对武汉大学国际法研究所来说，这不仅是对它成立 20 年来学术发展的充分肯定，而且是它"而今迈步从头越"的极为重要的发展机遇。

按照教育部当时的设计，进入普通高等学校人文社会科学重点研究基地建设计划的高校研究机构，应当具有"国家级水平"，它们要通过深化科研体制改革、组织重大课题研究和加大科研经费投入等措施，围绕体制改革、科学研究、人才培养、学术交流和咨询服务等任务的落实，打下坚实的科研基础，形成明显的科研优势和特色，而且还要在经过若干年的建设后，使其整体科研水平和参与决策的能力居于国内领先地位，并力争在国际学术界享有较高的学术声誉。

为了实现基地建设的总体目标，并抓住机遇充分发展自己，武汉大学国际法研究所除了在人才培养、学术交流及资料信息建设、咨询服务和体制改革方面始终自强不息、追求卓越外，还在科学研究方面通过组织重大科研项目、产出重大研究成果，不断促进国际法基础研究和应用研究协调发展，构建国际法知识创新体系，提升自己的整体学术水平。"国际商事争议解决机制研究"这一课题就是我们组织的第一批基地重大科研项目之一。

众所周知，在全球化背景下，人、财、物和信息的跨国流动日益频繁，国际商事争议的产生不仅不可避免，而且争议的数量大为增加，争议的类型更加多样化，争议的复杂性也有所发展。所以，建立和健全国际商事争议解决机制对于构建和谐世界日显重要。

目前，国内对国际商事争议解决这个课题的研究，仍然还停留在传统的理论和制度层面，应该说存在一些深层次的问题。首先，原有的研究不够全面，多注重国际民事诉讼和国际商事仲裁问题的研究，而忽视了和解、调解等选择性争议解决方式（Alternative Dispute Resolution 即 ADR）的研究，没有能够反映制度创新的实际状况。其次，原有的研究具有一定程度的非整合性，一方面，对各种民商事争议解决方式的研究是独立进行的，缺乏深层次的比较研究和整合；另一方面，从国际法治的整体制度架构来看，对各种争议解决制度之间的互动关系没作深入的分析。再次，原有的研究对投资、贸易、海事、知识产权等具体商事领域的争议解决机制缺乏进行分门别类的研究。最后，原有的研究对新出现的商事争议解决方式，如网上仲裁等，也缺乏系统的研究。上述表明，对国际商事争议解决机制进行全面的、综合的、系统的、深入的以及分门别类的研究实属必要。

针对目前国内对该课题研究存在的问题，"国际商事争议解决机制研究"项目设计着重从如下两方面对该课题进行研究：一是对国际商事争议解决机制进行综合研究，从整体上探讨国际商事争议解决机制的各种基本问题，分析和总结国际商事争议解决机制的共性、互动性和整合性；二是对国际商事争议解决机制进行分门别类研究，具体探讨国际投资争议解决机制、国际贸易争议解决机制、国际海事争议解决机制、国际知识产权争议解决机制、国际金融争议解决机制、统一域名争议解决机制、电子商务争议解决机制、国际体育争议解决机制等特别机制的个性和特点。本课题的研究不仅希望在理论上有所突破，有所创新，有所贡献，而且希望在实务方面有助于参与国际商事交往的当事人，特别是我国的当事人，能够深刻认识国际商事争议解决机制及其利弊，善用相关机制，快捷地化解争议，以保证其进行国际商事交易的安全和便利，从而促进建立正常的国际商事交往秩序。同时，也希望我国的立法、行政、司法、仲裁以及其他相关机构能够认同和参考我们的研究，我们的研究成果对其工作有所裨益。

正是基于上述考虑，我们课题组决定编辑《国际商事争议解决机制专题研究丛书》，将本课题项下的部分专题研究成果予以出版，以飨读者。本丛书的顺利出版，离不开武汉大学出版社的大力支持和帮助。借此机会，我们衷心感谢武汉大学出版社对本丛书的厚爱！

2006 年 8 月 20 日于武汉大学国际法研究所

摘　　要

　　仲裁是司法外解决争议的各种手段中最成熟、使用最广泛的一种方法。美国是仲裁发达国家，是国际商事仲裁中心之一，在支持仲裁政策的指导下，美国的商事仲裁制度在各方面都取得了很大突破，并对其他国家产生了巨大影响。本书对美国商事仲裁制度尤其是有关仲裁协议和仲裁裁决的承认与执行问题进行了详细探讨，以期为我国的相关立法和实践提供一点借鉴。

　　除引言外，全书共分十章。

　　引言部分首先阐述了本书的研究目的和意义。之后对本书的研究范围和方法予以了说明。本书的研究重点是美国的国际和州际商事仲裁，主要围绕仲裁协议和仲裁裁决的承认与执行展开。基于美国商事仲裁制度的特色，本书在研究过程中大量采用了判例分析的方法，并主要从美国法院对仲裁的协助、支持和监督的视角展现其对美国仲裁制度的发展。

　　第一章是对美国商事仲裁制度的总体介绍。美国有关商事仲裁的法律包括联邦成文法（主要是《联邦仲裁法》（FAA））和各州成文法。此外，解释成文法的法院判决也是仲裁法的重要组成部分。就联邦法和州法之间的关系而言，在国际和州际案件中，支持和鼓励仲裁的联邦政策是优先的，而州的仲裁法只有很小的司法或实践影响，除非适用州法能促进或方便仲裁进程。在美国的仲裁实践中，共存在三种形式的仲裁：机构仲裁、临时仲裁和半机构仲裁。不同类型的仲裁组织形式各有利弊，不过在一般情况下，许多有经验的国际从业者还是更倾向于选择机构仲裁。

　　第二章对执行与解释仲裁协议的基本问题进行了探讨。仲裁协议作为仲裁制度的基石，其重要性不言而喻，特定国家对待仲裁协议的态度往往体现了该国对待仲裁本身的态度。美国法律承认仲裁协议的有效性并且通常尽量允许对仲裁协议的实际执行。为此，其在执行和解释仲裁协议方面确立或接受了一系列有利于仲裁的基本法律原则：仲裁协议独立性原则、管辖权/管辖权原则以及国际仲裁协议法律适用上的有效原则。

　　第三章主要围绕与仲裁协议强制性有关的一系列问题展开论述。历史上，普通法并不承认有效的仲裁协议具有强制性，即并不要求对仲裁协议予以特别执行。20 世纪早期，商业界对诉讼的普遍不满导致美国上下一致努力以改革普通法对待仲裁的态度，最终美国国会于 1925 年颁布了FAA，该法第 2 条对仲裁协议的强制执行力予以了承认。最高法院再三强调，FAA 第 2 条创设了联邦实体法，该联邦法在联邦法院和州法院都是有拘束力的并优先于与之相抵触的州法，从而通过对 FAA 的解释确立了联邦法优先原则。不过，在 FAA 与州法之间的关系问题上，*Volt Information Sciences, Inc. v. Board of Trustees* 一案的判决带来了某些困惑。在该案中，最高法院接受了州法院对当事人法律选择条款的解释，将指定适用州法的条款理解为也选择了州的仲裁法规，并认为此时 FAA 不能优先于州法。但 *Volt* 案判决的适用范围受到了随后最高法院在 *Mastrobuono v. Shearson Lehman Hutton, Inc.* 案和 *Doctor's Associates Inc. v. Cassarotto* 案中所作判决的限制：受 *Volt* 判决支配的州法规则应是支持仲裁的那类规则。本章还对美国法下通常提出的仲裁协议"无效"或"可撤销"的理由逐一进行了探讨和分析。针对仲裁协议的有效性存在两类基本的异议。一类与通常适用的合同法下可以针对任何合同的有效性所提出的异议相似。这些理由包括：仲裁协议未有效订立、欺诈性诱导、欺诈、违法、显失公平或胁迫以及弃权。一类是专门适用于某些种类的仲裁协议的特别异议理由（区别于其他类型的合同），这主要是争议事项不可仲裁。此处讨论的是前者，即所谓实体性抗辩。基于"支持仲裁协议的自由主义的联邦政策"，当事人就仲裁协议的效力所提出的上述抗辩往往很难获得法院的支持。最后，本章对《纽约公约》和《巴拿马公约》中有关仲裁协议的规定在美国法院的适用进行了介绍。

　　第四章对争议事项的可仲裁性问题进行了讨论。本章所讨论的可仲裁性是指依可适用的法律，争议标的本身是否可以通过仲裁方式解决的问题。美国的成文法很少明确规定不可仲裁性的问题，界定仲裁范围的任务主要留给了法院。近几十年来，美国法院通过一系列判例极大地拓展了可仲裁事项的范围，特别是对某些特殊争议的可仲裁性问题已突破禁区，明确其可交付仲裁解决。通过详细考察，可以发现，美国的成文法通常并未限制哪一类争议特别不适合仲裁方式解决，法院也很少从这个角度来认识这个问题。最初不可仲裁性问题的提出更多的是担心当事人在不知情的情况下放弃有关权利以及经济势力和经验上的悬殊给当事人带来不利影响。但在当事人决定对现有争议进行仲裁的情况下，以上担心通常就不那么明显了，以至于也有美国判例认为，当事人可以订立具有强制性的仲裁现有争议的协议——即使这些争议一般是不可仲裁的。因此，在美国，所谓可仲裁的争议实际上是就该争议所签订的争议前仲裁协议可获得法院执行的那类争议。而美国法院在可仲裁性问题上的扩张，实际上是随着对仲裁本身认识的发展，逐类将一些通常认为不能在争议发生前约定由仲裁解决的请求"让给"仲裁庭的过程，即允许当事人就前述请求事前签订仲裁协议。这里的关键是保证有关法律的适用，至于是由法院通过诉讼予以适用，还是由仲裁庭通过仲裁过程予以适用，并不重要。

第五章对仲裁协议的解释问题进行了探讨。在对仲裁协议的解释过程中，最重要的问题是确定仲裁协议的范围。在这一问题上，美国法院通常适用的是明确而强有力的"支持仲裁"的联邦普通法合同解释规则。用最高法院的话来说，"解决可仲裁性问题必须充分考虑支持仲裁的联邦政策，（此外）任何有关可仲裁事项的范围的疑问应按支持仲裁的精神解决"。本章还对与仲裁协议的解释有关的其他问题进行了讨论：仲裁究竟是当事人强制的和唯一的救济，还是仅为被许可的救济；当事人约定的是"仲裁"，还是其他争议解决形式；何国法律（以及如适用美国法，是联邦法还是州法）应支配对仲裁条款的解释；法院和仲裁员在解释仲裁协议上各自的作用。

第六章介绍了与执行仲裁协议有关的一系列程序问题。在当事人一方违反仲裁协议的规定或拒绝履行仲裁协议的情况下，另一方当事人若向美国法院申请执行仲裁协议，在程序上主要可以采取以下方式：（1）提起强制仲裁之诉；（2）申请中止诉讼；（3）申请禁止有关外国诉讼。

第七章对承认与执行仲裁裁决的基本问题进行了讨论。在美国法院，执行仲裁裁决或对仲裁裁决提出异议主要是分别通过确认仲裁裁决之诉和撤销仲裁裁决之诉进行的，此外，还存在使仲裁裁决生效的某些其他方法。根据 FAA、《纽约公约》或《巴拿马公约》，应推定仲裁裁决系有效的和可执行的，仅以明确规定的例外为条件。

第八章对拒绝承认与执行仲裁裁决的理由进行了讨论。事实上，美国法院一向主张，应严格限制对仲裁裁决的司法审查，充分尊重仲裁员所作裁决。为此，除对成文法和非成文法上有关仲裁裁决的执行例外予以限制性解释外，美国法院还确立了适用于所有审查根据的一般原则。首先，裁决被推定为是有效的，证明其无效的责任由对裁决提出异议的当事人一方承担。其次，通常对认定事实或适用法律之错误或曲解不予审查。同样，仲裁程序不会因为适用于法院审判的证据或程序规则未获适用而被宣告无效。最后，法院将适用"无害错误"原则来决定是否撤销裁决。因此，基于支持执行的导向，当事人根据有关理由对仲裁裁决提出的异议往往很难获得成功。

第九章对承认与执行仲裁裁决的特殊问题进行了探讨。实践中一些当事人通过合同对仲裁裁决的司法审查范围予以了变更。在是否允许当事人合意扩大对仲裁裁决的司法审查范围上，美国下级法院存在分歧。而就当事人能否排除或限制法院对仲裁裁决的司法审查，美国法院则一致持否定态度。本书倾向于否认当事人合意变更司法审查范围的权利。传统观点认为，已被仲裁地法院撤销的仲裁裁决在其他国家也不能获得承认与执行。但在 *Chromalloy Gas Turbine Corp. v. Arab. Republic of Egypt* 案中，美国哥伦比亚特区联邦地区法院对一份已被裁决地法院——埃及法院撤销的仲裁裁决予以了承认。本书在综合分析各种观点的基础上，提出了自己的看法：在严格限制的前提下，已撤销的外国仲裁裁决可在内国获得承认与执行。

第十章以前面各章所作讨论为基础，对美国商事仲裁的理念进行了分析。首先对仲裁的性质进行了界定。在评介当前关于仲裁性质的不同观点之后，通过详细分析将仲裁的性质定位在契约性，这也是美国法院和学者的普遍观点。之后进一步分析并得出结论，美国商事仲裁制度的基本原则是契约自由。然后对仲裁的优越性进行了探讨，这是美国在内的仲裁发达国家确立"支持仲裁"政策的基础。而目前仲裁领域出现的诉讼化迹象显然不利于发挥仲裁的优越性，由于美国法院对支持仲裁政策的强调，在美国，仲裁的诉讼化倾向并不明显。接着对契约自由原则与支持仲裁政策之间的关系进行了讨论：通常情况下，贯彻契约自由原则能够最充分地发挥仲裁的优越性，这是在仲裁领域强调契约自由的最根本的原因。但契约自由原则与支持仲裁政策之间也可能存在冲突。此时应如何抉择？在面对相关案件进行抉择的过程中，指导美国法官的是一种体现美国法精神的实用主义进路。这种实用主义思维方式体现在：各种规则的确定更多的是一种政策分析的产物，而不是逻辑推理的产物；奉行灵活的遵循先例原则，而决不因循守旧；以及在对 FAA 进行解释时能够根据时代的发展，现实的需要，以政策判断为指导，不断确立相关规则推动仲裁的发展。总之，尽力对效率与自主的关系予以平衡。与美国法所体现的实用主义思维方法相伴的，是长期以来西方法律文化中平衡性的自我反省对美国仲裁制度的发展所起到的不可忽视的推动作用。

Abstract

Arbitration is the most developed and widely used alternative to litigation in the settlement of disputes. The United States is one of the world's leading arbitral centers, guided by the policy favoring arbitration, whose commercial arbitration system has achieved major breakthroughs in various aspects and inevitably has a great influence on other countries. This book makes a detailed study of commercial arbitration, especially the recognition and enforcement of arbitration agreements and awards in the United States, in order to draw some lessons for the legislation and practice concerned in China.

In addition to Introduction, this book consists of ten Chapters.

Introduction begins with an explanation of the purpose and significance of this study. Then the scope and approach of this study is introduced. This book focuses on international and interstate commercial arbitration in the United States. Moreover, it centers on the recognition and enforcement of arbitration agreements and awards. In view of the features of the U.S. commercial arbitration system, this book largely applies a case-analyzing approach to the study and illustrates how U.S. courts have developed U.S. commercial arbitration system through their assistance, support and supervision directed to arbitration.

Chapter 1 provides a general introduction to U.S commercial arbitration system. Arbitration law in the U.S. is governed by both federal and states statutes. The federal statutory law of arbitration is found mainly in the Federal Arbitration Act ("FAA"). Court decisions interpreting the governing statutes also constitute the important sources of arbitration law. This Chapter then explores the relationship between federal law and state law. In international and interstate cases, the federal policy of favoring and supporting arbitration prevails, and state arbitration laws have very little juridical or practical effect, except where they can be applied to assist or facilitate the arbitral process.

There are three forms of arbitration in the U. S. : administered or institutional arbitration, *ad hoc* arbitration and semi-administered arbitration. Every form has its own advantages and disadvantages. However, in general, many experienced international practitioners prefer institutional arbitration.

Chapter 2 explores basic principles relating to the enforcement and interpretation of arbitration agreements. The foundation for almost every arbitration is an arbitration agreement, whose importance is self-evident. A specific country's attitude toward arbitration agreements often reflects its attitude toward arbitration itself. U. S. law recognizes the validity of arbitration agreements and generally seeks to permit effective enforcement of such agreements. Therefore, it has established or accepted a series of basic legal principles in favor of arbitration governing the enforcement and interpretation of arbitration agreements: the separability doctrine, the Kompetenz-Kompetenz doctrine and validation principle regarding choice of law applicable to international arbitration agreements.

Chapter 3 examines a series of issues relevant to the enforceability of arbitration agreements. Historically, common law didn't recognize a valid arbitration agreement's enforceability, in other words, didn't grant specific enforcement of arbitration agreements. Early in the 20th century, widespread dissatisfaction of the business community with litigation led to concerted efforts in the United States to reform common law attitudes towards arbitration. In the end, Congress enacted the FAA in 1925, whose Section 2 provides that arbitration agreements are enforceable. The Supreme Court has repeatedly held that Section 2 creates substantive federal law and that federal law is binding in both federal and state courts, and it preempts inconsistent state law. Thus, principles of federal preemption under the FAA are established through the interpretation of the FAA. Nonetheless, the reasonably stable understanding of the relationship between the FAA and state law was challenged in *Volt Information Sciences, Inc. v. Board of Trustees*. In *Volt*, the Supreme Court affirmed a state court's decision holding that a routine state choice-of-law clause was a selection of the state's arbitration law; and that the FAA thus didn't preempt the state law. Fortunately, the scope of *Volt* was limited by the Court's subsequent decisions in *Mastrobuono v. Shearson Lehman Hutton, Inc.* and *Doctor's Associates Inc. v. Cassarotto*, which suggest state law rules that are subject to *Volt's* analysis are those which are supportive of the arbitral process. This Chapter also examines commonly-raised arguments under U. S. law that an arbitration agreement is either "null and void" or "revocable". There are two basic categories of objections to the validity of arbitration agreements. First, there can be challenges which parallel those which are available under generally-applicable contract law to contest the validity of any contract. These grounds include claim that the arbitration agreement was not validly formed, fraudulent inducement, fraud, illegality, unconscionability or duress, and waiver. Second, special rules of invalidity apply to some categories of arbitration agreements (as distinguished from other types of contracts), which mainly refer to the non-arbitrability doctrine. Here the former category, i. e. substantive defenses, is discussed. Due to "a liberal federal policy favoring arbitration agreements", U. S. courts seldom uphold those defenses against the validity of arbitration agreements raised by parties. Finally, this Chapter addresses the application of the New York and Inter-American Conventions to arbitration agreements in U. S. courts.

Chapter 4 discusses arbitrability of subject matter. Arbitrability mentioned in this Chapter is concerned with the question of whether the subject-matter of the dispute is capable of settlement by arbitration under the applicable law. U. S. statutes have seldom dealt expressly with the subject of non-arbitrability, thus leaving development of the doctrine largely to the courts. The late decades have witnessed a precipitous expansion in arbitrable subject matter through a series of U. S. court decisions. Among other things, arbitrability of some special types of claims has been recognized. Careful study reveals that U. S. statutes haven't specified particular types of disputes which are especially unfit for settlement by arbitration and courts have seldom looked at this issue from that angle. The non-arbitrability doctrine has been closely related to concerns about uninformed waiver and disparities in economic power and sophistication. Those concerns are generally not significantly implicated when parties agree to arbitrate an existing dispute. So some U. S. decisions also suggest that parties may enter into enforceable agreements to arbitrate existing disputes — even if those disputes are ordinarily regarded as non-arbitrable. Therefore, in the U. S., an arbitrable claim is one with respect to which a pre-dispute arbitration agreement will be enforced. And the expansion in arbitrable subject matter by U. S.

courts, in fact, results from their further understanding of arbitration, which led them to leave more and more claims that parties can't usually agree to arbitrate before disputes happen to arbitral tribunal, i. e. to permit parties to conclude agreements to arbitrate the above claims in advance. What matters is that the related statutes can be applied but not who, the courts or the arbitral tribunals, will apply them.

　　Chapter 5 considers the interpretation of arbitration agreements. The most important issue that arises in the interpretation of arbitration agreements relates to the scope of the agreement. With regard to this issue, U. S. courts have generally applied a federal common law rule of contract interpretation that is expressly and vigorously " pro-arbitration. " In the Supreme Court's words, "questions of arbitrability must be addressed with a healthy regard for the federal policy favoring arbitration [and] any doubts concerning the scope of arbitrable issues should be resolved in favor of arbitration. " This Chapter also discusses other issues of interpretation, including whether arbitration is the parties' mandatory and exclusive remedy, or whether it is only a permissive remedy; whether the parties have agreed to "arbitration, " as distinguished from some other form of dispute resolution; what national (or other) law governs the construction of the arbitration clause; the respective roles of courts and arbitrators in interpretation of arbitration agreement.

　　Chapter 6 examines the procedural avenues that are available in U. S. courts for enforcing arbitration agreements. If one party to an arbitration agreement violates or refuses to honour the agreement, the following procedural mechanisms are available for another who seeks to enforce it in U. S. courts: (1) an action to compel arbitration; (2) an action for a stay of litigation; and (3) an action for injunctions against related foreign litigation.

　　Chapter 7 examines basic issues of the recognition and enforcement of arbitration awards. Procedures for enforcing or challenging arbitral awards in U. S. courts are primarily actions to confirm or vacate arbitral awards and other avenues for giving effect to arbitral awards. Under the FAA, New York and Inter-American Conventions arbitral awards are presumptively valid and enforceable, subject only to specified exceptions.

　　Chapter 8 discusses the grounds for refusing to recognize or enforce arbitral awards. In fact, U. S. courts generally narrowly limit judicial review of arbitral awards and accord awards rendered by arbitrators substantial deference. Thus, in addition to the narrow interpretation of statutory and nonstatutory exceptions to enforcement of arbitral awards, courts have created general principles potentially applicable to all grounds of review. First of all the award is presumed to be valid, and the burden of proving invalidity rests on the party challenging the award. Secondly, there is generally no review for errors or misinterpretation of fact or law. In the same fashion, the arbitration proceeding would not be invalidated if rules of evidence or procedure applicable to trials were not applied. Finally, the court will apply the "harmless error" rule to determine vacatur of the award. Therefore, according to pro-enforcement bias, U.S. courts seldom uphold challenges to arbitral awards raised by parties on the grounds concerned.

Chapter 9 explores special issues of the recognition and enforcement of arbitration awards. In some instances, parties have attempted to contractually alter the scope of judicial review of arbitral awards. Lower U.S. courts divide on whether parties could expand the scope of judicial review, while they have uniformly been much less hospitable to attempts by the parties to eliminate or restrict judicial review. This book inclines to deny parties the rights to contractually modify judicial review of arbitral awards. The traditional idea is that an arbitral award vacated by the court of the country in which that award was made cannot be recognized or enforced in other countries. However, in *Chromalloy Gas Turbine Corp. v. Arab. Republic of Egypt*, U.S. District Court for the District of Columbia recognized an arbitral award made in Egypt — notwithstanding the fact that an Egyptian court had subsequently vacated the award. Reviewing various opinions, this book concludes that a foreign arbitral award that has been vacated may be recognized and enforced by domestic courts in limited circumstances.

Chapter 10 makes an analysis of the idea of commercial arbitration in the United States on the basis of discussions in previous Chapters. The Chapter begins with a discussion of the nature of arbitration. After reviewing different views on this issue and a detailed analysis, this book concludes that the contractual nature is the essential nature of arbitration, which is also the general understanding among U.S. courts and scholars. Chapter 10 then makes a further exploration and concludes that the basic principle of U.S. commercial arbitration system is freedom of contract. Next, the Chapter considers the advantages of arbitration, which is the basic reason why leading arbitration venues including the United States have adopted the policy favoring arbitration, while the judicialization of arbitration at present is obviously unfavorable for keeping those advantages. Due to emphasis on the policy favoring arbitration by U. S. courts, judicialization of arbitration in the United States is less evident. Then the relationship between the principle of freedom of contract and the policy favoring arbitration is examined. In general, insisting on the principle of freedom of contract can develop arbitration's advantages best, which is the fundamental reason why freedom of contract have been emphasized in the field of arbitraion. But it is possible that there might be contradictions between the principle of freedom of contract and the policy favoring arbitration. How should we make a choice in that situation? When making their choices in related cases, U. S. courts follow a pragmatistic approach reflecting the spirit of U. S. law. That pragmatistic mode of thinking is embodied in that establishment of various rules is largely a product of policy-analyzing rather than logical reasoning, applying the principle of following precedents flexibly and not sticking to old ways and that when interpreting FAA, guided by policy-analyzing, U. S. courts can constantly establish new rules to satisfy the practical needs. In a word, U. S. courts have been trying their best to keep balance between efficiency and autonomy. What accompanies the pragmatistic mode of thinking embodied in U. S. law is the longtime balanced self-questioning in the west legal culture that benefits the U. S. arbitration system enormously.

目　录

引　言

一、研究目的和意义

仲裁在解决民商事争议特别是国际民商事争议方面具有突出作用，即使在目前各种其他形式的 ADR 大量涌现的情况下，传统仲裁依然有它不可比拟的优势。"据统计，有 90% 的各类大宗国际交易包含了仲裁条款。"① "仲裁是替代诉讼解决跨国商事争议的最主要方式"。② 美国是仲裁发达国家，是国际商事仲裁中心之一，在支持仲裁政策的指导下，美国的商事仲裁制度在各方面都取得了很大突破，并对其他国家产生了巨大影响。正如一位美国学者所言："近年来美国国内争议解决程序及其分析的快速发展刺激了世界其他地区对替代争议解决方式的新研究。"③ 该学者进一步指出："中国，尽管依然深受儒家传统的影响，但在争议解决领域也正越来越受到来自外部世界和其他国家特别是美国的影响。"④ 美国在各方面对开放的中国的影响都是无法否认的，这是本书选题的一个不能回避的依据。虽然这些年来中国商事仲裁制度的发展取得了长足进步，但无论在立法上，还是实践中，依然存在不少问题。有鉴于此，对美国商事仲裁制度的系统研究或许可以带给我们一些启示。同时，伴随中美贸易的进一步发展，两国商事主体之间的经贸纠纷也在增多，当发生国际商事争议

① Andrew T. Guzman, *Arbitrator Liability: Reconciling Arbitration and Mandatory Rules*, 49 Duke L. J. 1279, 1281 (2000).

② Jack J. Coe, Jr., *International Commercial Arbitration: American Principles and Practice in a Global Context* 52 (1997).

③ Amanda Stallard, Note, *Joining the Culture Club: Examining Cultural Context When Implementing International Dispute Resolution*, 17 Ohio St. J. on Disp. Resol. 463, 474 (2002).

④ Amanda Stallard, Note, *Joining the Culture Club: Examining Cultural Context When Implementing International Dispute Resolution*, 17 Ohio St. J. on Disp. Resol. 463, 477 (2002).

时，通过仲裁等 ADR 方式解决纠纷往往是商人的首选，这也要求我们对其他国家的有关规定、实践有所了解。

就美国商事仲裁制度的研究现状而言，国内目前尚无著作对其予以专门系统的研究，但一些文章对其中某些具体问题进行了探讨，如美国仲裁法中的显然漠视法律①、美国商事仲裁中仲裁协议对未签字人的效力②、美国国际商事仲裁制度中的可仲裁性研究③、已撤销的外国仲裁裁决的承认与执行，④ 等等。另有一些教材在对主要国家国内仲裁立法进行介绍时对美国仲裁制度作了总体的概括性介绍。⑤ 更多的情况是有关著作、教材或论文在介绍或讨论仲裁制度的某一问题时，从比较研究的角度，论及美国的立法或实践。此外，还有一些对美国学者的相关论文⑥或美国仲裁立法、机构仲裁规则的翻译。但总体来说，研究尚嫌不够。

国外学者特别是美国学者对美国或者整个商事仲裁制度的研究是很先进的，其研究在诸多方面都走在了我们前面，这当然与他们实践的先进性有关。不过，大多数美国学者的研究更倾向于提出问题，即使花费较多篇幅介绍问题，也并不一定给出明确的结论或答案，思辨的分析少一些。这与美国人的思维习惯有关。不过，虽然美国人不注重哲学，但他们确实在用同样的方法指导他们的头脑。本书力图对其予以总结和归纳，希望所作尝试对国内的仲裁研究和实践能够有所裨益。

二、研究范围和方法

(一) 范围

首先，本书研究的范围是 binding arbitration，即通常意义上的具有拘

---

① 赵健：《评美国仲裁法中的显然漠视法律》，载《仲裁与法律通讯》1998 年第 4 期，第 22 页；郭玉军：《美国国际商事仲裁中的显然漠视法律》，载《法学评论》2001 年第 2 期，第 153 页。

② 郭玉军、向在胜：《美国商事仲裁中仲裁协议对未签字人的效力——以揭开公司面纱理论为中心》，载《法制与社会发展》，2001 年第 3 期，第 91 页。

③ 丁颖：《论美国国际商事仲裁中的可仲裁性问题：历史演变》，载《中国国际私法与比较法年刊》第 5 卷，法律出版社 2002 年版，第 413 页。

④ 李晶：《试论已撤销的外国仲裁裁决的承认与执行——从对 Chromalloy 案的分析谈起》，载《仲裁与法律》，2001 年合订本，第 166 页。

⑤ 如陈治东：《国际商事仲裁法》，法律出版社 1998 年版，第 39~41、86~90 页。

⑥ 如〔美〕大卫·普朗特：《美国的知识产权争议仲裁问题研究》，江波译，载《仲裁与法律通讯》，1996 年第 5 期。

束力的传统仲裁，而不包括目前冠之以"仲裁"名称的其他各种无拘束力的 ADR 形式，如法院附设仲裁、法律强制要求的仲裁、当事人约定的各种无拘束力仲裁等。

其次，本书研究的是美国的商事仲裁制度。传统上，美国的仲裁制度将仲裁分为集体谈判仲裁（collective bargaining arbitration）和非集体谈判仲裁（non-collective bargaining arbitration）。前者是指以工会代表工人与雇主签订集体谈判劳动合同时包含其中的仲裁条款为基础所进行的仲裁，而非集体谈判仲裁则是指除前者外的所有各种形式的仲裁，也即通常所称的"商事仲裁"（commercial arbitration）。但此处的"商事"超出了我们通常所理解的"商事"的字面含义。例如，有关家庭法争议、雇佣争议的仲裁均属美国商事仲裁制度的组成部分。美国学者对属于非集体谈判仲裁范畴的仲裁形式的称呼问题也曾感到踌躇，曾提出用"一般仲裁"（general arbitration）代替"商事仲裁"，但考虑到这种称谓实为少见，终未推广开来。至于"仲裁"一词，除非仔细区分，否则该词既包括集体谈判仲裁，又包括非集体谈判仲裁。而这两类仲裁常常是由相当不同的法律体系加以调整和支配的。所以也不宜用"仲裁"一词笼而盖之。因此最终仍用"商事仲裁"指代非集体谈判仲裁。① 这里还要注意区分劳动仲裁（labor arbitration）和雇佣仲裁（employment arbitration）。在美国，这两种仲裁的含义并不一样。前者即集体谈判仲裁，在美国的商事仲裁制度获得重大发展之前，或者说在法院改变对商事仲裁的敌视态度之前，已得到法律认可和发展，并形成了一套相对完备的运行机制，此类仲裁并不由《联邦仲裁法》（The Federal Arbitration Act，以下简称 FAA）调整。而后者是指非工会代表的雇员单个与雇主签订雇佣协议时雇主要求雇员必须接受协议中的仲裁条款，同意以仲裁方式解决未来可能发生的与雇佣有关的一切争议，此种仲裁条款往往是作为雇员获得聘用的先决条件而提出的。② 由于在这种情况下双方当事人经济地位和讨价还价能力的不平等，此种仲裁具有强制仲裁的意味。为了更好地保护成文法赋予雇员的基本权利，当然也是由于对作为争议解决方式的仲裁仍有疑虑，加之 FAA "个人雇佣合同除外条款"的不明确性，传统上部分法院对这类仲裁通常持否定态度。

---

① See Ian R. Macneil, *American Arbitration Law: Reformation, Nationalization, Internationalization* 182-83n. 16（1992）.

② See Lucille M. Ponte & Thomas D. Cavenagh, *Alternative Dispute Resolution in Business* 200-03（1999）.

但近年来这类仲裁条款的运用已呈一种普遍趋势，各法院在其判决中也越来越多地承认雇佣合同中的仲裁条款的效力。目前，雇佣争议的可仲裁性已获得确认。关于 FAA 前述规定的含义，美国最高法院也予以了澄清，最高法院认定，除少数例外，雇佣仲裁与其他商事仲裁一样受 FAA 调整。① 所以本书所称美国"商事"仲裁涵盖了除劳动仲裁以外的其他各类仲裁。当然，本书是对美国商事仲裁制度的一般原理、运转机制等进行讨论，不打算对各种专业仲裁（如证券仲裁、消费者仲裁等）进行分类研究，具体运作中它们又有自己的规则和要求，但部分内容在讨论可仲裁性问题时会涉及。此外，本书也不讨论美伊索赔仲裁庭（Iran-United States Claims Tribunal）、解决投资争端国际中心（International Centre for Settlement of Investment Disputes，ICSID）等问题。

再次，本书对美国商事仲裁制度的研究集中于美国的国际仲裁和州际仲裁。美国的商事仲裁可分为三大类：涉及国际商事交易的仲裁即**国际仲裁**（international arbitration）、涉及州与州间商事交易的仲裁即**州际仲裁**（interstate arbitration）和仅关涉某一州内商事交易的仲裁即**本地仲裁**（local arbitration）。在所有三类仲裁中，都存在支持仲裁协议和仲裁裁决的执行这样一种普遍共识。美国法律体系中适用于上述三类仲裁之一或全部的法律渊源共有五种：国际公约；联邦成文法；州成文法；联邦和州法院的判例。一部分国际仲裁事项在满足相应条件的情况下受美国批准的《承认及执行外国仲裁裁决公约》（以下简称《纽约公约》）和《美洲国家间关于国际商事仲裁的公约》（以下简称《巴拿马公约》）调整（两公约分别由 FAA 第 2、3 章予以实施），而国际仲裁中属于公约调整范围外的事项或涉及非公约缔约国的仲裁仍受《FAA》的主体部分——第 1 章支配；此外，在《FAA》第 1 章的规定与第 2、3 章及公约不相抵触的限度内，公约范围内的仲裁也将受第 1 章的调整；至于州际仲裁，则由 FAA 第 1 章调整；剩下的本地仲裁才由各州自己颁布的仲裁法支配，当然各州仲裁法在不与公约和 FAA 相冲突的情况下，也可用于调整在国际仲裁和州际仲裁中后二者未予规定的问题（例如协助仲裁的临时措施）。② 从美国法院对"国际商事"和"州际商事"的扩张解释，以及美国的仲裁实

---

① 参见本书第 4 章。

② *See* John M. Townsend, *Commercial Arbitration in the United States: the Legal Structure*, *in* COMMERCIALMEDIATION AND ARBITRATION 49, 49-51. 并请参见本书相关各章节的论述。

践和学者的研究来看，前两类仲裁是关注的焦点，因为，仲裁常常在州（国）际交易中使用得最多，以避免因法律冲突、管辖权争议和地方保护主义而造成的不确定性。① "在一个极小的、也许甚至是不存在的州内交易领域，相关仲裁事项才完全交由州法支配。"② 因此本书的研究重点是国际仲裁和州际仲裁，除非特别说明，对相关问题的讨论尤其集中于对FAA 和公约的适用上，不涉及州法。

最后，本书对美国商事仲裁制度若干问题的研究主要围绕仲裁协议和仲裁裁决而展开。一个国家有关商事仲裁制度的内容，大体上可分为三大块：仲裁协议、仲裁程序和仲裁裁决。由于篇幅的限制，以及学术专著的内在要求，本书不可能也不打算面面俱到，只能有针对性地选择其中最重要的问题加以研究。就仲裁程序本身的运作而言，美国 FAA 的规定非常简要，其目的就是将大量问题留给当事人或仲裁员根据实际需要自行决定，从而充分发挥当事人的自主性和仲裁员的创造性；同时，就世界范围内的国际商事仲裁实践而言，常设仲裁机构日趋受到人们的青睐，各仲裁机构的仲裁规则更加趋于协调和统一。③ 因此，对于美国的商事仲裁制度，本书最终将研究重点集中于仲裁协议和仲裁裁决的承认与执行问题。当然这也是基于上述两个问题本身的重要性：一份有效的仲裁协议是启动仲裁的前提，而对任何仲裁程序最终的检验是该仲裁程序能否作出于必要时可获有关国内法院承认与执行的仲裁裁决，特定国家对待仲裁协议和仲裁裁决的态度往往集中体现了该国对待仲裁本身的态度。同时，这两个方面的内容也尤其能够反映美国商事仲裁制度的特色。以上是本书作出前述选择的理由。不过，需要指出的是，虽然以仲裁协议和仲裁裁决的承认与执行为中心，但这两者与仲裁程序的进行并非截然分离，比如，在就仲裁裁决向法院提出异议时，申请撤销或拒绝执行仲裁裁决的理由之中就有仲裁程序的进行违反规定或仲裁员缺乏独立性、偏袒等，对上述问题的讨论显然会涉及仲裁程序本身。

（二）方法和视角

除国际公约和联邦及州的仲裁法规之外，美国联邦和州法院的判例构

---

① Gary B. Born, *International Commercial Arbitration: Commentary and Materials* 355（2d ed. 2001）.

② Ian R. Macneil, *American Arbitration Law: Reformation, Nationalization, Internationalization* 178（1992）.

③ 赵秀文：《论经济全球化条件下国际商事仲裁立法与实践的发展趋势》，载《仲裁与法律》，2002 年第 4 期，第 13 页。

成了适用于国际、州际和本地仲裁的法律的重要组成部分。事实上，美国仲裁制度的重要特点之一就在于，判例法对仲裁制度的发展和完善发挥了极为重要的作用。① 由于美国仲裁制度的上述特点，本书的研究将大量采用判例分析的方法。

对于美国这样一个仲裁发达国家而言，令人惊讶的是，作为 FAA 主体部分的第 1 章只有短短 16 个条文，且从 1925 年国会颁布至今，基本上未作修改。而无需修改的原因正是美国法院对其仲裁制度的发展起到了重要作用，尽管这与美国是判例法国家有很大关系，但法院对仲裁制度的发展能发挥如此巨大的作用在其他普通法国家也是不多见的。正如美国学者所言："普通法的造法方法支配着仲裁制度的大部分，即使涉及通过制定法方式确立的法律，如 FAA，也是如此。换言之，仲裁法基本上是通过诉讼案件中的判决发展起来的。"② 由于美国法院的判例构成美国仲裁法的重要渊源，研究美国仲裁制度，就绝不能仅分析其成文法规定，更要考察法院的有关判例。③

不过，美国法院有关仲裁的判例可谓浩如烟海，初看常让人感到头绪纷繁，但美国仲裁制度的各种原则和规则正是通过这些判例一点一点确立起来的。要了解或理解其仲裁体制，只能静下来按照历史的脉络，认真全面地对这些判例特别是其中一些经典的或里程碑性质的判例进行研究。甚至那些已被推翻但一度在历史上发挥重要指引作用的判例，也应给予足够的关注。因为后来的判例为确立新的原则或规则，必定对推翻原有判例进行充分详细的论证，剖析其存在的缺陷及在新形势下为何已不适应现实的需要。研究者只有对这些判例一一加以研究分析，才能完整呈现美国仲裁制度演进的清晰图画，准确把握美国仲裁制度的原理和发展，了解美国法院和商业界对仲裁的认识，也才能从中获得启迪。当然，如何在如此之多的判例中进行筛选，是本书必须慎重考虑的问题。最终本书选取了一系列最具代表性尤其是对确立相关规则至关重要的判例予以详细介绍，这些判例对真正了解美国仲裁制度实属必不可少。对其中最重要的判例，本书尽量以原貌示人，不随便删减、概括，以免作者的理解代替了法院的理解，

---

① 陈治东：《国际商事仲裁法》，法律出版社 1998 年版，第 39 页。

② Ian R. Macneil, *American Arbitration Law*: *Reformation*, *Nationalization*, *Internationalization* vii（1992）.

③ 陈治东：《国际商事仲裁法》，法律出版社 1998 年版，第 39 ~ 40 页。

或裁剪为理论的注脚，① 当然，作者的观点将体现在判例之后的分析之中。总之，由于美国的商事仲裁制度基本上是靠判例发展起来的，加之其法律运作的特点使得围绕一个在我们看来也许是很小的细节问题，亦可能产生一系列相关判例，所以，书中的一个结论、一点归纳往往都可能伴随作为佐证的若干判例。

此外，在具体研究中，人们会发现，不同法院对有关问题的判决可能并不一致，在一些问题上尚无定论，这是判例法制度的特点，本书对正反两方面的观点都会予以介绍。至于已取得普遍共识的领域也依然可能存在例外或不同的认识，为求全面、客观，对某些反面意见不能不有所提及。

同时，一个案例通常涉及仲裁各个方面的问题，将其分割后再安排到各章节之中又往往有损对该案件的整体理解和前后逻辑（事实上也很难分割）。因此，对某一案例的介绍将视具体情形安排在某一个问题之下，但在其他章节论述其他问题时可能还会涉及，这样对该案来龙去脉、前因后果的了解需到相关章节去查找，本书对此一般都会予以注明。

以上种种，或许不太符合我们通常的思维习惯。但既然是探讨它国的法律制度，则只能按其自身特点进行研究。否则，研究的客观性将难以保证。总之，大量采用判例分析的方法是本书的特点，而采取这一研究方式又是研究对象本身的特点所要求的。

与研究方法有关的是研究视角的问题。对同一主题的研究，从不同的视角切入，可能会有不同的侧重点。同样，对于美国仲裁制度这样一个论题，也可以有不同的研究侧重。基于美国仲裁制度的前述特色，本书将研究侧重放在美国法院身上，即从美国法院对仲裁的协助、支持和监督（主要是对仲裁协议和仲裁裁决的承认与执行）的视角展现美国法院对其仲裁制度的发展。当然，这里需要避免的一个可能误会是将法院对仲裁制度的发展等同于对仲裁的干预：尽管"看来在 FAA 下法院在仲裁中起着

---

① 事实上，美国法官的判词通常十分详尽，篇幅一般较长，而前后逻辑非常严密，特别是一些重要判决，往往很难随意人为加以裁剪。正如有学者所指出的："哲人说一滴水是一个世界，一个案例也自有其一番天地，许多是是非非，许多悲欢离合。""如果我们把案例简化，裁剪为某一理论的注脚，它们就失去了活力。"的确，翻开美国法院在仲裁问题上的一系列判决，读来常常令人感到饶有趣味，"在原告、被告与法官的三方互动下，案例的运用可谓是推陈出新，从中可见……人类智慧的积累。"参见徐罡、宋岳、覃宇：《美国合同判例法》，法律出版社 1999 年版，前言第 2 页。

基本的作用。法院可能卷入整个仲裁过程",① 但绝非表示美国法院对仲裁存在过度的干涉,而是因为仲裁欲实现快速解决争议的目标,成为合法的医治有关诉讼的各种痼疾的灵药②,事实上不得不取决于国内法律制度。③ 美国法院对仲裁制度的发展正体现在其基于支持仲裁的政策,通过确立各种规则将对仲裁程序的司法介入保持在最低限度以避免破坏仲裁的目标。这也是本书选取上述研究视角的原因,因为正是美国法院对仲裁的认识、态度和发展为我国的仲裁立法和有关的司法实践提供了最有益的借鉴。

---

①　Georgios Zekos, *Courts' Intervention in Commercial and Maritime Arbitration under U. S. Law*, 14 J. Int'l Arb. 99, 124 (1997).

②　Stevens 法官在 *Mitsubishi Motors Corp. v. Soler Chrysler-Plymouth, Inc.*, 473 U. S. 614 (1985) 一案的反对意见中指出,"对'国际仲裁'崇高理想的反复强调已使它成为治百病的灵药,包括维护'世界和平'",但事实上国际仲裁可能只有非常有限的作用。473 U. S. at 665 (Stevens, J., dissenting)

③　正如 Park 教授所言:"国内法赋予仲裁法律上的拘束力……因此仲裁员的权力不仅仅来自当事人的同意,也来自对仲裁程序予以支持的几个法律体系:执行仲裁协议的法律、被请求承认和执行裁决的法院地法以及仲裁程序进行地法。" William W. Park, Colloquium, *The Internationalization of Law and Legal Practice: National Law and Commercial Justice: Safeguarding Procedural Integrity in International Arbitration*, 63 Tul. L. Rev. 647, 656-57 (1989).

第一章　美国商事仲裁制度概述

第一节　美国有关商事仲裁的法律①

美国法律所体现的是一种"大力支持争议的仲裁解决的联邦政策"。② 早在 1855 年，美国最高法院就提出，仲裁"作为解决争议的一种方式应该获得法院的全面鼓励"。③ 这一政策在适用于国际交易中的仲裁协议时"具有特别的动力"。④

美国的仲裁法既包括国会颁布的成文法，也包括美国各州立法机关颁布的成文法。解释成文法的法院判决也是仲裁法的组成部分。因此，本节将讨论调整仲裁的联邦法、州法，以及它们相互间的关系。

一、联邦法

仲裁方面的联邦成文法主要见于《联邦仲裁法》（FAA），该法于

---

① *See* Howard M. Holtzmann & Donald Francis Donovan, national report *United States* in Intl. Handbook on Comm. Arb. Suppl. 28 January 1999.

② *Quackenbush v. Allstate Ins. Co.*, 116 S. Ct. 1712, 1727（1996）（quoting *Mitsubishi Motors Corp. v. Soler Chrysler-Plymouth, Inc.*, 473 U. S. 614, 631（1985）），转引自 Howard M. Holtzmann & Donald Francis Donovan, national report *United States* in Intl. Handbook on Comm. Arb. Suppl. 28 January 1999.

③ *Burchell v. Marsh*, 58 U. S. 344（1854），转引自 Howard M. Holtzmann & Donald Francis Donovan, national report *United States* in Intl. Handbook on Comm. Arb. Suppl. 28 January 1999.

④ *Mitsubishi Motors Corp. v. Soler Chrysler-Plymouth, Inc.*, 473 U. S. 631（1985）; *see also Vimar Seguros y Reaseguros, S. A. v. M/V Sky Reefer*, 515 U. S. 528, 541（1995）; *Scherk v. Alberto-Culver Co.*, 417 U. S. 506, 515- 518（1974）; *The Bremen v. Zapata Off-Shore Co.*, 407 U. S. 1, 13-14（1972）. 转引自 Howard M. Holtzmann & Donald Francis Donovan, national report *United States* in Intl. Handbook on Comm. Arb. Suppl. 28 January 1999.

1925 年由国会颁布，后来修改过几次。关于 FAA 的地位，美国学者认为"可以毫不夸张地说，FAA 是现代美国仲裁法和仲裁政策中惟一最重要的元素。"① 现行 FAA 为美国法典中的第 9 编，一共包括 3 章：（1）第 1 章"总则"，通常被称为"FAA 的国内部分"（the "domestic" FAA），包括第 1 条至第 16 条，适用于州际或涉外商事仲裁协议和仲裁裁决；（2）第 2 章"承认及执行外国仲裁裁决公约"，即有关实施 1958 年《纽约公约》的立法，包括第 201 条至第 208 条，仅适用于《纽约公约》调整范围内的仲裁裁决和仲裁协议；（3）第 3 章"美洲国家间关于国际商事仲裁的公约"，即有关实施 1975 年《巴拿马公约》的立法，包括第 301 条至第 307 条，仅适用于《巴拿马公约》调整范围内的仲裁裁决和仲裁协议。需要指出的是，实施公约的立法与 FAA 的国内部分之间以及 FAA 与公约实质性条款之间的相互关系是很复杂的，本书在以后有关章节将予以论述。

下面对 FAA 的历史及主要内容作一简要介绍。

对于违反仲裁协议的行为，美国法院过去是裁决违约方支付一点轻微的名义上的赔偿费。② 就像英国法院一样，美国法官拒绝赋予仲裁协议以强制执行的效力，并允许随时撤销仲裁协议。③ 对仲裁协议的这种态度包含了各种因素：惧怕私人协议"剥夺"法院的司法权，怀疑仲裁程序的适当性和公正性以及担心仲裁协议通常是不公平交易的产物。④ 因此，仲裁作为一种商事争议解决方式所能发挥的作用必然也受到限制。

1920 年，纽约州颁布了一部仲裁法规，该法规意欲扭转普通法对仲裁的敌意并规定仲裁协议在纽约法院具有强制性。⑤ FAA 就是以 1920 年的纽约仲裁法为范本制定的。FAA 最初被称作《美国仲裁法》（United States Arbitration Act），是由美国律师协会（American Bar Association）下属的一个委员会筹备起草的，并于 1922 年提交美国国会讨论。参议院司法委员会于 1923 年就该法案举行了听证会，众参两院联合听证会随后于

---

① Steven C. Bennett, Esq., *Arbitration: Essential Concepts* 17 (2002).

② *E. g.*, *Finance Co. v. Board of Ed. of Rochester*, 190 N. Y. 76 (1907); *Wood v. Humphrey*, 114 Mass. 185 (1973)（"长期以来即已确定，仲裁协议完全剥夺了法院的司法权，因而在普通法或衡平法上都不能得到支持"）。

③ *Red Cross Line v. Atlantic Fruit Co.*, 264 U. S. 109, 121-22 (1924); *Tobey v. County of Bristol*, 23 Fed. Cas. 1313 (C. C. D. Mass. 1845).

④ *Tobey v. County of Bristol*, 23 Fed. Cas. 1313 (C. C. D. Mass. 1845); *Scott v. Avery*, 25 L. J. Ex. 308, 313 (H. L. 1856).

⑤ N. Y. Arbitration Law, L. 1920, C. 275, Consol. c. 72.

1924 年举行。当时，FAA 受到了商业团体的大力支持，因为商界人士普遍认为诉讼日益昂贵、费时而且不可信赖。最后，该法案在没有明显反对或修改的情况下被众参两院一致通过。① 这就是现行 FAA 第 1 章的主要内容。

FAA 第 1 条（其标题是"'海事交易'及'商事'之定义；实施本法之例外"）对 FAA 的适用范围作了界定。该条规定如下："本法所谓'海事交易'是指如果发生争议，属于海事法庭管辖权之内的租船合同、水上承运人所签发的提单、关于码头设备、供给船只用品或者船只修理的协议、碰撞或任何其他对外贸易方面的事务；所谓'商事'是指各州之间的或与外国的贸易，或者在任何美国属地之内或在哥伦比亚特区之内的贸易，或者任何这样的属地与另一属地之间的贸易，或者任何这样的属地与任何州或外国之间的贸易，或者哥伦比亚特区与任何州或属地或外国之间的贸易，但本法对船员、铁路雇员或任何其他种类的从事对外或州际贸易的工人的雇佣合同不适用。"② 可见 FAA 适用于州际或涉外商事仲裁协议和仲裁裁决，而与纯粹的州内（intra-state）合同有关的仲裁协议和裁决则不由 FAA 调整。但由于"州际商事"被赋予了宽泛的含义，③ 纯粹的州内合同没有可能设想的那么普遍。此外，尽管 FAA 不适用于某些雇佣合同，但大部分法院包括最高法院对此种排除都给予了狭义解释。④

FAA 最重要的部分是第 2 条，其规定：州际和涉外商事仲裁协议"是有效的、不可撤销的和有强制性的，但具有普通法或者衡平法上的撤销任何契约的理由者除外。"它还允许仲裁协议将现有争议和未来争议提交仲裁。FAA 的第 3 条和第 4 条规定了主要的执行机制：第 3 条要求"美国的任何法院"停止有关的诉讼审理，如果该诉讼涉及"可提交仲裁"的争执，而第 4 条要求"美国地区法院"发布命令对该争执进行强制仲裁。

FAA 的其他各条就仲裁程序的不同方面作了规定。在当事人既未指定仲裁员也未就任命机构达成一致的情况下，第 5 条赋予地区法院以指定仲裁员的权力。FAA 第 6 条规定，依 FAA 向法院提出的任何申请都应按

---

① Gary B. Born, *International Commercial Arbitration in the United States: Commentary and Materials* 29-30 (1994).

② FAA 的重心主要在国内仲裁，尽管它也明确规定适用于"涉外商事"仲裁。

③ 参见本书第 6 章第 1 节。

④ 参见本书第 4 章第 2 节。

法律规定的提出和审理动议的方式提出和审理。FAA 第 7 条允许地区法院发布强制性传票以协助仲裁庭取证。依次下来，FAA 第 9 条、第 10 条和第 11 条规定，除特定例外，仲裁裁决具有强制性；上述条款还规定了确认、撤销或修改仲裁裁决的有关程序。

1988 年国会通过了有关 FAA 国内部分的两个新条款。其中一个条款规定，作为仲裁一方当事人的外国政府不能再以国家行为原则为由反对仲裁协议的执行、仲裁裁决的确认以及根据基于确认上述裁决的命令所作判决而对仲裁裁决的执行。这就是现在的 FAA 第 15 条。另一个条款则是有关上诉权利的规定，这就是现在的 FAA 第 16 条。

值得注意的是，FAA 对许多问题并未直接规定。它没有明确涉及的问题有仲裁条款的独立性、法院与仲裁员之间对与仲裁协议有关的争议进行决定的权力的分配、对仲裁员的异议、临时性救济措施、选择仲裁地、仲裁程序的进行、中间司法审查和法律选择。在作了规定的许多关键问题上，FAA 的规定也是比较简要的，如对仲裁协议或仲裁裁决提出异议的理由和程序。① FAA 在很大程度上将对仲裁员的异议、临时性救济措施、选择仲裁地、仲裁程序的进行和法律选择等问题留给当事人或仲裁员来决定。例如，当事人可以通过约定适用某一机构仲裁规则或其他方式对上述事项加以确定。而另外一些问题则主要是由判例法加以发展和完善的。

美国于 1970 年 9 月 30 日加入《纽约公约》，在此之前，即 1970 年 7 月 31 日，美国国会颁布了 FAA 的修正案，即增加了第 2 章，以实施《纽约公约》。较之于最初对加入《纽约公约》的疑虑，② 此时美国国内对公约的态度已经改变了。美国法院对仲裁更加熟悉，"不再以过去嫉妒的眼光将［仲裁］协议视作'对其管辖权的剥夺'。"此外，美国律师和工商界也大力支持加入公约。加入公约前，美国商业界在执行针对位于国外的当事人的仲裁裁决方面存在困难。而公约"通过保证仲裁协议和仲裁裁决能够在公约其他缔约国获得执行"就可以解决这个问题。最后，国会于 1963 年批准美国参加统一私法活动的多边谈判。③ 这标志着美国过去

---

①　Gary B. Born, *International Commercial Arbitration: Commentary and Materials* 37 (2d ed. 2001).

②　*See* Susan L. Karamanian, *The Road to the Tribunal and beyond: International Commercial Arbitration and United States Courts*, 34 Geo. Wash. Int'l L. Rev. 17, 29-30 (2002).

③　S. Exec. Rep. No. 90-10 at 4-5. 多边谈判包括海牙国际私法会议和罗马统一私法协会。

那种不支持国际协定（例如公约）的态度的转变。① 所有这一切促成了美国最终对公约的加入。美国国会批准《纽约公约》的动机仍在于希望更有效地解决争议："较法院完整的诉讼而言，仲裁通常是一种更低廉的争议解决方式，认识这一点很重要。由于仲裁协议避免了法院诉讼，仲裁不仅为仲裁协议的当事人节省了费用，而且为纳税人节省了费用——纳税人必须承担维持司法系统运作的负担。"② 此外，美国国会还力图促进发展一套稳定有效的国际商事争议解决体系，从而为美国公司开拓全球市场提供保障。③

与原来的 FAA 的国内部分相仿，FAA 的第 2 章也非常简短。它规定仲裁协议和裁决是有强制性的，并包含了协助国际仲裁进行的各种条款。此外，该修正案扩大了联邦法院在涉及《纽约公约》的案件中的事物管辖权、移送权限和强制权力。

1990 年美国颁布了有关实施《巴拿马公约》的立法，即 FAA 第 3 章，它将第 2 章的许多内容合并进来，④ 同时对《美洲国家间商事仲裁委员会仲裁规则》的适用⑤以及《纽约公约》与《巴拿马公约》的关系⑥作了规定。与 FAA 的国内部分相同，第 3 章的核心仍是有关执行仲裁协议和仲裁裁决的规定及其程序。

需要注意的是，尽管 FAA 的国内部分创立了有关仲裁协议的联邦实体法，但它并没有为联邦法院管辖权确立独立的基础。⑦ 根据 FAA 的国内部分申请执行仲裁协议或申请确认、撤销、更正或修改仲裁裁决的当事人一方必须根据当事人州（国）籍不同案件管辖权（diversity of citizen-

---

① John P. McMahon, *Implementation of the United Nations Convention on Foreign Arbitral Awards in the United States*, 2 J. Mar. L. & Com. 735, 736 (1971).

② 116 Cong. Rec. 22, 732-33 (daily ed. July 24, 1970) (Hamilton Fish). *See also Id.* At 22, 731 (Andrew Jacobs); *Fuller Co. v. Compagnie des Bauxites Guiness*, 421 F. Supp. 938, 947 (W. D. Pa. 1976). 转引自 Gary B. Born, *International Commercial Arbitration in the United States: Commentary and Materials* 31 (1994).

③ S. Rep. No. 702, 91 st Cong., 2d Sess. 1-2 (1970); Aksen, *American Arbitration Accession Arrives in the Age of Aquarius*, 3 Sw. U. L. Rev. 1 (1971). 转引自 Gary B. Born, *International Commercial Arbitration in the United States: Commentary and Materials* 31 (1994).

④ 9 U. S. C. § 302.

⑤ 9 U. S. C. § § 303 & 306.

⑥ 9 U. S. C. § 305.

⑦ *Moses H. Cone Mem'l Hosp. v. Mercury Constr. Corp.*, 460 U. S. 1, 25 n.32 (1983).

ship jurisdiction）或联邦管辖权的某种其他基础才能确立联邦法院的管辖权。① 而按照 FAA 第 2、3 章的有关规定，对任何属于《纽约公约》或《巴拿马公约》范围内的案件，美国联邦地区法院则拥有原始管辖权。②

上述美国法律中有关国际仲裁协议和裁决的不同规定存在相当多的重叠之处。属于《纽约公约》或《巴拿马公约》管辖范围的仲裁裁决和协议当然要分别受两公约和 FAA 第 2、3 章的调整。不过在此之外，上述裁决和协议通常还要受 FAA 第 1 章，即 FAA 的国内部分的支配，至少在该章与第 2、3 章及公约不相抵触的限度内是这样的。③ 除明示条款外，以 FAA 和《纽约公约》、《巴拿马公约》为基础还发展出了相当广泛的有关仲裁的联邦普通法。④ 这类普通法的范围并不确定，但显然涉及这样一些事项，如仲裁协议的解释和效力、与仲裁有关的临时性救济措施。⑤

尽管 FAA 这 3 章的措辞都很简单，且其起源具有特殊性，但美国法院通常以一种支持仲裁程序的方式来解释该法。关于仲裁协议，美国法院明确接受了仲裁协议独立性理论，对法院与仲裁员之间就有关仲裁协议的形式、效力和解释的争议进行决定的权力予以了分配，并大力肯定仲裁协议的推定效力，仅以有限例外为条件。关于仲裁程序，美国法院强调当事人就仲裁规则和程序进行约定的自由、仲裁员在主持仲裁程序时的裁量权、对仲裁员决定进行中间司法审查的有限范围。最后，关于仲裁裁决，美国法院认定，前述裁决应推定为有效的和可执行的，仅以明确规定的例

---

① Moses H. Cone Mem'l Hosp. v. Mercury Constr. Corp., 460 U. S. 1, 25 n. 32 (1983).

② 9 U. S. C. Sects. 203 and 302.

③ 因为 FAA 第 208 条规定："第 1 章适用于根据本章（即第 2 章——作者注）进行的诉讼和程序，但以该章与本章或美国批准的公约不相抵触为限度。"第 307 条则规定："第 1 章适用于根据本章（即第 3 章——作者注）进行的诉讼和程序，但以第 1 章与本章或美国批准的《美洲国家间公约》不相抵触为限度。"另一个原因是，属于《纽约公约》或《巴拿马公约》管辖范围的仲裁裁决和仲裁协议通常也属于 FAA 第 1 条所规定的管辖范围，该条所确立的适用范围涵盖了涉外商事仲裁。不过，需要注意的是，如果双方当事人并非美国公民，并且涉及的行为和争议与美国完全无关，仲裁地也不在美国，那么当事人间的仲裁协议或裁决可能就不属于 FAA 第 1 条所确立的管辖范围。

④ Southland Corp. v. Keating, 465 U. S. 1 (1984); Moses Cone Mem. Hosp. v. Mercury Constr. Corp., 460 U. S. 1 (1983); Prima Paint Corp. v. Floor & Conklin Mfg. Co., 388 U. S. 395 (1967).

⑤ Gary B. Born, International Commercial Arbitration: Commentary and Materials 38 (2d ed. 2001).

外为条件。一般说来，美国法院更支持国际仲裁程序。[1]

就成文法而言，除 FAA 之外，在专利法规和《外国主权豁免法》中也包含了与仲裁有关的规定。

二、州法

在两公约和 FAA（以及根据公约和 FAA 发展起来的联邦普通法）不适用的情况下，州法将适用于有关仲裁协议和仲裁裁决。例如，在协议或裁决并不影响州际或涉外商事的情况下，就将适用州法。此外，州法也可能适用于联邦成文法和普通法没有直接或间接涉及的与仲裁有关的问题。这些问题可能包括仲裁协议的订立和法院协助下的证据开示、临时性救济或合并审理。

美国各州均颁布了有关商事仲裁的法规。事实上，19 世纪末 20 世纪初，仲裁在美国，特别是在像纽约和芝加哥这样的商业和金融中心已是一种普遍的实践。对仲裁进行积极调整的法律在那时也已存在。这些法律既包括成文法（大部分州在 19 世纪都颁布了仲裁法规），也包括判例法，不过它们如今已被各州的"现代"仲裁法规所吸收和取代。

这里有必要解释一下"现代"仲裁法规的特定含义。"现代"（modern）一词是有关仲裁法规的专门用语。区分非现代和现代的主要标志是后者确认将争议——特别是未来争议——提交仲裁的非要式的待履行协议是不可撤销的和具有完全的强制执行力的，而前者则并非如此。[2]

---

[1]　Gary B. Born, *International Commercial Arbitration: Commentary and Materials* 38 (2d ed. 2001).

[2]　Ian R. Macneil, *American Arbitration Law: Reformation, Nationalization, Internationalization* 15 (1992). M. Domke 曾在其 1968 年版的 *Commercial Arbitration* 一书中以列举现代法规之要素的形式提供了一个更广泛的定义。这些要素是：1. 任何将未来争议提交仲裁的协议均为不可撤销的；2. 遵循法院指示，当事人有权迫使不遵守仲裁协议的另一方当事人继续仲裁；3. 法院可中止与仲裁协议相抵触的诉讼，直到仲裁以约定的方式进行为止；4. 在当事人未作指定或仲裁员在仲裁过程中离去或不能履行职责的情况下，法院有权任命仲裁员及补充缺额；5. 对法院审查仲裁员的事实认定及法律适用的限制；6. 列明裁决可因程序缺陷而被质疑的理由以及提出此种异议的期限。M. Domke, *Commercial Arbitration* 22 (1968). Ian R. Macneil 认为，上述要素的前 4 个属于仲裁协议的不可撤销和强制性方面，也就是说属于现代仲裁法规的现代要素。而第 5 和第 6 个要素的大部分或全部则通常已包含在了许多过去的非现代仲裁法规中。Ian R. Macneil, *American Arbitration Law: Reformation, Nationalization, Internationalization* 16 (1992).

在各州仲裁立法现代化的过程中,统一州法全国委员会(National Conference of Commissioners on Uniform State Laws, NCCUSL)通过的《统一仲裁法》(Uniform Arbitration Act, UAA)发挥了重要的示范作用。UAA 于 1955年由上述会议正式通过, 1956 年修订过一次, 2000 年以前再未修订, 全部共 25 条。① 作为一部示范法, UAA 本身并没有拘束力, 除非为某一州立法机关所采用。并且各州既可从整体上予以采纳, 也可在采用时规定某些例外或更改。

由于 UAA 本身是为州立法提供的范本, 因此其适用自然以协议不影响州际商事及 FAA 不适用为条件。但 UAA 的实质性规定与 FAA 很相似(基于其是州的立法也包含一些不同)。与 FAA 一样, UAA 的基本目标也是为了扫除传统上州法对仲裁的敌意, 将仲裁协议置于与其他合同同等的地位, 并规定了对未来争议和现有争议的仲裁。不过, 由于它比 FAA 晚诞生 30 年, 因此包含了在起草 FAA 的过程中所没有考虑的一些问题。这些增加的规定在很大程度上代表了仲裁法发展中越来越支持扩大仲裁运用的趋势。自其颁布以来, 美国共有 34 个州及哥伦比亚特区的仲裁法规采用了 1956 年 UAA 的主要规定, 另有 13 个州和波多黎各的仲裁法规虽未模仿 UAA 的规定, 但也允许仲裁协议约定将未来争议和现有争议提交仲裁。而阿拉巴马州、密西西比州和西弗吉尼亚州的仲裁法规定, 只有仲裁现有争议的协议才有强制性, 因此, 它们被认为不是现代仲裁法。应该说, 通过各州的普遍采纳, 1956 年版 UAA 的主要目的已经实现。

不过, 随着仲裁程序被越来越多地运用于解决传统上由诉讼解决的争议, 1956 年 UAA 中有限的程序规定逐渐不能满足现实需要了。为此, NCCUSL 于 1995 年任命了一个起草委员会考虑 UAA 的修改事宜, 以适应目前仲裁被越来越多地利用、仲裁所解决的许多争议更加复杂以及仲裁领域法律发展的需要。最终, NCCUSL 于 2000 年 8 月 3 日一致通过了修订后的统一仲裁法 (Revised Uniform Arbitration Act, RUAA)。②

2000 年的 RUAA 共有 33 条, 对 1956 年 UAA 所未涉及的现代仲裁案件中出现的许多问题作了规定, 如应由谁以及根据何种标准来决定争议的可仲裁性、法院还是仲裁员有权签发临时性救济、一方当事人怎样才能启动

---

① Uniform Arbitration Act (1956), *available at* http://www.law.upenn.edu/bll/ulc/fnact99/1920_ 69/uaa55.htm.

② Revised Uniform Arbitration Act (2000) *available at* http://www.law.upenn.edu/bll/ulc/uarba/arbitrat1213.htm .

仲裁程序……仲裁进程中对电子信息和其他现代技术手段的运用,等等。

美国法律界人士普遍认为, RUAA 的采纳将有利于确立一套有效率的、公平的现代仲裁体制。① 他们还指出, 由于反映了仲裁领域的最新发展, RUAA 还可以为 FAA 的修改提供一个范例②——自其颁布以来将近80 年间, FAA 就不曾有过实质上的修改。并且, 即使 RUAA 没有如其制定者所愿成为统一的州仲裁法, 对其进行考察也是有益的, 因为它包含了有关仲裁法和仲裁程序应如何运作的最现代的观念。③

截至 2005 年, 已有 10 个州批准采用 RUAA, 它们是阿拉斯加州、科罗拉多州、夏威夷州、内华达州、新泽西州、新墨西哥州、北卡罗来纳州、北达科他州、俄勒冈州和犹他州。另有 9 个州提出采纳 RUAA 的议案, 它们是亚利桑那州、康涅狄格州、哥伦比亚特区、印第安纳州、马里兰州、俄克拉荷马州、佛蒙特州、华盛顿州和西弗吉尼亚洲。④

此外, 为发展本州的国际仲裁产业, 12 个州还通过了独立于其国内仲裁法的国际仲裁法规。其中的 7 个州——加利福尼亚、康涅狄格、佛罗里达、北卡罗来纳、俄亥俄、俄勒冈和得克萨斯颁布了以《联合国国际贸易法委员会国际商事仲裁示范法》(UNCITRAL Model Law on International Commercial Arbitration)为基础但与之不完全相同的调整国际仲裁的法律。另外 5 个州调整国际仲裁的方式则各有不同,或者将《国际商事仲裁示范法》的部分规定连同直接取自《纽约公约》的规定一起予以采纳, 或者干脆设计它们自己的国际仲裁法规。⑤ 但其有关法律均体现了支持国际仲裁的政策。例如, 为避免与联邦法冲突,马里兰州颁布的法规规定,FAA 适用于在该州进行的国际仲裁以及适用于国际仲裁裁决在其州法院的执行。

---

① *See* Stephen K. Huber & E. Wendy Trachte-Huber, *Top Ten Developments in Arbitration in the 1990s*, Dispute Resolution Journal 26, 32 (Nov. 2000/Jan. 2001); Timothy J. Heinsz, *The Revised Uniform Arbitration Act: An Overview*, Dispute Resolution Journal 28, 36-37 (May/July 2001).

② *See* Timothy J. Heinsz, *The Revised Uniform Arbitration Act: An Overview*, Dispute Resolution Journal 28, 28, 37 (May/July 2001); Paul M. Lurie. Esq. , *Recent Revisions to the Uniform Arbitration Act in the United States*, 18 J. Int'l Arb. 223, 223 & 226 (2001).

③ Steven C. Bennett, Esq. , *Arbitration: Essential Concepts* 39 (2002).

④ http: //www. nccusl. org/nccusl/uniformact ＿ factsheets/uniformacts-fs-aa. asp (last visited on November 25, 2005).

⑤ http://www. law. upenn. edu/bll/ulc/uarba/arbitrat1213. htm(last visited on February 3,2007).

三、联邦法和州法之间的关系

美国国会于 1925 年依据其制定调整州际商事和海事实体规则的权力颁布了 FAA 的国内部分。如前所述，根据 FAA 第 1 条的规定，在州际或国际交易中产生的仲裁案件由 FAA 调整。州内仲裁则属于各州仲裁法的调整范围。不过，州法也可适用于与州际和国际仲裁有关但联邦成文法及联邦普通法未直接或间接予以规范的问题。正是州法在国际和州际仲裁问题上所扮演的有限但有时又是重要却不确定的角色导致了联邦法与州法之间的复杂关系。最近十几年来，美国最高法院的几个重要判决对这一关系予以了阐释。以下讨论的也主要是在国际和州际仲裁事项上联邦法和州法之间的关系，至于州内仲裁应由州法支配则没有什么问题。

无论如何，大部分与国际和州际仲裁有关的重要问题主要由联邦法而非州法所支配，这个结论是可以成立的。FAA 第 2 条规定："在任何海事交易中或者表明涉及商事的交易的契约中约定以仲裁方式解决以后因上述契约或交易引起的争议的书面规定……或者将因上述契约〔或〕交易引起的现有争议提交仲裁的书面协议，都是有效的、不可撤销的和有强制性的，但具有普通法或者衡平法上的撤销任何契约的理由者除外。"该规定使仲裁协议作为联邦实体法上的一个问题具有强制执行力，而联邦实体法优先于与之矛盾的州法。最高法院认为，国会意图使第 2 条的适用扩大到国会调整商事问题的全部权力范围，① 这一范围是如此之宽以至于实际上将美国国内的任何商事交易，当然，还有任何国际交易包括在联邦法的范围内。②

不过，尽管就涉及州际或对外商事的争议而言，无论在州法院还是联邦法院申请执行相关书面仲裁协议，FAA 都具有主导影响，③ 但是，在美国的法律体制下——即使案件在联邦法院审理——某些方面的问题仍有可能要适用州法。例如，当联邦法院解决有关仲裁协议存在与否或仲裁协议强制性的争议时，将适用州法，像联邦法院通常适用州法解决其他合同问

---

① 美国宪法第 1 条第 8 款第 3 项规定：国会有权"规制同外国的、各州之间的和同印第安部落的商业"。该条款即通常所称商业条款（commerce clause）。相当数量的联邦法律和条例是依据该条款制定的。

② *See Allied-Bruce Terminix Cos. v. Dobson*, 513 U. S. 265（1995）; *see also Wickard v. Filburn*, 317 U. S. 111, 125（1942）.

③ Jack J. Coe, Jr., *International Commercial Arbitration: American Principles and Practice in a Global Context* 120（1997）.

题一样。不过，与 FAA 第 2 条一致，州法必须以适用于其他合同同样的方式适用于仲裁协议。换句话说，如果州法的有关规定使得仲裁协议比其他合同更难执行或在仲裁协议上施加了特殊的条件，将被 FAA 视为无效。例如，针对要求仲裁条款必须显而易见（诸如以大写字母打印，或置于合同的前面，等等）的州法，FAA 将优先适用。① 并且已有一些下级法院及其他权威论断主张应由根据《纽约公约》发展起来的联邦普通法而非州法支配国际仲裁协议的订立和有效性。② 此外，就争议是否可通过仲裁解决即争议事项的可仲裁性而言，FAA 也将优先于那些将侵权、不动产、保险等各类争议排除在仲裁范围之外的州法。

关于某一争议是否属于当事人仲裁协议范围的问题（在美国法中也称作可仲裁性问题，但与前述可仲裁性的内涵不同），一旦一方当事人证实了仲裁协议的存在，联邦法就"推定具有可仲裁性"③，即要求"任何有关可仲裁事项范围的疑问……都要按有利于仲裁的原则解决。"④ 因此，尽管适用州的合同法原则，但联邦法要求，在适用州法时，"就可仲裁性问题而言，应宽松解释当事人的意愿"。⑤

关于当事人是准备由法院还是仲裁庭决定某一争议是否可仲裁的问题（即可仲裁性的可仲裁性问题，在某些法律体制中通常称为"管辖权/管辖权原则"（competence-competence）），最高法院认为，法院应认定当事各方约定由仲裁庭享有主要权力决定可仲裁性的问题，如果"存在清楚和明显的证据"表明当事人之间有这样的协议的话。⑥

上述通过法院判决确立的推定规则，对州法合同原则的适用施加了联

---

① See Doctor's Assoc. Inc. v. Casarotto, 517 U. S. 681 (1996); Morrison v. Colo. Permanente Medical Group, 983 F. Supp. 937 (D. Colo. 1997).

② Gary B. Born, International Commercial Arbitration: Commentary and Materials 39 (2d ed. 2001).

③ Republic of Nicaragua v. Standard Fruit Co., 937 F. 2d 469, 478 (9th Cir. 1991), cert. Denied, 503 U. S. 919 (1992); David L. Threlkeld & Co. v. Metallgesellschaft, Ltd., 923 F. 2d 245, 248-250 (2d Cir.), cert. Dismissed, 501 U. S. 1267 (1991).

④ Moses H. Cone Memorial Hospital v. Mercury Constr. Corp., 460 U. S. 1, 24-25 (1983).

⑤ Mitsubishi Motors Corp. v. Soler Chrysler-Plymouth, Inc., 473 U. S. 614, 626 (1985).

⑥ First Options v. Kaplan, 514 U. S. 938, 944 (1995) (quoting AT & T Technologies, Inc. v. Communications Workers, 475 U. S. 643, 649 (1986)).

邦法的限制。

就州际或国际商事仲裁而言，如果说仲裁协议在很有限的条件下还会受到州法的影响的话，可以肯定的是，对仲裁裁决的确认和撤销而言，FAA 和联邦法通常提供了惟一的标准。

不过，最高法院也认为 FAA 并非完全占据州际或国际仲裁领域，而只是当州法与其指示矛盾时才优先于州法。① 这样，如果州法规定的某个问题是联邦法所不考虑的，② 并且州法没有限制或妨碍仲裁，相反，促进或方便了仲裁，州法将予以适用。

此外，由于仲裁协议就是合同，当事各方"通常可以以其认为合适的形式自由拟定他们的仲裁协议"。③ 例如，他们可以就选择某一仲裁法以适用于他们的仲裁协议达成一致。这样，如果当事各方选择某一州的仲裁法规调整其仲裁协议，FAA 将赋予其选择以效力。不过，按照联邦法规定的可仲裁性推定，法院认为，一个指定由某一州的法律来调整主合同实体问题的一般的法律选择条款不应被解释为构成对该州仲裁法的选择，尤其在这种解释将限制仲裁协议的情况下更是如此。④

再就是州法中有一些法律与在州法院进行的诉讼所必须遵循的程序有关，这部分法律会对仲裁协议或仲裁裁决的执行产生影响。不过，由于 FAA 允许一方当事人在联邦法院提起诉讼或将开始于州法院的诉讼移送至联邦法院以寻求对受《纽约公约》或《巴拿马公约》支配的仲裁协议的执行，⑤ 因此，州法院程序的要求对受公约支配的国际案件没有影响。

当然，如前所述，FAA 在某些情况下根本不予适用。例如，属于 FAA 第 2 条规定范围之外的合同，如口头或纯粹的州内合同（即并非海事、州际或对外商事交易的合同）就是根据可适用的州法而非联邦法来决定有关仲裁协议的可执行性。

---

① *Volt Information Sciences v. Board of Trustees of Stanford University*, 489 U. S. 468, 476-477 (1989).

② See *New England Energy, Inc. v. Keystone Shipping Co.*, 855 F. 2d 1, 5 (1st Cir. 1988) (认为规定将仲裁争议予以合并的州法并不与 FAA 的修改条款相矛盾，相反它填补了 FAA 的空白)。

③ *Volt Information Sciences v. Board of Trustees of Stanford University*, 489 U. S. 468, 479 (1989).

④ *Mastrobuono v. Shearson Lehman Hutton, Inc.*, 514 U. S. 1217 (1995); *Smith Barney Shearson Inc. v. Sacharow*, 91 N. Y. 2d 39 (1997).

⑤ 9 U. S. C. Sects. 203, 205 and 302.

但可以断言，在国际和州际案件中，支持和鼓励仲裁的联邦政策是优先的，而州的仲裁法只有很小的司法或实践影响，除非适用州法能促进或方便仲裁进程。

第二节　美国有关商事仲裁的实践

一、不同形式的仲裁

（一）机构仲裁（administered or institutional arbitration）

机构仲裁是指在常设的仲裁机构管理下进行的仲裁。① 美国最重要的仲裁机构是美国仲裁协会（American Arbitration Association，AAA）。

1. 美国仲裁协会

AAA 于 1926 年成立，其目的是满足设立一个能够管理美国各地各种案件的仲裁机构的需要。它是美国第一个在交易、地理区域或案件类型方面不加限制的管理仲裁的机构，是一个独立的、非政府的、非营利的组织。自成立以来，就其管理的案件、设立的办事处、雇佣的人员以及支出的费用的总数而言，它已成为美国——或许也是世界上——最大的仲裁机构。事实上，发展到今天，AAA 已成为一个不仅可通过仲裁，而且可通过调解等其他各种法院之外的程序解决各种争议的机构。AAA 由董事会领导，董事会成员来自全国各行业、职业和社会团体，范围广泛。由争议解决程序和法律方面的专家组成的全职专业工作人员对它进行管理。目前，AAA 提供的专家名册上共有 8000 多名仲裁员和调解员，他们来自不同国家，组成广泛，当事人可从中选择相关人员审理和解决与不同的交易和行业有关的各种案件，这其中包括一个国际仲裁方面的专家小组。AAA 的总部位于纽约，在全美主要城市共设有 34 个办事处，并在纽约和爱尔兰的都柏林各设有一个国际争议解决中心②，雇员 800 余人。迄今，AAA 已处理了超过 200 万件案件（仅 2002 年就达 230～255 件），与 41 个国家

---

① 韩健：《现代国际商事仲裁法的理论与实践》（修订本），法律出版社 2000 年版，第 29 页。

② 1996 年，AAA 采取了一个很重要的步骤，就是将所有国际案件的管理合并到其新设立的位于纽约市的国际争议解决中心。该中心由精通多种语言的律师组成的专门工作人员进行操作，所有这些人员都是各种国际案件程序规则方面的专家，并深谙国际争议中存在的文化和法律差异。此后，应国际争议解决发展的需要，AAA 又在都柏林设立了第二个国际争议解决中心。

达成了 59 份合作协议，还曾以法院之友的身份参与了 23 个案件以对仲裁提供支持。

80 余年来，AAA 的发展壮大与其在替代争议解决领域重视、适应并满足当事人的需要，对争议解决方式不断进行创新和变革是分不开的。如前所述，AAA 不仅通过仲裁或调解方式解决争议，还发展出了其他许多更加非正式的争议解决方式，例如事实调查、小型审判以及结成伙伴（partnering）等等，这些灵活多样的争议解决方式满足了不同当事人的不同需要。同时，AAA 还针对各种不同的行业制定和颁布了多套争议解决的专门规则，如《房地产业仲裁规则》、《建筑业仲裁规则和调解程序（包括大型、复杂的建筑争议程序)》、《职业会计及相关服务争议解决规则》、《劳动仲裁规则》、《小型审判程序》、《雇佣争议解决的全国性规则》、《专利仲裁规则》，甚至《遗嘱与信托仲裁规则》等，① 以便更好地适应特定当事人解决特定类型争议的需要。

AAA 最重要的争议解决规则应该是《商事仲裁规则和调解程序（包括大型、复杂的商事争议程序)》（其最近一次修订是 2005 年 9 月 15 日）和《国际争议解决程序（包括调解和仲裁规则)》（也于 2005 年 9 月 15 日作了修订）。前者主要针对国内案件，其"商事仲裁规则"的规则 1（即 R-1）之（a）款规定："只要当事人约定由美国仲裁协会（下称 AAA）根据其《商事仲裁规则》进行仲裁或在未具体指定特定规则的情况下约定由 AAA 对其国内商事争议进行仲裁，则他们应被视为已接受本规则为其仲裁协议的一部分。……"后者则是特别为国际交易准备的，其"国际仲裁规则"第 1 条第 1 款规定："如当事人书面约定根据本《国际仲裁规则》仲裁争议或约定由国际争议解决中心或美国仲裁协会仲裁其国际争议而未指定特定规则，则仲裁应依照本规则进行……"

此外，适应技术发展对仲裁的要求，AAA 还颁布了《在线仲裁补充程序》、《域名争议补充规则》等。在 AAA 所有版本的规则下，AAA 的行政人员在管理案件方面扮演的角色都不像 ICC 秘书处那样重要。因为 AAA 既不要求对审理范围（Terms of Reference）进行准备和审查，也不审查裁决草案，且较少介入对仲裁员费用的确定。

值得指出的是，作为一个非营利的公用事业组织，AAA 还为那些以中立者和律师身份参与争议解决的人士提供培训。例如，协会的培训服务部应公司、团体、政府部门和法律机构的请求经常举办机构内部有关争议

---

① http：//www.adr.org/RulesProcedures（visited November 26, 2005）.

处理和解决技巧的培训研讨班。

2. 美洲商事仲裁和调解中心 (Commercial Arbitration and Mediation Center of the Americas, CAMCA)

1995 年，受《北美自由贸易协定》(NAFTA) 第 2022 条鼓励仲裁和其他替代争议解决办法的规定的推动，美国仲裁协会、英国哥伦比亚国际商事仲裁中心、墨西哥城国内商会以及魁北克国内和国际商事仲裁中心共同成立了美洲商事仲裁和调解中心，其任务是协助解决牵涉 NAFTA 地区当事人的私人商事争议。

CAMCA 受其创立机构派出代表的指导。其通过的《CAMCA 调解和仲裁规则》于 1996 年 3 月 15 日生效，① 其中的仲裁规则是以《联合国国际贸易法委员会仲裁规则》为基础制定的。

关于 CAMCA 的信息可以通过 AAA 获得，AAA 对依《CAMCA 规则》在美国进行的仲裁进行管理。

3. 美洲国家间商事仲裁委员会 (Inter-American Commercial Arbitration Commission, IACAC)

美洲国家间商事仲裁委员会是依 1933 年在乌拉圭的蒙得维的亚举行的第七届美洲国家国际大会的决议，于 1934 年成立的。1976 年在巴拿马通过的《美洲国家间关于国际商事仲裁的公约》规定，当事各方没有明确选择时，由该公约调整的仲裁应依《IACAC 程序规则》进行。美洲国家间商事仲裁委员会由其国内部门选出的代表组成。AAA 是代表美国的国内部门。

《IACAC 程序规则》的最近一次修订是 2002 年 4 月 1 日，新版本于同日生效。② 根据《IACAC 规则》在美国进行的仲裁由 AAA 来处理。

4. 其他

除上面介绍的机构和规则外，在美国也可以依照总部设在其他国家的机构的规则并在该机构的帮助下进行仲裁，这样的机构有国际商会国际仲裁院和伦敦国际仲裁院等。此外，美国从事仲裁的营利性机构的数量在增多。不过，还不能肯定这些组织在多大程度上具有在国际仲裁中管理和任

---

① CAMCA Mediation and Arbitration Rules, *available at* http: //www. adr. org/ sp. asp? id = 22092 (visited November 26, 2005).

② Inter-American Commercial Arbitration Commission Rules of Procedure (2002 Version), *available at* http: //www. adr. org/sp. asp? id = 22093 (visited November 26, 2005).

命仲裁员的经验。

（二）临时仲裁（*ad hoc* arbitration）与半机构仲裁（semi-administered arbitration）

纯粹的临时仲裁是指不要任何仲裁机构的协助，而由当事人及其代理人会同最终挑选出来的仲裁员计划并实施仲裁的一种有拘束力的争议解决程序。它将程序管理的任务分配给仲裁庭（或其主席）、当事人自己，以及必要情况下的地方法院。当事人及其代理人、仲裁庭可以使用为临时仲裁所设计的详尽的规则或随事态发展对相关程序进行约定，而不采用普遍的正式规则。[1] 在美国，临时仲裁是得到法律承认的，并且在必要时能够获得法院充分的协助。

需要注意的一个问题是，机构仲裁与仲裁机构有着不同的含义：机构仲裁是由一个常设仲裁机构来管理仲裁程序的仲裁活动，而有的仲裁案件尽管有仲裁机构介入，却不一定是机构仲裁。其中区别在于仲裁机构从中所起的作用。[2] 如果仲裁机构的作用是全面管理仲裁程序，则由此所进行的仲裁为机构仲裁。在这种情况下，依其仲裁规则，机构有权在必要时协助当事人任命仲裁员、就针对仲裁员提出的异议作出决定、指定仲裁地、确定应支付给仲裁员的费用，甚至对仲裁员的裁决进行形式上的审查以减少不能执行的危险。当然，仲裁机构会就其所提供的上述各种服务收取管理费用（有时还是相当数额的费用）；这笔费用是当事人支付给仲裁员的报酬之外另外计算的费用。[3] 但在另外一些情况下，某一仲裁机构对仲裁程序的介入非常有限，并不以管理仲裁程序为己任，其可能仅对仲裁员的任命发生影响，这就不是真正意义上的机构仲裁，而更倾向于临时仲裁的性质，但又与我们通常理解的纯粹的临时仲裁不完全一样。国外一些学者称其为半机构仲裁，或半管理仲裁（semi-administered arbitration）[4]，或

---

[1] James H. Carter, *Ad-hoc*, *Institutional and Hybrid Procedures: Differences, Advantages and Disadvantages*, *in* COMMERCIAL MEDIATION AND ARBITRATION 95, 96.

[2] 康明：《临时仲裁及其在我国的现状和发展（上）》，载《仲裁与法律》，2000 年 6 月，第 6 ~ 7 页。

[3] Gary B. Born, *International Commercial Arbitration: Commentary and Materials* 11 (2d ed. 2001).

[4] A. Redfern & M. Hunter, *Law and Practice of International Commercial Arbitration* 159-60 (2d ed. 1991)，转引自 Jack J. Coe, Jr., *International Commercial Arbitration: American Principles and Practice in a Global Context* 65 (1997).

混合程序（hybrid procedure）①。这种混合程序结合了临时仲裁和机构仲裁的元素，而介于两者之间。

　　例如，当事人可在其协议中约定适用一套并非针对机构仲裁的标准规则（此种标准规则的存在使得采用临时仲裁的当事人无需为每一个案件重新起草仲裁规则）。国际商事仲裁领域使用最普遍的此类规则就是《联合国国际贸易法委员会仲裁规则》（下文简称《UNCITRAL 规则》）。这样的特别规则可完全由当事人及其律师连同仲裁员予以运作。另一方面，精心设计的临时仲裁规则一般都会包含一系列"保全装置"（fail safe）机制以确保程序不会中断或者在面临程序中断的威胁时无需法院介人即可予以补救。《UNCITRAL 规则》即包含了这样的保全机制。上述保全机制通常涉及某一仲裁机构的协助。这样，此种临时程序至少在某种程度上是一种混合程序。② 例如，《UNCITRAL 规则》特别强调"任命机构"（appointing authority）这个概念。它是指在当事人和仲裁员不能就如何行事达成一致时予以介入并提供关键帮助的仲裁机构。《UNCITRAL 规则》规定，在当事人不能就仲裁员的确定达成一致时，任命机构将通过提名征询办法（list-procedure）提供协助。如果当事人在其仲裁条款中并未指定任命机构，《UNCITRAL 规则》允许他们中的任何一方请求海牙常设仲裁法院秘书长指定一个任命机构。③ 同样，如一方当事人对任命某一仲裁员的适当性或某一仲裁员的行为提出异议而另一方当事人又不同意上述异议，且受到异议的仲裁员也不愿离职，则任命机构将就此异议作出决定。④ 此外，任命机构对仲裁庭费用的确定也将起到一定的协助作用。⑤

　　当事人也可以约定依《UNCITRAL 规则》在美国进行仲裁，并指定AAA 作为任命机构。AAA 为此专门颁布了《依〈联合国国际贸易法委员会仲裁规则〉仲裁案件的程序》（Procedures for Cases under the UNCITRAL Arbitration Rules）⑥，提供依《UNCITRAL 规则》进行的仲裁。在行使

---

① James H. Carter, *Ad-hoc, Institutional and Hybrid Procedures: Differences, Advantages and Disadvantages, in* COMMERCIAL MEDIATION AND ARBITRATION 95, 97.

② James H. Carter, *Ad-hoc, Institutional and Hybrid Procedures: Differences, Advantages and Disadvantages, in* COMMERCIAL MEDIATION AND ARBITRATION 95, 97.

③ 《UNCITRAL 规则》第 6 条。

④ 《UNCITRAL 规则》第 12 条。

⑤ 《UNCITRAL 规则》第 39 条。

⑥ Procedures for cases under the UNCITRAL Arbitration Rules（2005 Version）. *available at* http://www.adr.org/sp.asp? id = 22091（visited November 26, 2005）.

"任命机构"的有关职能时，AAA 所起的作用非常有限，与根据其商事仲裁规则等其他规则提供仲裁时所起的作用不同，此时虽有 AAA 的介入，但仲裁的组织形式并非机构仲裁，而是一种"半机构仲裁"。不过，除担任任命机构外，根据《依〈联合国国际贸易法委员会仲裁规则〉仲裁案件的程序》的规定，在依《UNCITRAL 规则》仲裁的案件中，如当事人或仲裁庭要求，AAA 也可提供各种管理服务，例如，协助安排开庭，在各方当事人之间传送信息，以及安排审理室、翻译、速记抄本和其他服务。

此外，在美国还有这样的机构，其本来就不管理仲裁程序，而仅提供任命仲裁员的服务。如果当事人约定将争议提交上述机构或根据其规则仲裁，则导致的也不是机构仲裁，而是前述"半管理性质"的仲裁。这样的机构有 CPR 争议解决协会和海事仲裁员协会。

CPR 争议解决协会（Center for Public Resources (CPR) Institute for Dispute Resolution）是一个独立的、非营利性的组织，它由世界性的大公司和律师行组成，其目的是推动在商事争议解决方面对 ADR 的利用。在采用其规则所进行的仲裁中，CPR 通常只承担相对有限的职责，而"不作为管理机构行事"。① CPR 的一个主要理念是，最好的程序是：在该程序中"中立者"（neutral，对调解员、仲裁员等的总称）、当事人和律师在程序设计上发挥他们最大的主动性而尽量减少外界干预。因此 CPR 将其主要职责定位于提供示范程序和仲裁员名册。它出版了分别针对国内和国际争议的仲裁规则，并附有对规则的评注。② 在上述规则下，由仲裁庭和当事各方来行使通常由像 AAA 这样的管理机构行使的管理职能，而 CPR 协会的职责仅限于必要时任命仲裁员和决定对仲裁员的异议。

海事仲裁员协会（The Society of Maritime Arbitrators, SMA）是一个非营利性的海事仲裁员团体。SMA 也不管理仲裁程序，但是它备有一套规则和仲裁员名册并可履行任命机构的职责。SMA 的裁决是予以公布的，除非当事各方事先另有约定。

二、对不同类型仲裁实践的评价

上述不同类型的仲裁组织形式，何为最佳选择？这取决于各人的价值判断。事实上，无论当事人的选择是什么，都存在管理的费用。问题就在

---

① CPR Model ADR Procedures I-5 (1994)，转引自 Jack J. Coe, Jr., *International Commercial Arbitration: American Principles and Practice in a Global Context* 212 (1997).

② 有关 CPR 的介绍及其颁布的规则可见 http://www.cpradr.org/.

于在购买此种管理时，成本收益的最佳平衡点在何处？

机构仲裁的优势在于：（1）由于机构仲裁依现成的程序规则进行且在不同程度上受到职业人员的监督管理，因此减少了程序中断的危险（特别是在仲裁程序开始之时）和仲裁裁决出现技术方面的缺陷的可能。在有关任命仲裁员、决定对仲裁员的异议以及仲裁员费用问题上机构的协助特别富有意义。（2）机构的干预有助于裁决的终局性和执行。特别是尽管机构通常对在其协助下作出的裁决并不进行实质审查，但机构监督的影响会给人以裁决具有规范性的印象，从而获得审查法院的尊重。所以倾向于选择机构仲裁的观点认为，支出总有回报，当事人在支付有关费用后，相应地会获得有价值的管理服务和外界对管理规范性的认可。

但另一方面，制度化的程序也可能具有昂贵、官僚主义的倾向，且欠缺当事人的适当监督和管理。此外，国际仲裁界逐渐扩大的规模和增长的复杂性以及国际商事仲裁法律体制的作用也部分地削弱了机构仲裁的相对优势。特别是，如果仲裁庭是由有经验的仲裁员所组成的，那么缺少管理机构带来的风险就降低了。因此，在某些情况下，临时仲裁或许提供了一个更好的选择。

临时仲裁的优越性体现在：（1）由于减少了卷入争议解决的人数和排除了仲裁庭和仲裁机构在处理不同的程序决定时职责划分上可能的模糊，实际效率将会得到提高。（2）临时仲裁通常比机构仲裁更灵活、更便宜（因为它避免了可能是相当数额的机构费用）、更保密。（3）程式化的机构仲裁程序在某些情况下可能并不受人欢迎。例如，当一方当事人是国家时，机构仲裁的适当性就受到了质疑。此时事先编纂好的程序和标准事实上可能会妨碍争议的解决；"对严格的程序规则的强调可能并未考虑到政治因素的敏感性和文化的不连续性。"① 此外，考虑到国家当事人的许多决定须通过官方渠道获准以致时间常常拖得较长，因此机构规则有关时效的规定也不一定现实。事实上，由于临时仲裁具有较大的弹性，许多涉及国家当事人的争议的处理，常采用临时仲裁。例如，在 1982 年的"美国独立石油公司诉科威特政府"的仲裁案中，临时仲裁程序的弹性是

---

① S. Toope, *Mixed International Arbitration* 203（1990），转引自 Jack J. Coe, Jr., *International Commercial Arbitration: American Principles and Practice in a Global Context* 64（1997）。

促成争议解决的相当有利的条件。① 此外，著名的美伊索赔仲裁庭（Iran-United States Claims Tribunal）也是一个临时仲裁庭，尽管它已存在了很长时间。②但临时仲裁要求当事人之间具备相互合作的精神，特别是在制订和解释有关规则时更是如此。这就对有关律师的专业技巧和经验提出了要求。此外，临时仲裁下的裁决在强制性方面有时被认为不如根据常设仲裁机构仲裁规则作出的裁决。③

半机构仲裁的存在在一定程度上可避免"纯粹"临时仲裁的主要缺陷，即在组建仲裁庭时的意见不一致可能使程序偏离正常进程，从而不得不求助于有关法院对前述问题作出决定。半机构仲裁中任命机构的协助确保了无需诉诸地方法院即可解决有关问题。同时，与机构仲裁相比，混合程序又具有相当大的灵活性，保留了纯粹的临时仲裁的大部分优势。

不过，尽管在混合程序中任命机构于必要时可以提供机构仲裁下可以获得的部分服务，但仲裁程序也仍然可能比机构仲裁更耗时和容易引起混乱。比如根据《UNCITRAL 规则》，如果当事人在其协议中并未选择任命机构，则由海牙常设仲裁法院秘书长指定任命机构，这就会发生拖延。即使任命机构已选出来了，也不会一开始就存在一位熟悉特定案件和随时准备在出现问题时迅速采取行动的管理人员。

应该说，上述三种仲裁组织形式各有利弊。通常说来，一般情况下，许多有经验的国际从业者还是更倾向于选择机构仲裁。但如前所述，对机构仲裁的普遍利用并不能抹杀临时仲裁和半机构仲裁的优越性，在某些情况下，采用临时仲裁（包括半机构仲裁）对当事人而言可能是更好的选择。关键是应该为当事人提供充足的条件，使当事人在发生争议时可根据自身的需要和权衡作出自己的选择。

---

① 韩健：《现代国际商事仲裁法的理论与实践》（修订本），法律出版社 2000 年版，第 30 ~ 31 页。

② Iran-United States Claims Tribunal 的网站：http：//www. iusct. org/index-english. html。

③ Earl Mclaren, *Effective Use of International Commercial Arbitration：A Primer for In-house Counsel*, 19 J. Int'l Arb. 473, 480-81（2002）.

第二章 执行与解释仲裁协议的基本问题

第一节 概 述

仲裁在很大程度上取决于当事人之间的协议。仲裁员的权力来自仲裁协议，他们获得的授权范围也受到仲裁协议的限制。美国法的一个基本原则就是"仲裁是合同问题，不能要求一方当事人将任何他未曾同意提交仲裁的争议交付仲裁解决。"[①] 在某种意义上，仲裁协议是当事人就放弃司法方式解决争议所达成的一致。特定法律制度对仲裁的态度通常可以与这一事实联系起来。现代法律制度承认，即使是争议发生前达成的仲裁协议也是有效的。事实上，在争议发生前订立仲裁协议是国际贸易中的普遍做法。它们构成了美国最高法院所称的"特殊化的审判地选择条款"。[②]

仲裁协议也是承认和执行仲裁裁决的依据。根据有关国际条约和各国立法，如仲裁协议无效、不存在或无法执行，法院有权拒绝承认和执行据此作出的仲裁裁决。此外，由于仲裁员的授权由仲裁协议加以界定是一个基本观念，因此超出授权范围所作的仲裁裁决通常在裁决作出地和裁决执行地都会受到攻击和质疑。《纽约公约》第 5 条（1）款（c）项允许一国法院拒绝承认和执行仲裁裁决，如果"裁决所处理之争议非为交付仲裁之标的或不在其条款之列，或裁决载有关于交付仲裁范围以外事项之决定"。

当事人关于仲裁的各自想法在争议发生后发生变化是很常见的事。在当事人双方都同意仲裁已不受欢迎的情况下，不会有什么问题；他们可以

[①] *United Steelworkers of America v. Warrior and Gulf Navigation Co.*, 363 U. S. 574, 582（1960）. See AT & T Technologies, Inc. v. Communications Workers of America, 475 U. S. 643, 648-9（1986）; Gateway Coal co. v. Mine Workers, 414 U. S. 368, 374（1974）; Par-Knit Mills, Inc. v. Stockbridge Fabrics Co. , 636 F. 2d 51, 54（3d Cir. 1980）.

[②] *Scherk v. Alberto Culver Co.* , 417 U. S. 506, 507（1974）.

抛开其仲裁协议，并以另一种方式处理有关争议。不过，如果只有一方当事人希望推翻仲裁协议，那么仲裁协议的拘束性就体现出来了。除了某些例外，当代法律制度通常认为，为一方当事人所适当运用的仲裁协议排除了就该协议所涵盖的事项提起的诉讼。《纽约公约》反映并增强了这一趋势。还有一种观点认为，即使一方当事人因反对仲裁而缺席，仲裁也可以进行。① 如果仲裁员已对有关事实和法律予以考虑，而且并未仅仅采纳参加仲裁一方当事人的观点，那么因此作出的裁决并不会因为是由"跛行（limping）"仲裁或单方（ex parte）仲裁所作出的裁决而在强制性方面有所欠缺。

仲裁协议由两个相互联系的原则所支配：当事人自治与协议的契约性质。当事人自治赋予缔约当事人在公共政策的限度内设计他们自己的救济程序的权利。它源自仲裁协议反映了双边和多边交易框架中个人的利益，尽管它是由双方当事人所约定的。仲裁协议的契约因素取决于谈判。合同的双方当事人在拥有平等的谈判地位的情况下必须达成相互满意的结果。此外，为使法院承认仲裁协议是有效的，该协议必须遵守公认的合同当事人的权利和义务，即它必须具有相互关系（mutuality）、对价等。正如Domke所言，"是协议的精神而并不仅仅是措辞支配着对仲裁条款的解释……"。②

美国法律承认仲裁协议的有效性并且通常尽量允许对仲裁协议的实际执行。"仲裁协议不会被宣布无效以允许一方当事人背弃该契约而诉诸法院。这种做法会导致耗时费力的诉讼，而这正是当事人通过订立仲裁协议力图避免的危险之一。"③ 为此，其在认定仲裁协议效力方面确立或接受了一系列有利于仲裁的基本法律原则。④

毫无疑问，讨论美国法下仲裁协议的执行和解释问题，就不能不涉及有

---

① *See* A. Redfern & M. Hunter, *Law and Practice of International Commercial Arbitration* 351-53, 381-82 (2d ed. 1991).

② G. Wilner (ed.), *Domke on Commercial Arbitration* (*The Law and Practice of Commercial Arbitration*), rev. edn, (Wilmette, Ill., 1984), p. 47, 转引自 Julian D. M. Lew, *Arbitration Agreements: Form and Character, in* ESSAYS ON INTERNATIONAL COMMERCIAL ARBITRATION 51, 51-52 (edit. by Petar Š) arcevic, 1989).

③ *Southland Corp. v. Keating*, 465 U. S. 1, 7 (1984).

④ 关于本章, *see* Gary B. Born, *International Commercial Arbitration: Commentary and Materials* 53-117 (2d ed. 2001); Gary B. Born, *International Commercial Arbitration in the United States: Commentary and Materials* 183-86, 192-94, 197-231 (1994).

关仲裁协议独立性和管辖权/管辖权的理论。上述两种理论确立了关于美国法院和仲裁庭在解释和执行仲裁协议方面的各自作用的基本原则。同样,这两种理论都对仲裁协议的法律适用及其强制性问题具有重要的影响。①

第二节　仲裁协议的独立性

一、仲裁协议独立性原则的确立

人们现在普遍认为,仲裁条款与包含仲裁条款的合同是"可分离的"(separable)。各机构仲裁规则对此都有明确规定,包括美国在内的各国司法判决也给予了承认。通常认为仲裁条款分离性(separability)理论(也即仲裁条款独立性理论)对仲裁进程具有非常重要的影响:"承认国际仲裁条款的自治性(autonomy)是国际仲裁观念上的基石。"②

仲裁协议独立性理论认为,一份仲裁协议,即使包含在基本合同之内并与之密切相关,它也是一份单独的(separate)和自治的(autonomous)协议。③ FAA 并未明确规定仲裁协议独立性问题。其第 2 条"仲裁协议的有效性、不可撤销性和执行"只规定:"在任何海事交易中或者表明涉及商事的交易的契约中约定将以后因上述契约或交易引起的或者因拒绝履行上述契约或交易的全部或部分引起的争议提交仲裁的书面规定,或者将因上述契约、交易或拒绝而引起的现有争议提交仲裁的书面协议,都是有效的、不可撤销的和有强制性的,但具有普通法或者衡平法上的撤销任何契约的理由者除外。"但美国法院在司法实践中通过一系列判例确立了联邦法下仲裁协议的独立性原则。其中最重要的判例是 *Robert Lawrence Co. v. Devonshire Fabrics*, *Inc.* ④ 案和 *Prima Paint Corp. v. Flood & Conklin Mfg.*

---

① Gary B. Born, *International Commercial Arbitration in the United States*: *Commentary and Materials* 192 (1994)

② *See* W. Craig, W. Park & J. Paulsson, *International Chamber of Commerce Arbitration* § 5. 04 (2d ed. 1990),转引自 Gary B. Born, *International Commercial Arbitration in the United States*: *Commentary and Materials* 192 (1994).

③ Gary B. Born, *International Commercial Arbitration in the United States*: *Commentary and Materials* 192 (1994).

④ 271 F. 2d 402 (2d Cir. 1959).

Co.① 案。由于法院对上述两个案件的判决对美国仲裁实践的发展具有十分重大的意义（不仅限于仲裁协议独立性方面），本书将对这两个案例予以详细介绍和分析。

（一） *Robert Lawrence Co. v. Devonshire Fabrics*，*Inc.* 案②

Robert Lawrence Co. 与 Devonshire Fabrics，Inc. 签订了一份包含仲裁条款的协议。争议发生后，前者向地区法院提起诉讼，后者则根据 FAA 第 3 条请求中止诉讼。针对后者的请求，Lawrence 以其被欺诈性诱导为由对仲裁协议的有效性提出异议。地区法院认为，只有先由法院解决是否存在 Lawrence 所声称的合同订立中的欺诈之后才能对"仲裁协议"的效力进行裁决。第 2 司法巡回区上诉法院拒绝了该主张。在这份被称为"经典"③ 的判决意见书中，第 2 巡回法院首先论证了本案合同中仲裁条款的有效性和解释应受联邦法（即 FAA）而非州法的支配。④

接下来，法院指出，在判决维持或撤销被上诉的命令之前，有必要回答以下问题：（1）FAA 是否禁止当事人约定将他们之间此后发生的任何争议包括合同订立中存在欺诈的争议提交仲裁；（2）如果上述仲裁协议已订立且被指控的惟一的欺诈是诱导购买货物过程中的欺诈，而非与仲裁协议的订立有关的欺诈，那么 FAA 第 2 条所规定的例外——"但具有普通法或者衡平法上的撤销任何契约的理由者除外"是否适用；（3）本案当事人是否订立了有拘束力的仲裁协议；以及（4）仲裁条款是否足够宽泛从而可以包括有关欺诈的主张？

法院认为，就 FAA 表面看来，该法规显然承认在当事人的整个合同与合同的仲裁条款之间存在着区别。FAA 第 2 条并非从总体上对合同施加影响。相反，它仅确认"在任何海事交易中或者表明涉及商事的交易的契约中约定将以后因上述契约或交易引起的争议提交仲裁的书面规定"是"有效的、不可撤销的和有强制性的"；第 3 条则准予中止联邦法院内就仲裁协议项下的事项所进行的任何诉讼程序。

法院指出，其之所以将第 2 条解释为将仲裁协议视作合同可分离的部

---

① 388 U. S. 395 (1967).

② *See* Gary B. Born, *International Commercial Arbitration in the United States*：*Commentary and Materials* 200-204 (1994).

③ Gary B. Born, *International Commercial Arbitration in the United States*：*Commentary and Materials* 200 (1994).

④ 关于该问题，见本书第 3 章第 1 节，此处略。

分，不仅基于原文清楚的措辞，也为几个其他相关因素所支持。首先，仲裁条款在历史上就被视为合同可分离的部分，尽管对仲裁条款的这种态度通常意味着剥夺了其效力。① 其次，自 FAA 被通过后，各法院一直持有类似观点：合同的部分违法并不导致仲裁协议无效。② 所称的违约或拒绝履行合同也不能排除仲裁权利。

尤为重要的是，法院宣称："任何有关 FAA 解释的疑问都应按该法支持仲裁的自由主义政策解决，以符合当事人的初衷并协助减轻法院目前过重的工作负担。上述政策一直为联邦法院反复强调和执行，我们认为它应该获得大力支持。"

法院指出，毫无疑问，当事人有权约定将来发生争议时由仲裁员决定的事项之一是当事人一方是否被欺诈性地诱导而订立了有关商品交付的主合同。公共政策并不禁止此种约定。欺诈问题与案件的其他事实问题不可避免的纠缠在一起。实际上，欺诈性诱导与因交付有缺陷的商品而导致的纯粹不履行之间的区别仅仅取决于法律上的用词和对法律结论的陈述。只要确定仲裁协议是"有效的、不可撤销的和有强制性的"，法律就不会阻挠当事人的下述意愿：不能仅仅因为宣称存在欺诈性诱导就否定或拖延仲裁，因为这会损害仲裁协议力图实现的目的——由商务专家主持的迅速而费用相对低廉的审判。

至于第 2 条的但书，法院认为，与前述分析并不矛盾。第 2 条所指的协议是主合同中的仲裁条款。如果该仲裁条款是欺诈性诱导的产物，就不能再进行仲裁；如果对该欺诈提出指控的当事人提供了其指控的根据，那么在法院现在处理的这类案件中就必须在中止诉讼程序前对该问题进行司法裁决。仅有理由主张有关交付某种品质的商品的合同是欺诈性诱导的产物，这是不够的。

（二）*Prima Paint Corp. v. Flood & Conklin Mfg. Co.* 案③

联邦法下的仲裁协议独立性原则在美国的最终确立是 1967 年最高法院对 *Prima Paint Corp. v. Flood & Conklin Mfg. Co.* 一案的判决。

Flood & Conklin Manufacturing Company（"F&C"）与 Prima Paint Corpo-

---

① *Hamilton v. Home Insurance Co.*, 137 U. S. 370（1890）.

② *Wilko v. Swan*, 201 F. 2d 439（2d Cir. 1953），*reversed on other grounds*, 346 U. S. 427.

③ *See* Gary B. Born, *International Commercial Arbitration in the United States: Commentary and Materials* 204-208（1994）.

ration("Prima Paint") 签订了一份咨询协议。该协议包含了一条被最高法院称为"宽泛的仲裁条款"(a broad arbitration clause) 的规定:"凡因本协议或违反本协议而引起的或与本协议或违反本协议有关的任何争议或主张,均应按照美国仲裁协会当时通用的规则在纽约市通过仲裁解决……"咨询协议执行一周后,F&C 申请破产。Prima Paint 因此拒绝给付协议下的应付款项并向 F&C 提出其因谎称自己有偿付能力而违反了合同。F&C 随后发出了意图仲裁的通知。作为回应,Prima Paint 在联邦地区法院提起了诉讼,以存在欺诈性诱导为由请求宣告咨询协议无效。F&C 则申请在仲裁前中止诉讼程序。地区法院同意了 F&C 提出的在仲裁前中止诉讼的请求,认为在合同包含了类似本案这样宽泛的仲裁条款的情况下,若主张该合同存在欺诈性诱导,则此种主张应由仲裁员而非法院予以决定。地区法院上述结论的依据是前述 *Robert Lawrence Co. v. Devonshire Fabrics*, *Inc.*① 案。第 2 司法巡回区上诉法院驳回了 Prima Paint 的上诉。它指出,该合同表明存在涉及州际商事的交易;根据占支配地位的 *Robert Lawrence Co.* 案判决的观点,针对合同而笼统提出的有关欺诈性诱导的指控与针对仲裁条款自身所提出的同样指控不同,前者应由仲裁员而非法院决定;即使面对的是州的相反规则,该规则作为"全国性的实体法"(national substantive law) 也予适用。案件上诉到最高法院后,最高法院作出了如下著名判决②:

> 本案提出了这样一个问题,即在一个由 1925 年的 [FAA] 所支配的合同下,如无证据表明缔约当事人打算将"诱导中存在欺诈"的主张排除在仲裁解决的事项之外,那么是由联邦法院还是仲裁员来解决上述问题。……
>   ……
> ……虽然理由不太一样,但我们同意并维持下级法院的判决。
> 关键的成文法规定是 [FAA] 的第 2 条、第 3 条和第 4 条。第 2 条规定"在任何海事交易中或者表明涉及商事的交易的契约中"约定仲裁的书面规定"都是有效的、不可撤销的和有强制性的,但具有普通法或者衡平法上的撤销任何契约的理由者除外。"第 3 条则要

---

① 271 F. 2d 402 (2d Cir. 1959), *cert. dismissed*, 364 U. S. 801 (1960).
② 该案同样涉及联邦法和州法之间的关系问题,最高法院的判决对此予以了阐述,有关内容见本书第 3 章第 1 节,此处略。

求联邦法院在仲裁前中止"就根据书面仲裁协议可提交仲裁的事项"向其提起的诉讼，只要它确信该事项根据上述协议是可以仲裁的。第4条则为"因所声称的另一方当事人放弃、怠于或拒绝根据书面仲裁协议进行仲裁而受到损害的"一方当事人提供了联邦救济，要求联邦法院命令仲裁，只要它确信仲裁协议已订立且未获遵守。……

[最高法院首先确定该合同属于 FAA 第 1 条的适用范围。]我们现在转向本案的中心问题：有关整个合同存在欺诈性诱导的主张是由联邦法院解决还是提交仲裁员决定。各上诉法院对该问题的处理方法不同。正如在本案及其他案件中所表达的那样，第 2 司法巡回区上诉法院的观点是——除非当事人有不同的意思——仲裁条款作为联邦法上的一个问题与包含该仲裁条款的合同是"可分离的"，在未主张仲裁条款本身存在欺诈时，一条宽泛的仲裁条款将被视作包含了对合同本身是欺诈性诱导的产物的主张的仲裁。另一方面，第 1 司法巡回区上诉法院认为"分割性"问题是州法的问题，如果州法认为上述条款是不可分离的，则有关欺诈性诱导的主张就必须由法院决定。*Lummus Co. v. Commonwealth Oil Ref. Co.*，280 F. 2d 915，923-924（1st Cir.），*cert. denied*，364 U. S. 911（1960）。

对于在联邦法院提起的涉及海事合同或表明"商事"交易的合同的案件，我们认为国会已提供了一个明确的答案。这个答案可以在 FAA 第 4 条中找到，该条为请求强制仲裁的一方当事人提供了救济。根据第 4 条的规定，对于仲裁条款项下的争议，在不存在仲裁条款的情况下原本享有管辖权的联邦法院如确信"在仲裁协议的订立或[仲裁协议]未获遵守的问题上不存在异议"，则应命令当事人进行仲裁。因此，如果当事人的主张是仲裁条款本身存在欺诈性诱导——该问题涉及仲裁协议的"订立"——联邦法院就可以对该问题进行判决。但成文法的措辞不允许联邦法院对整个合同存在欺诈性诱导的主张进行裁决。虽然第 4 条并不是直接针对本案这种情况的，在本案中当事人是请求中止联邦诉讼以便可以进行仲裁，但不能设想，国会意图使所适用的规则因首先请求联邦法院协助的当事人不同而有所不同。因此，我们认为在审查第 3 条下中止诉讼的申请时，联邦法院只能考虑与仲裁协议的订立和履行有关的问题。上述结论不仅符合成文法的明确含义，而且与国会这一清楚无误的目的一致，即在合同当事人选择了仲裁程序的情况下，该程序就应是迅速而不受法院拖延阻塞之苦的。

在本案中 Prima Paint 并未主张 F&C 欺诈性地诱导它签订了将"凡因本协议或违反本协议而引起的或与本协议或违反本协议有关的任何争议或主张"提交仲裁的协议。该合同措辞无疑宽泛到足以包含 Prima Paint 关于咨询协议本身的签订是欺诈的结果的主张。事实上，Prima Paint 也未主张其曾经打算将与该合同有关的"法律"问题排除在仲裁之外，或它是在并非完全自由的情况下订立该合同的。联邦法院必须适用国会针对其拥有立法权的事项（这里是涉及商事的合同）所制定的规则。Prima Paint 请求地区法院在准予进行仲裁之前予以判决的问题并非国会打算用以延期批准第 3 条所规定的中止诉讼的问题。因此，我们维持下级法院驳回 Prima Paint 上诉的判决。

此外，Harlan 法官在加入最高法院意见的同时，特别提到其之所以维持下级法院的判决的另一个根据是 *Robert Lawrence Co. v. Devonshire Fabrics, Inc.* 案。

但 Black 法官、Douglas 法官和 Stewart 法官针对多数法官的意见发表了反对意见，指出：撰写 *Robert Lawrence* 案判决的 Medina 法官"在确立现在为最高法院所采纳的分离性规则时，其理由不是因为［FAA］第 4 条对上述规则作了规定从而提供了'明确的答案'，也不是因为他考察了当事人的意愿，而是因为他认为，分离性规则可以促进'支持仲裁的自由主义政策'。""现在虽未明确这样表述，但最高法院就是在做 Medina 法官在 *Robert Lawrence* 案中所做的事。"

自 *Prima Paint* 案后，仲裁协议独立性原则已被确认为 FAA 下美国联邦法的一条既定规则。① 对于不受 FAA 支配的仲裁协议的独立性问题，各州仲裁法的规定则有所不同。②大部分州承认，不受 FAA 支配的宽泛的

---

① 下级联邦法院和除阿拉巴马州（*Allstar Homes, Inc. v. Waters*, 1997, Ala. LEXIS 454; app. rhg. den. 711 So. 2d 924（Ala. Sup. Ct. 1998））之外的各州法院均认为受 FAA 支配的措辞宽泛的仲裁条款是具有强制性的，无论包含该仲裁条款的合同是否具有强制性。*See Teledyne, Inc. v. Kone Corp.*, 892 F. 2d 1404, 1410（9th Cir. 1989）; *Union Mutual Stock Life Ins. Co. v. Beneficial Life Insurance Co.*, 774 F. 2d 524, 529（1st Cir. 1985）.

② 作为示范法的《统一仲裁法》没有明确规定此问题，只是在第 2 条第（e）款中规定："进行仲裁的命令，不能以争端中的要求缺乏法律依据或缺乏善意为理由而拒绝，亦不能因为提请仲裁的要求中的瑕疵或其理由没有得到阐明而拒绝。"而《统一仲裁法修正案》第 6 条第（c）款则规定："仲裁员应决定……包含有效仲裁协议的合同是否具有强制性"，从而明确采纳了仲裁协议独立性原则。

仲裁条款是可分割的且具有独立的强制性，因此有关合同总体上可撤销或无效的主张必须由仲裁员而不是法院决定，但路易丝安那州、明尼苏达州、俄克拉荷马州和田纳西州对上述主张持反对意见。①另外，美国仲裁协会 2005 年《商事仲裁规则》第 R－7 条第（b）款规定："仲裁员应有权对包含仲裁条款的合同的存在或效力作出决定。该仲裁条款应被视为独立于合同其他条款的一个协议。仲裁条款不得仅因仲裁员裁决合同无效而无效。"其 2005 年《国际仲裁规则》第 15 条第 2 款也有相同的规定。不过，本书讨论的重点仍是美国法院对联邦法下独立性原则的适用。

二、仲裁协议独立性原则的分析

（一）仲裁协议独立性原则的后果

毫无疑问，仲裁协议独立性理论对仲裁协议的执行和解释具有重要影响。首先，它为仲裁条款在当事人的基本合同已期满或无效的情况下仍保持效力提供了基础。当然，反过来，仲裁协议独立性理论也意味着，仲裁协议的无效并不必然影响基本合同。另外一个结论是，基本合同的无效不会导致仲裁裁决无效。仲裁协议的独立还意味着，理论上，支配仲裁协议的法律可以与适用于主合同的法律不同。此外，在当事人申请法院中止诉讼或执行仲裁条款时，现在的普遍做法是法院只能就仲裁协议进行审查，而仲裁协议独立性理论是构成此种实践的一个重要基础。因此，法院通常不能对包含仲裁条款的主合同的有效性、含义或强制性进行评判。法院的判决只能限于，仲裁条款在单独考虑的情况下是否存在并且没有使其无效的缺陷。最后，仲裁协议独立性理论为管辖权/管辖权理论提供了根据，而管辖权/管辖权理论对仲裁进程具有其自身的重要影响。如果仲裁条款被视作是自治的，则仲裁庭在决定其是否具有审理案件的资格时，只需审查该条款即可。如果仲裁庭以后认定包含该仲裁条款的合同是无效的或受到了欺诈性诱导，其就此一认定作出有拘束力的裁决的权力也并不必然受到影响。②

---

① See Shaffer v. Jeffery, 915 P. 2d 910, 916 nn. 1213 (Sup. Ct. Ok. 1996). 阿拉巴马州和得克萨斯州可能也会要求由法院裁判有关不受 FAA 支配的合同存在引诱性的欺诈的主张。See Shearson Lehman Bros., Inc. v. Kilgore, 871 S. W. 2d 925, 928 (Tex. App. 1994)（dicta）.

② 这并不是说，法院不能随后推翻仲裁庭关于其有权进行仲裁的决定。这提出了一个相关但有区别的问题，其答案因适用的法律不同而不同。

（二）仲裁协议独立性原则的基础

至于仲裁协议独立性的依据，美国的法院判决、学者著述从不同的角度进行了论证。① 首先，当事人的明确约定是仲裁协议独立性的一个可能来源。最常见的就是仲裁协议将明确规定仲裁条款独立于当事人基本合同的机构规则合并进来。此外，国内法也为独立性理论提供了基础。不过值得注意的是，尽管 *Robert Lawrence* 案和 *Prima Paint* 案判决均将 FAA 的有关规定解释为包含了对仲裁协议独立性的认可，但严格考察 FAA 第 2、3、4 条的规定，也不得不承认 *Prima Paint* 案中 Black 法官的反对意见不是没有道理的，即前述条款并未明确规定仲裁协议独立性的问题。两案判决之所以作出上述解释，还有真正深层次的原因。为此，美国学者和法官进一步从理论逻辑上探讨了仲裁协议独立性的基础。他们认为：当事人的仲裁协议是由不同于和独立于基本合同的约定所构成的："彼此承诺将有关争议提交仲裁通常构成了相互间的对价并构成合同的一个可分离和具有强制性的部分。"② 还有一种观点是，作为争议解决条款的仲裁协议的"程序"性质可为其独立性提供根据。而更多的学者则从当事人隐含的约定这个角度探寻仲裁协议独立性的基础。他们指出：（a）仲裁协议的当事人通常"打算将包括与合同或合约的效力有关的争议在内的任何争端提交仲裁"；（b）如果否认仲裁协议的独立性，"包含仲裁条款的合同的当事人就可通过仅仅宣告该合同无效这一权宜之计轻易规避其仲裁义务"；（c）"'仲裁协议'这一概念和措辞本身暗示了一份单独的或至少是可分的协议的存在……"③

不过仅从以上角度探讨仲裁协议独立性原则的根据可能并不够。仔细分析美国法院的判决，我们不难发现，法院在采纳仲裁协议独立性原则时，固然也尽量从成文法上寻找依据，并进行法理的分析，但客观的说，这种依据和分析在面对如 Black 等法官的批评时其实并非是无懈可击的。如前所述，对 FAA 文本的严格解释或许确实难以导致 *Robert Lawrence* 案和 *Prima Paint* 案判决的结论。而且，如果纯粹从理论上进行分析的话，

① See Gary B. Born, *International Commercial Arbitration: Commentary and Materials* 69-70 (2d ed. 2001).

② *Robert Lawrence Co. v. Devonshire Fabrics, Inc.*, 271 F. 2d 402, 409 (2d Cir. 1959).

③ S. Schwebel, *International Arbitration: Three Salient Problems* 3-6 (1987), 转引自 Gary B. Born, *International Commercial Arbitration: Commentary and Materials* 69 (2d ed. 2001).

反对派的论证未尝不具有一定的说服力。① 但是正如 *Robert Lawrence* 案判决所明确宣称的,"任何有关 FAA 解释的疑问都应按该法支持仲裁的自由主义政策解决,以符合当事人的初衷并协助减轻法院目前过重的工作负担。上述政策一直为联邦法院反复强调和执行,我们认为它应该获得大力支持。"这才是接受仲裁协议独立性的真正原因。换言之,美国联邦法院之所以认可仲裁协议的独立性,还是基于实际需要。也就是说,仲裁协议独立性原则"有用"。仲裁的优势在于提供了中立的、有效的和可靠的争议解决方式。不妨设想,如果当事人正是基于上述目标而签订了仲裁协议,那么关于仲裁协议的独立性问题,他们还可能或还应该抱持何种观点呢?他们不会希望针对基本合同的存在或效力所提出的异议破坏仲裁进程。毫无疑问,接受仲裁协议独立性原则有利于真正实现当事人签订协议的目的,有利于促进商事交往的发展,有利于减轻法院的工作负担。"确实,人们接受或不接受一种理论或实践,并不取决于理论的逻辑,而取决于事物的逻辑,不取决于论证是否有力,而取决于运用起来是否有力。"②这种实用主义的精神在美国法院有关仲裁的一系列司法判决中得到了充分体现。

当然,反对仲裁协议独立性理论的学者也指出,仲裁协议独立性理论忽视了仲裁协议及其基本合同之间不可避免的相互关系,以及后者在订立上的缺陷必定影响前者的事实。③ 这就涉及仲裁协议独立性理论的具体运用问题。

（三）适用仲裁协议独立性原则时应注意的问题

独立性原则主要适用于一方当事人基于对包含仲裁条款的基本合同的质疑而对仲裁条款的订立或效力提出异议的场合。通常,根据该原则,有关撤销或终止包含仲裁条款的基本合同的主张并不影响仲裁协议的效力。④ 具体而言,美国的下级联邦法院以 *Prima Paint* 案判决为根据,认

① 美国学者也承认,独立性理论看起来违反直觉。Ronald C. Peterson, *International Arbitration Agreements in United States Courts*, Dispute Resolution Journal 44, 55 (Feb. 2000).

② 苏力:《思想的组织形式——〈正义/司法的经济学〉译序》,见［美］理查德·A·波斯纳:《正义/司法的经济学》,苏力译,中国政法大学出版社 2002 年版,第 IV 页。

③ *See* Gary B. Born, *International Commercial Arbitration in the United States: Commentary and Materials* 193 (1994).

④ *Union mutual Stock Life Ins. Co. of America v. Beneficial Life Ins. Co.*, 774 F. 2d 524, 528-29 (1st Cir. 1985); *Commonwealth Edison Co. v. Gulf Oil Corp.*, 541 F. 2d 1263 (7th Cir. 1976); *Hart Enterprises International, Inc. v. Anhui Provincial Import & Export Corp.*, 888 F. Supp. 587 (S. D. N. Y. 1995).

定：如受 FAA 支配的仲裁条款足够宽泛，以至可以包括如下争议，即是否可因引诱性的欺诈（fraud in the inducement）、相互错误（mutual mistake）、合同目的落空（frustration of purpose）或可适用的州法下的某种其他理由而撤销包含仲裁条款的合同，则仲裁条款具有单独的强制性，合同其余部分是否应予撤销的问题由仲裁员而非法院决定。① 此外，宣称基本合同缺乏对价（failure of consideration）也不影响仲裁协议的效力。② 但下级法院和诉讼当事人也不断发现，区分仲裁条款和主要协议也可能是很困难的，特别是在后者受到可靠的质疑时更是如此。③ 仲裁条款与主要合同之间的事实上的和概念上的关系有时的确很难忽视。④ 所以并非在任何情况下都能借助独立性理论使仲裁条款免受基本合同存在与否及其效力的影响。事实上，有些法院就认为，在声称存在对事实的欺诈（fraud in the factum）的情况下，*Prima Paint* 案有关仲裁协议独立性的观念就不能适用了。⑤此外，各联邦法院在 *Prima Paint* 案有关独立性的推定是否适用于自始无效（void *ab initio*）的合同中的仲裁条款这个问题上也意见不一。⑥ 还有一些法院认为，有关合同从未成立的抗辩（例如，宣称合同上的当事人签名是伪造的），与有关无效的抗辩不同，必须由法院决定。⑦ 有时，法院还需就影响基本合同的某些问题进行判决以确定是否执行仲裁协议。例如，争议能否仲裁取决于被告是不是基本合同的受益第三人；⑧ 争议能

---

① Ronald C. Peterson, *International Arbitration Agreements in United States Courts*, Dispute Resolution Journal 44, 81 (Feb. 2000).

② *See Lawrence v. Comprehensive Business Services Co.*, 833 F. 2d 1159 (5th Cir. 1987); *Erving v. Virginia Squires Basketball Club*, 468 F. 2d 1064 (2d Cir. 1972); *Hellenic Lines v. Louis Dreyfus Corp.*, 372 F. 2d 753 (2d Cir. 1967).

③ *See Sauer-Getriebe KG v. White Hydraulics, Inc.*, 715 F. 2d 348, 350 (7th Cir. 1983), *cert. denied*, 464 U. S. 1070 (1984).

④ *Cf. Filanto S. p. A. v. Chilewich Int'l Corp.*, 789 F. Supp. 1229, 1239 (S. D. N. Y. 1992).

⑤ *See Cancanon v. Smith Barney, Harris, Upman & Co.*, 805 F. 2d 998, 1000 (11th Cir. 1986).

⑥ *Compare Cancanon*, 805 F. 2d at 1000 and *Three Valleys Mun. Water Dist. v. E. F. Hutton & Co.*, 925 F. 2d 1136, 1140 (9th Cir 1991) with *Mesa Operating Ltd.*, *v. Louisiana Interstate Gas Corp.*, 797 F. 2d 238, 244 (5th Cir. 1986).

⑦ *Jolley v. Welch*, 904 F. 2d 988 (5th Cir. 1990).

⑧ *McPheefers v. McGinn, Smith & Co.*, 953 F. 2d 771, 773 (2d Cir. 1992).

否仲裁取决于基本合同是否已被修改从而排除了仲裁条款。① 对于与此有关的问题，本书将在第 3 章第 1 节予以讨论。

对于仲裁协议独立性理论的具体适用问题，还要注意，美国法院在阐述独立性原则时，多次强调其适用的前提是宽泛的仲裁条款。"法院处理基本合同的权力最终取决于仲裁条款的范围，因为仲裁条款确定并限制了提交仲裁的事项。"② 也就是说，如果仲裁条款本来就没有涵盖有关基本合同无效、终止等方面的争议，那么上述争议只能由法院解决。仲裁条款独立性原则在此不能排除法院的管辖。有关对仲裁协议范围的解释问题，本书将在第 5 章第 2 节予以探讨。

此外，关于仲裁协议独立性原则的适用，还需明确一点，该原则通常可为当事人的协议所更改。假定当事人明确约定仲裁条款与其基本合同不可分，则没有任何理由禁止当事人的此种约定。当事人在什么情况下可能约定其仲裁条款与其基本合同不可分呢？例如，当事人希望在其根据基本合同的条款保持合作的情况下适用相对合意的仲裁程序，而希望一旦基本合同本身受到质疑时能够自由地向法院提起诉讼。在这种情况下就不应禁止当事人排除仲裁协议独立性原则的适用。③ 事实上，这一点与上一个观点在本质上是一致的。其根据都是对当事人意思的尊重。无疑，包含仲裁条款的合同当事人在合同上有权约定应由法院而非仲裁员决定有关合同总体上可撤销或无效的主张，或有权选择相应法律以确定应由法院还是仲裁员决定上述问题。④

最后，必须澄清的关键一点，通过确立联邦法下的仲裁协议独立性原则，美国法院对 *Prima Paint* 等案的判决再次强调了鼓励商事仲裁的强有力的国家政策。明确这一点非常重要。因为仲裁协议独立性理论也可用来反对仲裁。前述 *Robert Lawrence* 案的法院判决就曾指出："历史上仲裁条款就被视为合同可分离的部分，尽管对仲裁条款的这种态度通常意味着剥夺了其效力。"此外，一些国家对仲裁协议适用特别的实体法规则，此种

---

① *Maria Victoria Naviera S. A. v. Cementos Del Valle*, S. A. , 759 F. 2d 1027, 1030 (2d Cir. 1985).

② Jack J. Coe, Jr. , *International Commercial Arbitration: American Principles and Practice in a Global Context* 133 (1997).

③ Gary B. Born, *International Commercial Arbitration: Commentary and Materials* 73 (2d ed. 2001).

④ Ronald C. Peterson, *International Arbitration Agreements in United States Courts*, Dispute Resolution Journal 44, 55 (Feb. 2000) .

特别规则使仲裁协议更难获得执行。而具有讽刺意味的是，上述"排斥仲裁"的规则却是以仲裁协议独立性原则为基础的，即认为仲裁条款与基本合同可分离。① 所以这里要特别强调，包括美国在内的现代各国仲裁法对仲裁协议独立性原则的采纳，其出发点是支持仲裁的公共政策；是基于这样一种担心：当事人一方可以通过申请法院宣告整个合同可撤销或无效而轻易规避仲裁条款；是以如下推定为依据的：在没有清楚表示相反意思的情况下，当事人所订立的措辞宽泛的仲裁条款要求对合同总体上可撤销或无效的主张进行仲裁。② 明确了这一点，我们在实践中才不会陷入适用仲裁协议独立性原则的误区，歪曲了独立性原则的本意。

　　总之，通过上述探讨，可以得出结论：在美国，仲裁协议独立性原则之所以得以确立以及它在实践中的具体适用集中表明两点：一是对当事人意思的尊重，二是对仲裁的支持。

第三节　权力划分：管辖权/管辖权原则

一、概述

　　与仲裁协议独立性原则有关的另一个问题是如何在仲裁员和国内法院之间对解释仲裁协议和确定仲裁协议强制性的权力进行分配。也就是说，由谁（仲裁员还是国内法院）来决定与仲裁协议的订立、效力或解释有关的争议？这里要注意：上一节讨论的问题是，在判断仲裁协议的存在或效力时，主合同的存在与效力是否对其产生影响。仲裁协议独立性理论主张仲裁协议独立存在，主合同的解除、撤销、终止或无效等不影响仲裁协议的效力，相应地，针对主合同效力提出的异议应由仲裁员决定。美国法院采纳仲裁协议独立性原则较早，即承认仅与主合同有关的问题由仲裁员决定。但这里要讨论的是针对仲裁协议本身提出的异议或者说针对仲裁庭的管辖权提出的异议由谁（法院还是仲裁员）决定的问题。在美国，仲裁员（庭）的管辖权问题常常被称为"可仲裁性"（arbitrability）问题，这里的可仲裁性泛指仲裁庭是否可对某一特定争议、事项、问题行使管辖

---

①　Gary B. Born, *International Commercial Arbitration*: *Commentary and Materials* 73 (2d ed. 2001).

②　Ronald C. Peterson, *International Arbitration Agreements in United States Courts*, Dispute Resolution Journal 44, 55 (Feb. 2000).

权，如果仲裁庭对某一事项享有管辖权，该事项就具有可仲裁性。① 而仲裁庭对自己的管辖权问题是否享有管辖权，这一问题则被称为"可仲裁性的可仲裁性问题"。

仲裁庭的管辖权问题或可仲裁性问题主要与仲裁协议的存在、效力和范围有关。从美国相关的法律规定和具体实践来看，有关仲裁协议的争议可能在以下不同场合发生：②

首先，在一方当事人试图启动仲裁时，另一方当事人可以仅仅通过不参加仲裁程序来拒绝履行仲裁条款。如果发生这种情况，寻求仲裁的当事人就会在申请强制仲裁的司法诉讼中提出仲裁条款的含义或强制性问题。或者，仲裁庭可继续作出终局缺席裁决（明示或默示地确认了它自己的管辖权）。之后，败诉方既可在胜诉方提起的执行仲裁裁决之诉中，也可在撤销仲裁裁决的司法诉讼中对仲裁协议的含义和强制性表示异议。

其次，当事人一方可能在国内法院提起涉及当事人基本争议的诉讼从而破坏仲裁协议。该方当事人既可能在另一方当事人发起仲裁的同时，也可能在任何诉诸仲裁的努力发生前这样做。无论哪种情况，都可能在中止司法程序的申请中提出仲裁协议的含义或强制性问题。如果仲裁庭已组庭，仲裁协议的解释或效力问题还可能同时向仲裁庭提出。

第三，当事人双方可能都放弃了国内法院的诉讼而参加仲裁程序。尽管如此，当事人一方还是可能向仲裁庭提出其缺乏对部分或全部争议的管辖权。仲裁庭通常会对该问题的有关主张进行审理并作出有关管辖权的临时裁决。假定仲裁庭确认自己有管辖权，则败诉方可随后向国内法院申请撤销管辖权裁决（或其中包括管辖权问题的终局裁决）。

最后，当事人可能对其争议的实质问题加以仲裁，但一方当事人试图保留其有关管辖权的权利。一旦终局仲裁裁决被作出，败诉方可能申请撤销该裁决；或者，他可能拒绝履行该裁决从而胜诉方将不得不申请司法执行。伴随管辖权异议已被放弃的主张，撤销或执行终局裁决的诉讼可能会提出有关作为基础的仲裁协议的强制性的问题。

在前述大部分情况下都提出了法院和仲裁员在决定对仲裁协议的异议

---

① 我国学者及其著述中通常使用的"争议事项的可仲裁性"是指依可适用的法律，争议标的本身是否可以通过仲裁方式解决的问题。该问题也包括在仲裁管辖权问题的范畴之内，但仅属于其中的一个方面。

② See Gary B. Born, *International Commercial Arbitration: Commentary and Materials* 75-76 (2d ed. 2001).

方面各自的作用问题（即美国学者所称的可仲裁性的可仲裁性问题）。

各机构仲裁规则以及一些国内法明确规定，仲裁庭具有决定其自身管辖权的管辖权。这一原则在欧洲大陆被称为管辖权/管辖权理论（the doctrine of "Kompetenz-Kompetenz" or "competence-competence"）。①

那么管辖权/管辖权原则与仲裁协议独立性原则的关系如何呢？首先，二者之间是有紧密联系的，实质上都是对仲裁员和法院在权力上的划分。而且采纳仲裁协议独立性原则也是确立管辖权/管辖权原则的前提。② 但二者之间的区别也是明显的。③ 正如波士顿大学的 William W. Park 教授所言：

> 管辖权/管辖权分析不应与'分离性'原则相混淆……后者意味着在确定仲裁条款的效力时将与包含该条款的基本商事合同的效力独立开来。……分离性原则本身……并不能确定仲裁条款自身的效力。尽管在合同的其他条款存在缺陷的情况下仲裁条款也可能有效，但这并不意味着仲裁条款必定有效，或仲裁员对仲裁条款效力的错误决定就会免受司法审查。分离性原则与管辖权/管辖权原则仅在这个意义上交叉即就其自身管辖权进行裁决的仲裁员（与决定是否允许继续仲裁的法院一样）将只考察仲裁条款本身，而不涉及整个合同。④

尽管管辖权/管辖权原则有它笼统的含义（即仲裁员有权决定自己的

---

① 在德国法里，"Kompetenz-Kompetenz" 一词被用来表示这样一个观念，即对管辖权问题进行裁决的管辖权。Mahir Jalili, *Kompetenz-Kompetenz: Recent U. S. and U. K. Developments*, 13 J. Int'l Arb. 169, 169 n. 1（1996）.

② 不能设想，可以在否认仲裁协议独立性的情况下适用管辖权/管辖权原则。因为，如否认仲裁协议的独立性，则仲裁庭在判断仲裁协议效力时，还要考虑主合同的效力，假若仲裁庭认定主合同无效，则仲裁协议相应无效，仲裁庭对该案应无管辖权，但此时仲裁庭已通过认定主合同无效而对案件实质问题进行了审查，则与其对案件无管辖权的认定相矛盾，所以要赋予仲裁庭决定自己管辖权的权力，逻辑前提之一是接受仲裁协议的独立性。因为二者之间的密切联系，大多数立法和仲裁规则都将二者规定在同一条文中。

③ 有些学者对二者不加区分，等同使用。如杨良宜：《国际商务仲裁》，中国政法大学出版社 1997 年版，第 128～132 页。事实上这是两个不同的概念，要解决的也是仲裁过程中面临的两个不同的问题。

④ William W. Park, *Determining Arbitral Jurisdiction: Allocation of Tasks between Courts and Arbitrators*, 8 Am. Rev. Int'l Arb. 133, 142-43（1997）.

管辖权），但在具体的范围、操作上，各国立法、学者对它的理解并不一致。这里有必要将其不同层次的含义——廓清如下：①

（1）仲裁员不顾一方当事人对仲裁协议的异议而继续仲裁程序的权力

至少，管辖权/管辖权原则允许仲裁员在当事人一方宣称仲裁协议无效的情况下继续对实体争议进行仲裁。换言之，仅仅存在管辖权异议并不自动剥夺仲裁员在受到质疑的仲裁协议下的管辖权。

（2）仲裁员就针对仲裁协议的异议进行裁决的共同权力，该裁决将受随后的司法审查的支配

更宽泛一点，管辖权/管辖权原则允许仲裁员在仲裁程序中审查对其管辖权的异议。换言之，允许仲裁员对仲裁协议的订立、效力和范围进行审查并作出裁决。不过，尽管仲裁员有权就管辖权异议进行裁决，任何一方当事人仍可同时或随后申请对管辖权异议的司法解决。（在仲裁程序和司法程序同时并存的情况下，任何一个决策者（即仲裁员和法院）都可以对中止自己程序的适当性予以考虑。）如果对管辖权问题作出了仲裁裁决（临时的或终局的），则仲裁员的裁决将受到实质性的司法审查。

（3）仲裁员就针对仲裁协议的异议进行初步裁决的排他权力，该裁决将受随后的司法审查的支配

甚至更宽泛一些，管辖权/管辖权原则可赋予仲裁庭就针对其管辖权的异议进行初步考虑并作出裁决的排他权力。根据这种解释，直到有关仲裁庭已就针对仲裁协议的异议作出了裁定，国内法院才能考虑该问题。仲裁员就管辖权作出裁决（临时的或终局的）之后，该裁决将受到实质性的司法审查。或者，直到仲裁庭已对实质问题作出了终局裁决（即使已在临时裁决中对管辖权问题作出了决定），才允许对仲裁庭的管辖权决定进行司法审查。

（4）仲裁员就针对仲裁协议的异议作出决定的排他权力

就最宽泛的含义而言，管辖权/管辖权原则意味着仲裁庭具有考虑并决定对其管辖权异议的排他权力，其决定仅受非常有限的司法审查或不受司法审查。换言之，直到已就针对仲裁协议的异议作出了仲裁裁决，国内法院才能考虑该异议。之后，仅可根据适用于非管辖权仲裁裁决的理由进行司法审查，即对仲裁裁决持一种高度尊重的态度。或者，不允许进行司

---

① Gary B. Born, *International Commercial Arbitration: Commentary and Materials* 85-86 (2d ed. 2001).

法审查。

二、FAA 下法院和仲裁员的权力划分

对于在决定有关仲裁协议的争议方面法院和仲裁员各自的作用，FAA 原文基本上没有提供什么指导。在 FAA 未作详细规定的情况下，历史上美国法院对 FAA 下仲裁员在多大程度上拥有对其自身管辖权作出裁决的权力是有不同看法的。如后所述，通过最高法院对 *First Options of Chicago, Inc. v. Kaplan*① 一案的判决，这种不确定性在美国基本上获得了解决。

需要指出的是，关于美国法院对管辖权/管辖权原则的接受和适用，国内一直存在误解。大部分著述均认为美国法院是从 *First Options* 案后才正式承认管辖权/管辖权原则的，而且其具体做法是：如果当事人约定由仲裁庭决定仲裁协议的效力和管辖权问题，才由仲裁庭决定。② 这其实是对美国仲裁实践的一个重大误解。首先，如前所述，美国法院关于仲裁的司法判决有涉及 FAA 的判决和涉及州法的判决之分，在讨论具体问题时，应对其适用范围予以界定。因此，对于 FAA 下和州法下的法院和仲裁员权力划分问题，必须予以区分，不能如前述著述那样一概而论（*First Options* 案本身是 FAA 下的判决）。其次，更重要的是，由于没有廓清管辖权/管辖权原则不同层次的含义，即使就 FAA 下美国法院对管辖权/管辖权原则的采纳和适用而言，前述著述的断言也是不能成立的。事实上，在适用 FAA 的案件中，美国法院一直承认前述第 1、2 种含义上的管辖权/管辖权原则。真正的分歧在于什么情况下才可以适用第 4 种含义的管辖权/管辖权原则，也就是说仲裁庭能否以及在何种条件下可对管辖权异议拥有最后决定权（the final say）或主要权力（primary power）。因此不确定性只存在于对管辖权/管辖权原则的承认程度。而 *First Options* 案对该问题的回答是：谁享有主要权力决定可仲裁性的问题应取决于当事人对该问题的约定。这与前述论著的表述显然大相径庭。

（一）*First Options* 案前仲裁员决定有关仲裁协议争议的权力

在 *First Options* 一案判决前，美国法院就一致认为，根据 FAA，仲裁

---

① 514 U. S. 938（U. S. Supreme Court 1995）.

② 例如，赵健：《国际商事仲裁的司法监督》，法律出版社 2000 年版，第 90 页；冯克非：《管辖权/管辖权理论及其在我国的实践》，载《仲裁与法律》，2002 年第 1 期，第 97 页。

庭有权审查和决定针对其管辖权的异议。与其他主要国内仲裁法规一样，FAA 并不禁止仲裁庭初步审查仲裁协议是否有效或是否适用于当事人的争议，只要上述问题属于仲裁协议的范围或被当事人提交仲裁庭。最高法院在 *First Options* 案判决中也重申了这一点。①

不过，FAA 也允许当事人针对正在进行的仲裁申请禁令救济或对据称可仲裁的争议提起诉讼。该诉讼具有导致对仲裁庭管辖权异议立即进行司法解决的效果。各法院在应独立或另行决定仲裁庭管辖权还是充分尊重仲裁庭所作的管辖权裁决这一问题上发生了分歧。大部分美国法院认为，有关仲裁协议的争议应由法院独立决定。在 *AT&T Technologies, Inc. v. Communications Workers of America*② 案中，最高法院在解释《劳资关系法》第 301 条（a）款时，指出："可仲裁性问题（即协议是否为当事人创立了将特定申诉提交仲裁的义务的问题）毫无疑问是司法决定的问题。"在 *Atkinson v. Sinclair Refining Co.*③ 案中，最高法院又指出："该公司是否有义务参加仲裁，与它必须将什么事项提交仲裁一样，是由法院根据当事人签订的合同加以决定的问题。"历史上，大部分下级法院在 FAA 下的判决明示或默示地采纳了与 *AT&T Technologies* 判决一致的结论，即要求对以下主张独立地作出司法决定：仲裁协议本身的订立不适当、仲裁协议无效或非法。④ 不过，尽管存在以 *AT&T Technologies* 案为代表的判决，美国仍有许多法院主张，如仲裁协议显然存在且有效，则有关仲裁协议范围的争议可由仲裁员解决。⑤

在这种情况下，1995 年美国最高法院在 *First Options of Chicago, Inc. v. Kaplan* 一案中，确立了 FAA 下法院审查仲裁庭有关可仲裁性问题的裁决应适用的标准。

---

① *See First Options of Chicago, Inc. v. Kaplan*，514 U. S. 938（1995）（法院接受这一进路即"允许仲裁员作出有关可仲裁性问题的初步（但可为法院独立审查的）裁定"）.

② 475 U. S. 643（1986）.

③ 370 U. S. 238（1962）.

④ *See Moseley v. Electronic & Missile Facilities, Inc.*，374 U. S. 167（1963）；*Cohen v. Wedbush, Noble, Cooke, Inc.*，841 F. 2d 282（9th Cir. 1988）；*Valero Refining, Inc. v. M/T Lauberhorn*，813 F. 2d 60（5th Cir. 1987）.

⑤ *See Apollo Computer, Inc. v. Berg*，886 F. 2d 469（1st Cir. 1989）；*Butler Products Co. v. Unistrut Corp.*，367 F. 2d 733（7th Cir. 1966）.

（二）*First Options of Chicago*，*Inc. v. Kaplan* 案①

1987 年股票危机之后，两位投资者（Manuel Kaplan 和其妻子 Carol Kaplan）与为其公司（MK Investments，Inc.，简称 MKI）服务的票据交换所（clearing-house，即 First Options of Chicago，Inc.，简称 First Options）之间发生了若干争议。这些争议主要是围绕 4 份统计协议而产生的，其中 1 份协议包含了仲裁条款。含有仲裁条款的那份协议是由投资者的公司而非投资者本人签署的。投资者认为，他们与票据交换所之间的争议不能仲裁。但是，票据交换所将所有的争议都提交了仲裁，而仲裁员也确认其有权对争议实质问题作出裁决并作出了有利于票据交换所的裁决。投资者请求地区法院撤销仲裁裁决，而票据交换所则请求法院予以确认。地区法院对该裁决予以了确认。在上诉审中，第 3 司法巡回区上诉法院在独立地对仲裁管辖权问题作出决定后，推翻了地区法院对仲裁裁决的确认。票据交换所又上诉到了美国最高法院。

最高法院一致同意维持第 3 司法巡回区上诉法院的判决，并认定，谁享有主要权力决定可仲裁性的问题应取决于当事人对该问题的约定。最高法院的判决如下：

……在上诉审中，第 3 司法巡回区上诉法院同意 Kaplan 夫妇的主张，认为他们的争议不能仲裁并撤销了地区法院对仲裁裁决的确认。上诉法院指出，法院"应独立决定仲裁庭是否对任何特定争议的实质问题有管辖权。" 19 F. 3d at 1509（emphasis added）. First Options 请求本院裁决在异议方将上述问题提交仲裁员决定时，结论是否依然如此（即在"审查仲裁员有关可仲裁性问题的裁决"时，法院是应该"适用重新（de novo）审查标准还是予以更多尊重的标准，后者是法院对仲裁员有关实质问题的裁决进行审查时通常适用的标准"）。

该……问题——对仲裁员有关可仲裁性的裁决的审查标准——是一个范围有限的问题。为了理解该问题有多有限，请考虑本案存在的 3 个争执点。第一，Kaplan 夫妇和 First Options 就 Kaplan 夫妇是否对 MKI 欠 First Options 的债务承担个人责任意见不一。第二，他们对他

① *See* Mahir Jalili，*Kompetenz-Kompetenz*: *Recent U. S. and U. K. Developments*，13 J. Int'l Arb. 169，176-177（1996）；Gary B. Born，*International Commercial Arbitration*: *Commentary and Materials* 81-84（2d ed. 2001）.

们是否约定仲裁上述争议存在异议。该异议关系到争议的可仲裁性。第三，他们对谁应该拥有主要权力来决定第 2 个问题存在分歧。该权力主要属于仲裁员（因为法院在审查其可仲裁性裁决时对裁决予以充分尊重）还是主要属于法院（因为法院独立对可仲裁性问题作出决定）？此处我们仅仅考虑第 3 个问题。

尽管该问题是一个范围有限的问题，但它具有某种实际重要性。这是因为并未同意仲裁的当事人一方通常有权请求法院对其争议的实质问题（例如此处是其在合同下的义务）作出判决。但是，如果当事人已同意仲裁，他或她事实上就放弃了上述权利的大部分实际价值。当事人仍然可以请求法院审查仲裁员的裁决，但法院仅在非常罕见的情况下才会撤销上述裁决。……因此，谁——法院或仲裁员——拥有主要权力决定当事人一方是否同意仲裁对反对仲裁的一方当事人具有重大影响。

我们认为，"谁［决定］"这一问题（即审查标准的问题）的答案很简单。正如争议实质问题的可仲裁性取决于双方当事人是否已约定对该争议进行仲裁……"谁享有主要权力决定可仲裁性"这一问题的关键也在于当事人对该问题的约定是什么。当事人约定将可仲裁性问题本身提交仲裁吗？如果是的话，那么法院在审查仲裁员关于该问题的裁决时所适用的标准就不应与法院在审查当事人约定提交仲裁的任何其他事项时所适用的标准有所不同。*See AT&T Technologies, Inc. v. Communications Workers*, 475 U. S. 643, 649 (1986)（当事人可以约定对可仲裁性问题进行仲裁）；*Steelworkers v. Warrior & Gulf Navigation Co.*, 363 U. S. 574, 583, n. 7 (1960)（同上）。换言之，法院应给予仲裁员相当大的活动余地，仅在有限的条件下撤销其裁决。*See, e.g.*, 9 U.S.C. § 10. 另一方面，如果当事人没有约定将可仲裁性问题本身提交仲裁，那么法院就应该像决定当事人未曾提交仲裁的任何其他问题那样来决定前述问题，也即独立决定可仲裁性问题。上述结论源自这一事实即仲裁仅仅是一个当事人间的合同问题；它是解决争议的一种方式，但仅仅是解决这些争议——当事人已约定提交仲裁的争议。

因此，我们同意 First Options 的观点，即在双方当事人将可仲裁性问题提交仲裁解决的情况下，法院必须尊重仲裁员对该问题的裁决。不过，上述结论并不能帮助 First Options 赢得本案。这是因为要公平完整地回答审查标准这一问题需要解决法院应如何判断当事人是否已约定将可仲裁性问题提交仲裁。而对后一问题的考察清楚表明，在本案中 Kaplan 夫妇并未同意对可仲裁性问题进行仲裁。在认定双方当事人是否约定仲裁某一事项（包括可仲裁性问题）时，法院通常（尽管如下所述，存在一个限制条件）应适用用来调整合同订立问题的一般的州法原则。例如，此处有关的州法将要求法院考察在客观上当事人双方是否表明了将可仲裁性问题提交仲裁的意愿。*See, e.g. , Estate of Jesmer v. Rohlev*, 609 N. E. 2d 816, 820 （Ill. 1993）; *Burkett v. Allstate Ins. , Co. ,* 534 A. 2d 819, 823-824 （Pa. 1987 ）.

　　不过，法院在判断当事人一方是否同意由仲裁员决定可仲裁性问题时须适用本法院（正如刚才所提到的）补充的一个重要限定：法院不应假定当事人同意对可仲裁性问题进行仲裁，除非存在"清楚和明显的"（clear and unmistakable）证据表明他们有此意愿。*AT&T Technologies*, 475 U. S. at 649; *see Warrior & Gulf*, 363 U. S. at 583, n. 7. 在这个意义上，面对"谁应（享有主要权力）决定可仲裁性"与"某一特定的实质问题方面的争议是否因其属于有效仲裁协议的范围而具有可仲裁性"这两个不同的问题，法律对待缄默或模棱两可的态度是不同的——因为就后面一个问题而言，法律的推定又倒过来了。*See Mitsubishi Motors*, 473 U. S. at 626 （"对任何有关可仲裁事项范围的疑问的解决都应有利于仲裁"）。

　　但是这种差别待遇是可以理解的。后面一个问题是在当事人的合同规定将某些事项提交仲裁的情况下产生的。考虑到法律对仲裁的自由主义政策，我们不难理解为何在认定当事人双方未曾约定将有关事项提交仲裁上法律坚持要慎重。另一方面，前一个问题——"谁应（享有主要权力）决定可仲裁性"——则比较不好把握。当事人一方通常可能不太注意这一问题或不关注让仲裁员决定自身权力范围的重要性。考虑到当事人仅可被迫对其明确约定提交仲裁的事项进行仲裁这一原则，就可以理解为何法院不能毫不迟疑地将在"谁应决定可仲裁性"这一问题上的缄默或模棱两可解释为赋予仲裁员决定的权力，因为这样的解释可能往往导致强迫不情愿的当事人将其原本合理期望应由法官而非仲裁员决定的事项提交仲裁。

　　从提交的案卷来看，First Options 并不能证明 Kaplan 夫妇曾明确同意由仲裁员决定可仲裁性问题（即将可仲裁性问题提交仲裁）。First Options 的理由是 Kaplan 夫妇向仲裁员提交了反对仲裁管辖权的书面备忘录。但仅仅向仲裁员交涉可仲裁性问题并不表示明确同意对可仲裁性问题进行仲裁,即并不表示愿意接受仲裁员对该问题所作裁决的有效的约束。相反,只要 Kaplan 夫妇一直强烈反对仲裁员对他们与 First Options 之间的争议进行裁决,就自然可以得出结论:他们并不希望仲裁员对他们拥有约束权威。上述结论的得出还可以从以下事实中获得支持:(1)Kaplan 夫妇之所以在仲裁中出庭,显而易见的解释是由 Kaplan 先生全资拥有的公司 MKI 正在对有关统计协议的争议进行仲裁;(2)第 3 司法巡回区的法律[当时]暗示 Kaplan 夫妇可以向仲裁员交涉可仲裁性问题而并不丧失其请求法院独立审查的权利。

First Options 提出了几个抗辩: (1) Kaplan 夫妇原本可以通过其他方式获得法院对可仲裁性问题的独立判决而不必向仲裁员交涉此事(例如, 申请禁止仲裁, 或拒绝参加仲裁并对 First Options 向法院提出的强制仲裁的申请予以反驳, 见 9 U.S.C. §4); (2) 允许当事人向仲裁员交涉可仲裁性问题却不受仲裁员决定的约束会导致争议解决中的拖延和浪费; 以及 (3) 因此, [FAA] 要求推定 Kaplan 夫妇已同意受仲裁员裁决的约束, 而不是相反。尽管上述第 1 点确系事实, 但对 Kaplan 夫妇是否打算受仲裁员裁决的约束而言, 它并未给出答案。第 2 个主张也难有定论, 因为客观情况各有不同, 不能绝对断言允许仲裁员对可仲裁性问题作出初步 (但可受到独立审查的) 裁定是否通常就会延误争议解决进程。而第 3 个观点在法律上是错误的, 因为并不存在支持 First Options 此处主张的与仲裁有关的强有力政策。毕竟, 这一领域的基本目标并非仅以最快方式解决争议, 而无论当事人的愿望是什么。其目标是确保商事仲裁协议像其他合同一样, "'依其规定获得执行,'" *Mastrobuono*, 514 U.S. at … (quoting *Volt Information Sciences*, 489 U.S. at 479), 以及依当事人的意愿获得执行, *Mitsubishi Motors*, 473 U.S. at 626. 该政策支持的是 Kaplan 的主张, 而不是 First Options 的主张。我们认为, 由于 Kaplan 夫妇没有明确同意将可仲裁性问题提交仲裁, 上诉法院有关 Kaplan/First Options 之间争议的可仲裁性应由法院独立审查的决定是正确的。

(三) *First Options* 判决与目前 FAA 下管辖权/管辖权原则的具体适用

最高法院对 *First Options* 一案的判决反映了目前 FAA 下仲裁员与法院之间在解决有关仲裁协议的争议上管辖权分配方面的法律状态。该判决比之前的许多先例都更加强调当事人仲裁协议的规定。值得指出的是, 除此处讨论的问题外, *First Options* 判决对 FAA 下仲裁协议的执行还具有其他重要的意义，对此将在后文予以论述。

就管辖权/管辖权原则的具体适用而言，该判决也提出了许多具体问题，下面就结合此后美国法院的有关判例和学者的讨论逐一予以介绍。

1. FAA 下如何认定当事人已约定将"可仲裁性问题"提交仲裁："清楚和明显的"证据

First Options 判决明确宣称，"谁享有主要权力决定可仲裁性"这一问题的关键在于当事人对该问题的约定是什么。因此，FAA 下仲裁庭决定其自身管辖权的权力主要是一个查明仲裁协议规定的问题。而如要证明存在将可仲裁性问题提交仲裁的协议，就必须有"清楚和明显的"证据。*First Options* 判决指出，"法院不应假定当事人同意对可仲裁性问题进行仲裁，除非存在'清楚和明显的'证据表明他们有此意愿。"在缺乏这种"清楚和明显的"证据的情况下，有关仲裁协议的争议（即可仲裁性问题）应由司法最终解决。

不过，下级法院在如何确认"清楚和明显的"证据上并不完全一致。① 部分法院在适用 *First Options* 规则时认定，宽泛而笼统的（broad and general）仲裁条款即表明了当事人将可仲裁性问题提交仲裁员解决的"清楚和明显的"约定，而另外一些法院则要求当事人必须直接和明确地约定将可仲裁性问题交由仲裁员解决。

关于前者，可以 *Smith Barney Shearson Inc. v. Sacharow*② 一案为例。该案涉及对过失、欺诈和违约争议所进行的仲裁，而前述争议起因于作为投资者代表的 Smith Barney 所进行的冒险性投资和投机性投资。纽约终审上诉法院在宣布其遵循 *First Options* 判决的情况下，将宽泛而笼统的仲裁条款认定为授权仲裁员决定《全国证券商协会法典》有关 6 年的"合格性"规定是否排除了仲裁。本案中的仲裁条款仅规定"任何争议……应通过仲裁解决"。该仲裁条款被视作宽泛到足以包括可仲裁性问题，因为"'任何与所有'这类措辞具有足够的弹性，可以涵盖某一主张是否及时以及某一主张是否属于仲裁范围这样的争议"。③

---

① Edward R. Leahy and Carlos J. Bianchi, *The Changing Face of International Arbitration*, 17 J. Int'l Arb. 19, 22-23 (2000).

② 91 N. Y. 2d 39 (NY 1997).

③ *See ibid.*, at 46 (quoting *Paine Webber Inc. v. Bybyk*, 81 F. 3d 1193 at 1199 (2d Cir. 1996))；在 *Sacharow* 一案中，仲裁条款规定的是"任何（any）争议"而非"任何与所有（any and all）争议"，但上诉法院在此处似乎认为上述区别并不重要。

　　不过，在 *General Motors Corp. v. Pamela Equities Corp.* ① 一案中，第 5 司法巡回区上诉法院则得出了显然相反的结论——因此对 *First Options* 判决作了更保守的解释。在该案中，第 5 司法巡回区上诉法院认为，并不存在"清楚和明显的证据"表明双方当事人已约定将管辖权问题提交仲裁员解决，因为仲裁协议没有明确规定谁有权决定可仲裁性的问题。之所以作此认定，是因为本案当事人签订的仲裁协议具体列举了应提交仲裁的争议，而管辖权问题并非其中之一。② 此外，尽管当事人一方向法庭提交了当事人之间的通信，声称可以显示双方打算将管辖权问题提交仲裁，第 5 司法巡回区上诉法院仍认为，上述文件不足以证明当事人同意将管辖权问题交由仲裁员决定。对 *First Options* 判决进行严格解释的另一个例子是 *Roubik v. Merrill Lynch, Pierce, Fenner & Smith, Inc.* ③ 案，在该案中，伊利诺伊州最高法院断定，根据 *First Options* 判决，宽泛而笼统的仲裁条款并不足以证明当事人清楚和明显地打算将可仲裁性问题交由仲裁员决定。此外，*Roubik* 案判决与 *Sacharow* 案判决的冲突至少还体现在，虽然两个案件的仲裁条款都包含了全国证券商协会规则，但 *Roubik* 判决认为该规则并不能作为当事人意图的清楚和明显的证据。不过，这一观点就走得太远了。通常的情况是，如果仲裁条款采用了一套机构仲裁规则，而该规则又包含了把可仲裁性问题交付给仲裁员解决的规定，那么仲裁庭就可以对它自己的管辖权作出决定，并且此类裁决通常都将得到法院的尊重。④

　　由于对 *First Options* 判决的司法解释难以取得一致，因此，对当事人而言，最好的办法自然是在仲裁协议中明确规定谁应该决定可仲裁性问题从而避免前述困扰——既然法律已赋予了当事人自由决定的权利。不过，现实中当事人往往可能不大注意可仲裁性的问题并对之作出规定。也正因为这个原因，围绕如何解读当事人的意图，各法院基于不同的考虑和理解给出了不尽相同的答案。

---

　　①　146 F. 3d 242 (5th Cir. 1998).

　　②　所以通过 *Pamela Equities* 判决可以总结的一个教训是，如果仲裁协议具体列举了受仲裁支配的事项，而当事人又打算将管辖权或可仲裁性问题提交仲裁员或仲裁庭解决，则当事人必须明确表达该意愿。

　　③　181 Ill. 2d 373 (Ill. 1998).

　　④　*See Apollo Computer, Inc. v. Berg*, 886 F. 2d 469 (1st Cir. 1989); *Societe Generale de Surveillance, SA v. Raytheon European Management & Sys. Co.* 643 F. 2d 863 (1st Cir. 1981); *Daiei Inc. v. United States Shoe Corp.*, 755 F. Supp. 299, 303 (D. Haw. 1991).

　　此外，在这一问题上还要注意当事人向仲裁员提出管辖权异议所产生的后果。在 *First Options* 案中，Kaplan 夫妇向仲裁员提交了书面意见，主张他们不受 First Options 与 MKI 之间的仲裁协议的约束。而且，Kaplan 夫妇的意见书并没有提出仲裁员无权决定 Kaplan 夫妇是否受争议中的仲裁条款的约束。不过，最高法院仍断定上述行为并不能清楚地表明 Kaplan 夫妇已同意对其是否受仲裁条款约束这一问题进行仲裁。最高法院指出，Kaplan 夫妇之所以在仲裁中出庭是因为 MKI 是他们拥有的公司，因此他们提交的书面意见显然并不构成清楚的证据表明他们作为个人接受了仲裁庭的管辖权。不过，美国学者也指出，在仲裁实务中，当事人一方到美国仲裁庭出庭应诉而未明确保留其管辖权异议，往往是一种不够谨慎的行为。*First Options* 判决并不能延伸到超出其事实太远的案件，当事人一方提交给仲裁庭的意见可能会构成同意对管辖权问题进行仲裁的证据。①

　　2. FAA 下对仲裁庭有关可仲裁性问题的决定的司法审查

　　First Options 判决确立了 FAA 下法院审查仲裁庭有关可仲裁性问题的裁决时应适用的标准。最高法院指出，在当事人约定对可仲裁性问题进行仲裁的情况下，法院将根据适用于实体仲裁裁决的标准对仲裁庭的管辖权决定进行司法审查，即对该决定持一种高度尊重的态度，"法院仅在非常罕见的情况下才会撤销［仲裁裁决］"；相反，"如果当事人没有约定将可仲裁性问题本身提交仲裁，那么法院就应该像决定当事人未曾提交仲裁的任何其他问题那样来决定前述问题，也即独立决定可仲裁性问题。"

　　此外，仲裁庭就管辖权问题作出决定后，法院在什么阶段实施监督？由于美国仲裁员倾向于将所有问题包括管辖权问题保留到其终局裁决中一并予以决定，在美国并不常发生对仲裁庭管辖权裁决的中间司法审查。即使仲裁庭作出了有关管辖权的临时裁决，在 FAA 下中间司法审查也不大可能实现。因为根据 FAA 第 9 条和第 10 条，只有"终局"仲裁裁决才能被确认或撤销，美国法院通常拒绝考虑对仲裁裁决的中间异议。不能申请对仲裁员的管辖权裁决进行中间司法审查，可以说有利有弊。一方面，它可以减少因对可仲裁性争议的初步诉讼而造成的拖延，另一方面，它也有可能造成资源的浪费——如果仲裁员错误地维持了其管辖权。不过，正如最高法院在 *First Options* 判决中所承认的，当事人一方在 FAA 下可以（以仲裁员缺乏管辖权为由）申请对仲裁程序的禁令或就当事人双方争议的

---

　　①　Gary B. Born, *International Commercial Arbitration*: *Commentary and Materials* 94 (2d ed. 2001).

实质问题提起诉讼（由此强迫申请仲裁的当事人一方根据 FAA 第 3 条或第 4 条申请中止诉讼或申请强制仲裁的命令），从而直接由法院决定仲裁管辖权问题。当然，在这样的诉讼中，*First Options* 判决所确立的当事人双方通常不打算对可仲裁性问题进行仲裁的推定将予适用。

3. 可仲裁性问题

最高法院对 *First Options* 案的判决还引发了何为"可仲裁性"的争论。① 换言之，什么问题应被视为管辖权或可仲裁性问题，因而属于 *First Options* 规则的适用范围，而什么问题属于初步的但却通常是实体性的仲裁问题（substantial arbitration issues），因而不受 *First Options* 判决的支配。对上述问题的探讨非常重要，因为除非当事人另有约定，如果某一问题被视为实质性仲裁问题而不是可仲裁性或管辖权方面的问题，那么在美国，普遍的一致意见是该问题将由仲裁员决定。

总的来看，涉及"可仲裁性"并因此在缺乏相反约定时推定由法院而非仲裁员决定的主要是这样一些问题：②

（1）当事人之间是否存在协议；

（2）是否存在仲裁协议；

（3）原本有效的仲裁协议是否可因欺诈、错误、缺乏行为能力或某些其他理由而被撤销；

（4）仲裁条款是否包括了当事人之间的争议；

（5）内国法是否禁止对某一争议进行仲裁；

（6）根据合同或成文法的规定，某一请求是否已丧失时效；以及

（7）作为公共政策上的一个问题，争议可否仲裁。

值得一提的是，有关时效（time bars，此处指仲裁协议中所规定的允许提起仲裁请求的期限）③ 的问题究竟是应由法院决定的可仲裁性问题，还是应由仲裁员决定的初步问题？对此颇有分歧。目前，上述问题通常

---

① *See* Conrad K. Harper, *The Options in First Options: International Arbitration and Arbitral Competence*, 579 PLI/Lit 127, 136-37（1998）。"正如 *First Options* 案后一些案件所显示的……各司法巡回区之间对什么构成可仲裁性问题存在分歧，也因此对什么问题由法院解决，什么问题归仲裁员决定存在分歧。"

② Edward R. Leahy and Carlos J. Bianchi, *The Changing Face of International Arbitration*, 17 J. Int'l Arb. 19, 24-25（2000）。

③ 时效（time bars）与诉讼时效法问题（statute of limitations issues）是有区别的。后者涉及适用于案件实质问题的实体法，因此通常留待仲裁员决定。

（尽管并不总是）被视作可仲裁性问题。①

三、结论

通过介绍和分析 FAA 下管辖权/管辖权原则的具体运用，我们可以得出结论：首先，在适用 FAA 的案件中，美国法院一直承认仲裁庭有权对管辖权问题作出初步的裁决，法院对该裁决可进行全面的审查（这与其他主要国家的做法一致）。其次，争执的焦点在于在什么情况下仲裁员对管辖权问题可作出终局的裁决，法院只能对该裁决进行有限的审查，就像通常审查仲裁庭有关实质问题的裁决一样。也就是说何时可将管辖权/管辖权原则拓展到前述第 4 种含义。*First Options* 判决在较大程度上解决了这个问题，其答案是取决于当事人的约定。因此，美国法院是将可仲裁性问题视作跟其他实质问题一样可由当事人自由约定是否提交仲裁的事项，只是在推定上仍有不同，对前者，要求有"清楚和明显的"证据表明当事人有此意愿，才承认仲裁庭享有主要决定权，对后者，则要求"对任何有关可仲裁事项范围的疑问的解决都应有利于仲裁"。由此可见，美国法院在 FAA 下不仅接受了管辖权/管辖权原则，而且比大多数国家都走得更远，形成了自己的进路。

关于管辖权/管辖权原则，一方面无可否认已为世界各国所广泛接受和采纳，另一方面对它的批评也从未中断。焦点主要在于仲裁员对管辖权异议的处理结果可能存在个人利益。仲裁员不是国内法院的法官；他们通常是私人从业者，从事着以提供法律服务获取报酬的交易。他们常常面临着相当大的财政和竞争压力以赚取更多的金钱和处理更多的案件。另一方面，各国都承认法官和其他政府当局对其官方决定的结果不应有个人经济利益。在 *Ottley v. Sheepshead Nursing Home* 一案中，Newman 法官所发表的反对意见也指出：

> 我们对仲裁员的尊重已超越常理。我不能理解是如何推论出任何法院均可将是否存在仲裁的义务交由仲裁员自由决定的。我更加难以理解的是法院会允许这样的人来行使上述不受拘束的权力，该人可以通过断定存在仲裁义务以促成其自身交易并进而获利。当问题涉及到决定其自身利益的大小时，甚至是最公正的仲裁员也难以做到客观公正。我们不让法官自己确定其酬金的多少……那么又如何能对仲裁员

---

① *Geneva Securities*, *Inc.* *v.* *Johnson*, 138 F. 3d 688 (7th Cir. 1998).

显而易见的利己心视而不见呢?①

应该说,上述评论并非毫无道理。"(除非当事各方同意)仲裁庭管辖权的问题不能交由仲裁庭自己决定,因为那是典型的靠拉自己的拔靴带将自己拔高的做法。"② 但如前所述,理论的臆测不等于事实,逻辑推理的成立也不等于实践的认可。仲裁是当事人合意的产物,与诉讼本来就存在着性质上的差别。当事人选择仲裁来解决他们之间的争议,其追求的目标往往与选择诉讼时有所不同,此时当事人更看重的常常是时间、金钱的节省及其他种种与效率有关的考虑,管辖权/管辖权原则的确立正有利于实现当事人的这一意愿。它有助于防止反对仲裁的当事人仅仅是通过声称仲裁协议无效来规避其参加仲裁的义务或拖延、破坏仲裁程序,从而真正实现仲裁高效、快速的优势,实现当事人通过仲裁有效解决其争议的愿望,同时也可减轻法院负担。因此,包括美国在内的大多数国家普遍在立法或司法实践中采纳和接受这一原则也就是顺理成章的事了。至于仲裁员可能基于自身利益作出错误的裁决,就是提出此种主张的人本身也未提供实证的案例令人信服的证明管辖权/管辖权原则的采用导致了这类现象的大量发生,何况通常法院仍保留了对仲裁员管辖权决定的司法监督权呢?总之,"当事人的意愿和有效仲裁的要求相结合导致了对管辖权/管辖权原则的接受。"③

至于美国 *First Options* 判决所确立的规则,毫无疑问,它具有自身的特色,一方面它将管辖权/管辖权原则又向前推进了一步,即在一定条件下,仲裁庭对管辖权问题所作的决定就是终局决定,法院通常会尊重该决定,只能对其进行非常有限的审查,另一方面,仲裁庭获得此种权力的条件是当事人的约定。对于美国最高法院所确立的这一独特做法,自然也是存在异议的。Park 教授曾指出:

尽管 [最高法院的分析] 可能在某些语境下是有道理的,但在

---

① 688 F. 2d 883, 898 (2d Cir. 1982)。

② Speech by Lord Justice Saville at Middle Temple Hall on 8 July 1996,转引自 Mahir Jalili, *Kompetenz-Kompetenz: Recent U.S. and U.K. Developments*, 13 J. Int'l Arb. 169, 171 (1996)。

③ Mahir Jalili, *Kompetenz-Kompetenz: Recent U.S. and U.K. Developments*, 13 J. Int'l Arb. 169, 169 (1996)。

大多数情况下，它要么太过要么不够。如果仍可根据《联邦仲裁法》基于超越权限而对裁决进行审查，则对仲裁员有关管辖权的裁决的司法尊重就可能只是一种幻想。另一方面，尽力赋予该判决有关含义的律师也许会如此广泛地解释该意见以致产生不适当的仲裁自治，其导致的问题会比其解决的问题更多。①

何况各下级法院在解释何为"清楚和明显的"证据时又发生了诸多分歧，从而给这个领域带来了一定的不确定性。然而无论如何，以上种种并不能抹杀 First Options 判决的重要意义和价值。它的突破就在于为当事人自由约定由仲裁员单独决定管辖权问题提供了可能，如果当事人有明确的约定，则"对仲裁员有关管辖权的裁决的司法尊重"就不能说"只是一种幻想"。而在仲裁员可对管辖权问题作出终局裁决的情况下，自然可以进一步满足部分当事人节约时间和成本的最大愿望。至于仲裁员的上述裁决将因此摆脱有效的司法监督，从而在裁决错误的情况下也无法得到纠正，这仍然是一个如何看待当事人自治的问题。对那些不愿将管辖权问题完全置于仲裁员支配之下的当事人而言，仍享有不订立上述约定的自由和获得法院救济的权利。既然当事人（特别是有经验的商人）自愿将该问题完全交由仲裁员决定，那么他必然也作好了承受不利于他的后果的思想准备，仲裁庭和法院都没有理由违背和干涉他（及对方当事人）的这一意愿，因为对具体的个人来说，更看重的可能是一定的风险所带来的收益——效率的提高。事实上，在法律允许的范围内，赋予仲裁领域更多的自治有利于发挥仲裁的优越性。何况为防止出现对当事人意思的误解，First Options 判决明确要求对当事人此种意愿的认定必须有"清楚和明显的"证据，这也在很大程度上为当事人提供了保护。至于对"清楚和明显"的认定，虽然各法院确有异议，但已有美国学者指出，目前在这一问题上的司法解释正趋于一致，即对"清楚和明显的"这一要求给予更严格的理解。② 因此，一方面，笼罩在这个问题上的不确定性正在减少，另一方面，也可进一步免除前述惟恐当事人的真实意愿和合法权利不能得到有效保护的担心。

---

① William W. Park, *Determining Arbitral Jurisdiction: Allocation of Tasks between Courts and Arbitrators*, 8 Am. Rev. Int'l Arb. 133, 137 (1997).

② Edward R. Leahy and Carlos J. Bianchi, *The Changing Face of International Arbitration*, 17 J. Int'l Arb. 19, 23 (2000).

所以，*First Options* 判决固然会带来一些新的问题（其他任何一种规则也是一样），但从下级法院的实践来看，远远谈不上"其导致的问题会比其解决的问题更多"。相反，它一方面充分体现了美国法院在仲裁领域一向鼓吹的自由主义精神，体现了对当事人意思的大力尊重，另一方面，它又在不损害当事人合法权益的前提下，满足了提高争议解决效率，减轻法院负担的实际需要，是管辖权/管辖权原则运用上一种值得关注的新趋势。

第四节　国际商事仲裁协议的法律适用

一、概述

如前所述，仲裁协议独立性原则的后果之一就是支配仲裁协议的法律可以与适用于主合同的法律不同。通常认为，支配国际仲裁协议的法律可适用于协议的（a）订立（formation）；（b）有效性（validity）；（c）效力（effect）；以及（d）解释（interpretation）。① 不过，也可能由不同的法律支配前述不同的问题。例如，在美国法院，联邦法支配国内仲裁协议的解释，而仲裁协议的订立和有效性问题则通常由州法与联邦法共同调整。

应该说，确定国际仲裁协议的准据法是一个比较复杂但又非常重要的问题。在颁布 FAA 之前，美国法院所采取的普通法进路是，适用被申请执行仲裁协议的法院地的有关仲裁协议解释和执行的标准。该进路将仲裁协议的有效性和强制性视作"程序性"或"救济性"问题，应由被申请执行仲裁协议的法院地法加以调整。

如今此种传统的普通法进路已有所改变。《冲突法重述（第 2 次）》第 218 条"仲裁协议的有效性和效力"就规定："仲裁协议的有效性以及因此创设的权利，由根据第 187-188 条规则选择出来的法律决定。它将决定违反仲裁协议规定而提起的司法诉讼是否可以维持。"第 218 条的评论 a 对此作出解释："违反仲裁协议规定的司法诉讼可否予以维持不应由法院地法决定，而应由通过适用［第 187 和 188 条］而选择出来的法律决定。"而第 187 和 188 条通常承认当事人的法律选择具有效力，在不存在此种选择时，则规定适用与当事人的协议（此处即仲裁协议）有最重要联系的州的法律。此外，《冲突法重述（第 2 次）》第 219 条"执行仲裁

---

① Gary B. Born, *International Commercial Arbitration*: *Commentary and Materials* 107 (2d ed. 2001).

协议的方式"规定:"执行仲裁协议的方式由法院地法决定。"因此,可否向国内法院申请强制仲裁的命令、申请中止诉讼以及/或主张违反仲裁协议的损害赔偿由该法院地法支配。在联邦法院,可否申请强制仲裁的命令和申请中止诉讼是由 FAA 第 3 条和第 4 条加以调整。后文还将讨论在美国州法院对上述规定的适用。

FAA 第 1 章和第 2 章都未直接涉及国际仲裁协议的准据法问题。直到最近,美国法院通常都是直接将它们所理解的 FAA 第 2 条的联邦实体规则适用于国际仲裁协议而不进行任何富有意义的法律选择分析。历史上,此一做法起源于这样一种观点,即认为国会意图使 FAA 在美国法院内优先于州(和外国)法,从而排除了进行法律选择分析的需要。因此,几乎就没有司法判例对因国际仲裁协议而引起的法律冲突问题进行深思熟虑的分析。①

不过,目前美国的判例正处于一个转变的过程,法院和学者都越来越重视国际仲裁协议的准据法选择,但对这一问题尚无定论。总的来说,主要采取了这样一些进路:

1. 允许当事人自行选择仲裁协议准据法

美国法院通常承认当事人有权选择适用于其仲裁协议的法律。② 这是对当代法律选择制度下当事人意思自治这一一般原则的具体适用。

但在大多数情况下,当事人并未明确指定适用于其仲裁协议的准据法。其合同往往只规定一条适用于其"整个"合同的笼统的法律选择条款或根本就没有法律选择条款。在这两种情况下,都要求法院适用冲突法规则以确定应适用于当事人仲裁协议的法律。值得一提的是,美国学者指出,尽管仲裁条款是"独立的",国际商事合同中包含的法律选择条款仍可起草得足够宽泛以包括合同中的仲裁条款。例如,"本合同所有的规定(第 1-21 条)均应受 X 国法律的支配。"但法律选择条款通常不会起草得这么宽泛。"本协议应由 X 国的法律支配"这样的表述就被认为不包括基

---

① 仅有少数美国判例对与国际仲裁协议有关的法律选择问题进行讨论,如 *Becker Autoradio U. S. A.*, *Inc. v. Becker Autoradiowerk GmbH*, 585 F. 2d 39, 43 & nn. 8 & 9 (3d Cir. 1978); *In the Matter of an Arbitration Between the West of England Ship Owners Mutual Ins. Ass'n etc.*, 1992 WL 37700 (E. D. La. 1992).

② *Volt Information Sciences*, *Inc. v. Stanford University*, 489 U. S. 468 (1989); *Necchi Sewing Machine sales Corp. v. Carl*, 260 F. Supp. 665 (S. D. N. Y. 1966).

本合同中"独立的"仲裁协议。① 对于当事人未明确指定仲裁协议准据法的案件，美国法院在实践中主要作如下处理。

2. 对受《纽约公约》支配的仲裁协议适用联邦普通法规则

美国近期的许多判例对受《纽约公约》支配的国际仲裁协议的订立和有效性问题裁定适用联邦普通法上的实体规则。②

3. 要求对《纽约公约》第 2 条第（3）款的"无效"（null and void）例外适用"国际上中立"的抗辩

在下面将要介绍的 *Ledee v. Ceramiche Ragno*③ 案中，法院提出，对《纽约公约》第 2 条第（3）款的仲裁协议"无效"例外的解释只能适用"国际上中立"的抗辩。此外，美国其他一些下级法院也拒绝适用专门对仲裁协议施加特别限制的外国法。④

4. 要求对《纽约公约》第 2 条第（3）款的"无效"例外适用执行地的公共政策

在下面将要介绍的 *Rhone Mediterranee Compagnia Francese di Assicurazioni e Riassicurazioni v. Achille Lauro*⑤ 案中，法院认为仲裁协议在以下情况

---

① Gary B. Born, *International Commercial Arbitration*：*Commentary and Materials* 110（2d ed. 2001）.

② *David L. Threlkeld & Co. v. Metallgesellschaft Ltd*, 923 F. 2d 245, 249-50（2d Cir. 1991）; *Filanto, SpA v. Chilewich Int'l Corp.*, 789 F. Supp. 1229, 1234-36 （S. D. N. Y. 1992）, *appeal dismissed*, 984 F. 2d 38（2d Cir. 1993）; *Kahn Lucas Lancaster, Inc. v. Lark International Ltd*, 956 F. Supp. 1131（S. D. N. Y. 1997）, rev'd. 186 F. 3d 210（2d Cir. 1999）; *In the Matter of an Arbitration Between the West of England Ship Owners Mutual Ins. Ass'n etc.*, 1992 WL 37700（E. D. La. 1992）（适用联邦法，而非路易斯安那州或英国法，以决定根据公约第 2 条仲裁协议是否"无效"）; *Marchetto v. DeKalb Genetics Corp.*, 711 F. Supp. 936（N. D. Ill. 1989）（引用第 203 条后得出结论"仲裁协议的有效性受［FAA］和有关可仲裁性的联邦实体法支配"）.

③ 684 F. 2d 184（1st Cir. 1982）.

④ *I. T. A. D. Associates, Inc. v. Podar Brothers*, 636 F. 2d 75（4th Cir. 1981）; *Becker Autoradio U. S. A., Inc. v. Becker Autoradiowerk GmbH*, 585 F. 2d 39, 43 n. 8（3d Cir. 1978）（美国法院不会适用"不执行仲裁条款或仅赋予仲裁条款非常有限的效力的 X 国的法律"）; *Marchetto v. DeKalb Genetics Corp.*, 711 F. Supp. 936（N. D. Ill. 1989）（对在意大利法下仲裁协议因适用于侵权争议及因非当事方被诉而无效的主张予以否定："意大利法可能剥夺仲裁庭中意大利仲裁员的职务这一可能性并不具有决定意义"）.

⑤ 712 F. 2d 50（3d Cir. 1983）.

"无效": (i) 根据 "国际上中立" 的抗辩它是无效的, 或 (ii) 因其违背执行地的基本公共政策而无效。不过, 如后所示, 在该具体案件中, 法院提出此种主张并非为限制仲裁协议的效力, 相反, 却支持了对仲裁协议的执行。

5. 拒绝对《纽约公约》第 2 条第 (3) 款下的仲裁协议适用外国法

在 *Rhone* 案中, 法院拒绝适用看来显然会使仲裁协议无效的意大利法。除了 *Rhone* 案之外, 美国其他许多法院也拒绝根据外国法来决定依《纽约公约》提起的诉讼中的仲裁协议的有效性。[①]

6. 对仲裁协议适用仲裁地法或基本合同的准据法

例如, 在 *Frydman v. Cosmair, Inc.* [②] 一案中, 法院指出: "如果……对当事人是否同意仲裁存在争议, 法院应适用支配合同订立的那个国家的法律。……既然该有争议的合同是法国公民在法国订立的, 应适用法国法以决定是否构成对仲裁的同意。" 但正如下面 *Ledee* 和 *Rhone* 案所显示的那样, 美国大部分法院拒绝适用会导致否定国际仲裁协议的效力的外国法 (包括外国仲裁地法)。

另外, 基于美国法律体制的特点, 还要注意联邦法和州法在决定仲裁协议的存在和有效性以及解释仲裁协议方面各自的作用。

1. 根据 FAA 的国内部分 (the domestic FAA) 美国联邦法和州法在决定仲裁协议的存在和有效性方面各自的作用

前面介绍过的 *First Options* 案还简要涉及了在 FAA 的国内部分下联邦法和州法在决定是否存在有效的仲裁协议方面各自的作用。最高法院指出:

> 在认定双方当事人是否约定仲裁某一事项 (包括可仲裁性问题) 时, 法院通常 (尽管如下所述, 存在一个限制条件) 应适用用来调整合同订立问题的一般的州法原则。

接着 *First Options* 判决援引了 (未尝试进行任何冲突法的分析) 调整当事人基本合同的州法 (伊利诺伊州) 和仲裁地的州法 (宾夕法尼亚州)。

本书还将在后面有关章节详细讨论 FAA 下联邦法和州法在决定仲裁

---

① See *I. T. A. D. Associates, Inc. v. Podar Brothers*, 636 F. 2d 75 (4th Cir. 1981).

② 1995 WL 404841 (S. D. N. Y. 1995).

协议的存在方面各自的作用。不过，总的来说，*First Options* 判决明确要求对国内仲裁协议的订立适用通常适用的州法（而非联邦法）规则，但根据 FAA，联邦法优先于专门对仲裁协议施以不利限制的州法规则。①

2. FAA 下美国联邦法和州法在决定国际仲裁协议的存在和有效性方面各自的作用

就美国联邦法和州法在仲裁协议的订立和有效性问题上的分配而言，受《纽约公约》支配的国际仲裁协议与国内仲裁协议很可能不同。如后所述，美国大部分下级法院的判决主张应由联邦普通法对受《纽约公约》支配的国际仲裁协议的订立和有效性予以调整。

3. 美国联邦法和州法在解释仲裁协议方面各自的作用

无论适用于仲裁协议其他方面的是什么法律，可以确定的是，在美国，对国内仲裁协议和国际仲裁协议的解释均由联邦法来调整。

二、主要判例分析

如前所述，由于 FAA 并未对国际仲裁协议的法律适用问题明确予以规定，这方面的规则实际上是通过法院判例发展起来的。上文即根据相关判例大致总结了美国法院在该问题上所采取的一些进路。不过，要真正了解美国法院对待该问题的态度和思路，仍必须对其中至少最具代表性的判例加以讨论和分析。以下两案即为这方面的经典案例，它固然涉及美国法院对国际商事仲裁协议准据法的确定，但同时更体现了它们对国际仲裁协议和国际商事仲裁本身的态度和立场。

（一）*Ledee v. Ceramiche Ragno* 案②

被告（被上诉人）是制造和销售陶制瓦片的意大利公司。原告（上诉人）是两家波多黎各公司和波多黎各联邦的一位居民。1964 年当事人双方签订了一份分销协议，授予上诉人在安的列斯群岛出售和分销被上诉人的陶制瓦片的独占权。该协议第 9 条规定如下："任何与解释和适用本合同有关的争议将提交［意大利］Modena 裁判所主席挑选的一位仲裁员解决，该仲裁员对案件的审判是最后的救济而且无需拘泥于程序上的常规。"

1981 年 3 月，上诉人在波多黎各高级法院提起诉讼，声称被上诉人

---

① 　*Mastrobuono v. Shearson Lehman Hutton, Inc.*, 514 U. S. 52 (1995).

② 　See Gary B. Born, *International Commercial Arbitration: Commentary and Materials* 97-99 (2d ed. 2001).

不合理地终止其分销从而违反合同。该原告依《波多黎各销售商法》的规定要求损害赔偿。被上诉人将案件移送到了美国波多黎各管区地区法院。地区法院依当事人协议的第 9 条规定命令仲裁并驳回起诉。由此，案件上诉到第 1 司法巡回区上诉法院。

上诉人首先主张，依波多黎各联邦的法律，协议第 9 条是无效的和不具有强制性的。其理由是合同各方所约定的条款或条件不能"违反法律、道德或公共秩序"。① 他们提出，之所以认为第 9 条违反了公共秩序，其根据是修订后的《波多黎各销售商法》。该法颁布的目的是保护波多黎各分销商免受某些外国产品供应者的所谓剥削策略的伤害。它主要禁止除"由于公平原因"外随意终止经销合同。② 此外，《销售商法》还宣布，该法的规定包含了公共秩序并且该法赋予经销商的权利不能被放弃。③ 它规定："任何约定如果要求经销商在波多黎各之外或依外国法律或法律规则对有关其分销合同的任何争议予以解决、仲裁或提起诉讼，该约定将同样被视作违反本章所包含的公共政策并因此无效。"④

上诉人主张，考虑到依波多黎各法律仲裁条款不具有强制性，联邦地区法院对该仲裁协议不能予以执行。他们提出，FAA 的第 1 章是有限制的，该章的规定表明，"具有普通法或者衡平法所规定"的撤销协议第 9 条的"理由"时，仲裁条款将不具有强制性。

上诉法院的判决如下：

> 我们无需考虑波多黎各联邦法律在何种程度上属于"普通法或者衡平法所规定的理由"这一措辞范围。特别是我们无需考虑这一措辞是否包括了《销售商法》。理由很简单，地区法院并未打算行使 FAA 第 1 章下的权力；它是依该法第 2 章⑤——有关执行《纽约公约》的规定行事的。
>
> 依 FAA 第 2 章，被请求将争议交付仲裁的法院只能进行非常有限的审查。它必须解决 4 个先决问题：
>
> （1）是否存在将争议事项提交仲裁的书面仲裁协议？（《纽约公

---

① 31 L. P. R. A. § 3372.

② 10 L. P. R. A. § 278 a.

③ 10 L. P. R. A. § 278 c.

④ 10 L. P. R. A. § 278 b-2.

⑤ 9 U. S. C. § 201.

约》第2条（1）款，第2条（2）款）

（2）仲裁协议是否规定在公约的某一缔约国领土内仲裁？（《纽约公约》第1条（1）款，第1条（3）款；9 U.S.C. §206）

（3）仲裁协议是否产生于这样的法律关系，即不论其为契约性质与否，被视作商事关系？（《纽约公约》第1条（3）款；9 U.S.C. §202）

（4）仲裁协议的一方当事人是否不是美国公民，或者该商事关系是否与一个或多个外国有某种合理联系？（9 U.S.C. §202）

如果地区法院对以上问题的回答是肯定的，正如它在本案中已适当做到的那样，那么它必须命令当事人提交仲裁，除非它发现仲裁协议"无效、失效或不能实行"。（《纽约公约》第2条（3）款）

上诉人辩称，《销售商法》致使合同第9条"无效、失效或不能实行。"他们主张，公约中有关"无效"规定的条款的本意是要将体现波多黎各公共政策的《销售商法》包括进来。我们不能同意这种观点。对该条款的这种扩张解释是违背公约目标的。在 Scherk v. Alberto-Culver Co. 案①中，最高法院曾经指出："公约的目标和美国参加和执行公约的主要目的，是鼓励承认与执行国际合同中的商事仲裁协议，统一在缔约国内遵守仲裁协议和执行仲裁裁决的标准。"波多黎各联邦或任何州的狭隘利益不能成为解释"无效"条款的标准。事实上，通过参加和执行该公约，联邦政府强调，甚至狭隘的国家利益也不能成为解释的标准。该条款应被解释为只包括那些可以在国际范围内中立（neutrally）适用的情况——例如欺诈、误解、胁迫和弃权。没有证据表明该仲裁协议属于公约第2条（3）款措辞范围内"无效、失效或不能实行"的情况。

（二）*Rhone Mediterranee Compagnia Francese di Assicurazioni e Riassicurazioni v. Achille Lauro* 案②

原告 Rhone 是一家保险公司，被告 Lauro 是一艘名为 Angelina Lauro 的船舶的船东。Lauro 与一家意大利公司 Costa 签订了定期租船合同，将

---

① 417 U.S. 506, 517 n. 10（1974）.

② Gary B. Born, *International Commercial Arbitration*：*Commentary and Materials* 100-03（2d ed. 2001）.

Angelina Lauro 租给 Costa 使用。合同中有这样一条规定："本合同下产生的任何争议应在伦敦（或可能根据 box 24 约定的其他地方）由船东任命的一名仲裁员以及承租人任命的另一名仲裁员通过仲裁方式解决。在两名仲裁员不能达成一致意见的情况下，则由他们指定的独立仲裁人予以裁定。仲裁员或独立仲裁人的裁决是终局的，对双方均有约束力。"所谓"Box 24"是该合同中留待当事人以后填写的一个空白条款，其内容是："仲裁地（仅在约定伦敦以外的地点时才填写）。"后仲裁条款指定在意大利那不勒斯仲裁。租期内，船舶在圣托马斯岛的夏洛特阿马利亚（美属维尔京群岛的首府）发生火灾，由于 Rhone 已为 Costa 承保，因此向其补偿了火灾中的相关损失共计 100 多万美元。之后，Rhone 作为 Costa 的代位权人，在维尔京群岛联邦地区法院以违反定期租船合同、不适航和船员存在过失为由对船东 Lauro 和船长 Antonio Scotto di Carlo 提起了诉讼。地区法院批准了被告所提出的在仲裁前中止诉讼的申请，因此 Rhone 又向第 3 司法巡回区上诉法院提起了上诉。

　　定期租船合同和诉讼的所有当事人均为意大利人。而意大利和美国都是《纽约公约》的成员国。Rhone 对公约的适用并无异议。Rhone 的主张是，根据公约规定，该存在争议的仲裁条款并不具有强制性。上诉法院承认，"Rhone 的这一主张源自公约第 2 条第（3）款的规定存在一定的含糊性。"该款规定如下："如果当事人就诉讼所涉及的事项已经达成本条意义内的协议，缔约国的法院受理诉讼时应该依一方当事人的请求，命令当事人提交仲裁，除非该法院查明该项协议是无效的、未生效的或不可能实行的。"上诉法院指出："之所以认为其含糊是因为第 2 条第（3）款并未提及由什么法律来决定'该项协议'是否'无效的、未生效的或不可能实行的'。"Rhone 主张，仲裁条款所指定的仲裁地即意大利的法律应为仲裁协议的准据法。而根据意大利有关法律，规定由偶数仲裁员进行仲裁的仲裁条款是无效的，即使如本案这样规定了在出现僵局时由指定的独立仲裁人作出决定亦然。

　　针对 Rhone 的主张，上诉法院在判决中对相关问题进行了详细的分析：

　　首先，它承认公约第 2 条第（3）款在仲裁协议准据法问题上的含糊不清和第 5 条形成对比。第 5 条是有关裁决执行的规定。其第（1）款（a）、（d）、（e）项的规定表明，该条明确指示被请求执行裁决的法院适用当事人选择的法律或裁决地法律来决定包括仲裁协议的效力在内的有关事项。① 由于第 2 条与第 5 条之间的区别，Rhone 与被告得出了不同的结论。Rhone 认为第 5 条的法律选择规则对第 2 条也是适用的。被告则主张在没有明确规定的情况下，应将第 2 条解释为允许被请求命令当事人将争议提交仲裁的法院适用它自己有关仲裁条款效力的法律。

上诉法院指出，在公约的立法史上，曾有人提议将类似第 5 条的法律选择措辞并入第 2 条，但遭到了反对，因为起草公约的代表担心法院可能会因此承担不顾其当地法律的规定而执行仲裁条款的义务。因此看来第 2 条第（3）款的含糊是有意为之。上诉法院认为，第 2 条第（3）款与公约的整体目标最相吻合的含义是，仲裁协议仅在以下情况下无效：（1）仲裁协议面临诸如胁迫、错误、欺诈或放弃这样的国际上公认的抗辩，或（2）仲裁协议违背法院地国基本政策。上诉法院强调：

> 对"无效"的规定应予狭义解释，因为公约的签字国共同表明了有关仲裁协议强制性的一般政策。……签字国实际上表明了一项共同政策即推定仲裁协议具有强制性。法院地国的狭隘利益以及与争议有更重要联系的国家的狭隘利益均不能代替上述推定。支持仲裁协议的进路可以最好的满足公约的这一政策要求。一国有关仲裁员数目的要求并未涉及国际体系或法院地的基本利害关系，因此该协议不会因此无效。

Rhone 提出上述有关仲裁员数目的规则会导致在那不勒斯作出的仲裁裁决被意大利法院拒绝执行。被告则声称，就是在意大利，上述有关仲裁的程序规则也是可以放弃的，因此而作出的裁决将会得到执行。上诉法院则进一步指出：

---

① 《纽约公约》第 5 条第（1）款规定："1. 被请求承认或执行裁决的主管机关只有在作为裁决执行对象的当事人提出有关下列情况的证明的时候，才可以根据该当事人的请求，拒绝承认和执行该项裁决：（a）第 2 条所述的协议的双方当事人，根据对他们适用的法律，当时是处于某种无行为能力的情况之下；或者根据双方当事人选定适用的法律，或在没有这种选定的时候，根据裁决作出地国的法律，上述协议是无效的；或者……（d）仲裁庭的组成或仲裁程序同当事人间的协议不符，或者当事人间未订此种协议时，而又与仲裁地的法律不符；或者（e）裁决对当事人尚未发生约束力，或者裁决已经由裁决作出地国或裁决所依据法律的国家的主管机关撤销或停止执行。"

即使意大利的法律不是这样规定的，Rhone 所提出的异议也不能迫使我们如它主张的那样去解释第 2 条第（3）款。当事人的确约定采用司法外争议解决机制，而公约的基本目标就是阻止签字国漠视此种约定。Rhone 并未面临不支持仲裁的意大利公共政策，仅仅是面对一条已为定期租船合同的起草者忽略的意大利仲裁程序规则。当然，当事人在设计仲裁程序时原可遵守意大利的程序规则，要求其所指定的仲裁员在僵局出现之前而不是之后选择第三名成员。不过，即使没有做到这一点，依然可以作出可在意大利之外获得执行的裁决。

Rhone 也提出，公约第 5 条第（1）款（d）项的规定禁止在意大利之外执行上述裁决，因为它要求外国法院适用意大利的法律。上诉法院对此表示了异议。它指出，公约第 5 条第（1）款仅规定，"可"根据裁决作出地国的法律"拒绝执行该裁决"。而在此处，该国的法律通常是支持对仲裁裁决的执行的，其缺陷充其量只是程序性质的。第 5 条第（1）款无疑允许外国法院忽略上述缺陷并执行裁决。在被告根据公约第 2 条向法院申请中止诉讼以支持仲裁的情况下更是如此。如果以后 Rhone 向维尔京群岛联邦地区法院申请执行仲裁裁决，被告几乎不可能再根据意大利有关奇数仲裁员的规则提出异议。

最后，上诉法院指出，公约第 2 条第（3）款暗示的法院地法是美国法，而非维尔京群岛或某一州当地的法律。该法律支持对仲裁条款的执行。FAA 第 203 条规定："属于公约管辖范围内的诉讼或程序应视为根据美国法律和条约产生的。"既然联邦法并未规定奇数仲裁员规则这一为 Rhone 所主张的惟一缺陷，地区法院在仲裁前中止因违反定期租船合同而提起的诉讼就是正确的。

（三）总结

从上述两案的判决可以得出结论：在国际商事仲裁协议的法律适用上，美国法院为贯彻其支持执行的政策，总是尽量确认仲裁协议的有效性，而为达到这一目的，其所采取的方法、提出的根据和理由也是多种多样的。

以 Ledee 案为代表的一些判决认为，公约第 2 条（3）款的"无效"例外仅涉及具有"国际中立性"（internationally neutral）的抗辩。因而，尽管该案中当事人间的仲裁协议违反波多黎各商人法，但它仍然有效。而采取这种方法所导致的结果是对那些专门挑剔仲裁协议予以特别歧视的州法和外国法不予适用。这正是另一些法院所持的态度，即拒绝适用特别厌恶（special disfavor）仲裁协议的外国法律。

　　Rhone 案判决论证了为何不应适用仲裁地（意大利）法来决定仲裁协议的强制性，究其实质仍是法院运用有效原则（validation principle）的另一个例子，即尽量适用能够使仲裁协议生效的法律。当然，虽然法院判决背后的政策就是对仲裁协议的支持，但从其他方面考虑，本案拒绝在《纽约公约》第 2 条第（3）款下适用第 5 条的法律选择规则也是有一定道理的。即便假定第 5 条第（1）款（a）项的法律选择规则适用于仲裁协议的执行阶段，它们在第 2 条第（3）款下也常常不能提供决定性的指导。因为当事人通常不会明确规定仲裁协议的准据法，要预测仲裁裁决会在何处作出可能也有困难。因此，第 5 条第（1）款（a）项有时并不能对什么法律应适用于仲裁协议的有效性提供结论性的指导。

　　此外，值得一提的是，也有学者主张，*Ledee* 案还可以基于另一个理由而达到同样的判决结果，即 FAA 在适用上优先于州法。① 在美国，FAA 和公约的规定优先于州（相对于联邦）法对可仲裁性施加的限制。在 *Ledee* 案中，宣布仲裁协议无效的是禁止仲裁某类特许权争议的波多黎各法规。而在一系列判例中，州法禁止对特定种类的争议进行仲裁的主张已受到拒绝，这主要是由于支持仲裁的强有力的联邦政策（反映在 FAA 和《纽约公约》中）优先于与之相矛盾的州法对仲裁的禁止。② 以此为根据，在 *Ledee* 案中，法院只需指出 FAA 优先于波多黎各法规即可，而不必考虑是否涉及了具有"国际中立性"的抗辩。这又涉及联邦法与州法的关系问题，下一章将详细论述这一重要问题。

---

　　① *See* Gary B. Born, *International Commercial Arbitration: Commentary and Materials* 117（2d ed. 2001）.

　　② *See Southland Co. v. Keating*, 465 U. S. 1（1984）; *Perry v. Thomas*, 482 U. S. 483（1987）.

第三章　仲裁协议的可执行性

如前所述，仲裁通常以当事人自愿同意仲裁其争议为基础。"显然，如果没有仲裁的真正基础——仲裁协议，就不可能有仲裁。"① 因此，有关仲裁协议有效性的法律规则就特别具有实际重要性。

第一节　FAA 下仲裁协议的强制性

FAA 的第 1 章对美国法院执行和解释国内和国际仲裁协议具有重要意义。FAA 第 2 条规定：

仲裁协议的有效性、不可撤销性和执行

在任何海事交易中或者表明涉及商事的交易的契约中约定将以后因上述契约或交易引起的或者因拒绝履行上述契约或交易的全部或部分引起的争议提交仲裁的书面规定，或者将因上述契约、交易或拒绝而引起的现有争议提交仲裁的书面协议，都是有效的、不可撤销的和有强制性的，但具有普通法或者衡平法上的撤销任何契约的理由者除外。

该条被誉为"FAA 的国内部分"中最重要的规定。

一、普通法下仲裁协议的非强制性

需要指出的是，在美国有关仲裁的法规、论著和文章中，提及仲裁协议的效力时，通常使用"强制性"（enforceability 也可译为："可执行性"、"强制执行力"）而非有效性（validity）一词。这两个法律术语的使用并不像一般人可能认为的那样具有随意性，也不能简单地解释为仅仅是习惯使然。事实上，"强制性"和"有效性"在含义上是有区别的。一份有效的（valid）仲裁协议不一定具有强制性（enforceable），但被赋予了强制

---

① A. van den Berg, *The New York Convention of 1958*, 144-45 (1981).

性的仲裁协议当然首先必须是有效的协议。我们知道，当事人一方不履行合法有效的合同，须向另一方当事人承担违约责任。违约责任有多种形式，如赔偿损失、支付违约金、强制实际履行等。其中，强制实际履行又称特定履行（specific performance）或依约履行，是指违约方不履行合同时，另一方有权请求法院强制违约方按合同规定的标的履行义务，而不得以支付违约金或赔偿金的方式代替履行。① 特定履行所具有的特殊功能在于：（1）特定履行是实现合同目的、维护交易安全所必须采取的补救方式。只有通过特定履行，才能使债权人获得合同规定的标的，并能防止违约一方通过违约行为从事投机活动，获得不正当利益。（2）非违约一方采用特定履行的补救方式可以不必承担对违约损失的举证责任，这对债权人非常有利。（3）在损失难以确定的情况下，采用特定履行的补救方式更有利于保护债权人的利益。② 显然，强制实际履行对实现某些特定种类的合同的目的具有特别重要的意义，对这些合同而言，在一方当事人不履行合同义务，或其履行不符合合同约定或法律规定时，适用其他违约责任形式并不能从根本上弥补对方当事人的损失，也无法真正实现当事人订立合同的预期目的，只有强制履行才能使合同的效力得到最好的维护。仲裁协议就属此类合同。而使用"强制性"一词，正是强调了有效的仲裁协议将产生强制实际履行或强制执行（enforce）的效果（如果当事人一方不履行仲裁协议的话），这种强制履行并不能以其他违约责任形式替代。只有承认仲裁协议的强制性，才能真正实现当事人订立仲裁协议的目的，真正发挥仲裁的作用，从而体现了法院对仲裁的支持，对当事人意思的尊重。

历史上，美国法院并不要求对仲裁协议予以特别执行（specific enforcement）。许多法院认为，仲裁协议可随意撤销，因为它们"剥夺"（ousted）了法院的司法权，而这与公共政策相矛盾。③ 即使此种协议被认为是有效的（valid）和有拘束力的（binding），一方当事人也不能要求特定履行（specific performance）或要求衡平法上的救济以命令相对方参加仲裁（即不承认有效仲裁协议的强制性）。斯托雷（Joseph Story）曾对

---

① 参见余延满：《合同法原论》，武汉大学出版社 1999 年版，第 551 页。

② 参见邢颖：《违约责任》，中国法制出版社 1999 年版，第 128 页。

③ *Home Ins. Co. v. Morse*，87 U. S. 445，457-58（1874）（约定仲裁未来争议的协议非法且无效）；*Dickson Mfg. Co. v. American Locomotive Co.*，119 F. Supp. 488（M. D. Pa. 1902）．

美国普通法的立场作过如下阐述："……［仲裁协议不具有特别的强制性是因为］就其性质而言,仲裁协议基本上是一种必须取决于当事人的善意和信用的协议,并且就像约定画一幅画、雕刻一尊塑像或写一本书……的协议一样必须依赖于当事人的良心,或者依赖于法律规定的有关违约损害赔偿的救济。"①（注：着重号为作者所加）整个 19 世纪,斯托雷在仲裁协议特定履行问题上的否定态度基本上在美国法院占据统治地位。② 但是,由于要证明拒绝仲裁所导致的损害是比较困难的,而且通常只能获得一点轻微的名义上的赔偿费,因此损害赔偿很难成为替代执行的有效手段。在这种情况下,由于并未赋予有效的仲裁协议以强制性,即使认定仲裁协议有效也无多大意义,仲裁协议的效力无法得到真正保障,当事人订立仲裁协议的预期目的也无法得到实现。此外,在有效仲裁协议涵盖了当事人间的争议的情况下,法院还拒绝中止司法诉讼程序。因此,商事仲裁的作用受到严格的限制。这种状况一直持续到 20 世纪。正如第 2 司法巡回区上诉法院曾指出的,虽然有点夸张："法律史上的黑暗篇章［之一］与仲裁协议的有效性、解释和强制性有关。"③

二、FAA 关于仲裁协议强制性的规定④

20 世纪早期,商业界对诉讼质量、速度和费用的普遍不满导致美国上下一致努力以改革普通法对待仲裁的态度。1920 年,纽约州颁布了一部仲裁法规,该法规第一次使仲裁协议在美国具有了一般意义上的强制性。⑤ 美国国会仿效该法,于 1925 年颁布了后来称之为"美国仲裁法"（United States Arbitration Act）的法案。该法案以后又被称为"联邦仲裁法"（Federal Arbitration Act, FAA）。FAA 的主要特点体现在：（1）第 2

---

① *Tobey v. County of Bristol*, 23 Fed. Cas. 1313, 1321-1323 (C. C. D. Mass. 1845). *See also Red Cross Line v. Atlantic Fruit Co.*, 264 U. S. 109 (1924); *Insurance Co. v. Morse*, 87 U. S. 445, 451 (1874); *Rowe v. Williams*, 97 Mass. 163 (1887).

② *See Kulukundis Shipping Co. v. Amtorg Trading Corp.*, 126 F. 2d 978 (2d Cir. 1942). 该案对仲裁协议在普通法上的遭遇作了全面回顾。

③ *Robert Lawrence Co. v. Devonshire Fabrics, Inc.*, 271 F. 2d 402, 406 (2d Cir. 1959).

④ *See Gary B. Born, International Commercial Arbitration: Commentary and Materials* 332-36 (2d ed. 2001).

⑤ Act of April 19, 1929, ch. 275, 1920 N. Y. Laws 803 (currently codified, as amended, at N. Y. C. P. L. R. §§7501-14 (McKinney 1980)).

条，规定除具体列明的例外以外，涉及州际或对外商事的仲裁协议具有强制性；（2）第 3 条和第 4 条，规定了仲裁协议的执行程序（第 3 条是关于法院中止诉讼程序的规定，第 4 条是关于法院命令仲裁的规定）；（3）第 9 条和第 10 条，规定除特定的有限例外以外，仲裁裁决应予执行；（4）有关证据开示、仲裁员的挑选、送达和程序问题的各种辅助规定。

尽管 FAA 的国内部分的规定很简短，但它在美国的仲裁程序（国内和国际）中扮演着主要的角色。不过，FAA 的国内部分规定并不是很明确，表述比较散漫，混合了实体的、管辖权的、程序的和救济性的规定，且其范围和含义表达得并不清楚。因此，美国法院在澄清 FAA 的有关规定及其具体适用上作出了很大的努力，尤其涉及仲裁协议的执行时更是如此。

（一）第 2 条关于仲裁协议强制性的基本联邦规则

在美国，大多数合同是依各州的法律来加以解释和产生强制性的，并不存在广泛或在实质方面调整商事合同的一般联邦立法和联邦普通法。在州际和本地交易以及国际商事交易中情况都是如此。

对由州法支配商事合同的解释和执行而言，仲裁协议是一个重要例外。FAA 的中心是第 2 条的规定，即在涉及州际或对外商事的合同中所规定的书面仲裁条款应该是"有效的、不可撤销的和有强制性的"，仅"具有普通法或者衡平法上的撤销任何契约的理由者除外"。该条规定公认的目的是，"通过将仲裁协议置于'与其他合同同等的地位'以推翻几个世纪以来对仲裁协议的司法敌意……"①

最高法院再三强调，FAA 第 2 条创设了实体联邦法（*substantive federal law*）。该联邦法在联邦法院和州法院都是有拘束力的并优先于与之相抵触的州法。② 作为一个联邦法上的问题，第 2 条要求"法院就像执行其他合同一样，依当事人的规定执行私人谈判达成的仲裁协议"。③ 正如最高法院所指出的那样：

---

① *Shearson/American Express, Inc. v. McMahon*, 482 U. S. 220, 226 (1987) (quoting *Scherk v. Alberto-Culver Co.*, 417 U. S. 506, 510-11 (1974)).

② *Volt Information Sciences, Inc. v. Board of Trustees*, 489 U. S. 468, 478 (1989); *Southland Corp. v. Keating*, 465 U. S. 1, 11, 15-16 n.9 (1984); *Mitsubishi Motors Corp. v. Soler Chrysler-Plymouth Inc.*, 473 U. S. 614 (1985); *Moses H. Cone Memorial Hospital v. Mercury Construction Corp.*, 460 U. S. 1, 24 (1983).

③ *Prima Paint Corp. v. Flood & Conklin Manufacturing Co.*, 388 U. S. 395, 404 n. 12 (1967).

　　第 2 条宣布了国会支持仲裁协议的自由主义的联邦政策，即使州的实体法或程序法上有可能存在与之相反的政策。该条的效果是创设了有关可仲裁性的联邦实体法（*a body of federal substantive law of arbitrability*），该实体法可适用于该法范围内任何仲裁协议。①

美国其他法院的判决也再三重申这一基本原则，即联邦法规定了有关仲裁协议强制性的实体规则。

（二）第 2 条"但书"（savings clause）下有关强制性的例外

虽然 FAA 第 2 条规定了强制性的基本规则，但 FAA 的国内部分承认，与其他合同一样，仲裁协议在某些情况下也可能无效或不具有强制性。根据第 2 条的"但书"，美国法院可基于一系列独立的契约和准契约上的理由，拒绝执行仲裁协议。第 2 条有关强制性的例外包括：订立上的缺陷、欺诈性诱导和欺诈、违法、显失公平、缺乏行为能力与放弃，等等。

（三）第 2 条下的国内和国际仲裁协议的法律适用问题

尽管 FAA 第 2 条确立了仲裁协议具有强制性这一基本的联邦规则，但并非所有有关仲裁协议的订立、有效性和解释方面的问题都由联邦法支配。在涉及美国国内仲裁协议的情况下，第 2 条的但书被解释为包含或保留了通常可适用的有关合同的订立、有效性和强制性问题的州的合同法。不过，对上述一般州法规则的适用要受到一个限制，即联邦法禁止专门针对仲裁协议施加特别歧视的州法。

至于国际仲裁协议，则由与协议的订立、有效性和解释问题有关的范围更广的联邦普通法加以支配。基于《纽约公约》、《巴拿马公约》、公约的实施立法和政策考虑，学者们对上述结论进行了有力的论证。此外，相当多的美国判例也已接受这一结论，特别是近年来更是如此。

（四）第 2 条的"书面"要求

FAA 第 1 章并不适用于非书面形式的仲裁协议。其第 2 条仅仅适用于"表明涉及商事的交易的契约中约定将以后因上述契约或交易引起的争议提交仲裁的书面规定"。②

---

① *Moses H. Cone Memorial Hospital v. Mercury Construction Corp.*, 460 U. S. 1, 24 (1983) (emphasis added).

② 9 U. S. C. §2.

显然，第 2 条并不要求仲裁协议是一份单独的、完整的书面合同。①
有些法院认为，FAA "并不包含内在的有关欺诈的成文法规定，而是仅仅
要求仲裁条款本身是书面的"。② 依第 2 条的规定，也不要求正式签署仲
裁协议；相反，"一般的合同原则即可决定谁受这样一份书面协议的约
束，当然，即使没有当事人的签名，他们也将受合同约束。"③

运用以上原则，有些法院认为，第 2 条的"书面"要求在"默示"
(tacit) 接受含有仲裁条款的一整套书面条款和约定的情况下也可得到满
足。④ 其他下级法院还认为，书面材料的交换（通常为订单和发货单，一
般只有其中的一些包含有仲裁条款）也符合第 2 条的要求。⑤ 另有几家下
级法院认为，FAA 的"书面"要求没有《纽约公约》的类似要求严格。

三、FAA 下的联邦法优先原则⑥

（一）问题的提出

1925 年通过 FAA 国内部分的第 2 条时，美国法院仍在适用 *Swift v.
Tyson*⑦ 一案的判决。根据该判决，联邦法院在不同州（国）籍当事人之

---

① See *Medical Dev. Corp. v. Industrial Molding Corp.* , 479 F. 2d 345 （10th Cir.
1973）; *Tepper Realty Co. v. Mosaic Tile Co.* , 259 F. Supp. 688, 691 （S. D. N. Y. 1966）.

② *First Citizens Municipal Corp. v. Pershing Division*, 546 F. Supp. 884, 887
（N. D. Cal. 1982） (quoting *Fisser v. International Bank*, 282 F. 2d 231, 233 （2d Cir.
1960）).

③ *Fox v. Merrill Lynch & Co.* , 453 F. Supp. 561（S. D. N. Y. 1978）（"一份有效
的仲裁协议必须采取书面形式，但即使一方当事人没有在范本上签字，该当事人也应
受此份协议的约束"）.

④ *Al-Salamah Arabian Agencies Co. v. Reese*, 673 F. Supp. 748, 750 （M. D. N. C.
1987）; *First Citizens Municipal Corp. v. Pershing Division etc.* , 546 F. Supp. 884 （N. D.
Cal. 1982） ("仲裁协议可以基于当事人的一系列行为而对其产生拘束力"）. *But see
C. Itoh & Co. (America) Inc. v. Jordan Int' l Co.* , 552 F. 2d 1228, 1238 （7th Cir. 1977）
（第 2 条的"书面"要求不允许"通过习惯和惯例的暗示"来创设仲裁条款）.

⑤ *Medical Dev. Corp. v. Industrial Molding Corp.* , 479 F. 2d 345（10th Cir. 1973）;
Garner Lumber Co. v. Randolph E. Valensi, Lange, Inc. , 393 F. Supp. 161 （W. D. N. C.
1974).

⑥ Gary B. Born, *International Commercial Arbitration: Commentary and Materials*
336-58 （2d ed. 2001).

⑦ 41 U. S. 1 （1842).

间的案件（diversity cases）和其他案件①中均可自由适用"一般"联邦普通法（"general" federal common law）的规则。因此，仲裁协议的解释和强制性问题在联邦法院被视作联邦法上的一个问题（理由是这些问题是程序问题，应由法院地法支配）。② 不过，最高法院于 1938 年在对 *Erie R. Co. v. Tompkins* 一案所作的判决中认定不存在"一般的联邦普通法"。③ 该判决要求联邦法院在州籍不同案件中适用州的实体法，而非联邦普通法。除非国会已合法地颁布了联邦实体法规则，否则联邦法院应依州法进行判决。

Erie 案之后，对 FAA 第 2 条的基本定性存在 3 种可能：（a）基于国会调整州际和对外商事以及海事问题的权力，第 2 条确立了在联邦法院和州法院都可适用并对其具有拘束力的联邦实体法规则；或者（b）基于国会在宪法第 3 条下的权力，FAA 第 2 条确立了仅在联邦法院适用的联邦实体法规则；或者（c）基于国会在宪法第 3 条下的权力，FAA 第 2 条确立了仅在联邦法院适用的程序规则。

（二）判例的发展

1. *Bernhardt v. Polygraphic Co.* 案

最高法院在 *Bernhardt v. Polygraphic Co.* ④ 一案中首次考察了 FAA 第 2 条和第 3 条的意义。在该案中，当事人一方根据 FAA 第 3 条申请中止诉讼，联邦法院基于当事人州籍不同而对案件行使管辖权。地区法院援引了 Erie 案的判决，认为应适用佛蒙特州的法律，从而断定，当事人根据州法有权在仲裁裁决作出前的任何时候撤销其仲裁协议。上诉法院推翻了这一判决，认为 FAA 第 3 条可以在联邦法院适用，因为它仅仅是程序性的，所以并不受 Erie 案判决所提出的适用州法的要求的支配。⑤ 最高法院随后又推翻了上诉法院的判决。最高法院首先认定，该存在争议的仲裁协议并

---

① 美国联邦法院的管辖是有限的。其管辖权主要限于不同州的公民（或美国公民与外国公民）之间的案件（即所谓"州籍不同案件管辖权（diversity jurisdiction）"）和根据联邦成文法产生的案件（即所谓"联邦问题管辖权（federal question jurisdiction）"）。

② *See generally* Ian R. Macneil, *American Arbitration Law: Reformation, Nationalization, Internationalization* Chapter 3 (1992).

③ 304 U.S. 64, 78 (1938).

④ 350 U.S. 198 (1956).

⑤ 218 F. 2d 948, 951 (2d Cir. 1955) (FAA "并不具有" Erie 案判决"意义上的'实体'"性质)。

不受 FAA 第 2 条支配，因为它没有涉及 "商事" 交易或联邦海事管辖权内的交易。① 最高法院还指出，第 3 条有关中止诉讼的规定只适用于属于第 2 条范围之内的仲裁协议。② 最后，最高法院否认了根据一般联邦普通法执行仲裁协议的权力。最高法院援引了 *Erie* 案的判决，并认定仲裁协议的执行问题 "对结果具有决定意义"，属实质性问题，从而拒绝适用作为适用于联邦法院的联邦程序规则的 FAA；而在 FAA 不予适用的情况下，最高法院判决应适用州法。③

2. *Robert Lawrence Co. v. Devonshire Fabrics*, *Inc.* 案④

事实上，在很长一段时间内，对 FAA 的定性主要是由下级法院来承担的。一方面，第 2 司法巡回区上诉法院在一系列标志性判例中主张，FAA 确立了支配仲裁协议的订立、解释和执行的联邦实体法。⑤ 另一方面，其他下级法院则获得了不同的结论，它们认为，FAA 是程序性质的法律，而仲裁协议的强制性作为实体问题应由州法支配。⑥

采取第一种进路的代表是第 2 司法巡回区上诉法院对 *Robert Lawrence Co. v. Devonshire Fabrics*, *Inc.* ⑦ 案所作的判决。本书第 2 章第 2 节仅介绍了该案判决中涉及对独立性原则的分析的那一部分，正如在那里所提到的，该判决有关 FAA 的优先性的分析也很重要，特摘录如下：

> 基本问题是：本案合同中的仲裁条款的有效性和解释问题是由联邦法即《联邦仲裁法》还是地方法支配。但这一关键问题必须放在 *Bernhardt* [*v. Polygraphic Co.*, U.S. 198（1956）] 一案中 Frankfurter

---

① 350 U. S. at 200-02.

② 350 U. S. at 202.

③ 350 U. S. at 203-04（"如果联邦法允许仲裁而州法院却不允许，诉讼的结果可能取决于诉讼所提起的法院。"）。

④ See Gary B. Born, *International Commercial Arbitration in the United States*: *Commentary and Materials* 200-204（1994）.

⑤ See *Robert Lawrence Co. v. Devonshire Fabrics*, *Inc.*, 271 F. 2d 402（2d Cir. 1959）, *cert. dismissed*, 364 U. S. 801（1960）.

⑥ *E. g.*, *Bernhardt v. Polygraphic Co. of America*, *Inc.*, 122 F. Supp. 733（D. Vt. 1954）.

⑦ 271 F. 2d 402（2d Cir. 1959）.

法官的同意意见（concurring opinion）① 的背景下来加以考察。该意见的大意是，为了避免 Erie R. Co. v. Tompkins, 304 U. S. 64（1938）案下提出的令人苦恼的宪法性问题，应认定［FAA］完全不适用于州籍不同案件。我们……获得的结论与之不同，不仅因为排除州籍不同案件会破坏［FAA］，而且因为我们认为以下立法意图相当清楚，即创设一套新的与影响商业或海事交易的仲裁协议有关的实体法。因此我们认为，我们在这里处理的不是州所创设的权利而是因国会行使其规制商业的宪法性权力而产生的权利，因此并不涉及 Erie 案下的宪法问题。

　　Bernhardt 案中最高法院面对的仲裁协议既不涉及商事也不影响海事交易。但该案的被告申请在仲裁前中止诉讼，其提出的根据是，第 2 条的限制并不影响第 3 条，因此［FAA］可予适用，即使不能适用 FAA，仲裁也仅仅是一种程序上的方法，联邦法院应遵循它自己的程序，而不是佛蒙特州的程序，因为程序问题应由法院地法支配。此种推论可规避佛蒙特州的某些判例，这些判例认定仲裁协议可在裁决作出前予以撤销且不具有强制执行力。但这样的结果直接与 Erie 判决发生了冲突，因为很显然，如果该案不是由于当事人的州籍不同而被从佛蒙特州法院移送到联邦法院，那么联邦法院对当事人间争议的实质问题的决定可能与州法院的结论相反（如果案件被允许继续由州法院审理）。所以［在 Bernhardt 案中］最高法院的判决认定：（1）［FAA］不能适用，因为第 2 条有关商事和海事事项的限制也适用于第 3 条和该法的其他部分；以及（2）除开［FAA］，仲裁协议的强制执行力"在实质上影响着州所创立的诉权"，并且因为诉讼当事人之间的争议的实质性足以适用 Erie 判决确立的原则，最高法院拒绝适用法院地法支配程序事项这一规则。最高法院断然否认了仲裁"仅仅是审判的一种形式"的主张。相反，最高法院认定，自己正在处理的是"寻求恢复的由某州而非美国所创设的权利"；佛蒙特联邦地区法院法官关于佛蒙特州的与仲裁协议强制性有关的法律的见解得到了采纳。上述结论的获得并不妨碍这一事实，即在其他一些语境下，仲裁协议的强制性通常被视作仅仅是程序性问题。但 Frankfurter

──────────

① 判决中的同意意见，是指一名或少数法官的单独意见，同意多数法官作出的判决，但对判决依据提出不同理由。薛波主编：《元照英美法词典》，法律出版社 2003 年版，第 278 页——作者注。

法官所担心的宪法性问题仅在［FAA］在性质和范围上被完全视作程序规则时才成为现实。而且，如果国会仅仅是根据其调整联邦法院的诉讼程序的权力而规定仲裁协议是有效的和具有强制执行力的，那么我们有理由怀疑宪法基础是否提供了适当的支持。

我们认为，国会显然打算通过［FAA］创立一套新的有关仲裁协议的有效性和解释的联邦实体法。首先，［FAA］第 2 条明确将其适用限制在"任何海事交易或表明涉及商事的交易的契约"上。这就表明了国会意图以宪法第 3 条第 2 款第 3 项暗示的海事权力和第 1 条第 8 款第 3 项的商业权力为根据。上述意图为立法史所确认。*See* H. R. Rep. 96, 68th Cong., 1st Sess., 1（1924），……

同样清楚的是，国会打算最大限度的行使其宪法性权力以使新制定的［FAA］获得尽可能广泛的有效性。法律史上的黑暗篇章之一与仲裁协议的有效性、解释和强制性有关。从商人的普遍观点和那些直接受前述协议影响的人们的立场而言，这样的协议无论从哪方面看都非常有益。但对法院和法官来说，前述协议则令人厌恶。在英格兰和美国，法院利用各种手段和方法去破坏这种对其管理正义的独占权的侵蚀，以保护它们所谓的"管辖权"。……总而言之，在 1925 年通过［FAA］前相当长一段时间内，国会得出结论：通过对仲裁问题的立法应努力摒除司法机关的敌意并使商业界能普遍享受仲裁的益处。……

因此，我们认为该法的原文和立法背景都显示，［FAA］的部分基础是国会对商事和海事事项毋庸置疑的实体权力。的确，该法大部分是纯粹程序性质的，且原本是仅适用于联邦法院的。但第 2 条宣称影响商事或海事的仲裁协议是"有效的、不可撤销的和有强制性的"，这就超出了前述界定，必然意味着以前被州法视为无效、可撤销或不具有强制性的上述性质的仲裁协议现在被认定为"有效的、不可撤销的和有强制性的"了。这就宣布 FAA 是一部可同等地适用于州法院或联邦法院的全国性法律（national law）。上述结论直接来自国会的这一认知，即：如不对前述实体权力的渊源予以利用，就不能取得任何有意义的进展。正是前述实体权力的渊源使该法更有效率，并使该法实现了国会所意图的对商人有益的目标。……

值得一提的是，尽管创设了新的实体联邦权利，但涉及对［FAA］的适用的诉讼并不具备《美国法典》第 28 编第 1331 节所规定的独立的联邦管辖权基础。……对该法进行整体考虑后就会发现上述结论是很明显的，因为国会根据其在宪法第 3 条下的权力试图防止联邦法院过于被该影响深远的法律所纠缠。……［第 3、4 和 8 条］看来也是以存在管辖权基础为前提的。国会明确表明，对因该法而产生的权利予以主张或否认并不足以赋予联邦法院对诉讼标的的管辖权，这进一步证明国会的原意不仅仅是"程序性"的规则。……

因此，我们认为，［FAA］通过规定仲裁协议是"有效的、不可撤销的和有强制性的"创设了国内实体法，根据国会的海事和商事权力该实体法显然是合宪的，只要联邦法院拥有事物管辖权，包括州籍不同案件管辖权，由此创设的权利就将由上述法院裁判，就像存在对诉讼的事物管辖权时联邦法院将对影响其他实体权利的争议予以判决一样。我们认为，由此创设的这套法律是实体性质而非程序性质的，它不仅包含了影响州际商事或海事的仲裁协议的有效性、可撤销性和强制性问题，还包含了它们的解释问题，既然上述两类法律问题不可避免地交错在一起。……

3. *Prima Paint Corp. v. Flood & Conklin Mfg. Co.* 案①

Bernhardt 案判决作出 11 年后，最高法院在 *Prima Paint Corp. v. Flood & Conklin Mfg. Co.* ② 案中重新审视了 FAA 的地位。

如前所述，最高法院对 *Prima Paint* 案的判决最终确立了联邦法下的仲裁协议独立性原则，本书第 2 章第 2 节摘录了最高法院对该案判决的部分内容，现将判决的其余部分摘录如下：

……

仍存在这样一个问题，即上述规则是否合宪。问题的关键是无论此处涉及的合同性质为何，本案之所以在联邦法院审理仅仅是由于当事人州籍不同，而自从 *Erie R. Co. v. Tompkins*, 304 U. S. 64 (1938) 判决后，联邦法院在州籍不同案件中，在"实体"而非"程序"问题上或在"对结果具有决定意义"的问题上必须遵循州的判决依据 (state rules of decision)。*Guaranty Trust Co. v. York*, 326 U. S. 99 (1945). 不过，本案的问题并非国会是否可以制定用来调整纯粹的

---

① See Gary B. Born, *International Commercial Arbitration in the United States: Commentary and Materials* 204-208 (1994).

② 388 U. S. 395 (1967).

州籍不同案件中所产生的问题的联邦实体规则。*See Bernhardt v. Poly-graphic Co.*, *supra*, at 202, and concurring opinion, at 208. 而是国会是否可以就它确实拥有立法权的事项规定联邦法院应如何行事。答案只能是肯定的。显然,[FAA] 是基于并限于"对州际商业和海事的控制"这一无可争辩的联邦基础之上的。H. R. Rep. No. 96, 68th Cong., 1st Sess., 1 (1924); S. Rep. No. 536, 68th Cong., 1st Sess., 3 (1924).

……联邦法院必须适用国会针对其拥有立法权的事项(这里是涉及商事的合同)所制定的规则。Prima Paint 请求地区法院在准予进行仲裁之前予以判决的问题并非国会打算用以延期批准第 3 条所规定的中止诉讼的问题。因此,我们维持下级法院驳回 Prima Paint 上诉的判决。

但 Black 法官、Douglas 法官和 Stewart 法官针对多数法官的意见发表了反对意见,指出:

颁布[FAA]35 年后,第 2 司法巡回区上诉法院[在 *Robert Lawrence* 案中]完全改写了它。根据其新的表述,现在[FAA]第 2 条变成了:仲裁协议是有强制性的,"但具有联邦法上的撤销任何契约的理由者除外。"并且根据第 4 条,在执行仲裁协议前,地区法院必须确信"作为联邦法上的一个问题,对仲裁协议的订立不存在异议。"然后,当 Medina 法官[他撰写了 *Robert Lawrence* 案判决]"阐明为此目的而必需的联邦实体法原则"时,他确立了现在为最高法院所采纳的分离性规则——不是因为[FAA]第 4 条对上述规则作了规定从而提供了"明确的答案",也不是因为他考察了当事人的意愿,而是因为他认为,分离性规则可以促进"支持仲裁的自由主义政策"。

现在虽未明确这样表述,但最高法院就是在做 Medina 法官在 *Robert Lawrence* 案中所做的事。它并不满足于主张 FAA 按其原本的意图运作:如果仲裁协议根据州法是有效且合法存在的,它在联邦法院就具有强制执行力。最高法院认定,FAA 赋予了联邦法院制定与州法不一致的联邦法以确定仲裁协议是否订立及其含义的权利。即使国会通过颁布 FAA 打算创立实体权利,我也完全确信它并未打算创立这样彻底的一套联邦实体法,以致完全剥夺了各州对由它们自己的公民在它们自己的领土内订立的合同进行解释的权力。……

　　如上所述，*Robert Lawrence* 和类似判决认为，作为联邦法上的一个问题，FAA 第 2 条确立了仲裁协议具有强制执行力这一实体规则。但是这里有这样一个问题：如果国会有意确立联邦合同法的实体规则以适用于仲裁协议，它会通过采纳像第 2 条那样简短而笼统的规定来达到这一目的吗？第 2 条实际上并没有对大部分合同争议中出现的问题加以规定，这些问题包括行为能力、要约与承诺、法律形式、对价、解释、合法性等等。

　　Prima Paint 判决并未完全接受 *Robert Lawrence* 判决的这一结论："由此创设的这套法律是实体性质而非程序性质的，它不仅包含了影响州际商事或海事的仲裁协议的有效性、可撤销性和强制性问题，还包含了它们的解释问题，既然上述两类法律问题不可避免的交错在一起。"不过，最高法院对 *Prima Paint* 案的判决意见阐明，FAA 确立了"不允许联邦法院对整个合同存在欺诈性诱导的主张进行裁决"这一有拘束力的联邦实体法规则。但最高法院在 *Prima Paint* 案中既没有清楚地阐释 FAA 所创立的联邦法的范围，也没有阐明独立性原则的范围。尽管如此，许多下级法院仍对 *Prima Paint* 判决进行了广义解释，认为 FAA 第 2 条确立了要求执行仲裁协议的实体联邦法规则，该规则在州法院和联邦法院都可适用。随后，在 20 世纪 80 年代，最高法院作出的一系列判决明确接受了要求执行仲裁协议的扩大了的联邦实体规则。①

　　4. *Moses H. Cone Memorial Hospital v. Mercury Construction Corporation* 案

　　分水岭是 *Moses H. Cone Memorial Hospital v. Mercury Construction Corporation*② 一案的判决。在该案中，最高法院分析了 FAA 是否允许在州法院就相同问题予以解决前中止根据第 4 条在联邦法院提起的申请强制仲裁的诉讼。最高法院认为，FAA 并不允许此种中止，它对 FAA 进行了广义解释：

　　　　[FAA] 第 2 条宣布了国会支持仲裁协议的自由主义的联邦政策，即使州的实体法或程序法上有可能存在与之相反的政策。该条的效果

---

①　*Moses H. Cone Memorial Hospital v. Mercury Construction Corp.*，460 U. S. 1 (1983)；*Southland Corp. v. Keating*，465 U. S. 1 (1984)；*Mitsubishi Motors Corp. v. Soler Chrysler-Plymouth Inc.*，473 U. S. 614 (1985)；*Perry v. Thomas*，482 U. S. 483 (1987)。

②　460 U. S. 1 (1983)。

是创设了有关可仲裁性的联邦实体法，该实体法可适用于该法范围内任何仲裁协议。①

最高法院在 *Moses H. Cone* 案中还特意指出，对仲裁协议的解释应由联邦法支配。② 具体而言，最高法院宣布，联邦法确立了支持仲裁（pro-arbitration）的解释规则，要求与仲裁条款的范围有关的疑问应按有利于仲裁的原则解决。

5. *Southland Corporation v. Keating* 案③

一年后，在 *Southland Corp. v. Keating*④ 案中，最高法院再次对 FAA 的优先效力进行了审查。*Southland* 案提出了这样一个问题，即尽管加利福尼亚州的成文法明确规定某种争议不可仲裁，FAA 是否仍要求加利福尼亚州法院应对此种争议的仲裁予以允许。最高法院断定，FAA 优先于加利福尼亚州法并可在州（和联邦）法院适用："在创立不但适用于联邦法院而且适用于州法院的实体规则时，国会打算阻止州的削弱仲裁协议强制性的立法企图。"⑤

该案案情如下：Southland Corporation 与 7-Eleven 便利商店签订了特许协议。其标准特许合同包含了一个仲裁条款，规定"凡因本协议或对本协议的违反引起的或与之有关的任何争议或主张"均应提交 AAA 仲裁解决。后 Southland 与几家特许经营人之间发生了争议，后者在加利福尼亚州高级法院提起了针对 Southland 的诉讼。原告尤其指责 Southland 违反了《加利福尼亚州特许投资法》。Southland 申请强制仲裁。在上诉审中，加利福尼亚州最高法院断定，《加利福尼亚州特许投资法》下的请求是不可以仲裁的。

美国最高法院的判决如下：

在制定［FAA］第 2 条时，国会宣布了支持仲裁这一全国性的政策并取消了各州对缔约方约定提交仲裁的争议要求通过司法解决的权

---

① 　460 U. S. at 24.

② 　460 U. S. at 24-25.

③ 　*See* Gary B. Born, *International Commercial Arbitration: Commentary and Materials* 342-47 (2d ed. 2001).

④ 　465 U. S. 1 (1984).

⑤ 　465 U. S. at 16.

力。[在 FAA 第 2 条的规定中，] 国会……要求执行仲裁协议。

我们认为对受 FAA 支配的仲裁条款的强制执行力而言只存在两个限制：它们必须是书面海事契约或"表明涉及商事的交易"的契约的一部分，以及前述条款不具有"普通法或者衡平法上的撤销任何契约的理由"。我们没有发现 FAA 有任何规定表明有关强制执行力的这一普遍原则应受州法下任何额外限制的支配。

FAA 是以国会在商业条款（Commerce Clause）下颁布实体规则的权力为基础的。……[在 *Prima Paint* 案中，最高法院] 认定，即使存在相反的州法规则，对合同存在引诱性欺诈的主张仍应"由仲裁员而非法院"来进行审查。在 *Moses H. Cone* 案中……我们重申了我们的观点即 FAA "创设了联邦实体法"，并明确阐明了 *Prima Paint* 判决所暗含的内容即 FAA 所创设的实体法在州法院和联邦法院都可适用。……

尽管从立法背景来看并非毫无含糊之处，但仍存在强烈的暗示表明国会所设想的并不仅仅是要求仲裁协议在联邦法院具有强制性。……这一更广泛的目标还可以从这一事实推断出来，即国会不大可能仅仅去关注一个其影响仅限于联邦法院的问题而非在商事领域具有显著重要性的问题。……[FAA 的立法史] 清楚表明，[国会] 意图赋予 FAA 广泛的范围，不受州法有关约束的妨碍。……

因此国会面临的问题就是双重的：旧时的普通法对仲裁的敌意，以及州的仲裁法规不要求对仲裁协议加以执行。将 FAA 的范围仅局限于在联邦法院申请执行的仲裁，就会破坏国会使之成为广泛适用的法规以应对其所面临的前述问题的意图。

[在反对意见中，] O'Connor 法官认为，国会将 [FAA] 视做"程序法，仅适用于联邦法院"。如果国会仅试图创立在联邦法院适用的程序性救济，则无法解释 [FAA] 为何明确规定限于"涉及商事"的合同。9 U.S.C. §2. ……按照 O'Connor 法官所主张的对 [FAA] 的解释，如果根据《加利福尼亚州特许投资法》产生的请求是在州法院提出的就不具有可仲裁性。但毫无疑问的是，如果该诉讼作为州籍不同诉讼而在联邦地区法院提起，则该仲裁条款就会具有强制执行力。因此加利福尼亚州最高法院对 [FAA] 的解释将鼓励和奖赏挑选法院。我们不愿认为国会在行使商业条款所赋予的广泛权力时有意创设执行仲裁协议的权利却使该权利的执行取决于主张该权利的特定法院。既然我国绝大部分民事诉讼发生在州法院，我们不能相

信国会打算将［FAA］局限于仅受联邦法院管辖的争议。这样的解释会破坏国会"将仲裁协议置于与其他合同同等地位"的意图。H. R. Rep. No. 96 at 1.

在创立不但适用于联邦法院也适用于州法院的实体规则时，国会打算阻止削弱仲裁协议强制性的州的立法企图。我们认为，《加利福尼亚州特许投资法》第 31512 条违反了最高条款（Supremacy Clause）。……

Stevens 法官对多数法官的意见部分赞成，部分反对。……尽管 O'Connor 法官对 FAA 立法史的回顾显示，颁布该法的 1925 年国会在本质上将该法规视作程序性质的，但我相信法律的发展迫使最高法院获得了前述结论。

［不过］，对我而言，并不能"毫无疑问的"断定，"如果该诉讼作为州籍不同诉讼而在联邦地区法院提起，则该仲裁条款就会具有强制执行力"。FAA 第 2 条规定的一般规则是，作为联邦法上的一个问题，涉及州际交易的合同中的仲裁条款是具有强制执行力的。不过，上述一般规则有一个例外，即"具有普通法或者衡平法上的撤销任何契约的理由者除外"。我认为，该例外为实施州的某些在执行某类仲裁条款的情况下就会受到破坏的实体政策留下了余地。……

FAA 有限的目标是废除不利于对仲裁协议的特别执行的一般普通法规则，……同时，FAA 也将优先于仅仅是对一般普通法规则进行编纂的州的成文法——无论该成文法是直接采用先前的可撤销性原则还是间接宣布所有这类协议都是无效的。不过，除上述看来为 FAA 第 2 条的措辞和有关该法的判例法所力证的结论以外，根本不清楚国会是否打算完全取代各州在这个领域的权力。……我们首先必须认识到，正如"第 2 条的'但书'所表明的，1925 年国会的目的是使仲裁协议像其他合同一样具有强制性，但仅此而已。" *Prima Paint Corp. v. Flood & Conklin Mfg. Co.*, 388 U. S. 395, 404 n.12（1967）. 包含实体联邦政策的联邦成文法的存在并不必然要求对统一的联邦判决依据予以不容变更的适用而不顾可能存在于各州的不同情况。……

O'Connor 法官针对多数法官的意见发表了反对意见。……今天，最高法院将 FAA 第 2 条表面上的沉默视作对其宣布不但联邦法院而且州法院均须适用第 2 条的一种许可。此外，尽管在判决意见书中并未对此予以详细说明，但最高法院实际上认为，在执行这一新发现的联邦权利时，州法院必须遵循 FAA 第 3 条规定的程序。促使最高法院作出上述判决的动力是鼓励利用仲裁的期望，这种期望是可以理解的，但该判决完全没有认识到作为 FAA 基础的国会的清楚的意图。国会是打算要求联邦法院而不是州法院对仲裁协议予以尊重。

FAA……于 1925 年颁布。……国会认为它是在行使其对联邦法院所进行的程序或联邦法院所适用的"一般联邦法"予以规定的权力。此处提出的问题是最高法院后来的 3 份判决的结果。1938 年，最高法院在 *Erie Railroad* 案判决中否认了联邦政府可以仅仅根据宪法第 3 条有关支配联邦法院管辖权的权力而创立实体法。18 年后，最高法院对 *Bernhardt v. Polygraphic Co.* 一案的判决指出，对合同争议进行仲裁的义务对结果具有决定意义——即具有实体性质——因此在联邦法院的州籍不同案件中该问题通常应由州法支配。

Bernhardt 案引起了这样一种担心即 FAA 由此只能在根据联邦法于联邦法院内提起的案件（而非州籍不同案件）中予以适用才是合宪的。在 *Prima Paint* 一案中……我们解决了上述担忧，认定在联邦法院的州籍不同案件中适用 FAA 是合宪的。FAA 只适用于涉及州际商事的合同或海事交易，而国会对该领域"显然拥有立法权"。

尽管如此，*Prima Paint* 判决"小心避免了对以下观点的任何明确支持，即 FAA 包括了适用于其范围内的一切合同的实体政策，无论是在州法院还是在联邦法院提起诉讼。" P. Bator, P. Mishkin, D. Shapiro & H. Wechsler, *Hart and Wechsler's The Federal Courts and the Federal System* 731-2 (2d ed. 1973). 今天这个案件是最高法院第一次有机会对 FAA 是否适用于州法院诉讼程序进行决定。关于这个问题，*Moses H. Cone* 案判决曾发表了一项声明……但该案涉及的是联邦法院而非州法院的诉讼程序；它的有关适用于州法院的法律的判词对其裁决而言完全是不必要的。

本案的多数意见对 3 个问题加以了决定。首先，它认为 FAA 第 2 条创设了州法院必须予以执行的联邦实体权利。其次，尽管本案并未提出该问题，最高法院还是指出，第 2 条的实体权利并非根据《美国法典》第 28 编第 1331 节诉诸联邦法院管辖权的基础。第三，最高法院将第 2 条解释为其要求州法院通过模仿运用 FAA 第 3 条和第 4 条为联邦法院所规定的程序来执行第 2 条的权利。上述第 1 个结论作为成文法解释上的一个问题毫无疑问是错误的；第 2 个结论看来是为了限制第 1 个结论所造成的损害；第 3 个结论是不必要的和不明智的。

很少有一部法律的立法史像 FAA 这样清晰。该立法史明确表明
1925 年国会将 FAA 视作程序性的法规，仅适用于联邦法院，国会认
为，其主要起源于对联邦法院管辖权加以支配的联邦权力。……FAA
被签署成为法律 1 个月后，曾起草并敦促通过该联邦立法的美国律师
协会委员会撰文指出：

> 该法规确立了在联邦法院执行仲裁协议的程序。……对仲裁
> 协议的执行加以规定的联邦成文法仅与联邦法院的诉讼程序有
> 关。……是否执行仲裁协议是一个程序法上的问题，应由寻求救
> 济的管辖区域的法律予以决定。仲裁协议的执行属于程序法而非
> 实体法的范畴，这一认知已为我们的法院判决所确立。……

将 FAA 定性为程序法还不够，该法的起草者、众议院报告和早
期评论者都断言，FAA 原本仅打算对联邦法院的诉讼程序产生影
响。……

FAA 的结构本身直接与最高法院目前对第 2 条的解释相反。第 3
条和第 4 条是该法的实施条款，它们仅明确适用于联邦法院。第 4 条
提及了 "美国地区法院"（United States district court [s]），并规定仅
可在根据《美国法典》第 28 编享有管辖权的法院对其予以援引。最
初颁布时，第 3 条与第 4 条的措辞相仿，也提到了 "美国法院"
（courts [or court] of the United States）。① 后来对第 4 条的表述作了一
点小修改，但对这两条规定仅适用于联邦法院这一限定并无实质性的
改变。

最高法院以前的判决并未对该法作其他权威解释。值得反复强调
的是，*Prima Paint* 案和 *Moses H. Cone* 案涉及的都是联邦法院的诉讼。
在前述两案中最高法院并未面对 FAA 是否适用于州法院诉讼程序的
问题。Black 法官肯定会惊讶的发现，*Prima Paint* 案的多数意见或他
的反对意见被今天的最高法院所引用。他的反对意见努力指出：

> 最高法院在这里并不认为……州法院必须适用联邦法官根据
> FAA 创设的联邦实体法。如果裁决包含了这样的意思——本案
> 中最高法院似乎对此未予决定，那就是对 FAA 制定者本意的歪
> 曲。

---

① 上述两条规定使用相同的措辞是很自然的：第 3 条适用于反对仲裁的当事人
在联邦法院提起诉讼的情况；第 4 条则适用于申请执行仲裁条款的当事人提起的诉
讼。没有道理对这两条规定使用不同的措辞。

Prima Paint 案的多数意见并不否认上述声明。

　　Prima Paint 案的多数意见彻底而精确地实现了国会的原意——它承认尽管存在 Erie 判决的干扰，但 FAA 对海事和州际合同特定的关注允许在联邦法院的州籍不同案件中对其予以适用。相反，今天的判决掩盖了 *Prima Paint* 判决的精心细作和使得 *Prima Paint* 案必然如此判决的历史原因，赋予 FAA 的范围远远超出了国会的设想。

　　就像 FAA 的其余部分，第 2 条无论如何都不应适用于州法院。相反，假定第 2 条确实创设了州法院必须执行的联邦权利，至少首先仍应允许州法院确立它自己的执行该权利的程序。最后，最高法院似乎指示，该存在争议的仲裁条款必须予以特别执行；看起来其他执行方式都不被允许。

　　在我们将第 2 条的简明而笼统的措辞解释为包含了一套复杂而具有强制性的程序之前，我们至少应该允许州法院和州立法机关有机会自己确立执行这一新的联邦权利的方法。针对对仲裁协议的违反，有些州可能选择裁决补偿性损害赔偿金或惩罚性损害赔偿金；有些州可能裁决向仍希望仲裁的当事人一方支付诉讼费用；有些州可能以其他方式确认仲裁协议的"有效性和强制执行力"。

6. *Mitsubishi Motors Corp. v. Soler Chrysler-Plymouth Inc.* 案

之后，最高法院在 *Mitsubishi Motors Corp. v. Soler Chrysler-Plymouth Inc.* ①案中重申了在解释仲裁协议上支持仲裁的联邦规则。在本案中，最高法院适用联邦法对仲裁条款进行了扩张解释，认为它包含了成文法上的反托拉斯请求。尤其是，*Mitsubishi Motors* 判决明确指出，联邦法要求依"支持仲裁"的原则对仲裁协议进行解释。

7. 对州法和联邦法各自作用的不同观点

根据 *Southland* 和 *Prima Paint* 判决，受 FAA 支配的仲裁协议的订立和强制执行力问题在某些重要方面是由联邦法调整的。尤其是 *Southland* 判决认定，FAA 第 2 条确立了这一基本联邦规则，即尽管可能存在某些州法禁令，仲裁协议仍具有强制执行力。不过，就州法和联邦法在确定美国国内仲裁协议的存在和有效性问题上各自的作用而言，美国下级法院的早期判决仍存在重要分歧。

一些法院的判决认定，仲裁协议的订立和有效性问题应适用州法，但要受 FAA 所施加的这一要求的支配，即州法不能专门挑出仲裁协议予以

---

　　①　　473 U. S. 614 (1985)．

不利对待。① 当然，大部分下级法院认为，当案件涉及公约下的国际仲裁协议时，与受 FAA 国内部分支配的仲裁协议相比，可适用的联邦普通法规则的范围更广泛。只有在前述观点受到否定的情况下，才可能根据上述国内判决，适用州法来决定国际仲裁协议的订立和有效性问题。

尽管大多数下级法院的判决适用州法来决定仲裁协议的订立和有效性问题，早期仍有部分下级法院走得更远，它们认为根据 FAA 的国内部分，联邦法提供了支配仲裁协议订立、有效性、合法性与解释问题的惟一标准。②

无论如何，至少各法院都承认，起源于 FAA 第 2 条的联邦规则优先于那些专门挑出仲裁协议施以不利限制的州法，这些州法或者认定仲裁协议不具有强制执行力，或者对其施加并不适用于其他合同的特殊要求。③

（三）目前对优先适用原则（preemption doctrine）的运用

1. FAA 的国内部分仅优先于歧视性的州法而非一般适用的州合同法

看来就 FAA 国内部分（the domestic FAA）之下的仲裁协议的订立问题而言，历史上美国下级法院围绕联邦法和州法各自的作用而产生的认识上的不确定性已为最高法院所解决。这主要是通过最高法院对 *Perry v. Thomas* 案、*First Options* 案、*Allied-Bruce* 案和 *Doctor's Associates* 案的判决得到解决的。

（1）*Perry v. Thomas* 案

在 1987 年对 *Perry v. Thomas* 一案的判决中，最高法院重申了 *Southland* 案的判决意见，认定 FAA 优先于禁止对某些“工资”请求进行仲裁

---

① *See Progressive Casualty Ins. Co. v. CA Reasequradora Nacional de Venezuela*, 991 F. 2d 42（2d Cir. 1993）; *Supak & Sons Mfg. Co. v. Pervel Indus.*, 593 F. 2d 135, 137（4th Cir. 1979）（FAA "并未取代州法在［合同］订立问题上的一般原则"）; *Medical Dev. Corp. v. Industrial Molding Corp.*, 479 F. 2d 345, 348（10th Cir. 1973）; *Southeastern Enameling Corp. v. General Bronze Corp.*, 434 F. 2d 330（5th Cir. 1970）.

② *Church v. Gruntal & Co.*, 698 F. Supp. 465, 467（S. D. N. Y. 1988）; *Hall v. Prudential-Bache Securities, Inc.*, 662 F. Supp. 468（C. D. Calif. 1987）（"仲裁协议是否有效应由联邦法决定"）; *Avila Group, Inc. v. Norma J. of Calif.*, 426 F. Supp. 537, 540（S. D. N. Y. 1977）（"联邦法适用于解释、有效性、可撤销性和强制执行力等所有的问题"）.

③ *Allied-Bruce Terminix Co. v. Dobson*, 513 U. S. 265（1995）; *Southland Corp. v. Keating*, 465 U. S. 1（1984）（"在创立不但适用于联邦法院也适用于州法院的实体规则时，国会打算阻止削弱仲裁协议强制性的州的立法企图。"）.

的州法。不过，最高法院同时也表示，与仲裁协议的订立和有效性有关的问题由通常适用的州的合同法而不是联邦实体法支配。根据最高法院的判决，FAA 的国内部分的适用仅限于这样一个方面，即它优先于单单挑出仲裁协议予以歧视待遇的州法规则，而在其他方面，一般的州合同法则起到支配作用。

在 *Perry v. Thomas* 案中，最高法院在其判决的附带意见中指出：①

> 我们……拒绝考虑 Thomas 的这一主张，即本案的仲裁协议构成了显失公平的、不具有强制执行力的附合合同。以下未对该问题予以裁决。……不过，我们注意到当诸如 Thomas 所谓的"司法救济请求权"和显失公平原则这类理由作为抗辩被主张时，就会产生法律选择问题。在上述情况下，第 2 条的原文规定了在州法原则和通过该成文法时所设想的联邦普通法原则之间进行选择的标准："作为联邦法上的一个问题，仲裁协议是有效的、不可撤销的和有强制性的，" see *Moses H. Cone Memorial Hospital v. Mercury Construction Corp.*, 460 U.S. 1, 24 (1983), "但具有普通法或者衡平法上的撤销任何契约的理由者除外。" 9 U.S.C. §2 (emphasis added). 因此，州法——无论是来源于立法还是来源于司法判例——将予适用，如果该法是用来调整一般合同的有效性、可撤销性和强制性的。专门用来调整仲裁协议的州法规则与第 2 条的前述要求则不相符。See *Prima Paint*, 388 U.S. at 404; *Southland Corp. v. Keating*, 465 U.S. at 16-17 n. 11. 因此，在审查诉讼当事人有关执行仲裁协议的权利时，法院对该协议的解释不能采取异于其根据州法对非仲裁协议进行解释时所采取的方式。法院也不能以仲裁协议的独特性作为州法下认定执行该协议将会显失公平的根据，因为这会使法院能够实现今天我们认为州立法机关不能做的事。……

Perry 案判决的附带意见仅表明了什么样的州法规则并不为 FAA 第 2 条的明确规定所优先；它并没有否定对仲裁协议的订立问题进行调整的联邦普通法规则的发展。

(2) *First Options of Chicago, Inc. v. Kaplan* 案

Perry v. Thomas 判决对 FAA 在国内事项 (domestic matters) 上的优先效力的界定在 20 世纪 90 年代所作的几个判决中获得了确认。在 *First Op-*

---

① 482 U.S. 483, 492 n. 9 (1987).

tions of Chicago, Inc. *v. Kaplan*① 一案中，最高法院明确确认了应由普遍适用的州合同法而不是联邦合同法来调整受 FAA 国内部分支配的仲裁协议的订立和有效性问题。正如本书第 2 章对该案判决的介绍所展示的，② 最高法院指出，"在认定双方当事人是否约定仲裁……时，法院通常……应适用用来调整合同订立问题的一般的州法原则。"③当然，在 FAA 优先于专门挑出仲裁协议予以不利对待的州法规则这一点上，最高法院并无疑义。

（3）*Allied-Bruce Terminix Co. v. Dobson* 案

同样地，最高法院在 *Allied-Bruce Terminix Co. v. Dobson*④ 案中指出：

> 各州可以根据一般合同法原则对包括仲裁在内的合同进行调整，它们还可以"根据普通法或者衡平法上的撤销任何契约的理由"认定仲裁条款无效。各州所不能做的是在确定执行某一合同的所有基本条款（价格、服务、债权）足可满足公平要求的情况下，却认定执行其仲裁条款是不公平的。根据 FAA，州的任何此类政策都是非法的，因为这类政策会将仲裁条款置于一种不平等的"地位"，从而直接违反 FAA 的规定和国会的意图。

运用上述基本原理，最高法院认定，FAA 优先于将争议前仲裁协议认定为无效的阿拉巴马州法规。

（4）*Doctor's Associates, Inc. v. Casarotto* 案

在 *Doctor's Associates, Inc. v. Casarotto*⑤ 案中，最高法院认定，FAA 优先于要求任何仲裁协议都必须以大写字母（并在下面画线）打印在合同首页的蒙大拿州法。最高法院指出，蒙大拿州法并未构成"普通法或者衡平法上的撤销任何契约的理由"，因为该法"调整的不是'任何契约'，而是特别且仅仅针对'受仲裁支配'的契约。"⑥ 最高法院指出："普遍适用的合同抗辩，例如欺诈、胁迫或显失公平，可被用来宣布仲裁协议无效而不会违反第 2 条的规定，"但"法院不能……根据仅适用于仲裁条款的州法宣布仲裁协议无效。"

---

① 514 U. S. 938 (1995).
② 详见本书第 2 章第 3 节。
③ 514 U. S. at 944.
④ 513 U. S. 265 (1995).
⑤ 517 U. S. 681 (1996).
⑥ 517 U. S. at 682.

其他下级法院也在判决中获得了类似的结论。①

2. 在 FAA 的国内部分之下对仲裁协议范围的解释通常由联邦法支配

对 *Prima Paint* 判决的一致解读是，该判决认定，与仲裁协议的订立、有效性和合法性不同，受 FAA 支配的仲裁协议的解释问题是联邦法（而不是州法）上的一个问题。最高法院一再重申前述规则。②

3. 在国际仲裁协议的存在、有效性及解释问题上的联邦法优先原则

（1）国际仲裁协议的强制性和解释问题在美国法院通常由美国法而不由外国法支配

如前所述，当事人通常可以选择其希望的任何实体法作为国际仲裁协议的准据法。在不存在任何法律选择条款的情况下，则通过适用一般的冲突法规则来确定仲裁协议的准据法。但正如上文所指出的，美国法院通常并不考虑是否适用外国法调整国际仲裁协议的解释、存在或强制性问题。一般说来，无论是否存在外国法律选择条款，美国法院对国际仲裁协议往往直接适用 FAA 和联邦普通法，其理由显然是上述问题是程序性或救济性的，因而应受法院地法支配。

（2）《纽约公约》下的仲裁协议的订立、有效性和合法性问题应由美国的联邦法而非州法支配

美国下级法院几乎一致认为，应由联邦普通法来调整受《纽约公约》支配的国际仲裁协议的订立和有效性问题。③

---

① *David L. Threlkeld & Co. v. Metallgesellschaft Ltd*, 923 F. 2d 245（2d Cir. 1991）；*Saturn Distribution Corp. v. Williams*, 905 F. 2d 719（4th Cir. 1990）（拒绝适用禁止在某些形式的合同中订立仲裁协议的州法）；*Securities Indus. Ass'n v. Connolly*, 883 F. 2d 1114, 1123-24（1st Cir. 1989）（拒绝适用要求对仲裁协议进行特别披露的州法）；*Commerce Park at DFW Freeport v. Mardian Const. Co.*, 729 F. 2d 334（5th Cir. 1984）；*Collins Radio Co v. Ex-Cell-O Corp.*, 467 F. 2d 995, 999（8th Cir. 1972）（对"特别调整仲裁协议有效性的州法或判决"与"一般合同法下仲裁协议的有效性"作了区分）。

② *First Options of Chicago, Inc. v. Kaplan*, 514 U. S. 938（1995）；*Mitsubishi Motors Corp. v. Soler Chrysler-Plymouth Inc.*, 473 U. S. 614, 625-27（1985）.

③ *See McDermott Int'l Inc. v. Lloyds Underwriters of London*, 944 F. 2d 1199（5th Cir. 1991）（FAA "是公约近似的国内相等物；它确保了对国内仲裁协议和仲裁裁决的执行，但其有关适用性的规则略有不同。"）；*Becker Autoradio U. S. A. , Inc. v. Becker Autoradiowerke GmbH*, 585 F. 2d 39, 43 & n. 15（3d Cir. 1978）（是否"存在仲裁协议"以及"对该协议的解释问题""显然是实体联邦法上的一个问题"）；*Meadows Indemnity Co. v. Baccala & Shoop Ins. Services, Inc.*, 1991 U. S. Dist. Lexis 4144, at 18-21（E. D. N. Y. 1991）（应由联邦法决定协议是否无效以及解释问题）。

很少有判决试图探讨为何公约第 2 条第 (3) 款下的联邦普通法的范围应比 FAA 第 2 条下的联邦普通法的范围更广。不过，公约或许提供了有关基础可以解释为何将针对国际仲裁协议强制性的合同法上的抗辩置于联邦的权力之下。一般而言，联邦普通法规则并非随便形成的。为此目的，必须证明存在产生于"独一无二的联邦领域"的问题以及某一具体的州法规则或各州法律规则可能存在的歧异导致了与联邦政策的"重要冲突"。①

A. 支持仲裁的联邦政策

Prima Paint 案的判决并没有明确提及以 FAA 下"支持仲裁"的政策为根据。而在随后的 *Moses H. Cone Memorial Hospital* 案、*Southland* 案和 *Mitsubishi Motors* 案中，最高法院明确指出，FAA 意在鼓励仲裁，以减轻人满为患的联邦法院的负担并促进更有效率的争议解决机制的发展。事实上，这一点非常关键，是否存在鼓励仲裁的一般联邦政策，对支配仲裁协议的解释和执行问题的联邦实体规则的存在和范围，对有关联邦普通法的分析具有重要影响。

尽管最高法院并没有对 FAA 支持仲裁的政策进行精确的界定，但它一再强调该政策。② 支持仲裁的政策反映在对司法解决争议所产生的费用、拖延及其质量的担心上，正是这种担心导致了 FAA 的问世。前述鼓励通过仲裁方式解决私人争议的政策直接支持确立与仲裁协议有关的合同订立和解释的联邦规则。

不过也有一些学者（有时还包括最高法院的某些判决意见）对事实上是否存在任何广泛的支持仲裁的政策表示怀疑。但如果国会的确将仲裁视作一种可取的争议解决方式，通过此种争议解决方式可以将司法机关解放出来以承担其他工作，并为工商界提供更有效率的和可以接受的结果，那么联邦政策也应该反对在调整仲裁协议订立和有效性问题上人为的或过分苛刻的规则。上述观点已超越了 *Southland* 案、*Perry v. Thomas* 案和 *Allied Bruce* 案的判决，前述判决显然允许由普遍适用的州法支配订立和有效性问题，但对仲裁协议予以歧视的州法除外。而上述观点则极力主张确

---

① *See Boyle v. United Technologies Corp.* , 487 U. S. 500 (1988); G. Born, *International Civil Litigation in United States Courts* 15-16 (3d ed. 1996).

② *See Mitsubishi Motors Corp. v. Soler Chrysler-Plymouth Inc.* , 473 U. S. 614, 625-29 (1985); *Southland Corp. v. Keating*, 465 U. S. 1, 14-16 (1984) ("支持仲裁的全国性政策"); *Moses H. Cone Memorial Hosp. v. Mercury Construction Corp.* , 460 U. S. (1983).

立一套统一的联邦法以降低仲裁程序的门槛并按支持仲裁的原则来解决相关疑问。而这一政策在适用于国际交易中的仲裁协议时"具有特别的动力"。①

B. "独一无二的联邦领域"

对于国内仲裁是否构成"独一无二的联邦领域"仍存在疑义。毕竟，在颁布 FAA 前州的仲裁法规和法律已经存在了，并且现在几乎每个州都有这样的法规。另一方面，在 *Perry v. Thomas*② 案中，最高法院提到了"通过" FAA "时所设想的联邦普通法原则"。尽管该论断在历史上曾使人产生误解，但其在结果上却是正确的。

那么到底有没有必要确立一套惟一且统一的联邦法以支配国内仲裁协议的解释、订立和执行呢？如前所述，合同订立和解释的大部分问题是由州法支配的。为什么对仲裁协议的订立和解释问题就应适用不同的规则？最高法院显然得出了联邦政策鼓励仲裁的结论。该政策为确立一套统一的支配仲裁协议订立和解释问题的联邦法提供了基础。如果没有这样一套统一的、支持仲裁的法律，当事人对其仲裁协议的含义和强制性就会产生不确定（特别是鉴于普通法上和那些目光偏狭地区所显示的对仲裁协议的敌意），此种不确定性会阻止商业界签订上述协议。此外，对仲裁协议的间接的敌意会构成更严重的威胁，因为在适用州法时相对安全，较少受到彻底的联邦司法审查。而且，仲裁又常常在州际交易中使用得最多，以避免因法律冲突、管辖权争议和地方保护主义而造成的不确定性。因此，在国内仲裁领域，普遍的观点是，至少，起源于 FAA 第 2 条的联邦规则优先于那些专门挑出仲裁协议施以不利限制的州法。

即使 FAA 在国内事项上并没有将仲裁变成独一无二的联邦领域，但对国际仲裁而言，就并非如此了。《纽约公约》、《巴拿马公约》、ICSID 和各种双边条约表明国际仲裁领域具有独一无二的联邦性质。正如我们已经看到的，最高法院始终对国际争议的仲裁和国内争议的仲裁加以区别。

---

① *Mitsubishi Motors Corp. v. Soler Chrysler-Plymouth, Inc.*, 473 U. S. 631 (1985); *see also Vimar Seguros y Reaseguros, S. A. v. M/V Sky Reefer*, 515 U. S. 528, 541 (1995); *Scherk v. Alberto-Co.* 417 U. S. 506, 515-518 (1974); *The Bremen v. Zapata Off-Shore Co.*, 407 U. S. 1, 13-14 (1972). 转引自 Howard M. Holtzmann & Donald Francis Donovan, national report *United States* in Intl. Handbook on Comm. Arb. Suppl. 28 January 1999.

② 482 U. S. 483 (1986).

在 *Mitsubishi Motors Corp. v. Soler Chrysler-Plymouth Inc.* ① 案和 *Scherk v. Alberto-Culver Co.* ② 案中，最高法院都拒绝了在国际争议中联邦成文法上的请求不可仲裁的主张，即使当时在国内争议中它们是不可以仲裁的。要求确立统一的联邦法以调整仲裁协议的解释、订立和执行问题，其理由在国际背景下更为充分。在该领域，"用一个声音说话"对国家有利，这是得到公认的。③ 看来大部分下级法院已断定，存在于《纽约公约》下的联邦普通法规则的范围比 FAA 国内部分下的更广泛。

C. 支持仲裁的联邦政策与解释规则

上述支持仲裁的联邦政策为有关仲裁协议解释方面的联邦合同规则提供了基础。最高法院在 *Mitsubishi Motors* 案及其他案件中强调："作为联邦法上的一个问题，任何有关可仲裁事项范围的疑问都要按有利于仲裁的原则解决，无论存在的问题是对合同术语本身的解释还是对弃权、拖延或对可仲裁性的其他类似抗辩的主张。"④

4. 州法院中止诉讼的义务

对受 FAA 第 2 条支配的有效仲裁协议项下的争议，FAA 是否规定州法院有中止就该争议所提起的诉讼的义务？"尽管答案显然应该是肯定的，但令人讶异的是在该问题上仍存在着不确定性。"⑤

（1）FAA 第 3 条有关中止诉讼的规定在州法院的适用性

最高法院并未阐明 FAA 第 3 条在州法院是否适用。在 *Moses H. Cone Memorial Hospital v. Mercury Construction Corp.* ⑥ 案中，最高法院在其判决的附带意见中指出，第 3 条所称"美国的任何法院"在措辞上比较含糊，可能包括了州法院。在 *Southland Corp. v. Keating* ⑦ 案中，O'Connor 法官对上述结论持批判态度，其理由是第 4 条起初包含了与第 3 条相同的表述，国会 1954 年用"美国地区法院"这一措辞取而代之，本身并无实质

---

① 473 U. S. 614 (1985).

② 417 U. S. 506 (1974).

③ *Japan Line v. County of Los Angeles*, 441 U. S. 434 (1979)；*Hines v. Davidowitz*, 312 U. S. 52 (1941).

④ 473 U. S. at 626 (quoting *Moses H. Cone Memorial Hospital*, 460 U. S. at 24-25).

⑤ Gary B. Born, *International Commercial Arbitration: Commentary and Materials* 356 (2d ed. 2001).

⑥ 460 U. S. 1, 24 n.34 (1983).

⑦ 465 U. S. 1, 29-31 (1984).

影响。① 在 *Volt Information Sciences*, *Inc.* *v.* *Board of Trustees*② 案中，最高法院指出，虽然"FAA 的'实质'规定——第 1 条和第 2 条——不仅适用于联邦法院也适用于州法院，但我们从未认定第 3 条和第 4 条也适用于州法院，从其措辞来看，它们仅适用于在联邦法院进行的诉讼程序。"

（2）州法院基于联邦普通法可能负有的中止诉讼的义务

正如最高法院所指出的，对第 3 条有关中止诉讼的规定确实可适用于州法院这一主张而言，从原文来看，很难提供相应的支持。与其将关注点放到第 3 条是否"适用于"州法院，不如考虑 FAA 是否要求州法院在当事人的争议可以仲裁的情况下中止其诉讼程序，这样更有价值。关于这一问题，*Southland* 判决强烈暗示根据 FAA 州法院必须中止对受有效仲裁协议支配的争议所提起的诉讼。

上述主张的根据是什么？在联邦法上确立中止诉讼的要求对促进 FAA 的基本目标是否必要？毫无疑问，对州法院而言，O'Connor 法官所提出的支付补偿性或其他损害赔偿金的方法是不够的。有相当多的证据表明第 68 届国会在颁布 FAA 时意识到对仲裁协议的特别执行对实现此种协议的目的具有必要性。③ 应该说，第 2 条关于仲裁协议具有强制执行力的规定足以要求州法院确立有意义的执行机制。与 *Southland* 判决类似，下级法院通常或者认定第 3 条适用于州法院，或者认定 FAA 要求州法院采取类似的中止诉讼的措施。④

（3）《纽约公约》和《巴拿马公约》以及 FAA 第 2 章和第 3 章对州法院所施加的中止诉讼程序的义务

《纽约公约》第 2 条第（3）款要求所有签字国法院"命令"有效仲裁协议的当事人将争议提交仲裁。《巴拿马公约》包含了类似的规定。两公约是"全国的最高法律"，通过最高条款对州法院产生拘束力。因此，

---

① Act of September 3, 1954, ch. 1263, 19, 68 Stat. 1233 (1954); H. R. Rep. No. 1981, 83d Cong., 2d Sess. 8 (1954).

② 489 U. S. 468, 477 n. 6 (1989).

③ S. R. Rep. No. 536, 68th Cong., 1st Sess. 2 (1924); Hearings on S. 4213 and S. 4214 Before the Subcommittee of the Senate Committee on the Judiciary, 67th Cong., 4th Sess. 6 (1923) (remarks of Sen. Walsh); Joint Hearings on S. 1005 and H. R. 646 Before the Subcommittee of the Committees on the Judiciary, 68th Cong., 1st Sess. 14-15, 38 (1924) (statement of J. Cohen).

④ *See Merrill Lynch*, *Pierce*, *Fenner & Smith*, *Inc.* *v.* *McCollum*, 469 U. S. 1127 (1985) (White, J., dissenting from denial of certiorari).

在属于公约调整的诉讼中，中止涉及可仲裁的争议的诉讼应系强制性的。① 还要注意的是，尽管 FAA 第 206 条仅适用于联邦法院，但对州法院而言应将公约视作自执行的。②

（四）分析

事实上，现在很难再去揣测美国国会于 1925 年颁布 FAA 时它的意图到底是什么。一方面，正如 O'Connor 法官在 Southland 案的反对意见中所指出的，立法背景清楚地表明 FAA 制定者的主要目标是规定适用于联邦法院的执行机制。另一方面，在颁布 FAA 时，国会显然部分凭借了其规制商业的权力，第 2 条似乎很明显地确立了有关仲裁协议强制性的实体联邦规则，至少在某些情形下是这样的。不过，如果存在这样一条规则，其适用至多也只能限于联邦法院。一位学者指出："FAA 第 2 条的广泛的支配权与国会颁布该制定法时狭窄的目标形成了鲜明的对比，因此，对该法优先效力的确定是成问题的。"③ 最后，FAA 颁布之时，广泛的观点是仲裁协议的有效性和解释问题是由法院地法支配的程序问题。

Southland 判决的重要结论之一就是，FAA 第 2 条所包含的有关仲裁协议强制执行力的实体联邦规则也适用于州法院。可是仔细考察最高法院和 O'Connor 法官所提供的立法背景，不能不承认，O'Connor 法官的分析是有一定说服力的。而且其他一些学者也赞同 O'Connor 法官的观点，认为 FAA 很可能原本只是"程序性"的——即国会的主要意图是通过该法为联邦（而不是州）法院提供针对对仲裁协议的违反而进行救济的机制。④

事实上，试图通过 FAA 简明扼要的措辞和本身存在矛盾的立法背景

---

① *Cooper v. Ateliers de la Motobecane SA*, 456 N. Y. S. 2d 728 (Ct. App. 1982); *Faberge Int'l Inc. v. Di Pino*, 491 N. Y. S. 2d 345 (App. Div. 1985).

② FAA 第 206 条规定："根据本章享有管辖权的法院可以命令依协议在其规定的任何地点进行仲裁，无论该地点是否在美国境内。上述法院还可以根据协议规定指定仲裁员。"

③ Atwood, *Issues in Federal-State Relations Under the Federal Arbitration Act*, 37 U. Fla. L. Rev. 61, 83-84 (1985).

④ Atwood, *Issues in Federal-State Relations Under the Federal Arbitration Act*, 37 U. Fla. L. Rev. 61, 76-79 (1985); Note, *Erie, Bernhardt, and § 2 of the United States Arbitration Act: A Farrago of Rights, Remedies, and a Right to a Remedy*, 69 Yale L. J. 847 (1960); Note, *Scope of the United States Arbitration Act in Commercial Arbitration: Problems in Federalism*, 58 Nw. U. L. Rev. 468, 492 (1963).

去推测第 68 届国会——在 *Erie* 案和对商业条款下的权力进行扩大的新政时期之前——是如何思考 FAA 优先效力的,这种尝试可能是无用的。更有用的方法是考察构成 FAA 立法动机的那些基本考虑。

这些考虑包括司法系统在解决复杂的国内和国际商事争议时所产生的令人难以承受的费用和不可靠,以及通常认为的仲裁的程序优势。FAA 必须克服对仲裁协议的敌意并提供有效率的司法运作以促进对仲裁的使用和执行。在今天的国内和全球经济下,上述目标要求对 FAA 予以广义解释,特别是需要获得这样一种认识:第 2 条包含了对州和联邦法院都具有拘束力的实体联邦法规则。此外,上述目标赞成用一套统一的联邦规则来调整仲裁协议的执行、订立和解释,特别是在国际背景下。

四、对仲裁协议的有效性与强制性进行抗辩的理由

FAA 第 2 条的但书允许对"可撤销的"仲裁协议不予执行。下文即对美国法下通常提出的仲裁协议"无效"或"可撤销"的理由逐一予以探讨和分析。针对仲裁协议的有效性存在两类基本的异议。一类与通常适用的合同法下可以针对任何合同的有效性所提出的异议相似。这些理由包括:仲裁协议未有效订立、欺诈性诱导、欺诈、违法、显失公平或胁迫以及弃权。一类是专门适用于某些种类的仲裁协议的特别异议理由(区别于其他类型的合同),这主要就是争议事项不可仲裁。① 此处我们探讨的是第一类异议理由,也被称为实体性抗辩(substantive defenses)。至于争议事项的可仲裁性问题则将在下一章予以讨论。这里要指出的是,上述针对仲裁协议的实体性抗辩常常与对基本合同的相关抗辩纠缠在一起,即当事人事实上常常以基本合同未有效订立、违法等为由主张仲裁条款无效,此时能否运用独立性理论排除当事人的主张,往往就成为争论的实质,因此在下面的讨论中,基本上都会涉及法院与仲裁庭之间的权力分配问题。

还要指出的是,无论仲裁协议是否受《纽约公约》或《巴拿马公约》支配,以下讨论通常都是适用的。在下面将介绍的判例中有许多都是根据 FAA 第 1 章作出的。尽管如此,这些判例在公约和执行公约的立法(FAA 第 2、3 章)下多半可同样予以适用。部分原因是由于 FAA 第 208 条,该

---

① Gary B. Born, *International Commercial Arbitration: Commentary and Materials* 195-96 (2d ed. 2001).

条规定使得 FAA 第 1 章在公约下也可适用。① 此外，许多下级法院认为，公约下有关有效性、是否存在以及合法性的抗辩与 FAA 第 2 条下的有关抗辩实际上是一致的，这些法院在依公约进行判决时援用了有关 FAA 第 2 条的判例。②

（一）仲裁协议未有效订立

以下将讨论因主张当事人的基础合同或其仲裁协议未有效订立而产生的问题。

1. 有关基础合同未有效订立的主张对仲裁协议效力的影响

在对基本合同是否已有效成立存在争议的情况下，仲裁协议的存在或效力是否因此而受影响？用美国法院或学者更常用的提问方式来表述就是：究竟应由法院还是仲裁员来决定有关基本合同成立问题的争议？如认为针对基本合同的成立问题而提出的异议并不影响仲裁协议的效力，则基本合同是否成立的问题自应由仲裁员解决（当然该问题本身必须属于仲裁协议的范围），反之则应由法院予以解决。我们通常会想到借助仲裁协议独立性原则来解决这一问题，一些学者或法院的确也将其作为理由之一从而认定前述问题应交由仲裁员解决。不过，本书第 2 章在讨论仲裁协议独立性原则时也提到，并非在任何情况下都能借助独立性理论使仲裁条款免受基本合同效力的影响。有关基本合同的订立或存在方面的异议能否通过适用仲裁条款独立性原则而一概由仲裁员予以决定，对此就有不同认识。③

（1）美国部分下级法院的判决认定应由仲裁员对有关基本合同不存在的主张予以决定

最具有代表性的是第 9 司法巡回区上诉法院对 *Republic of Nicaragua v. Standard Fruit Co.* ④ 一案的判决。在该案中，尼加拉瓜共和国对联邦地区法院的两份决议提出上诉，这两份决议拒绝了它所提出的强制仲裁合同争议的申请并就尼加拉瓜所提出的违约索赔向 Standard Fruit Company

---

① 第 208 条规定，FAA 的第 1 章在《纽约公约》下可得到适用，除非它与公约或执行公约的立法"相抵触"。第 307 条对根据《巴拿马公约》提起的诉讼作了类似的规定。

② Gary B. Born, *International Commercial Arbitration in the United States*: *Commentary and Materials* 231 (1994).

③ 参见本书第 2 章第 2 节。

④ 937 F. 2d 469 (9th Cir. 1991). *See* Gary B. Born, *International Commercial Arbitration*: *Commentary and Materials* 168-72 (2d ed. 2001).

（"SFC"）和它的两个母公司——Standard Fruit and Steamship Company（"Steamship"）和 Castle & Cooke, Inc.（"C&C"）① 颁布了简易判决。尼加拉瓜在上诉时辩称，名为"买卖合同意向书"的文件是不是一份有效的合同以及 SFC 是否受该合同拘束的问题首先应提交仲裁，而不是由地区法院解决。其次，它提出，对于这一问题即该意向书是一份关于购买和销售香蕉的有拘束力的合同抑或仅仅是一份表明以后再作约定的意图的协议，还存在重要的事实上的争点（disputed issues of material fact）。

1981 年 1 月 11 日，C&C 的两名官员、Steamship 的两名官员以及尼加拉瓜的两名贸易部长及临时政府中的一名成员在旧金山签署了名为"买卖合同意向书"的文件。SFC 的代表参加了谈判但未在文件上签字。该意向书被称为"原则上的协议"，包含了一个仲裁条款，并预想将在 SFC 与"具备法定资格的尼加拉瓜国家实体"之间重新谈判和签订 4 份经营合同。其仲裁条款规定："因依此记载而拟订的协议所产生的任何和所有争议……应提交双方同意的国际仲裁机制或程序，例如依伦敦仲裁协会规则解决。"该意向书还对作为 4 份协议之一的水果购买合同的重要内容作了规定，包括价格条款、合同期限，并声称它将涵盖尼加拉瓜种植者所生产的香蕉中的所有一等品。其附加条款则规定（1）5 年内不适用尼加拉瓜第 608 号法令的规定；（2）恢复授予 SFC 的税收优惠并阐明了尼加拉瓜香蕉业的融资安排。该意向书签署后 1 周内，SFC 返回尼加拉瓜并恢复了其在那里的经营。此外，它开始与尼加拉瓜官员就意书中提到的 4 份协议进行谈判。关于这 4 份文件随后交换了大量草案，其中有的与意向书相似，而有的则不同，但没有任何文件曾予最后确定和签署。在整个谈判期间和接下来的 22 个月中，SFC 遵守了意向书的规定，就像它应受该意向书的约束一样。在此期间，C&C 和 SFC 制定和传播的许多文件将该意向书称为"合同"、"约定"或"最后协议"，其中几份还为 C&C 的副总裁和首席律师（同时也是该意向书的主要起草者）Robert Moore 所签署及/或批准。尽管在几乎两年的时间内，SFC、Steamship、C&C 和尼加拉瓜的行事均给人以该意向书具有拘束力的印象，但实施该意向书的合同一直未曾最后确定，而 SFC 也在 1982 年 10 月 25 日无限期的离开了尼加拉瓜。

尼加拉瓜承认前述意向书中的仲裁条款并不是很清晰，并且事实上指定了一个并不存在的仲裁机构。不过，它通过出示 Robert Moore 所写的一封信对此种不一致进行了解释。这封信似乎表明 C&C 希望使该仲裁条款

---

① 此处将这 3 家公司合称为"Standard"。

具有拘束力，而双方当事人之所以对该条款规定得有些含糊是因为它们不记得伦敦的仲裁机构的名称了，但地区法院对上述证据未予理会。它断定，该意向书总体上并非一份有拘束力的合同，仲裁条款也不是有关提交仲裁的当前的约定，而仅仅是"通过该规定表明了当事人将在以后谈判的合同中订入仲裁协议的期望"。……地区法院还认定，"依此记载而拟订的协议"这一表述仅仅是指随后将于尼加拉瓜谈判、签署和履行的"实施［该意向书的］协议"，而非该意向书本身。

上诉法院的判决指出：

　　　我们认为，尽管应由法院决定可仲裁性这一起始问题，但地区法院却不适当的对合同有效性从总体上进行了审查，并错误的认定当事人没有约定将前述争议提交仲裁。事实上，它仅应审查仲裁条款本身的有效性和范围。此外，地区法院忽略了案卷中存在有力证据证明当事人双方均欲受仲裁条款的拘束。由于所有有关仲裁条款范围的疑问都应按有利于仲裁的原则解决，同时鉴于在国际商事争议中支持仲裁的强有力的联邦政策，尼加拉瓜强制仲裁的申请应予准许。该意向书是否有拘束力、是否包含了香蕉购买以及 Standard Fruit Company 是否受其约束均属仲裁员决定的事项。

　　　［FAA］第 2 条显然体现了要求将争议提交仲裁的联邦政策，除非仲裁协议并非涉及州际商事的合同的一部分或可"根据普通法或者衡平法上的撤销任何契约的理由"而予撤销。这一"'支持仲裁协议的自由主义的联邦政策'实质上是确保执行私人合同安排的政策。"*Mitsubishi Motors Corp. v. Soler Chrysler-Plymouth*, *Inc.*, 473 U. S. 614, 625 (1985) (quoting *Moses H. Cone*, 460 U. S. at 24)。"因此，与任何其他合同一样，就可仲裁性问题而言，当事人的意愿得到了宽松解释。"*Id.* at 626. 因此，可恰当的交由地区法院处理的惟一的问题就是当事人是否签订了有关协议使双方承担了将合同有效性问题提交仲裁的义务。

　　　［我们再次重申］*Prima Paint* 判决的明白无误的指示：法院不应考虑其他的合同措辞，而应"仅考虑与仲裁协议的订立和履行有关的问题"。388 U. S. at 404. *Sauer-Getriebe KG v. White Hydraulics*, *Inc.*, 715 F. 2d 348, 350 (7th Cir. 1983), *cert. denied*, 464 U. S. 1070 (1984) 一案的判决对此作了正确的分析：

　　　"White 主张，如果不存在有关买卖发动机的合同，就不存在仲裁协议。上述结论并不伴随其前提而来。仲裁协议和买卖发动机的协议是分开的。Sauer 用自己的仲裁允诺交换 White 的仲裁允诺，每一个允诺均为另一个允诺的充分的对价。"

因此，在缺乏任何证据表明该意向书的第 4 段系不可分割的情况下，我们必须严格执行任何仲裁协议……根据 *Prima Paint* 判决和 *Teledyne* 判决，我们认为地区法院为确定尼加拉瓜是否可以执行包含在第 4 段中的仲裁协议这一起始问题而从总体上对该合同进行审查是错误的。

接下来的问题是第 4 段是否事实上构成一份仲裁协议以及它是否包含目前的争议。地区法院认为当事人并没有订立将该意向书下的所有争议提交仲裁的任何当前的协议，而仅仅是同意在未来的合同中规定这样的条款。……我们并不清楚上述认定是基于该意向书本身的措辞还是基于证据听审期间所提供的能够表明当事人意思的证据。不管怎样，既然"可仲裁性问题'应由当事人签订的合同确定'，属于法院权限范围内的任务就剩合同解释的问题。"

不过，由于最高法院所确立的可仲裁性推定，法院必须注意不要对可仲裁的争议的实质问题予以决定。我们的任务严格限于对可仲裁性问题的裁决和对仲裁协议的执行，而将争议的实质问题和任何抗辩留给仲裁员解决。在本案中，地区法院忽视了"支持争议的仲裁解决这一引人注目的联邦政策，该政策在国际商事领域的适用具有特别的动力。" *Mitsubishi Motors Corp. v. Soler Chrysler-Plymouth, Inc.*, 473 U.S. 614, 631 (1985).……

地区法院还断定，该条款因为"缺乏特征"而妨碍了对它的执行。不过，先例中占优势地位的观点是，对当事人仲裁意图的最细微的迹象都应赋予充分的效力，特别是在国际争议的背景下。*See, e.g., Bauhinia Corp. v. China Nat'l Machinery and Equip. Co.*, 819 F.2d 247 (9th Cir. 1987)（在合同包含两个不完全的和矛盾的仲裁条款的情况下仍命令仲裁）；*Mediterranean Enterprises, Inc. v. Ssangyong Corp.*, 708 F.2d 1458, 1462-63 (9th Cir. 1983). 根据上述分析，特别是鉴于 Robert Moore 的信件解释了出现此种含糊其辞的原因，本案意向书的第 4 段并没有含糊到无法执行的地步。……我们对尼加拉瓜强制仲裁的申请予以批准，并将本案发回重审以确定合适的仲裁机构。

除 *Standard Fruit* 案外，美国其他一些下级法院的判决也认定应由仲裁员解决基础合同是否存在的问题。①

（2）美国部分下级法院的判决认定应由法院对有关基本合同不存在的主张予以决定

也有许多下级法院的判决要求对并不存在任何基本合同的主张进行司法解决。例如，按照一家美国法院的观点："某些问题，例如当事人之间是否存在任何协议，就其性质而言当然并不属于仲裁范围。"② 又如，第9 司法巡回区上诉法院曾指出："我们认为 *Prima Paint* 判决仅限于寻求撤销或解除合同的异议——而非涉及当事人一方声称从未同意的合同之存在问题的异议。相反的规则会导致无法维系的结果。当事人 A 可能伪造当事人 B 在合同上的名称并强迫当事人 B 对其签名的真实性问题进行仲裁。"③ 还有法院如此分析："一件事物只能从另一件存在的事物那里分离出来。法院如何能够将仲裁条款从并不存在的租船合同中'分离'出来呢？"④

（3）分析

从目前来看，在基本合同的成立问题是否影响仲裁协议的存在和效力上，美国各下级法院尚未取得一致意见。那么究竟应如何看待这一问题？如前所述，部分学者首先想到了利用仲裁协议独立性理论来解决这一问题。借助前述理论，他们指出，分别有两个协议即基本合同和仲裁协议涉及合同成立问题，因此，在对基本合同成立与否存在争议的情况下，仲裁协议成立与否应单独考虑，并不一定受前者影响。但反对者认为，无法设想竟存在这样一种情形：在基本合同并未有效成立的情况下，却可以断定仲裁协议已有效订立，毕竟有关合同从未成立的抗辩与有关无效的抗辩是不同的。看来在此种情况下要肯定仲裁协议的效力，也即允许由仲裁员来决定有关基本合同订立问题的争议，尚须寻找其他更具说服力的理由。可

---

① *Hydrick v. Management Recruiters Int'l, Inc.*, 738 F. Supp. 1434（N. D. Ga. 1990）; *Hospital for Joint Diseases & Medical Center v. Davis*, 442 F. Supp. 1030（S. D. N. Y. 1977）, *aff'd mem.*, 578 F. 2d 1368（2d Cir. 1978）.

② *Merritt-Chapman & Scott Corp. v. Pennsylvania Turnpike Comm.*, 387 F. 2d 768, 771 n. 5（3d Cir. 1967）.

③ *Three Valleys Municipal Water District v. E. F. Hutton & Co.*, 925 F. 2d 1136（9th Cir. 1991）.

④ *Pollux Marine Agencies v. Louis Dreyfus Corp.*, 455 F. Supp. 211, 219（S. D. N. Y. 1978）.

能的理由如下：①

A. 适用于仲裁协议和基本合同成立问题的国内法可能不同

在国际交易中，不同的法律适用于仲裁协议和基本合同是完全可能的。由此就可能导致这样一个结果，根据一国国内法，基本合同并未成立，而根据另一国家的国内法，在相同的事实下，仲裁协议却已适当成立。上文也曾提到对《纽约公约》第 2 条下的仲裁协议的订立问题可能适用统一的国际实体规则，该实体规则就可能不同于支配基本合同订立问题的国内法规则。

B. 适用于仲裁协议和基本合同的有关合同订立的实体规则可能不同

即使同一个国家的国内法适用于基本合同和仲裁协议，适用于这两个问题的合同成立规则仍有可能不同。

C. 对仲裁协议和基本合同的订立的证明标准可能不同

适用于仲裁协议成立问题的证明标准可能不同于其他协议。对此也存在某些根据。例如，根据《纽约公约》和现代仲裁立法支持执行的政策可能得出结论，即使相关的基本合同并未有效成立，仍可认定仲裁协议已有效订立了。

D. 在基本合同和仲裁协议的订立问题上可能存在的事实差异

假定当事人一方关于基本合同不存在的主张是建立在所称的未对某些重要条款（如价格）达成一致这一理由之上或建立在所称的当事人原本打算通过以后的正式合同来最终完成有关协议之上，那么即使其他相关协议并未成立，仍可能认定当事人已达成仲裁协议。

2. 仲裁协议本身的存在或订立问题②

（1）对仲裁协议的存在予以证明的标准

在这个问题上存在两种标准。一种是更高的证明标准，即要求提供尤其清楚而不含糊的证据表明仲裁协议已有效订立。其理由是只有在当事人清楚地表示同意放弃其寻求司法保护的重要权利的情况下，才可以认为当事人已经放弃了上述权利。一种是更宽松的证明标准，即认为公约和国内法下支持仲裁的政策确保了对仲裁协议的成立应适用与其他合同相比更宽松的证明标准。

---

① Gary B. Born, *International Commercial Arbitration: Commentary and Materials* 176-77 (2d ed. 2001).

② *See* Gary B. Born, *International Commercial Arbitration: Commentary and Materials* 182-90 (2d ed. 2001).

那么在 FAA 下，证实仲裁协议存在的证明标准又是什么呢？如果对仲裁协议的订立或存在有异议，应适用什么样的推定？也就是说，如果并不清楚当事人是否约定了仲裁，是应依照支持还是应依照反对仲裁的原则解决有关疑问？是否应采用与适用于基本商事合同的证明标准相同的标准？在考虑上述问题时，关键是要对仲裁协议的存在问题和仲裁协议的范围问题加以区分。具体而言，美国法院采取了以下这样一些标准：

A. 依普遍适用的州的合同法规则

First Options 判决表明，FAA 的国内部分之下的仲裁协议的订立问题应适用普遍适用的州的合同法规则。上述规则对仲裁协议的订立问题基本上适用与其他合同相同的证明标准。①

B. 要求提供清楚证据以证明仲裁协议的存在

在美国某些州，地方法对仲裁协议规定了特别严格的证明标准。也就是说，欲证明仲裁协议的存在，就必须提供清楚而使人不能不接受（clear and compelling）的证据。② 例如，在 *Matter of Doughboy Indus.* ③ 案中，法院宣称："与合同其他条款相比，在对仲裁协议的证明上要求更高"；在 *Computer Assoc. Int'l Inc. v. Com-Tech Assoc.* ④ 案中，法院指出，同意仲裁的当事人"很大程度上放弃了其在本州的程序法和实体法下的诸多正规权利，因此如果不是基于对其意图的清楚显示而推断其作出了前述重要弃权就是不公平的"。

C. FAA 的国内部分优先于要求对仲裁协议适用更高的证明标准的州法

有一些下级法院（正确地）认定，FAA 的国内部分优先于要求对仲

---

① *E. g.*, *Progressive Casualty Ins. Co. v. C. A. Reaseguradora Nacional de Venezuela*, 991 F. 2d 42, 46 (2d Cir. 1993)；*Kresock v. Bankers Trust Co.*, 21 F. 3d 176, 178 (7th Cir. 1994)（"将仲裁协议与其他合同同等对待"）；*Singer v. Smith Barney Shearson*, 926 F. Supp. 183 (S. D. Fla. 1996)（"仲裁协议仅仅是适用一般合同解释规则的合同"）。

② *See Massey v. Galvan*, 822 S. W. 2d 309, 316 (Tex. App. 1992)（"除非当事人之前以清楚的文字同意仲裁，否则他并不承担参加仲裁的义务；当事人打算将其争议提交仲裁庭并受仲裁庭裁决约束的意图必须得到清楚的显示"）；*Schubtex, Inc. v. Allen Snyder, Inc.*, 424 N. Y. S. 2d 133 (N. Y. 1979)（"如无证据表明诉讼当事人明确希望受仲裁约束，则该当事人不应被强迫参加仲裁并因此被剥夺原本可在法院享有的程序性权利和实质性权利"）。

③ 233 N. Y. S. 2d 488 (App. Div. 1962).

④ 658 N. Y. S. 2d 322 (App. Div. 1997).

裁协议适用比其他类型的合同更高的证明标准的州法规则。①

D. 在 FAA 的国内部分下对仲裁协议的成立适用"支持仲裁"的证明标准

还存在这样一种可能，即作为联邦法上的一个问题，FAA 的国内部分要求对仲裁协议的存在适用较其他类型合同为低的证明标准。美国的下级联邦法院并未明确分析应对仲裁协议的存在适用何种推定（如果应适用某种推定的话）。各法院判决（通常未作说明）或者认为只有通过清楚的证据方能证明仲裁协议的存在，或者认为应按有利于仲裁协议的存在的原则来解决相关疑问。②

E. FAA 的国内部分在解释仲裁协议方面所采取的支持仲裁的进路也适用于仲裁协议订立方面的争议

在 *Standard Fruit* 案中，对仲裁协议的存在提出了单独的异议。尽管判决意见并不是很清楚，但看来是法院自己（而不是交给仲裁庭）对该问题予以了决定，不过其判决适用了人们熟悉的 FAA 下的这一推定，即有关仲裁协议范围的解释方面的一切疑问都应依有利于仲裁的原则解决。这与 *First Options* 判决的分析并不一致，后者认为对仲裁协议的成立问题和已存在的仲裁协议的解释问题应适用不同的推定。

美国大部分下级法院也拒绝在仲裁协议的成立问题上适用 FAA 下对仲裁条款解释问题所采取的上述支持仲裁的进路，毕竟对一份无疑存在的仲裁协议的范围进行解释与判断究竟是否存在有效的仲裁协议还是有区别的。③

---

①　See *Paine Webber Inc. v. Bybyk*, 81 F. 3d 1193, 1198 (2d Cir. 1996)（"《联邦仲裁法》创立了'有关可仲裁性的联邦实体法，该实体法适用于该法范围内任何仲裁协议'。"（quoting *Moses H. Cone*）

②　Compare *Kresock v. Bankers Trust Co.*, 21 F. 3d 176, 178 (7th Cir. 1994)（"仲裁协议应与其他任何合同一样同等对待"）with *Insurance Co. of North Am. v. ABB Power Generation, Inc.*, 925 F. Supp. 1053 (S. D. N. Y. 1996)（"法院以不利于确认仲裁协议存在的指导思想来解决有关的不明确之处"）with *Standard Fruit*, 937 F. 2d 469（"对当事人仲裁意图的最细微的迹象都应赋予充分的效力"）.

③　See *DeMarco California Fabrics, Inc. v. Nygard Int'l, Ltd*, 1990 U. S. Dist. Lexis 3842 (S. D. N. Y. 1990)（"支持仲裁的联邦政策主要是在确定仲裁协议范围的情况下适用，而不适用于决定仲裁协议实际上是否存在"）; *Astor Chocolate Corp. v. Mikroverk Ltd*, 704 F. Supp. 30, 33 n. 4 (E. D. N. Y. 1989)（支持仲裁的"政策主张看来并不适用于"有关"仲裁条款存在问题"的争议）.

但除 *Standard Fruit* 案判决外，美国还有其他一些法院看来在成立和有效性的问题上也适用了 FAA 下"支持仲裁"的解释规则。①

F. 对 FAA 第 2 章下的国际仲裁协议应可适用"支持仲裁"的证明标准

如前所述，通常认为，《纽约公约》和 FAA 第 2 章下的国际仲裁协议的订立问题应由特别为仲裁协议而制定的联邦普通法规则来支配。美国许多下级法院宣称，"支持仲裁"这一特别重要的政策在《纽约公约》和 FAA 第 2 章下都可适用。上述不同的分析标准支持确立有利于国际仲裁协议成立的联邦普通法合同订立规则。*Standard Fruit* 判决就是此种规则的一个例子。事实上，正是国际仲裁协议的"容易"订立规则使 *Standard Fruit* 判决的结果（而非其陈述的理由）更可理解。

G. 在 FAA 的国内部分下对仲裁协议似也可适用"清楚和明显的证据"标准

First Options 判决似乎提出了这样一个要求，即应通过"清楚和明显的"证据来证实国内仲裁协议的存在。但事实上要完全辨别 *First Options* 判决的含义并非易事。对该判决意见可能产生以下理解：（a）任何仲裁协议的存在问题应仅仅通过适用州法（或其他可适用的）合同规则予以决定，而不诉诸任何推定；（b）为证实存在这样一份协议即约定将仲裁协议的订立或有效性问题（"可仲裁性问题"）交由仲裁解决，应提供"清楚和明显的"证据；（c）对已存在的仲裁协议适用于实体争议时的范围，应根据"支持仲裁"的推定来加以确定；以及（d）对已存在的仲裁协议适用于有关管辖权或可仲裁性争议的范围，是否根据"清楚和明显的"证据要求来加以确定并不肯定。

（2）当事人对仲裁协议的同意

一个经常提出的问题就是当事人一方是否对仲裁条款表示了有效的同意。如前所述，对这个问题的解决部分取决于所适用的用以证实仲裁协议的存在的证明标准。在国际商事交易中的同意通常由书面文件加以证明。在涉及仲裁协议时，有关同意的书面证据通常是必需的，因为在大多数情况下对仲裁协议都存在所谓"书面"要求。因此，在大部分情况下，确定当事人一方是否对仲裁协议表示了同意，将涉及对当事人之间往来的证明文件的审查和解释。

---

① *See*, *e.g.*, *Filantro SpA v. Chilewich Int'l Corp.*, 789 F. Supp. 1229（S. D. N. Y. 1992）.

通常认为，当事人一方对书面文件的同意并不需要通过其（或其代理人的）签名来证明。"一般的合同原则决定了谁受该书面规定的约束，并且毫无疑问，在当事人未签署的情况下，他们仍可能受到合同的约束。"①

（3）合同上各种文件的往来

国内法院在审查针对仲裁协议的存在所提出的异议时，常常碰到这样一种情况，即当事人之间往来的文件包含了与争议解决有关的不同措辞。在商人之间所交换的买卖合同格式不同的情况下，前述问题最为普遍，从而导致了所谓"格式之战"。②

在美国法院，如当事人交换的文件包含了不同条款，则有关合同订立问题最常适用的规则是美国普通法原则、《统一商法典》（UCC）和《联合国国际货物销售合同公约》。美国法院也将上述标准适用于有关仲裁协议订立的各种争议。这里主要讨论 UCC 的相关规定。

UCC 第2-207 条规定如下：

第2—207 条　承诺或确认中的补充条款

1. 在合理时间内寄送的承诺表示或确认书，只要确定并且及时，即使与原要约或原同意的条款有所不同或对其有所补充，仍具有承诺的效力，除非承诺中明确规定，以要约人同意这些不同的或补充的条款为承诺的生效条件。

2. 补充条款应被解释为是对合同的补充建议。在商人之间，除下列情况外，这些条款构成合同的组成部分：

a. 要约明确规定，承诺必须符合原要约条款；

b. 补充条款对合同作了实质性改变；或

c. 在收到此种补充条款后的合理时间内，要约人通知受要约人，拒绝此种补充条款。

3. 如果当事方的行为构成对合同存在的承认，则即使当事方的书面材料尚不足以订立合同，买卖合同亦告成立。在这种情况下，该特定合同的条款由当事方在书面材料中同意的条款加上依本法其他有

---

① *Fisser v. International Bank*, 282 F. 2d 231, 233 (2d Cir. 1960).

② *See* Uniform Commercial Code §2-207; *Restatement（Second）Contracts* §§58-61 (1981); 1 *Corbin, Contracts* §§86, 87 (1963).

关规定而成立的补充条款构成。

根据 UCC 第 2-207 条第（1）款，美国下级法院认定，仅当事人一方提供的格式合同中含有仲裁条款，并不妨碍基本合同的成立。①

但如果一份文件提到了仲裁，而另一份文件没有，美国下级法院通常根据 UCC 第 2-207 条否认仲裁。它们这样做的理由是，仲裁条款是实质性条款，根据 UCC 第 2-207 条第（2）款，此种实质性变更不能包含在当事人的合同中。② 在某些情况下，双方当事人的通信中都包含了仲裁条款——但内容有异——从而提出了是否受其中任何一条支配的问题，如果答案是否定的，又提出了仲裁究竟是否适当的问题。③

有一些法院看起来采取了一种"本质"（*per se*）进路，指出：仲裁条款的引入通常是实质性的，因此根据 UCC 第 2-207 条第（2）款，仲裁条款不能包括在当事人的合同之中。④ 其他下级法院则采取了个案分析的进路。⑤

此外，美国一些下级法院认为，UCC 第 2-207 条阐明了联邦普通法规则，对属于《纽约公约》和 FAA 第 2 章范围的诉讼也可适用。⑥

（4）不确定的或内在矛盾的仲裁协议

对于有缺陷的仲裁条款，美国下级法院的态度并不一致。一些法院的

---

① *C. Itoh & Co.* (*America*) *Inc. v. Jordan Int'l Co.*, 552 F. 2d 1228, 1235 (7th Cir. 1977); *Air Products & Chemicals, Inc. v. Fairbanks Morse, Inc.*, 206 N. W. 2d 414 (Wisc. 1973).

② *E. g.*, *Southeastern Enameling Corp. v. General Bronze Corp.*, 434 F. 2d 330 (5th Cir. 1970).

③ *E. g.*, *Lea Tai Textile Co. v. Manning Fabrics, Inc.*, 411 F. Supp. 1404 (S. D. N. Y. 1975).

④ *See In re Marlene Industries Corp.*, 408 N. Y. S. 2d 410 (1978) （仲裁条款通常是一种实质性改变；在命令仲裁前须存在"毫不含糊的一致"）; *Supak & Sons Mfg. Co. v. Pervel Indus., Inc.*, 593 F. 2d 135, 136-37 (4th Cir. 1979); *De Marco Calif. Fabrics, Inc. v. Nygard Int'l, Ltd*, 1990 WL 48073 (S. D. N. Y. 1990).

⑤ *N & D Fashions, Inc. v. DHJ Indus., Inc.*, 548 F. 2d 722, 766 (8th Cir. 1977) （仲裁条款的加入是否实质性改变，这是"根据个案情况加以决定的事实问题"）.

⑥ *Beromun AG v. Societa Industriale Agricola "Tresse" etc.*, 471 F. Supp. 1163, 1169-70 (S. D. N. Y. 1979) （将第 2-207 条作为联邦普通法规则加以适用）.

判决认为，某些仲裁协议过于不确定或自相矛盾，以致不具有强制执行力。① 但美国大部分下级法院的判决通常认为不确定的、含糊的、模棱两可的或矛盾的仲裁协议可予执行。上述判决通常会考察当事人的仲裁协议所缺乏的或其自相矛盾之处所涉及的条款是不是如此重要以至于要求否认仲裁协议的存在。不过，一般而言，甚至是在非常重要的问题（例如仲裁地和仲裁机构）上的不一致，也不足以使美国法院认定仲裁协议无效。②

对于仲裁协议中有缺陷的条款所具有的影响，伊利诺斯北部管区联邦地区法院在 *Zechman v. Merrill Lynch, Pierce, Fenner & Smith, Inc.* ③ 一案中的判决意见代表了美国大多数下级法院在这个问题上的观点：

> 在仲裁协议的某一规定存在缺陷的情况下，是用一个新的规定取代该有缺陷的规定还是拒绝执行整个协议，这取决于当事人签订该协议时的意图，对此须通过合同措辞及周围的情况予以确定。……如果法院推断该约定的精髓就是约定仲裁，则尽管该协议其中的一个约定有缺陷，仍将对该协议予以执行。但另一方面，如果有缺陷的条款显然并非一个从属的逻辑问题，而是与仲裁协议本身一样重要的因素，则法院不能将上述有缺陷的条款与协议的其他部分分离开来，此时整个仲裁条款都将无效。

（5）通过合并其他文件而订立仲裁协议

国际合同经常从其他文件（即其他合同、行业协会规则）中将有关

---

① *See Bothell v. Hitachi Zosen Corp.* , 97 F. Supp. 2d 1048, 1051-53 （W. D. Wash. 2000）（"我认为在一系列文件中，被称为仲裁协议的相关表述是如此含糊以致毫无意义，并且也没有通过附件、讨论或其他方式给予进一步解释，因此当事人之间往来的全部文件并未构成一份有效的'仲裁协议'。"）; *Jiampietro v. Utica Alloys, Inc.* , 576 N. Y. S. 2d 733, 733 （App. Div. 1991）（"仲裁协议含糊不清，不具有强制执行力，因为'附件'包含了违反基本协议时可以寻求的制裁措施，而这与仲裁协议是矛盾的。"）

② *See Bauhinia Corp. v. China Nat'l Machinery & Equip. Import & Export Corp.* , 819 F. 2d 247 （9th Cir. 1987）; *Pacific Reinsurance Mgt Corp. v. Ohio Reinsurance Corp.* , 814 F. 2d 1324 （9th Cir. 1987）; *Compania Espanola de Petroleos, SA v. Nereus Shipping SA*, 527 F. 2d 966 （2d Cir. 1975）.

③ 742 F. Supp. 1359 （N. D. Ill. 1990）.

仲裁协议或规则合并进来。美国法院确认，根据 FAA，一份协议可对另一份文件中的仲裁条款进行有效的合并。① 美国法院还允许对起草有关合并的措辞时尚不存在的程序进行"预期"合并。② 但美国法院要求被合并进来的仲裁协议应是清楚明确的。特别是在案件涉及缺乏经验的当事人的情况下，美国下级法院往往要求对其他文件中的仲裁条款予以合并的措辞应具有相对明确性。③ 此外，根据 FAA，美国法院还承认从机构规则或内部章程中合并进来的仲裁条款的效力。④

（6）通过行为而成立的仲裁协议

尽管根据大多数国际和国内法律，对仲裁协议都要适用所谓"书面"要求，但一方当事人的行为仍可用来证实有效仲裁协议的存在。大量先例将一方当事人发起仲裁程序或参加仲裁程序而未提出异议视作有效仲裁协议存在的证据。⑤

（二）欺诈性诱导（fraudulent inducement）或对事实的欺诈（fraud in the factum）

为否定仲裁协议的有效性而常被援引的两个异议理由是欺诈性诱导和欺诈。和其他针对仲裁协议有效性的异议理由一样，有关欺诈和欺诈性诱导的主张常常涉及对独立性原则和管辖权/管辖权原则的适用。⑥

自 *Prima Paint v. Flood & Conklin Mfg. Co.* ⑦ 案后，美国大部分下级

---

① *R. J. O & Brien & Assoc. v. Pipkin*, 64 F. 3d 257, 260 (7th Cir. 1995)（"合同……不必包含明确的仲裁条款，如果它已通过引用而从其他文件中将仲裁条款有效的并入"）；*Gingiss International, Inc. v. Bormet*, 58 F. 3d 328 (7th Cir. 1995)（"与一般保证人或连带责任保证人之间的从合同可以通过引用主合同中的仲裁条款而将仲裁义务合并进来"）。

② *Geldermann, Inc. v. CFTC*, 836 F. 2d 310, 318 (7th Cir. 1987), *cert. denied*, 488 U. S. 816 (1988)（在早些时候的协议中并入了后来采纳的仲裁程序）。

③ *PaineWebber, Inc. v. Bybyk*, 81 F. 3d 1193 (2d Cir. 1996)（"除非在［主］协议中得到清楚确认"，否则仲裁条款并未合并进来）；*Chiacchia v. National Westminister Bank USA*, 507 N. Y. S. 2d 888, 890 (App. Div. 1986)（同上）。

④ *E. g., Hodge Brothers, Inc. v. DeLong Co.*, 942 F. Supp. 412 (W. D. Wis. 1996)。

⑤ *See Thomson-CSF, SA v. American Arbitration Association*, 64 F. 3d 773 (2d Cir. 1995)；*Liberty Mutual Insurance Co. v. Lodha*, 500 N. Y. S. 2d 989, 990 (Sup. Ct. 1986)。

⑥ Gary B. Born, *International Commercial Arbitration: Commentary and Materials* 196 (2d ed. 2001)。

⑦ 388 U. S. 395 (1967)。

法院根据独立性原则而拒绝对当事人的基本合同是欺诈性诱导的产物这一主张进行司法审查。相反，上述主张通常须提交仲裁庭解决。① 换言之，对基本合同所提出的欺诈性诱导的主张并不影响合同中的仲裁条款的效力。其根据是 FAA 第 4 条。该条规定：如果"在仲裁协议的订立或［该协议］未获遵守的问题上不存在异议"，地区法院应命令当事人仲裁。在 *Prima Paint* 案中，最高法院认为，上述规定体现了"仲裁条款本身"与"整个合同"之间的区别。根据这一分析，针对基本合同提出的欺诈性诱导的主张并不必然意味着对仲裁条款的存在或有效性"存在异议"——因此可以对该主张进行仲裁（假定该仲裁条款足够宽泛）。②

尽管如此，就前述一般规则而言，仍然存在 3 个重要例外。也就是说，在以下情况下，有关欺诈性诱导或对事实的欺诈的主张会对仲裁协议的效力或适用产生影响。

1. 针对仲裁协议本身提出的欺诈性诱导的主张应通过司法解决③

美国法院的判例很少有涉及当事人主张仲裁协议本身（不同于基本合同）系通过欺诈获得的。最高法院在这方面的一个主要判例是 *Moseley v. Electronic & Missile Facilities*, *Inc.* ④ 案，在该案中，最高法院认定，对这一主张不可以通过仲裁解决，即作为整个欺诈计划的一部分，仲裁协议本身是通过欺诈获得的。上述例外在 *Prima Paint* 案中已获得明确承认。

根据 *Moseley* 案确立的原则，美国下级法院几乎一致要求对有关仲裁协议本身受到欺诈性诱导的主张予以司法解决，不过它们往往不愿认定仲裁协议是通过欺诈获得的。后文将予介绍的 *Cancanon* 案就是一个例证。

但是，美国下级法院在当事人有关欺诈的主张是否必须仅限于仲裁协议这一问题上仍存在分歧。多数下级法院认为，除非欺诈仅仅针对仲裁协

---

① See, e. g., *Ferro Corp. v. Garrison Indus.*, *Inc.*, 142 F. 3d 926 (6th Cir. 1998)（基本协议受到欺诈性诱导的主张是可仲裁的）; *Unionmutual Stock Life Ins. Co. v. Beneficial Life Ins. Co.*, 774 F. 2d 524, 528-29 (1st Cir. 1985); *In re Oil Spill by Amoco Cadiz*, 659 F. 2d 789 (7th Cir. 1981); *Merrill Lynch*, *Pierce*, *Fenner & Smith v. Haydu*, 637 F. 2d 391, 398 (5th Cir. 1981); *N&D Fashions*, *Inc. v. DHJ Industries*, *Inc.*, 548 F. 2d 722 (8th Cir. 1976).

② Gary B. Born, *International Commercial Arbitration*: *Commentary and Materials* 203 (2d ed. 2001).

③ See Gary B. Born, *International Commercial Arbitration*: *Commentary and Materials* 204-05 (2d ed. 2001).

④ 374 U. S. 167 (1963).

议，否则欺诈性诱导的主张是可以仲裁的。例如，第 7 司法巡回区上诉法院在 *Schacht v. Beacon Insurance Co.* ① 案中就对主张仲裁协议无效的观点予以了反驳，并指出：

> 原告并未主张引诱性的欺诈仅仅适用于仲裁条款。其有关欺诈的主张同样适用于合同的所有条款。因此……地区法院的认识是适当的，即认为 *Prima Paint* 判决排除了法院对上述主张的审查。

另有少数下级法院则采取了一种狭隘的观点，认为只要当事人提出仲裁协议受到欺诈性诱导的主张，该主张就应通过司法解决，即使针对基本协议也提出了同样的欺诈主张。② 不过，即便是在上述观点下，当事人一方也不能仅仅因为仅与合同的其他实质规定有关的欺诈而主张协议中的仲裁条款也有瑕疵。③

2. 基本合同订立过程中的完全欺诈（outright fraud）问题由司法解决

美国一些下级法院认为，与合同受到欺诈性诱导不同，因为"对事实的欺诈"而不存在任何基本合同的主张必须由法院解决。对事实的欺诈（fraud in the factum）与引诱性的欺诈（fraud in the inducement）是两个不同的概念。前者是指对书面文件的性质作错误的表述，致使他人在不了解且无从了解文件性质或主要条款的情况下予以签署。后者则与交易相关而与所签署的合同或文件的性质无关。是对合同的条款、质量、风险或合同的其他方面作虚假的表述，诱使他人在对所承担的风险、责任或义务产生错误认识或理解的情况下同意作成交易。④ 上述法院认为，如果提出的抗辩是对事实的欺诈，即使这一抗辩是针对基本合同的，仲裁条款的效力也将因此受到质疑，所以只能由法院来解决与此有关的争议。这主要是基于"对事实的欺诈"这一抗辩本身的特性，使得这些法院认为此时不

---

① 742 F. 2d 386, 389-90 (7th Cir. 1984).

② *Chastain v. Robinson-Humphey Co.* , 957 F. 2d 851（11th Cir. 1992）（如果当事人一方对"任何协议的存在，包括仲裁协议的存在"提出异议，"就不存在推定有效的总合同以启动地区法院强制仲裁的义务……在将任何此类申诉提交仲裁之前，地区法院自己须首先决定是否"存在一份协议）；*Rush v. Oppenheimer & Co.* , 681 F. Supp. 1045, 1053 (S. D. N. Y. 1988)（"既属于主要协议也属于仲裁协议的"欺诈主张应由法院解决）。

③ *Schneider, Inc. v. Research-Cotrell, Inc.* , 474 F. Supp. 1179 (W. D. Pa. 1979).

④ 薛波主编：《元照英美法词典》，法律出版社 2003 年版，第 579 页。

能再适用 *Prima Paint* 案有关仲裁协议独立性的观念。下面就对几个具有代表性的判例予以介绍。①

在 *Cancanon v. Smith Barney, Harris Upham & Co.* ② 一案中，原告主张，对事实的欺诈不同于引诱性的欺诈，它使包括仲裁条款在内的整个合同均无效，并因此不受 *Prima Paint* 判决所确立的独立性原则的支配。第11 司法巡回区上诉法院采纳了原告的主张。法院引用了《合同法重述》，指出："在对所建议的合同的性质或基本条款作虚假陈述的情况下，对合同的同意就是不可能的。在这种情况下，根本就不存在合同。"因此，"若主张存在对事实的欺诈，即对合同的同意无效，则该问题就不能依包含在该合同文件中的仲裁条款予以解决。"

另外一个值得一提的案件是 *Republic Of The Philippines v. Westinghouse Electric Corp.* ③ 案。该案判决在承认"对事实的欺诈"的主张构成 *Prima Paint* 判决所确立的原则的例外的同时，详细分析了何谓"对事实的欺诈"并最终认定，"对事实的欺诈"的主张并不适用于本案。它除引用了 *Cancanon* 案判决的有关阐述外，还引用了《合同法重述》的相关界定。《合同法重述（第 2 次）》第 163 节规定："如果对所建议的合同的性质或基本条款所作的虚假陈述导致了不了解且无合理机会了解该合同性质或基本条款的人作出似乎表明同意的行为，其行为就并非有效地表明了同意。"正如对该节进行补充的解释性评注所提到的："当事人可能相信他并没有同意任何合同或他所同意的是完全不同于所建议的合同的另一个合同。"因此，法院认为，"原告实际上主张的是强迫或胁迫的抗辩"。

美国许多其他下级法院也接受了这一观点即涉及基本合同的"对事实的欺诈"的主张应由司法解决。④但仍有一些下级法院反对对事实欺诈和欺诈性诱导进行前述区分。它们的判决认定，与基本协议有关的对事实

---

① *See* Gary B. Born, *International Commercial Arbitration: Commentary and Materials* 197-201 (2d ed. 2001).

② 805 F. 2d 998 (11th Cir. 1986).

③ 714 F. Supp. 1362 (D. N. J. 1989).

④ *See also Interocean Shipping Co. v. National Shipping & Trading Corp.*, 462 F. 2d 673, 676 (2d Cir. 1972); *Dougherty v. Mieczkowski*, 661 F. Supp. 267, 274-75 (D. Del. 1987); *Kyung In Lee v. Pacific Bullion (New York) Inc.*, 788 F. Supp. 155 (E. D. N. Y. 1992) ("如果一方当事人在合同上的签名是伪造的，要求仲裁就是荒谬的").

的欺诈的主张通常也应由仲裁员解决。①

正如 *Westinghouse* 判决所显示的，"对事实的欺诈"这一例外的范围并不是很清楚。一般而言，对事实的欺诈涉及对文件的伪造和替换或改动。此外，对事实的欺诈通常还包括了其他与合同的基本条款有关的欺诈，以致"根本不存在合同"②。例如对文件内容或协议的法律后果的虚假陈述。

3. 范围狭窄的仲裁协议可能并不包括对欺诈性诱导问题的仲裁③

大多数判例都认定，基本合同存在欺诈性诱导这一主张的可仲裁性最终是一个对当事人仲裁协议的解释问题；一份本身范围有限的仲裁协议可能并不包括对上述问题的仲裁。当然，此时并非认定仲裁条款本身无效，而是不能适用。

事实上，对仲裁协议独立性理论的更准确的称呼应是"独立性推定"，它是可以为当事人的相反协议所更改的。因此，当事人有权在仲裁协议中直接规定，与基本合同有关的欺诈性诱导或其他无效主张应由司法解决。例如，在 *Prima Paint* 案中，最高法院就提到，在某一个案件中，当事人"意图排除仲裁员对上述问题［即欺诈性诱导］的管辖权，而将其留待司法解决。"④ 另一种情形是从当事人仲裁协议的范围来看，并不包括基本合同受到欺诈性诱导这样的主张。例如，仲裁条款可能明确排除了对基本合同的有效性或合法性的异议，或其规定（和解释）较为狭窄，仅包含了对合同条款的解释方面的争议。在上述情况下，根据 FAA，仲裁员通常就无权对基本合同受到欺诈性诱导的主张加以决定。但要注意的是，如前所述，*First Options* 和其他判决都清楚表明，FAA 要求对既存的仲裁条款作广义解释。大部分判决认定，在仲裁条款解释问题上的"支持仲裁"规则足以将基本协议受到欺诈性诱导的主张包括到可仲裁事项

---

① See Hall v. Shearson Lehman Hutton, Inc., 708 F. Supp. 711 (D. Md. 1989)（对一方当事人是否伪造了另一方当事人在包含仲裁条款的协议上的签名这一问题，应由仲裁员解决）.

② See Restatement (Second) of Contracts § 163 (1981).

③ See Gary B. Born, International Commercial Arbitration: Commentary and Materials 196, 206 (2d ed. 2001).

④ 388 U.S. at 402-03 n.9 (citing El Hoss Engineering & Transport Co. v. American Independent Oil Co., 289 F. 2d 346 (2d Cir. 1961)).

的范围中来。①

　　美国法院对这个问题的处理清楚地显示了其在尊重当事人意思与贯彻支持仲裁的政策之间的平衡和选择。仲裁协议独立性原则的采纳是为了充分利用仲裁这一争议解决方式，其出发点是支持仲裁。但如果当事人本身不愿意将涉及基本合同有效性或合法性的争议交由仲裁解决，那么法院也会尊重当事人的选择，此时就排除了仲裁协议独立性原则的适用。但如何解释当事人仲裁协议的范围，美国法院又在支持仲裁精神的指导下，要求尽量对仲裁条款的范围作广义解释，以至于很多时候足以将欺诈性诱导这类主张包括进来。应该说，在大部分情况下，契约自由原则与支持仲裁政策不会发生矛盾，当事人的合同安排在实现自身效益最大化的同时也促进了社会效益的提高，因此充分尊重当事人的意思，就是对支持仲裁的政策的最好贯彻，往往能够最大限度的发挥仲裁的优越性。但二者之间，契约自由与支持仲裁，个人利益与社会目标之间也可能存在冲突，当事人基于各种原因所作的合同安排未必都是有效益的或具有社会效益的（这里主要是指对争议解决的安排），有时可能还会造成对社会资源的浪费，甚至根本无权作出相关安排，此时应如何取舍？毫无疑问，对当事人的约定既不能一概予以专断的否定，某些情况下恐怕也必须对其意思予以限制，或通过解释使之符合社会整体目标。就与仲裁有关的各个方面而言，美国法院的一系列判决其实都贯穿了这一主题。

　　（三）仲裁协议违法②

　　另一个常见的针对仲裁协议有效性的抗辩是基本商业合同因非法而不具有强制执行力，并使仲裁条款无效。此外，当事人也可针对仲裁协议本身（有别于基本合同）的合法性提出质疑。协议非法的主张同样引出了有关独立性原则、国内法院与仲裁员之间的权力分配以及准据法选择的问题。

　　同时，协议非法的主张（illegality claims）还涉及特殊问题。首先，很多国家的国内法对仲裁协议的合法性和/或有效性施加了各种限制，这些限制并不适用于其他类型的合同。也就是说，国内法允许当事人订立涉

---

① *Peoples Security Life Ins. Co. v. Monumental Life Ins. Co.*, 867 F. 2d 809 (4th Cir. 1989)（撤销了地区法院的裁决，该裁决认定仲裁条款不包含基本协议受到欺诈性诱导的主张）; *Griffin v. Semperit of America, Inc.*, 414 F. Supp. 1384 (S. D. Tex. 1976).

② See Gary B. Born, *International Commercial Arbitration: Commentary and Materials* 208-16 (2d ed. 2001).

及特定标的的基础合同（例如，石油特许权），但不允许订立将上述标的提交仲裁的协议（或不承认其效力）。其次，许多发达的国内法都对特别针对仲裁条款合法性的异议施加了严格的限制。例如，FAA 就被认为优先于禁止对特定种类的请求进行仲裁或挑出仲裁协议给予歧视待遇的州法（显然也包括外国法）。同样，《纽约公约》对特别针对仲裁协议有效性或合法性的异议类型也施加了限制。

1. 基本合同系属非法的主张与仲裁协议独立性原则及权力分配

独立性原则如何适用于对当事人基本合同的合法性提出的异议？在 *Republic of the Philippines v. Westinghouse Electric Corp.* 案中，除认定"对事实的欺诈"的主张不适用于本案外，法院还驳回了应由其审查当事人基本协议的合法性的主张。但"如果一伙强盗约定分赃，并约定将因此而产生的任何争议提交仲裁，独立性原则是否可以将仲裁条款与基本合同的非法隔离开来？"① 各国法院发现对审查非法性主张的权力进行分配比较困难。在这个问题上，美国各下级法院之间仍存在分歧。

（1）权力分配

美国许多下级法院的结论与 *Westinghouse* 判决一致，其根据通常是 *Prima Paint* 判决和独立性原则。例如，在 *National Rail Passenger Corp. v. Consolidated Rail Corp.* ② 一案中，法院指出："如果当事人已有效的约定将争议提交仲裁，我们认为就没有任何理由对该协议不予执行。如果仲裁员对该合同的解释是要求某人采取非法行为，法院可随后拒绝执行仲裁员的裁决。不过，法院不能仅仅因为可能产生公共政策问题而绕过仲裁程序。"持类似观点的判决还有很多。③

与 *Westinghouse* 判决相反，美国部分下级法院（通常适用州法）认

---

① Gary B. Born, *International Commercial Arbitration: Commentary and Materials* 211 (2d ed. 2001).

② 892 F. 2d 1066 (D. C. Cir. 1990).

③ *Lawrence v. Comprehensive Business Services Co.*, 833 F. 2d 1159 (5th Cir. 1987)（基本合同违反《得克萨斯州公共会计法》的主张必须提交仲裁）；*Russolillo v. Thomson McKinnon Securities, Inc.*, 694 F. Supp. 1042, 1045 (D. Conn. 1988)（"既然非法或违反公共政策的主张并非特别针对仲裁条款本身的，此处宽泛的仲裁条款要求对合同在总体上系属非法的主张进行仲裁"）。

为，对基本合同的合法性提出的异议应通过司法解决。①

（2）基本合同的非法是否影响仲裁条款

与上述有关权力分配的第二种观点对应的立场是，认为合同的非法使该合同所包含的仲裁条款无效。② 与之相反的是，许多法院认为，合同的非法并不导致该合同所包含的仲裁条款无效。③

2. 有关仲裁协议合法性的争议与 FAA 下的权力分配

美国下级法院通常认为，仲裁协议本身非法的主张应根据 FAA 第 4 条或第 203 条通过司法解决。*Prima Paint* 判决和 *Moseley* 判决对独立性原则的运用为上述判决提供了基础。④ 如后所述，美国法院对与之有关的可仲裁性问题也采取了相同的进路。

此外，如前所述，美国下级法院反对基于对基本合同合法性（或对仲裁庭就当事人争议的实质问题可能裁决的救济）的笼统异议而将仲裁条款确定为非法。相反，美国法院要求对仲裁协议合法性的异议必须是特别针对仲裁条款本身的；否则，该争议将推定由仲裁庭解决。⑤

---

① *See, e. g., Durst v. Abrash*, 253 N. Y. S. 2d 351 (App. Div. 1964), *aff'd*, 266 N. Y. S. 2d 806 (1966) （"如果可通过对仲裁条款的使用这样一种简单的手段而使高利贷协议成为具有强制执行力的协议，则法院就放弃了它们对公共政策的控制。"）; *Dickstein v. DuPont*, 320 F. Supp. 150 (D. Mass. 1970) （在涉及宣称存在反托拉斯违法行为的案件中 "违法性主张是由本法院解决而非仲裁员解决的问题"）.

② *Durst v. Abrash*, 253 N. Y. S. 2d 351 (App. Div. 1964), *aff'd*, 266 N. Y. S. 2d 806 (1966); *Kramer & Uchitelle, Inc. v. Eddington Fabrics Corp.*, 43 N. E. 2d 493 (N. Y. 1942).

③ *Mesa Operating Limited Partnership v. Louisiana Interstate Gas Corp.*, 797 F. 2d 238 (5th Cir. 1986) （宣称基本合同因未获州的规制性批准而非法）; *Hodge Brothers, Inc. v. DeLong Co.*, 942 F. Supp. 412 (W. D. Wis. 1996) （"一方当事人不能通过质疑包含仲裁条款的基本合同的合法性而宣称该仲裁条款无效。"）.

④ *Felkner v. Dean Witter Reynolds, Inc.*, 800 F. 2d 1466, 1468 (9th Cir. 1986) （"为 CFTC 条例下所提请求之目的，未遵守第 1803 节第（b）款规定的仲裁协议是无效的"）; *Alphagraphics Franchising, Inc. v. Stebbins*, 617 So. 2d 463 (Fla. Ct. App. 1993) （仲裁协议是否 "无效或可撤销⋯⋯并不受仲裁支配，而必须在能够启动仲裁前由初审法院予以审理"）.

⑤ *Lawrence v. Comprehensive Business Serv. Co.*, 833 F. 2d 1159 (5th Cir. 1987) （即使基本合同自始无效，仲裁条款仍具有强制执行力）; *Hodge Bros., Inc. v. DeLong Co.*, 942 F. Supp. 412 (W. D. Wis. 1996) （认为基本合同的非法并不影响仲裁协议的有效性）.

3. FAA 下对仲裁协议系属非法或无效之主张的限制

(1) FAA 对仲裁协议根据州法系属非法的主张所施加的限制

美国有些州的法律对仲裁协议的合法性施加了一些特殊限制——例如,规定某些特定种类的争议不具有可仲裁性。美国最高法院在 *Southland* 案及其他案件中已清楚表明,FAA 的国内部分优先于大多数这样的州法。① 这些判决认为,州法或公共政策并不能为认定仲裁协议无效提供基础,除非该法或该公共政策是普遍适用于所有合同,而非特别针对仲裁协议的。根据州的公共政策认定仲裁协议无效的判决极少。②

值得一提的是,既然一方面 FAA 优先于州法专门针对仲裁协议施加的限制,另一方面根据独立性原则,法院又通常认定应由仲裁员对当事人的基本合同根据州法系属非法的主张予以决定,实际上这就使得(除对仲裁裁决的司法审查过程之外)根据州法或州的公共政策基于非法性提出的司法异议失去了所有的基础。

(2) FAA 和《纽约公约》对仲裁协议根据联邦法系属非法或无效的主张所施加的限制

作为联邦法上的一个问题,FAA 本身未包含对仲裁协议非法或无效情形的规定(除了"书面"要求)。不过,其他联邦成文法可能禁止将特定种类的争议提交仲裁的协议。但正如下一章所介绍的,在 *Mitsubishi Motors Corp. v. Soler Chrysler Plymouth Inc.* ③ 一案判决和其他类似判决中,最高法院对认定联邦法确定特定仲裁协议无效的情形给予了严格限制。当联邦法的确确认仲裁协议无效时,待解决的请求通常就被视为"不具有可仲裁性"。

《纽约公约》第 2 条第 (1) 款被解释为允许签约国将某些种类的请求规定为"不可通过仲裁解决"——或不具有可仲裁性。正如 *Mitsubishi Motors* 判决和类似判决所显示的,美国法院不太愿意将有关请求认定为属于上述例外。

(3) FAA 和《纽约公约》对仲裁协议根据其他国家的法律系属非法

---

① *See Allied-Bruce Terminix Co. v. Dobson*, 513 U. S. 265 (1995); *Doctor's Associates Inc. v. Casarotto*, 517 U. S. 681 (1996); *Perry v. Thomas*, 482 U. S. 483 (1987).

② *See Field v. Liberty Mutual Ins. Co.*, 769 F. Supp. 1135 (D. Haw, 1991)(认为州的公共政策排除了对下述仲裁条款的执行,该仲裁条款允许在裁决超出指定数额的情况下向法院重新提起诉讼).

③ 473 U. S. 614 (1985).

的主张所施加的限制

很少有美国判例涉及 FAA 下有关仲裁协议的外国法限制在美国法院的效力问题。对专门挑出仲裁协议予以歧视待遇的外国成文法限制，大多数美国判决拒绝赋予其效力。① 例如，在 *Ferrara SpA v. United Grain Growers, Ltd*② 案中，法院拒绝承认意大利法律规则的效力，指出："该规则看来对仲裁协议施加了特殊的要求，却并不适用于其他合同条款。"

（四）与仲裁协议有关的显失公平和胁迫③

各国合同法的基本原则一般均规定显失公平的协议或通过胁迫获得的协议（以下将上述两种情形统称为显失公平）不具有强制执行力。当争议产生时，当事人有时会主张，包含仲裁条款的合同或仲裁协议本身显失公平，因此对仲裁条款不应予以执行。

1. 基本合同显失公平的主张对仲裁协议效力的影响

（1）美国法院的不同立场

美国部分法院认为，如当事人主张基本合同显失公平或系通过胁迫获得，则该主张应由司法解决，换言之，基本合同显失公平的主张将影响包含其中的仲裁条款的效力，但上述法院在决定前述主张时又通常对此种主张予以驳回。④ 其他大多数下级法院援引 *Prima Paint* 判决作为先例，将

---

① *Becker Autoradio U. S. A. , Inc. v. Becker Autoradiowerk GmbH*, 585 F. 2d 39, 43 n. 8（3d Cir. 1978）（附带意见指出，美国法院不会适用"对仲裁条款不予执行或仅给予非常有限的效力的 X 国的法律"）；*Meadows Indemnity Co. v. Baccala & Shoop Ins. Serv. , Inc. ,* 760 F. Supp. 1036, 1043（E. D. N. Y. 1991）（在被告主张仲裁协议因争议不可仲裁而在仲裁地不具有强制执行力的情况下驳回了对强制仲裁之诉的抗辩；适用支持仲裁的"强有力的联邦政策"）.

② 441 F. Supp. 778, 781（S. D. N. Y. 1977）.

③ *See* Gary B. Born, *International Commercial Arbitration*：*Commentary and Materials* 217-31（2d ed. 2001）.

④ *Miller and Co. v. China Nat'l Minerals Import & Export Corp. ,* 1991 WL 171268（N. D. Ill. 1991）（法院决定仲裁协议是否显失公平）；*Ferrara, SpA v. United Grain Growers*, 441 F. Supp. 778, 781（S. D. N. Y. 1977）, *aff'd mem. ,* 580 F. 2d 1044（2d Cir. 1978）（在对"合同的签署或立约诱因"不存在"欺诈或胁迫主张"以及案件并不涉及谈判能力或经验实质上不平等的当事人"的情况下，驳回了不应要求仲裁的主张）.

针对当事人基本合同提出的胁迫或显失公平的主张交由仲裁解决，① 即认为基本合同显失公平的主张并不必然影响仲裁协议的效力。下文将要介绍的 *Gutierrez v. Academy Corporation* 案就是一例。

（2） *Gutierrez v. Academy Corporation* ② 案

原告于 1991 年 10 月开始为被告工作。1992 年 5 月 2 日，原告签署了一份名为"弃权、放弃诉讼请求权、补偿和仲裁"的文件。为获得被告的《Academy 雇员工作事故安排》下的医疗和其他津贴，作为交换，原告同意将"任何和所有争议、请求及/或分歧"，特别包括"歧视方面的任何主张或其他与违反《得克萨斯州人权委员会法》、《民权法》第 7 编、《同工同酬法》、《雇佣中的年龄歧视法》、《残疾人正常活动法》或任何其他法律有关的争议"，提交终局和有拘束力仲裁。在上述协议中，当事人明确规定仲裁条款将由 FAA 加以支配。尽管原告签署了前述包含仲裁条款的协议，但在其辞职后，她还是向法院提起了针对被告的诉讼而没有提交仲裁。原告声称，被告对她的歧视违反了《民权法》第 7 编，并对她构成推定解雇。③ 被告则申请中止诉讼和强制仲裁。原告对仲裁表示反对，称前述协议不具有强制执行力，因为仲裁条款显失公平。原告特别提到，在其签署该协议的那一天，她曾要求将协议带回家以请其身为律师助理的丈夫和一位律师提供有关法律意见，但她被告知必须在当天签字，否则她将失去获取该协议下所提供的津贴的机会。此外，原告声称在其签署协议时存在谈判地位上的不平等。

法院判决如下：

> FAA 第 2 条规定：仲裁协议是"有效的、不可撤销的和有强制性的，但具有普通法或者衡平法上的撤销任何契约的理由者除外"。

---

① See *Merrill Lynch*, *Pierce Fenner & Smith*, *Inc. v. Haydu*, 637 F. 2d 391, 398 & n. 11 (5th Cir. 1981)；*Gutierrez v. Academy Corp.*, 967 F. Supp. 945 (S. D. Tex. 1997)（针对整个协议而不是仅仅针对仲裁条款的显失公平的主张应由仲裁员而非法院解决）；*WMX Technologies*, *Inc. v. Jackson*, 932 F. Supp. 1372 (M. D. Ala. 1996)；*Acquaire v. Canada Dry Bottling*, 906 F. Supp. 819, 826 (E. D. N. Y. 1995)（针对基本合同提出的胁迫的主张应由仲裁员而非法院考虑）.

② 967 F. Supp. 945 (S. D. Tex. 1997). *See* Gary B. Born, *International Commercial Arbitration*: *Commentary and Materials* 217-19 (2d ed. 2001).

③ 推定解雇（constructive discharge），是指雇主故意恶化雇员的劳动条件，迫使雇员不自愿地辞职的情况。薛波主编：《元照英美法词典》，法律出版社 2003 年版，第 304 页。

该法第 3 条则要求法院中止对根据书面协议可提交仲裁的任何事项的诉讼，只要提出中止申请的请求人在仲裁过程中并未缺席。上述规定是强制性的；如果案件中的争点属于协议范围，地区法院就不能拒绝中止诉讼。……

本法院［遵循有关先例并］认为，在一个像本案这样涉及仲裁、放弃和补偿协议的案件中，如果原告关于该协议强制执行力的主张与整个协议有关，就必须由仲裁员对其加以决定。但在原告的主张针对特定条款的情况下，本法院就有义务依法对上述条款予以解释并对原告的主张加以决定。在本案中，原告有关该协议强制性的起诉是针对该协议及其订立提出的质疑，而不是特别针对任何条款的。如上所述，原告主张，在签署该协议前她未获得足够时间寻求法律意见，并且在订立协议时存在谈判地位上的不平等。法院认为，应由仲裁员来决定原告的主张是否真实和有法律价值以及是否足以使整个协议无效。

在对本案这样的协议的强制性进行考察时，法院将向仲裁员提供一些指导。重要的是，要查明上述协议是适用于相似阶层和状况的所有雇员，还是针对一个或少数个别的雇员以预先阻止或妨碍其诉诸法院。法院对雇主通过向特定个人提供上述协议以预先阻止其提起具体诉讼的企图是予以严厉对待的。仲裁员可能还需要考察：在当时的情况下，上述协议的对价是否合理。此外，还有一点也很重要，即应向雇员清楚表明对答复的不同选择，并且雇主应使其知悉所作选择的益处和不利。

随着雇主步入全球性经济体和进入一个正在改变的雇佣关系领域，像本法院所处理的这类协议很可能会变得更加普遍。如果希望美国公司在这个变化的世界中具有竞争力，则法律制度必须允许其回应及实现雇佣关系和其他环境中的变化，以确保它们可以尽可能由最好的雇员富有效率地运转。法院惟一的担心只是，上述变化不能损害雇员的权利，特别是在国会颁布了具体成文法对其加以保护的情况下更是如此。

2. 仲裁协议本身显失公平的主张

（1）*Brower v. Gateway 2000 , Inc.*① 案

该案判决不仅就有关仲裁协议本身显失公平的主张进行了详细讨论，

① 676 N. Y. S. 2d 569（App. Div. 1998）. *See* Gary B. Born, *International Commercial Arbitration: Commentary and Materials* 219-24（2d ed. 2001）.

还就当事人针对仲裁协议的强制性所提出的"实质性改变"、附和合同等异议——加以考察，其分析非常详尽且具有说服力，至少反映了美国部分法院在前述问题上的基本态度和思维进路。故有必要对其予以详细介绍。

上诉人是通过直销方式（邮购或电话订购）向被告 Gateway 2000 购买电脑和软件产品的部分用户。1995 年 7 月 3 日，Gateway 按习惯在连同货物一起运送给买方的资料中包括了它的一份"标准条款和条件协议"以及对装运产品的有关担保。该协议以"用户备忘录"作为开头，在横跨页宽的方框中，用比该文件其余部分稍大号的字体规定："本文件包含了 Gateway 2000 的标准条款和条件。自交付之日起持有 Gateway 2000 计算机系统超过 30 天则视为您已经接受了上述条款和条件。"该文件由 16 个段落构成，与这里的上诉有关的是名为"争议解决"的第 10 段，其规定如下："凡因本协议或其解释引起的或与本协议或其解释有关的任何争议或争端，均应通过仲裁排他的和终局的解决。仲裁应按照《国际商会调解和仲裁规则》进行。仲裁应在美国伊利诺伊州的芝加哥由一名独任仲裁员主持进行。在任何这样的仲裁程序中所作出的任何裁决对双方当事人都是终局的和有拘束力的，并且可在有合法管辖权的法院对其予以判决登记。"

原告代表他们自己和其他处境类似的用户提起诉讼，要求支付补偿性损害赔偿金和惩罚性损害赔偿金，声称存在欺诈行为，列举了 7 个诉讼理由，包括违反担保、违反合同、欺诈和不正当贸易行为。……对于 1995 年 7 月 3 日后购买其电脑的上诉人，Gateway 以协议中的仲裁条款为由，申请驳回起诉。上诉人提出，该仲裁条款根据 UCC 第 2-207 条是无效的，根据 UCC 第 2-302 条则是显失公平的，同时还是一份不具有强制执行力的附合合同。他们特别主张，该条款措辞含糊；不能合理期望用户领会或探明其含义和效果；国际商会（ICC）并非通常用于消费者仲裁的机构；以及由于 ICC 总部位于法国，与其联系和查询其规则就特别困难。为显示该机构是如何的不可接近，上诉人向法院指出，ICC 并未向国务卿登记，与 ICC 联系的努力都失败了，显然，试图与 ICC 联系的惟一途径是通过美国国际商业委员会，ICC 与其保持了某种联系。为支持其主张，上诉人提交了一份《ICC 调解和仲裁规则》并声称，ICC 的仲裁费用非常昂贵，特别是考虑到所涉及的典型的消费者诉讼的数额，二者更是不成比例。例如，50 000 美元以下的争议须预交费用 4 000 美元（超过了 Gateway 大多数产品的价格），并且即使消费者在仲裁中胜诉，其中的 2 000 美元案件受理费也是不可退还的。消费者还将负担与其主张的损害赔偿额不成比例的旅行费用（据上诉人的律师估计，本诉讼中每位用户可获得的损害赔偿额不会超过 1 000 美元），此外，消费者如在仲裁中未胜诉，就需承担 Gateway 的律师费用；在这个方面，ICC 规则实行的是英格兰所采用的"败诉方付费"的规则。此外，尽管芝加哥被指定为实际的仲裁地，但所有的通信均须寄到 ICC 在法国的总部。

该案的上诉审法院在其判决中指出：

下级法院以在随同电脑一起交付给上诉人的协议中存在仲裁条款为由而驳回了上诉人的起诉。除了指定 ICC 作为仲裁机构是否显失公平这个问题以外，我们同意该法院各方面的结论和分析。

首先，该法院对上诉人所持仲裁条款根据 UCC 第 2-207 条系属无效的主张予以了驳回，这是适当的。上诉人宣称，当他们提交订单时，他们并未就仲裁任何争议进行谈判，更不用说接受仲裁，因此随装运商品递交的协议中的仲裁条款是对先前口头协议的"实质性改变"。根据 UCC 第 2-207 条第（2）款，只有在上诉人明确接受的情况下，此种实质性改变才构成"对合同的补充建议"并成为合同的组成部分。不过，正如下级法院所正确指出的，该条款并非对口头协议的"实质性改变"，而仅仅是当事人间惟一存在的合同的一个条款。法院认为，该合同的成立及承诺的表明不是在提交订单之时而是在对有关商品的保留超过随运输的货物附寄的协议所明确规定的 30 日之时。因此，该合同不属于 UCC 第 2-207 条的范围。

一审法院在得出其结论时注意到了就同一个问题以及实际上是同一个仲裁条款而在联邦法院所进行的诉讼。在 *Hill v. Gateway 2000, Inc.* [1] 一案中，集团诉讼中的原告对与本案相同的 Gateway 合同，包括仲裁条款的强制执行力提出异议。正如该案法院对上述问题的分析所指出的，"Gateway 方框中的条款是一个整体。Hills 在对其进行研究后原本有机会将电脑退回，因此它们构成当事人之间的合同，既然如此，那么所有规定均应获得执行。"该法院接着指出，上述合同并不是于电话订购或交付货物之时成立的。仅在消费者决定将商品保留至超过协议明确规定的 30 日的期限之时，具有强制执行力的合同才成立。因此，包括仲裁条款在内的整个协议均具有强制性。……

其次，上诉人主张仲裁条款作为附合合同并不具有强制执行力，

---

① 　105 F. 3d 1147, *cert. denied*, …U. S. … .

因为就消费者而言，并无选择或谈判的机会，而是面临"或者接受或者放弃"（take it or leave it）的处境，但我们认为一审法院对上述主张的驳回同样是适当的。尽管当事人显然并不拥有平等的讨价还价能力，但仅仅是这一因素并不能使该合同作为附合合同而无效。正如一审法院所提到的，消费者可以在别处进行购买并可明确选择退货，其并非处于"或者接受或者放弃"的处境；如果对消费者来说该协议中的任一条款是不可接受的，其可以很容易买到竞争者的替代产品——或者从零售商或者直接从制造商那里购买——并通过退还商品而拒绝 Gateway 的协议。消费者有 30 天的时间来作出上述决定。在该时限内，消费者可以对货物进行检查并审查和澄清协议中各条款的含义；消费者拥有因货物或条款不令人满意甚或根本就毫无理由而退货的完全权利，直至 30 天的期限届满。

一方面，返还货物以避免合同成立需要消费者方面的积极的行动甚至一定的费用，但另一方面可将其视作一种交换，即换取消费者以电话或邮递购物方式取代现场零售采购而可能获得的方便和节省。消费者未曾阅读协议或之后宣称其不了解或理解其中的某个条款，此种主张可以使合同无效的条件仅仅限于上述主张能够导致其他情况下成立的合同无效的情形。

最后，我们再对上诉人的这一主张加以审查，即根据 UCC 第 2-302 条，一审法院应宣告该合同不具有强制执行力，理由是由于对消费者个人而言程序负担过重、费用过高，仲裁条款显失公平。一审法院认为，虽然集团诉讼（就像目前的这个案子）可能比仲裁（通常仲裁比诉讼便宜）花费更少，但这并不能改变协议中所包含的有效仲裁条款的拘束效力。

作为一个一般问题，根据纽约法，对显失公平的认定要求能够证明合同"于订立时在程序上和实体上是显失公平的"。也就是说，必须有"迹象表明'当事人一方无法进行有意义的选择并且合同条款不合理的对另一方当事人有利'"。上述理论的目的并非修正当事人之间的不平等，而仅仅为了确保更强大的一方不能通过某些过度压迫的条款来使另一方当事人"感到意外"。

关于程序要素，法院一般会对合同订立过程加以考察以确定一方当事人在签订合同的时候是否实际上无法进行任何有意义的选择，考虑的因素主要有交易的背景、声称显失公平一方的经验和知识，合同是否包含"小号字体印刷品"、卖方是否使用了"高压战术"以及当事人谈判能力的任何悬殊。在本案中上述因素并不支持上诉人的主张。任何购买者均有 30 天的时间可以彻底检查其货物的内容，包括协议的条款，并对其中任何条款予以澄清。协议的标题"标准条款和条件协议"是用大号铅字印的，协议本身仅有 3 页和 16 段，则是以相同大小的字体印刷的。此外，尽管上诉人提出了相反的主张，但仲裁条款绝非"隐藏"于一份复杂且冗长的文件中，同时，选择退货以避免成立合同也并非那么"不安全"。我们还反对上诉人的这一暗示，即 Gateway 通过使用"标准"一词，有意向消费者传达这样一个讯息：协议条款属行业内标准条款——而该文件显然仅仅是 Gateway 的"标准条款和条件"。

关于实体要素，则需要考察协议的内容以确定条款是否不合理地有利于一方当事人，我们认为，仅仅所选地点（芝加哥）可能带来的不便并未达到显失公平的程度。不过，我们确实发现，ICC 仲裁所必然产生的过高的费用因素是不合理的且肯定会阻止消费者个人对该程序的利用。仲裁条款首先阻止了消费者诉诸法院，而对费用昂贵的仲裁机构的指定又有效阻止了消费者求助于该仲裁机构；因此消费者根本就无处可去以解决其争议。在这一点上，我们注意到 *Hill* 判决虽然确认该条款系具有强制执行力的合同之组成部分，但并未提及上述特定主张。

虽然根据纽约法，通常是在既存在程序要素也存在实体要素的情况下才能对显失公平予以确认，但仅实体要素也足以使争议中的条款不具有强制执行力。ICC 程序下所产生的过高的费用，可成为认定仲裁条款不具有强制性或在商业上不合理的理由（*see, e. g.*, *Matter of Teleserve Systems*, 659 N. Y. S. 2d 659）。

在［另一个涉及 Gateway 仲裁条款的案件］中，联邦地区法院称，它"倾向于同意"这一主张即对 ICC 的选择使该条款显失公平，但同时又认为，该问题尚有讨论余地，因为 Gateway 已同意由美国仲裁协会（AAA）进行仲裁并申请法院根据《联邦仲裁法》（9 U. S. C. §5）对 AAA 仲裁员进行指定。因此，法院同意了 Gateway 强制仲裁的申请并指定由 AAA 而非 ICC 进行仲裁。上述诉讼中的原告（他们的代理人正是本案上诉人的代理律师）主张，考虑到消费者个人所能获得的损害赔偿的数额，与 AAA 程序有关的费用也很昂贵，不过对他们要求重新审议法院决定的申请尚未判决。虽然 AAA 规则和费用并非本案案卷的组成部分，但当事人承认，申请费最低为 500 美元，而且不可归还，并且上诉人声称，为在 AAA 仲裁，每一位消费者的花费可能超过 1 000 美元。

Gateway 将仲裁机构替换为 AAA 的协议并不仅限于该［另一涉及 Gateway 的案件］。Gateway 的辩论摘要包括了一份新的仲裁协议的文本，Gateway 宣称该仲裁协议已扩展到所有的客户，无论是过去、现在还是未来的客户（显然是通过寄给曾经购买过 Gateway 产品的任何顾客的一本季刊予以公布的）。这一新的仲裁协议规定，消费者可以选择 AAA 或 ICC 作为仲裁机构，并通过当事人协议来确定仲裁地，该协议"不应不合理的被拒绝"。它还提供了 AAA 和 ICC 的电话号码以获取与"该组织及其程序"有关的信息。

不过，正如已指出的，上诉人抱怨 AAA 的费用也很昂贵，因此他们不接受被告的要约（see UCC 2-209）；由于他们针对 AAA 提出的主张与针对 ICC 提出的主张相同，所以并未像被告提出的那样为显失公平的问题提供讨论余地。我们不能根据目前的案卷对 AAA 程序及费用是否如此"异乎寻常地具有压迫性"以至于它们也是显失公平的作出决定。因此，我们对受到上诉的法院命令予以修改，即认定仲裁条款中要求由 ICC 仲裁的那一部分显失公平，并将案件发回重审，这样当事人就能有机会根据《联邦仲裁法》（9 U.S.C. §1 et seq.）申请替换仲裁员……

(2) 仲裁协议显失公平的主张与 FAA 下的权力分配

与 *Gateway 2000* 一案类似，大多数法院认为，在 FAA 下仲裁协议本身显失公平或系通过胁迫获得的主张应由司法解决，尽管提出前述主张的当事人要确立充分的事实断言以胜诉是非常困难的。[①] 此外，仍有部分美国法院要求对仲裁条款显失公平的主张进行仲裁。[②]

值得注意的是，*Gateway* 一案中的仲裁条款包含了 ICC 规则，而 1998

[①] *Doctor's Associates, Inc. v. Distajo*, 107 F.3d 126 (2d Cir. 1997)（对仲裁条款显失公平的主张予以驳回）；*Doctor's Associates, Inc. v. Stuart*, 85 F.3d 975 (2d Cir. 1996)（对因 AAA 的申请费、赴仲裁地的旅费、支付给仲裁员的费用以及所称的 AAA 的偏袒而宣称仲裁条款显失公平的主张予以驳回）；*Twi Lite Int'l, Inc. v. Anam Pacific Corp.*, 1996 WL 637, 843 (N.D. Cal. 1996)（对仲裁协议显失公平的主张予以驳回）.

[②] *See WMX Technologies, Inc. v. Jackson*, 932 F.Supp. 1372 (M.D. Ala. 1996)（作为一个法律问题，声称缺乏相互性的主张只能适用于整个合同，因此应由仲裁解决）.

年的 ICC 规则第 6 条对管辖权/管辖权原则予以了认可，*Gateway* 判决似乎并未赋予第 6 条以效力。这就可能与 *First Options* 判决不相一致。但另一方面，考虑到上诉人是对 ICC 仲裁的费用和不便提出异议，再将上述异议交由仲裁解决就不适当了，所以由法院予以处理应该是妥当的。

（3）显失公平的主张与法律选择

美国下级法院很少考虑是由州法还是联邦法支配显失公平和胁迫的问题。看来大部分判决甚至在国内案件中也是适用联邦普通法。不过，在 *First Options* 判决之后，在 FAA 国内部分下，有关显失公平的异议看来很可能适用普遍适用的州法中有关显失公平的规则。而联邦普通法标准则很可能用来调整受《纽约公约》支配的国际仲裁协议。此外，美国下级法院显然并未考虑外国法是否可以支配胁迫和显失公平的问题——例如，在当事人的基本合同和仲裁协议由外国法支配并且仲裁将在某一外国进行的情况下。

（4）FAA 下美国法院对仲裁协议显失公平的认定

A. 显失公平和胁迫的普通法标准

在美国大多数管辖区，对显失公平的证明均施加了与 *Gateway* 一案相同的要求。法院会审查协议的"程序"和"实体"要素及其订立，以决定它是否如此不均衡和具有压迫性以至于不具有强制执行力。

在普通法管辖区，对胁迫的确定要求能够证明通过非法行为或威胁以强迫非自愿服从。但往往很难满足前述标准。① 在涉及《纽约公约》下的国际仲裁协议的案件中，有关胁迫的主张尤其可能遭到拒绝。②

B. 法院对不同情形的处理

一般说来，有关显失公平和以胁迫获得仲裁条款的主张在美国法院很难得到支持。

（a）格式合同

显然，根据 FAA，仲裁条款包含在格式合同之中这一事实并不能使该条款本身不具有强制执行力。③

---

① *Acquaire v. Canada Dry Bottling*, 906 F. Supp. 819, 826（E. D. N. Y. 1995）（对仲裁条款系胁迫的产物的主张予以驳回）。

② *S + L + H SpA v. Miller-St. Nazianz, Inc.*, 988 F. 2d 1518（7th Cir. 1993）（对仲裁条款系通过经济胁迫获得的主张予以驳回）；*Transmarine Seaways Corp. v. Marc Rich & Co.*, 480 F. Supp. 352, 358（S. D. N. Y. 1979）。

③ *Coleman v. Prudential-Bache Securities, Inc.*, 802 F. 2d 1350（11th Cir. 1986）；*Surman v. Merrill Lynch, Pierce, Fenner & Smith*, 733 F. 2d 59（8th Cir. 1984）；*Arkoosh v. Dean Witter & Co.*, 415 F. Supp. 535（D. Neb. 1976）。

（b）谈判能力的悬殊

美国法院还拒绝因当事人谈判能力上的悬殊而认定仲裁协议本身不具有强制执行力。①

（c）不知道仲裁条款

法院通常还会对下述主张予以驳回：因一方当事人未被告知其签署的书面合同中包含有仲裁条款，所以该条款不具有强制执行力。②

另外，在 FAA 下的大多数案件中，有关一方当事人不了解仲裁条款的主张往往被提交给仲裁解决。③ 但在部分案件中，上述主张也被保留给司法解决（不过该主张通常会被法院驳回）。

（d）程序优势或缺陷

美国法院通常对下述主张不予支持：仲裁协议的规定（例如，关于仲裁地的选择、费用或仲裁程序）极不公平的有利于一方当事人。④ 但美国也有几份法院判决认定，对赋予一方当事人以重大程序优势的仲裁协议不予执行。⑤ 在最近的一份判决中，当事人一方是美国的一家小公司，另一方是中国的国有实体，法院认为，尽管必须到与中国国家有关的仲裁机

---

① *Webb v. Investacorp.*, *Inc.*, 89 F. 3d 252（5th Cir. 1996）（仲裁条款并没有显失公平）；*Great Western Mortgage Corp. v. Peacock*, 110 F. 3d 222（3d Cir. 1997）（对以当事人谈判能力悬殊为由而对仲裁协议提出的异议予以驳回）。

② *N & D Fashions*, *Inc. v. DHJ Industries*, *Inc.*, 548 F. 2d 722（8th Cir. 1977）；*Southeastern Enameling Corp. v. General Bronze Corp.*, 434 F. 2d 330（5th Cir. 1970）；*Avila Group*, *Inc. v. Norma J. of California*, 426 F. Supp. 537（S. D. N. Y. 1977）。

③ *Houston General Ins. Co. v. Realex Group*, *NV*, 776 F. 2d 514（5th Cir. 1985）；*Triton Lines*, *Inc. v. Steamship Mutual Underwriting Ass'n*, 707 F. Supp. 277（S. D. Tex. 1989）。

④ *Doctor's Associates*, *Inc. v. Stuart*, 85 F. 3d 975（2d Cir. 1996）（对因 AAA 的申请费、赴仲裁地的旅费、支付给仲裁员的费用以及所称的 AAA 的偏袒而宣称仲裁条款显失公平的主张予以驳回）；*Arnold v. Arnold Corp.*, 920 F. 2d 1269（"上诉人提出，合同中插入仲裁条款是为了阻止上诉人获得充分的证据开示，但该主张并不足以证明仲裁协议存在引诱性的欺诈"）。

⑤ *Stirlen v. Supercuts*, *Inc.*, 51 Cal. App. 4th 1519（Calif. Ct. App. 1997）（"仲裁协议中过于偏向一方当事人而以牺牲另一方当事人为代价的规定不能获得司法执行"）；*Armendariz v. Foundation Health Psychcare Services*, *Inc.*, 80 Cal. Rptr. 2d 255（Calif. Ct. App. 1998）（附合仲裁协议中对救济的限制不具有强制执行力）。

构进行仲裁，仍不能对显失公平的主张予以支持。① 法院强调，对仲裁协议提出异议的当事人在签订协议时就知道被提议的仲裁机构与对方当事人之间的关系。

（e）仲裁程序的费用

正如 *Gateway 2000* 判决所显示的，美国部分法院根据仲裁程序在经济方面给当事人带来的不便而认定仲裁协议不具有强制执行力。②

（f）不对称的或其他"不平等的"仲裁协议

显失公平的主张还常常针对所谓"不对称的"仲裁协议，此种协议允许一方当事人根据自己的选择，启动仲裁或提起诉讼，但并不允许另一方当事人这样做。美国大多数法院对上述安排都表示支持。③ 另一方面，美国部分法院也拒绝执行仅赋予一方当事人要求仲裁的权利的仲裁条款。④ 州法院则对不对称的仲裁协议特别不予支持。⑤

（g）仲裁协议指定的仲裁地不便或存在其他缺陷

如果仲裁协议指定的仲裁地对一方当事人而言存在（或变得）不合理的不便，上述不便是否构成对仲裁协议的有效性提出异议的理由，包括主张显失公平或错误？事实上，美国法院总是对上述主张予以驳回（至少在不涉及消费者的案件中如此）。假定合同中所指定的仲裁地的政治、安全或其他形势发生了变化，使得一方当事人不愿到那里去，这是否会使

---

① *China Resource Products（U. S. A.）Ltd v. Fayda Int'l, Inc.*，747 F. Supp. 1101（D. Del. 1990）.

② *E. g.*，*Matter of Teleserve Systems*，659 N. Y. S. 2d 659（N. Y. 1997）；*Cole v. Burns Int'l Security Services*，105 F. 3d 1465（D. C. Cir. 1997）（作为获得雇佣的条件之一而必须接受的仲裁协议不能有效地要求以前的雇员承担仲裁员的费用）.

③ *Becker Autoradio U. S. A.，Inc. v. Becker Autoradiowerk GmbH*，585 F. 2d 39，47 n. 15（3d Cir. 1978）（"作为联邦法上的一个问题，并不存在绝对的相互性理论"；对允许一方当事人提起诉讼或仲裁，却要求另一方当事人仲裁的条款予以支持）；*Kahman Floor Co. v. Jos. L. Muscarelle*，481 A. 2d 553（N. J. Super. 1984）（对仅允许一方当事人提起仲裁的仲裁条款予以支持；对协议缺乏相互性的主张予以驳回）.

④ *Hull v. Norcom，Inc.*，750 F. 2d 1547（11th Cir. 1985）（在仅有一方当事人有义务仲裁的情况下拒绝命令仲裁）.

⑤ *See Arcata Graphics Corp. v. Silin*，399 N. Y. S. 2d 738（App. Div. 1977）（拒绝执行只有一方当事人可以援引的仲裁条款）；*Firedoor Corp. of America v. R. K. & A. Jones*，366 N. Y. S. 2d 433（App. Div. 1975）（"允许卖方在仲裁和法院诉讼中进行选择却否认买方享有相同的权利，这显然不公平"）；*R. W. Roberts Constr. Co. v. St. John's River*，423 So. 2d 630（Fla. Ct. App. 1982）（"义务的相互性是一个要求"）.

仲裁协议无效? 法院实际上同样总是给予否定的回答。

(五) 缺乏订立仲裁协议的能力①

大多数国内法都承认,当事人一方缺乏订立仲裁协议的能力是拒绝执行该协议的一个理由。《纽约公约》第5条第 (1) 款 (a) 项也允许国内法院拒绝承认仲裁裁决,如果仲裁协议的当事人"根据对他们适用的法律,当时是处于某种无行为能力的情况之下"。当事人必须具有必不可少的签订有拘束力的仲裁协议的行为能力,这一要求通常与行为能力在其他法律领域所起到的作用没有什么区别。普遍适用的有关行为能力方面的合同抗辩——例如,无行为能力 (incompetence)、未成年 (minority) 及类似理由——将适用于仲裁协议,就像适用于其他情形一样。不过,就当事人签订仲裁协议的能力而言,各国国内法还施加了特别的要求 (即对与政府有关的实体将某些争议提交仲裁的能力予以限制)。下面就对美国法院在这个问题上的两个代表性判例予以介绍。

1. *Centroamericanos*, *SA v. Refinadora Costarricense de Petroleos*, *SA*② 案

申请人 Buques Centroamericanos, SA("Bucesa")根据 [FAA] 和 [纽约] 公约申请确认不利于被申请人 Refinadora Costarricense de Petroleos, SA ("Recope") 的仲裁裁决。Recope 和 Bucesa 都是哥斯达黎加的公司。它们签订了一份从加勒比海运输原油到哥斯达黎加的海运合同。该合同包含了一个宽泛的仲裁条款,规定"因本租船合同引起的任何和所有分歧和争议,无论性质为何",应提交仲裁,仲裁在纽约或伦敦进行。合同争议发生后,Bucesa 启动了仲裁程序。由3名仲裁员组成的仲裁庭主持了3次听审并裁决 Recope 向 Bucesa 支付 243 779.44 美元外加利息。Recope 主张该裁决不应获得确认,理由是仲裁协议是无效的。被申请人称,Recope是一家完全由哥斯达黎加政府所有的公司。Recope 指出,根据哥斯达黎加法律,政府所有的公司签订的仲裁协议必须经哥斯达黎加立法机关批准。Recope 声称,由于该协议未经立法机关批准,所以是无效的。Recope 承认,它曾向仲裁员提出相同的主张,但被驳回。它反对法院确认裁决的法律根据是《纽约公约》第5条第 (1) 款 (a) 项,其规定如下:对仲裁裁决的确认可予拒绝,如果有证据证明:第二条所述的协议的

---

① *See* Gary B. Born, *International Commercial Arbitration: Commentary and Materials* 231-39 (2d ed. 2001).

② 1989 U. S. Dist. LEXIS 5429 (S. D. N. Y. 1989). *See* Gary B. Born, *International Commercial Arbitration: Commentary and Materials* 232-33 (2d ed. 2001).

双方当事人，根据对他们适用的法律，当时是处于某种无行为能力的情况之下；或者根据双方当事人选定适用的法律，或在没有这种选定的时候，根据裁决作出地国的法律，上述协议是无效的。因此，Recope 认为仲裁协议是无效的，因为根据哥斯达黎加的法律，它当时"处于某种无行为能力的情况之下"。

Edelstein 法官所撰写的法院判决指出：

> 毫无疑问，当事人已签订了仲裁协议，惟一的问题就是该协议是否有效。……Recope 所提出的问题也向仲裁员提出过。仲裁员有权决定为处理所提交的事项所必需的一切问题。*Federal Commerce & Navigation Co. v. Kanematsu-Gosho Ltd*，457 F. 2d 387，389（2d Cir. 1972）. 本案的仲裁员认定，根据仲裁协议的措辞，该协议应由纽约法支配，而根据纽约法，该协议具有强制执行力。最后，仲裁员认定，Recope 通过签订该仲裁协议并参加 3 次仲裁听审，已放弃了它原本可能拥有的任何主权豁免。仲裁员的裁决不应受到干涉，除非"显然漠视"法律。*Wilko v. Swan*，346 U. S. 427，436（1953）. 重新审查仲裁裁决会破坏仲裁的目的。本案仲裁员的裁决不仅没有显然漠视[法律]，而且其以法律为根据，结论合理适当。当事人自愿签订了仲裁协议，协议指定由纽约法支配该协议。Recope 参加了仲裁员主持的 3 次听审，并将其向本法院提出的相同的问题向仲裁员进行了提交。现在它又向本法院主张仲裁员无权作出已经作出的裁决。此种立场完全站不住脚。本法院认为仲裁员的裁决分析得当，Recope 并未对公约第 5 条列举的任何一个理由加以证明。因此，对 Bucesa 的确认申请特此予以批准。

2. *B. V. Bureau Wijsmuller v. United States of America as Owner of the Warship Julius A. Furer*① 案

Julius A. Furer 是美国海军的一艘军舰。1974 年 6 月 30 日，该船在荷兰海岸搁浅。原告 B. V. Bureau Wijsmuller（"Wijsmuller"）作为一家主要的国际海上救助公司协助 Furer 进行了 4 次拖拉。在施救前，Furer 的船长在伦敦劳埃德保险社的未订明全部条件的格式救助协议（Lloyd's open

---

① 1976 A. M. C. 2514（S. D. N. Y. 1976）. *See* Gary B. Born，*International Commercial Arbitration: Commentary and Materials* 233-37（2d ed. 2001）.

form salvage agreement，下称 LOF）上签了字。从递交给法院的诉讼文书上看不出船长在签署 LOF 前曾请示上级机构，撰写法院判决的 Haight 法官假定他并没有这样做。而 LOF 规定，救助人有关海上救助报酬的请求应提交有拘束力的仲裁，仲裁在伦敦进行，由劳合社委员会指定一名仲裁员主持。该仲裁协议还规定仲裁应依英国法进行。救助于 1974 年 7 月 1 日结束。Wijsmuller 根据《政府船舶法》向美国联邦地区法院递交了民事起诉状。在其起诉状中，Wijsmuller 保留了根据 LOF 要求仲裁的权利。随后，它申请法院命令美国政府参加劳合社指定的仲裁员所主持的仲裁。美国政府则坚持表明它并不受 LOF 条款的约束，没有义务参加在伦敦进行的仲裁。美国政府认为，Wijsmuller 的救助报酬应由地区法院根据联邦法院所宣布的海商法原则予以确定。美国联邦地区法院认定，美国政府并不受 LOF 的约束，因此没有义务参加仲裁，所以拒绝了 Wijsmuller 的申请。法院的判决指出：

> 虽然《政府船舶法》允许就提供给美国的政府船舶的救助服务而起诉美国［政府］，但此种诉讼的审判地是美国地区法院。在伦敦由劳合社委员会或任何其他机构指定的仲裁员所主持的仲裁完全不符合该成文法的要求。……
>
> Furer 的船长在 LOF 上签字这一事实并不能产生法律后果。因为只有国会可以在诉讼中放弃主权国家的豁免；没有任何官员或代表拥有此种必需的权力，无论其级别如何、意图是否良好或者有没有善意地误解其权限。

Wijsmuller 还提出，根据《政府船舶法》第 786 节，美国政府有义务依 LOF 在伦敦仲裁，该节规定如下：

> 授权美国司法部长对根据本章规定所提交的起诉状或反诉状中的主张进行仲裁、折中或和解。

法院则对上述主张表示反对，认为

> 该法规仅仅授权司法部长对原本可以受地区法院裁判的争议进行仲裁。无论怎样设法推想，上述有限的权力都不可能扩大到包括劳合社委员会所指定的仲裁员。

但 Wijsmuller 又主张，前述原则随着美国 1970 年加入《纽约公约》而发生了改变。而法院则指出

> [尽管]……美国对公约的加入反映了支持通过仲裁方式解决国际商事争议这一公共政策。不过，这并不意味着，美国政府通过加入公约同意取消其他法规所规定的对放弃主权豁免施加的限制。毫无疑问，公约和实施法规都未包含具有此种意图的明确规定，……公约第 14 条规定："缔约国除了自己有义务适用本公约的范围外，无权援用本公约对抗其他缔约国。"该规定承认"缔约国"可以受也可以不受公约规定的束缚，取决于其在这一问题上所表示的意愿或意图。此外，美国在加入公约时还作了保留："美利坚合众国惟于争议起于法律关系，不论其为契约性质与否，而依美国之国内法认为系属商事关系者，始适用本公约。"无论政府机构从事商业交易会带来怎样的不确定性，在主权豁免的背景下，因军舰的活动引起的关系从未被视为"商事"关系。此外，公约本身也承认，在某些情况下，法院可拒绝执行规定在其他地方仲裁的协议。……由于前述主权豁免原则，在本案中，就美国而言包含在 LOF 合同中的仲裁协议是"无效的"。

正如上述两案所显示的，与能力有关的常见问题主要是主权国家通过引用国内立法对政府部门或实体订立有拘束力的仲裁协议的能力的限制，从而对其仲裁协议予以否认。如 *Wijsmuller* 案所示，美国法就规定，美国政府通常不能签订具有强制执行力的仲裁协议。不过，一般而言，无论是仲裁庭还是国内法院都不允许主权国家以它们自己的法律作为理由否认其仲裁协议。① 用一位美国学者的话来说，*Wijsmuller* 案判决是对上述趋势的一个不幸的背离。② 这个案例也证明了这样一个论断："在法律决定中，很经常的情况是，其正确在于其政治而不在于其认识力，在于其实用主义

---

① *Revere Copper and Brass v. Overseas Private Investment Corp.*, 17 I. L. M. 1321 (1978).

② Gary B. Born, *International Commercial Arbitration: Commentary and Materials* 238 (2d ed. 2001).

而不在于其逻辑。"①

此外，作为州法上的一个问题，美国部分下级法院还对州行政机关或执行部门缺乏订立有拘束力的仲裁协议的能力的主张进行了审理。② 一些下级法院主张 FAA 优先于州法所施加的无能力，除非有关的州法规定清楚而明确。③

仲裁中另一个常见的问题是当事人的代表或代理人签订仲裁协议的权限。所有发达的法律制度都承认个人或法律实体代表他人从事具有拘束力的法律行为的权力或能力。此种代表关系有效存在的条件通常由代理法而不是由有关行为能力的规则支配。④

（六）放弃仲裁的权利⑤

与其他合同权利一样，仲裁权利也是可以放弃的。根据《纽约公约》第 2 条第（3）款和国内仲裁立法，各国法院承认弃权是对执行仲裁协议的一种抗辩。在美国，如果适用 FAA，⑥ 无论是在国内案件还是在国际案件中，对弃权的界定都是依联邦普通法进行的。美国最高法院开诚布公地称："［作为］联邦法上的一个问题，任何有关可仲裁事项范围的疑问都要按有利于仲裁的原则解决，无论所处理的问题是对合同措辞的解释本

① ［美］理查德·A·波斯纳：《法理学问题》，苏力译，中国政法大学出版社2002 年版，第 380 页。

② *American Airlines*, *Inc. v. Louisville & Jefferson C. A. B.*, 269 F. 2d 811, 816 (6th Cir. 1959)；*Litton RCS*, *Inc. v. Pennsylvania Turnpike Commission*, 376 F. Supp. 579 (E. D. Pa. 1974)。

③ *Litton RCS*, *Inc. v. Pennsylvania Turnpike Comm'n*, 376 F. Supp. 579, 588 (E. D. Pa. 1974)。

④ See *Herlofson Mgt A/S v. Ministry of Supply*, *Kingdom of Jordan*, 765 F. Supp. 78 (S. D. N. Y. 1991)（因为签署人缺乏约束本人的实际权力或表见代理权，所以并不存在仲裁协议）；*In the Matter of the Arbitration Between Herlofson Mgt A/S and Ministry of Supply*, 765 F. Supp. 78 (S. D. N. Y. 1991)（不存在实际权力或表见代理权；适用《代理法重述（第 2 次）》）。

⑤ See Gary B. Born, *International Commercial Arbitration*：*Commentary and Materials* 239-42 (2d ed. 2001)。

⑥ FAA 第 3 条要求初审法院中止对受仲裁协议支配的争议所进行的诉讼，只要"提出中止申请的请求人在仲裁过程中并未缺席"。"缺席"（default）被理解为普通法上的"放弃"（waiver）。*Batson Yarn and Fabrics Mach. Group Inc. v. Sauer-Allma GmbH-Allgauer Maschinenbau*, 311 F. Supp. 68 (D. S. C. 1970)；*United Nuclear Corp. v. General Atomic Co.*, 597 P. 2d 290, 299 (N. M. 1979)。

身，还是有关弃权、拖延的主张或对可仲裁性的其他类似抗辩。"①

　　FAA 和它所体现的支持仲裁的政策通常被认为并不赞成当事人放弃仲裁权利。关于是否存在弃权的疑问是按不利于确认弃权的原则来解决的，试图证实存在弃权的当事人承担了较重的举证责任。② "放弃仲裁'不会轻易被确认'。"③

　　弃权通常是通过事实加以推断的问题。尽管并不存在清楚明确的规则，对弃权的确认一般要求当事人知晓仲裁的权利、行为与该权利抵触（往往涉及拖延）以及对对方当事人造成损害（对这一点尚未取得一致意见）。④ 仅仅是在提起仲裁程序上存在拖延通常并不构成弃权。⑤ 同样，在提起仲裁时没有完全遵守当事人的仲裁协议或者可适用的机构规则通常也不构成弃权。⑥ 法院大多会对被宣称放弃了仲裁权利的当事人的明显动

---

① *Moses H. Cone Memorial Hospital v. Mercury Construction Corp.*, 460 U. S. 1, 24-25（1983）. *See also Doctor's Associates*, *Inc. v. Distajo*, 107 F. 3d 126（2d Cir. 1997）（对仲裁权利的放弃受联邦普通法的支配）；*Downey v. Christensen*, 825 P. 2d 557（Montana 1992）（由 FAA 调整对仲裁权利的放弃）.

② *Moses H. Cone Memorial Hosp. v. Mercury Construction Corp.*, 460 U. S. 1, 24-25（1983）；*Stone v. E. F. Hutton & Co.*, 898 F. 2d 1542, 1543（11th Cir. 1990）；*Peterson v. Shearson/American Express*, *Inc.*, 849 F. 2d 464, 466（10th Cir. 1988）；*Gavlik Constr. Co. v. H. F. Campbell Co.*, 526 F. 2d 777, 783（3d Cir. 1975）.

③ *Com-tech Associates v. Computer Associates International*, *Inc.*, 753 F. Supp. 1078（2d Cir. 1991）, quoting, *Rush v. Oppenheimer & Co.*, 779 F. 2d 885, 887（2d Cir. 1985）.

④ *Merrill Lynch*, *Pierce*, *Fenner & Smith*, *Inc. v. Lecopulos*, 553 F. 2d 842（2d Cir. 1977）（"如果不能证明对声称弃权的当事人造成了实质损害，则在联邦仲裁法下不能认定存在对仲裁的放弃"）. *Compare National Foundation for Cancer Research v. AG Edwards & Sons*, *Inc.*, 821 F. 2d 772, 777（D. C. Cir. 1987）（并不要求对损害的存在予以特别证明）.

⑤ *Rush v. Oppenheimer & Co.*, 779 F. 2d 885, 887（2d Cir. 1985）；*I. T. A. D. Associates*, *Inc. v. Podar Bros.*, 636 F. 2d 75（4th Cir. 1981）（"在未对另一方当事人造成损害的情况下仅仅基于提起诉讼与申请强制仲裁之间的时间间隔"并不能认定存在弃权）；*Halcon Int'l*, *Inc. v. Monsanto Australia*, *Ltd*, 446 F. 2d 156, 161（7th Cir. 1971）.

⑥ *Buhler*, *Inc. v. Reuter Recycling of Florida*, *Inc.*, 889 F. Supp. 1126（D. Minn. 1995）（对下述主张予以驳回，即因当事人未遵守仲裁协议有关合并申请的规定，所以放弃了仲裁的权利）.

机予以考虑。①

美国法院对前述原则的适用通常很严格，特别是在涉及《纽约公约》的案件中更是如此。② 当事人一方启动司法程序并参加前述程序中的实质性的证据开示往往构成对仲裁的放弃。③ 即使诉讼只是针对可提交仲裁的争议的一部分而提起的也同样如此。④ 另一方面，在当事人一方对有关请求或反请求提起诉讼而随后又申请仲裁的情况下，也有部分法院拒绝确认存在弃权。⑤ 同样的，就案件的实质问题提出驳回起诉的申请但未提及仲裁协议也被认定为并不构成弃权。⑥ 此外，至少在某些情况下，向国内法院申请采取临时性措施被认为并不构成弃权。⑦

与针对仲裁协议的执行所提出的其他抗辩一样，弃权也涉及法院和仲裁各自的权力分配问题。对于声称一方当事人已放弃其仲裁权利的主张应由司法解决还是仲裁庭决定的问题，美国法院尚存在分歧。大部分判例认

---

① *City of Parksburg v. Turner Constr. Co.*, 617 F. 2d 155, 156 (4th Cir. 1980)（"city 未要求仲裁不是因为恶意或不良动机，而是因为对适当救济的善意的错误判断所致，在这种情况下我们的结论就特别合适。"）. *See also Polar Communications Corp. v. Oncor Communications, Inc.*, 927 F. Supp. 894（D. Md. 1996）（当事人有 15 天的时间申请强制仲裁，否则就放弃了仲裁协议下的权利）.

② *McDermott Int' l, Inc. v. Lloyds Underwriters of London*, 944 F. 2d 1199 (5th Cir. 1991)（根据联邦普通法，对公约权利的放弃必须是明示的）；*Sedco, Inc. v. Petroleos Mexicanos Mexican Oil Co.*, 767 F. 2d 1140, 1150 (5th Cir. 1985)（在公约下适用 FAA 有关放弃的标准）.

③ *Doctor's Assoc., Inc. v. Distajo*, 66 F. 3d 438 (2d Cir. 1995)（在长达 15 个月的期间内参加实质性的证据开示就是放弃了仲裁权利）；*Sweater, Bee by Banff, Ltd v. Manhattan Indus. Inc.*, 754 F. 2d 457, 461 (2d Cir.), *cert. denied*, 474 U. S. 819 (1985)（"参加涉及案件是非曲直的实质争点的诉讼可构成对仲裁的放弃"）.

④ *Hoffman Constr. Co. v. Active Erectors and Installers, Inc.*, 969 F. 2d 796 (1992)；*Gator Int' l AG v. Raymond Packer Co.*, 493 F. 2d 938 (1st Cir. 1974)（"将可仲裁事项的一部分提交法院构成对其余部分要求仲裁的权利的放弃"）.

⑤ *Acquaire v. Canada Dry Bottling*, 906 F. Supp. 819, 830 (E. D. N. Y. 1995)（被告在诉讼开始后拖延了 3 年才申请强制仲裁并未被视为是一种弃权；法院指出并不存在任何答辩或证据开示）.

⑥ *Rush v. Oppenheimer & Co.*, 779 F. 2d 885 (2d Cir. 1985)；*Sweater Bee by Banff v. Manhattan Indus.*, 754 F. 2d 457 (2d Cir.), *cert. denied*, 474 U. S. 819 (1985).

⑦ *Sauer-Getriebe KG v. White Hydraulic, Inc.*, 715 F. 2d 348, 350-51 (7th Cir. 1983).

为上述主张应由法院解决，① 当然也存在相反的判决。② 自 *First Options* 判决后，适当的分析看来是，有关弃权的主张可以通过仲裁决定，但必须存在"清楚和明显的"证据表明存在将弃权问题提交仲裁的协议。③

五、法律选择条款与 FAA 下的联邦法优先原则④

如前所述，在 FAA 的国内部分之下，一系列与联邦法优先原则有关的问题已被司法判决所澄清：（1）确认 FAA 第 2 条创设了联邦实体法，⑤（2）它对联邦法院和州法院都具有拘束力，⑥（3）它优先于与仲裁协议的解释有关的州法或特别针对仲裁协议施以不同于其他合同的待遇的州法，⑦ 但（4）如果调整的是国内仲裁协议，则它对普遍适用的、非歧视性的关于合同订立、有效性和强制执行力的州法规则并不具有优先性，以及（5）它显然要求州法院准予中止诉讼，也就是与 FAA 第 3 条的规定相似或完全相同。⑧ 不过，仍然存在重要的不确定，包括在何种程度上，FAA 第 4 条、第 9 条、第 10 条和第 11 条可在州法院适用或者规定了排他

---

① *Doctor's Assoc.*, *Inc.* v. *Distajo*, 66 F. 3d 438（2d Cir. 1995）（放弃仲裁权利的主张应由地区法院而不是仲裁员解决）；*ADC Constr. Co.* v. *McDaniel Grading*, *Inc.*, 338 S. E. 2d 733（Ga. Ct. App. 1985）（"一方当事人所提出的申请仲裁的及时性或时效抗辩应由仲裁员解决，除非合同明确规定由法院解决"）。*Compare Boston Mutual Life Ins. Co.* v. *Insurance Agents' Int'l Union*, 258 F. 2d 516（1st Cir. 1958）（"仲裁的所有先决条件是否具备，作为一个初步问题，应由法院决定"）。

② *See Hanes Corp.* v. *Millard*, 531 F. 2d 585（D. C. Cir. 1976）；*Halcon Int'l*, *Inc.* v. *Monsanto Australia Ltd*, 446 F. 2d 156（7th Cir. 1971）（仲裁因迟误而被放弃的主张应由仲裁员而非法院决定），但也有法院判决认为，即使当事人的仲裁协议规定弃权问题应由仲裁员（而非法院）解决，对根据 FAA 第 4 条所提申请进行审查的法院"应对例如迟误这样的衡平法原则进行考虑"，*see Necchi Sewing Machine Sales Corp.* v. *Carl*, 260 F. Supp. 665, 667（S. D. N. Y. 1966）。

③ 不太清楚的是，弃权是否属于 *First Options* 判决意义内的"可仲裁性"问题。由于它并不影响当事人争议的实质，而是涉及仲裁权利的持续效力，所以对前述问题的肯定回答应该是恰当的。

④ *See Gary B. Born*, *International Commercial Arbitration: Commentary and Materials* 340-41, 358-80（2d ed. 2001）。

⑤ *Moses H. Cone Memorial Hospital* v. *Mercury Constr. Co.*, 460 U. S. 1（1983）。

⑥ *Southland Corp.* v. *Keating*, 465 U. S. 1（1984）。

⑦ *Id.*, *Perry* v. *Thomas*, 482 U. S. 483（1987）。

⑧ *Southland Corp.* v. *Keating*, 465 U. S. 1（1984）。

的执行机制。但总体而言，在 FAA 与州法之间的关系问题上，相对于一贯稳定的认知，上述不确定只是一些比较次要的边缘性问题。

这种稳定性在 *Volt Information Sciences, Inc. v. Board of Trustees*① 一案中受到了挑战。一些法院将最高法院的前述判决理解为：如果当事人约定的法律选择条款选择的是州的法律，则应适用州的调整仲裁协议的法律规则。不过，*Volt* 案判决可能的适用范围受到了最高法院在 *Mastrobuono v. Shearson Lehman Hutton, Inc.*② 案和 *Doctor's Associates Inc. v. Casarotto*③ 案中所作判决的限制。无论如何，自前述判决后，在 FAA 的国内部分下，指定适用州法的法律选择条款的影响始终具有一定的不确定性，下级法院对此一直未取得完全一致的意见，从而也使其成为一个值得探讨的问题。④

（一）案例介绍

1. *Volt Information Sciences, Inc. v. Board of Trustees of Leland Stanford Junior University*⑤ 案

上诉人 Volt Information Sciences, Inc.（"Volt"）与被上诉人 Board of Trustees of Leland Stanford Junior University（"Stanford"）签订了一份建设工程合同，根据该合同，Volt 将为 Stanford 校园安装电气管道系统。该合同包含一个仲裁条款，规定将当事人间"因本合同或对本合同的违反引起的或与本合同或对本合同的违反有关的"所有争议提交仲裁。该合同还包含了一个法律选择条款，规定"本合同应由工程所在地的法律支配"。在工程进行期间，双方当事人就额外劳务的报酬问题发生了争议，Volt 正式提出了仲裁请求。Stanford 则以 Volt 为被告向加利福尼亚州高级法院提起诉讼，声称存在欺诈和违约；在同一诉讼中，Stanford 还向该建设工程所涉及的另外两家公司提出了补偿请求权，而它与这两家公司之间并无仲裁协议。Volt 申请高级法院强制当事人对前述争议进行仲裁。Stanford 转而根据《加利福尼亚州民事诉讼法典》第 1281.2 节第（c）小节申请中止仲裁，该小节规定，如果诉讼是在仲裁协议的一方当事人与不受该协议

---

① 　489 U. S. 468（1989）.

② 　514 U. S. 52（1995）.

③ 　517 U. S. 681（1996）.

④ 　See Gary B. Born, *International Commercial Arbitration: Commentary and Materials* 335（2d ed. 2001）.

⑤ 　489 U. S. 468（U. S. Supreme Court 1989）. See Gary B. Born, *International Commercial Arbitration: Commentary and Materials* 359-67（2d ed. 2001）.

约束的第三方之间进行的，则在"就法律上或事实上的争点可能产生相互冲突的裁决"时，法院可中止仲裁直到相关诉讼的判决作出为止。高级法院拒绝了 Volt 强制仲裁的申请并根据《加利福尼亚州民事诉讼法典》第1281.2节第（c）小节在诉讼终结前中止了仲裁程序。

加利福尼亚州上诉法院维持了原判。该法院认定，通过明确规定其合同应由"工程所在地的法律"支配，当事人将加利福尼亚州的仲裁规则，包括第1281.2节第（c）小节合并进了他们的仲裁协议。最后，该法院驳回了 Volt 的这一主张：即使当事人同意根据加利福尼亚州规则进行仲裁，在本案中对第1281.2节第（c）小节的适用仍然为 FAA 所优先，因为该合同涉及州际商事。该法院分析道，FAA 的目的"'不是强迫对所有的主张进行仲裁，而仅仅是执行私人谈判达成的仲裁协议'"。因此，虽然 FAA 在适用上优先于规定仲裁协议不具有强制执行力的州法，"但并不能得出结论，在当事人在其［仲裁］协议中选择遵守州的规则的情况下联邦法仍具有排除效力"。相反，由于"联邦法的要点是，仲裁完全是一个合同问题"，仲裁协议的当事人应"有权选择其进行仲裁所依据的条件"。

最高法院的判决如下：

　　　　上诉人的论证主要是集中在使我们确信，上诉法院将法律选择条款解释为当事人将加利福尼亚州的仲裁规则合并进了他们的仲裁协议是错误的。上诉人承认，对私人合同的解释通常是一个州法上的问题，本法院对此并不开庭进行审查。

　　　　［尽管如此，上诉人］首先提出，上诉法院对法律选择条款的解释事实上是认定上诉人已"放弃"了他的"得到联邦保证的对当事人争议予以强制仲裁的权利"，而此种弃权的有效性必须根据联邦法而不是州法进行判断。这一主张从根本上说是对 FAA 所创设的权利的性质的误解。……

　　　　FAA 第4条并没有授予在任何时候对任何争议进行强制仲裁的权利；它仅仅赋予了申请这一命令的权利，即指示"根据［当事人的］协议所规定的方式进行仲裁"。在本案中，上诉法院认定，通过将加利福尼亚州仲裁规则合并进他们的协议中，当事人同意，在属于第1281.2节第（c）小节所规定的情况下，就不再进行仲裁。这并非裁决上诉人已"放弃"了 FAA 所保证的强制仲裁上述争议的权利，而是认定它首先并无此种权利，因为当事人的协议并不要求在此种情形下进行仲裁。因此，上诉人主张此处所提出的合同解释问题涉及对联邦权利的"放弃"并无法律依据。

其次，上诉人提出我们应撤销上诉法院对法律选择条款的解释，因为它违反了这一联邦规则即在解决受 FAA 支配的合同中的可仲裁性问题时必须对支持仲裁的联邦政策给予相当的尊重。[*Moses H. Cone* 和 *Mitsubishi* 案] 的确确认，在适用一般的州法合同解释原则对 FAA 范围内的仲裁协议进行解释时，对支持仲裁的联邦政策必须给予应有的尊重，对仲裁条款本身范围的含糊不清必须按有利于仲裁的原则解决。

但我们并不认为上诉法院将法律选择条款解释为当事人打算将加利福尼亚州的仲裁规则包括第 1281.2 节第（c）小节的中止规定适用于其仲裁协议就是违犯了 *Moses Cone* 案的原则。在某一套程序规则之下并不存在支持仲裁的联邦政策；该联邦政策仅仅是为了确保私人仲裁协议根据其规定所具有的强制执行力。将法律选择条款解释为打算适用州的仲裁程序规则——该规则的设计显然是为了鼓励诉诸仲裁程序——绝对没有违犯 *Moses Cone* 判决所确立的自由解释规则，也未违犯 FAA 所包含的任何其他政策。

不过仍然存在这样一个问题，假定法律选择条款的含义确如上诉法院的认定，则对第 1281.2 节第（c）小节的适用是否仍应为 FAA 所优先，因为依其规定，将中止根据涉及州际商事的合同所提起的仲裁。毫无疑问，上述合同属于 FAA 的调整范围，因为它涉及州际商事，而 FAA 并未包含授权在上述情形下中止仲裁的规定。但是，被上诉人主张，尽管据称 FAA 第 3 条和第 4 条与本案争议中的加利福尼亚州法规有冲突，但这两条并不适用于上述州法院诉讼程序，因此不能优先于对加利福尼亚州法规的适用。尽管该主张并非毫无法律依据，但我们对本案的判决无须以解决该问题为前提，因为我们认为，即使 FAA 第 3 条和第 4 条可在州法院诉讼程序中完全获得适用，但在当事人已同意根据加利福尼亚州法律进行仲裁的情况下（就像本案这样），就不能阻止对第 1281.2 节第（c）小节有关中止仲裁的规定的适用。

FAA 并未包含明确的联邦法优先的规定，它也不曾反映国会打算使其占据整个仲裁领域的意图。但是即便国会在某一领域没有完全取代州的规则，州法仍然可能被 FAA 所优先，如果它事实上与联邦法冲突，也就是说如果它的"存在对实现和执行国会的全面目的和目标形成了障碍"。因此，我们面临的问题就是，根据仲裁协议本身的规定适用第1281.2节第（c）小节而中止因前述州际商事中的合同而提起的仲裁是否破坏了 FAA 的目标和政策。我们认为，答案是否定的。FAA 的制定是"为了推翻司法机关长期以来拒绝执行仲裁协议的做法"，并将此种协议置于"'与其他合同同等的地位'"。虽然国会无疑意识到 FAA 会促进对争议的迅速解决，但"促使国会通过该法的首要动机是希望执行当事人签订的协议"。因此，我们认为，在当事人未同意仲裁的情况下，FAA 并不要求当事人进行仲裁，它也不阻止确已约定仲裁的当事人将某些争议排除在其仲裁协议的范围之外。它仅仅要求法院像执行其他合同一样，根据其本身的规定，对私人谈判达成的仲裁协议予以执行。

在承认国会的主要目的是确保私人仲裁协议依其规定得到执行的前提下，我们认为，FAA 优先于"要求对合同当事人已同意通过仲裁解决的争议进行司法解决"的州法。但并不能得出结论称 FAA 禁止执行根据不同于 FAA 本身规定的其他规则进行仲裁的协议。事实上，这样的结论会破坏 FAA 确保私人仲裁协议依其规定获得执行的主要目的。在 FAA 下的仲裁是一个合意问题，而非胁迫问题，当事人通常可自由依其认为合适的方式对仲裁协议进行约定。正如他们可以通过合同限制他们将提交仲裁的事项一样，他们也可以通过合同具体指定进行仲裁所依据的规则。在当事人约定遵守州的仲裁规则的情况下（如本案），根据协议的规定执行上述规则与 FAA 的目标完全一致，即使其结果是仲裁被中止而依 FAA 却本可继续进行。通过允许法院依上述协议的规定"严格执行"该协议，我们承认了当事人的合同权利和期望，而并不损害 FAA 背后的政策。

Brennan 法官针对多数意见发表了反对意见。他指出：

　　　加利福尼亚州上诉法院认定，当事人约定其合同应完全由加利福尼亚州法律所支配，从而将联邦法排除在外。在获得上述结论时，法院并没有以能够证明当事人意图的旁证为依据，而是仅仅基于格式合同所规定的"由工程所在地的法律支配"这一措辞。
　　　上述裁决否认了一项重要的联邦成文法的效力，而最高法院现在拒绝对该裁决予以审查，显然是由于它认为此处不涉及联邦法问题。我既不能接受州法院对当事人合同异乎寻常的解释，也不能接受最高法院不愿对其进行审查的态度。我认为应撤销加利福尼亚州上诉法院的判决。①

当然，仲裁是"一个合同问题，不能要求当事人将他并未同意提交仲裁的任何争议提交仲裁"。我同意最高法院的这一观点即"在当事人并未同意仲裁的情况下，FAA 并不要求当事人进行仲裁"。既然 FAA 仅仅要求执行当事人所同意的约定，那么他们当然有权签订协议规定其所进行的仲裁不受 FAA 调整。上述协议可能规定依州的规则来调整他们之间的仲裁，而在适用上 FAA 原本优先于此种规则。本案的实质问题是他们是否作了这样的约定。我们过去曾清楚表明，这一问题是联邦法上的一个问题。

FAA 不仅要求执行仲裁协议，而且我们已经确认，它还创设了联邦实体法，在决定具体合同是否（或在何种程度上）对仲裁进行了约定时必须考虑该联邦实体法。我们在 *Moses H. Cone Memorial Hospital v. Mercury Construction Corp.*，460 U. S. 1，24-25（1983）一案中非常清楚地对此作了陈述：

"［FAA 的］第 2 条宣布了国会支持仲裁协议的自由主义的联邦政策，即使州的实体法或程序法上有可能存在与之相反的政策。该条的效果是创设了有关可仲裁性的联邦实体法……"

最高法院承认 *Moses Cone* 判决所确立的原则的关联性，但却认定上诉法院的判决并未违犯前述原则，最高法院称该判决仅仅确定了应适用哪一套程序规则。我完全同意最高法院的这一观点即"该联邦政策仅仅是为了确保私人仲裁协议根据其规定所具有的强制执行力"，但我特别不同意它的这一结论即该政策在此处并未受到破坏。加利福尼亚州的程序规则要求在对同一争点所提起的诉讼继续进行的情况下中止仲裁，适用该规则仅仅意味着当事人的争议将交付诉讼而非仲裁。因此，将当事人的协议解释为应适用加利福尼亚州程序规则而不是 FAA，则在当事人很可能并无此意的情况下，对 *Moses Cone* 原则的违背实际上决不少于对仲裁协议的存在予以错误否定的合同解释。

----

①　我并不反对最高法院的这一主张，即在当事人同意根据将联邦仲裁法排除在外的州的仲裁规则进行仲裁的情况下，FAA 并不优先于上述规则，即使是适用于涉及州际商事的合同也是如此。不过，我并不打算讨论这一问题，因为我认为，当事人并没有达成这样的协议。

虽然最高法院看来是承认州法院对合同的解释的确提出了一个联邦法的问题，但它仍拒绝对州法院是否错误的解释了该协议予以决定。并没有理由不对此加以决定。FAA 要求对可仲裁性问题予以决定的法院应考虑州法上有关解释当事人意图的规则，但同时也要求它应注意到联邦法的这一指示即"就可仲裁性问题而言，应宽松解释当事人的意愿"。……

在对本案的法律选择条款进行解释时，如果既对加利福尼亚州上诉法院的意见予以适当的尊重，同时又"对支持仲裁的联邦政策给予相当的尊重"，则显然不能接受加利福尼亚州法院的解释。对合同条款的解释是一个辨别当事人意图的问题。首先，非常重要的一点是本案并不存在有关其意图的旁证。因此我们必须以该合同本身为依据。但该存在争议的合同条款并非上述当事人自己起草的条款。他们是将普遍适用于建筑业的标准格式合同的部分内容合并了进来。这样，他们的意图无论如何也不可能有异于通常订立法律选择条款的目的和通常对其进行解释的方式。

毫无疑问，上述法律选择条款通常的目的是确定某一州而非其他州的法律将予适用；它们绝对不涉及州法和联邦法之间的任何相互作用。通用的冲突法论著可证实上述判断：它们在讨论合同法律选择条款时根本就未提及联邦法与州法之间的关系。常用的法典也作了同样的规定。最高法院的判决也充分印证了法律选择条款并不涉及州与联邦的关系问题。绝大部分下级法院的判决也同样驳回了法律选择条款使 FAA 不能适用的主张。法律选择条款从未被用来解决州法与联邦法之间的关系。没有任何根据可以确认本案的当事人意图使他们的法律选择条款具有此种作用。

此外，该合同的原文措辞"……所在地的法律"并不存在任何暗示表明当事人仅打算适用州法而排除在一般情况下可适用于于该地发生的某事的其他法律。根据已确定的联邦至高原则，美国任何地方的法律都包括了联邦法……在缺乏任何相反证据的情况下，必须假定这就是当事人意图使"工程所在地的法律"所具有的含义。

在这个国家订立的大多数书面商事合同都包含了与 Stanford-Volt 合同所包含的条款相似的法律选择条款，具体指定某一州的法律支配该合同的解释。如果每一个州法院都像本案的加利福尼亚州上诉法院那样将上述条款解释为表明当事人打算排除联邦法的适用，则结果将是就现存的合同而言，FAA 事实上没有任何法律约束力。我不能相信合同的当事人意图通过插入一个标准法律选择条款而获得这样的结果。我更不能同意我们无权对州法院使一个非常重要的联邦立法事实上无效的判决进行审查。

至少对国内仲裁而言，最高法院对 *Volt* 案的判决提出了一个重要问题即法律选择条款对 FAA 下联邦法优先原则的影响。*Volt* 案之后，下级法院就 FAA 下指定适用州法的法律选择条款的效力问题作出的判决存在广泛分歧。其中一些判决对 *Volt* 判决进行了扩大解释，认定上述条款将广泛的州法规则合并进来（并回避了联邦法对上述规则所享有的优先权），而这些州法规则往往没有 FAA 那样支持仲裁。所幸在随后两个判决中，最高法院在相当大的程度上限制了 *Volt* 判决可能存在的广泛适用范围。*Volt* 判决所带来的某些不确定性首先被最高法院对 *Mastrobuono v. Shearson Lehman Hutton*, *Inc.* ① 一案的判决所澄清。

2. *Mastrobuono v. Shearson Lehman Hutton*, *Inc.* ② 案

Mastrobuono 夫妇与 Shearson 签订的标准格式合同的第 13 段包含了一个仲裁条款和一个法律选择条款。在因该合同引起的争议中，仲裁庭作出了惩罚性损害赔偿的裁决。被告（Shearson 及其副总裁 Nick DiMinico）支付了裁决的补偿性损害赔偿部分，但向地区法院申请撤销裁决的惩罚性损害赔偿部分。地区法院批准了该申请，而第 7 司法巡回区上诉法院也对该判决予以维持。两家法院都是以当事人协议的第 13 段的法律选择条款作为根据的，该条款规定合同应由纽约法支配。因为纽约上诉法院曾经判决：在纽约，裁决惩罚性损害赔偿的权力限于法院，不能由仲裁员行使，③ 所以地区法院和第 7 巡回审判区都认为，本案的仲裁庭无权裁决惩罚性损害赔偿。最高法院签发了调卷令，因为"各上诉法院就合同法律选择条款是否可以排除原本适当的惩罚性损害赔偿的仲裁裁决已表明了不同的观点"。最高法院的判决如下：

> 申请人请求我们认定 FAA 优先于禁止作出惩罚性损害赔偿的仲裁裁决的纽约法，因为该州法残留了"过去年代"对仲裁的司法敌

---

① 　514 U. S. 52 (1995).

② 　*See* Gary B. Born, *International Commercial Arbitration*: *Commentary and Materials* 368-73 (2d ed. 2001).

③ 　*Garrity v. Lyle Stuart*, *Inc.*, 40 N. Y. 2d 354 (1976).

意。被告则答辩称，他们合同中的法律选择条款是对当事人这一明确约定的证明：在对因其合同而引起的任何争议进行仲裁时不应作出惩罚性损害赔偿仲裁裁决。因此，他们主张，该案与 *Southland* 案和 *Perry* 案不同，在这两个案件中，当事人也许期望仲裁不受到限制，但州法阻碍了他们。无论在合同未明确合并约法的情况下 FAA 是否优先于 *Garrity* 判决（即纽约州上诉法院确定仲裁员不能裁决惩罚性损害赔偿的判例——作者注），被告认为，当事人自己可以约定受 *Garrity* 判决的约束，正如他们可以约定完全放弃仲裁一样。换言之，如果合同规定"禁止惩罚性损害赔偿"，那就应按当事人的约定办，因为法院有义务根据当事人所表示的意愿对合同进行解释——即使此种意愿的后果是对仲裁的限制。

我们过去曾认定，如果不考虑合同当事人的愿望，则 FAA 支持仲裁的政策就无法发挥作用。在 *Volt Information* 案中，加利福尼亚州上诉法院将一个合同条款解释为当事人意图用加利福尼亚州的仲裁规则而不是 FAA 支配其争议的解决。注意到加利福尼亚州的规则的"设计显然是为了鼓励诉诸仲裁程序"，并且它们"通常促进了支持仲裁的联邦政策"，我们认为上述解释与"确保私人仲裁协议根据其规定所具有的强制执行力"的联邦政策完全一致。

我们在该案中指出：

> 但并不能得出结论称 FAA 禁止执行根据不同于 FAA 本身规定的其他规则进行仲裁的协议。事实上，这样的结论会破坏 FAA 确保私人仲裁协议依其规定获得执行的主要目的。在 FAA 下的仲裁是一个合意问题，而非胁迫问题，当事人通常可自由依其认为合适的方式对仲裁协议进行约定。正如他们可以通过合同限制他们将提交仲裁的事项一样，他们也可以通过合同具体指定进行仲裁所依据的规则。

被告以我们在 *Volt* 案中的分析为依据，主张合同当事人可以通过放弃对惩罚性损害赔偿的请求来合法地约定对仲裁事项的限制。另一方面，我们认为，我们在 *Allied-Bruce*、*Southland* 和 *Perry* 案中的判决清楚表明，如果合同当事人同意将惩罚性损害赔偿请求纳入仲裁事项，FAA 就会确保他们的协议将依其规定获得执行，即使州法规则在其他情况下原本将上述请求排除在仲裁范围之外。因此，本案要解决的问题就归结为就申请人的惩罚性损害赔偿请求的可仲裁性而言，合同必须作何规定。

申请人所签署的 Shearson 的标准格式合同——"客户协议"包含了 18 个段落。该协议的两个相关条款规定在第 13 段。该段第 1 句话规定整个协议"应由纽约州的法律支配"。第 2 句话则规定，因当事人之间的交易引起的"任何争议""应"根据全国证券商协会（NASD）或纽约证券交易所董事会及/或美国证券交易所的规则"通过仲裁解决"。该协议并未明确提及惩罚性损害赔偿请求。为查明第 13 段是表达了包括还是排除上述请求的意图，我们首先解决的问题是，在单独考察的情况下，这两个相关条款各自的影响。然后，我们再考察更重要的一个问题：这两个条款放到一起时表达了什么含义。

在单独考察该法律选择条款时，可合理地将其仅仅视作对冲突法分析的替代，而冲突法分析在其他情况下可决定什么法律适用于因合同关系引起的争议。因此，如果在纽约签署了一份类似的合同，但未包含法律选择条款，此时可能就会适用"纽约州的法律"，即使该合同并未明确地作出此种规定。在这种情况下，合同中根本就不存在任何规定可以构成意图排除惩罚性损害赔偿请求的证据。因此，惩罚性损害赔偿可以获得允许，因为在缺乏相反的合同意图的情况下，FAA 将优先于 *Garrity* 规则。

即使"纽约州的法律"这一表述不仅仅是对一般冲突法分析的替代，而且如被告所称，包括了"与原本可适用的联邦法没有联系的"停止支付通知，该条款也不能排除惩罚性损害赔偿的裁决，因为纽约州允许其法院（尽管不允许其仲裁员）作出此种裁决。换言之，该条款可能仅包括了纽约州的实体权利和义务，而不包括该州对法院与仲裁庭之间权力的分配。它本身并未明确排除惩罚性损害赔偿请求。①

仲裁条款（第 13 段的第 2 句话）也没有增强被告论证的说服力。相反，在对这一条款单独进行解释时，它强烈暗示惩罚性损害赔偿的仲裁裁决是适当的。它明确授权根据 NASD 规则进行仲裁；仲裁

---

① 反对意见一再强调本案的法律选择条款与 *Volt* 案中法律选择条款的相似性，在 *Volt* 案中，我们认为法律选择条款合并了加利福尼亚州的成文法，该成文法允许法院在相关诉讼终结前中止仲裁。不过，在 *Volt* 案中，我们并没有重新对合同进行解释。相反，我们尊重了加利福尼亚州法院对其本州法律的解释。但在本案中，我们对下级联邦法院对该合同的解释进行了审查，并且我们的解释与惟一有权得到尊重的决策者——仲裁员的解释一致。

庭事实上也是按照上述规则行事的。NASD 的《仲裁程序法典》表明，仲裁员可以对"损害赔偿和其他救济"进行裁决。此外，提供给 NASD 仲裁员的手册也指出，仲裁员可以考虑使用惩罚性损害赔偿作为救济。所以仲裁条款本身的规定显然并不支持这一结论即当事人约定排除惩罚性损害赔偿请求——事实上，它与这一结论相抵触。

尽管在对法律选择条款和仲裁条款分别进行考察时，二者均未显示排除惩罚性损害赔偿裁决的意图，被告仍主张，对整个第 13 段的公平解释能够导致前述结论。根据这一观点，即使"纽约法"这一措辞具有含糊性，即使"根据 NASD 规则仲裁"这一措辞表明惩罚性损害赔偿是被允许的，但两个条款并置在一起则显示该合同合并了"与仲裁有关的纽约法"。我们不能同意这种观点。法律选择条款至多为在其他情况下原本允许惩罚性损害赔偿裁决的仲裁协议带来了一些含糊性。正如我们在 *Volt* 案中所指出的，法院在解释上述受 FAA 调整的协议中的条款时，"对支持仲裁的联邦政策必须给予应有的尊重，对仲裁条款本身范围的含糊不清必须按有利于仲裁的原则解决"。

此外，被告不能超越这一普通法合同解释规则即法院在解释含糊不清的措辞时，应采取不利于起草一方的解释。被告起草了一份含糊不清的文件，现在他们就不能再主张获取因疑问而产生的利益。上述规则的理由是保护无法选择合同措辞的当事人一方免受非预期的或不公平的结果。它完全适合本案的事实。看来申请人不可能觉察到纽约州对惩罚性损害赔偿的态度，他们也不可能意识到签署一份标准格式的仲裁协议就放弃了一个重要的实体权利。在面对这样的疑问时，我们不愿把上述意图强加给申请人。

最后，被告对这两个条款的解释违反了另外一个重要的合同解释原则：对一份文件的解释应使其所有的条款生效以使它们彼此一致。我们认为，使法律选择条款和仲裁条款协调的最佳方式是将"纽约州的法律"解释为包含了纽约州法院会适用的实体原则，但不包括限制仲裁员权力的特别规则。因此，法律选择条款包括了当事人的权利和义务，而仲裁条款调整的是仲裁；两个条款互不侵犯。相反，被告的解释导致了这两个条款的互相冲突：一个排除了惩罚性损害赔偿，另一个则允许惩罚性损害赔偿。这种解释是站不住脚的。

我们认为，上诉法院错误解释了当事人的协议。在当事人合同的范围内，仲裁裁决应获得执行。因此，上诉法院的判决被撤销。

应该说，最高法院已意识到 *Volt* 判决所带来的问题，因此通过 *Mastrobuono* 判决以令人信服的方式限制了 *Volt* 判决的适用范围。它实际上是不赞成将选择州法的法律选择条款解释为也选择了该州的仲裁规则：特别是，最高法院认为，一个标准法律选择条款不能延伸到调整仲裁问题的州法规则。尽管如此，*Mastrobuono* 判决只是根据某一州的法律对一个合同法律选择条款的解释。在何种程度上，下级法院会对州法以及其他合同中的法律选择条款作出类似的解释还不清楚，尽管如后所述，大多数法院看来是遵循了 *Mastrobuono* 判决的分析。

3. *Doctor's Associates Inc. v. Casarotto*① 案

在最近的 *Doctor's Associates Inc. v. Casarotto* 案中，一方当事人主张，根据 *Volt* 判决的分析，FAA 对要求仲裁条款以大写字母打印在合同首页的蒙大拿州法不能享有优先权，最高法院驳回了上述主张。法院强调，*Volt* 案涉及的州法规则（在最高法院看来）对仲裁程序是持支持的态度，而不像蒙大拿州法那样专门挑出仲裁协议施加特别要求和不利对待。最高法院认为 FAA 第 2 条对后者享有优先权，从而对 *Volt* 判决的适用范围施加了重要限制。从最高法院在 *Doctor's Associates* 案中的判决意见中看不出该案是否涉及选择州法的法律选择条款。不过，就法院分析的广度来看，在存在上述法律选择条款的情况下，此种分析仍适用。总之，甚至在法律选择条款合并了州的仲裁规则的情况下，最高法院在 *Doctor's Associates* 案中的分析也将 *Volt* 判决的适用限制在了对仲裁程序显然持支持态度的州法规则上。

（二）分析

表面上看，对美国商事仲裁制度的发展而言，*Volt* 判决的出现就像一股意外的风将一艘原本在水面朝着既定目标平稳航行的船只一下吹偏了几分，而后的 *Mastrobuono* 判决和 *Doctor's Associates* 判决又试图尽量将其拉回原来的方向。无论从学者研究还是从下级法院判案的角度，难免懊丧与困惑：如果没有 *Volt* 案这个带来如此多不确定性的判决，一切应该仍在原有轨道上正常运行。而 *Volt* 判决的作出，不可避免地给理论和实践带来了一定的混乱与分歧。揣摩最高法院大法官们判决背后的意图，的确令人费解。

实际上，上述一系列判决的出台，正是我们前文曾提到的几种价值交锋、妥协和平衡的体现，这种反复和曲折（如果看上去是一种反复和曲

---

① 517 U. S. 681 (1996).

折的话）在主要通过判例来发展仲裁制度的美国，表现得尤其明显，综观整个美国商事仲裁制度的发展史，这都是一种不能回避的必然。应该说，这并非坏事，相反却具有巨大的价值，尽管它让研究者不能那么容易地去进行把握和总结，却也让我们少了几分主观和武断。

1. *Volt* 案分析

在 *Volt* 案中，最高法院认定，在当事人约定适用加利福尼亚州仲裁规则的情况下，FAA 对规定中止仲裁（虽然 FAA 不包含同样的规定）的加利福尼亚州法并不享有优先权。作为加利福尼亚州法上的一个问题，最高法院在很大程度上是以加利福尼亚州法院的下述结论为根据的，即当事人的法律选择条款也选择了加利福尼亚州的仲裁法规。最高法院拒绝对上述结论的正确性进行审查，因为这是对州法而非联邦法的决定，所以不受最高法院的审查。*Volt* 案对法律选择的基本分析有两个方面值得注意。首先，在最高法院的各种意见中并没有反映下述重要区别：（a）调整当事人基本合同和争议的法律，（b）调整其仲裁协议的法律，以及（c）调整仲裁程序的法律。应该说，加利福尼亚州法院对当事人法律选择条款的解释确有牵强之处。对类似问题，美国法院一系列判决均获得了相反结论。① 其次，认为 *Volt* 案中当事人的法律选择条款是打算适用加利福尼亚州的仲裁法而将联邦仲裁法排除在外，这种观点很难令人信服。Brennan 法官的反对意见还是很有说服力的，他的质疑也代表了一般可能产生的疑惑。在 *Volt* 判决之前，选择州法的法律选择条款从未被赋予此种效果。

此外，就州法和联邦法在冲突法分析上所起的作用而言，在 *Volt* 案中，最高法院认为对指定加利福尼亚州法的法律选择条款的解释和执行是州法上的一个问题。最高法院还驳回了就仲裁协议而言，应由 FAA 支配冲突法分析的各种主张。同样，在 *Mastrobuono* 案中，最高法院也完全参照州法判决来解释当事人的法律选择条款。因此，至少在国内事项上，看来州的冲突法规则将支配受 FAA 调整的仲裁中的法律选择问题。②

再次，*Volt* 判决能否适用于受《纽约公约》调整的仲裁协议？假定

---

① *Ackerberg v. Johnson*, 829 F. 2d 1328, 1333-34 (8th Cir. 1989)（法律选择条款并没有合并州的有关不可仲裁性的成文法）; *Acquaire v. Canada Dry Bottling*, 906 F. Supp. 819, 824 n.4 (E. D. N. Y. 1995)（对 *Volt* 判决予以区分，并将 FAA 适用于仲裁协议的解释和有效性，其理由是法律选择条款仅仅是具体指定了仲裁员将适用的实体法和程序法）.

② *See Progressive Casualty Ins. Co. v. CA Reaseguradora Nacional de Venezuela*, 991 F. 2d 42 (2d Cir. 1993).

Volt 案涉及的是一家美国公司和一家外国公司之间的争议，并且当事人的仲裁协议受《纽约公约》支配，*Volt* 案的结果会有不同吗？公约第 2 条第（3）款要求法院"命令当事人提交仲裁"，除非其仲裁协议是"无效的"。公约第 2 条第（3）款是否优先于允许中止仲裁的加利福尼亚州法？在 *McCreary Tire & Rubber Co. v. CEAT*① 案中，法院认定，公约第 2 条第（3）款禁止法院下令采取临时性救济，在 *American Physicians Service Group, Inc. v. Port Lavaca Clinic Assoc.*② 案中，法院认定在公约下 *Volt* 判决并不适用。为什么最高法院在 *Volt* 案中的理由不能同等适用于公约第 2 条第（3）款？应该说，统一化的需要和公约下强有力的支持执行的政策为采取不同于 *Volt* 判决的进路提供了根据。

特别需要指出的是，最高法院在 *Volt* 案中声称，允许在相关诉讼终结前中止仲裁的州法并没有破坏 FAA 支持仲裁的目标，因为当事人同意适用该州的程序规则。最高法院接着指出，FAA "支持仲裁"的政策仅仅是针对当事人仲裁协议的执行，而不是针对非合意的仲裁。因此，至少乍一看，*Volt* 判决的根据似乎基本上在于当事人的法律选择协议。而最高法院自己对法律选择条款的分析又不是那么令人信服。但这里要特别注意，在 *Volt* 案中，最高法院特意强调了它对加利福尼亚州仲裁法的看法，即该法有关"规则的设计显然是为了鼓励诉诸仲裁程序"。无论这种观点是否正确，看来最高法院并不认为在相关诉讼终结前中止仲裁会对仲裁程序造成不利。这一点也是问题的关键所在。

上文曾提到，通常情况下，契约自由原则与支持仲裁政策不会发生矛盾，对支持仲裁政策的贯彻往往要求充分尊重当事人的意思，尊重当事人的合同安排。二者同为 FAA 立法精神所要求。正如大多数学者所称，仲裁在本质上是一个合同问题或当事人的合意问题，因此依当事人意愿进行仲裁是一个基本要求。*Volt* 案的判决正是对当事人的意思自治予以了大力强调，无论该案的结论是否合理，不可否认的是，该案判决的一些表述已成为经典，经常为后来的法院或学者所引用。但问题是，本案当事人到底有没有约定适用加利福尼亚州的仲裁法，对当事人合同中的法律选择条款究竟应如何解释？在 *Volt* 案中，最高法院未对加利福尼亚州法院的解释进行审查，而这一解释恰恰是最有可能引起质疑之处，该解释究竟有没有体现当事人的真实意思，批评者的抨击应该说不无道理。但无论如何，对这

---

① 501 F. 2d 1032 (3d Cir. 1974).

② 843 S. W. 2d 675 (Tex. App. 1992).

个争议很大的问题，最高法院至少坚守了一个底线，即它认为当事人所选择的加利福尼亚州的仲裁规则是支持仲裁的（且不论它的这一认识是否正确），这样就为后来 *Mastrobuono* 判决和 *Doctor's Associates* 判决的突破提供了余地。不管怎样，*Volt* 判决在美国法院一路鼓吹"支持仲裁"政策的发展进程中，至少提供了一个反思的机会：如何协调契约自由与支持仲裁的关系？二者会不会发生矛盾？怎样做才是真正的支持仲裁？等等。

2. *Mastrobuono* 案分析

在 *Mastrobuono* 案中，最高法院对当事人的法律选择条款进行了解释。与 *Volt* 案中加利福尼亚州法院的解释相反，*Mastrobuono* 案中的最高法院认定当事人指定适用纽约法的法律选择协议并没有合并纽约的"仲裁法"。（如果最高法院在 *Volt* 案和 *Mastrobuono* 案中的意见看起来有些混乱的话，在 *Lanier v. Old Republic Ins. Co.* ① 案中，阿拉巴马州中部管区联邦地区法院指出，"法院必须承认，尽管这两个案件［*Volt* 案和 *Mastrobuono*案］之间存在区别，但很难把握"。）

在 *Mastrobuono* 案中，尽管法律选择条款包含在当事人的仲裁条款中（第13段），最高法院仍称（a）"可合理的将"该条款"仅仅视作对冲突法分析的替代，而冲突法分析决定的是什么法律适用于因合同关系引起的争议"，（b）该条款"可能仅包括了纽约州的实体权利和义务，而不包括该州对法院与仲裁庭之间权力的分配"，（c）"法律选择条款至多为在其他情况下原本允许惩罚性损害赔偿裁决的仲裁协议带来了一些含糊性"，以及（d）对该条款的解释应不利于其起草者并与当事人合同的其他部分一致。其实，上述种种表述并没有为诉讼当事人或下级法院提供多少指导。法院的判决并没有明确论及当事人指定适用纽约法的法律选择条款的含义是什么；最高法院仅仅称它"可能"或"可能没有"合并纽约州有关惩罚性损害赔偿不具有可仲裁性的规则。事实上，面对这种含糊性，最高法院真正依据的是支持仲裁的联邦解释规则和合同条款的解释应相互一致的准则。与 *Volt* 案所涉及的加利福尼亚州仲裁规则不同，在最高法院看来，纽约仲裁法的有关规则（即惩罚性损害赔偿请求不具有可仲裁性）直接与对仲裁条款进行扩大解释的支持仲裁的规则和本案当事人仲裁协议的宽泛范围相冲突。

尽管最高法院的分析范围相当狭窄，*Mastrobuono* 判决所使用的措辞

---

① 　936 F. Supp. 839（M. D. Ala. 1996）.

仍可广泛地适用于大多数法律选择条款和仲裁条款：

> 我们认为，使法律选择条款和仲裁条款协调的最佳方式是将"纽约州的法律"解释为包含了纽约州法院会适用的实体原则，但不包括限制仲裁员权力的特别规则。因此，法律选择条款包括了当事人的权利和义务，而仲裁条款调整的是仲裁；两个条款互不侵犯。

这段话显然可以广泛的适用于法律选择条款和仲裁条款。它表明，至少从推定的意义上而言，一般的法律选择条款涉及实体权利，而仲裁条款涉及仲裁程序和仲裁法。这也是大多数下级法院在审理上述问题时所持的观点。

不过，仍要指出的是，尽管最高法院的判决详细分析了当事人的法律选择条款，但如上所述，该解释最终看来还是一个州法上的问题而不是联邦法上的问题。在通常的案件中，最高法院对州法（以及受州法支配的合同）的解释对州法院并不具有先例的拘束效力。

无论如何，*Mastrobuono* 判决对 *Volt* 判决所带来的不确定性和令人疑惑之处起到了一种事实上的弥补和限制作用，是最高法院在两种价值之间进行选择和平衡的又一次努力。此后，最高法院在 *Doctor's Associates* 案中的判决再次顺应现实需要，对支持仲裁的政策予以了突出强调，从而在相当大的程度上限制了 *Volt* 判决的适用。

3. *Volt* 判决的适用范围

（1）受 *Volt* 判决调整的法律选择协议的类型

在 *Volt* 案中，最高法院自己并没有认定当事人的法律选择条款意图合并州的仲裁规则；最高法院仅仅是拒绝干预加利福尼亚州法院对该问题的结论。在何种情况下当事人的法律选择协议应被理解为合并了州的仲裁规则呢？

Volt 案后，下级法院在确定法律选择条款是否意味着合并了州的仲裁规则这一问题上得出了不同的结论：首先，明确指定了仲裁程序法的条款（如，"根据某地的《仲裁法》"仲裁）通常就被认为合并了州的仲裁规则。① 其次，尽管仍有分歧，但越来越多的下级法院认定，包含在当事人

---

① *See Carabetta Builders, Inc. v. Hotz Corp.*, 619 A. 2d 13（Conn. App. 1993）（规定"仲裁程序应根据康涅狄格州法进行"的法律选择条款合并了州的仲裁法规）；*American Physicians Service Group, Inc. v. Port Lavaca Clinic Assoc.*, 843 S. W. 2d 675（Tex. App. 1992）（根据 *Volt* 判决，当事人约定"根据得克萨斯州的法律"进行仲裁的协议合并了《得克萨斯州普通仲裁法》）。

基本合同之中的一般的法律选择条款并没有合并州的仲裁法规。最高法院在 *Mastrobuono* 案中的分析支持了此种结论。尽管如此，仍要指出的是，少数下级法院（特别是在 *Mastrobuono* 案之前）还是将一般的法律选择条款解释为合并了州的仲裁规则。① 不过，*Mastrobuono* 判决的出现对采取后一立场的法院必然会产生冲击，可以预见，它们将在很大程度上改变其原来的主张。

（2）受 *Volt* 判决调整的州的仲裁规则的类型

Volt 案所涉及的加利福尼亚州法允许法院在对相关争议所提起的诉讼终结前中止仲裁。*Volt* 判决还可以适用于其他哪些类型的州"仲裁规则"呢？譬如支配仲裁协议的解释、强制执行力和订立、临时性措施或证据开示的州法规则？最高法院对 *Volt* 案分析的要点是，FAA 仅仅规定对当事人所约定的协议予以执行，无论其约定为何，如此看来至少在原则上是允许通过协议对 FAA 下通常的仲裁程序施加重要限制的。这样就提出一个问题，*Volt* 案的分析是否同样适用于诸如对侵权争议的可仲裁性施以限制的州法或（像 *Doctor's Associates* 案的情况一样）要求仲裁协议必须"显著地"标明或单独签署的州法？如前所述，*Volt* 判决断言——尽管只是顺带提及——加利福尼亚州的仲裁法规所包含的"规则的设计显然是为了鼓励诉诸仲裁程序"，并且它们"通常促进了支持仲裁的联邦政策"。再看最高法院在 *Mastrobuono* 案中的意见以及对纽约仲裁规则的定性。该判决暗示，受 *Volt* 判决支配的州法规则应是支持仲裁的那类规则。*Doctor's Associates* 判决进一步肯定了这种主张。它认为，*Volt* 判决并不适用于要求仲裁条款以大写字母打印在合同首页的蒙大拿州法。最高法院所作的分析很可能将 *Volt* 判决的适用仅限于支持仲裁程序的州法上，而不包括限制仲裁协议的强制执行力或范围的规则。许多下级法院也采纳了这一观点。②

总的来说，下级法院已成功的尽力避免了适用 *Volt* 判决来限制或削弱

---

① *Bank v. International Business Machines Corp.* , 915 F. Supp. 491（D. Mass. 1996）；*Melum Indus.* , *Inc. v. S&C Holding Co.* , 1992 U. S. Dist. Lexis 191（S. D. N. Y. 1992）（认为基本合同中的法律选择条款"显然"适用于仲裁协议并包含了纽约的仲裁法规）；等等。

② *See Ferro Corp. v. Garrison Indus.* , *Inc.* , 142 F. 3d 926（6th Cir. 1998）（将 *Volt* 判决的适用局限于州法并不与 FAA 冲突的情况，拒绝通过适用 *Volt* 判决而将禁止对欺诈性诱导的主张进行仲裁的州法合并进来）；*Paine Webber Inc. v. Bybyk*, 81 F. 3d 1193（2d Cir. 1996）（拒绝将 *Volt* 判决适用于纽约州法中与仲裁员决定可仲裁性问题的权力有关的规则）.

仲裁程序，但也存在某些例外。具体而言，下级法院在适用 Volt 判决的过程中所面临的问题及其态度可归纳为以下几个方面：

A. FAA 是否优先于要求仲裁条款必须"显著"标明的州法

许多州的法律都对仲裁条款要显著标明施加了各种要求。大多数下级法院认定，Volt 判决并不能妨碍 FAA 对要求仲裁条款予以"显著"标明的州法所享有的优先权，即使在当事人约定适用州法的情况下亦如此。① 但仍有少数下级法院以 Volt 判决作为根据，认定州的"显著标明"规则并不为 FAA 所优先。② 如前所述，最高法院在 Doctor's Associates 案中的判决驳回了这一主张即 Volt 判决使蒙大拿州有关"显著标记"的法规免受联邦法优先原则的支配。该案判决强烈暗示，Volt 判决仅适用于支持仲裁程序的州法规则，而不适用于限制仲裁协议强制执行力的州法。

B. FAA 是否优先于禁止对特定争议进行仲裁的州法

大多数下级法院认定，Volt 判决并不允许适用试图否定涉及特定争议的仲裁协议的强制执行力的州法。③ 这种拒绝通过法律选择条款来合并州法有关可仲裁性的限制的做法得到了 Mastrobuono 判决的支持（体现在它对一般法律选择条款的解释上）。尽管如此，仍有少数下级法院以 Volt 判决为依据，将法律选择条款解释为表明了当事人同意适用州的不可仲裁性规则的意愿。④

C. FAA 优先于与仲裁协议的强制执行力有关的州法

---

① See Osteen v. T. E. Cuttino Construction Co., 434 S. E. 2d 281 (S. C. 1993)（认为，如果当事人对南卡罗来纳州法律的选择被视作合并了南卡罗来纳州有关仲裁条款应予显著标明的要求，则尽管存在 Volt 判决，FAA 仍将对该要求享有优先权）。

② American Physicians Service Group, Inc. v. Port Lavaca Clinic Assoc., 843 S. W. 2d 675 (Tex. App. 1992)（根据 Volt 判决，得克萨斯州对显著标明的要求并没有为 FAA 所优先）；Albright v. Edward D. Jones & Co., 571 N. E. 2d 1329 (Ind. App. 1991)（根据 Volt 判决，印第安纳州对显著标明的要求并没有为 FAA 所优先）。

③ See Seymour v. Gloria Jean's Coffee Bean Franchising Corp., 723 F. Supp. 988 (D. Minn. 1990)（"该州的规则不仅调整了仲裁进行的方式，而且限制了当事人可以约定将其争议提交仲裁的程度。法院认为，……不能执行特许协议的'法律选择'条款"）；Jones v. Merrill, Lynch, Pierce, Fenner & Smith, Inc., 604 So. 2d 332 (Ala. 1991)。

④ See Armco Steel Co. v. CSX Corp., 790 F. Supp. 311 (D. D. C. 1991)（根据 Volt 判决，"通过规定适用俄亥俄州法的法律选择条款，当事人显示了他们按俄亥俄州法所允许的程度进行仲裁的意图"；俄亥俄州有关对基本合同合法性的异议不具有可仲裁性的规定并不为 FAA 所优先）。

假定当事人的仲裁协议（和基本合同）受指定适用 A 州法律的法律选择条款的支配。在 *Volt* 案后，一方当事人是否可以以根据 A 州法律仲裁协议无效为由反对执行该协议？到目前为止，审查过该问题的下级法院普遍认为，*Volt* 判决并不能适用于可仲裁性这一基本问题或仲裁协议的强制执行力问题。①

D. FAA 优先于与仲裁协议的解释有关的州法

下级法院还继续认定，FAA 优先于州法上有关仲裁协议的解释规则。

E. FAA 对限制裁决律师费的州法不享有优先权

佛罗里达州法院以 *Volt* 判决为根据，认定 FAA 对否认仲裁员裁决律师费的权力的佛罗里达州法规并不享有优先权。② 但该判决能否超越 *Mastrobuono* 判决是非常令人怀疑的。

第二节　《纽约公约》下仲裁协议在
美国法院的强制性③

《纽约公约》对于在美国法院执行的大部分国际仲裁协议具有重要意义。在适用公约的情况下，其有关仲裁协议强制性的实质规定在联邦法院和州法院都必须得到实施。此外，FAA 的第 2 章规定了专门的管辖权和程序规则以执行受公约支配的仲裁协议。

众所周知，《纽约公约》的一个基本目标是使国际仲裁协议具有强制性。特别是在公约的适用范围得到满足的情况下，公约第 2 条要求缔约国法院"承认"仲裁协议并"命当事人提交仲裁"。该义务只受公约列明的有限特定例外的支配。

---

① *Remy Amerique*, *Inc. v. Touzet Distribution SARL*, 816 F. Supp. 213（S. D. N. Y. 1993）（"*Volt* 判决涉及的是仲裁中所要遵循的程序规则。……*Volt* 判决并不代表最高法院对 '这一联邦规则即在解决受 FAA 支配的合同中的可仲裁性问题时必须对支持仲裁的联邦政策给予相当的尊重' 的后退。"）；*Weatherly Cellaphonics Partners v. Hueber*, 726 F. Supp. 319, 322 n. 5（D. D. C. 1989）（"如果州的成文法缺乏像 FAA 那样对仲裁的支持，即使当事人的法律选择条款指定适用该州的法律，联邦法也将起支配作用）。

② *Lee v. Smith Barney*, *Harris Upham & Co.*, 1993 Fla. App. Lexis. 9844（Fla. Ct. Ap. 1993）.

③ *See* Gary B. Born, *International Commercial Arbitration in the United States*：*Commentary and Materials* 284-318（1994）.

《纽约公约》第 2 条对公约有关仲裁协议强制性的基本规则及其例外作了如下规定：

> 1. 当事人以书面协议承允彼此间所发生或可能发生之一切或任何争议，如关涉可以仲裁解决事项之特定法律关系，不论为契约性质与否，应提交仲裁时，各缔约国应承认此项协议。
>
> 2. 称"书面协议"者，谓当事人所签订或在互换函电中所载明之契约仲裁条款或仲裁协议。
>
> 3. 当事人就诉讼事项订有本条所称之协议者，缔约国法院受理诉讼时应依当事人一造之请求，命当事人提交仲裁，但前述协议经法院认定无效、失效或不能实行者不在此限。

美国法院以一种公开的"支持执行"（pro-enforcement）的方式来解释公约第 2 条。[①] 用最高法院的话来说："公约的目标和美国参加和执行公约的主要目的，是鼓励承认与执行国际合同中的商事仲裁协议，统一在缔约国内遵守仲裁协议的标准……"[②] 与这种观点相一致，美国法院在解释公约的适用范围时，往往持一种宽松态度，以便使公约可适用于范围广泛的国际仲裁协议。同样，美国法院对公约有关仲裁协议强制性的例外总是作狭义解释。

一、在美国适用《纽约公约》的仲裁协议的范围

尽管《纽约公约》很重要，但它并非适用于所有的国际仲裁协议："仍有广阔的领域未被公约覆盖。"[③] 精确地界定哪些仲裁协议受《纽约公约》支配并不总是一件简单的事。用一位学者的话来说，"关于哪些仲

---

① *See Mitsubishi Motors Corp. v. Soler Chrysler-Plymouth Inc.*，473 U. S. 614，626-27（1985）；*Rhone Mediterranee etc. v. Achille Lauro*，712 F. 2d 50（3d Cir. 1983）.

② *Scherk v. Alberto-Culver Co.*，417 U. S. 506，517 n. 10（1974）.

③ Comment，*International Commercial Arbitration Under the United Nations Convention and Amended Arbitration Statute*，47 Wash. L. Rev. 441，441（1972），转引自 Gary B. Born，*International Commercial Arbitration in the United States: Commentary and Materials* 285（1994）.

裁协议属于"第 2 条的范围,"公约并没有给出一个明确的界定"。①

在适用范围上,公约有 5 个方面的要求值得特别注意。首先,公约在美国法院只适用于产生于"商事"关系的争议。其次,公约仅基于互惠而在美国法院适用(即对其他也批准公约的国家适用)。再次,公约只适用于涉及"外国"或"非内国"裁决的仲裁协议。第四,公约第 2 条(1)款将公约所包含的范围限制在"书面协议"上。最后,当事人的仲裁协议所约定提交仲裁的争议必须是"关涉特定法律关系(不论为契约性质与否)的已发生或可能发生的争议"。

美国的下级法院通常将这些要求概括为:在适用公约前,法官必须弄清楚"是否(1)存在书面仲裁协议;(2)该协议规定在一签约国仲裁;(3)该协议产生于某一商事法律关系;以及(4)该商事交易与某一外国有合理的联系。"②

(一)商事关系

《纽约公约》的第 1 条第(3)款规定,成员国可以声明,公约只适用于"依提出声明国家之国内法认为系属商事关系者"。许多国家,包括美国,已依第 1 条第(3)款提出声明。③

美国所作的保留规定:美国"惟于争议起于法律关系,不论其为契约性质与否,而依美国之国内法认为系属商事关系者,始适用本公约。"④该保留被编入 FAA 第 202 条,其中特别规定,"仲裁协议……如产生于某一法律关系,无论该法律关系为契约性质与否,被视为商事性质者……,均属于公约管辖范围。"⑤ FAA 国内部分(即 FAA 第 1 章)第 2 条对影响州际和外国商业的仲裁协议下了一个定义,第 202 条还明确规定,"商

---

① van den Berg, *When is an Arbitral Award Non-domestic Under the New York Convention of 1958 ?*, 6 Pace L. Rev. 25, 51 (1985), 转引自 Gary B. Born, *International Commercial Arbitration in the United States: Commentary and Materials* 286 (1994).

② *Trademasters International, Inc. v. A. E. C. Trading Co.*, 1988 W. L. 58595 (N. D. Ill. June 1, 1988).

③ 美国对公约的保留为:"美利坚合众国惟于争议起于法律关系,不论其为契约性质与否,而依美国之国内法认为系属商事关系者,始适用本公约。美利坚合众国将本互惠原则适用本公约,以承认及执行在另一缔约国领土内作成之裁决为限。"(9 U. S. C. A. §201)

④ *See* 9 U. S. C. A. §201.

⑤ 9 U. S. C. §202.

事"关系包括属于以上定义调整范围的关系。①

《纽约公约》的第 1 条第（3）款将定义"商事"的任务交由各签约国依其国内法自行决定，没有对国内定义施加任何特别的外在限制。在分析公约和 FAA 第 202 条有关"商事"关系的要求时，美国法院对"商事"总是尽量作扩大解释。② 美国一家下级法院指出，公约体制下"商事"的范围比国内的 FAA 规定的"商事"定义还要宽。③ 特别值得注意的是，在美国，"商事关系"这个词包括了雇佣关系④、信托关系⑤、外国国家为外国投资者修建建筑物并将其出租给外国投资者的合同⑥、导致反托拉斯和其他公法争议的关系⑦、与涉外立法当局提出的请求有关的案件⑧、保险和再保险合同⑨以及海事合同⑩。

（二）互惠

《纽约公约》第 1 条（3）款规定，缔约国可以声明，该国"将本互惠原则适用本公约，以承认及执行在另一缔约国领土内作成之裁决为限。"⑪ 另外，公约第 14 条包含一个单独的、更普遍的互惠规定："除在缔约国本身有义务适用公约的范围内，缔约国无权对其他缔约国援用本

---

① 该规定的目的是表明，即使仲裁协议也受 FAA 第 1 章的支配，《纽约公约》仍可适用于这样的仲裁协议。不过，正如后面所讨论的那样，第 202 条排除了与外国没有合理联系的美国公民之间的仲裁协议和仲裁裁决。

② See Societe Generale de Surveillance v. Raytheon European Management & Sys. Co. , 643 F. 2d 863（1st Cir. 1981）; Sumitomo Corp. v. Parakopi Compania Maritime, 477 F. Supp. 737（S. D. N. Y. 1979）, aff'd mem. , 620 F. 2d 286（2d Cir. 1980）; Siderius, Inc. v. Compania de Acero del Pacific, 453 F. Supp. 22（S. D. N. Y. 1978）.

③ Sumitomo Corp. v. Parakopi Compania Maritima, 477 F. Supp. 737, 740（S. D. N. Y. 1979）, aff'd, 620 F. 2d 286（2d Cir. 1980）.

④ Faberge Int'l Inc. v. Di Pino, 491 N. Y. S. 2d 345（App. Div. 1985）.

⑤ See Faberge Int'l Inc. v. Di Pino, 491 N. Y. S. 2d 345（App. Div. 1985）.

⑥ E. g. , Island Territory of Curacao v. Solitron Devices, Inc. , 356 F. Supp. 1（S. D. N. Y. ）, aff'd, 489 F. 2d 1313（2d Cir. ）, cert. denied, 416 U. S. 986（1973）.

⑦ E. g. , Mitsubishi Motors Corp. v. Soler Chrysler-Plymouth, Inc. , 473 U. S. 614（1985）.

⑧ E. g. , Corcoran v. Ardra Ins. Co. , 566 N. Y. S. 2d 575（1990）.

⑨ E. g. , Meadows Indemnity Co. v. Baccala & Shoop Ins. Services, Inc. , 760 F. Supp. 1036（E. D. N. Y. 1991）.

⑩ E. g. , Antco Shipping Co. v. Sidermar SpA, 417 F. Supp. 207（S. D. N. Y. 1976）.

⑪ New York Convention Article I (3).

公约。"

公约的大多数签约国，包括美国，作了互惠保留。如前所述，美国所作的保留是这么规定的，美国将"本互惠原则适用本公约，以承认及执行在另一缔约国领土内作成之裁决为限。"①

应注意的是，依美国有关保留的规定，互惠是由进行仲裁和作出裁决的地方所决定的，而非当事人的国籍。②

公约的互惠要求能否适用于仲裁协议——有别于仲裁裁决——并不十分清楚。公约第 1 条（3）款及美国所作保留中有关互惠的限制，从字面上看，只是指仲裁裁决，而非仲裁协议。

但不管怎样，公约第 14 条将互惠原则适用的范围规定得更为广泛，并未将该原则仅限于仲裁裁决。并且，互惠保留的目的看来也是既适用于仲裁裁决也适用于仲裁协议的。这样，美国下级法院对公约第 2 条的适用仅限于那些指定在另一缔约国进行仲裁的仲裁协议——也就是说，它们拒绝"命令"一方当事人在非缔约国境内的某一地点进行仲裁。③ 不过，当仲裁地位于某一缔约国时，美国法院将命令美国当事人（和其他人）与来自非缔约国的当事人进行仲裁。④

（三）"外国"或"非内国"仲裁裁决

公约只适用于在申请承认或执行地所在国以外之国家内"作成"的仲裁裁决或依执行国的法律"不被认为是内国裁决"的仲裁裁决。⑤ 与公约的互惠要求一样，"外国裁决"的要求是否以及如何适用于仲裁协议并不是十分清楚。

在美国，通过解释 FAA 第 202 条有关实施公约的立法规定已解决了这个问题。第 202 条规定，在美国法院，"如果仲裁协议或裁决产生于某

---

① See 9 U. S. C. A.　§ 201.

② See La Societe Nationale v. Shaheen Natural Resources Co., 585 F. Supp. 57 (S. D. N. Y. 1983), aff'd, 733 F. 2d 260 (2d Cir.), cert. denied, 469 U. S. 883 (1984); E. A. S. T., Inc. v. M/V Alaia, 876 F. 2d 1168, 1172 (5th Cir. 1989).

③ See, e. g., National Iranian Oil Co. v. Ashland Oil, Inc., 817 F. 2d 326, 331 (5th Cir.), cert. denied, 484 U. S. 943 (1987); Ledee v. Ceramiche Ragno, 684 F. 2d 184, 185-86 (1st Cir. 1982); Tolaram Fibers, Inc. v. Deutsche Engineering Der Voest Alpine Industrieanlagenbau GmbH, 1991 U. S. Dist. Lexis 3565 (M. D. N. C. Feb. 26, 1991).

④ E. A. S. T. Inc. of Stamford, Connecticut v. M/V Alaia, 876 F. 2d 1168 (5th Cir. 1989).

⑤ New York Convention Article I (1).

一［商事］关系，该关系完全发生于美国公民之间，则仲裁协议或裁决不应视为公约管辖范围，除非该关系涉及位于国外的财产、准备在国外履行或执行或与一个或多个外国国家有某种其他的合理联系。"① 美国下级法院根据这一"合理联系"的要求来决定哪些仲裁协议受公约支配。②

从第 202 条的排除规定的立法目的来看，显然是为了避免可能对发生在美国公民之间的当地争议适用公约。许多地区法院近来的判决还涉及了如下问题，即如果两个美国公民之间的仲裁协议所涉的基本活动只发生在美国，但仲裁协议规定在美国之外进行仲裁，那么该仲裁协议是否受公约支配。有几家法院认为公约在这种情况下不应适用。③ 最近的一个判决则认为，两个美国实体之间有关在伦敦仲裁的协议是打算"在国外执行"，因此属于第 202 条的管辖范围。④

（四）书面协议

《纽约公约》有关仲裁协议的规定仅限于"书面"仲裁协议。⑤ 公约第 2 条第（2）款对"书面协议"的定义为，包括"当事人所签订或在互换函电中所载明之契约仲裁条款或仲裁协议。"公约的起草历史表明，这些规定是为了排除口头仲裁协议或通过行为或口头声明来表示对包含仲裁条款的书面要约的接受。

公约关于书面协议的要求一般来说比 FAA 下的有关要求更严格。⑥

---

① 9 U.S.C. §202.

② *Coastal States Trading*, *Inc.* v. *Zenith Nav. SA*, 446 F. Supp. 330, 341 (S.D.N.Y. 1977); *Fuller Co.* v. *Compagnie des Bauxites de Guinee*, 421 F. Supp. 938, 941 (W.D. Pa. 1976).

③ *Wilson* v. *Lignotock USA*, *Inc.*, 4 Int'l Arb. Report (May 1989) A1 (E.D. Mich. April 6, 1989); *Reinholtz* v. *Retriever Marine Towing & Salvage*, CV-92-14141 (S.D. Fla. May 21, 1993); *Brier* v. *Northstar Marine Inc.*, CV-91-597 (D.N.J. April 23, 1992).

④ *Jones* v. *Sea Tow Services Freeport NY*, *Inc.*, CV-91-4669 (S.D.N.Y. July 21, 1993).

⑤ *See* New York Convention Article II (1). *See also Trademasters Int'l Inc.* v. *A.E.C. Trading Co.*, No. 87-10838 (N.D. Ill. 1988); *Ocean Indus.* v. *Soros Assoc. Int'l*, 328 F. Supp. 944 (S.D.N.Y. 1971). FAA 的国内部分也仅适用于书面仲裁协议。*See* 9 U.S.C. §2.

⑥ *See Sen Mar*, *Inc.* v. *Tiger Petroleum Corp.*, 774 F. Supp. 879 (S.D.N.Y. 1991). *Compare Beromun AG* v. *Societa Industriale Agricola "Tresse,"* 471 F. Supp. 1163 (S.D.N.Y. 1979).

美国下级法院认为,当事人无论是以口头方式还是以行为方式来表示对一份包含仲裁条款的未签署的书面合同的接受,都可视为满足了 FAA 第 2 条的要求。① 而依 FAA 第 2 章执行仲裁协议或裁决,就必须满足公约有关"书面"的更加严格的标准。② 当然,即使存在书面仲裁协议,该协议也必须包含当事人的争议。③

美国法院认为,如果互换的电传中包含了仲裁条款,当事人对该仲裁条款又不反对的话,公约的"书面"要求就可视为已得到满足。④ 其他法院对包含在互换信函或其他未签署形式内的仲裁条款的效力予以确认,⑤ 同时还确认了书面要约中的仲裁条款也是有效的,如果受约人接受了要约人根据该要约所为的履行。⑥ 不过,在存在书面合同但当事人只是口头接受而没有签署的情况下,将被认为缺乏书面仲裁协议。⑦

(五) 由特定法律关系而引起的现有和未来争议

《纽约公约》还包含了有关现有争议和未来争议以及特定法律关系 (defined legal relationships) 的"要求"。事实上,这些规定与其说是对公约范围的限制,毋宁说更类似对公约的扩展或说明,以用来克服历史上对商事仲裁的限制。

长期以来,一直存在对现有争议 (existing disputes) 的仲裁协议与未来争议 (future disputes) 的仲裁协议的区分。在普通法上,由于法院不愿

---

① *Imptex International Corp. v. Lorprint Inc.*, 625 F. Supp. 1572 (S. D. N. Y. 1986)(执行了包含在未签署的书面合同中的仲裁条款,理由是当事人通过自己的行为对其予以了承诺); *Valero Refining, Inc. v. M/T Lauberhorn*, 813 F. 2d 60 (5th Cir. 1987).

② *Sedco v. Petroleos Mexican National Oil Co.*, 767 F. 2d 1140 (5th Cir. 1985); *Al-Salamah Arabian Agencies Co., Ltd. v. Reece*, 673 F. Supp. 748 (M. D. N. C. 1987).

③ *Trademasters International, Inc. v. A. E. C. Trading Co.*, 1988 W. L. 58595 (N. D. Ill. June 1, 1988)(当事人的争议起因于口头协议,而公约"不能延伸到如此地步以至一份协议中的仲裁条款可被用来强迫当事人对违反另一个合同之事进行仲裁").

④ *Genesco, Inc. v. T. Kakiuchi & Co.*, 815 F. 2d 840, 846 (2d Cir. 1987).

⑤ *Beromun AG v. Societa Industriale Agricola "Tresse,"* 471 F. Supp. 1163 (S. D. N. Y. 1979).

⑥ *Filantro SpA v. Chilewich Int'l Corp.*, 789 F. Supp. 1229 (S. D. N. Y. 1992).

⑦ *Sen Mar, Inc. v. Tiger Petroleum Corp.*, 774 F. Supp. 879 (S. D. N. Y. 1991).

意命令特定履行，后者实际上是不具有强制性的。① 在许多国家，特别是在工业化贸易圈之外，除非仲裁协议涉及的是已存在的争议，否则就不具有强制性。历史上，中东和拉美尤其如此。其实，即使是今天，美国有 3 个州的国内仲裁法规仍规定，只有仲裁现有争议的协议才具有强制性（不过，事实上在所有的国际案件中 FAA 或公约都将优先适用）。此外，在 FAA 体制下，涉及某些公法上的保护时（如反托拉斯法），美国法院也区分仲裁未来争议的协议与仲裁现有争议的协议。②

《纽约公约》及以前的公约都试图克服历史上各国对仲裁未来争议的协议的偏见。1923 年的《日内瓦议定书》要求签约国承认仲裁协议，"无论仲裁协议涉及的是现有争议还是未来争议。"③ 《纽约公约》第 2 条第（2）款和《巴拿马公约》第 1 条包含了具有同样意思的措辞。类似地，《联合国国际贸易法委员会国际商事仲裁示范法》也规定，涉及"已发生或可能发生的争议"的仲裁协议具有强制性。④

除现有争议和未来争议的区别外，还有人提出，公约第 1 条（1）款和第 1 条（3）款包含了当事人之间应存在某一"争议"的要求。⑤ 实际上，除非当事人之间发生了某种争议，否则就不可能提起诉讼或仲裁。因此，何时（或为何）适用公约的这一要求并不清楚。也许该要求是为了排除假想的仲裁（feigned arbitrations），即两个假定利益相左的当事人设法获得一份仲裁裁决。又或者，公约试图施加"成熟"（ripeness）要求，⑥直到当事人之间的争议已具体化，才可诉诸仲裁。

最后，公约第 2 条（1）款要求仲裁协议应"关涉特定的法律关系，不论为契约性质与否"。事实上，在所有的商事仲裁中，当事人之间都会存在一份书面合同，第 2 条（1）款的要求显然可以得到满足。实际上，

---

① *See, e. g. , Tobey v. County of Bristol*, 23 Fed. Cas. 1313, 1321-23（C. C. D. Mass. 1845）.

② *See , e. g. , Mitsubishi Motors Corp. v. Soler Chrysler-Plymouth , Inc. ,* 473 U. S. 614, 637 n. 21（1985）（表明不赞成对成文法上的反托拉斯救济的"预期放弃"）.

③ Geneva Protocol of 1923, Article I.

④ UNCITRAL Model Law on International Commercial Arbitration, Article 7（1）.

⑤ A. Redfern & M. Hunter, *International Commercial Arbitration* 9-11（2d ed. 1991）; A. van den Berg, *The New York Convention of 1958* 147（1981）. 转引自 Gary B. Born, *International Commercial Arbitration in the United States: Commentary and Materials* 295（1994）.

⑥ *Cox v. Fremont County Pub. Building Auth. ,* 415 F. 2d 882, 886（10th Cir. 1969）.

无论是美国还是其他国家，尚无涉及"特定法律关系"这一要求的判例。不过，第 2 条（1）款确认了非契约性请求（例如侵权、竞争和其他公法请求）也可提交仲裁，并且与此类请求有关的仲裁协议和裁决在公约下原则上具有强制性。

（六）溯及力

美国法院认为，《纽约公约》适用于美国批准公约前签订的仲裁协议和作成的仲裁裁决。① 也有法院认为，如合同是加入公约前签署的，但裁决系加入公约后所作，则公约适用于该合同。②

二、《纽约公约》第 2 条在美国法院的适用

（一）第 2 条关于仲裁协议具有强制性的一般推定

在《纽约公约》的适用范围得到满足的情况下，公约第 2 条就对缔约国施加了"承认"仲裁协议③和"命当事人提交仲裁"④ 的一般义务。后者是以 1923 年《日内瓦议定书》第 4 条（1）款的措辞为基础拟定的，并且未经讨论即订入了公约。⑤

美国法院反复重申，在依《纽约公约》决定是否执行国际仲裁协议时，司法干预的作用是非常有限的。假如管辖权、审判地和类似要求都得到了满足，FAA 就"未给地区法院留下行使自由决定权的余地，而是要求地区法院应该指示当事人就其签署的仲裁协议所涵盖的事项进行仲裁"。⑥ 同样地，美国的下级法院强调，《纽约公约》第 2 条（3）款要求国内法院"应该"命当事人提交仲裁。⑦

（二）第 2 条关于仲裁协议强制性的例外

美国法院通常以一种大力支持执行（pro-enforcement）的原则来解释

---

① *Fotochrome*, *Inc. v. Copal Co.*, 517 F. 2d 512, 515 n. 3 (2d Cir. 1975).

② *Imperial Ethiopian Government v. Baruch-Foster Co.*, 535 F. 2d 334 (5th Cir. 1976); *Fertilizer Corp. of India v. IDI Management*, *Inc.*, 517 F. Supp. 948, 951-52 (S. D. Ohio 1981).

③ New York Convention Article II (1).

④ New York Convention Article II (3).

⑤ Geneva Protocol of 1923 Article 4 (1); A. van den Berg, *The New York Convention of 1958* 129 (1981). 转引自 Gary B. Born, *International Commercial Arbitration in the United States: Commentary and Materials* 296 (1994).

⑥ *Dean Witter Reynolds Inc. v. Byrd*, 470 U. S. 213, 218 (1985).

⑦ *McCreary Tire & Rubber Co. v. CEAT*, 501 F. 2d 1032 (3d Cir. 1974).

公约。此外，美国执行《纽约公约》的立法提供了一套专门的，并且通常是很有效的程序机制以在美国法院执行仲裁协议。尽管如此，第 2 条所确立的仲裁协议具有强制性这一一般规则仍要受某些例外的支配。特别是，第 2 条将不予适用，除非存在：（1）一份仲裁协议，（2）该仲裁协议并非"无效"或失效的（"null and void" or invalid）仲裁协议，（3）签订该仲裁协议的当事人具有行为能力，（4）该仲裁协议关涉可仲裁事项。

公约第 2 条尽管看似简单，但规定得并不十分明确。在第 2 条要求国内法院承认有效仲裁协议的表面之下，还存在错综复杂的法律选择和合同实体法难题。因此，在考虑是否依公约第 2 条执行某一仲裁协议时，美国法院首先必须确定，按照管辖权／管辖权原则，此处是否允许由法院决定有关问题。如果允许，法院必须接着确定应适用哪一个国家的法律来决定仲裁协议的存在、有效性和合法性。此外，如果适用美国法律，美国法院还必须解决是适用美国联邦法还是适用州法的问题。在解决了法律冲突问题之后，美国法院就必须依准据法考虑合同的订立、有效性及合法性等实体问题。假如存在有效的合同，法院接下来必须考虑当事人的请求是否"不可仲裁"。最后，在确认仲裁协议有效的情况下，法院必须解释该协议以决定它是否适用于当事人之间的争议。①

下文将对《纽约公约》下仲裁协议强制性的主要例外进行讨论。此处不详细讨论依任何特定国内法对仲裁协议的存在或有效性所提出的"实体性"抗辩（"substantive" defenses）的细节问题，这些实体性抗辩包括欺诈、显失公平、违法或不存在协议。在本章有关 FAA 国内部分的讨论中对此已有提及，它确立的有关强制性和解释的规则一般也可适用于公约。

（1）不存在任何仲裁协议

在公约第 2 条有关缔约国必须执行仲裁协议的指示中暗含了一个要求，即事实上存在一份协议。"显然，如果没有仲裁的真正基础——仲裁协议，仲裁就不可能进行。"②

---

① Gary B. Born, *International Commercial Arbitration in the United States: Commentary and Materials* 297 (1994).

② A. van den Berg, *The New York Convention of 1958* 144-45 (1981), 转引自 Gary B. Born, *International Commercial Arbitration in the United States: Commentary and Materials* 298 (1994).

（2）无能力

如果仲裁协议的当事人"依对其适用之法律有某种无行为能力情形"，则公约第 5 条（1）款（a）项允许国内法院拒绝承认相关的仲裁裁决。一方当事人缺乏订立仲裁协议的行为能力也可作为拒绝执行仲裁协议的理由，这也是获得广泛认可的。①

有关当事人行为能力的争议产生了法律选择的问题：行为能力是由当事人的住所地法还是设立地法决定，还是由支配当事人的仲裁协议的法律决定，或者由某种其他法律决定？② 根据公约第 5 条（1）款（a）项关于行为能力"依对［当事人］适用之法律"来决定的表述，有些学者认为，公约包含了一个法律选择规则，即适用当事人的住所地法或设立地法。③ 不过，更恰当的观点似乎是，公约第 5 条（1）款（a）项并没有确定"可适用的"法律的问题，而是将它留给了国内法院依其本身的法律冲突规则予以解决。④ 这种观点具有实际重要性，因为当代冲突法理论在行为能力的问题上通常持支持执行（pro-enforcement）的态度。

（3）争议事项不可仲裁解决

公约第 2 条（1）款规定，除非仲裁协议关涉"可以仲裁解决事项"，否则可不予"承认"该仲裁协议。第 2 条（1）款的所谓"非仲裁性例外"是和第 5 条（2）款（a）项并列的，后者允许拒绝承认关涉不可仲裁事项的仲裁裁决。非仲裁性例外从《纽约公约》的执行义务中排除了一部分被认为本质上不适于仲裁的有限的争议。本书第 4 章将详细探讨美国法院对这一例外的适用，此处不予赘述。

（4）无效、失效或不能实行

公约第 2 条（3）款不要求执行"无效、失效或不能实行"的仲裁协

---

① *See* UNCITRAL Model Law, Article 34（2）（i）.

② A. van den Berg, *The New York Convention of 1958* 275-82（1981），转引自 Gary B. Born, *International Commercial Arbitration in the United States*：*Commentary and Materials* 299（1994）.

③ W. Craig, W. Park & J. Paulsson, *International Chamber of Commerce Arbitration* § 5.02, at p. 61 n. 7（2d ed. 1990），转引自 Gary B. Born, *International Commercial Arbitration in the United States*：*Commentary and Materials* 299（1994）.

④ A. van den Berg, *The New York Convention of 1958* 276（1981）; A. Redfern & M. Hunter, *International Commercial Arbitration* 148（2d ed. 1991）. 转引自 Gary B. Born, *International Commercial Arbitration in the United States*：*Commentary and Materials* 299（1994）.

议。同样地，公约第 5 条（1）款（a）项允许对仲裁裁决不予承认，如果其所依据的仲裁协议"依当事人作为协议准据之法律系属无效，或未指明以何法律为准时，依裁决地所在国法律系属无效"。这两个规定都包含了对强制性的各种抗辩，例如成立、违法、显失公平、欺诈，等等。

（5）适用第 2 条第（3）款的美国司法判例

美国已有许多法院处理过涉及公约第 2 条（3）款有关"无效"仲裁协议的例外的案件。本书第 2 章第 4 节所介绍的 *Ledee v. Ceramiche Ragno* 案和 *Rhone Mediterranee Compagnia Francese di Assicurazioni e Riassicurazioni v. Achille Lauro* 案是其中比较有代表性的两个判例，体现了美国对国际仲裁协议和公约的态度，同时也是美国法院对国际商事仲裁本身所持立场的一个体现。

分析美国法院对上述两案以及其他有关案件的判决不难得出结论：美国法院在对公约第 2 条的"无效"例外进行司法解释时体现了支持执行的倾向。这方面的判例均认为，公约第 2 条对支持仲裁协议强制性的推定予以了认可："尽量确认仲裁协议的效力是对公约政策的最好贯彻。"①如前所述，FAA 下也存在类似的支持执行的倾向。不过，有判例认为，公约比 FAA 的国内部分（domestic FAA）更支持执行。这样，"有关仲裁的自由主义的联邦政策'在国际商事领域的适用就具有特别的动力。'"②

第三节　《巴拿马公约》下仲裁协议
在美国法院的强制性③

《美洲国家间关于国际商事仲裁的公约》（即《巴拿马公约》）对国际仲裁协议在美国法院的执行具有有限的但日益增加的重要性。由于美国重要的贸易伙伴中只有相对较少的国家（除了墨西哥）加入了该公约，因此在很大程度上限制了它的实际重要性。如下所述，《巴拿马公约》在适用范围和实质规定上与《纽约公约》很相似。此外，与《纽约公约》

①　*Rhone Mediterranee Compagnia Francese di Assicurazioni e Riassicurazioni v. Achille Lauro*, 712 F. 2d 50（3d Cir. 1983）.

②　*David L. Threlkeld & Co. v. Metallgesellschaft Ltd.*, 923 F. 2d 245, 248（2d Cir. 1991）（quoting *Mitsubishi Motors Corp. v. Soler Chrysler-Plymouth Inc.*, 473 U. S. 614, 631（1985））.

③　*See* Gary B. Born, *International Commercial Arbitration in the United States: Commentary and Materials* 319-22（1994）.

一样,《巴拿马公约》的实施立法本质上是以 FAA 的国内部分为根据的。

一、《巴拿马公约》下仲裁协议的一般强制性

《巴拿马公约》第 1 条规定,"当事人约定将他们之间与商事交易有关的可能发生或已经发生的任何争议提交仲裁裁决的协议是有效的"。第 1 条在美国是通过 FAA 第 303 条来实施的,该条对受公约支配的有效仲裁协议的执行问题作了规定。① 《巴拿马公约》的实施立法的第 302 条还将《纽约公约》实施立法的第 202 条、第 203 条、第 204 条、第 205 条和第 207 条合并了进来,因此使两公约下的执行问题都受相同的一般程序机制的支配。此外,第 307 条还规定:"第 1 章适用于根据本章(即第 3 章——作者注)进行的诉讼和程序,但以第 1 章与本章或美国批准的《美洲国家间公约》不相抵触为限度。"②

《巴拿马公约》与《纽约公约》之间最重要的区别在于前者的第 3 条。它规定,除非当事人另有明确的约定,仲裁"应依美洲国家仲裁委员会〔IACAC〕的程序规则进行"。IACAC 规则是以 UNCITRAL 规则为蓝本制定的,将 IACAC 作为任命机构和管理机构。

二、在美国适用《巴拿马公约》的仲裁协议的范围

《巴拿马公约》第 1 条有关仲裁协议系有效的这一一般规则要受若干管辖权要求的支配,这些要求大体上与《纽约公约》下的要求相似。由于《巴拿马公约》的出现相对晚一些,对上述要求进行解释的司法判例或评论较少。

首先,《巴拿马公约》仅适用于涉及"与商事交易有关的"争议的仲裁协议。③ 《纽约公约》下对"商事"关系的宽泛定义应同样适用于对前述措辞的解释。《巴拿马公约》对商事"交易"的表述相对于《纽约公约》的商事"关系",可能产生一些争议,尽管二者在含义上不大可能存在任何重要的差别。

其次,与美国对《纽约公约》的保留相似,美国对《巴拿马公约》的批准包含了一个互惠要求:"美利坚合众国将本互惠原则适用本公约,

---

① 9 U. S. C. § 303.

② 9 U. S. C. § § 302, 307.

③ Inter-American Convention Article 1.

以承认及执行在另一缔约国领土内作成之裁决为限。"① FAA 的第 304 条重申了这一保留。②（与《纽约公约》不同，《巴拿马公约》本身并不包含任何明确的规定允许互惠限制，但其他缔约国看来也并不反对美国的保留。）

美国的互惠保留是否或如何适用于对仲裁协议的执行并不是很清楚。该保留仅提及对仲裁裁决的承认和执行，而未涉及仲裁协议。不过，美国下级法院在《纽约公约》下所采取的立场——拒绝执行将仲裁地约定在非缔约国的仲裁协议——很可能也将在《巴拿马公约》下获得遵循。

第三，与《纽约公约》相似，《巴拿马公约》第 1 条包含了一个"书面"要求："［仲裁］协议应通过书面文件的方式订立，并由各方当事人签署，或者以交换信件、电报或电传通信的形式订立。"除文体变化外，上述措辞与《纽约公约》第 2 条第（2）款相仿并很可能以相同的方式对其进行解释。

第四，《巴拿马公约》与《纽约公约》的又一相似之处在于其第 1 条清楚表明其既适用于现有争议也适用于未来争议。不过，需要注意的是，与《纽约公约》不同，《巴拿马公约》并没有提及"特定法律关系，不论是否契约关系"，因此在非契约请求的地位问题上至少留下了空白。

第五，在《巴拿马公约》的溯及力和它与《纽约公约》的关系问题上可能会产生问题。关于前者，已有一家下级法院认定，《巴拿马公约》具有溯及力③，未来的判决很可能也将（就像在《纽约公约》下一样）作出相同的认定。FAA 第 305 条对后一个问题进行了明确规定。它规定，如果《纽约公约》和《巴拿马公约》都可适用，则将适用《纽约公约》，除非（a）另有其他明确约定；或者（b）"仲裁协议的大多数当事人是已经批准或加入《美洲国家间公约》并且是美洲国家组织成员国的国家的公民。"④

最后，与《纽约公约》不同，《巴拿马公约》并不区分外国仲裁裁决和内国仲裁裁决。《巴拿马公约》第 4 条规定，仲裁裁决可"根据执行地

---

① 9 U.S.C. § 301.

② 9 U.S.C. § 304.

③ See Progressive Cas. Ins. Co. v. C.A. Reaseguradora Nacional de Venezuela, 802 F. Supp. 1069, 1073-74 (S.D.N.Y. 1992)（认定《巴拿马公约》具有溯及力）.

④ 9 U.S.C. § 305. See Productos Mercantiles E Industriales SA v. Faberge USA, Inc. No. 92 Civ. 7916 (S.D.N.Y. Sept. 14, 1993)（第 304 条和《巴拿马公约》适用于签约国国民之间在美国所进行的仲裁中作出的裁决）.

国的程序法和国际条约的规定，按照与本国或外国普通法院所宣布的判决同样的方式"予以承认和执行。第 5 条则接着要求执行仲裁裁决，除非存在明确规定的例外情形（与《纽约公约》第 5 条类似）。

三、《巴拿马公约》下仲裁协议强制性的例外

与《纽约公约》一样，《巴拿马公约》下有关仲裁协议强制性的一般规则要受几个重要例外的支配。与两个公约的适用范围类似，对《纽约公约》下上述例外的解释构成了重要的先例。

首先，《巴拿马公约》第 5 条第（2）款（a）项允许对裁决不予承认，如果"根据［执行］国法争议标的不能通过仲裁方式解决"。公约并没有明确将第 5 条第（2）款（a）项的不可仲裁性例外合并进第 1 条的规则（即仲裁协议系有效的）。尽管如此，在执行仲裁协议的诉讼中，国内法院不大可能可以或事实上愿意漠视不可仲裁性的主张。通常，美国法下可予适用的不可仲裁性标准是由不同的联邦成文法所界定的，并且《巴拿马公约》下的标准与《纽约公约》下的标准应是相同的。

其次，与《纽约公约》第 2 条第（3）款不同的是，《巴拿马公约》并不包含任何关于协议系无效或失效的明确例外。尽管如此，第 1 条暗示了上述限制，该条所称"协议"应被理解为具有强制执行力的协议。此外，第 5 条第（1）款（a）项允许对仲裁裁决不予承认，如果"协议的双方当事人根据可适用的法律处于某种无能力的情况之下或……根据双方当事人选定适用的法律，或在没有这种选定的时候，根据裁决作出地国的法律，协议是无效的。"在法律选择和实体问题上，下级法院在《纽约公约》第 2 条第（3）款下的判决应该都是具有指导作用的。

第四章　争议事项的可仲裁性

第一节　概　　述

在美国法中，"可仲裁性"（arbitrability）的概念在多种意义上被使用。从最广泛的意义上讲，它泛指仲裁庭是否可对某一特定争议、事项、问题行使管辖权，如果仲裁庭对某一事项享有管辖权，该事项就具有可仲裁性。而涉及仲裁庭管辖权的问题包括：当事人之间是否存在仲裁协议、仲裁协议是否有效、仲裁协议是否包括了当事人之间的争议以及根据合同或成文法的规定，某一请求是否已丧失时效等，当然也包括了本章所讨论意义上的"可仲裁性"在内，这些问题都属于管辖权问题或可仲裁性问题。而仲裁庭对上述问题是否享有管辖权，或者上述问题是应由法院解决还是仲裁员解决，又被称为"可仲裁性的可仲裁性问题"。所以，美国法或美国学者论著中的"可仲裁性"是一个用得很泛的表述，它通常就是指与仲裁庭的权限或管辖权有关的问题。其中，争议是否属于仲裁协议范围的问题也被称为"实体可仲裁性问题"（issues of substantive arbitrability），而先决条件是否已经满足的问题则被称为"程序可仲裁性问题"（issues of procedural arbitrability），这样的先决条件包括期限、通知、迟误、禁止反言以及其他有关仲裁义务的前提条件。① 本章所要讨论的可仲裁性是指依可适用的法律，争议标的本身是否可以通过仲裁方式解决的问题（欧洲特别是法国学者将其称为"客观可仲裁性"（objective arbitrability）问题）；② 如果可以，该争议即具有可仲裁性，否则，即不具有可仲

---

① 按照美国大多数州法院裁决的观点和 FAA 下发展起来的有关规则，在不存在相反约定的情况下，实体可仲裁性问题通常由法院决定，而程序可仲裁性问题由仲裁员决定。

② See Georgios Zekos, *Courts' Intervention in Commercial and Maritime Arbitration under U. S. Law*, 14 J. Int'l Arb. 99, 104 (1997); Bernard Hanotiau, *What Law Governs the Issue of Arbitrability?*, 12 Arb. Int'l 391 n. 1 (1996).

裁性（non-arbitrability），该争议只能由法院来处理。事实上，各国都将某些种类的请求（claims）排除在仲裁范围之外。由于这些请求涉及重要的公共利益，国家认为必须通过正式的司法程序来加以保护，它们通常就"不具有可仲裁性"。

可仲裁性问题对于仲裁具有十分重要的意义。争议事项若不能通过仲裁方式加以解决，仲裁协议即为无效；仲裁庭对不具有可仲裁性的事项作出仲裁裁决，裁决也得不到承认和执行。①

例如，《纽约公约》第2条要求各缔约国执行当事人间有效的仲裁协议，但同时规定了几个例外。其中就包括非仲裁性例外，即并不要求各国执行当事人间约定将不可仲裁的事项提交仲裁的协议。同时，公约第5条（2）款（a）项还规定，如果依被申请承认国的法律，"争议事项系不能以仲裁解决者"，亦得拒不承认有关仲裁裁决。当然，具体哪些争议不能通过仲裁解决，这是各国国内法上的问题，各普遍性条约均未具体划分可仲裁性与不可仲裁性的界限。

仲裁是解决争议的一种方式，显然，可仲裁性实际上是国家对这种争议解决方式的范围所施加的一种公共政策限制。此种限制越少，当事人可以提交仲裁解决的争议事项的范围就越宽，同时越表明国家对仲裁的支持和提倡。由于经济、文化、法律传统等各方面的原因，不同国家对仲裁的评价并不完全相同，对可仲裁性背后的国家利益也存在认识上的差异，因而各国对仲裁范围的规定是不同的。但毫无疑问，对大部分国家而言，仲裁制度的发展史实际上就是仲裁范围不断扩张的历史。②

美国的商事仲裁制度就经历了这样一个发展过程。FAA本身并未包含明确规定不可仲裁性问题的条款。③ 因此，美国法下对争议可仲裁性的限制主要以其他成文法或公共政策为根据。但美国的成文法规很少明确规定不可仲裁性的问题，这样，就把界定仲裁范围的任务主要留给了法院。法院必须借助暗含的立法意图和美国所参加的国际公约（如《纽约公约》）的有关政策以及特定的调整机制来解决可仲裁性问题。近几十年来，美国法院通过一系列判例极大地拓展了可仲裁事项的范围，特别是对

---

① 赵健：《国际商事仲裁的司法监督》，法律出版社2000年版，第169页。

② 宋连斌：《国际商事仲裁管辖权研究》，法律出版社2000年版，第136页。

③ 惟一的例外是该法第15条的规定："不得以国家行为原则为由拒绝执行仲裁协议、确认仲裁裁决以及拒绝根据基于确认仲裁裁决之命令而作的判决来执行仲裁裁决。"

某些特殊争议（即各国对这些争议能否通过仲裁解决尚存在分歧）的可仲裁性问题已突破禁区，明确其可交付仲裁解决。可以说，在可仲裁性问题上的不断突破集中体现了美国对仲裁的基本认识和支持仲裁的"联邦政策"。因此，对其在争议（主要是特殊争议）的可仲裁性问题上的发展过程和现状作一番介绍和分析，对我们深入理解美国商事仲裁制度是很有必要的。

需要补充说明的是，按照许多国家的法律，仲裁员的权力不能比法院的权力更大。但美国的普遍观念是，可以提交仲裁的争议不仅包括可以提交法院的争议，而且包括那些法院没有管辖权的争议（即那些不可由法院裁判的问题（questions that are not justiciable））。例如，《纽约仲裁法》规定，"无论争议是否可由法院裁判"，仲裁协议都"具有强制性"。美国各法院对 FAA 和各州法律作了类似的解释。

第二节　美国仲裁制度中可仲裁性问题的发展

一、证券争议

（一）*Wilko v. Swan* 案①

本案是美国最高法院于 1953 年审理的关于证券争议为不可仲裁事项的典型案例。其大致案情如下：

原告是一个证券投资者，被告是一家证券经纪公司的合伙人。原告依据 1933 年《证券法》§12（2）在美国纽约南部管区联邦地区法院对被告提起损害赔偿之诉。原告声称，他经被告虚假陈述的诱导，购买了 1 600 股航空公司的普通股。被告没有答辩，而是依据 FAA 第 3 条的规定，提议在根据保证金合同中的仲裁条款②仲裁前中止诉讼程序。联邦地区法院经调查发现，原告与被告间的保证金合同确实包含有仲裁条款，但地区法院认为，该仲裁协议剥夺了《证券法》赋予原告的有利的司法救

---

① 346 U.S. 427（1953）. 参见赵秀文主编：《国际商事仲裁案例评析》，中国法制出版社 1999 年版，第 96-104 页。See Gary B. Born, *International Commercial Arbitration in the United States: Commentary and Materials* 327-329（1994）.

② "我们之间的依本合同产生的任何争议应由仲裁解决，仲裁依据纽约州仲裁法并按照我可以选择的纽约州商会仲裁委员会规则，或美国仲裁协会规则，或纽约证券交易所仲裁委员会规则或其他可以对争议事项有管辖权的交易所仲裁委员会规则进行。仲裁应由至少 3 个仲裁员进行。"

济，因而拒绝了被告中止诉讼的请求。被告不服此判决，提起上诉。上诉法院认为《证券法》不禁止当事人订立仲裁协议将未来争议提交仲裁，因而推翻了联邦地区法院的判决。美国最高法院又撤销上诉法院的判决，维持联邦地区法院的判决。

最高法院的判决摘要如下：

本案的关键问题是仲裁未来争议的协议是否构成《证券法》§14意义上的应无效的条件、约定或规定。① 为响应在"购者当心"这一古老规则之上增加"卖者也要小心"的新理论的主张，国会通过了1933年《证券法》。为贯彻这一政策，§12（2）创设了就与事实不符的陈述要求赔偿的特殊权利，这种权利与普通法上的诉讼在实质上的不同点就在于要求销售者承担证明其并非故意的举证负担。《证券法》的特殊权利可在任何有合法管辖权的法院（联邦法院或州法院）主张实施，而且禁止从州法院移送。如果在联邦法院提起诉讼，证券投资者可以对审判地有广泛的选择权，并享有在全国范围内送达诉讼文件的特权。……

原告辩称，§14的规定表明国会的目的是保证证券出售者不能诱使证券购买者处于可能削弱购买者依据《证券法》获得赔偿的能力的处境中。他认为保证金合同中的仲裁条款构成放弃"遵守"《证券法》的规定的约定，所以，原告有权就该证券争议向法院提起诉讼。

被告宣称，仲裁仅仅是代替法院诉讼审理的一种审理方式，因而无论在立法语言上还是在国会立法目的上，《证券法》和FAA之间都不存在冲突。每一个法律都可以在自己的适用范围内发挥作用，前者保护投资者，后者简化对证券发行人或交易人违法行为要求赔偿的程序。被告同意上诉法院的观点，即保证金合同中的仲裁条款并未解除《证券法》规定的出售者的损害赔偿责任或举证责任。当然，我们（这里指最高法院，下同——作者注）同意，就仲裁裁决可能受法律要求、法规或普通法的影响，而非公平因素的影响而言，《证券法》的规定是可以发挥作用的。即使仲裁协议没有要求仲裁员遵守法律，上述结论也是确定的。……

不过，§14的措辞使任何放弃遵守《证券法》任何"规定"的

---

① 1933年《证券法》§14规定："任何责令证券投资者放弃遵守本节或证券交易委员会的规章制度的规定的条件、约定或规定无效。"

"约定"无效。这里的仲裁协议是一种"约定"，而司法诉讼权则是
《证券法》§14 意义上不可放弃的"规定"。尽管证券的买卖双方在
某些情况下可能在很有限的范围内以平等的条件进行交易，但显然
《证券法》的制定对证券投资者所处的不利地位给予了较多关注。因
为与证券投资者相比，证券发行人和交易人有更多的机会了解和判断
未来的利润和影响证券的商业计划。……

　　如果证券投资者在任何违反《证券法》的情形出现之前放弃其
诉诸法院的权利，相比于其他商事交易中的当事人，他就是放弃了更
多的权利。证券投资者对法院和审判地拥有更广泛的选择权。因此，
他就是放弃了《证券法》赋予他的一个优势并且是在不能判断《证
券法》对他的对手施加的不利条件之重要性时放弃了这一优势。

　　即使仲裁员在仲裁案件时适用有利于证券投资者的《证券法》
规定，其适用的效力也不及其在诉讼程序中的适用效力。因为本案涉
及的问题不是依据合同确定商品质量或到期应付的款项，而是对所称
的证券违法者的意图和能力作出主观判断。仲裁员对此作出认定和适
用时，不需要有关法律方面的司法指示。而且由于仲裁员可以在裁决
中不说明理由，不做完整的程序记录，所以他们关于诸如"举证责
任"、"合理注意"或"重要事实"等法律要求的法律上含义的理解
也无从知晓。此外，撤销仲裁裁决的权力受到限制。尽管如上诉法院
所言，仲裁员未能依据《证券法》规定裁决案件会"构成 FAA 第 10
条规定的撤销裁决的理由"，但这种违法必须是明确地显现出来。因
此，在提交仲裁的事项不受约束的情况下，例如目前该保证金合同所
面临的情况，仲裁员对法律的解释，不同于对法律的显然漠视
（manifest disregard），不会因解释错误而受到联邦法院司法复审。由
于《证券法》的保护性条款要求运用司法指导以确保其有效性，我
们认为，国会的意图是将《证券法》§14 适用于对司法审判权和复
审权的放弃（即放弃司法诉讼权的仲裁约定构成《证券法》§14 意
义上应无效的条件、约定或规定——作者注）。……

　　值得注意的是，参与审理该案的 Jackson 法官发表了略有不同的意见。
Jackson 法官称："在这个范围内，我同意最高法院的意见，即它推断，
《证券法》禁止在争议发生前约定放弃司法救济而提交仲裁。但我认为事
后当事人可以约定仲裁。……"
　　最高法院对该案的判决一方面是基于保护投资者利益的考虑，另一方

面也由于当时国家对仲裁尚持不信任的态度。50 年代以后，随着证券业的发展，证券自律性组织作用的增强以及仲裁的发展壮大，尤其是支持仲裁（pro-arbitration）政策的确立，美国首先在国际领域取消了对仲裁解决证券争议的限制。① 标志其态度转变的判例就是最高法院 1974 年对 *Scherk v. Alberto-Culver Co.* 一案的判决。

（二）*Scherk v. Alberto-Culver Co.* 案②

被上诉人 Alberto-Culver Co. 是在特拉华州设立的，其主营业地在伊利诺斯州的美国公司。它生产和销售化妆品。上诉人 Fritz Scherk 是一个诉讼进行时住在瑞士的德国人，他是依据德国法和列支敦士登法设立的 3 个相互关联的商业实体的所有人。在 20 世纪 60 年代，Alberto-Culver 开始与 Fritz Scherk 商洽交易。在欧洲和美国进行会谈后，双方在奥地利的维也纳签署了合同，合同规定 Scherk 将其拥有的企业和这些企业拥有的所有有关化妆产品的商标权转让给 Alberto-Culver。此外，合同包含了一个仲裁条款，规定"任何因本合同或其中的违约引起的争议或请求"应提交法国巴黎的国际商会仲裁，"合同及对合同的解释和履行适用美国伊利诺斯州法。"

在交易完成约一年后，Alberto-Culver 声称发现其购买的合同下商标权存在第三方的权利请求。据此，Alberto-Culver 在伊利诺斯州北部管区联邦地区法院提起要求损害赔偿和其他救济的诉讼，主张 Scherk 对商标权状况的欺诈陈述违反 1934 年《证券交易法》的 §10（b）及证券交易委员会的 10b-5 规则。作为回应，Scherk 请求在依当事人的协议于巴黎仲裁前中止诉讼。接着，Alberto-Culver 反驳了该项请求。地区法院以 *Wilko v. Swan* 案为依据，驳回 Scherk 中止诉讼的请求，并且作出禁止 Scherk 进行仲裁的初步禁令。

Scherk 不服地区法院的裁决，向第 7 司法巡回区上诉法院提起上诉。上诉法院基于 *Wilko* 案的先例作用，在 1 个法官反对的情况下，作出维持地区法院裁决的判决。

最高法院在审理本案时，对国际证券争议和国内证券争议作了区别，

---

① 参见赵健：《国际商事仲裁的司法监督》，法律出版社 2000 年版，第 180 ~ 181 页。

② 417 U. S. 506（1974）. 参见赵秀文主编：《国际商事仲裁案例评析》，中国法制出版社 1999 年版，第 105 ~ 115 页。*See* Gary B. Born, *International Commercial Arbitration in the United States: Commentary and Materials* 344-350（1994）.

确认在国际领域，证券争议可以通过仲裁解决。

最高法院的判决摘要如下：

> 在 *Wilko v. Swan* 案中，最高法院发现"该案涉及两种不易调和的政策"。一方面，FAA 强调"避免诉讼拖延和诉讼费用过高的必要性"，并规定仲裁协议在联邦法院是"有效的、不可撤销的和有强制性的"。另一方面，1933 年《证券法》通过创设"对与事实不符的陈述寻求赔偿的特殊权利""意在保护投资者"。特别是，最高法院裁决，仲裁协议"是一种'约定'，而诉诸司法诉讼的权利是依《证券法》§14 不能放弃的那类'规定'。"

> Alberto-Culver 基于这一先例，主张：由于 Scherk 的行为构成对 1934 年《证券交易法》的违反，因而 Alberto-Culver 与 Scherk 所签订的将因合同引起的争议提交仲裁的协议同样不具有强制性。

> 我们认为，被上诉人在本案中对 *Wilko* 案判例的援用忽视了 *Wilko* 案涉及的协议和本案当事人签署的协议之间存在的重要的和有决定性的区别。Alberto-Culver 的合同是一个真正的国际合同。Alberto-Culver 是一家主营业地和大部分业务活动在美国的公司，而 Scherk 是一个其企业依据德国法和列支敦士登法设立的德国人。Alberto-Culver 与 Scherk 先后在美国、英国和德国谈判合同，在奥地利签署合同，在瑞士完成交易。在这个过程中，包括与来自每个国家和列支敦士登的法律和商标专家的商谈。最后，最重要的是，合同标的涉及对依据欧洲国家法律设立的并主要位于欧洲国家的商业企业的买卖，这些企业的活动，如果不是全部，也是大部分，指向欧洲市场。

> 这样一个合同所包含的因素和政策与 *Wilko* 案中的支配性因素和政策显然不同。在 *Wilko* 案中，撇开仲裁条款不谈，毫无疑问，美国法律特别是联邦证券法将调整产生于该股票买卖协议的争议。因为当事人各方、谈判以及合同标的都位于美国，而且也无法提出令人信服的证据以主张存在任何国际性的法律冲突问题。与之形成对照的是，在本案中，如果没有仲裁条款，对与合同有关的争议的解决应适用何种法律，在签订协议之时就存在相当多的不确定性，并且会一直存在。①

---

① 除请求在仲裁前中止诉讼，Scherk 还提出，起诉应被驳回，因为联邦证券法不适用于该国际交易。由于 Scherk 只对法院的禁令提起上诉，上诉法院没有考虑这一主张，最高法院也未考虑该主张。

对于任何涉及两个或更多拥有其自身实体法和冲突法规则的国家的合同而言，这种不确定性几乎将不可避免地存在。因此，事先在合同中明确规定审判地和法律适用选择条款几乎是赢得国际商事交易所必需的有序性和可预见性所必不可少的前提条件。此外，这样的约定避免了这样一种危险，即合同争议可能被提交给对一方当事人利益敌视或不熟悉争议事项领域问题的法院。①

如果一国法院狭隘地拒绝执行国际仲裁协议，不仅将破坏这些目的，而且将引起当事人为保证其战略诉讼优势而互相采取的不适当的和破坏性的欺诈。例如，在本案中，可以设想，如果 Scherk 预料到 Alberto-Culver 能够在美国获得禁止仲裁的禁令，他可能就会先在法国或某个其他国家寻求禁止 Alberto-Culver 在美国进行诉讼的禁令。无论美国法院最终可能给予外国法院的禁令以何种承认，笼罩在这一法律无人地带的投机气氛肯定将破坏国际商业和贸易秩序，并且危害商人达成国际商事合同的愿望和能力。

在 Wilko 案中，最高法院断定："如果证券投资者在任何违反《证券法》的情形出现之前放弃其诉诸法院的权利，相比于其他商事交易中的当事人，他就是放弃了更多的权利。证券投资者对法院和审判地拥有更广泛的选择权。因此，他就是放弃了《证券法》赋予他的一个优势……"。然而，在国际合同下，既然如上所述，对方当事人可以通过快速求助一外国法院来阻止或禁止买方对美国法院的选择，那么以上优势的实现本来就已不可能。

[最高法院回顾了其在 Bremen v. Zapata Off-Shore Co. , 407 U. S. 1（1972）一案②中的判决，在该案中最高法院确认了合同中的法院选择条款。而在本案中，最高法院断定，]提交指定的仲裁庭仲裁的协议事实上是特殊化的审判地选择条款，它不仅安排诉讼的地点而且安排解决争议适用的程序。认定本案的仲裁协议无效将不仅允许被上诉人违背其严肃的承诺，而且还反映了一个"所有争议必须依我们的法律在我们的法院解决的狭隘观念……在国际商事交易中我们不能

---

① 例如，尽管本案涉及的仲裁协议规定：产生于本合同的争议依"伊利诺斯州法"解决，但对与商标有关的欺诈的存在和程度的认定必然涉及到对有关该类问题的外国法的理解。

② 参见赵秀文主编：《国际商事仲裁案例评析》，中国法制出版社 1999 年版，第 86 ~ 87 页。

一律适用我们的术语、适用我们的法律且全部由我们的法院解决贸易和商事争议。"基于所有这些理由,我们认为,联邦法院应依《仲裁法》的明确规定,尊重和执行本案中当事人将其国际商事交易中产生的任何争议提交仲裁的协议。

本案判决意义重大,不仅使证券交易争议从不可仲裁事项变为可仲裁事项(至少在国际领域如此),而且反映了美国法院对仲裁解决争议之优势的进一步认识,是对美国商事仲裁制度的一大发展。此后,美国最高法院于 1987 年在 *Shearson/American Express, Inc. v. McMahon*① 一案中认定,依 1934 年《证券交易法》提出的请求即使在纯国内案件中也可以仲裁。最高法院指出:"我们断定有效率的仲裁程序并不会必然导致对实体权利的任何重大限制。"② 1989 年,最高法院在 *Rodriguez de Quijas v. Shearson/ American Express, Inc.*③ 一案中直接推翻了 1953 年 *Wilko* 案的原则,认定依 1933 年《证券法》产生的请求在国内案件中也是可仲裁的。法院假定,国会在颁布 FAA 时,意图创立明确支持仲裁协议的联邦法。因此,"反对仲裁的当事人有责任证明国会在其他法规中有意阻止对司法救济的放弃,或者对司法救济的此种放弃在本质上与该其他法规的基本目的相冲突。"④ 法院批评 *Wilko* 案弥漫着"旧时的对仲裁的司法敌视气氛",与现今积极支持仲裁的政策不合拍。自此,除了某些例外,无论是国际还是国内证券争议,在美国都可以通过仲裁方式解决。

值得一提的是 *Scherk* 判决所强调的执行仲裁协议的理由。最高法院原本可以以 *Wilko* 案涉及不同的法规为由而将其与 *Scherk* 案区别开来。事实上,最高法院在 *Scherk* 案中也对 1933 年法案与 1934 年法案之间的差异予以了确认,并因此承认 *Wilko* 案的判决并非支配性的。⑤ 或者最高法院还

---

① 482 U. S. 220 (1987).

② *Shearson/American Express, Inc. v. McMahon*, 482 U. S. 220, 233 (1987).

③ 490 U. S. 477 (1989). 参见赵健:《国际商事仲裁的司法监督》,法律出版社 2000 年版,第 182 页。

④ 490 U. S. 477 at 483 (1989). *See* Joseph T. McLaughlin, *Arbitrability: Current Trends in the United States*, 12 Arb. Int'l 113 (1996).

⑤ 417 U. S. at 513-14. 最高法院指出,有理由认为, *Wilko* 案判决并非支配性的,因为 1933 年法案规定证券购买人享有私人救济的"特别权利",而 1934 年法案没有包含相应的规定。最高法院还注意到 1934 年法案的反对放弃条款比 1933 年法案的第 14 条更有限。

可以仅仅裁定因为 *Wilko* 判决以 "旧时对仲裁的司法敌意" 为依据,① 所以是错误的。② 但是, 最高法院却假定 *Wilko* 案对 1934 年法案也适用, 并且 *Wilko* 案判决是正确的。而之所以判定 *Scherk* 案中的原告无权就其证券诈欺的主张向法院提起诉讼, 这是因为 *Scherk* 案中待决定的协议的特殊性质——"真正的国际协议"——涉及 "与 *Wilko* 案中的支配性因素和政策显然不同的因素和政策"。③ 最高法院在判决中对此进行了详细的论证。可以说, *Scherk* 判决所确立的联邦证券请求至少在国际交易中可以仲裁的原则, 更多的仍然是从实用主义的角度出发, 而不是法律推理的必然结论。

二、反托拉斯争议

（一） *American Safety Equipment Corp. v. J. P. Maguire & Co.* 案④

美国下级法院曾普遍认为反托拉斯争议不具有可仲裁性。反映这一立场的代表判例是 1968 年美国联邦第 2 司法巡回区上诉法院对 *American Safety Equipment Corp. v. J. P. Maguire & Co.* 案的判决。

Safety 公司与 Hickok 制造公司签订了一份商标许可协议, 其中有一项条款要求它们之间将来可能发生的所有争议均提交仲裁。后来 Safety 公司起诉 Hickok 公司和 J. P. MaGuire （商标权的受让者）, 诉称该许可协议违反了谢尔曼法, 因为它非法扩大 Hickok 公司的商标垄断, 并且不合理地限制 Safety 公司的经营业务, Hickok 公司和 J. P. MaGuire 要求仲裁。

---

① *Kulukundis Shipping Co. v. Amtorg Trading Corp.* , 126 F. 2d 978, 985 (2d Cir. 1942).

② 美国最高法院于 1989 年在 *Rodriguez de Quijas v. Shearson/Am. Express Inc.* 一案中认定 *Wilko* 案的 "判决不正确"。*See* 490 U. S. 477, 484 (1989); *see also* Russell J. Weintraub, *International Litigation and Arbitration Practice & Planning* 68 (3d ed. 2001) （指出, *Rodriguez de Quijas* 案通过认定 "争议发生前签订的将根据 1933 年《证券法》产生的请求提交仲裁的协议具有可执行性并且不要求争议只能在法院解决" 从而推翻了 *Wilko* 案判决）。

③ *See* Susan L. Karamanian, *The Road to the Tribunal and beyond: International Commercial Arbitration and United States Courts*, 34 Geo. Wash. Int'l L. Rev. 17, 23-24 (2002).

④ 391 F. 2d 821 (2d Cir. 1968). 参见赵秀文主编:《国际商事仲裁案例评析》, 中国法制出版社 1999 年版, 第 83~84 页; 赵健:《国际商事仲裁的司法监督》, 法律出版社 2000 年版, 第 172 页。*See Mitsubishi Motors Corp. v. Soler Chrysler-Plymouth, Inc.* , 473 U. S. 614 (1985).

美国纽约南部管区联邦地区法院判决其争议应提交仲裁。美国第 2 司法巡回区上诉法院撤销了地区法院的判决，认定该争议不可仲裁。上诉法院认为，"反托拉斯法执行过程中所涉及的普遍公共利益，以及因此类案件而产生的请求之性质，共同使得……反托拉斯请求……不适合仲裁。"① 具体来说，上诉法院的理由有 4 点：首先，私方当事人在通过要求三倍损害赔偿金的私人诉讼来协助政府执行反托拉斯法方面，发挥着关键作用。其次，"发生反托拉斯争议的合同极有可能是附合合同，不能反映当事人的真实意愿"。再次，解决倾向于复杂化的反托拉斯争议，需要复杂的法律和经济分析，因此"并不适合仲裁的长处，即迅速、对书面理由说明的最低要求、简易、求助于有关常识和衡平法的基本观念"。最后，正如"战争与和平问题不能交给平民百姓来决定一样……反托拉斯争议也不能让来自普通商业社会的仲裁员去决定，特别是不能交给对我们的法律和价值观念不甚了解的外国仲裁员去决定"。②

自 American Safety 案判决后，美国上诉法院普遍持有这样的观点，即反托拉斯法所赋予的权利不能由仲裁去执行，也就是说，反托拉斯争议具有不可仲裁性。

但随着支持仲裁的趋势的加强，自 20 世纪 80 年代以来，美国法院逐渐放宽了对反托拉斯争议可仲裁性的限制。在 1985 年的 *Mitsubishi Motors Corp. v. Soler Chrysler-Plymouth, Inc.* 一案中，美国最高法院推翻了 *American Safety* 案的规则，首先在国际领域确认了反托拉斯争议的可仲裁性。*Mitsubishi* 案也因而被誉为"里程碑性质"的判例。③

（二）*Mitsubishi Motors Corp. v. Soler Chrysler-Plymouth, Inc.* 案④

本案的案情如下：

三菱汽车公司（Mitsubishi Motors Corporation，以下简称 Mitsubishi）是一家制造汽车的日本公司，其主要营业地在日本东京。它是由克莱斯勒公司（Chrysler Corporation）拥有的瑞士克莱斯勒国际公司（Chrysler International，以下简称 CISA）与日本三菱重工公司（Mitsubishi Heavy In-

---

① *American Safety Equipment Corp. v. J. P. Maguire & Co.*, 391 F. 2d at 827-828.

② *See American Safety*, 391 F. 2d, at 826-827.

③ *See* Gerald Aksen, *U. S. Court Defers Antitrust Issues to Swiss Arbitral Tribunal*, 12 J. Int'l Arb. 173, 174（1995）.

④ 473 U. S. 614（1985）. *See* Gary B. Born, *International Commercial Arbitration in the United States: Commentary and Materials* 350-358（1994）. 参见赵秀文主编：《国际商事仲裁案例评析》，中国法制出版社 1999 年版，第 81~95 页。

dustries）组成的合营企业。索勒·克莱斯勒——普利茅斯公司（Soler Chrysler-Plymouth, Inc., 以下简称 Soler）是波多黎各的一家公司。Soler 与 CISA 签订了一份供销协议，规定由 Soler 在指定地区销售 Mitsubishi 制造的汽车。同时，CISA、Soler 和 Mitsubishi 又签订了一份销售程序协议（以下简称销售协议），规定 Mitsubishi 直接售货给 Soler，并且约定了销售价格和条件。销售协议的第 6 条"某些事项的仲裁"约定：

> ［Mitsubishi 与 Soler 之间］因本协议第 1 条 B 款至第 5 条所引起的或与之有关的、或因违反这些条款所引起的所有争端、争议或分歧，均应按照日本商事仲裁协会的规则与规定在日本通过仲裁最终解决。

后来，Soler 无法保持其协议中确定的销售量并要求 Mitsubishi 延缓或取消装运一些订货。Mitsubishi 和 CISA 拒绝了这一要求。随后，Mitsubishi 根据 FAA 和《纽约公约》规定向美国波多黎各管区联邦地区法院起诉 Soler，请求法院作出强制仲裁之命令，并在起诉后不久，向日本商事仲裁协会申请仲裁，要求 Soler 就其违反当事各方之间的销售协议进行损害赔偿。Soler 否认了以上主张，并依《谢尔曼法》、波多黎各竞争法规和《波多黎各销售商合同法》在地区法院对 Mitsubishi 和 CISA 提出反诉，称（1）Mitsubishi 和 CISA 共谋瓜分市场，限制贸易；（2）Mitsubishi 与 Soler 的协议违反了美国反托拉斯法，而反托拉斯争议不能提交仲裁；（3）协议中的仲裁条款未包含反托拉斯争议。地区法院判决（1）Mitsubishi 与 Soler 的协议中的仲裁条款包含了反托拉斯争议；（2）Mitsubishi 与 Soler 之间的反托拉斯争议可以提交仲裁。但第 1 司法巡回区上诉法院认定，反托拉斯请求"不可仲裁"，并允许 Soler 继续进行诉讼。官司一直打到最高法院。

最高法院首先断定，当事人的仲裁协议涵盖了 Soler 的反托拉斯请求。①

最高法院判决的其他部分摘要如下：

> 本案提出的主要问题是，按照 FAA 和《纽约公约》的规定，《谢尔曼法》（Sherman Act, 15 U. S. C. §1 et seq.）下所产生的并包

————————————

① 这里涉及的是对国际仲裁协议范围的解释问题，判决的相关内容见本书第 5 章第 2 节之二。

含在国际商事合同中有效仲裁条款内的请求是否具有可仲裁性。

上诉法院在认定反托拉斯请求具有不可仲裁性的时候，遵循了第 2 司法巡回区上诉法院在 *American Safety Equipment Corp. v. J. P. Maguire & Co.*，391 F. 2d 821（1968）案中的判决。虽然《谢尔曼 法》或 FAA 都没有对此种不可仲裁性例外提供任何明确的支持，但 在 *American Safety* 案中，第 2 司法巡回区上诉法院断定"反托拉斯法 执行过程中所涉及的普遍公共利益，以及因此类案件而产生的请求之 性质，共同使得……反托拉斯请求……不适合仲裁"。在此无需评价 *American Safety* 案确立的理论在适用于有关国内交易的仲裁协议时是 否合适。正如在 *Scherk v. Alberto-Culver Co.*，417 U. S. 506（1974）一 案中我们所总结的那样，对国际礼让的考虑、对外国和跨国仲裁庭能 力的尊重以及国际商事体制对争议解决的可预见性的需要，要求我们 执行当事人之间的［国际仲裁］协议，即使会出现一个与国内相反 的结果。

甚至在 *Scherk* 案之前，最高法院已认识到国际交易中法院（审 判地）选择条款的效用。［一个例证是最高法院在 *The Bremen v. Zapata Off-Shore Co.*，407 U. S. 1（1972）一案中的判决，该判决］ 明确排除了对国内法院管辖权的狭隘保护。……*The Bremen* 和 *Scherk* 案确立的原则是，支持执行合同中经自由协商达成的审判地选择条 款。在这里，与 *Scherk* 案一样，上述原则通过"支持争议的仲裁解 决"这一引人注目的联邦政策而得到加强。至少自从美国于 1970 年 参加《纽约公约》后……该联邦政策在国际商事领域的适用具有特 别的动力。因此，我们必须在以下两者之间进行权衡：一为 *American Safety* 案确立的规则，一为对国际仲裁的信任和平等遵守经自由协商 达成的审判地选择条款的义务。

一开始，我们就承认对 *American Safety* 理论的某些方面持有怀 疑。正如第 1 司法巡回区上诉法院所概括的那样，该理论包含 4 项内 容［，我们认为所有 4 项内容都是不充分的。］……［首先，］基于 仲裁条款有缺陷这一未经证实的假定，单是反托拉斯争议的外在特点 并不足以证明对审判地的选择无效。反对仲裁的一方当事人当然会直 接质疑仲裁协议的有效性。而且，该方当事人可能试图通过列举以下 理由以达到宣布法院（审判地）选择条款无效的目的，例如，声称 该协议的签订"是欺诈、不适当的影响或对方在交易上的优势地位 所导致的"；"执行协议将是不合理的和不公平的"；或者"所选法院

（审判地）的程序存在严重困难和不便以至于［反对仲裁的一方当事人］将由于所有实际的原因被剥夺出庭机会。" *The Bremen*, 407 U. S. at 12，15，18. 但却缺乏断定所选法院不适当或有关选择不公平的根据。

［其次，］潜在的复杂性并不足以排除仲裁。我们怀疑，甚至遵循 *American Safety* 判例的法院也不见得完全同意反托拉斯事务本质上不适于通过仲裁解决，因为同样是这些法院，它们认为争议发生后签订的有关反托拉斯请求的仲裁协议是可以接受的。……灵活性和专业性是仲裁的特征。任命仲裁员时，就会将预期的争议标的作为考虑因素，而且仲裁规则一般都会规定，当事人雇用的或仲裁庭任命的专家可以参加仲裁。……

［第三，］由于同样的原因，我们还反对这种认识，即仲裁庭可能对反托拉斯法施加于商事行为的限制抱有天生的敌意。通常国际仲裁员既可能来自法律界也可能来自商界；在争议具有重要法律因素的情况下，当事人及当事人同意在其协助下解决他们之间争议的仲裁机构会挑选相应的仲裁员。

这样，我们剩下的就是 *American Safety* 理论的核心了——反托拉斯法律制度对美国民主资本主义的重要性。毫无疑问，私人诉讼在执行这一制度中起着核心作用。……私人诉讼所运用的三倍损失条款是反托拉斯执行方案中的一个重要工具，对违反者具有重要的制止作用。不过，并不能因这种私人损失赔偿的重要性而得出结论说它不能在美国法院之外寻求赔偿。《克莱顿法》（Clayton Act）§4 赋予私方当事人的三重损害赔偿之诉尽管具有重要的临时政策功能，并且 Soler 在其反诉的第三点中要求提起三重损害赔偿之诉，但三倍损失条款的主要目的是使受损者能够获得赔偿。"§4……在本质上是一个补救性的条款。"……

没有理由在争议刚开始就假定国际仲裁不能提供足够的机制。可以肯定的是，国际仲裁庭不必屈从于任何一国的法律规则；因此，它没有义务去维护任何一国的法令。不过，仲裁庭有义务实现当事人的意图。只要当事人同意由仲裁机构来解决某种权利请求，包括根据美国反托拉斯法所提出的权利请求，仲裁庭就必须依据产生此请求的国内法来解决争议。只要预期的诉讼当事人能够在仲裁庭内有效地维护其法定诉权，法规就将继续发挥其补救和制止功能。

允许仲裁进行之后，美国的国内法院仍有机会在仲裁裁决执行阶段保证执行反托拉斯法的合法利益得到维护。《纽约公约》赋予了缔约国在"承认或执行裁决有违该国公共政策"的情况下拒绝执行仲裁裁决的权利（第5条（2）款（b）项）。当然，仲裁程序的功效要求仲裁裁决执行阶段的实质审查是最低限度的，因此不要求通过内在审查来认定仲裁庭已经考虑了反托拉斯请求并已对之作出了决定。

近几十年来，国际贸易得到了蓬勃发展，通过国际仲裁来解决国际贸易中发生的争议也得到了蓬勃发展。……一旦［国际仲裁机构］在国际法律秩序中处于中心地位，那么国内法院必须"抛却对仲裁的传统司法敌意"以及因为有关在国内法下引起的争议的管辖权将让位于外国或国际仲裁庭而产生的一贯的和可以理解的不情愿态度。至少从这个意义上讲，国内法院关于可仲裁性的国内观念必须服从于支持商事仲裁的国际政策。因此，通过认定该仲裁协议"依《仲裁法》的明文规定具有强制性……"我们"要求本案的美国商人必须信守其协议"。

该案的重要意义是不言而喻的。它不仅突破了反托拉斯争议不能通过仲裁解决的传统观点，而且标志着美国司法界更加注重仲裁作为解决国际争议有效手段的重要性，从而向商事交易的国际化迈出了重要的一步。有了这个判例，各基层法院普遍认为，仲裁对于解决因商事和金融交易所引起的法律请求有很大的潜力。①

美国法院在随后有关反托拉斯争议的国际案件中一直遵循最高法院在本案中确立的原则。例如，美国联邦第6司法巡回区上诉法院1995年6月对 *George Fischer Foundry Systems*, *Inc.* *v.* *Adolph H. Hottinger Maschinenbau GmbH* 一案②作出判决，重申美国法院不干预正在进行中的国际仲裁程序对成文法上的请求（statutory claims）的解决。在此案中，美方当事人 Fischer 公司援用美国反托拉斯法，向美国法院就正在瑞士苏黎世商会仲裁院审理的因国际许可证协议引起的争议提起诉讼。Fischer 试图通过借助 *Mitsubishi* 案判决的第19条注释来避免在本案中援用该判例。注释是这样表述的："万一［仲裁协议中的］审判地选择和法律选择条款共同作

---

① 参见赵秀文主编：《国际商事仲裁案例评析》，中国法制出版社1999年版，第92页。

② *See* Gerald Aksen, *U. S. Court Defers Antitrust Issues to Swiss Arbitral Tribunal*, 12 J. Int'l Arb. 173（1995）.

用，构成对当事人就违反反托拉斯法的行为寻求法定救济的权利的预期放弃时，我们将毫不迟疑地宣告该协议因违反公共政策而无效。"Fischer 争辩说，苏黎世仲裁庭所适用的规则不允许仲裁庭适用美国反托拉斯法规定的三重损害赔偿方法，由于这是对其主张三重损害赔偿这一法定权利的预先放弃，因而应允许其在美国法院提起反托拉斯诉讼。第 6 司法巡回区上诉法院驳回了 Fischer 所称仲裁庭适用瑞士法后便不会充分考虑美国反托拉斯请求的观点。法官们认为："第 19 条注释和由此引用的许多案例表明，如果合同的任何部分，包括法律选择条款，放弃了一方当事人就违反反托拉斯法的行为要求损害赔偿的权利，那么由于公共政策的原因，该条款是无效的。但这里并不存在上述情况，因为苏黎世仲裁庭将适用什么法律还不清楚。与 Fischer 的主张相反，*Mitsubishi* 案表明了这样的观点，即使美国反托拉斯法下的法定权利有可能不能得到充分承认，仲裁程序也应进行，因为如果发生了那种情况，受侵害的一方当事人可以在仲裁裁决执行阶段要求联邦法院判决该仲裁裁决是否违反了公共政策。由于现在苏黎世仲裁庭还未决定所适用的法律，法院对此案进行审查未免为时过早。"（着重号为作者所加——作者注）

同时，美国联邦巡回法院在司法实践中不断试图将 *Mitsubishi* 案确立的原则扩展到国内反托拉斯争议。① 1997 年 2 月，美国最高法院通过驳回就 *Kotam Electronics*, *Inc.* *v.* *JBL Consumer Products*, *Inc.* 一案②（在该案中，第 11 司法巡回区上诉法院认定，纯国内案件中的反托拉斯争议也可以通过仲裁解决）提出的移送令状（writ of *certiorari*）的申请，似乎已表明，*American Safety* 案所确立的反托拉斯请求不能仲裁的原则甚至在国内案件中也已不再有任何影响和作用。

三、雇佣争议

此处讨论的是雇佣争议而非劳动争议的可仲裁性问题。关于劳动仲裁与商事仲裁、雇佣仲裁的区别已在本书引言部分予以介绍，此处不赘。前

---

① *E g.*, *Hough v. Merrill Lynch*, *Pierce, Fenner & Smith Inc.*, 757 F. Supp. at 283, 286（SDNY），*aff'd*，946 F. 2d 883（2d Cir. 1991）；*Kotam Electronics Inc.* *v.* *JBL Consumer Prods*, *Inc.*, 93 F. 3d 724（11th Cir. 1996）. 参见赵健：《国际商事仲裁的司法监督》，法律出版社 2000 年版，第 174～175 页。

② 93 F. 3d 724（11th Cir. 1996），*cert. denied*；*U. S.* 117*s. Ct.* 946；136 *L. Ed.* 2d 835（1997）；1997 U. S. Lexis 721. *See M. Scott Donahey*, *On the Case Kotam Electronics*, *Inc.* *v.* *JBL Consumer Products*, *Inc*, 14 J. Int'l Arb. 145（1997）.

者不属于本书的研究范围。

在劳动仲裁中，工会扮演着重要的角色。与劳动仲裁不同，在雇佣仲裁程序中，按照其定义，并不存在工会的介入。其通常的情形是，雇主和雇员签订的个人雇佣合同中包含了这样一个条款，规定如果发生合同下的争议，将通过仲裁解决。从雇主的角度看，此种规定雇员应将其权利请求提交仲裁的协议有不少好处。除了仲裁通常比普通的民事诉讼更便宜和快捷外，仲裁协议还可以保护雇主免受民事诉讼所带来的某些危险。在仲裁中没有陪审团，并且由于大部分仲裁员是经验丰富的专业人员，不大可能为感情或表面的主张所左右，因此作出庞大而无根据的裁决的危险也极大的减少了。此外，在仲裁中，证据开示受到限制，这就意味着雇主较少面对麻烦的远距离求证（fishing expeditions），而这种情况在普通诉讼中则可能发生。或许最重要的是，在仲裁中不存在集团诉讼，这就降低了对原告律师的诱惑，从而可以避免因权利请求的累积而导致巨额裁决的危险。考虑到上述优势，大部分雇主都会订立尽可能宽泛的雇佣仲裁条款。而原告及其律师在争议发生后，则会想方设法对上述条款进行攻击，以争取获得诉诸法院的权利——至少能够将其部分权利请求提交普通的民事诉讼程序裁决。① 针对雇佣仲裁协议提出的异议主要集中在能否对成文法上的请求（特别是一系列反歧视法规下的权利主张）进行仲裁以及对 FAA 第 1 条的"个人雇佣合同除外条款"的解释上。

（一）成文法上的请求的可仲裁性

在 1974 年的 *Alexander v. Gardner-Denver Co.* ② 案中，最高法院认定，1964 年《民权法》第 7 编（Title VII）下产生的损害赔偿的法定请求不能被拒绝原告主张的仲裁裁决所排除（Title VII 旨在禁止基于种族、肤色、宗教、性别或民族血统所采取的歧视做法从而确保雇佣机会的平等。该案中原告提出，其之所以被解雇是由于种族歧视的结果）；最高法院特别提出，Title VII 下的某些请求不具有可仲裁性。③ 它分析道，由于 Title VII 下的权利是由成文法而非合同赋予的，因此约定对争议进行仲裁的协议并不包括上述权利。

不过，*Gardner-Denver* 判决的适用范围受到了很大限制。在之后的

① *See* Steven C. Bennett, Esq., *Arbitration: Essential Concepts* 157-59（2002）.

② 415 U. S. 36（1974）. *See* Gary B. Born, *International Commercial Arbitration in the United States: Commentary and Materials* 329-34（1994）.

③ 42 U. S. C. § § 2000e-2000e17.

Gilmer v. Interstate/Johnson Lane Corp. ① 案中，美国最高法院认定，在雇员已笼统同意将与其雇主之间的"任何争议"交付仲裁解决的情况下，可以强迫雇员将年龄歧视方面的权利主张提交仲裁。最高法院将本案与 *Gardner-Denver* 案进行了区分，特别指出，*Gardner-Denver* 案中的争议起源于集体谈判关系，这样就使得工会操控了仲裁进程。最高法院认为，"在集体代表与个人的成文法权利之间存在一种紧张状态"。②

这样，*Gardner-Denver* 判决和 *Gilmer* 判决之间的差异似乎意味着个人的成文法权利主张不可以为集体谈判劳动合同中的仲裁条款所排除，但可以为非工会雇佣合同（a non-union employment contract）中的类似条款所排除。不过，随后的法院判决仍存在不同的结论。部分判决认为，集体谈判劳动合同中的仲裁条款也应该排除针对成文法上的请求所提起的独立的民事诉讼。部分判决则认定，对个人成文法请求的诉讼不能为仲裁协议所排除，甚至在该协议起源于非工会雇佣关系的情况下也是如此。③ 其他一些法院判决则确认，与雇佣有关的争议，除了非法歧视方面的权利请求外，是可以受强制仲裁的支配的。④

无论如何，总的来说，对与雇佣关系有关的各种成文法上的请求，美国法院越来越多的倾向于承认其可仲裁性。⑤ 目前，除最高法院在 *Gilmer* 案中已认定《雇佣中的年龄歧视法》（Age Discrimination in Employment Act，ADEA）下的请求可以仲裁外，美国下级法院还纷纷认定其他与雇佣关系有关的成文法上的请求也可以仲裁。如，美国的下级法院一般认为，《雇员退休收入保障法》（Employee Retirement Income Security Act，ERI-SA）下的请求是可以仲裁的。⑥ 在 *Gardner-Denver* 案中，最高法院认定 Ti-

---

① 500 U. S. 20 (1991). *See* Steven C. Bennett, Esq., *Arbitration: Essential Concepts* 159 (2002).

② 针对劳动仲裁裁决提出的公共政策异议主要涉及联邦和州的反歧视法规。上述法规系独立的权利来源，因此集体谈判劳动合同中有关将争议提交仲裁的规定可能并不能强迫对成文法上的请求进行仲裁。即使可以强迫对宣称一方违反歧视法规的主张进行仲裁，明显违反歧视法规的仲裁裁决也会基于公共政策的理由而被认定为无效。*See* Steven C. Bennett, Esq., *Arbitration: Essential Concepts* 156 (2002).

③ Steven C. Bennett, Esq., *Arbitration: Essential Concepts* 159 (2002).

④ *Bird v. Shearson Lehman/American Express*, 926 F. 2d 116 (2d Cir.), *cert. denied*, 501 US 1251 (1991).

⑤ *See* Gary B. Born, *International Commercial Arbitration: Commentary and Materials* 282 (2d ed. 2001).

⑥ *Kramer v. Smith Barney*, 80 F. 3d 1080 (5th Cir. 1996).

tle Ⅶ 下的雇佣歧视方面的权利主张不具有可仲裁性。而现在下级法院遵循 *Mitsubishi*、*McMahon* 和 *Gilmer* 案的原则，已认定，第 7 编的请求可以仲裁。① 除判例法的发展之外，美国国会也积极通过立法 "鼓励" 在与雇佣有关的争议中对仲裁的使用。例如，1990 年颁布的《残疾美国人法》（Americans with Disabilities Act，ADA）就包含了鼓励仲裁的规定（第 513 节）。1991 年《民权法》第 118 节包含了与 ADA 第 513 节几乎完全相同的规定。而该《民权法》对 4 部法规具有影响：ADA、1964 年《民权法》第 7 编、1866 年《民权法》和 ADEA。②

　　不过，在最近的 *EEOC v. Waffle House, Inc.* ③ 案中，最高法院又认定，就业机会均等委员会（EEOC）可以针对雇主向法院提起歧视方面的权利主张，即使受影响的雇员已签署了有效的仲裁协议。该判决是否会被雇主视为实质上降低了作为争议解决机制之一的仲裁对他们的诱惑力，还有待考察。该判决的批评者指出，不能将争议解决集中在一个法庭会使仲裁作为一种替代争议解决方式的吸引力降低。

　　（二）"个人雇佣合同除外条款"

　　关于雇佣争议的可仲裁性，在美国法下必须解决的另一个问题是，FAA 究竟允不允许对所有因雇佣合同引起的争议进行仲裁，而不管待裁决的诉讼标的是什么。这个问题源于对 FAA 第 1 条解释上的困难。该条规定："本法对船员、铁路雇员或任何其他种类的从事对外或州际贸易（engaged in foreign or interstate commerce）的工人的雇佣合同不适用"。由此产生的疑问是：前述措辞是将所有与雇佣有关的争议排除在仲裁解决方式之外，还是仅仅排除了涉及运输业工人的争议。在 *Gilmer* 案中，最高法院绕开了这个难题，它认定 Gilmer 的仲裁协议包含在其证券登记协议中而非其雇佣合同中。而下级法院在这个问题上则一直存在分歧。大多数

----

　　① *Prudential Ins. Co. v. Lai*, 42 F. 3d 1299 (9th Cir. 1994)；*Willis v. Dean Witter Reynolds, Inc.*, 948 F. 2d 305 (6th Cir. 1991)；*Cherry v. Wertheim Schroder and Co.*, 868 F. Supp. 830 (D. S. C. 1994). *See also Fletcher v. Kidder, Peabody & Co.*, 601 N. Y. S. 2d 686 (Ct. Apps. 1993)（认为州的雇佣歧视方面的权利主张也是可以仲裁的）。

　　② *See* Joseph T. McLaughlin, *Arbitrability: Current Trends in the United States*, 12 Arb. Int'l 113 (1996).

　　③ No. 99-1823, 2002 WL 4673 (S. Ct. Jan. 15, 2002). *See* Steven C. Bennett, Esq., *Arbitration: Essential Concepts* 160 (2002).

法院对前述除外条款予以了狭义解释。① 但直到最近，至少仍有某些判决主张 FAA 并不适用于任何雇佣合同。这一问题最终是通过最高法院对 *Circuit City Stores, Inc. v. Adams*② 一案的判决得到解决的。

在该案中，最高法院明确认定，FAA 的适用范围并不限于商事合同，除船员和铁路工人外，只有运输业工人的雇佣合同被排除在 FAA 之外。而对某些种类的运输业工人的排除，并不意味着将所有雇佣合同都排除在该法的适用范围之外。最高法院强调，执行雇佣仲裁协议具有真正的益处，"我们明确反对这一假定，即在雇佣背景下，仲裁程序的优势会由于某种原因而消失。……仲裁协议可以使当事人避免诉讼费用，在雇佣诉讼中这是一个特别重要的优势，因为雇佣诉讼涉及的金额常常比有关商事合同的争议更小。当事人的上述诉讼费用（以及带给法院的负担）还会由于因雇佣关系引起的争议中常常提出的麻烦的法律选择问题而复杂化……"最高法院分析道，如果所有的雇佣合同都在 FAA 的范围之外，就没有必要规定"雇佣合同"例外了。此外，前述解释也与最高法院之前在 *Gilmer v. Interstate/Johnson Lane Corp.* 案和 *Allied-Bruce Terminix Cos. v. Dobson* 案中的判决不相一致。最高法院反对将所有雇佣合同排除在 FAA 范围外的广义解释，而是采取了文本解释的方法，其根据是争议中的措词"或任何其他种类的从事对外或州际贸易的工人"位于紧随对特定种类的工人（例如，船员和铁路雇员）的列举之后的"剩余条款"中。最高法院认定，该措词所处的位置"阻止了赋予这一条款以总括的和开放式的解释的任何企图"。相反，上述位置要求适用"同类解释规则"这一准则，根据该解释规则，在成文法列举中，紧接着特定语词之后的总括性表述只能被解释为包括与具体列举者同类的人或物。据此，"其他……从事……贸易的工人"这一措词应被解释为与船员和铁路工人类似。最高法院还援引了 *Allied-Bruce Terminix* 判决，该判决认为，"涉及商事"（involving commerce）（FAA 第 2 条的表述）这一表述表明国会欲使其调整达到其在美国宪法的商业条款之下所享有的最大权限，同时注意到"in

---

① See, e.g., *Cole v. Burns Int'l Security Services*, 1997 WL 51684（D. C. Cir. Feb. 11, 1997）（仅排除了实际从事州际货物运输的工人）; *Asplundh Tree Expert v. Bates*, 71 F. 2d 592, 599（6th Cir. 1995）（认为顾问雇佣合同并"不是从事对外或州际贸易"的合同，因此不属于第 1 条的例外）.

② 532 U. S. 105, 121 S. Ct. 1302, 149 L. Ed. 2d 234（2001）. See Susan C. Zuckerman, *Supreme Court Decides Employment Case in Favor of Arbitration*, Dispute Resolution Journal 5（May/Jul. 2001）.

commerce"（FAA 第 1 条的表述）这一表述则从未被解释得如此宽泛。

至此，因 FAA 第 1 条的"除外条款"而引起的解释上的纷争终于告一段落。根据 *Circuit City* 规则，依 FAA 的规定，雇佣合同（只要该合同不是纯粹的州内合同）中的仲裁条款具有强制执行力。事实上，由于 FAA 通常优先于与之冲突的州法，各州就不能颁布试图使雇佣仲裁协议无效或限制其强制性的法规。①

（三）对雇佣仲裁协议的限制

仍需指出的是，在雇佣关系中，有关仲裁程序的规定实际上大多是雇主确定的，雇员很难获得谈判权力和具备仲裁程序方面的丰富经验。两种因素的结合——没有工会代表以及雇员不能对仲裁程序讨价还价——可能意味着某些雇佣仲裁条款显然是单方面的，仅有利于雇主。因此，法院在某些情况下已认定，特别过分的仲裁程序（例如，仲裁员由雇主确定，或者雇员将要承担的仲裁费用使得对权利的主张过于昂贵以致无法负担）可被确认为无效。② 此外，美国一些法院还认定，如果仲裁协议是作为获得雇佣的强制条件之一而被要求接受的，则在涉及 Title VII 下的权利主张时不能对其予以执行。③ 其他法院则对作为雇佣关系之一部分而要求予以接受的仲裁协议施加了重要的程序限制。④

（四）对雇佣仲裁裁决的司法审查

由于非工会雇佣仲裁程序被视作商事仲裁的相等物，因此支配商事仲裁的规则同样支配着对雇佣仲裁裁决的审查和执行。在雇佣合同可能影响州际商事的情况下，FAA 将予适用，并提供此种审查和执行的规则。在合同属纯粹的州内合同的情况下，相应的州仲裁法将予适用。上述联邦和州的仲裁法通常并没有对可能适用于不同类型争议仲裁的审查程序加以区分。因此，虽然当事人一方可能会主张，法院应对有关雇佣关系的仲裁裁决给予更彻底的审查，但判例法普遍认为不应对雇佣（相对商事）仲裁裁决适用不同的审查标准。一般说来，大部分法院对仲裁员的裁决给予了高度尊重。⑤

---

① Steven C. Bennett, Esq. , *Arbitration*: *Essential Concepts* 157（2002）.

② Steven C. Bennett, Esq. , *Arbitration*: *Essential Concepts* 158（2002）.

③ *Duffield v. Robertson Stephens Co.* , 144 F. 3d 1182（9th Cir. 1998）.

④ *Hoffman v. Aaron Kamhi, Inc.* , 927 F. Supp. 640（S. D. N. Y. 1996）（在决定仲裁条款是否包含了雇员的成文法上的权利请求时，法院要求该条款应使雇员知悉自己已对此种权利请求予以了放弃）.

⑤ Steven C. Bennett, Esq. , *Arbitration*: *Essential Concepts* 161（2002）.

（五）小结

应该说，围绕雇佣争议的可仲裁性问题之所以产生各种分歧、矛盾，主要还是缘于需要在保护当事人的个人权利与促进有效率的争议解决之间取得一种平衡。最高法院的一系列判决（禁止、突破、限制）实际上就体现了这样一种努力。总体趋势是，雇佣争议的可仲裁性已获得确认，同时施加一些程序上的限制以确保作为弱方当事人的雇员的基本权利不受侵犯。值得一提的是，仲裁机构的实践也体现了这样一种发展和保护兼顾的趋向。①

无论如何，占主导的观点是，在仲裁协议反映当事人真实意思的前提下，仲裁同样可以为他们提供足够的救济，作为一种值得提倡的争议解决方式，仲裁并不比诉讼更值得怀疑。

四、消费者争议②

正如仲裁可以帮助雇主降低在与其雇员之间的争议中所可能遭遇的风险，仲裁对面临因与消费者之间的争议而可能引起繁重且昂贵的诉讼的制造商、销售者及其他企业也具有巨大的优势。仲裁可以减少诉讼所需要的费用和时间，还可以降低民事诉讼中庞大的陪审团裁断和集团诉讼可能产生的风险。此外，在越来越全球化的货物和服务市场中，无论什么时候只要发生了与消费者的持久争议，企业（对美国的企业而言可能尤其突出）都可能面临在多个管辖区域提起的多重诉讼。选择仲裁就可以通过确定单一的一套程序（或许也是惟一的审判地）以解决前述所有争议从而降低企业的费用和负担。事实上，随着因特网和电子交易越来越普及，对仲裁的运用可能成为避免无论何时只要产生消费者问题就可能导致的全国范围甚至世界范围的诉讼的一种重要方式。

（一）对消费者仲裁的常见抗辩

不过，对消费者针对企业提出的权利主张所进行的强制仲裁仍提出了

---

① 根据 *Gilmer* 判决，来自 AAA 和其他对劳动和雇佣争议解决感兴趣的组织的代表设立了一个"雇佣替代争议解决方法特别委员会"（Task Force on Alternative Dispute Resolution in Employment）。1995 年，该特别委员会颁布了对因雇佣关系引起的成文法请求进行调解和仲裁的正当程序备忘录。例如，在仲裁程序与该备忘录不一致的情况下，AAA 就会拒绝管理涉及成文法请求的仲裁程序。此外，AAA 的雇佣争议仲裁规则也对该备忘录加以了考虑。See Steven C. Bennett, Esq., *Arbitration: Essential Concepts* 160-61（2002）.

② See Steven C. Bennett, Esq., *Arbitration: Essential Concepts* 161-66（2002）.

有关可仲裁性的特殊问题。按理说，消费者与公司之间的争议并不比两个公司之间纯粹的商事争议更不应具有可仲裁性。假定合同涉及州际商事，则支持仲裁的联邦政策应予适用，而无须考虑当事人一方的身份。但实际上零售货物或服务的消费者的处境通常与仲裁协议的其他当事人不同。消费者签署的往往是一份标准格式合同，该合同很可能是一份附合合同，消费者并没有对仲裁协议的具体条款进行过谈判。他们可能根本就没有阅读过仲裁协议；即使他们的确浏览过，他们可能也不完全理解其含义。因此，与更有经验的合同当事人相比，消费者可能会主张，他们缺乏完整的信息和足够平等的谈判能力。① 不过，仅仅是仲裁条款可能包含在一份"附合"合同（一份当事人未对条款加以谈判的标准格式合同）之中这一事实并不能使仲裁条款不具有强制执行力。为证明仲裁条款"显失公平"，即如此的不公平以致不应对其予以执行，需要满足更多的条件。因此，目前美国法院对消费者争议的可仲裁性是予以承认的，只是考虑到消费者合同可能具有的特殊性，为保护消费者的合法权益，在某些情况下，允许消费者对合同中仲裁条款的公平性提出异议。针对消费者合同中的仲裁条款提出的有关公平性方面的异议主要如下：

1. 费用超过权利请求的价值

经常针对消费者仲裁提出的一个异议是，提起仲裁的费用加上仲裁员的费用可能降低单个消费者各自权利主张的价值。因此，消费者实际上可能会丧失对其权利请求的任何救济。但是，许多从事仲裁活动的组织已通过特别的规则，规定对消费者仲裁不收费或只收取很低的费用。此外，在某些情况下，标准格式仲裁条款的机构提议者可能事先同意支付仲裁费用。所以以此为由否认消费者争议的可仲裁性并不那么容易获得成功。最高法院在 *Green Tree Financial Corp. -Alabama v. Randolph*② 案中的判决就是证明。该判决认定，仅仅声称仲裁费用过高可能妨碍消费者权利的行使，并不足以使仲裁条款无效。最高法院认定，消费者承担了对费用过高的性质加以证明的责任，并需证明对消费者而言不存在以低成本进行仲裁的替代方法。

2. 不能采取集团诉讼

与费用昂贵这一主张有关的另一抗辩是，在许多案件中消费者及其律

---

① Joseph T. McLaughlin, *Arbitrability: Current Trends in the United States*, 12 Arb. Int'l 113 (1996).

② 531 U. S. 79, 121 S. Ct. 513, 148 L. Ed. 2d 373 (2000).

师声称在仲裁程序中不能提起集团诉讼，从而会减损对消费者权利的实施。这是因为单个消费者权利请求的数额相对较小，除非他们的请求能够合并，从而通过更大范围的赔偿额来使诉讼费用的支出变得合理，否则他们就不会起诉。不过，除了某些例外，美国法院并不怎么能够接受上述主张。因为仲裁是一个合同问题，仲裁条款通常并不允许集团诉讼，因此同意仲裁的消费者就有效的放弃了其提起集团诉讼的权利。放弃集团诉讼的权利是可允许的。只要仲裁的费用并不是过度的昂贵，通过选择仲裁来放弃集团诉讼的权利就是有效的。

3. 单方面的仲裁条款

在某些情况下，消费者试图对这样的仲裁条款提出异议，该仲裁条款要求消费者必须将其针对诸如某公司这样的组织的权利主张提交仲裁，但却允许该组织将它自己的任何请求（例如终止回赎权的请求或取回的请求）向法院提起诉讼。上述主张同样很难获得成功。因为法律并不要求当事人约定将其所有权利请求提交仲裁。因此，一个组织可以合理地主张，对某些种类的请求而言，仲裁是有效率的，但对其他争议则并非如此。最有希望获得成功的抗辩是，主张挑选仲裁员的方法有利于该组织控制消费者因而仲裁条款系单方面的（one-sided）。"没有人可以成为他自己的法官"这一广泛的原则很可能禁止一个机构选择它自己的人员作为仲裁员审理针对该机构的任何权利请求。此外，在该机构完全控制仲裁选择过程的情况下（即使仲裁员也许是独立于当事各方的），对"单方面"的异议也可能获得成功。

（二）对成文法上的请求的仲裁

与对其他类型争议的仲裁一样，消费者仲裁的趋势是承认成文法上的权利请求可恰当的成为仲裁协议的对象。因此，在当事人约定对因消费者合同引起的所有争议进行仲裁时，法院通常认定，消费者成文法上的权利主张也包含在该协议之内。但在仲裁程序的性质可能对有效实施成文法上的权利构成妨碍时，法院可能不太愿意执行作为消费者惟一救济的仲裁协议。因此，成文法上的请求与上述一个或多个显失公平的情形结合就可能构成使仲裁协议无效的基础。但是，仲裁协议的无效并不必然意味着消费者可以就所有主张自由的向法院提起诉讼。在某些情况下，法院努力对仲裁条款进行改善，以允许执行有关仲裁的基本协议，而将不合理的规定（过高的费用、单方面的仲裁员选择，等等）排除或进行其他改良。

（三）小结

应该说，两种价值之间的平衡依然是这里的关键问题。事实上，有关消费者仲裁的争议还将持续下去。企业组织通常强烈支持采取仲裁方式解决争议（更低廉的费用、更小的风险和更大的确定性是主要的优势）。相比之下，在争议发生后，消费者及其律师常常更乐意向法院提起诉讼，其目的在于希望能利用集团诉讼、陪审团审判以及对企业文件和证人的更广泛的证据开示，等等。不过，无论如何，尽管基于消费者合同的特殊性，美国法院对包含其中的仲裁条款施加了某些限制，但这些限制从本质上说仍是合同法上基本原则的体现（主要是显失公平原则），并非对消费者争议的可仲裁性的否定，也就是说，并不是对通过仲裁方式解决消费者争议的适当性的否定。事实上，如上所述，对消费者合同中的仲裁协议的异议往往也是很难获得成功的，尽管基本的正当程序要求仍受到强调。①

五、家庭法争议②

在美国，婚姻状况和能力被视作是反映一个国家在家庭问题上的公共政策的领域，因此属于法院专属管辖权内的事项。③ 这样，申请离婚的美国夫妇不能授权仲裁员宣布其婚姻关系解除。④ 传统上，该不可仲裁性的规则不仅适用于离婚，还适用于有关扶养费、子女监护和子女抚养费的附带争议。不过，法院已逐步允许对产生于家庭法大部分领域的争议进行仲裁。特别值得一提的是，在家庭争议的背景下，仲裁提供了更低廉的成本、更少对抗意味的程序、更加快捷的结果并使得当事人更可能不那么彼此刻薄地接受结果。⑤ 因此，尽管离婚本身仍不属于可仲裁事项的范围，但各州法院已普遍允许对其他附带争议进行具有拘束力的仲裁，只要它们

---

① 为回应消费者仲裁的日益普及与对消费者仲裁程序公平性的司法审查的日益严格这两者之间的冲突，几家从事仲裁活动的组织（包括 AAA 等）已通过了消费者仲裁的最低正当程序备忘录。在仲裁条款要求由采纳上述正当程序备忘录的组织对仲裁进行管理时，除非满足上述最低正当程序标准，否则该组织可以拒绝对仲裁予以协助。

② See Joseph T. McLaughlin, *Arbitrability: Current Trends in the United States*, 12 Arb. Int'l 113 (1996).

③ See Thomas E. Carbonneau, *A Consideration of Alternatives to Divorce Litigation*, Ill L. Rev. 1119, 1159 (1986), 转引自 Joseph T. McLaughlin, *Arbitrability: Current Trends in the United States*, 12 Arb. Int'l 113 (1996).

④ See, e.g., La. Civ. Code Art. 140 (1987).

⑤ See Stephen W. Schlissel, *A Proposal For Final and Binding Arbitration of Initial Custody Determinations*, 26 Fam. L. Q. 71, 76-77 (1992), 转引自 Joseph T. McLaughlin, *Arbitrability: Current Trends in the United States*, 12 Arb. Int'l 113 (1996).

并不涉及子女。

不过，支持仲裁的联邦法和州法对家庭法几乎没有什么影响。① 更确切的说，家庭法争议的可仲裁性取决于在多大程度上这些争议可以通过合同解决。传统观点认为，丈夫和妻子之间不可能存在合同，因为法律将他们视作一个整体。现在，美国各州逐渐放弃了上述过时的观念，允许离婚的夫妇就财产分配、夫妻间之扶养和离婚后的扶养费问题自由签订协议。相应地，法院通常也允许对财产分配、夫妻间之扶养和扶养费问题进行仲裁。② 其根据是，如果当事人自己可以自由地就上述附带事项进行谈判，就没有理由阻止中立的第三方代表他们对交易进行裁决。③ 对上述事项的仲裁几乎总是终局的和有拘束力的，原因也是相同的，即就财产权所进行的仲裁总是终局的和有拘束力的。④

然而，在争议涉及子女的情况下，州法院对捍卫其作为保护儿童福利的国家监护人的传统角色充满警觉。因此，大多数州法院认定，尽管离婚当事人可以对涉及其子女的监护、照料和费用的争议进行仲裁，但仲裁员的裁决并不具有拘束力，而是要受法院的重新（ de novo ）审查，如果该裁决并没有"代表儿童的最大利益"的话。换言之，法院可自由地对上述问题进行重审，无须尊重仲裁员的裁决。⑤ 禁止对儿童监护和抚养争议进行有拘束力的仲裁这一一般规则使得某些学者对仲裁在这一领域的优势产生了质疑。在他们看来，除非法院赋予仲裁员的裁决以拘束效力，否则对仲裁所带来的快捷、经济和实质正义的期望只能是一种幻想。⑥

---

① FAA 仅调整"涉及商事"的合同。已为 50 个州中的大多数州所采用的《统一仲裁法》（UAA）所包含的宽泛措辞既没有明确允许也没有禁止对家庭纠纷进行仲裁。除密歇根州外，各州并没有将 UAA 解释为允许对所有的家庭法争议进行仲裁。

② *See*, *e. g.*, *Sheets v. Sheets*, 254 NYS 2d 320 (App. Div. 1964); *Crutchley v. Crutchley*, 293 SE 2d 793 (NC 1982); *Faherty v. Faherty*, 477 A 2d 1257 (NJ 1984); *Bandas v. Bandas*, 430 SE 2d 706 (Va. Ct. App. 1993).

③ *See Miller v. Miller*, 620 A 2d 1161 at 1163-164 (Pa. Super. Ct. 1993).

④ 法院也认定，可根据分居协议中的仲裁协议，强迫一方当事人参加对财产分配、夫妻间之扶养和扶养费问题所进行的仲裁。*See*, *e. g.*, *Masters v. Masters*, 513 A 2d 104 (Conn. 1986).

⑤ *See Crutchley v. Crutchley*, 293 SE 2d 793 (NC 1982).

⑥ *See* Stephen W. Schlissel, *A Proposal For Final and binding Arbitration of Initial Custody Determinations*, 26 Fam. L. Q. 71, 76-77 (1992); Thomas E. Carbonneau, *A Consideration of Alternatives to Divorce Litigation*, Ill L. Rev. 1119, 1159 (1986). 转引自 Joseph T. McLaughlin, *Arbitrability*: *Current Trends in the United States*, 12 Arb. Int'l 113 (1996).

尽管存在上述反对对儿童监护问题进行仲裁的一般趋势，仍有 3 个州（密歇根州、加利福尼亚州和俄亥俄州）的法院支持对儿童监护和抚养争议进行有拘束力的仲裁。在一份重要判决中，密歇根州上诉法院推翻了先前要求司法解决涉及儿童的争议的州判决。① 该法院首先认定，该州的《儿童监护法》暗示允许对抚养问题进行有拘束力的仲裁。然后，法院对是否可对监护争议进行有拘束力的仲裁进行了分析，认为密歇根州所采纳的《统一仲裁法》包含了"宽泛且看来包罗全部的"措辞，表明没有任何种类的民事诉讼被排除在有拘束力的仲裁之外，而法院认为仲裁是一种"可以接受的和适当的"争议解决方式。② 在加利福尼亚州，最高法院认定，如果当事人在司法监督的程序中口头约定仲裁，则对监护问题所进行的有拘束力的仲裁是有效的。③ 有点不同的是，俄亥俄州一家上诉法院认定，用以支配监护问题的婚前协议中的仲裁协议具有强制执行力，尽管法院并未多作分析以支持其裁决。④ 上述判决是一种初现的趋势，抑或仅仅是一种偏差，尚不清楚。密歇根州最近的这份判决或许将说服其他州的法院对《统一仲裁法》采取相似的解释。此外，美国婚姻律师学会创建和培训一支有经验的家庭法仲裁员队伍的努力也会有助于使州法院的法官确信，司法系统之外的个人一样可以胜任（如果不是更胜任）审理和裁决监护问题。⑤

六、知识产权争议

在美国，专利争议曾经是不可以仲裁的。关于专利权的请求被视为涉及到公共利益，因此不适于仲裁解决。⑥ 不过，产生于与专利有关的合同的争议，例如有关专利许可证协议的各个条款的解释和履行的争议，还是可以仲裁的。1983 年和 1984 年，新的联邦立法生效，⑦ 允许当事人约定

---

① *Dick v. Dick*, 534 NW 2d 185 (Mich. Ct. App. 1995).

② *ibid.* at 188-91.

③ *In re Marriage of Assemi*, 7 Cal. 4th 896 (1994).

④ *Kelm v. Kelm*, 597 NE 2d 535 (Ohio Ct. App. 1992).

⑤ See Stephen W. Schlissel, *A Proposal For Final and Binding Arbitration of Initial Custody Determinations*, 26 Fam. L. Q. 71, 73 (1992), 转引自 Joseph T. McLaughlin, *Arbitrability: Current Trends in the United States*, 12 Arb. Int'l 113 (1996).

⑥ See *Hanes Corp. v. Millard*, 531 F. 2d 585 (D. C. Cir. 1976); *Diematic Mfg. Corp. v. Packaging Indus. Inc.*, 381 F. Supp. 1057 (S. D. N. Y. 1974).

⑦ 35 U. S. C. § 294 & § 135 (d).

将任何有关专利有效性或侵犯专利权的未来争议或现有争议以及任何涉及专利冲突（patent interference）的未来争议或现有争议提交仲裁。以《联邦专利法》修正案形式制定的 1983 年和 1984 年法案规定，有关专利的仲裁和这类案件中裁决的执行由 FAA 调整。该法明确规定，有关专利有效性和侵犯专利权的案件的仲裁裁决仅在仲裁的当事各方之间有拘束力，对其他任何人没有约束力或效力。这样，未同意将某一特定专利权的有关问题提交仲裁的其他当事人可以选择到法院对该问题提起诉讼。专利法的新规定承认，专利权人可以把同一个专利的许可授予许多不同的当事人，而其中一些许可证可以包含仲裁协议，另一些则不包括。在这种情况下，在有关其中一个许可证的仲裁中，该专利可能被认定为无效的或不具有强制性的，而在有关另一个未包括仲裁协议的许可证协议的争议中，法院可能认定同一个专利是有效的。任何这类就同一个专利所作的仲裁裁决和法院判决之间的冲突都可能产生某些商业上的问题，为了有助于对这些商业问题的实际解决，该法允许——但不是要求——当事人约定：万一专利在仲裁裁决中被认定为有效，但随后在没有仲裁协议的诉讼中被法院的终审判决认定为无效或不具有强制性，仲裁的任何一方当事人可以向有合法管辖权的法院申请修改仲裁裁决。此种修改应从修改之日起支配当事人的权利。这种修改的权利只在有限的情况下可以利用，而且并不构成向法院上诉以推翻仲裁裁决的权利。① 为便利专利争议的解决，AAA 在其《商事仲裁规则和调解程序》之外，又颁布了《解决专利争议的补充规则》②。至于与专利仲裁有关的比较著名的法院判例有 *Rhone-Poulenc Specialities Chiniques v. SCM Corp.* ③ 案，在该案中，法院认定专利侵权之诉可以仲裁。总之，"根据美国法律，对专利纠纷进行仲裁已不成问题。"④

与专利不同，并不存在允许商标仲裁的成文法。但美国法院在实践中也已确认了商标争议的可仲裁性。例如，在 *Saucy Susan Products, Inc. v.*

---

① *See* Howard M. Holtzmann, national report *United States* in Intl. Handbook on Comm. Arb. Suppl. 13 September 1992; Howard M. Holtzmann & Donald Francis Donovan, national report *United States* in Intl. Handbook on Comm. Arb. Suppl. 28 January 1999.

② Supplementary Rules for the Resolution of Patent Disputes（Effective January 1, 2006）, *available at* http://www.adr.org/sp.asp? id = 27417（visited August 15, 2006）.

③ 769 F. 2d 1569（Fed. Cir. 1985）.

④ ［美］大卫·普朗特：《美国的知识产权争议仲裁问题研究》，江波译，载《仲裁与法律通讯》，1996 年第 5 期，第 28 页。

Allied Old English, *Inc.* ① 一案中, 法院裁定涉及商标和商号的争议是可仲裁的。又如 *U. S. Diversified Industries*, *Inc. v. Barrier Coatings Corporation* ② 一案, 该案系有关违约及商标侵权的诉讼, 被告申请在仲裁前中止法院的诉讼程序。地区法院裁决该商标侵权争议属于仲裁条款的范围, 批准了被告的申请。③

美国的下级法院还认定, 根据美国法律, 版权争议, 包括有效性、侵权和所有权问题都是可以仲裁的。在 *Kamakazi Music Corp. v. Robbins Music Corp.* ④ 案中, 上诉法院认可了版权侵权索赔的可仲裁性, 不过该案尚未涉及有关版权有效性的争议的可仲裁性问题。而在 *Saturday Evening Post Co. v. Rumbleseat Press*, *Inc.* ⑤ 案中, 法院对版权有效性争议的可仲裁性予以了确认, 裁定有关版权有效性的争议也是可以仲裁的。在 *Folkways Music Publishers*, *Inc. v. Weiss* ⑥ 案中, 法院则确认了版权所有权问题的可仲裁性。⑦

七、其他争议

（一）与成文法上的请求或商业侵权有关的争议

在美国, 各种法规都规定了个人和法律实体对他人提出请求（claims）的基础。这些请求就是通常所说的"成文法上的请求"（statutory claims）或"法定请求"。前述因证券法、反托拉斯法等产生的请求都属于成文法上的请求之列。而可仲裁请求的范围长期以来局限于当事人拥有合同权力的事项上, 包括可以放弃的成文法规定或缺省规则。因此上述

---

① 200 F. Supp. 724（S. D. N. Y. 1961）.

② Civil No. 83-2124-T（D. Mass. October 18, 1982）.

③ 两案案情见［美］大卫·普朗特:《美国的知识产权争议仲裁问题研究》, 江波译, 载《仲裁与法律通讯》, 1996 年第 5 期, 第 33 ~ 34 页。*See* David W. Plant, *Arbitrability of Intellectual Property Issues in the United States*, *Available at* Http: // www. arbiter. wipo. int/events/conferences/1994/plant. html（visited August 15, 2006）.

④ 684 F. 2d 228（2d Cir. 1982）. 参见［美］大卫·普朗特:《美国的知识产权争议仲裁问题研究》, 江波译, 载《仲裁与法律通讯》, 1996 年第 5 期, 第 32 页。

⑤ 816 F. 2d 1191, 1198-99（7th Cir. 1987）. 参见［美］大卫·普朗特:《美国的知识产权争议仲裁问题研究》, 江波译, 载《仲裁与法律通讯》, 1996 年第 5 期。

⑥ 989 F. 2d 108（2d Cir. 1993）.

⑦ Gary B. Born, *International Commercial Arbitration*: *Commentary and Materials* 281（2d ed. 2001）.

成文法上的请求在过去是不能通过仲裁解决的。现在情况已有很大不同。正如最高法院在 *Mitsubishi* 案中所指出的那样:"我们必须确信,如果国会打算让特定法规所赋予的实体保护包含禁止放弃诉诸法院的权利,该意图应可从原文或立法历史中推断出来。"[①] 最高法院还说,除非国会作了相反的"明确指示",请求将被认为是可仲裁的。[②] 遵循这一标准,美国法院在各个领域不断扩大仲裁范围,有关成文法上的请求的许多争议都已经可以通过仲裁解决。[③]

非仲裁性理论衰退的一个显著例证是 Section 337 下的请求可以通过仲裁方式予以解决。所谓 Section 337 是指美国 1930 年关税法第 337 节的规定[④]。该条规定授权国际贸易委员会调查不公平的贸易行为。尽管国际贸易委员会负责进行调查,但联邦巡回上诉法院和国际贸易委员会自己都认为国际仲裁协议可使 §337 的请求得以仲裁。[⑤]

最高法院在 1987 年的 *Shearson/American Express*, *Inc.* *v.* *McMahon* 案中认定,不论是在国内还是国际交易中,基于《反欺诈与合谋法》(Racketeer Influenced and Corrupt Organizations Act, RICO) 提出的请求都是可仲裁的。

在 *Mitsubishi* 判决之前和之后,一些法院认定根据《海上货物运输法》(Carriage of Goods by Sea Act, COGSA) 提出的请求是不可仲裁的。[⑥] 另一些法院反对这种结论,断定并无充分证据表明 COGSA 排除仲裁。[⑦] 在 *Vimar Seguros y Reaseguros*, *SA v. M/V Sky Reefer*[⑧] 案中,最高法院解决

---

① 473 U. S. at 628.

② 473 U. S. at 639-40 n. 21.

③ *See* Gary B. Born, *International Commercial Arbitration*: *Commentary and Materials* 258, 280-82 (2d ed. 2001); Gary B. born, *International Commercial Arbitration in the United States*: *Commentary and Materials* 341, 365-67 (1994).

④ 19 U. S. C. § 1337.

⑤ *See* Farrel Corp. v. *United States International Trade Commission*, 1991 U. S. App. Lexis 27700 (Fed. Cir. 1991).

⑥ *State Establishment for Agricultural Product Trading v. M/V Wesermunde*, 838 F. 2d 1576, 1581 (11th Cir. 1988), *cert. denied*, 488 U. S. 916 (1988); *Organes Enterprises*, *Inc. v. The M/V Khalij Frost*, 1989 AMC 1460 (S. D. N. Y. 1989); *Siderius*, *Inc. v. M. V. Ida Prima*, 513 F. Supp. 916, 921 (S. D. N. Y. 1985).

⑦ *Citrus Marketing Board of Israel v. M/V Ecuadorian Reefer*, 1990 W. L. 252363 (D. Mass. Dec. 28, 1990).

⑧ 515 U. S. 528 (1995).

了下级法院中存在的分歧。最高法院认定，"COGSA 并不禁止对外国〔仲裁〕庭的选择"。与 *Mitsubishi* 判决相仿，它指出，仲裁仅仅是一种程序机制，并不会减损 COGSA 的实体成文法保护。

除前述成文法上的请求外，如果存在措辞足够广泛的仲裁条款，各种商业侵权也可以通过仲裁解决。① 例如，在 *Genesco v. Kakiuchi Ltd.* ② 一案中，普通法上的欺诈和不公平竞争问题以及产生于同一事实的几个成文法上的请求一同提交给了仲裁处理。③

（二）破产争议

对联邦破产案件中产生的争议而言，其可仲裁性问题导致了成文法上两种竞争性政策之间的冲突。一是支持仲裁的强有力的联邦推定，一是将所有与债务人有关的争议集中在一家法院予以解决的强有力的联邦破产政策。不过，因破产案件而产生的争议的可仲裁性看来已受到支持确认成文法上的请求的可仲裁性这一趋势的影响。④ 目前，美国法院一般承认债权人与破产人之间债权债务纠纷的可仲裁性。⑤

需要指出的是，如果合同的一方当事人破产，因该合同产生的争议是否可提交仲裁的问题取决于许多因素，包括该争议是在破产前还是在破产后发生的、何方当事人请求诉诸仲裁以及其他因素。许多法院认定，与美国的破产程序有关的争议的可仲裁性"主要取决于破产法院是否拥有核心管辖权（core jurisdiction）以裁判被告申请仲裁的争议"。⑥

（三）股东或合伙人之间的争议

在美国，对公司股东特别是股东数量较少的公司的股东而言，约定将

---

① Jack J. Coe, Jr., *International Commercial Arbitration: American Principles and Practice in a Global Context* 151-52 (1997).

② 815 F. 2d 840 (2d Cir. 1987).

③ *See also Coors Brewing Co. v. Molson Breweries*, 51 F. 3d 1511 (1995).

④ Joseph T. McLaughlin, *Arbitrability: Current Trends in the United States*, 12 Arb. Int'l 113 (1996).

⑤ 破产争议大致可划分为两类：一是债权人与破产人之间的债权债务纠纷，一是有关公司重组（重整）、破产程序的争议。目前的发展趋向是对二者作出区分，逐渐接受前者的仲裁性，对于后者的可仲裁性仍坚持否定的态度。美国也是如此。参见赵健：《国际商事仲裁的司法监督》，法律出版社 2000 年版，第 182-184 页。

⑥ *In re Spectrum Information Technologies, Inc.*, 183 B. R. 360 (Bankr. E. D. N. Y. 1995); *In re Hupp Industries, Inc.*, 157 B. R. 360 (N. D. Ohio 1993)（"将非核心事项提交仲裁并没有与《破产法典》相冲突"）。

有关公司业务应如何运作的争议提交仲裁的做法是一种普遍的实践。这类仲裁协议通常是具有强制性的，并且被认定，在适当情况下，赋予了仲裁员下令股东采取必要的行动解散公司（即终止其作为一个法律实体的存在）的权力。同样地，合伙企业内合伙人之间的协议也可以规定将有关合伙企业应如何运作以及合伙企业是否应解散的争议提交仲裁。如果在来自不同国家的股东或合伙人拥有平等股权利益的国际合营企业中产生了僵局，这种规定就特别有益。①

（四）惩罚性损害赔偿②

美国法律允许受损害的一方当事人在某些情况下获得超出补偿性损害赔偿范围的赔偿金额。尽管惩罚性赔偿通常限于侵权案件，但有时在商务案件中也作出惩罚性赔偿的判决以表明被告的行为特别应受到谴责。在惩罚性判决中，判决赔偿的金额通常是补偿性损害赔偿标准的数倍。还有一种惩罚性赔偿是由法规（statute）授权的，它试图加强对某类联邦公法的执行，例如规定反托拉斯、诈骗和证券欺诈问题的法律。有些州的法规也指示法院判决多重赔偿（multiple damages）。③

在 *Mastrobuono v. Shearson Lehman Hutton*, *Inc.* ④ 案之前，美国下级法院对仲裁员裁决惩罚性损害赔偿的权力是有争议的。首先，纽约州的法律禁止在仲裁中实施此种救济，认为判决惩罚性赔偿是为了增进公共利益，因此只能由法院来作出此种判决。⑤ 其次，在当事人选择纽约州的法律或类似的法律支配主合同的情况下，部分联邦法院就会实施前述限制。⑥ 最后，其他法院，包括州法院和联邦法院，本质上并不排除有关惩罚性赔偿的仲裁裁决。⑦ 对这些法院而言，这一问题主要取决于仲裁条款的范围和当事人采用的规则。如果所适用的规则授予仲裁庭确定救济形式的广泛权

---

① Howard M. Holtzmann, national report *United States* in Int'l. Handbook on Comm. Arb. Suppl. 13 September 1992.

② Jack J. Coe, Jr., *International Commercial Arbitration: American Principles and Practice in a Global Context* 112-13 (1997).

③ *See, e. g.*, *Valley Datsun. v. Martinez*, 578 S. W. 2d 485 (Tex. Civ. App. 1979).

④ 115 S. Ct. 1212 (1995).

⑤ *See Garrity v. Lyle Stuart*, *Inc.*, 353 N. E. 2d 793 (N. Y. 1976).

⑥ *See*, *e. g.*, *Mastrobuono v. Shearson Lehman Hutton*, *Inc.*, 20 F. 3d at 716-17 (7th Cir. 1994), *rev'd*, 115 S. Ct. 1212 (1995).

⑦ *See Willis v. Shearson/Am. Express*, *Inc.*, 569 F. Supp. 821, 823-24 (M. D. N. C. 1983).

力，并且仲裁条款清楚地表明将所有与商事关系有关的问题都提交仲裁，许多法院将确认惩罚性赔偿的仲裁裁决。① 最高法院在 *Mastrobuono* 一案中，基本上采纳了后一种方法，认定：仲裁员是否有权作出上述惩罚性裁决取决于仲裁条款的规定和 FAA 是否适用于该仲裁。

在 *Mastrobuono* 案中，合同中包含了法律选择条款和仲裁条款，规定：整个合同"应由纽约州法律调整"，并且因当事人间的交易引起的"任何争议""应通过仲裁解决"。它所指定的仲裁规则并未排除惩罚性赔偿的仲裁裁决。最高法院认为，选择纽约法律调整当事人在合同下的权利和义务并非清楚地暗示当事人也要求适用纽约州对惩罚性赔偿的限制。它重申了最高法院在对 *Volt* 案的判决中提出的观点：FAA 的主要目的是确保按照当事人所使用的措辞来执行其仲裁协议。而该案中的仲裁条款是独立的，并未包含对救济方式的限制。因此，在本案中引起上诉的惩罚性仲裁裁决应得到确认。

最高法院在此通过暗示确认，在 FAA 下，仲裁员（就像法院一样）在当事人默许的情况下可以作出惩罚性仲裁裁决。最高法院的这一判决本身与美国法院以前的若干判决的精神一致，这些判决承认仲裁员的资格并拒绝赋予仲裁相对于争议的司法解决以更次要的地位。

此后，纽约州上诉法院依据 *Mastrobuono* 案的判例，在 *R. C. Layne Construction, Inc. v. Stratton Oakmont, Inc.* ② 一案中推翻了下级法院的决定，判定仲裁员可以裁定惩罚性赔偿，尽管在标准证券经纪业务账户协议中有适用纽约州法律的条款。③

（五）弥补漏缺和修改④

在美国，因为仲裁是一个合同问题，在合同授权的情况下，仲裁员有权弥补合同里的漏缺或修改合同以适应发生根本变化的环境。

弥补漏缺的权力涉及多种漏缺。例如，如果由于合同的当事各方尚未掌握足够资料以确切规定合同的所有措辞，从而他们故意和有意识地延迟就某些问题达成具体的协议，这时就会产生漏缺。或者当经济、技术或政

---

① *Accord R. C. Layne Constr. Inc. v. Stratton Oakmont, Inc.*, 1996 WL 73491 (N. Y. App. Div. Dec. 24, 1996).

② 1996 N. Y. App. Div. LEXIS 12817 (1st Dept.).

③ 参见陶杰译：《纽约州法院维持惩罚性赔偿的仲裁裁决》，载《仲裁与法律通讯》，1997 年第 2 期，第 39 页。

④ Howard M. Holtzmann & Donald Francis Donovan, national report *United States* in Intl. Handbook on Comm. Arb. Suppl. 28 January 1999.

治条件发生了变化而合同未就处理可能由此产生的困境加以具体规定时，漏缺也会产生。通常，当事各方会在他们的合同中规定，如果产生了上述任何一种漏缺，他们又不能就如何解决这个问题达成一致，那么该争议将提交仲裁解决。

授权仲裁员弥补漏缺并不要求有什么特定的措辞。必要的条件只是将合同作为一个整体来看时，当事人的意图是清楚的，或者有关准据法赋予了这种权力。同样地，在当事人约定或准据法规定的情况下，仲裁员有权修改合同以适应发生了根本变化的环境。①

（六）"交错"理论（the doctrine of "intertwining"）及其在美国的衰退②

当某一争议既涉及可仲裁的请求，又涉及不可仲裁的请求时，法院必须决定如何处理那些不能通过仲裁解决的请求。美国下级法院曾经一直适用"交错理论"，依照这种理论，可仲裁的请求如果与不可仲裁的请求交错在一起，则该可仲裁的请求不能通过仲裁解决，而只能通过诉讼解决。这些法院认为，"法院通过拒绝强制仲裁，避免了将程序分为两部分，以及付出过多的努力对同一事实问题进行两次诉讼。"③

在 *Byrd v. Dean Witter Reynolds, Inc.* 案中，最高法院以全票推翻了前述理论。它指出，FAA"并未赋予地区法院自由决定的权力，而是要求其命令当事人对所签订的仲裁协议规定的事项进行仲裁。"④

还有一种建议是，在对交错着的可仲裁请求进行仲裁之前，应中止对不可仲裁的请求提起的诉讼。⑤

---

① See *Georgia Power Co. v. Cimarron Coal Corp.*, 526 F. 2d 101 (6th Cir. 1975)（在"明显不公"的情况下经"互相同意"进行价格调整）；*American Home Assurance Co. v. American Fidelity & Casualty Co.*, 356 F. 2d 690 (2d Cir. 1966)（"在双方同意的基础上"减少保险费）；*Aeronaves de Mexico SA v. Triangle Aviation Services, Inc.*, 389 F. Supp. 1388 (S. D. N. Y. 1974), aff'd, 515 F. 2d 504 (2d Cir. 1975)（服务费用的增加"应经谈判使当事人双方都满意"）。

② Gary B. Born, *International Commercial Arbitration in the United States: Commentary and Materials* 381-82 (1994).

③ See *Byrd v. Dean Witter Reynolds, Inc.*, 726 F. 2d 552 (9th Cir. 1984).

④ 105 S. Ct. 1238, 1241 (1985).

⑤ See *Moses H. Cone Memorial Hospital v. Mercury Construction Corp. m* 460 U. S. 1, 20 n. 23 (1983)（认为中止对不可仲裁的请求的诉讼"是留给地区法院……作为其控制待审案件的自由决定事项"）。

八、FAA 对州的不可仲裁性规则的优先性①

最高法院在 *Scherk*、*Mitsubishi* 和上述其他案件中的判决大多是有关特定联邦成文法下的请求不可仲裁的争论。正如我们已看到的那样，当事人也可能声称州成文法和州的司法判决使某些类型的请求不可仲裁。事实的确如此，例如，依各州法律，有关侵权的请求②、不动产的请求③和保险的请求④都可能属于不可仲裁之列。

依 FAA 的国内部分和《纽约公约》，最高法院已从总体上否定了"州法可以排除对特定种类请求的仲裁"这一观点。在 *Southland Corp. v. Keating*⑤ 案中，加利福尼亚州的一部法规认定某些与特许权投资有关的仲裁协议无效，最高法院对该法规的效力进行了考虑。在该案中，加利福尼亚州最高法院认为，尽管当事人之间存在仲裁协议，但该州法使协议不具有强制性。美国最高法院否定了这种观点，认为"国会意图阻止各州减损仲裁协议强制性的立法企图"。⑥

此后不久，在 *Perry v. Thomas*⑦ 案中，最高法院再次反对有关州法可以使某一请求不具有可仲裁性的主张。最高法院认为，FAA 优先于加利福尼亚州要求司法解决有关"工资"请求的法规。最高法院强调了两种

---

①　Gary B. Born, *International Commercial Arbitration : Commentary and Materials* 282-83（2d ed. 2001）Gary B. Born, *International commercial Arbitration in the United States : Commentary and Materials* 367-68（1994）.

②　Ark. Stat. Ann. § 34-511（Supp. 1983）; Iowa Code Ann. § 679A. 1（a）（West Supp. 1984-85）; Kan. Stat. Ann. § 5-401（1982）; S. C. Code Ann. § 15-48-10（b）（4）（Supp. 1983）; Tex. Rev. Civ. Stat. Ann. Article 224（c）（Supp. 1984）.

③　Mich. Comp. Laws Ann. § 600-5005（Supp. 1984-85）Mont. Code Ann. § 27-5-101（1983）; N. D. Cent. Code § 32-29-01（Supp. 1983）; Ohio Rev. Code Ann. § 2711. 01（1981）; Ore. Rev. Stat. § 33. 210（1983）.

④　Ark. Stat. Ann. § 34-511（Supp. 1983）; Ky. Rev. Stat. § 417. 050（Supp. 1984）; Mo. Ann. Stat. § 435. 350（Supp. 1984）; Okla. Stat. Ann. tit. 15, § 802（A）（Supp. 1983-4）; S. C. Code Ann. § 15-48-10（b）（4）（Supp. 1983）; S. D. Cod. Laws Ann. § 21-25A-3（Supp. 1979）. *See also* Kan. Stat. Ann. § 5-401（1982）.

⑤　465 U. S. 1（1984）.

⑥　465 U. S. at 16. 最高法院并不否认这种可能性，即主张"诸如欺诈这类合同上的一般抗辩以使仲裁协议不能执行"。

⑦　482 U. S. 483（1987）.

立法体制之间"明显的冲突",断定"依照最高条款,州的法规必须让路。"①

最近,在 *Allied-Bruce Terminix Co. v. Dobson*② 案中,最高法院再次认定,FAA 优先于据称使特定请求或争议不可仲裁的州法。美国下级法院的判决已认定,州的其他阻止或限制对特定种类的请求进行仲裁的立法企图不能优先于 FAA。③

在 20 世纪 90 年代早期,一些下级法院将最高法院在 *Volt* 案中的判决解释为在当事人约定适用州法的情况下允许适用州的不可仲裁性规则。④ 而其他下级法院反对这种主张。⑤ 显然,后一种观点更符合 FAA 的目的和当事人的愿望。与之一致,在 *Mastrobuono v. Shearson Lehman Hutton, Inc.*⑥ 案中,最高法院对其在 *Volt* 案中的判决的效力予以了考虑,该案提出了这样一个问题,即法律选择条款是否合并了对仲裁员裁决惩罚性损害赔偿予以禁止的州法。最高法院对 *Volt* 判决予以了狭义解释,认定,指定适用州实体法的法律选择条款一般并不能使州的非仲裁性规定也获得适用。

同样,在 *Doctor's Associates, Inc. v. Casarotto*⑦ 案中,最高法院认定,FAA 第 2 条优先于要求仲裁协议全部以大写字母并在下面画线的方式打印在合同首页的蒙大拿州成文法。最高法院的分析很可能进一步限制了 *Volt* 判决的适用,将其局限于显然支持仲裁程序的州法规则上。

但这里可能会有一个例外。⑧ 这个可能的例外就是《McCarran-Ferguson Act》,这是一部联邦法律,和一般规则相反,它规定,联邦法规不应

---

① *Id.* at 488.

② 513 U. S. 265 (1995)(优先于阿拉巴马州使仲裁未来争议的协议无效的法规).

③ *S + L + H SpA v. Miller-St. Nazianz Inc.*, 988 F. 2d 1518 (7th Cir. 1993); *Saturn Distribution Corp. v. Williams*, 905 F. 2d 719 (4th Cir. 1989); *Securities Indus. Ass'n v. Connolly*, 883 F. 2d 1114 (1st Cir. 1989), *cert. Denied*, 110 S. Ct. 2559 (1990); *In re Marcia L. Pate*, 198 B. R. 871 (Bankr. S. D. Ga. 1996).

④ *Armco Steel Co. v. CSX Corp.*, 790 F. Supp. 311 (D. D. C. 1991).

⑤ *Saturn Distribution Corp. v. Williams*, 905 F. 2d 719 (4th Cir. 1989); *Securities Ass'n v. Connolly*, 883 F. 2d 1114 (1st Cir. 1989), *cert. denied*, 110 S. Ct. 2559 (1990).

⑥ 514 U. S. 52 (1995).

⑦ 517 U. S. 681 (1996).

⑧ *See* Howard M. Holtzmann & Donald Francis Donovan, national report *United States* in Intl. Handbook on Comm. Arb. Suppl. 28 January 1999.

被认定为优先于州的调整保险业的法规，除非该联邦法规专门适用于保险业。① 现在尚未解决的问题是，规定保险合同或再保险合同中的仲裁协议不具有强制执行力的州的法规是不是调整保险业的法律，从而属于《Mc-Carran-Ferguson Act》反优先条款的范围。下级法院对此尚存在不同意见。②

第三节 结 论

综上所述，近年来，可仲裁事项的范围在美国法下获得了急剧膨胀。不愿将那些与公共政策密切相关的事务让位给私人审判者的司法态度已被史无前例的可仲裁性所取代。支持对商事争议进行私人审判的联邦政策对这一发展产生了重要影响。③

一、可仲裁性问题的实质

事实上，在美国，无论是 FAA 还是其他成文法规，大都没有明确规定不可仲裁性问题，也就是说，并未限制哪一类争议特别不适合仲裁方式解决，法院也很少从这个角度来认识这个问题。④ 最初不可仲裁性问题的提出更多的是担心当事人在不知情的情况下放弃有关权利以及经济势力和经验上的悬殊给当事人带来不利影响。但在当事人决定对现有争议进行仲

---

① 5 U. S. C. Sect. 1012.

② *Compare Triton Lines*, *Inc. v. Steamship Mutual Underwriting Ass'n*, 707 F. Supp. 277 (S. D. Tex. 1989)（《McCarran-Ferguson Act》并未构成 FAA 的例外，即该法并不产生如下效果：州法上有关"不可仲裁性"的规定将使得仲裁协议不具有强制性）*with Washburn v. Corcoran*, 643 F. Supp. 554 (S. D. N. Y. 1986)（依《McCarran-Ferguson Act》和纽约州的法律，认定州保险清算人提出的请求是不可以仲裁的）*and Corcoran v. Ardra Ins. Co.*, 566 N. Y. S. 2d 575 (1990), *cert. denied*, 111 S. Ct. 2260 (1991).

③ *See* Jack J. Coe, Jr., *International Commercial Arbitration: American Principles and Practice in a Global Context* 151 (1997).

④ 有学者指出："UAA 和 FAA 都没有基于公共政策明确将某些种类的争议排除在仲裁之外。法院不愿出于公共政策考虑而撤销裁决。另一方面，许多国家都在其仲裁法中将它们认为违反公共政策的争议排除在仲裁范围之外。美国国会颁布 FAA 的目的是缓和多年来针对仲裁的司法敌意的影响。" Georgios Zekos, *Courts' Intervention in Commercial and Maritime Arbitration under U. S. Law*, 14 J. Int'l Arb. 99, 100 (1997).

裁的情况下，以上担心通常就不那么明显了。① 如前所述，在 *Wilko* 案中，Jackson 法官发表的同意意见就指出："在这个范围内，我同意最高法院的意见，即它推断，《证券法》禁止在争议发生前约定放弃司法救济而提交仲裁。但我认为事后当事人可以约定仲裁。"下级法院同样一再确认，当事人可以订立具有强制性的仲裁现有争议的协议——即使这些争议一般是不可仲裁的。因此，在美国，所谓可仲裁的争议实际上是就该争议所签订的争议前仲裁协议可获得法院执行的那类争议。② 而美国法院在可仲裁性问题上的扩张，实际上是随着对仲裁本身认识的发展，逐类将一些通常认为不能在争议发生前约定由仲裁解决的请求"让给"仲裁庭的过程，即允许当事人就前述请求事前签订仲裁协议。这里的关键是保证有关法律的适用，至于是由法院通过诉讼予以适用，还是由仲裁庭通过仲裁过程予以适用，并不重要。换言之，仲裁范围的扩大，本身体现了美国法院对仲裁作为争议解决方式的信任，特别是近一两年，美国法院在这方面的判例还在发展，从这些判例中都可以看出美国法院对仲裁的认识。

二、保证仲裁过程中对相关法律的适用：更严格的司法审查？

现在提出的一个新问题是，在放宽可仲裁事项范围的同时，要求确保仲裁过程中对有关法律的适用会不会又从其他方面对仲裁施加过多的限制？这主要体现在被请求执行仲裁协议或仲裁裁决的美国法院如何认定包含重要公共政策的美国法的要求未被违反？实践中美国法院的判例显示，对上述问题的司法审查远不如通常想象的严格。

（一）对仲裁协议的司法审查

在 *Mitsubishi* 案中，最高法院在其判决的脚注中强烈暗示，在涉及反托拉斯请求的情况下，美国法院将不执行这样一份仲裁协议："万一审判地选择和法律选择条款共同作用，构成对当事人就违反反托拉斯法的行为寻求法定救济的权利的预期放弃时，我们将毫不迟疑地宣告该协议因违反公共政策而无效。"③ 国际合同通常包含了法律选择条款和仲裁条款，最高法院的前述意见似乎意味着在当事人根据美国的相关法律（包括反托

---

① *See* Gary B. Born, *International Commercial Arbitration in the United States：Commentary and Materials* 467 n. 47 (1994).

② Stephen J. Ware, *Default Rules from Mandatory Rules：Privatizing Law Through Arbitration*, 83 Minn. L. Rev. 703, 713 (1999).

③ 473 U. S. at 637 n. 21.

拉斯法）提出权利主张的情况下，如果含有仲裁条款的协议包含了明确排除美国法律作为当事人间争议的准据法的法律选择条款，则美国法院将拒绝执行仲裁协议。这样一来，仲裁范围的扩大似乎是以加强对仲裁条款和法律选择条款的司法控制为前提的。而美国法院的普遍实践表明事实并非如此。

两个著名的判例对此作了很好的说明。

1. *Roby v. Corporation of Lloyd's*① 案

该案原告是伦敦劳埃德保险社各种企业联合组织的投资者，他们都是美国公民和居民。被告则是劳埃德保险社。投资人与劳埃德理事会之间签订的"总协定"规定英格兰法院对解决相关争议享有专属管辖权以及当事人之间的争议适用英格兰法。上述投资人与其他人之间的"成员的代理人协议"则规定："与该协议有关的可能产生于代理人与投资者之间的任何争端、异议、疑问或请求，应一方当事人之请求，应提交到伦敦进行仲裁……"投资者与劳埃德的其他各种相关机构之间订立的协议也包含了大致相同的仲裁条款。尽管如此，争议发生后，美国投资者还是在美国联邦法院对劳埃德和与之相关的大部分机构提起了诉讼。其所主张的请求的依据是美国证券法和《反欺诈与合谋法》（RICO）。美国地区法院的判决认定，原告的请求必须在英国接受仲裁或提交英国法院。针对就该判决提起的上诉，第 2 司法巡回区上诉法院对投资者的下述主张进行了审理，即其协议中的仲裁条款/法律选择条款并未涵盖他们在美国成文法上的请求，即使这些条款触及了上述法定请求，它们也是不具有强制执行力的。上诉法院的判决如下：

> 原告首先主张，由于法律选择条款要求适用英国法，所以协议并未包括原告在美国法下的法定请求。它所主张的理由暗示，仅仅依协议选定的法院所不承认的法律提出权利主张，原告就可以规避法院选择和仲裁条款。……我们不能允许当事人通过巧妙地提起诉讼而使其庄严的承诺归于无效。在不考虑其他因素的情况下，即使提交仲裁或诉诸英国法院的协议将导致不能提起某些在其他法院本可提起的请求，该协议也必须得到执行。……
>
> 原告争辩道，证券法的反对放弃条款所包含的公共政策使任何事

---

① 996 F. 2d 1353（2d Cir. 1993）. *See* Gary B. Born, *International Commercial Arbitration: Commentary and Materials* 284-89（2d ed. 2001）.

实上排除对这些法律的遵守的协议不具有强制性。……根据一位英国律师的确切证言，没有一家英国法院或一位英国仲裁员会适用美国证券法，因为英国的冲突法规则不允许承认外国的侵权法或制定法。据此，原告断定，合同条款的作用是放弃遵守证券法，因此是无效的。我们一开始就注意到 Wilko v. Swan 判决已被明确推翻。……我们毫不怀疑，自 1953 年以来对仲裁的司法敌意已明显消退，而且仲裁庭已完全胜任保护当事人的实体权利。……如果原告仅仅是反对对仲裁方式而非司法方式的选择，我们可以通过引用 Rodriguez 和 McMahon 判决立刻驳回其请求。不过，原告提出，他们被迫放弃的不仅仅是司法审判，还有证券法提供的实体保护。这样，我们认为 Rodriguez 和 McMahon 判决在此不具有支配性。……

　　最高法院的确表示，如果基础交易的性质具有完全的国际性，就推断法院选择和法律选择条款有效。① 不过，这种有效性的推断可因那些条款“在具体情况下显然‘不合理’”而不适用。最高法院对此种例外的解释是比较狭窄的：在下列情形下，法院选择和法律选择条款为“不合理”：（1）如果它们被订入协议是欺诈或过分（overreaching）的结果；（2）如果原告因挑选的法院严重不便或不公平而“由于实际的原因被剥夺了出庭机会”；（3）如果选择的法律存在根本的不公，将剥夺原告获得救济的机会；或（4）如果那些条款严重违反了法院地的公共政策。

　　在本案中，我们可以比较容易地解决前两个问题。（法院通过分析断定并不存在前两种情况，此处略）

　　关于第 3 个问题，我们注意到，并不仅仅是指外国的法律或程序不同于美国法律或程序或没有美国法律或程序那样有利。问题的关键是，适用该外国法是否导致如下危险，即原告“将被剥夺任何救济或被不公平地对待”。……如下所述，我们认为原告在英国法下可获得充分的救济。

　　[至于] 第 4 个问题，我们认为，美国的公共政策是否被劳埃德条款破坏，这是一个严肃的问题。……国会通过在证券法中规定反对放弃条款，清楚表明了其意图：那些法律所包含的公共政策不能被妨碍。……我们认为，如果所适用的外国法不能充分阻止发行人榨取剩

---

① 此种分析对仲裁条款而言也适用。事实上，仲裁条款只是特殊化的审判地选择条款。

削美国投资者的话，证券法的公共政策将被违反。……如果原告能够表明在英国不能获得充分的救济以阻止英国发行人通过诈欺、虚伪陈述或不充分的披露来榨取美国投资者，我们将毫不迟疑地宣告法律选择、法院选择和仲裁条款因违反公共政策而无效。不过，由于下面阐明的原因，我们断定，原告不能提出这样的证明。我们不仅确信原告在英国拥有好几种充分的救济以支持其实体权利，而且确信在本案中，确保充分和公正披露及制止对美国投资者的剥削的政策并未受到破坏。……英国普通法对故意或轻率的欺骗、因疏忽造成的与事实不符的陈述甚至善意的误述都提供了救济。……虽然原告依美国证券法可以对"管控人员"（controlling persons）提起诉讼并且无需证明对其寄予信赖即可确立责任，但英国法要求证明存在实际的不当行为和信赖并非就不公平。而且，能否对这里的许多被告确立"管控人员"责任，我们表示怀疑。……［我们］认为可以利用的救济和可能的损害赔偿足以制止对美国投资者的欺骗。……

……我们断定，原告在英国拥有充分的救济以支持他们有关诈欺及虚伪陈述的法定请求。……虽然 RICO 规定了三倍损害赔偿并试图制止持续的不当行为，但这并不能阻止我们认定，原告的合同条款应予执行。如上所述，原告在英国可获得充分的可能的救济，而且存在有效的措施阻止英国的发行人不公平地剥削美国投资者。尽管适用RICO 可能扩大这些救济和措施，但我们不能说适用英国法就会破坏该法规所包含的政策。……

Roby 案的判决在之后美国上诉法院的一系列涉及联邦证券、反托拉斯及其他成文法上的请求的判决中获得了几乎一致的遵循。① 事实上，按照上述判决，美国成文法上的请求是可以在法律选择和审判地选择条款的共同作用下予以排除的。②

---

① *See Simula, Inc. v. Autoliv, Inc.*, 1999 U. S. App. LEXIS 8273（9th Cir. 1999）（"瑞士仲裁庭可能适用美国反托拉斯法以解决该争议……而且，即使对该争议适用了瑞士法，也无证据表明它不能为 Simula 提供足够的保护"）；*Bonny v. Society of Lloyd's*, 3 F. 3d 156, 162（7th Cir. 1993）. *See also Allen v. Lloyd's of London*, 94 F. 3d 923, 929（4th Cir. 1996）（根据 *Roby* 案的判决执行了审判地选择条款）.

② Gary B. Born, *International Commercial Arbitration: Commentary and Materials* 292-93（2d ed. 2001）.

2. *Vimar Seguros y Reaseguros*, *S. A. v. M/V Sky Reefer*① 案

在该案中，最高法院对海事合同中要求在日本东京仲裁的条款予以了支持，从而认定根据《海上货物运输法》（COGSA）提出的请求是可以在外国仲裁的。最高法院并不否定 COGSA 请求的可仲裁性，仅在外国仲裁庭是否会适用 COGSA 的实体规定这个问题上对该仲裁庭进行了考察。托运人声称，日本的法律不像 COGSA 那样对托运人有利。该主张因其为时过早而被驳回，因为日本仲裁庭将适用什么法律尚不清楚。属于最高法院权限范围内的惟一需要决定的问题就是是否命令仲裁，在这个阶段对实质问题的任何考虑都是不合适的。如果日本仲裁庭并未适用 COGSA，该问题还可以在裁决执行阶段提出。美国法院无需尊重"与美国的公共政策相矛盾的"外国判决。

由此可见，在被请求执行涉及有关成文法权利主张的仲裁协议时，美国法院总是尽量要求当事人依协议规定参加在外国进行的仲裁，即使当事人声称仲裁过程中美国法律不能获得适用。

（二）对仲裁裁决的司法审查

在要求对反托拉斯请求进行仲裁时，*Mitsubishi* 案所依据的一个重要理由是美国法院对仲裁裁决"再次审查"（second look）② 的能力："允许仲裁进行之后，美国的国内法院仍有机会在仲裁裁决执行阶段保证执行反托拉斯法的合法利益得到维护。"前述 *Sky Reefer* 判决也提出了相同观点。这是否意味着在裁决执行阶段，美国法院将加大对相关仲裁裁决的司法审查力度，对仲裁庭的法律适用问题进行严格审查呢？事实上，*Mitsubishi* 案也认为，审查仲裁庭裁决的美国法院只能从事"最低限度"的"实质审查"。③ 这与美国有关执行国内仲裁裁决的法律规定是一致的，即仅允许因仲裁庭"显然漠视法律"而不执行仲裁裁决（或许甚至不能以此为由）。④ 因此，人们所担心的严格的"再次审查"实属罕见。

---

① 515 U. S. 528（1995）. *See* Stephen K. Huber, Esq. and E. Wendy Trachte-Huber, Esq. , *International ADR in the 1990's*: *The Top Ten Developments*, 1 Hous. Bus. & Tax L. J. 184, 212-16（2001）.

② Gary B. Born, *International Commercial Arbitration*: *Commentary and Materials* 280（2d ed. 2001）.

③ 473 U. S. at 638.

④ Gary B. Born, *International Commercial Arbitration*: *Commentary and Materials* 293（2d ed. 2001）.

第 2 司法巡回区上诉法院对 *DiRussa v. Dean Witter Reynolds*① 案的判决就反映了对确保胜诉当事人获得成文法上的救济与《纽约公约》和 FAA 要求的对仲裁裁决只能进行有限的司法审查之间的平衡。DiRussa 根据《雇佣中的年龄歧视法》（ADEA）向仲裁庭提出的请求获得了胜诉。ADEA 规定胜诉方可以获得对律师费的补偿，但仲裁员未将上述费用裁决给 DiRussa。仲裁裁决明确提到申请人曾根据 ADEA 主张补偿律师费。尽管如此，第 2 司法巡回区上诉法院还是对该仲裁裁决予以了确认。法院指出，知法（knowing the law）是一个"令人生畏的任务"，甚至对法官而言也是如此，尽管 DiRussa 确实根据 ADEA 对律师费的补偿提出了主张，但她并没有告知仲裁员 ADEA 要求对律师费予以裁决。因此，仲裁员的裁决就没有显然漠视法律，也没有违反公共政策，所以法院对该仲裁裁决予以了确认。第 2 司法巡回区上诉法院之所以采取上述立场，是因为它认为若作出支持 DiRussa 的判决，就会提出一个严重的问题。

> 无论 DiRussa 的主张看起来是如何无辜，它都会导致允许法院在任何时候只要不赞同仲裁员对联邦成文法的解释就可撤销仲裁裁决。②

当然，有人可能会反驳，仲裁员并没有对 ADEA 进行"解释"，而是根本未对该法规所要求的律师费予以裁决。即使第 2 司法巡回区上诉法院夸大了为 DiRussa 利益作出判决的危险，但法院在这一点上显然是正确的，即承认在完全实施成文法权利与对仲裁裁决的有限司法审查之间可能存在基本的紧张状态。至于两者不可避免地发生冲突时如何取舍，就看法院对具体情况下各种因素的权衡，但无论如何，支撑法院判决的不是先验的原则或标准，而是在实用主义指导下综合考量的结果。

总之，就美国法院的实践来看，在可仲裁事项不断扩大的同时，由此可能对仲裁体制带来的负面影响远没有人们担心的那么严重。总的说来，法院仍仅对仲裁程序保持有限的介入，仲裁优越性的发挥并没有因此受到实质上的损害。

---

① 　121 F. 3d 818 (2d Cir. 1997). *See* Stephen K. Huber & E. Wendy Trachte-Huber, *Top Ten Developments in Arbitration in the 1990s*, Dispute Resolution Journal 26, 28 (Nov. 2000/Jan. 2001).

② 　125 F. 3d at 825.

三、国际争议与国内争议的区别与联系

除可仲裁事项不断扩大外，美国近年来的司法实践还显示，在仲裁事项扩大化的进程中，它往往区分国际仲裁和国内仲裁，首先承认某一事项的国际争议可以仲裁，通过一定时间的实践以后，再承认该事项的国内争议的可仲裁性。其对证券争议和反托拉斯争议可仲裁性的态度即为佐证。究其原因，主要是因为，相对于国内案件而言，国际案件与国内联系较为松散，对国内影响较小，国家对国际案件比较容易采取相对宽松的政策。在可仲裁性问题上，对国际案件比较容易放宽或者取消限制。① 同时，美国最高法院之所以区别对待国际和国内交易也是基于《纽约公约》的精神和"国际礼让的考虑、对外国和跨国仲裁庭能力的尊重以及国际商事体制对争议解决的可预见性的需要"。因此，在 Mitsubishi 案后，合同的"国际性"的特征可能至少对断定某些类型法定请求的可仲裁性具有重要意义。② 反过来，国际仲裁又对国内仲裁产生影响，一旦承认特定事项国际争议的可仲裁性，法院迟早会将其扩展到国内争议。③ 因此，晚近以来，美国最高法院的判例显示了甚至在纯国内案件中执行绝大部分仲裁协议的倾向。

如前所述，仲裁范围的界定集中体现了一国对仲裁本身的认识和态度。毫无疑问，支持和鼓励仲裁的联邦政策导致了美国法院对可仲裁事项范围的不断扩大。此种政策背后的深层次原因，本书将在第十章予以深入分析和全面探讨。

---

① 参见赵健：《国际商事仲裁的司法监督》，法律出版社 2000 年版，第 188～189 页。

② See Gary B. Born, *International Commercial Arbitration in the United States: Commentary and Materials* 362（1994）.

③ 参见赵健：《国际商事仲裁的司法监督》，法律出版社 2000 年版，第 189 页。

第五章　仲裁协议的解释

第一节　概　　述

仲裁协议的解释对仲裁的进行非常重要。有关仲裁的国际条约和各仲裁发达国家的国内仲裁法均赋予当事人广泛的自治权以其希望的方式起草仲裁协议。当事人在起草仲裁协议上的自治常常导致对上述协议解释方面的争议，主要有这么一些常见问题：①

1. 仲裁程序的排他性

在对仲裁协议进行解释的过程中首先会遭遇的一个关键问题是，仲裁是当事人强制的（mandatory）和惟一的（exclusive）救济，还是仅为被许可的（permissive）救济（即仍允许当事人自由诉诸国内法院）。

2. 约定"仲裁"

另一个有关解释的首要问题是，当事人是否约定"仲裁"，而不是其他争议解决形式。例如，当事人可能约定"专家裁决"、调解或其他并不一定构成"仲裁"的替代争议解决方法。如果是这样的话，就会产生重要的法律后果：《纽约公约》和（大多数情况下的）国内仲裁立法都不能适用于该协议，而将适用其他法律制度。这会在争议解决协议的强制执行力、争议解决程序中司法干预的可能性以及该程序结果的强制执行力上产生重要差异。

确定某一特定协议是构成一份仲裁协议还是别的什么，基本上是一个对当事人究竟约定了什么的解释问题。

3. 仲裁协议的范围

在解释仲裁协议的过程中最常见也是最重要的问题与当事人协议的"范围"有关，也就是说，当事人约定将何种争议或请求提交仲裁？如前

---

①　*See* Gary B. Born, *International Commercial Arbitration: Commentary and Materials* 297-99 (2d ed. 2001).

所述，该问题常被称为"实体可仲裁性问题"。在仲裁协议是否适用于特定合同请求或是否适用于根据侵权或成文法保护提出的非合同请求上常常发生争议。

4. 适用于仲裁协议解释问题的法律

要解决仲裁协议的解释问题，还必须解决应由何国（或其他）法律支配对仲裁条款的解释？上述问题既可能发生在仲裁程序中（如果仲裁条款的范围之争是向仲裁庭提出的），也可能发生在国内法院（如果当事人就仲裁条款的范围问题提起诉讼）。

5. 法院和仲裁员在解释仲裁协议上各自的作用

对仲裁协议的解释同样引发了仲裁员和国内法院的权限划分问题。

第二节　对仲裁协议范围的解释

如前所述，在对仲裁协议的解释过程中，最重要的问题是确定仲裁协议的范围，也就是当事人是否约定将特定争议提交仲裁。从广义上说，上述第 4 和第 5 个问题也可以纳入对仲裁协议范围的讨论。因此，本节将对美国法院在前述第 3、4、5 个问题上的实践予以介绍和分析。

一、仲裁员和法院的权力分配

这里提出的问题是，如何在仲裁员和国内法院之间对解释当事人仲裁协议的权力进行分配，换言之，由谁（仲裁员还是国内法院）来决定与仲裁协议的解释有关的争议？根据普遍适用的管辖权/管辖权理论，仲裁庭具有决定其自身管辖权的管辖权。对仲裁协议进行解释的权力自然也包括在仲裁庭确定自己的管辖权的权力之内，因为仲裁庭的管辖权问题主要与仲裁协议的存在、效力和范围有关。

（一）*First Options* 案所确立的规则及其适用

如前所述，在 *First Options of Chicago*，*Inc. v. Kaplan*① 案前，美国法院就一致认为，根据 FAA，仲裁庭有权初步审查和决定针对其管辖权的异议，但各法院对仲裁庭能否以及在何种条件下可对管辖权异议拥有最后决定权或主要权力存在分歧。在 *First Options* 案中，最高法院对该问题的回答是：谁享有主要权力决定可仲裁性的问题应取决于当事人对该问题的约定。这就涉及对当事人有关"约定"（或协议）的解释问题。最高法院

---

① 514 U. S. 938（1995）.

指出，法院在判断当事人是否已约定将可仲裁性问题提交仲裁时，除应适用用来调整合同订立问题的一般的州法原则外，还须适用一个重要限定：法院不应假定当事人同意对可仲裁性问题进行仲裁，除非存在"清楚和明显的"证据表明他们有此意愿。因此，如何确认"清楚和明显的"证据就非常重要。

1. "清楚和明显的"证据：机构仲裁规则的采用

一般而言，如果仲裁条款采用了一套机构仲裁规则，而该规则又包含了把可仲裁性问题交付给仲裁员解决的规定，那么就可将其视作"清楚和明显的"证据，仲裁庭就可以对它自己的管辖权作出决定，并且此类裁决通常都将得到法院的尊重。这方面的典型案例是第 1 司法巡回区上诉法院于 1989 年对 *Apollo Computer, Inc. v. Berg*① 一案的判决，它将 1988 年 ICC 规则第 8 条第（3）款、第（4）款解释为明确授权仲裁员决定有关仲裁协议范围的争议。尽管该案发生在 *First Options* 案之前，但对如何认定"清楚和明显的"证据，该案提供了一个例证。

该案案情如下：

美国公司 Apollo Computer, Inc.（"Apollo"）与瑞典公司 Dicoscan Distributed Computing Scandinavia AB（"Dico"）签订了一份协议，授权后者在斯堪的纳维亚 4 国销售前者的电脑。被告 Helge Berg 与 Lars Arvid Skoog 代表 Dico 签署了该协议。该协议其中一个条款规定，因本协议引起的或与本协议有关的所有争议依［1988 年］《国际商会（ICC）仲裁规则》予以解决，另一个条款则规定本协议由马萨诸塞州法律支配。该协议还规定，非经 Apollo 书面同意，Dico 不能将协议转让。1984 年 9 月，Apollo 终止了协议；Dico 则宣告破产。Dico 的破产管理人将 Dico 向 Apollo 提起损害赔偿之诉的权利转让给了被告。1988 年 5 月，被告向 ICC 提请仲裁。Apollo 则反对仲裁，其声称，它与被告之间并不存在仲裁协议，根据原合同的禁止转让条款，Dico 不得将提起仲裁的合同权利予以转让。ICC 仲裁院认定，根据其规则，应由仲裁员解决可仲裁性问题，它指示当事人通过仲裁程序以解决该问题并在必要时解决实质问题。Apollo 根据州（国）籍不同管辖权向联邦地区法院起诉。它以当事人间不存在仲裁协议为由申请中止仲裁。地区法院拒绝了中止仲裁的请求。地区法院首先认定，当事人已明确同意将可仲裁性问题交由仲裁员决定。虽然得出了上述结论，法院

---

① 886 F. 2d 469（1st Cir. 1989）. *See* Gary B. Born, *International Commercial Arbitration: Commentary and Materials* 300-02（2d ed. 2001）.

自己仍接着对可仲裁性问题进行了分析。法院首先指出，如果是由 Dico 代表自己申请对基本争议进行仲裁，那么它是有权这么做的。法院接着判定，合同的禁止转让条款并不阻止被告主张 Dico 的仲裁权利，因为根据马萨诸塞州法律，一般的禁止转让条款往往被解释为仅禁止义务的转让，而不包括权利的转让。

上诉法院的判决则称：

　　我们……认定，当事人约定将可仲裁性问题提交仲裁员决定。毫无疑问，上述合同属于［FAA］的适用范围。双方当事人都承认，根据［FAA］，一般的规则是争议的可仲裁性问题应由法院决定。不过，当事人可以约定允许仲裁员既对争议的实质问题加以决定，也对某一特定争议是否可仲裁予以决定。

　　在本案中，当事人约定，因其合同引起的或与其合同有关的所有争议应"依国际商会仲裁规则"通过有拘束力的仲裁解决。而 ICC 仲裁规则［1988 年版］第 8.3 条规定：

　　　　如果当事人一方对仲裁协议的存在或有效性提出异议，而［国际商会国际仲裁院］依据表面证据认定，可能存在这样一份协议，则在不影响该异议应否采纳或其实质的情况下，［国际商会仲裁院］可以决定仲裁应继续进行。在此种情形下，任何有关仲裁员管辖权的决定应由仲裁员自己作出。

ICC 仲裁规则［1988 年版］第 8.4 条则规定：

　　　　除非另有约定，只要仲裁员认为仲裁协议有效，仲裁员就不因合同被指无效或不存在而终止行使管辖权。即使合同本身可能不存在或无效，他仍应继续行使管辖权，以决定当事人各自的权利并对其请求和主张作出裁判。

因此在一份表面的仲裁协议的存在和有效性问题上，合同授权仲裁员决定争议的可仲裁性。ICC 仲裁院和地区法院都认定存在一份表面的仲裁协议。因此，它们推断，在这一具体情况下，第 8.3 条要求由仲裁员决定仲裁协议的有效性——换言之，决定仲裁协议是否适用于 Apollo 与 Dico 的受让人之间的争议。

在口头辩论时，Apollo 坚称，第 8.3 条并不适用，因为它与被告之间并不存在表面的仲裁协议。这一主张不能说服我们。此处的有关协议是 Apollo 与 Dico 之间的协议。被告声称 Dico 根据该协议申请强制仲裁的权利已转让给他们。我们认为,他们已提供了第8.3条要求的表面证据。至于强制仲裁的权利是否不受协议终止的影响,以及如果不受影响,该权利是否有效的转让给了被告并且他们能否针对Apollo实施该权利,都是与该协议的连续存在和有效性有关的问题。

通常,Apollo有权将上述问题交由法院解决。不过,通过约定根据ICC规则解决所有争议,Apollo已同意受第8.3条和第8.4条的约束。上述规定清楚和明显的(clearly and unmistakably)允许由仲裁员对自己的管辖权进行决定,只要(像本案一样)存在一份表面的仲裁协议,而该协议的连续存在和有效性受到质疑。应该由仲裁员决定:根据Apollo与Dico之间合同的规定,在Apollo与被告之间是否存在有效的仲裁协议。因此,在不对Apollo所提问题的实质发表任何意见的同时,我们维持地区法院拒绝中止仲裁程序的命令。

美国其他一些法院也对ICC规则作了类似解释。① 不过,也有部分法院采取了不同的进路。②

2. "清楚和明显的"证据:宽泛的仲裁条款③

以1967年最高法院对 *Prima Paint Corp. v. Flood & Conklin Mfg. Co.* ④ 一案的判决所提到的"宽泛"(broad)仲裁条款为根据,美国一些下级法院的判决对"宽泛"和"限制性"(narrow)仲裁条款进行了区分。这些法院认定,根据"宽泛的"条款,仲裁员有权决定特定请求的

---

① *See Societe Generale etc. v. Raytheon European Mgt. and Systems Co.* , 643 F. 2d 863, 869 (1st Cir. 1981); *Daiei Inc. v. United States Shoe Corp.* , 755 F. Supp. 299, 303 (D. Haw. 1991).

② *See J. J. Ryan & Sons v. Rhone Poulenc Textile SA*, 863 F. 2d 315, 318-19 (4th Cir. 1988) (直接对ICC仲裁条款的范围进行考察而未借助于第8条); *Andrew Martin Marine Corp. v. Stork-Werkspoor Diesel BV*, 480 F. Supp. 1270 (D. La. 1979) (对ICC条款进行了广义解释,但未参考第8条).

③ *See* Gary B. Born, *International Commercial Arbitration: Commentary and Materials* 313-14 (2d ed. 2001).

④ 388 U. S. 395 (1967). 该案导致在美国最终确立了联邦法下的仲裁协议独立性原则。有关该案的案情和判决介绍见本书第2章第2节。

可仲裁性，而"限制性"仲裁条款则要求通过司法对前述问题予以决定。① 例如，第 2 司法巡回区上诉法院在一份判决中指出：

> 简言之，法院应强制仲裁，并允许仲裁员对争议是否属于条款范围进行决定，如果该条款是一条"宽泛的"条款。相反，如果该条款是一条"限制性"的条款，除非法院确定争议属于该条款范围，否则就不应强制仲裁。尽管包含限制（limitations）的措辞可表明是一条限制性的条款，但仅仅是具体的（specific）措辞可能并不具有决定意义。应从总体上对条款的语气进行考察。②

前述判决中的大部分是在 *First Options* 案之前作出的。在 *First Options* 案后，能否认为当事人间"宽泛的"仲裁条款构成其打算将有关可仲裁性的争议提交仲裁的"清楚和明显的"证据呢？下级法院对这一问题的认识不太一致。③ 部分法院在适用 *First Options* 规则时认定，宽泛而笼统的（broad and general）仲裁条款即表明了当事人将可仲裁性问题提交仲裁员解决的"清楚和明显的"约定，而另外一些法院则要求当事人必须直接和明确地约定将可仲裁性问题交由仲裁员解决。

（二）不适用 *First Options* 判决相关规则的可能情形

就无疑存在且有效的仲裁协议而言，如果仅对其范围存在争议，那么 *First Options* 判决关于"可仲裁性问题"应由司法解决的推定（即法院不应假定当事人同意对可仲裁性问题进行仲裁，除非存在"清楚和明显的"证据表明他们有此意愿）是否适用于对其范围的解释？④ 在国际交易中，

---

① See *Lebanon Chemical Corp. v. United Farmers Plant Food, Inc.*, 179 F. 3d 1095 (8th Cir. 1999)（"根据宽泛的［仲裁］协议决定可仲裁性的法院将争议是否与包含仲裁条款的协议有关这一问题，也就是该条款的范围问题留待仲裁员解决。"）；*Paine Webber, Inc. v. Bybyk*, 81 F. 3d 1193 (2d Cir. 1996)（包含"任何和所有争议"的"宽泛的"仲裁条款表明"当事人意欲仲裁可仲裁性问题"）；*Duane Street Assoc. v. Local 32B-32J*, 2000 WL 802889 at *1 (S. D. N. Y. 2000)（"宽泛的仲裁条款"要求仲裁员对有关该条款范围的争议加以决定）。

② *Prudential Lines, Inc. v. Exxon Corp.*, 704 F. 2d 59, 64 (2d Cir. 1983)。

③ Edward R. Leahy and Carlos J. Bianchi, *The Changing Face of International Arbitration*, 17 J. Int'l Arb. 19, 22-23 (2000)。

④ See Gary B. Born, *International Commercial Arbitration: Commentary and Materials* 312-13 (2d ed. 2001)。

当事人约定仲裁常常是为了避免到任何一方的国内法院去进行诉讼，这一理由在一定程度上可以支持以下推定：应由仲裁员来确认国际仲裁协议的范围。美国一些司法判决已表明，*First Options* 判决关于"可仲裁性问题"应由司法解决的推定并不适用于无疑是有效的仲裁条款的范围问题。①　不过大多数下级法院还是认定，*First Options* 判决适用于有关仲裁条款范围的争议，但也经常认定 *First Options* 判决支持司法解决的推定已被超越。②

此外，有关仲裁条款范围的争议可能要求对当事人基本合同的实体规定进行解释。例如，在决定特定请求或争议是否"因某合同引起"或"与某合同有关"时，可能就有必要对基本合同所施加的实体义务予以确定。不过，几乎获得一致承认的是，应由仲裁员对基本合同施加了何种实体义务予以确定。为解决有关仲裁条款范围之争议的目的而通过司法对上述问题予以决定，可能会侵蚀无疑属于仲裁员管辖的领域。③　一些法院根据上述分析，将有关仲裁协议范围的争议发回仲裁员重审。④

二、仲裁协议的范围

在解释仲裁协议，尤其是国际仲裁协议，确定特定的实体争议是否属于仲裁协议的范围时，美国法院通常适用的是明确而强有力的"支持仲裁"的联邦普通法合同解释规则。用最高法院的话来说，"解决可仲裁性问题必须充分考虑支持仲裁的联邦政策，（此外，）任何有关可仲裁事项

---

①　*See Abram Landau Real Estate v. Benova*, 123 F. 3d 69（2d Cir. 1997）; *United States Fire Ins. Co. v. National Gypsum Co.*, 101 F. 3d 813（2d Cir. 1996）.

②　*See Toledo Technologies, Inc. v. INA Walzlager Schaeffer KG*, 1999 WL 681557（N. D. Ohio 1999）（根据 *First Options* 判决，仲裁条款的范围和解释问题是可以仲裁的）; *Port Authority of New York and New Jersey v. Office of the Contract Arbitrator*, 660 N. Y. S. 2d 408（App. Div. 1997）（根据 *First Options* 判决，仲裁条款的范围和解释问题被认为是可以仲裁的）.

③　Gary B. Born, *International Commercial Arbitration: Commentary and Materials* 314（2d ed. 2001）.

④　*In re Praetorian Realty Corp.*, 373 N. Y. S. 2d 151（App. Div. 1975）, *aff'd*, 389 N. Y. S. 2d 315（1976）; *Sharon Steel Corp. v. Jewell Coal & Coke Co.*, 735 F. 2d 775（3d Cir. 1984）（"《联邦仲裁法》赋予了仲裁员决定争议的实质问题和仲裁条款范围的权力……可仲裁性的范围影响争议实质的案件应由仲裁决定"）.

的范围的疑问应按支持仲裁的精神解决。"①

（一）*Mitsubishi Motors Corp. v. Soler Chrysler-Plymouth*，*Inc.* 案

在这方面影响至深的判例是最高法院对 *Mitsubishi Motors Corp. v. Soler Chrysler-Plymouth*，*Inc.* ② 一案的判决。对该案案情的介绍见本书第 4 章第 2 节。在那里，我们曾提到，Soler 对 Mitsubishi 和 CISA 提出的反诉包含了多项主张，除了第 4 章所讨论的"反托拉斯争议不能提交仲裁"的主张外，另一个为最高法院详细讨论的主张是"协议中的仲裁条款未包含反托拉斯争议"，它所涉及的就是某一特定争议是否属于仲裁协议的范围，即当事人是否约定将该争议提交仲裁的问题，也就是所谓"实体可仲裁性问题"，是我们在此处所要着重讨论的。

针对 Soler 所称不应将仲裁条款解释为包括成文法上的反请求的主张，最高法院指出，在提出上述主张时，Soler 并没有从合同解释的角度对上诉法院将仲裁条款适用于此处涉及的争议提出质疑。相反，它声称，作为一个法律问题，法院不能将仲裁协议解释为包含法定请求，"除非［反对仲裁的当事人］曾明确同意"对上述请求进行仲裁。"据此，Soler 也许是表示，对于一方当事人申请进行仲裁的权利请求，仲裁条款必须特别提及产生该请求的成文法。"最高法院不同意这种观点，因为 FAA 并没有规定不能对成文法上的请求进行仲裁。"［FAA 第 2 条］及该法从总体上所体现的'支持仲裁协议的自由主义的联邦政策'实质上是一项确保执行私人合同安排的政策：该法明确'创设了一套对遵守仲裁协议的义务予以确立和调整的联邦实体法'。"法院在决定当事人是否约定将某一争议提交仲裁时，适用的是"有关可仲裁性的联邦实体法，该实体法适用于［FAA］范围内的任何仲裁协议"。而该实体法主张：

> 解决可仲裁性问题必须充分考虑支持仲裁的联邦政策。……《仲裁法》确认，作为联邦法上的一个问题，任何有关可仲裁事项范围的疑问都要按有利于仲裁的原则解决，无论所处理的问题是对合同

---

① *Moses H. Cone Mem. Hosp. v. Mercury Construction Corp.* , 460 U. S. 1, 24-25 (1983). *See Management & Technical Consultants SA v. Parsons-Jurden International Corp.* , 820 F. 2d 1531, 1534-35 (9th Cir. 1987) （"在仲裁协议订明仲裁'任何争议'而未作限制或例外规定的情况下，从逻辑上看该仲裁协议不仅包括了有关争议，而且包括了从中自然产生的结果——在这里是额外赔偿的费用"）.

② 473 U. S. 614 (1985). *See Gary B. Born, International Commercial Arbitration : Commentary and Materials* 264-71, 303-07 (2d ed. 2001).

措辞本身的解释，还是有关弃权、拖延的主张或对可仲裁性的其他类似抗辩。

法院指出：

　　因此，与任何其他合同一样，当事人的意图是至关重要的，但就可仲裁性问题而言，上述意图应予宽松解释。没有理由在受仲裁协议约束的当事人以成文法上的权利为依据提出请求的情况下就背离上述准则，［FAA］本身并没有提供依据否认约定仲裁成文法请求的协议。

　　这并不是说所有影响成文法权利的争议都适合仲裁解决。……同意将成文法上的请求提交仲裁，当事人一方并没有放弃该成文法所提供的实体权利；它仅仅是将其交由仲裁庭而非法院解决。它是以诉讼程序和法庭的审查机会交换了仲裁的简易、非正式和迅速。我们必须确信，如果国会打算让特定法规所赋予的实体保护包含禁止放弃诉诸法院的权利，该意图应可从原文或立法历史中推断出来。

该案判决意义重大，它不仅确认了国际案件中反托拉斯争议的可仲裁性，而且在阐释法院对作为争议解决方式的仲裁的认识上也具有深远影响。称该案是美国仲裁发展史上的经典判例实不为过。

我们不难发现，此处最高法院对当事人之间仲裁条款的所谓解释，其实更多的是基于对支持仲裁政策的强调，如果仅从一般合同解释的角度来看，正如 Stevens 法官在反对意见中指出的，并不见得没有漏洞。也因此，美国法院看重的仍然不是纯粹的逻辑推理，而是现实的需要。

（二）"宽泛的"和"限制性的"仲裁条款

Mitsubishi 案和其他案件都提出了一个问题，就是在确定仲裁条款的范围时对"宽泛的"和"限制性的"仲裁条款的区分。美国一些下级法院认定，法院对"宽泛的"仲裁条款将予以广义解释以支持仲裁，对"限制性的"仲裁条款则不能进行此种解释。① 此外，上文也提到，部分法院在适用 *First Options* 规则时认定，宽泛的仲裁条款即表明了当事人将

---

① *See Pennzoil Exploration and Production Co. v. Ramco Energy Ltd*, 139 F. 3d 1061 (5th Cir. 1998)（仲裁协议中"与……有关"这一措辞是"宽泛的"措辞；该条款并不限于合同下产生的请求，还包括"'触及'合同所涵盖事项"的请求）。

可仲裁性问题提交仲裁员解决的"清楚和明显的"约定。那么究竟何为宽泛的仲裁条款,何为限制性的仲裁条款,如何对当事人仲裁协议中常见的表述进行归类,它们分别包括了哪些争议呢?

第 9 司法巡回区上诉法院对 *Mediterranean Enterprises*, *Inc*. *v*. *Ssan-gyong Corp.* ① 一案的判决涉及了对仲裁协议的不同措辞的解释问题。该案判决的作出参照了其他法院的相关分析和结论:

> 我们将"据此产生的"(arising hereunder) 视作"依该协议产生的"(arising under the Agreement) 的同义词。而"依……产生"这一措辞使仲裁条款具有相对的限制性。*Sinva*, *Inc*. *v*. *Merrill*, *Lynch*, *Pierce*, *Fenner & Smith*, *Inc*., 253 F. Supp. 359, 364 (S. D. N. Y. 1966). 在 *In re Kinoshita & Co.*, 287 F. 2d 951, 953 (2d Cir. 1961) 一案中,Medina 法官总结道,当仲裁条款"的表述是'依'(under) 合同产生的或'起因于'(arising out of) 合同的争议 (disputes or controversies)"时,仲裁就限于"与合同解释和履行问题有关的争议"。Medina 法官分析称,"依……产生"(arising under) 这一措辞在范围上比"起因于……或与……有关"(arising out of or relating to) 这一措辞更窄,后者是美国仲裁协会推荐的标准措辞。
>
> 在最近的一个案件中,一家地区法院扩展了 Medina 法官的分析。在 *Michele Amoruso e Figli v. Fisheries Development Corp.*, 499 F. Supp. 1074, 1080 (S. D. N. Y. 1980) 一案中,法院讨论了最高法院对一个仲裁条款的解释,指出"起因于本协议或与本协议有关"被称为"宽泛的仲裁条款"。该法院接着指出,在它所处理的案件中,"〔仲裁〕条款限于'起因于本协议'的争议 (differences or disputes);尤其是,它排除了'与'该协议'有关'的争议。此种排除是非常重要的。"……我们不难发现,"依……产生"的原意是涵盖范围窄得多的争议,即仅仅是那些与合同本身的解释和履行有关的争议。

事实上,在仲裁条款中存在若干常用的标准套语以表述此种条款的范围。最常见的措辞有:(a)"所有"(all) 或"任何"(any);(b)"争议"(disputes, differences)、"请求"(claims) 或"争议"(controver-

---

① 708 F. 2d 1458 (9th Cir. 1983). *See* Gary B. Born, *International Commercial Arbitration*: *Commentary and Materials* 307-310 (2d ed. 2001).

sies）；（c）"起因于"（arising out of）或"与……有关的"（in connection with，relating to）；（d）当事人的协议或关系（the parties' agreement or relations）。① 下面就美国法院对各种套语的通常解释作一介绍。②

诸多下级法院认为，"与……有关"（relating to）这一表述将仲裁条款延伸到范围广泛的争议。③ 各法院通常认为，"与……有关"（in connection with）这一表述也是一种宽泛的表述。④ 此外，在前述 Ssangyong 案中，法院认定，使用"依……产生的"（arising under）这一表述的仲裁条款是"限制性的"，并不包含各种不直接涉及当事人合同承诺的适用的侵权方面的请求。其他法院采取了类似的立场。⑤ 在对"起因于"（arising out of）这一表述的解释上美国法院存在分歧。一些法院把它和"依……产生"（arising under）等同起来，认为该表述是限制性的。⑥ 其他法院则认为，"起因于"在范围上比"依……产生"更宽。⑦ 不过，也

---

① Gary B. Born, *International Commercial Arbitration*: *Commentary and Materials* 319 (2d ed. 2001).

② *See* Gary B. Born, *International Commercial Arbitration*: *Commentary and Materials* 319-20 (2d ed. 2001).

③ *Pennzoil Exploration and Production Co. v. Ramco Energy Ltd*, 139 F. 3d 1061 (5th Cir. 1998)（仲裁协议中"与……有关"的表述是一种"宽泛"的表述；该条款并不限于合同下产生的请求，还包括"'触及'合同所涵盖事项"的请求）.

④ *Ryan & Sons v. Rhone Poulenc Textile*, SA, 863 F. 2d 315, 321-22（4th Cir. 1988）（"涵盖'与本合同有关的所有争议'的条款必须被解释为包含了范围广泛的可仲裁事项……它涵盖了当事人之间与合同有重要关系的每一个争议，无论该争议的名称是什么"）；*Compare Acquaire v. Canada Dry Bottling*, 906 F. Supp. 819, 835 (E. D. N. Y. 1995)（认定涵盖"与协议的解释或适用有关的"争议的仲裁条款是"宽泛的"仲裁条款）.

⑤ *See Belke v. Merrill Lynch*, *Pierce*, *Fenner & Smith*, 693 F. 2d 1023, 1028 (11th Cir. 1982)（"涵盖起因于当事人之间的合同或交易的争议的仲裁条款表明了这样一种清楚的意图，即包括比合同详细说明的事项更多的内容。"）；*In re Kinoshita & Co.*, 287 F. 2d 951, 953 (2d Cir. 1961)（认定"依……产生"或"起因于"并不包含针对基本合同所提出的引诱性的欺诈的主张）.

⑥ *Tracer Research Corp. v. Nat'l Environmental Services Co.*, 42 F. 3d 1292 (9th Cir. 1994)（"'起因于'这一表述的范围与'依……产生'这一表述一样有限"，不包括盗用商业秘密的主张）；*Texaco, Inc. v. American Trading Transp. Co.*, 644 F. 2d 1152, 1154 (5th Cir. 1981)（"起因于"显示了"限制性的表述"）.

⑦ *American Recovery Corp. v. Computerized Thermal Imaging*, Inc., 96 F. 3d 88, 93 (4th Cir. 1996).

有一些法院对上述区分仲裁条款中所使用的语言上的不同套语的努力表示了质疑。①

另外，美国大多数法院认为，仲裁条款的例外的存在并不暗示当事人打算限制该条款的总的肯定性范围。② 还需提及的一点就是，对国际商事合同而言，同时规定仲裁条款和法律选择条款是普遍而明智的选择。这两个条款紧密相关，且常常必须适用于相同的事项。尽管如此，在实践中，仲裁条款和法律选择条款通常是以不同的措辞起草的。例如，法律选择条款有时规定，当事人的"协议应由某国的法律支配"，而仲裁条款则常常适用于"与"当事人的协议"有关的所有争议"。美国法院通常认为，在当事人同意的情况下，法律选择条款和仲裁条款的范围可以不同。③

（三）特殊请求

1. 成文法上的请求④

与对仲裁条款范围的解释有关的另一个问题是仲裁协议对成文法上的请求是否适用。仲裁协议的当事人常常根据国内法的规定主张成文法上的权利保护。如 *Mitsubishi* 案所示，上述权利主张往往引发有关当事人仲裁协议范围的问题。

首先，*Mitsubishi* 判决表明，并不存在对仲裁成文法上的非合同请求的绝对禁止。虽然各国内法院长期以来确也认定某些类型的成文法请求是"不具有可仲裁性的"，换言之，上述特定的成文法权利不能成为有拘束力的仲裁协议的对象，但如前所述，在美国，此种不可仲裁的事项是非常有限的。

其次，在对仲裁协议的范围进行解释时，"支持仲裁"的推定同样适用于成文法上的请求。最高法院在 *Mitsubishi* 案中认定，当事人显然打算对 Soler 主张的反托拉斯请求进行仲裁。最高法院反对有关仲裁条款并不

---

① *See Peoples Security Life Ins. Co. v. Monumental Life Ins. Co.* , 867 F. 2d 809（4th Cir. 1989）; *J. J. Ryan & Sons v. Rhone Poulenc Textile*, SA, 863 F. 2d 315, 321（4th Cir. 1988）（差别"更多的是语义学上的"）.

② *Acquaire v. Canada Dry Bottling*, 906 F. Supp. 819, 836（E. D. N. Y. 1995）（对仲裁协议存在合同上的两个例外暗示着当事人打算限制该协议的范围这一主张予以驳回）.

③ *S + L + H SpA v. Miller-St. Nazianz, Inc.* , 988 F. 2d 1518（7th Cir. 1993）（合同法律选择条款范围之外的争议仍受合同仲裁条款的支配）.

④ *See* Gary B. Born, *International Commercial Arbitration: Commentary and Materials* 321（2d ed. 2001）.

包括成文法请求的任何推定。相反，该案判决认定，FAA"支持仲裁"
的解释规则完全适用于成文法上的和其他非合同的请求。①

2. 侵权赔偿请求②

与仲裁协议范围有关的另一个经常讨论的问题是普通法上侵权赔偿请
求的可仲裁性。在 *Mitsubishi* 判决的脚注中，最高法院提到，地区法院认
定当事人的仲裁条款并不包括 Soler 针对 Mitsubishi 与 CISA 所提出的普通
法上的损害名誉的主张。因此，当事人的仲裁条款不能实现将所有诉讼合
并到一个法庭进行审理的目的。不过，事实上，对于将侵权索赔包含在仲
裁条款范围之内的做法，美国法下并不存在一般的障碍。③ 此外，当事人
也不能以其提出的是侵权索赔而非合同上的请求为由主张仲裁条款不能适
用。④ 同样，许多法院还称，仲裁条款的范围由构成当事人权利请求基础
的实际主张确定，无论附加在该请求上的"法律标签"是什么。⑤ 正如
Mitsubishi 判决所显示的，FAA 的"支持仲裁"的推定完全适用于普通法
上的侵权索赔。⑥ 美国下级法院已处理了很多与 *Mitsubishi* 案相似的案件，
在这些案件中，合同终止或其他与当事人的基本合同关系有关的行为导致
了普通法上的侵权索赔（例如欺诈、诽谤或不公平竞争）。法院大多认为

---

① *Mitsubishi Motors*, 473 U. S. at 626（"没有理由在受仲裁协议约束的当事人以
成文法上的权利为依据提出请求的情况下就背离上述［支持仲裁的］准则"）.

② See Gary B. Born, *International Commercial Arbitration*: *Commentary and Materials*
321-23（2d ed. 2001）.

③ *Fleck v. E. F. Hutton Group, Inc.*，891 F. 2d 1047，1049-52（2d Cir. 1989）;
Pierson v. Dean Witter, Reynolds, Inc.，742 F. 2d 334，338（7th Cir. 1984）; *In re Oil Spill
by Amoco Cadiz*，659 F. 2d 789，794（7th Cir. 1981）; *Legg, Mason & Co. v. Mackall &
Coe, Inc.*，351 F. Supp. 1367（D. D. C. 1972）.

④ *Collins & Aikman Prods. Co. v. Building Sys., Inc.*，58 F. 3d 16，22（2d Cir.
1995）（原告不能"'通过提起侵权之诉而回避仲裁条款的宽泛措辞'"）; *Polar Com-
munications Corp. v. Oncor Communications, Inc.*，927 F. Supp. 894（D. Md. 1996）（当
事人不能"给本质上属合同案件的争议穿上侵权或其他理论的外衣以规避强制仲裁条
款的效力"）.

⑤ *Ford v. Nylcare Health Plans of the Gulf Coast, Inc.*，141 F. 3d 243，250-51（5th
Cir. 1998）; *Beeson v. Erickson*，917 P. 2d 901（Kan. App. 1996）（根据堪萨斯州的法律，
在侵权索赔不可仲裁的情况下，合同上的请求不能被重新贴上侵权赔偿的标签）.

⑥ *Ford v. Nylcare Health Plans of the Gulf Coast, Inc.*，141 F. 3d 243，250-51（5th
Cir. 1998）; *Collins & Aikman Prods. Co. v. Building Sys., Inc.*，58 F. 3d 16，22（2d Cir.
1995）.

上述权利请求属于特定仲裁协议的范围。① 一些法院对如何确定当事人是否同意仲裁侵权争议进行了探讨。有的法院认为,"在这种情形下关于可仲裁性的检验标准是所宣称的侵权与仲裁条款的标的之间的关系"②,也有法院指出,对受仲裁协议支配的各种合同和非合同争议的确定取决于法院对"争议的中心"的确定③,或应考虑侵权争议是否涉及"[当事人合同]关系的重要方面"④,此外还有其他一些标准。⑤

(四) 在仲裁协议解释问题上"支持仲裁"的倾向⑥

1. FAA 下的仲裁协议

与 *Mitsubishi* 判决一样,*Ssangyong* 判决也认为,"任何有关可仲裁事项范围的疑问都应按有利于仲裁的原则解决"。或者,正如最高法院对 *United Steelworkers of America v. Warrior & Gulf Navigation Co.* ⑦ 案的判决所指出的,除非法院能够"充满自信"的宣称"不能将仲裁条款解释为包含了所主张的争议",否则必须强制仲裁。在 *First Options of Chicago, Inc. v. Kaplan*⑧ 案中,最高法院再次强调,"在认定当事人双方未曾约定将有关事项提交仲裁上"FAA "坚持要慎重"。*Moses H. Cone Mem. Hosp. v.*

---

① See Peoples Security Life Ins. Co. v. Monumental Life Ins. Co. , 867 F. 2d 809 (4th Cir. 1989) (在仲裁协议涵盖那些"构成"对当事人协议的"破坏或违反"的争议的情况下,该仲裁协议包含了有关欺诈性诱导的主张); Altshul Stern & Co. v. Mitsui Bussan Kaisha, Ltd, 385 F. 2d 158 (2d Cir. 1967) (有关欺诈和合谋的主张可仲裁); Almacenes Fernandez, SA v. Golodetz, 148 F. 2d 625, 628-29 (2d Cir. 1945); Stone v. Pennsylvania Merchant Group, Ltd, 949 F. Supp. 316 (E. D. Pa. 1996) (有关诽谤的主张应通过仲裁解决); Meadows Indemnity Co. v. Baccala & Shoop Ins. Services, Inc. , 760 F. Supp. 1036, 1044-45 (E. D. N. Y. 1991) (有关欺诈的主张可仲裁).

② Kroll v. Doctor's Associates, Inc. , 3 F. 3d 1167, 1170 (7th Cir. 1993).

③ Summer Rain v. Donning Co. /Publishers, 964 F. 2d 1455 (4th Cir. 1992).

④ Morgan v. Smith Barney, Harris Upham & Co. , 729 F. 2d 1163 (8th Cir. 1984).

⑤ See Aspero v. Shearson American Express, Inc. , 768 F. 2d 106, 109 (6th Cir. 1985) (应考虑争议是否"涉及"当事人合同关系的"核心"); Becker Autoradio (U. S. A.), Inc. v. Becker Autoradiowerk GmbH, 585 F. 2d 39, 47 (3d Cir. 1978) (应考虑争议是否"起源于[合同]关系").

⑥ See Gary B. Born, International Commercial Arbitration: Commentary and Materials 317-18 (2d ed. 2001).

⑦ 363 U. S. 574, 582-83 (1960).

⑧ 514 U. S. 938, 945 (1995).

Mercury Construction Corp. ①判决表达了类似的观点。美国下级法院一致遵循了前述仲裁协议解释方面的支持仲裁的规则。② 值得一提的是，FAA "支持仲裁" 的解释规则不仅适用于 "宽泛的" 仲裁条款，也适用于 "限制性的" 仲裁条款。③

2.《纽约公约》下的国际仲裁协议

美国法院根据《纽约公约》所作的司法判决在解释问题上通常采用了特别广义的支持仲裁的联邦进路。在 *Mitsubishi Motors Corp. v. Soler Chrysler-Plymouth, Inc.* ④ 案中，最高法院对此就予以了大力强调。最高法院称，至少自从美国于 1970 年参加《纽约公约》后，支持争议的仲裁解决这一引人注目的联邦政策在国际商事领域的适用具有特别的动力。此外，第 9 司法巡回区上诉法院在 *Simula, Inc. v. Autoliv, Inc.* ⑤ 案中也指出："支持对争议的仲裁解决的强有力的联邦政策……在适用于国际合同领域时具有特别的动力。"其他法院亦称："上述［可仲裁性的推定］在适用于国际商事领域时具有特别的动力"，⑥ 等等。

---

① 460 U. S. 1, 24-25 (1983).

② E. g., *Peoples Sec. Life Ins. Co. v. Monumental Life Ins. Co.*, 867 F. 2d 809, 812 (4th Cir. 1989) ("在仲裁条款的范围值得怀疑的情况下，对可仲裁性的强烈推定要求法院必须按支持仲裁的原则决定该问题"); *Management & Technical Consultants SA v. Parsons-Jurden International Corp.*, 820 F. 2d 1531, 1534-35 (9th Cir. 1987) ("在仲裁协议订明仲裁 '任何争议' 而未作限制或例外规定的情况下，从逻辑上看该仲裁协议不仅包括了有关争议，而且包括了从中自然产生的结果——在这里是额外赔偿的费用。"); *Gestetner Holdings, plc v. Nashua Corp.*, 784 F. Supp. 78 (S. D. N. Y. 1992) ("在可将权利主张理解为导致了某一可仲裁的问题时，即使也可以其他方式定性该权利主张，仍必须强制仲裁").

③ *Progressive Cas. Ins. Co. v. CA Reaseguradora Nacional de Venezuela*, 991 F. 2d 42, 48 (2d Cir. 1993); *Chevron U. S. A. Inc. v Consolidated Edison Co.*, 872 F. 2d 534, 537-38 (2d Cir. 1989) ("甚至是限制性的仲裁条款也必须按照支持仲裁的推定进行解释"); *Philips v. Newell Co.*, 1997 WL 181191, at 3 (S. D. N. Y. Apr. 15, 1997) ("甚至限制性的仲裁条款也必须按照支持仲裁的推定进行解释……").

④ 473 U. S. 614 (1985).

⑤ 1999 U. S. App. LEXIS 8273 (9th Cir. 1999).

⑥ *Pennzoil Exploration and Production Co. v. Ramco Energy Ltd*, 139 F. 3d 1061, 1065 (5th Cir. 1998).

（五）几个特殊问题①

1. 合同终止后发生的争议

仅仅是当事人的合同已经终止后争议才发生且当事人一方才提出权利请求这一事实并不必然阻止依已到期的基本合同中的仲裁条款对争议进行仲裁。美国最高法院在这方面的一个主要判例是对 *Nolde Bros. , Inc. v. Bakery & Confectionary Workers Union*② 案的判决，最高法院认定，"在争议与可能系由到期协议创设的义务有关的情况下，当事人在仲裁条款下的义务不受合同终止的影响。"③ 美国各下级法院也判定，尽管当事人的基本协议已终止，特定的仲裁协议仍可予适用。④ 正如本书第 2 章所讨论过的，前述判决实际上是仲裁协议独立性原则的结论之一，独立性原则允许仲裁协议不受基本合同的影响。当然，这里的前提是通过对仲裁条款的解释，认定仲裁条款本身涵盖了有关基本合同终止方面的争议。需要注意的是，上述判决涉及当事人主合同期满或终止后根据不受影响的仲裁条款针对主合同仍有效时发生的行为和事件所提起的仲裁。对协议到期后发生的行为和事件而言，协议中的仲裁条款则通常被认为不能适用（除非特定实体义务不受主合同终止的影响）。⑤

2. 仲裁协议订立前发生的争议

毫无疑问，当事人可能就现有争议订立仲裁协议。事实上，在早期，所谓"提交仲裁协议书"是具有强制执行力的惟一的仲裁协议形式。不过，此处所讨论的情形是，有时当事人签订的商事合同包含了普通的仲裁条款，而以后一方当事人因合同订立前发生的争议援引该仲裁条款。这就

---

① See Gary B. Born, *International Commercial Arbitration*: *Commentary and Materials* 323-25 (2d ed. 2001).

② 430 U. S. 243, 250 (1977).

③ See also Litton Fin. Printing Div. v. National Labor Relations Board, 501 U.S. 190, 206 (1991)（将 Nolde 判决限于这样的案件，即争议 "涉及的事实和事件产生于期满前，期满后采取的行动侵犯了根据该协议所产生或授予的权利，或者根据通常的合同解释原则，争议中的合同权利并不受协议其他部分期满的影响").

④ See Aspero v. Shearson American Express, Inc. , 768 F. 2d 106, 108 (6th Cir. 1985)（ "合同终止的情况下，仲裁的义务并不必然终止"）; Merrill, Lynch, Pierce, Fenner & Smith, Inc. v. Thomson, 574 F. Supp. 1472 (E. D. Mo. 1983)（认定针对违反不受合同终止之影响的义务所提的权利主张是可以仲裁的).

⑤ Local 703 etc. v. Kennicott Bros. Co. , 771 F. 2d 300 (7th Cir. 1985)（仲裁条款不适用于因合同到期 6 个月后发生的事件而引起的争议).

产生了解释问题：当事人原本是否打算使仲裁条款溯及既往的适用。在美国，"法院通常会执行溯及既往的仲裁协议，如果……这样做符合当事人的意图。"① 但也有少数法院拒绝就包含仲裁条款的合同订立前发生的争议命令仲裁。②

3. 涉及系列合同的争议

当事人常常签订一系列合同，而就包含在早期某一协议中的仲裁条款的连续存在和能否适用于与随后协议有关的行为可能会产生争议。在 *Hinson v. Jusco Co.* ③ 案中，法院认定，其中一份协议中的仲裁条款不受随后协议的影响且适用于依所有协议产生的争议。在 *G. D. Searle & Co. v. Metric Constructors, Inc.* ④ 案中，法院通过援引 FAA "支持仲裁" 的政策认定，当事人随后约定将两个具体的争议提交仲裁的协议并不取代先前宽泛的仲裁协议。

4. 涉及复合协议的争议

当事人常常签订若干不同的协议，每一份协议都有（或没有）一种单独的争议解决机制。这就可能导致程序上的困境，即根据不同的规则提起平行的或相互重叠的仲裁并涉及不同组合的当事人。起草国际协议的律师应努力确保用一个单一的和统一的争议解决机制支配当事人之间的所有关系。美国许多法院原则上愿意认定，如果当事人已作此约定，则依其中一份协议产生的争议根据另一份协议中的仲裁条款是可以仲裁的。⑤ 另一方面，一份相关协议中存在一个单独的仲裁条款也许就是相当强有力的证据，表明因该协议引起的争议应根据其争议解决条款（而不是某些其他

---

① *Dean Witter Reynolds, Inc. v. Prouse*, 831 F. Supp. 328, 331（S. D. N. Y. 1993）. *See Zink v. Merrill Lynch, Pierce, Fenner & Smith, Inc.*, 13 F. 3d 330（10th Cir. 1993）（驳回了 "这一主张即约定仲裁某一争议的协议必须早于导致该争议的行为"）；*Whisler v. H. J. Meyers & Co.*, 948 F. Supp. 798（N. D. Ill. 1996）（仲裁条款包括了在签订条款前发生的争议）.

② *See Church v. Gruntal & Co.*, 698 F. Supp. 465（S. D. N. Y. 1988）.

③ 868 F. Supp. 145（D. S. C. 1994）.

④ 572 F. Supp. 836（N. D. Ga. 1983）.

⑤ *See Collins & Aikman Products Co. v. Building Systems, Inc.*, 58 F. 3d 16（2d Cir. 1995）（依一份协议产生的争议根据第二份协议中的仲裁条款至少部分是可以仲裁的；应由仲裁员更全面的考虑问题）；*ARW Exploration Corp. v. Aquirre*, 45 F. 3d 1455（10th Cir. 1995）（在 6 份相关的协议中有 5 份包括了仲裁条款的情况下，因第 6 份协议引起的争议可以仲裁）.

合同的争议解决条款）进行仲裁。①

5. 有关仲裁裁决排除效力的争议

美国许多下级法院认为，有关仲裁裁决排除效力（preclusive effect）的争议通常应由仲裁解决。在 *United States Fire Insurance Co. v. National Gypsum Co.* ② 一案中，法院指出："［被告］宣称排除效力的问题就像对可仲裁性的其他抗辩，本身是可仲裁的，因为排除效力问题可以仲裁，所以应该通过仲裁解决之。我们同意被告的观点。"在 *National Union Fire Ins. Co. v. Belco Petroleum Corp.* ③ 案中，法院则指出，"Belco 有关排除效力的主张是针对 National Union 所持主张的法律抗辩。据此，它本身是争议实质问题的组成部分"，因此就像争议的其他实质问题，必须提交仲裁员解决。

三、适用于仲裁协议解释问题的法律④

在 *Mitsubishi* 案中，最高法院强调存在一套"联邦实体法"并适用该法对当事人的仲裁协议进行解释。⑤ *Ssangyong* 判决也是适用联邦解释规则确定当事人仲裁协议的范围的。美国其他下级法院一致遵循了上述准则。⑥ 美国各州法院通常也适用 FAA 有关解释仲裁协议的"支持仲裁"的联邦规则。尽管根据美国某些州法院的判决，就范围而言，仲裁协议被狭义地解释，但上述州法规则几乎一致被认为为 FAA 所优先。此外，与在当事人仲裁协议强制性方面的问题上所采取的进路相仿，即使存在指定适用外国法的法律选择条款，在美国法院所提起的执行之诉中，美国法院

---

①　*Nordin v. Nutri/System, Inc.*, 897 F. 2d 339, 345 (8th Cir. 1990); *Netherlands Curacao Co., NV v. Kenton Corp.*, 366 F. Supp. 744 (S. D. N. Y. 1973).

②　101 F. 3d 813, 816 (2d Cir. 1996).

③　88 F. 3d 129, 135-36 (2d Cir. 1996).

④　*See* Gary B. Born, *International Commercial Arbitration: Commentary and Materials* 315-17, 318-19 (2d ed. 2001).

⑤　*See also First Options of Chicago v. Kaplan*, 514 U. S. 938, 945 (1995); *Dean Witter Reynolds v. Byrd*, 470 U. S. 213 (1985); *Moses H. Cone Memorial Hosp. v. Mercury Constr. Corp.*, 460 U. S. 1 (1983).

⑥　*See McPheeters v. McGinn, Smith & Co.*, 953 F. 2d 771 (2d Cir. 1992); *Fuller Co. v. Compagnie des Bauxites de Guinie*, 421 F. Supp. 938, 947 (W. D. Pa. 1976); *Griffin v. Semperit of America, Inc.*, 414 F. Supp. 1384 (S. D. Tex. 1976).

仍几乎一致适用源自 FAA 的美国联邦法对仲裁协议的范围进行解释。① 当然，这并不代表美国法院在对当事人的仲裁协议进行解释时从不考虑相关的外国法。美国仍有若干下级法院的判决看来适用了或倾向于适用外国法来对仲裁协议进行解释。②

与法律适用相关的另一个问题是，在法律选择条款指定适用州法的情况下，是适用联邦法还是州的仲裁法对仲裁协议的范围进行解释。在最高法院 *Volt Information* 判决前，即使法律选择条款指定适用州法，联邦法院仍一致适用有关仲裁协议的联邦解释规则。③ 看来，最高法院对 *Volt Information Sciences v. Board of Trustees*④ 案的判决并未影响联邦法应支配对仲裁协议的解释这一一致意见。在 *Volt* 案中，最高法院认定，FAA 并未排除以指定加利福尼亚州法的法律选择条款为根据将加利福尼亚州仲裁法规中有关中止仲裁的规定合并进来的做法。*Volt* 判决的依据或许允许将有关仲裁协议解释的州法规则合并进来。不过，下级法院的观点显然是，即使当事人的法律选择条款指定适用州法，FAA "支持仲裁" 的解释规则也优先于与之抵触的州解释规则。⑤ 在 *Mastrobuono v. Shearson Lehman Hutton, Inc.*⑥ 案中，最高法院对下级法院多数派的观点予以了支持。如

---

① 除 *Mitsubishi* 判决外，*see Becker Autoradio U. S. A. , Inc. v. Becker Autoradiowerk GmbH*, 585 F. 2d 39, 43-44 & n. 8 (3d Cir. 1978) （"某一特定争议是否属于受仲裁条款和法律选择条款支配范围内的争议是联邦法上的一个问题"）; *Pioneer Properties, Inc. v. Martin*, 557 F. Supp. 1354, 1365-66 & n. 14 (D. Kan. 1983) （在特别提到协议受安大略省法支配之后，适用 FAA 对仲裁条款进行解释）.

② *SMG Swedish Machine Group, Inc. v. Swedish Machine Group, Inc.*, 1991 WL 10662 (N. D. Ill. 1991) （适用瑞典法来决定仲裁条款是否强制性的）; *G. B. Michael v. SS Thanasis*, 311 F. Supp. 170 (N. D. Calif. 1970) （在附带意见中倾向于适用法律选择条款中指定的外国法来支配对仲裁条款的解释）.

③ *See Mesa Operating Limited Partnership v. Louisiana Intrastate Gas Corp.*, 797 F. 2d 238 (5th Cir. 1986); *Huber, Hunt & Nichols v. Architectural Stone Co.*, 625 F. 2d 22 (5th Cir. 1980); *Commonwealth Edison Co. v. Gulf Oil Corp.*, 541 F. 2d 1263, 1268-70 (7th Cir. 1976).

④ 489 U. S. 468 (1989). 对该案案情及判决的介绍见本书第 3 章第 1 节之五。

⑤ *See Progressive Casualty Ins. Co. v. CA Reaseguradora Nacional de Venezuela*, 991 F. 2d 42 (2d Cir. 1993); *Remy Amerique, Inc. v. Touzet Distribution SARL*, 816 F. Supp. 213 (S. D. N. Y. 1993) （"*Volt* 判决并不代表最高法院对 '解决受 FAA 支配的合同中的可仲裁性问题必须充分考虑支持仲裁的联邦政策这一联邦规则' 的后退"）.

⑥ 514 U. S. 52 (1995). 对该案案情及判决的介绍见本书第 3 章第 1 节之五。

前所述，在 *Mastrobuono* 案中，最高法院分析称，法律选择条款通常并不包括有关仲裁程序的规则，而是指向实体合同法规则。

第三节　对仲裁协议中程序性和相关问题的解释①

在解释仲裁协议时，除了与此种协议范围有关的问题外，还会经常遇到另外几个问题。例如，对仲裁协议是强制性的还是选择性的以及一份协议规定的是仲裁还是相关的争议解决形式常常发生争议。

一、约定的是仲裁还是其他争议解决形式

仲裁协议无疑必须包含对仲裁的约定。实践中当事人常常约定从事某种类似但并非仲裁的活动。此种替代争议解决方法主要有专家裁决或调解等。在许多国家，从事上述争议解决活动的约定并非仲裁协议，由此产生的"裁决"并非仲裁裁决。在涉及这两者时，《纽约公约》和国内仲裁立法中"支持仲裁"的机制都不一定适用。

美国法院仅仅偶尔对仲裁协议和其他争议解决安排之间的区别予以考虑；且常常将各种替代争议解决机制视为构成"仲裁"。例如，在 *Powderly v. Metrabyte Corp.* ② 案中，法院指出："对仲裁这一术语的使用并非仲裁协议至关重要的组成部分"，从而认定规定会计公司计算"纯经营利润"的条款构成仲裁协议。在 *Cheng-Canindin v. Renaissance Hotel Assoc.* ③ 案中，法院则对如何认定仲裁协议作了具体分析，法院宣称："一份真正的仲裁协议 [要求]：（1）第三方裁判；（2）确保所作裁决的中立性的机制；（3）由当事人选择的裁判者；（4）双方当事人都有获得听审的机会；以及（5）有拘束力的裁决。"

二、选择性仲裁协议

当事人有时仅仅约定将仲裁作为一种选择性的争议解决方式，而不要求必须将未来争议提交仲裁。这样的协议几乎总是当事人欠缺考虑的后果，因为它们实际上不能服务于任何有意义的目的，且导致了程序上的混

---

①　*See* Gary B. Born, *International Commercial Arbitration*：*Commentary and Materials* 325-30（2d ed. 2001）.

②　866 F. Supp. 39（D. Mass. 1994）.

③　50 Cal. App. 4th 676（Calif. Ct. App. 1996）.

乱。在当事人的仲裁协议仅规定如果发生争议，"可以"要求仲裁的情况下，美国许多法院对能否强制仲裁进行了审查。法院通常认为，上述规定构成强制仲裁协议，虽然有时存在重大分歧。例如，在 *Oriental Commercial & Shipping Co. v. Rosseel NV*① 一案中，被告依《纽约公约》申请强制仲裁，其根据是销售合同中的这样一个条款："仲裁：如果要求仲裁，就在纽约市进行"。法院适用了联邦法来决定涉外合同的当事人是否同意仲裁，判决认为该条款要求当事人将所有与合同有关的争议提交仲裁。法院分析指出："必须对仲裁条款进行广义解释，关于特定条款是否包含某一争议的所有疑问必须按有利于仲裁的原则解决，甚至在该问题是对合同措辞本身的解释的情况下也是如此。"其他法院在这一问题上亦持类似立场。② 在大多数案件中，只有在仲裁条款显然属选择性的情况下，仲裁才会被视作不是强制性的。③ 也存在一些有争议的案件。在 *Hoogovens Ijmuiden Verkoopkantoor BV v. MV "Sea Cattleya"*④ 案中，被告 Van Ommeren 主张，根据它与原告签订的租船合同的规定，原告对其货物损失的主张应在荷兰提起仲裁。该合同第 24 条规定："应在荷兰解决共同海损和仲裁事宜。"Van Ommeren 将上述规定解释为要求当事人将与该合同有关的所有争议都提交在荷兰进行的仲裁解决。另一方面，原告则主张该条款仅仅规定了当事人对与该合同有关的仲裁应在何地进行所作的选择，而前提是当事人自愿决定将有关权利主张提交仲裁，或者以其他方式要求仲裁。或者，原告认为该条款仅仅要求当事人在荷兰就共同海损问题进行仲裁，而在本案中并没有对该问题提起诉讼。法院指出：

> 在受《[纽约] 公约》支配的案件中首先需要查明的是，当事人是否订立了"将争议事项提交仲裁的任何书面协议"。在上述协议不存在的情况下，根据《[纽约] 公约》及其实施立法，法院无权中止

① 　609 F. Supp. 75, 77（S. D. N. Y. 1985）.

② 　*McKee v. Home Buyers Warranty Corp. II*, 45 F. 3d 981, 983（5th Cir. 1995）（合并了 AAA 规则的仲裁条款可据此推定为强制性仲裁协议，尽管当事人可以"另有其他明确约定"）；*Bonnot v. Congress of Independent Unions Local # 14*, 331 F. 2d 355（8th Cir. 1964）（"可以"一词赋予每一方当事人要求仲裁的选择权）.

③ 　See *Mignocchi v. Merrill Lynch, Pierce, Fenner & Smith*, 707 F. Supp. 140（S. D. N. Y. 1989）.

④ 　852 F. Supp. 6（S. D. N. Y. 1994）. See Gary B. Born, *International Commercial Arbitration: Commentary and Materials* 325-27（2d ed. 2001）.

联邦诉讼或强制仲裁。我们认为，租船合同第 24 条仅仅是约定，如果当事人就仲裁自愿取得一致意见或某一其他合同条款要求仲裁，则将在荷兰进行仲裁。因此，我们无权根据《［纽约］公约》在仲裁前中止针对 Van Ommeren 提起的诉讼。

三、对仲裁协议的程序性要求的解释

仲裁协议常常包含各种启动仲裁前或启动仲裁时须遵守的程序步骤。例如，仲裁协议经常要求在提起仲裁前，当事人应尽量本着诚信通过谈判解决其争议或对其争议进行调解。其他仲裁协议可能会对启动仲裁程序施加合同上的期限（例如，必须在争议发生后 N 个月内提起仲裁）。上述程序性要求往往导致对仲裁协议的解释问题。

美国法院（特别是在劳动案件中）通常拒绝对仲裁条款所施加的程序性要求应获得满足的主张进行审查，认为上述问题应由仲裁员决定。[1] 此外，美国许多下级法院认定诉讼时效法、迟误以及类似抗辩应由仲裁员而不是法院决定。[2] 不过，也有一些法院常常以州法（如纽约州）为根据认定，诉讼时效法和迟误问题应由法院决定。[3] 另外，仲裁协议有时在仲裁地或仲裁机构的问题上含糊不清或自相矛盾。美国大部分下级法院明示或暗示的反对将上述含糊不清或不一致交由仲裁员解决。[4] 在对仲裁员的任命上，仲裁协议有时也会含糊不清或自相矛盾。美国大多数法院认

---

[1] *John Wiley & Sons. Inc. v. Livingston*，376 U. S. 543（1964）；*Paine Webber v. Elahi*，87 F. 3d 589（1st Cir. 1996）（机构仲裁规则下仲裁的时效问题应由仲裁庭决定）；*Del E. Webb Const. v. Richardson Hosp. Authority*，823 F. 2d 145，149（5th Cir. 1987）（"遵守谈判协议下仲裁的程序性先决条件的问题由仲裁员决定"）；*Miller and Co. v. China Nat'l Minerals Import & Export Corp.*，1991 WL 171268（N. D. Ill. 1991）（应由仲裁员对仲裁前的调解步骤是否已获遵守的问题予以决定）.

[2] *Glass v. Kidder Peabody & Co.*，114 F. 3d 446（4th Cir. 1997）（"如果仅仅提出拖延、迟误、诉讼时效法以及不适时的问题以对强制仲裁提出异议，则上述程序可仲裁性的问题应排他的由仲裁员解决"）；*Shearson Lehman Hatton，Inc. v. Wagoner*，944 F. 2d 114，121（2d Cir. 1991）（"任何时效抗辩……无论源于仲裁协议、仲裁协会规则或国内法规……都是由仲裁员解决的问题"）.

[3] *See* N. Y. C. P. L. R. §§ 7502（b）& 7503；*Smith Barney v. Luckie*，85 N. Y. 2d 193（1995）.

[4] *Bear Stearns & Co. v. N. H. Karol & Assoc.，Ltd*，728 F. Supp. 499，501（N. D. Ill. 1989）（"申诉是否提交给了适当的仲裁机构这一问题应由司法解决。"）.

定，上述含糊不清或不一致可由仲裁员自己进行决定。

四、包含机构仲裁规则的仲裁协议

仲裁协议常常并入（或试图并入）机构仲裁规则。首先，美国法院大多认为此种合并是有效的。例如，在 *Paley Assocs., Inc. v. Universal Woolens, Inc.* ① 案中，法院称：" '普遍接受的观点是在合同中对另一份文件的充分提及意味着将该文件并入合同。' 这一观点通常适用于通过引用而合并进来的 AAA 规则。……"其次，在当事人约定根据机构仲裁规则进行仲裁的情况下，他们就会被视作将上述规则合并进了他们的协议。②例如，在 *Reed & Martin, Inc. v. Westinghouse Electric Corp.* ③ 案中，法院指出，选择了机构仲裁规则的当事人受前述规则的约束。再次，如果在当事人的仲裁协议与他们并入的规则之间存在冲突，通常认为前者优先。④ 另一方面，法院通常赋予了仲裁机构合理的裁量权以解释机构规则。⑤

第四节　结　　论

仲裁协议的解释问题（尤其是对其范围的确定）是一个非常重要的问题。在这个问题上，美国法院一再强调支持仲裁的联邦政策具有至关重要的指导意义。"解决可仲裁性问题必须充分考虑支持仲裁的联邦政策，（此外，）任何有关可仲裁事项的范围的疑问应按支持仲裁的精神解决。"这段反复出现的表述似乎已成为美国法院处理上述问题的基本准则。事实上，在解释仲裁协议时，仍要借助通常的合同解释规则，努力探寻当事人

---

①　446 F. Supp. 212, 214（S. D. N. Y. 1978）.

②　*Koch Oil, SA v. Transocean Gulf Oil Co.*, 751 F. 2d 551, 554（2d Cir. 1985）（当事人因其协议而受 AAA 规则约束）；*Silvester Tafuro Design, Inc. v. Sachs*, 1996 WL 257668 at 4（S. D. N. Y. 1996）（法院认定，通过将 AAA 规则并入合同，当事人对 AAA 规则的所有规定达成了一致）.

③　439 F. 2d 1268（2d Cir. 1971）.

④　*Szuts v. Dean Witter Reynolds, Inc.*, 931 F. 2d 830, 831-32（11th Cir. 1991）.

⑤　*Koch Oil, SA v. Transocean Gulf Oil Co.*, 751 F. 2d 551（2d Cir. 1985）（AAA 规则赋予了 AAA 合理的裁量权对规则中的期限进行解释）；*Reeves Bros., Inc. v. Capital-Mercury Shirt Corp.*, 962 F. Supp. 408（S. D. N. Y. 1997）（"在当事人已采用［特定机构仲裁］规则的情况下，当事人也有义务遵守［有关仲裁机构］根据上述规则所作的决定"）.

的意图，不能强迫当事人将其未曾约定的争议提交仲裁，另一方面，正如最高法院所指出的，"就可仲裁性问题而言，上述意图应予宽松解释"。在这里，当事人意思自治与支持仲裁的政策再次成为强调的重点，同时在某些情况下二者之间的关系也可能成为不能回避的问题。法院应充分尊重当事人的意思，但在对其意思的确定上存在疑问时，则"任何有关可仲裁事项范围的疑问都应按有利于仲裁的原则解决"。也就是说，在面对疑难案件时，法院不是求助于纯粹的语词分析或逻辑推理，或在一般的合同解释规则上寻找答案，而是以支持仲裁的政策作为指导，尽量扩大作为争议解决方式的仲裁的适用。而对上述政策的强调则显然是基于现实的需要：仲裁本身的优越性、对法院负担的减轻，等等。这种实用主义的进路贯穿了美国法院对整个商事仲裁制度发展的方方面面。

第六章　仲裁协议的执行程序

在当事人一方违反仲裁协议的规定或拒绝履行仲裁协议的情况下，另一方当事人若向美国法院申请执行仲裁协议，在程序上主要可以采取3种方法：（1）提起强制仲裁之诉；（2）申请中止诉讼；（3）申请禁止有关外国诉讼。

本章将对上述程序（尤其是强制仲裁和中止诉讼）在不同法律依据下的具体运作予以介绍。① 虽然本章主要是介绍性的，但其涉及的程序问题却具有较强的实用性，或许有助于我们对如何在美国法院提起相关程序有一个初步了解。此外，虽然本章主要与程序问题有关，但一系列具体的程序运作同样体现了美国法院对仲裁的普遍态度，即对仲裁的大力支持。最后，如前所述，承认仲裁协议具有强制执行力是"现代"仲裁法的重要标志之一，也是美国仲裁发展史上的重大转折，而在一方当事人不履行仲裁协议时，允许对方当事人向法院申请执行仲裁协议是仲裁协议具有强制性的重要体现，此时法院能够为当事人提供何种救济，当事人在程序上能够采取哪些措施就成为能否有效保证当事人的仲裁权利得以实现的关键所在。因此，本章将要讨论的执行机制问题并非一个可以一笔带过的次要问题。

第一节　强制履行仲裁协议

一、根据 FAA 第 4 条强制履行仲裁协议

FAA 第 2 条规定："在任何海事交易中或者表明涉及商事的交易的契约中约定将以后因上述契约或交易引起的或者因拒绝履行上述契约或交易的全部或部分引起的争议提交仲裁的书面规定，或者将因上述契约、交易或拒绝而引起的现有争议提交仲裁的书面协议，都是有效的、不可撤销的和有强制性的，但具有普通法或者衡平法上的撤销任何契约的理由者除

---

① 关于本章，*see* Gary B. Born, *International Commercial Arbitration: Commentary and Materials* 380-400（2d ed. 2001）.

外。"第 2 条的主要执行机制之一是 FAA 第 4 条，该条为法院发布强制仲裁的命令提供了成文法上的依据。

第 4 条的内容是授权法院颁布要求当事人一方根据其仲裁协议进行仲裁的禁制令（injunction）。这种规定在国际实践中比较少见，大多数国家仅仅规定通过中止诉讼来执行仲裁协议。事实上，根据第 4 条提出的申请"就是请求命令强制特定履行合同的某一组成部分。"①

除适用于国内的州际仲裁协议外，FAA 第 4 条也可适用于不受《纽约公约》或《巴拿马公约》支配的国际仲裁协议（即影响美国对外商事的交易中的协议）。同时，根据 FAA 第 208 条和第 307 条，在满足相应条件的情况下，第 4 条也可适用于针对受《纽约公约》和《巴拿马公约》支配的仲裁协议所提起的执行之诉。②

FAA 第 4 条规定如下：

未根据协议仲裁；向有管辖权的美国法院申请强制仲裁的命令；与此有关的通知与送达；审理与判决

一方当事人声称因另一方当事人不履行、怠于履行或拒绝履行根据书面仲裁协议进行仲裁的义务而受损害，该方当事人可以向符合下述条件的法院申请颁布命令指示根据上述协议规定的方式进行仲裁，被申请的法院应是如假定不存在仲裁协议，则根据第 28 编对其诉讼标的系起因于当事人之间争议的民事诉讼或海事诉讼原本享有管辖权的美国的任何地区法院。应于 5 日内将此种申请书面通知违约方。与此有关的送达应按照《联邦民事诉讼规则》规定的方式进行。法院应对双方当事人进行审理，如果确信在仲裁协议的订立或未对其予以遵守上不存在争议，则法院应颁布命令要求双方当事人按照该协议的规定进行仲裁。根据该协议进行审理和程序的地点应在提起上述命令仲裁的申请的管区内。……

---

①　*Joseph Muller Corp. v. Commonwealth Petrochemicals, Inc.*, 334 F. Supp. 1013 (S. D. N. Y. 1971).

②　FAA 第 208 条规定："第 1 章适用于根据本章进行的诉讼和程序，但以该章与本章或美国批准的公约不相抵触为限度。"第 307 条则规定："第 1 章适用于根据本章进行的诉讼和程序，但以第 1 章与本章或美国批准的《美洲国家间公约》不相抵触为限度。"

美国法院一再以第 4 条为根据强制当事人依其仲裁协议进行仲裁。①即使法院不能根据第 3 条中止诉讼,仍可根据第 4 条发布强制仲裁的命令。② 例如, 在 *Bartell Media Corp. v. Fawcett Printing Corp.* ③ 一案中, 法院拒绝中止诉讼, 因为诉讼是在另一家法院提起的, 但根据第 4 条颁布了仲裁命令。

具体而言, 在适用 FAA 第 4 条时要注意以下问题:

(一) 第 4 条未提供独立的联邦事物管辖权 (federal subject matter jurisdiction)④ 基础

第 4 条规定, 申请强制仲裁的一方当事人可以向 "如假定不存在仲裁协议, 则……对其诉讼标的系起因于当事人之间争议的民事诉讼或海事诉讼原本享有管辖权的美国的任何地区法院" 提出申请。尽管存在上述措辞以及第 2 条所创设的实体联邦权利, 美国法院仍普遍认为, 第 4 条并没有为《美国法典》第 28 编第 1331 节下的联邦问题管辖权 (federal question jurisdiction)⑤ 提供独立的基础。最高法院对上述结论予以了确认, 尽管它也指出, 对一部创设了实体联邦规则的联邦成文法而言, 没有为联邦问题管辖权提供基础, 这有些 "反常"。⑥

因此, 与第 206 条相反, 只有在存在某些独立的联邦事物管辖权基础 (例如诉讼当事人的州 (国) 籍不同、外国人地位或《外国主权豁免法》) 的情况下, 联邦法院才可以根据 FAA 的国内部分受理有关执行仲裁

---

① *E. g. , David L. Threlkeld & Co. v. Metallgesellschaft Ltd*, 923 F. 2d 245 (2d Cir. 1991); *Bauhinia Corp. v. China Nat'l Machinery & Equip. Import & Export Corp.* , 819 F. 2d 247 (9th Cir. 1987) .

② *In re Pahlberg Petition*, 131 F. 2d 968 (2d Cir. 1942); *Sewer v. Paragon Homes, Inc.* , 351 F. Supp. 596, 599-600 (D. V. I. 1972); *Petition of American Locomotive Co.* , 87 F. Supp. 754 (D. Mich.), *aff'd*, 185 F. 2d 316 (6th Cir. 1949) .

③ 342 F. Supp. 196 (S. D. N. Y. 1972) .

④ 事物管辖权 (subject matter jurisdiction), 指法院审理和裁决某一类案件的权限范围。如在美国对不同州籍公民间民事争议的管辖权、联邦问题管辖权、对海事和破产案件的管辖权等都属于联邦法院的事物管辖权。该管辖权通常由制定法予以规定。薛波主编:《元照英美法词典》, 法律出版社 2003 年版, 第 1300 页。

⑤ 联邦问题管辖权, 指基于美国宪法、国会立法和条约而产生的以及涉及对它们的解释和适用而产生的案件, 通常称为包含 "联邦问题" 的案件, 由联邦法院管辖。薛波主编:《元照英美法词典》, 法律出版社 2003 年版, 第 540 页。

⑥ *See Moses H. Cone Memorial Hospital v. Mercury Construction*, 460 U. S. 1, 25 n. 32 (1983); *Southland Corp. v. Keating*, 465 U. S. 1, 15-16 (1984) .

协议的诉讼。① 至少某些下级法院认定，联邦事物管辖权并不仅仅因为当事人之间的基本争议涉及联邦证券法或其他成文法上的请求就存在于强制仲裁之诉中，尽管如果在审判行为中提出上述请求，这些诉讼请求就属于联邦问题管辖权范围之内。②

（二）第 4 条的适用仅限于涉及州际或对外商事的交易

除要求独立的联邦事物管辖权基础外，根据第 4 条提起的诉讼还必须满足一个单独的立法管辖权要求。FAA 第 4 条仅适用于属于第 1 条所规定的适用范围之内的仲裁协议。

根据 FAA 第 2 条的规定，该条及 FAA 其他各条适用于"任何海事交易"（any maritime transaction）或"表明涉及商事的交易的契约"（a contract evidencing a transaction involving commerce）中的仲裁协议。FAA 第 1 条对上述术语进行了界定。它对"商事"的定义如下：

> 所谓"商事"是指各州之间的或与外国的贸易，或者在任何美国属地之内或在哥伦比亚特区之内的贸易，或者任何这样的属地与另一属地之间的贸易，或者任何这样的属地与任何州或外国之间的贸易，或者哥伦比亚特区与任何州或属地或外国之间的贸易……③

第 1 条所使用的"州际"和"对外"商事都被赋予了广义解释，联邦法院的解释尤其如此。④ 大多数在美国境内具有任何重要性的商事交易都将被视作属于第 1 条的适用范围，特别是 FAA 第 2 条所使用的"涉及"

---

① *Southland Corp. v. Keating*, 465 U. S. 1, 15-16 n. 9（1984）. *See Robert Lawrence Co. v. Devonshire Fabrics*, 271 F. 2d 402, 408（2d Cir. 1959）；*JDC（America）Corp. v. Amerifirst Florida Trust Co.*, 736 F. Supp. 1121（S. D. Fla. 1990）.

② *See Prudential-Bache Securities, Inc. v. Fitch*, 966 F. 2d 981（5th Cir. 1992）.

③ 这里的"贸易"在英文原文中仍用的是"commerce"。"commerce"翻译成中文本来就有几种表述，包括"商业"、"贸易"等。此处根据中文习惯，分别表述为"商事"和"贸易"，特此说明。

④ *Metro Industrial Painting Corp. v. Terminal Constr. Co.*, 287 F. 2d 382, 387（2d Cir. 1961），*cert. denied*, 368 U. S. 817（1961）；*Litton RCS, Inc. v. Pennsylvania Turnpike Comm'n*, 376 F. Supp. 579（E. D. Pa. 1974）.

（involving）一词为法院对"州际"商事作广义解释提供了进一步的依据。① 按照美国法院的观点，应对"涉及商事"这一要求予以广义解释以与国会根据商业条款所享有的广泛权力相一致，该权力延伸到"影响州际商事"的所有事项。在 *Prima Paint Corp v. Flood & Conklin Mfg. Co.* ② 一案中，最高法院指出，基础合同只需与州际或对外商事有关即可。在 *Allied-Bruce Terminix Co. v. Dobson* ③ 一案中，最高法院指出，当事人无需事先考虑与州际商事的关系；交易事实上涉及州际商事就足够了。本案"事实上"涉及了州际商事。作为被告的公司本质上"涉及多州"且被告在履行基础合同时所使用的原料"来自[工作履行地所在州]之外"。最高法院支持这一观点即使用"涉及"这个表述"体现了充分行使国会的商事权力的意图"。④ 在 *Bridas Sociedad Anonima Petrolera Industrial y Comercial v. International Standard Elec. Corp.* ⑤ 案中，法院则认定，"在合同交易起源于州际或对外商事的情况下，[FAA]和联邦法将起支配作用"。

国际仲裁协议通常属于第 1 条对外"商事"的定义之列，因此往往可从第 2 条有关强制执行力的联邦规则中受益，即使《纽约公约》和《巴拿马公约》都不适用的情况下亦如此。⑥

第 1 条有关适用范围的规定包括了美国的涉外商事——"各州之间的或与外国的贸易"。第 1 条显然不包括仅仅属于"外国"之间而不影响美国贸易的商业，相反，看来它要求须为某一州与某一外国之间的贸易或其他影响美国对外贸易的商事活动。⑦

---

① *In re Costa and Head（Atrium）Ltd*，486 So. 2d 1272（Ala. 1986）（"协议与州际商事的最低联系"）；*William Gibson，Jr.，Inc. v. James Graff Communications Inc.*，780 P. 2d 1131（Mont. 1989）。

② 388 U. S. 395，401 n. 7（1967）。

③ 115 S. Ct. 834（1995）。

④ 115 S. Ct. at 841，843。

⑤ 490 N. Y. S. 2d 711，716（N. Y. Sup. Ct. 1985）。

⑥ *See Reynolds Jamaica Mines v. La Societe Navale Caennaise*，239 F. 2d 689，693（4th Cir. 1956）；*El Hoss Engineering and Transp. Co. v. American Independent Oil Co.*，183 F. Supp. 394（S. D. N. Y. 1960），*rev'd on other grounds*，289 F. 2d 346（2d Cir. 1961）。

⑦ *Sinva，Inc. v. Merrill Lynch，Pierce，Fenner & Smith，Inc.*，253 F. Supp. 359（S. D. N. Y. 1966）（"如果一位美国公民作为一位意大利国民的代理人，与一位英国人签订了一份有关在伦敦建造房子的协议，则该协议中的仲裁条款并不能将该合同纳入[FAA]的适用范围之内"）。

（三）第 4 条下的对人管辖权（personal jurisdiction）①

根据第 4 条命令仲裁的地区法院必须对其命令所针对的当事人享有对人管辖权。② FAA 的国内部分看来并未通过联邦成文法授予对有关案件的对人管辖权。因此，联邦法院的对人管辖权也许应由可适用的联邦长臂条款或地方性的州长臂法（通过《联邦民事诉讼规则》的规则 81 和规则 4 合并进来）予以界定。

下级法院通常认定，通过同意在某一特定地区进行仲裁，当事人实际上暗示其承认该管辖区法院对第 4 条下的执行仲裁协议之诉具有对人管辖权。③ 在某些案件中，当事人的仲裁协议可能会指定一家法院作为该协议的执行法院。这种专门的法院选择条款通常是具有强制执行力的，并构成所指定法院行使对人管辖权的充分基础。对人管辖权的其他基础（例如在管辖区域内存在办事处或与诉讼地有最低限度联系）也许也为第 4 条下的强制仲裁之诉提供了充分的根据。实际上，因为按照对第 4 条的通常解释，法院的执行权力仅限于命令在其管区内进行仲裁，因此除了关于在该地仲裁的约定以外，很少以其他因素作为确立对人管辖权的根据。

（四）第 4 条下的审判地

显然，根据第 4 条的规定，当事人约定在其管区内进行仲裁的地区法院是第 4 条下执行仲裁协议之诉的合适的审判地。尽管如此，围绕第 4 条下的审判地和执行权力的问题仍存在 3 个重要的不确定因素。

首先，一些下级联邦法院认定，只能在当事人约定仲裁的法院辖区内提起第 4 条下的强制仲裁之诉。其他下级法院则允许在其他通常适用的对人管辖权和审判地要求获得满足的情况下提起第 4 条下的诉讼。④

---

① 对人管辖权（personal jurisdiction, jurisdiction in personam），指某法院具有确定当事人之间权利和义务的权限，并且其本身具有约束当事人的权力。在美国，法院通常是以在州内送达传票或其他与当事人实质上的充分联系而取得这种管辖权的。薛波主编：《元照英美法词典》，法律出版社 2003 年版，第 755、1050 页。

② *Merrill Lynch, Pierce, Fenner & Smith Inc. v. Lecopulos*, 553 F. 2d 842（2d Cir. 1977）；*Atlanta Shipping Corp. v. Cheswick-Flanders & Co.*, 463 F. Supp. 614（S. D. N. Y. 1978）.

③ *Merrill Lynch, Pierce, Fenner & Smith, Inc. v. Shaddock*, 822 F. Supp. 125（S. D. N. Y. 1993）（约定在纽约仲裁的协议是对纽约的对人管辖权的认可）.

④ 下级法院对第 4 条的解释比较混乱。一些法院对在其司法区外的仲裁的进行下达了命令，但仅限于当事人的协议作此规定的情况。在当事人没有就仲裁地达成一致的情况下，法院在其为当事人指定仲裁地的权力问题上存在分歧。

其次，如果存在一份有效的仲裁协议，地区法院在根据 FAA 第 4 条（或第 206 条）命令仲裁上是否拥有裁量权，对此并不清楚。按照某些法院的观点，FAA 没有为地区法院行使裁量权留下余地。① 尽管如此，仍有几份判决认定，地区法院有权以不方便法院为由驳回根据第 4 条提起的强制仲裁之诉。② 其他下级法院则获得了相反的结论。③

最后，第 4 条在州法院是否适用，也就是是否授予州法院的法官以强制仲裁的权力（同时也施加了强制仲裁的义务），对此并不清楚。④ 该条明确提及了 "美国地区法院"，可能并不包括州法院。不过，几家州法院以该条为根据对强制仲裁之诉进行了审理，⑤ 而其他州法院则获得了相反的结论。⑥

二、根据 FAA 第 206 条强制履行仲裁协议

在美国法院执行国际仲裁协议的最有效的方法是 FAA 第 206 条，该条是用来实施《纽约公约》第 2 条的。公约第 2 条第（3）款要求法院 "命令" 属于公约范围的有效书面仲裁协议的当事人根据其协议的规定提交仲裁。

FAA 第 206 条授权美国法院颁布依当事人的仲裁协议进行仲裁的命令。该条规定如下：

---

① *Dean Witter Reynolds Inc. v. Byrd*, 470 U. S. 213, 218（1985）. *See Nicaragua v. Standard Fruit Co.*, 937 F. 2d 469（9th Cir. 1991）.

② *Maria Victoria Naviera, SA v. Cementos del Valle*, 759 F. 2d 1027, 1031（2d Cir. 1985）; *Oil Basins Ltd v. Broken Hill Proprietary Co.*, 613 F. Supp. 483（S. D. N. Y. 1985）.

③ *E. C. Ernst, Inc. v. Potlatch Corp.*, 462 F. Supp. 694（S. D. N. Y. 1978）（在合同没有指定仲裁地，但很可能 AAA 将指定阿肯色州作为仲裁地的情况下，纽约州的地区法院无权将 FAA 第 4 条下的强制仲裁之诉移送至阿肯色州）; *Aaacon Auto Transport, Inc. v. Ninfo*, 490 F. 2d 83（2d Cir. 1974）（在当事人的协议规定在纽约州仲裁的情况下，纽约州的地区法院无权将强制仲裁之诉移送至威斯康辛州）.

④ *See Harbuck v. Marsh Block & Co.*, 896 F. 2d 1327（11th Cir. 1990）; *ARW Exploration Co. v. Aguirre*, 947 F. 2d 450（10th Cir. 1991）.

⑤ *The American Ins. Co. v. Cazort*, 871 S. W. 2d 575（Ark. 1994）（根据 FAA 强制仲裁）; *James Stewart Polshek and Assoc. v. Bergen County Iron Works*, 362 A. 2d 63（N. J. Super. 1976）.

⑥ *Regina Constr. Corp. v. Envirmech Constr. Corp.*, 565 A. 2d 693（Md. App. 1989）.

强制仲裁的命令；仲裁员的指定

根据本章享有管辖权的法院可以命令依协议在其规定的任何地点进行仲裁，无论该地点是否在美国境内。上述法院还可以根据协议规定指定仲裁员。

通过对第 206 条的适用，美国法院常常强迫当事人遵守既存的国际仲裁协议。① 不过，联邦法院要根据第 206 条命令当事人仲裁，必须满足下列程序上和管辖权方面的要求：（1）法院必须对被告拥有对人管辖权；（2）法院必须拥有事物管辖权；（3）根据 FAA（或其他法律）强制仲裁的法院审判地必须是适当的。

（一）对人管辖权

美国法院不能根据第 206 条强迫一方当事人进行仲裁，除非法院对该当事人拥有对人管辖权。需要解决的问题是地区法院根据第 206 条主张对人管辖权的成文法根据是什么。FAA 第 2 章看来并不包含对对人管辖权的联邦许可（例如，并不包含相当于反托拉斯和证券法上的联邦长臂条款）。在这种情况下，地区法院在第 206 条下的对人管辖权可能首先必须由《联邦民事诉讼规则》的规则 4 和规则 81 予以界定。上述规则可以将任何可适用的联邦长臂条款或地区法院所在州的州法合并进来。有几家下级法院显然是遵循这一进路对基于《外国主权豁免法》第 1605 节第（a）小节第（1）段和第（6）段的对人管辖权予以了确认。至少可以认为，FAA 第 208 条②也将 FAA 第 4 条下的任何可能的对人管辖权根据合并了进来。

一些下级法院在未明确说明管辖权的成文法根据的情况下，认定通过约定在某一特定地点仲裁，一方当事人实际上暗示其承认该地所在管区法院就强制仲裁之诉享有对人管辖权。③ 对人管辖权的其他基础——例如被

---

① *Riley v. Kingsley Underwriting Agencies, Ltd*, 969 F. 2d 953（10th Cir. 1992）; *David L. Threlkeld & Co. v. Metallgesellschaft Ltd*, 923 F. 2d 245（2d Cir, 1991）; *Borden, Inc. v. Meiji Milk Products Co.*, 919 F. 2d 822（2d Cir. 1990）; *E. A. S. T. Inc. of Stamford, Connecticut v. M/V Alaia*, 876 F. 2d 1168（5th Cir. 1989）.

② 第 208 条规定："第 1 章适用于根据本章进行的诉讼和程序，但以该章与本章或美国批准的公约不相抵触为限度。"

③ *Victory Transport Inc. v. Comisaria General*, 336 F. 2d 354, 363（2d Cir. 1964）, *cert. denied*, 381 U. S. 934（1964）（"Comisaria General 同意在纽约州仲裁，而根据 [FAA]，该协议又是有强制性的，通过此种同意，Comisaria General 应被视为承认法院有权强制当事人在纽约进行仲裁。其他主张将使仲裁条款无效。"）; *Avila Group, Inc. v. Norma J. of California*, 426 F. Supp. 537, 541 & n. 13（S. D. N. Y. 1977）.

告在诉讼地出现或与诉讼地的联系——也应该可适用于强制仲裁之诉。①

（二）联邦事物管辖权与案件移送

与 FAA 的国内部分相反，FAA 第 203 条为有关强迫当事人根据受公约支配的协议进行仲裁的诉讼确立了联邦事物管辖权的独立基础。第 203 条规定，美国地区法院对"属于公约范围"的诉讼或程序应拥有初审管辖权。这一表述显然包含了强制仲裁之诉和中止诉讼之诉。② 不过，下级法院已认定，第 203 条并不包括申请临时措施以协助仲裁进行的诉讼，③ 或申请撤销仲裁裁决的诉讼。④

第 203 条看来并没有为第 206 条下的强制仲裁之诉规定排他的事物管辖权基础。一些下级法院认定，根据第 206 条，还可以基于其他联邦成文法（包括《外国主权豁免法》）中独立的联邦事物管辖权许可提起诉讼。⑤ 此外，由于第 205 条授权将"与属于公约范围的仲裁协议或裁决有关"的任何诉讼从州法院移送到联邦法院，因此可以得到确认的是，联邦法院实施第 206 条的管辖权并不是专属的，而仅仅是与州法院的管辖权并存的管辖权。⑥ 下级法院通常对第 203 条和第 205 条进行广义解释，认定在州法院提起的有关质疑对仲裁员的指定的诉讼也"与"属于公约范

---

① *E. g.*, *Lect v. Smith*, 736 F. 2d 409 (7th Cir.), *cert. denied*, 469 U. S. 1037 (1984).

② *See Ferrara SpA v. United Grain Growers, Ltd*, 441 F. Supp. 778, 781 n. 2 (S. D. N. Y. 1977).

③ *International Shipping Co. v. Hydra Offshore, Inc.*, 675 F. Supp. 146, 153 (S. D. N. Y. 1987)（第 203 条仅适用于"援引公约的当事人在强制仲裁之诉中申请承认协议或申请执行仲裁裁决"的诉讼；第 203 条并不适用于申请临时禁制令以协助仲裁进行的诉讼）.

④ *Tesoro Petroleum Corp. v. Asamera（South Sumatra）Ltd*, 798 F. Supp. 400 (W. D. Tex. 1992).

⑤ *Cargill Int'l SA v. M/T Pavel Dybenko*, 991 F. 2d 1012 (2d Cir. 1993)（对命令当事人根据受公约支配的协议进行仲裁的诉讼中依第 1330 节第（a）小节是否存在事物管辖权进行了审查）；*Filantro SpA v. Chilewich Int'l Corp.*, 789 F. Supp. 1229, 1234 (S. D. N. Y. 1992)；*Oil Basins Ltd v. Broken Hill Proprietary Co.*, 613 F. Supp. 483 (S. D. N. Y. 1985).

⑥ *McDermott Int'l, Inc. v. Lloyds Underwriters of London*, 944 F. 2d 1199 (5th Cir. 1991)；H. Rep. No. 1181, 91st Cong., 2d Sess. (1970), *reprinted*, 1970 U. S. Code, Cong. & Admin. News 3601.

围的仲裁协议"有关"。① 尽管第 205 条的措辞（"与……有关"）比第
203 条的措辞（"属于公约范围"）更宽泛，但这两个条款的含义很可能
原本就是相同的。下级法院认为，上述移送权利可以放弃。②

（三）审判地

第 204 条至少部分地对 FAA 第 2 章下的审判地要求予以了界定。第
204 条规定：

审判地

> 在地区法院根据本编第 203 条对有关诉讼或程序享有管辖权的情
> 况下，该诉讼或程序可以向符合下述条件的法院提起，即如假定不存
> 在仲裁协议，与当事人之间的争议有关的诉讼或程序可向该法院提
> 起，或协议指定的仲裁地在美国境内，而该地点位于该法院的管区和
> 区域内。

下级法院有关上述标准的讨论并不多见，不过看来很明显，第 204 条
允许的审判地是假定不存在仲裁条款的情况下，该地能满足对人管辖权和
审判地的要求，或者该地是仲裁地。

第 204 条的审判地要求是不是排他的，或者其他有关审判地的成文法
能否作为根据，对此尚存疑问。较适当的观点看来是认为第 204 条的审判
地要求并不是排他的。最高法院已认定，专门的审判地规定应推定为并非
排他的，③ 下级法院在适用第 204 条时显然遵循了这一进路。④ 上述结论
也与公约和 FAA 支持执行的倾向一致。

---

① See *York Hannover Holding AG v. McDermott Int'l, Inc.*, 794 F. Supp. 118
(S. D. N. Y. 1992)（申请更换仲裁员）。也有法院对第 205 条进行了更有限的解释，
例如 *Tesoro Petroleum Corp. v. Asamera* (*South Sumatra*) *Ltd*, 798 F. Supp. 400（W. D.
Tex. 1992)，在该案中，撤销裁决之诉被认为不受第 205 条支配。

② *McDermott International, Inc. v. Lloyds Underwriters of London*, 944 F. 2d 1199
(5th Cir. 1991)（在证明存在"明确的"弃权的情况下，允许放弃第 205 条下的移送
权利）。

③ *Brunette Machine Works, Ltd v. Kockum Indus. Inc.*, 406 U. S. 706 (1972)。

④ See *American Constr. Machinery & Equip. Corp. v. Mechanised Corp. of Pakistan
Ltd*, No. 85 Civ. 3765 (JFK) (S. D. N. Y. March 5, 1986)（第 204 条和《美国法典》
第 28 编第 1391 节第（f）小节第（1）段下的审判地都是适当的）。

还有一个存在争议的问题是，美国法院是否可以以就执行协议而言法院系非方便法院为由驳回根据第206条提起的强制仲裁之诉。部分下级法院认为，第206条下存在以非方便法院为由予以驳回的裁量权。① 另外一些法院通过对第4条（FAA的国内部分）的适用得出结论，认为并不存在此种裁量权。② 当事人的仲裁协议有时会具体指定执行仲裁协议（或仲裁裁决）的法院，对此种法院选择条款，下级法院通常是予以执行的。

（四）仲裁地点

作为FAA国内部分的第4条通常被认为仅仅允许法院命令在其所在辖区内进行仲裁。相反，根据第206条，即使约定的仲裁地在美国境外，法院也可以命令当事人将争议提交仲裁。尽管如此，在当事人未就具体的外国仲裁地达成一致或指定的仲裁地所在国并非《纽约公约》签字国的情况下，第206条仍被认为不能适用。③

（五）法院能否主动下达命令

在某些案件中，就实质问题提起的美国诉讼中的被告会以当事人的仲裁协议为由申请驳回起诉，但并不申请强制仲裁的命令。在这种情况下，部分下级法院"为正义的利益"主动（sua sponte）强制仲裁。④ 不过，对法院而言，更恰当的做法是仅仅中止诉讼（第3条对中止诉讼作了规定，而第208条将该条合并进了第2章），而不是在双方当事人都未提出请求（或可能并不期望）的情况下命令仲裁。⑤

---

① See Maria Victoria Naviera, SA v. Cementos del Valle, 759 F. 2d 1027, 1031 (2d Cir. 1985); Oil Basins Ltd v. Broken Hill Proprietary Co., 613 F. Supp. 483 (S. D. N. Y. 1985).

② See E. C. Ernst, Inc. v. Potlatch Corp., 462 F. Supp. 694, 697-99 (S. D. N. Y. 1978); Aaacon Auto Transport, Inc. v. Ninfo, 490 F. 2d 83 (2d Cir. 1974).

③ See National Iranian Oil Co. v. Ashland Oil, Inc., 817 F. 2d 326 (5th Cir.), cert. denied, 108 S. Ct. 329 (1987).

④ Filantro SpA v. Chilewich Int'l Corp., 789 F. Supp. 1229, 1234 (S. D. N. Y. 1992); Tennessee Imports, Inc. v. Filippi, 745 F. Supp. 1314, 1322 n. 4 (M. D. Tenn. 1990).

⑤ 下级法院通常认为在公约下也可以根据第3条颁布中止诉讼的命令，尽管根据FAA第2章并不存在任何有关中止诉讼的单独规定。See Rhone Mediterranee etc. v. Achille Lauro, 712 F. 2d 50, 54 (3d Cir. 1983); Tennessee Imports Inc. v. Filippi, 745 F. Supp. 1314 (M. D. Tenn. 1990).

三、根据 FAA 第 303 条强制履行仲裁协议

在美国执行国际仲裁协议的第 3 种方法是 FAA 第 303 条，该条是用来实施《巴拿马公约》第 1 条的。与《纽约公约》第 2 条相似，《巴拿马公约》第 1 条对受公约支配的仲裁协议的一般强制性进行了规定。FAA 第 303 条规定：

强制仲裁的命令；仲裁员的指定；地点

（a）根据本章享有管辖权的法院可以命令依协议在其规定的任何地点进行仲裁，无论该地点是否在美国境内。上述法院还可以根据协议规定指定仲裁员。

（b）……

迄今为止，美国法院对第 303 条的司法解释非常之少。考虑到措辞上的相似性，对第 206 条的解释会对第 303 条的解释产生影响。

（一）联邦事物管辖权、对人管辖权和审判地

实施《巴拿马公约》的 FAA 第 302 条将 FAA 第 2 章的若干规定合并了进来。在这当中，第 302 条合并了第 203 条、第 204 条和第 205 条，它们分别涉及事物管辖权、审判地和案件移送。根据第 2 章上述各条所作的判决应该也可以适用于第 303 条下的强制仲裁之诉。在第 2 章不能适用的情况下，第 307 条合并了 FAA 第 1 章（就像第 208 条合并了第 1 章以适用于《纽约公约》下的诉讼）。

（二）仲裁地点

《纽约公约》与《巴拿马公约》之间的一个重要区别就是美洲国家商事仲裁委员会（IACAC）的作用。《巴拿马公约》第 3 条规定："在当事人未作明确约定的情况下，仲裁应依美洲国家商事仲裁委员会的程序规则进行。"上述规则是以 UNCITRAL 规则为蓝本制定的，并指定 IACAC 为任命机构。①

公约第 3 条是通过 FAA 第 303 条（b）款予以实施的，该款规定："如果协议未规定仲裁地或仲裁员的指定，则法院应命令按照《美洲国家

---

① 美国对公约的批准作了如下规定："美利坚合众国将适用的美洲国家商事仲裁委员会的程序规则是美利坚合众国交存其批准书之日有效的规则，除非美利坚合众国在以后的正式决定中接受和采用了后来对上述规则的修改。"

间关于国际商事仲裁的公约》第 3 条进行仲裁和指定仲裁员。"根据 IA-CAC 的程序规则，仲裁员由委员会指定（如无相反约定），仲裁地由仲裁庭指定（如无相反约定）。也许可以将第 303 条（b）款理解为授权联邦法院强制在上述仲裁地进行仲裁。

四、根据《外国主权豁免法》强制外国国家仲裁

强制外国国家（及其行政机关和执行部门）仲裁的诉讼受《外国主权豁免法》（Foreign Sovereign Immunities Act，FSIA）的支配。FSIA 赋予了外国国家以推定的主权豁免许可，但受若干成文法例外的支配。在豁免例外可予适用的情况下，FSIA 第 1330 节同时授予了联邦法院以事物管辖权和对人管辖权。FSIA 有两个例外尤其与执行国际仲裁协议的诉讼相关——第 1605 节第（a）小节第（6）段和第（1）段。第 1605 节第（a）小节第（6）段专门针对执行仲裁协议与仲裁裁决的诉讼，而第 1605 节第（a）小节第（1）段则是一个适用更普遍的弃权条款。

（一）根据 §1605（a）（6）强制外国国家仲裁

§1605（a）（6）是于 1988 年增加到 FSIA 之中的，它明确否定了外国国家在执行某些仲裁协议或确认某些仲裁裁决的诉讼中的主权豁免。在下列情况下，§1605（a）（6）确认了外国主权豁免的例外：

> （6）诉讼的提起是为了执行这样一份协议：该协议由外国国家与私人当事人或为私人当事人的利益订立，该协议规定将当事人之间就根据美国法可仲裁解决事项之特定法律关系，无论其是否为契约性质，已发生或可能发生的所有或任何争议提交仲裁，或者诉讼的提起是为了确认根据上述仲裁协议作出的裁决，如果（A）仲裁在或准备在美国进行，（B）协议或裁决由或可由在美国生效的要求承认和执行仲裁裁决的条约或其他国际协定支配，（C）假定不存在仲裁协议，根据本节或第 1607 节，基本诉讼请求原本可在美国法院提出，或（D）其他情况下可适用本小节第（1）段。

概括起来，§1605（a）（6）规定了对豁免的放弃以及法院在下述任何一种情形下对执行某些仲裁协议的诉讼可以享有管辖权：（1）仲裁在美国进行或准备在美国进行；（2）协议由或可由要求承认和执行仲裁裁

决的条约支配；①　（3）与 FAA 第 204 条相似，根据第 1605 节或第 1607
节，如果不存在仲裁协议，基本请求原本可在美国法院提出；或（4）适
用§1605（a）（1）的弃权条款。

　　下级法院指出，§1605（a）（6）"表明了对［仲裁］协议予以执行的强
有力的立法意图"。②　在为数不多的适用§1605（a）（6）的判决中，第 2 司
法巡回区上诉法院的一份判决认定，尽管不能适用§1605（a）（1），但
§1605（a）（6）更为宽泛且提供了潜在的管辖权基础以强制本身未签署协
议的一方当事人在美国境外参加仲裁。③　§1605（a）（6）适用于"与私人当
事人或为私人当事人的利益订立"的仲裁协议，因而被认为不能适用于两
个外国国家之间的协议。④

　　（二）根据§1605（a）（1）强制外国国家仲裁

　　§1605（a）（6）明确保留了根据§1605（a）（1）的弃权条款发展起来的
有关仲裁条款的相当广泛的判例法。根据上述判例，外国国家同意在美国
进行仲裁的协议显然构成对美国法院强制仲裁之诉中主权豁免的放弃。⑤
此外，几份下级法院判决认为，未指定特定地点的开放式的仲裁协议构成在
美国法院进行的强制仲裁或确认仲裁裁决之诉中主权豁免的放弃。⑥　如果
当事人约定适用美国的法律作为实体法或程序法，则约定在非特指的地点

---

　　①　此处仅明确提及涉及仲裁裁决的公约，所以该小节可能仅在申请执行裁决的
情况下赋予了管辖权。不过，§1605（a）（6）（B）的措辞中并不存在这样的限制。需要
注意的是，如果§1605（a）（6）确实赋予管辖权以执行任何受公约支配的协议，则它将
涵盖大量与美国并无联系的协议。假定立法本意是这样的，就会引起重要的正当程序
问题。

　　②　*Cargill Int'l SA v. M/T Pavel Dybenko*, 991 F. 2d 1012, 1018（2d Cir. 1993）.
See also 131 Cong. Rec. S 5369（daily ed. May 3, 1985）（"该修正案将再次向商业界保
证国际仲裁程序将有效运作。它是通过修订 FSIA，表明仲裁协议构成对执行该协议的
诉讼中的豁免的放弃来实现上述目的的……"）.

　　③　*Cargill Int'l SA v. M/T Pavel Dybenko*, 991 F. 2d 1012（2d Cir. 1993）. 根据受
益第三人理论，该未签署人被认为应受仲裁协议支配。

　　④　*Caribbean Trading and Fidelity Corp. v. Nigerian Nat'l Petroleum Corp.*, 1990
U. S. Dist. Lexis 17198（S. D. N. Y. 1990）.

　　⑤　*E. g.*, *American Constr. Machinery & Equip. Corp. v. Mechanised Corp. of Paki-
stan Ltd*, No. 85 Civ. 3765（JFK）（S. D. N. Y. March 5, 1986）（认定 FSIA 是确认裁决
之诉中的对人管辖权的一个根据）.

　　⑥　*Birch Shipping Corp. v. United Republic of Tanzania*, 507 F. Supp. 311（D. D. C.
1980）; *Libyan American Oil Co. v. Socialist People's Libyan Arab Jamahirya*, 482 F. Supp.
1175（D. D. C. 1980）, *vacated*, 684 F. 2d 1032（D. C. Cir. 1981）.

或外国某一地点仲裁的协议也可能属于§1605(a)(1)的范围。

不过,并不是只要外国国家同意仲裁,§1605(a)(1)的弃权条款就会自动适用。若干下级法院已认定,约定在美国境外仲裁的协议并不必然构成对在美国法院进行的强制仲裁之诉中主权豁免的放弃。① 上述判决分析指出,约定在美国境外仲裁并不表明任何放弃在美国法院的主权豁免的意图。它们反对这一主张,即"只要外国主权国家在世界上任何一个地方与私人当事人签订了合同并指定由除它自己以外的任何国家的法律支配或在其法院答辩,它就是……将自己置于美国法院施加的个人责任之下。"②

五、根据州法或普通法强制履行仲裁协议

对受 FAA 支配的仲裁协议(包括国际仲裁协议)而言,也可能由州法院来考虑发布强制仲裁的命令是否适当的问题。是否可以或是否将颁布这样的命令至少首先是一个州法上的问题且不同的州给出的答案可能并不相同。根据许多州的仲裁法规,原则上可以向州法院申请并获得强制在域外仲裁的命令。《统一仲裁法》第 2 条(a)款和第 18 条在授权颁布强制仲裁的命令的同时,并未施加任何明确的领土限制。同样地,《纽约州民事诉讼程序法》第 7503 节也授权颁布强制仲裁的命令,而无任何地理限制。

州法院或联邦法院也可能根据普通法判例颁布强制仲裁的命令。不过,考虑到历史上普通法拒绝特别执行仲裁协议,③ 因此此种先例的存在是不确定的。④

第二节　诉讼程序的中止

前述程序方法涉及肯定性的强制仲裁命令。还可以通过中止诉讼程序对仲裁协议予以执行。事实上,在许多国家,并不能获得强制仲裁这一肯定性的命令救济,执行仲裁协议的惟一方式是中止诉讼。

申请中止诉讼是针对对方当事人发动的诉讼程序而提起的一种防御性

---

① *See Cargill Int' l SA v. M/T Pavel Dybenko*, 991 F. 2d 1012 (2d Cir. 1993); *Marathon Int' l Petroleum Supply Co. v. I. T. I. Shipping*, *SA*, 728 F. Supp. 1027 (S. D. N. Y. 1990)(并没有通过约定在巴黎仲裁而放弃了就实质问题提起的诉讼中的主权豁免)。

② *Verlinden BV v. Central Bank of Nigeria*, 488 F. Supp. 1284 (S. D. N. Y. 1980)。

③ *Red Cross Line v. Atlantic Fruit Co.*, 264 U. S. 109 (1924)。

④ *E. g.*, *Coleman v. National Movie-Dine, Inc.*, 449 F. Supp. 945, 949 n. 7 (E. D. Pa. 1975)(提出但未解决法院"强制仲裁的固有权限");*Textile Workers Union etc. v. American Thread Co.*, 113 F. Supp. 137 (D. Mass. 1953)。

诉讼。"［第3条的］考虑看来是，无需命令仲裁的权力，准予中止诉讼的权力已经足够，因为如果允许中止，则除非原告参加仲裁，否则他将无法获得救济。"①

一、根据 FAA 第 3 条中止诉讼程序

在美国，存在几种类型的诉讼中止可供当事人申请以协助仲裁。FAA 的国内部分明确要求美国法院中止其诉讼程序，如果上述程序涉及的权利主张受有效的书面仲裁协议支配。FAA 第 3 条规定：

> **争点可提交仲裁时对诉讼程序的中止**
>
> 如果向任何美国法院提起的任何诉讼或程序的争点根据书面仲裁协议可提交仲裁，则该未决诉讼所在法院根据当事人一方的请求，在确信上述诉讼或程序所涉及的争点根据上述协议可以提交仲裁的情况下，只要提出中止申请的请求人在仲裁过程中并未缺席，应中止对诉讼的审理，直至按照协议规定完成仲裁为止。

已得到确认的是，即使法院不能根据第 4 条颁布强制仲裁的命令，仍可根据第 3 条准予中止诉讼。② 第 3 条的中止被认为适用于整个诉讼，而不仅仅是"审理"。③ 尽管如此，第 3 条下的诉讼中止只能约束仲裁协议的当事人④（虽然中止诉讼的固有的司法权限可以涵盖非当事方）。根据

---

① *Barge "Anaconda" v. American Sugar Refining Co.*, 322 U. S. 42（1943）; *Standard Magnesium Corp. v. Fuchs*, 251 F. 2d 455, 458（10th Cir. 1957）（"如果协议规定，在一方当事人拒绝或不参加仲裁的情况下仍可指定仲裁员且仍可单方面的进行仲裁，并进一步规定了在此种单方程序中应遵循的规则，则无机会援引第 4 条的救济。仅在一方当事人拒绝参加仲裁而为使仲裁能够依单方申请进行下去必须颁布法院命令的情况下才有必要利用该救济"）。

② *Shanferoke Coal & Supply Co. v. Westchester Service Corp.*, 293 U. S. 449, 453（1935）（法院可适当的"命令中止诉讼，甚至在它不能强制仲裁的情况下亦如此"）; *Zenol, Inc. v. Carblox, Ltd*, 334 F. Supp. 866（W. D. Pa. 1971）。

③ *Dickstein v. DuPont*, 320 F. Supp. 150（D. Mass. 1970）。

④ *Coastal（Bermuda）Ltd v. E. W. Saybolt & Co.*, 761 F. 2d 198, 203（5th Cir. 1985）（第 3 条"不能成为地区法院对"非当事方"间诉讼请求予以中止的权力来源"）, *Nederlands Erts-Tankersmaatschappij NV v. Isbrandtsen Co.*, 339 F. 2d 440（2d Cir. 1964）; *Armco Steel Co. v. CSX Corp.*, 790 F. Supp. 311（D. D. C. 1991）（第 3 条并不允许中止针对非当事方提出的诉讼请求，但若是应非当事方的请求，则司法经济允许中止）。

法院的自由裁量，就不可仲裁的诉讼请求而言，也可依第 3 条准予诉讼中止,① 尽管法院常常拒绝此种中止。②

FAA 第 3 条并未明确授权中止诉讼程序以支持在美国境外进行的仲裁。一种看似有理的主张可能是，考虑到第 4 条对命令域外仲裁的显然限制，不应推断存在前述权力。尽管如此，下级联邦法院还是常常以 FAA 第 3 条为根据，在将于国外进行的仲裁结束前中止诉讼程序。③

尚存疑问的是 FAA 第 3 条是否意图适用于州法院。该条的措辞仅提及 "美国法院"，暗示仅仅是美国地区法院（以及其他联邦法院）受该条有关中止诉讼的规定的支配。尽管如此，如前所述，最高法院仍然认定，如果州法院诉讼程序涉及的诉讼请求受由 FAA 调整的仲裁的支配，则州法院必须中止其诉讼程序。④ 州法院通常按此要求行事。

二、根据 FAA 第 2 章和第 3 章中止诉讼程序

《纽约公约》和《巴拿马公约》的实施立法没有包含与 FAA 国内部分中第 3 条相对应的规定。尽管如此，在涉及公约下可仲裁的争议时，美

① *American Recovery Corp. v. Computerized Thermal Imaging, Inc.*, 96 F. 3d 88 (4th Cir. 1996)（关于是否中止不可仲裁的诉讼请求的决定属于初审法院自由裁量的范围）; *Collins Radio Co. v. Ex-Cell-O Corp.*, 467 F. 2d 995, 1000 (8th Cir. 1972)（在对相关请求进行仲裁前中止对两个不可仲裁的请求的诉讼）; *Home Life Ins. Co. v. Kaufman*, 547 F. Supp. 833 (S. D. N. Y. 1982)（在下述情况下允许中止对不可仲裁的争点的诉讼，即 "申请中止的当事人可以证明他不会阻碍仲裁；仲裁将在合理期间内完成；拖延不会对反对诉讼中止的当事人造成不适当的困扰"）.

② *E. g.*, *American Shipping Line, Inc. v. Massan Shipping Indus., Inc.*, 885 F. Supp. 499 (S. D. N. Y. 1995)（拒绝中止对不可仲裁的请求的诉讼，其理由是尽管涉及共同事项，但仲裁的非当事方不受仲裁裁决的约束）; *Armco Steel Co. v. CSX Corp.*, 790 F. Supp. 311 (D. D. C. 1991)（" '仲裁和诉讼将在各自正常的轨道上运行' 的推定"）.

③ *E. g.*, *Danielsen v. Entre Rios Rys. Co.*, 22 F. 2d 326 (D. Md. 1927); *Penalver v. Compagnie de Navigation Frutiere, Matouba*, 428 F. Supp. 1070, 1073 (E. D. N. Y. 1977); *International Refugee Org. v. Republic S. S. Corp.*, 93 F. Supp. 798 (D. Md. 1950), *appeal dismissed*, 189 F. 2d 858 (4th Cir.). 555.

④ *See Southland Corp. v. Keating*, 465 U. S. 1 (1984). *Compare McDermott Int'l, Inc. v. Lloyds Underwriters of London*, 944 F. 2d 1199 (5th Cir. 1991)（其附带意见不正确的指出州法院无需准予中止）.

国法院仍认为可中止向其提起的诉讼程序。① 不清楚的是此种中止的根据是 FAA 第 3 条（通过第 208 条和第 307 条予以合并），还是法院对其待审案件的固有权限，或者是《纽约公约》第 2 条（3）款与《巴拿马公约》第 1 条。

三、中止诉讼的固有权限

若干下级联邦法院已认定，甚至在 FAA 第 3 条和其他成文法规定不适用的情况下，它们也拥有中止诉讼的固有权限。② 上述权力涵盖了并非仲裁协议当事人的主体提出的诉讼请求。③

四、根据州法中止诉讼

当破坏仲裁协议的诉讼向州法院提起且未被移送时，州法院可能会被要求中止该诉讼。如前所述，最高法院显然认定，在适用 FAA 的诉讼中，州法院必须采取类似于 FAA 第 3 条规定的中止诉讼的措施。④ 在适用《纽约公约》和《巴拿马公约》的情况下，同样的结论也是适用的（尽管此时通常可立即获得对案件的移送）。在 FAA 和公约都不适用的非常少有的国际案件中，州法将决定是否准予诉讼中止。一般而言，如果根据可适用的法律，当事人的仲裁协议具有强制性，则应提供此种救济。⑤

---

① *Tennessee Imports, Inc. v. Filippi*, 745 F. Supp. 1314, 1323-25（M. D. Tenn. 1990）; *Roger, Burgun, Shahine & Deschler, Inc. v. Dongsan Construction Co.*, 598 F. Supp. 754, 757 n. 6（S. D. N. Y. 1984）（"尽管本案涉及公约下的国际商事，但第 3 条有关中止诉讼的规定仍可适用，因为该分包合同属于第 1 条所明确规定的合同种类"）。

② *Landies v. North American Co.*, 299 U. S. 248（1936）; *Merritt-Chapman & Scott Corp. v. Pennsylvania Turnpike Commission*, 387 F. 2d 768, 771 n. 5, 773（3d Cir. 1967）।

③ *Dale Metals Corpo. v. Kiwa Chem, Indus. Co.*, 442 F. Supp. 78, 81-2（S. D. N. Y. 1977）（"即使诉讼中止会影响没有义务参加仲裁的当事人"，中止诉讼也是适当的）; *Lawson Fabrics, Inc. v. Akzona, Inc.*, 355 F. Supp. 1146（S. D. N. Y. 1973）. *Compare Montauk Oil Transp. Corp. v. Steamship Mutual Underwriting Ass'n（Bermuda）Ltd*, 859 F. Supp. 669（S. D. N. Y. 1994）（在诉讼涉及非当事方的情况下，拒绝在仲裁前中止诉讼）。

④ *Southland Corp. v. Keating*, 465 U. S. 1（1984）।

⑤ 《统一仲裁法》第 2 条（d）款。*Kielvin Eng. Co. v. Blanco*, 210 N. Y. S. 10（N. Y. Sup. Ct. 1925）।

第三节　禁止仲裁的法院命令和根据
FAA 进行动议审理的实践

一、禁止仲裁的法院命令

在当事人的仲裁协议并未包含向仲裁员提出的权利请求时，已有若干下级美国法院颁布了禁止进行仲裁的禁令救济。① 上述法院是以传统的衡平法上的权力作为根据提供此种救济的。② 它们还反对这一主张即 FAA 不允许颁布禁止仲裁的禁制令。③

二、根据 FAA 进行动议审理的实践

根据 FAA 的大多数规定提起的诉讼都与正规程序有异。尽管 FAA 下的争议可能涉及与通常的民事诉讼并无多大区别的事实上和法律上的争点，但 FAA 仍规定了独特的程序机制。FAA 第 6 条规定：

将申请作为动议审理
　　据此向法院提出的任何申请都应按法律规定的提出和审理动议的方式提出和审理，本法另有明确规定的除外。

因此第 6 条为执行仲裁协议（和裁决）的诉讼规定了一种快速的程序机制，该程序仿照了联邦法院的动议实践。

在对所谓动议（motions，也译作申请，请求）进行决定时通常无需进行有关证据的口头审理，而是以宣誓书和书面证据为根据。根据大多数下级联邦法院的观点，"对动议的决定可以且通常就是完全基于诉讼文书

① *Shinto Shipping Co. v. Fibrex & Shipping Co.*，572 F. 2d 1328（9th Cir. 1978）（针对根据有关事实不能获得支持的仲裁发布了禁制令）；*A. B. C.，Inc. v. American Fed'n of Television & Radio Artists*，412 F. Supp. 1077（S. D. N. Y. 1976）。

② *Paine Webber，Inc. v. Fowler*，791 F. Supp. 821（D. Kan. 1992）。

③ *In re Y & A Group Sec. Lit.*，38 F. 3d 380（8th Cir. 1994）（驳回了这一主张即 FAA 排除了针对仲裁的禁制令）；*Societe Generale de Surveillance，SA v. Raytheon European Mgt. & Systems Co.*，643 F. 2d 863，868（1st Cir. 1981）；*A. B. C.，Inc. v. American Fed'n of Television & Radio Artists*，412 F. Supp. 1077（S. D. N. Y. 1976）。

进行的，而不是在对证人口头审问和交叉询问之后才作决定的"。① 第 6 条的政策"是加速与仲裁有关的事项的司法解决"。②

　　FAA 第 4 条是上述一般程序机制的一个例外。它规定，如果就仲裁协议的订立存在争议，可以进行陪审团审判。该条规定如下：

　　　　……如果在仲裁协议的订立或不履行、怠于履行或拒绝履行仲裁协议上存在争议，则法院应继续对此进行简易审理……

下级法院发展出了有关普通法标准，以界定事实上的争议是否适于根据第 4 条审理。公认的标准是就仲裁协议的存在或其持续效力必须存在"真正的争议点"。③ 如果存在上述争议点，则要求根据第 4 条进行审理；如果不存在，就禁止进行此种审理。尽管如此，受 FAA 迅速和非正式解决争议的目标驱使，法院有时会免除庭审型的证据听审以支持书面提交的证据，甚至在存在真正的事实上的争议的情况下亦如此。④

---

① *Imperial Ethiopian Gov't v. Baruch-Foster Corp.*, 535 F. 2d 334, 335 (5th Cir. 1976); *Parson & Whittemore Overseas Co. v. Societe Generale de L' Industrie du Papier*, 508 F. 2d 969 (2d Cir. 1974).

② *O. R. Securities, Inc. v. Professional Planning Associates, Inc.*, 857 F. 2d 742, 745 (11th Cir. 1988). See *Huntsville Golf Dev., Inc. v. Brindley Constr. Co.*, 847 F. Supp. 1551 (N. D. Ala. 1993) (FAA 第 6 条规定了快速进行的动议程序).

③ *Saturday Evening Post Co. v. Rumbleseat Press, Inc.*, 816 F. 2d 191, 1196 (7th Cir. 1987) (第 4 条规定，"只有就协议的存在或范围存在可审判的争点的情况下"才要求陪审团审判。"如果当事人争议的可仲裁性并不涉及任何问题或仅涉及法律问题，则没有必要进行陪审团审判，因为其结果不会影响法官对是否命令仲裁这一问题的决定。"); *SMG Swedish Machine Group, Inc. v. Swedish Machine Group, Inc.*, 1991 WL 10662 (认为在决定仲裁条款是否为强制性时应按第 4 条的规定进行审理).

④ *Commerce Park at DFW Freeport v. Mardian Const. Co.*, 729 F. 2d 334, 340 (5th Cir. 1984); *CGB Marine Services Co. v. M/S Stolt Entente*, 1990 U. S. Dist. Lexis 12078 (E. D. La. 1990).

第七章　承认与执行仲裁裁决的基本问题

　　仲裁程序的进行通常导致仲裁裁决的作出，该裁决就像国内法院的判决一样对当事人各自的请求予以处置。此种裁决的有效性和强制性对仲裁程序和当事各方的利益至关重要。大部分仲裁裁决并不需要司法执行或确认，因为它们会得到当事人的自觉遵守。①

　　尽管如此，对任何仲裁程序最终的检验仍然是该仲裁程序能否作出于必要时可获任何有关国内法院承认与执行的仲裁裁决。至少在美国，仲裁裁决并非法院的判决，② 并不像通常的国内判决那样是自动生效的（self-executing）。相反，必须申请对仲裁裁决的司法执行以诉诸国家的强制执行机制。③ 只有仲裁裁决能够成功地得以执行，胜诉的原告才能确保实际取得裁决给他的损害赔偿。也只有仲裁裁决能够获得承认，胜诉的被告才能确保败诉的原告针对他就已仲裁过的请求提起的新的诉讼不会发生。④

　　对仲裁裁决的承认和执行涉及一系列潜在复杂的问题。以下三章将对仲裁裁决在美国的承认与执行进行探讨。

第一节　执行仲裁裁决或对仲裁裁决提出异议的途径

　　有关仲裁裁决强制性的争议可产生于几种不同的程序中。首先，获得对其有利的仲裁裁决的一方当事人可能申请"确认"（confirm）该仲裁裁决。在美国，一般是依 FAA 第 9 条、第 207 条或第 304 条在联邦地区法

---

　　① See *Florasynth, Inc. v. Pickholz*, 750 F. 2d 171, 176 (2d Cir. 1984).

　　② See *Fotochrome, Inc. v. Copal Co., Ltd.*, 517 F. 2d 512 (2d Cir. 1975).

　　③ *Sentry Life Ins. Co. v. Board*, 759 F. 2d 695, 698 (9th Cir. 1985); *Tamari v. Conrad*, 522 F. 2d 778, 781 (7th Cir. 1977)（"仲裁员的裁决不是自动生效的。"）。

　　④ Gary B. Born, *International Commercial Arbitration in the United States: Commentary and Materials* 459-60 (1994); Gary B. Born, *International Commercial Arbitration: Commentary and Materials* 701 (2d ed. 2001).

院提起有关诉讼。① 其次，仲裁裁决对其不利的一方当事人可能申请"撤销"（vacate）该裁决。在美国，一般是依 FAA 第 10 条在联邦地区法院提起有关诉讼。② 最后，在民事诉讼中，如果应予适用的排除规则（rules of preclusion）允许就争议的实质问题援引某一仲裁裁决，该裁决就可能作为审理的根据。③

一、概述④

（一）在裁决作出地"确认"和"撤销"仲裁裁决

仲裁裁决作出后，就该裁决而言，大多数国内仲裁法规都规定了可在仲裁地采用的两种基本的法律途径。首先，仲裁中的胜诉当事人可以向仲裁地的国内法院提起"确认"裁决之诉，该程序通常为国内地方法院的判决登记提供了根据。之后，既可以在当地对该判决予以执行，又可以到另一个国家申请执行该判决和裁决。⑤ 其次，仲裁中的败诉方也可向仲裁地的国内法院提起"撤销"裁决之诉或"宣布"裁决"无效"之诉（set aside, vacate, or annul）。如果获得成功，则此种诉讼通常具有使裁决无效的法律效果，就像上诉判决撤销初审法院的判决一样。裁决被撤销后，在当地就不能获得执行，在仲裁地之外的执行也常常存在困难。

（二）对仲裁裁决的"承认"或"执行"

如果仲裁裁决未被撤销，则可能带来两个主要的后果：

首先，胜诉当事人既可以在仲裁地也可以在外国法院申请"执行"（enforce）该裁决。⑥ 这将涉及根据地方法提起有关法律程序，在该程序中，裁决为强制划拨资金或对"裁决债务人"施加其他义务提供了根据。

---

① 9 U.S.C. §§9, 207 & 304. 州法也可为确认仲裁裁决之诉提供根据。

② FAA 第 2 章或第 3 章都未包含撤销仲裁裁决的明确规定。因此，能否根据 FAA 第 2 章和第 3 章提起撤销之诉尚无定论；一些下级法院认为必须运用 FAA 第 10 条或州法来撤销公约裁决。

③ Gary B. Born, *International Commercial Arbitration in the United States: Commentary and Materials* 462（1994）.

④ Gary B. Born, *International Commercial Arbitration: Commentary and Materials* 704-05（2d ed. 2001）.

⑤ 或者，甚至无需首先在仲裁地对该裁决予以确认，即可向另一个国家申请执行该裁决。

⑥ 就像国内法院的判决一样，对仲裁裁决的"执行"是指国内法院或其他政府机构为实施裁决所采取的强制措施。

受《纽约公约》或《巴拿马公约》支配的裁决在获得其他法院确认和执行之前通常无需仲裁地的确认。① 不过，裁决通常必须获得某一特定司法区的地方法院的"确认"才能在该司法区获得强制执行。

其次，仲裁的当事人一方可以申请"承认"仲裁裁决。② 此种申请常常发生在下述情形中，即在仲裁中其请求未获满足的当事人提起有关的诉讼程序，试图对仲裁裁决已解决的权利请求或争点重开诉讼。最常见的是在仲裁中成功的对申请人的请求予以抗辩的被申请人申请承认仲裁裁决以阻止失望的申请人对其请求重开诉讼。

（三）使仲裁裁决生效的其他途径

在某些情形下，仲裁裁决不可能作为一份裁决获得执行。这可能源于未及时对其予以确认、形式上的缺陷或拒绝确认裁决方面的有效的实质理由。即使在这样的情形下，根据国内法，裁决也可以拥有有限的法律效力。例如，裁决可以作为国内法下提起合同之诉的根据，或者可以作为就当事人基本争议的实质问题提起的诉讼中的证据而被接受。

二、确认仲裁裁决之诉③

在美国，可以依 FAA 第 9 条、第 207 条或第 304 条提起确认仲裁裁决之诉。④

其实，根据美国法，仲裁裁决并不需要通过司法确认来具有终局性和拘束力或具有重要的法律后果。⑤ 至少，未经确认的仲裁裁决"是一种契

---

①　《纽约公约》废除了存在于《日内瓦议定书》和《日内瓦公约》之下的所谓"双重许可"（double exequator）要求。

②　同样与国内法院的判决相似，对仲裁裁决的"承认"是指国内法院（或类似机构）授予仲裁员对当事人的争议所作的处分以排除效力（preclusive effect）的决定。

③　Gary B. Born, *International Commercial Arbitration in the United States*: *Commentary and Materials* 462-63（1994）; Gary B. Born, *International Commercial Arbitration*: *Commentary and Materials* 709-11（2d ed. 2001）.

④　在美国，对于内国仲裁裁决，常用"确认"（confirm）一词取代"执行"（enforce）。事实上，二者是同一个意思：使仲裁裁决成为可强制执行的司法判决的方法。

⑤　*Florasynth, Inc. v. Pickholz*, 750 F. 2d 171, 176（2d Cir. 1984）; *Oriental Commercial & Shipping Co. v. Rosseel NV*, 1991 WL 135940（S. D. N. Y. July 12, 1991）.

约上的权利，这种权利可以被用来作为诉因之基础"。① 或者，它可以在普通法上获得执行。此外，在国内法院的诉讼中，未经确认的裁决可为既判力（res judicata）或间接不准反悔效力（collateral estoppel）之抗辩提供根据。

不过，FAA 规定，如果仲裁裁决被美国法院所确认，该裁决就成为作出确认的法院的判决。这一判决具有与任何其他美国民事判决相同的效力并且可以像其他判决那样予以执行。② 在美国，由此导致的判决在法院地可以作为州内判决予以执行；在美国其他地方，该判决可依充分诚意和信任条款（Full Faith and Credit Clause）予以执行。

如果一方当事人成功地阻止了对仲裁裁决的确认，该仲裁裁决将不能成为法院的判决。该仲裁裁决在申请确认地也不能像判决那样具有强制性。但是，除非该仲裁裁决被撤销，即使未获承认，它也仍将继续存在并可在其他法院申请确认或执行。事实上，虽然未获承认，该仲裁裁决仍可继续具有终局性和拘束力。

三、撤销仲裁裁决之诉③

在美国，可以依 FAA 第 10 条提起撤销仲裁裁决之诉。撤销仲裁裁决的裁定在后果上显然不同于前述拒绝承认或确认仲裁裁决的裁定。如果撤销仲裁裁决之诉获得成功，那么仲裁裁决就被"取消"（vacated）或"废除"（annulled）了；该仲裁裁决将终止其在诉讼地所具有的法律效力，并且以后在诉讼地不能被确认或以其他方式援用。④ 此外，依《纽约公约》，其他法院或许无需执行已根据正当理由予以撤销的仲裁裁决⑤，并

---

① *Florasynth*, *Inc.* v. *Pickholz*, 750 F. 2d 171, 176（2d Cir. 1984）; *E. A. Bromund Co.* v. *Exportadora Affonso de Alburquerque*, 110 F. Supp. 502, 503（S. D. N. Y. 1953）.

② 9 U. S. C. § 13（"由此登录的判决在一切方面都同诉讼判决有同样的效力，同时服从有关诉讼判决的一切法律规定，并且可以如同登录法院的诉讼判决一样执行。"）.

③ Gary B. Born, *International Commercial Arbitration in the United States: Commentary and Materials* 463（1994）; Gary B. Born, *International Commercial Arbitration: Commentary and Materials* 710-11（2d ed. 2001）.

④ *Florasynth*, *Inc.* v. *Pickholz*, 750 F. 2d 171, 176（2d Cir. 1984）.

⑤ New York Convention Article V（1）（e）.

且或许也是不能执行的。①

当法院基于 FAA 第 10 条所规定的理由之一（除了不存在仲裁协议或非仲裁性的理由）撤销了一份仲裁裁决时，它不能对当事人间争议的实质问题进行处理。在通常情况下，该争议仍受当事人仲裁协议的支配，对其不能提起诉讼（除非以不存在涵盖当事人争议的有效仲裁协议为由撤销裁决）。②

第二节　承认与执行仲裁裁决的一般义务

如前所述，本书讨论的重点是美国的国际仲裁和州际仲裁。因此，此处也主要是讨论国际商事仲裁裁决在美国的承认与执行以及各州相互间对仲裁裁决的承认与执行，尤其侧重于对前者的讨论。在美国，外国法院判决的执行主要受州法支配，与外国法院判决显然不同，国际仲裁裁决在美国的执行主要是由联邦法的有关原则调整的。在这方面，最重要的联邦法渊源是《纽约公约》和 FAA 第 2 章。与此有关的还有 FAA 第 1 章（FAA 的国内部分，the "domestic" FAA），以及《巴拿马公约》和 FAA 第 3 章。最后，美国州法也偶尔对国际仲裁裁决在美国的承认与执行产生一定的影响。③

一、FAA 下仲裁裁决的强制性④

（一）FAA 的第 9 条和第 10 条

FAA 的国内部分确立了仲裁裁决具有强制性的一般规则：FAA 第 9

---

① 作为一个实际问题，如果裁决被仲裁地法院撤销，它就不大可能再在其他地方获得承认和执行。尽管如此，虽然此种事例很少，但仍存在即使仲裁裁决在仲裁地被撤销仍可能在其他国家获得执行的情况。

② *United Paperworkers Int'l Union v. Misco, Inc.*, 484 U. S. 29, 40 n. 10 (1987)（"甚至在这一罕见情形下，即仲裁员的程序偏差达到了积极的不当行为的程度，一般说来法院仍不应根据它自己对正确结论的判断对实质问题予以解决，从而阻止进一步的仲裁程序，因为这会不适当的用司法决定取代当事人期待的仲裁员的裁决。……相反，法院应仅仅撤销裁决，从而在根据协议规定允许继续仲裁的情况下为未来的仲裁程序留下余地。在适当的时候，法院还有权将案件发回仲裁员重审"）。

③ Gary B. Born, *International Commercial Arbitration: Commentary and Materials* 708 (2d ed. 2001).

④ Gary B. Born, *International Commercial Arbitration in the United States: Commentary and Materials* 460-62 (1994).

条要求法院执行仲裁裁决,除非存在第 10 条所规定的具体的法定撤销事由。FAA 第 10 条对强制性的一般推定所规定的例外非常有限,且美国法院近年来对这些例外作了限制性解释。

FAA 第 9 条和第 10 条除适用于内国裁决外,还直接适用于影响美国对外商事但又不受《纽约公约》或《巴拿马公约》支配的国际仲裁裁决。此外,第 9 条和第 10 条也是执行公约下的仲裁裁决或对公约下的仲裁裁决提出异议时可以选择使用的方法。最后,在 FAA 第 2 章和第 3 章未作规定的情况下,FAA 第 208 条和第 307 条将第 9 条和第 10 条合并进来(如果它们与公约不相抵触)。

(二)《纽约公约》和《巴拿马公约》的实施立法:FAA 第 2 章和第 3 章

制定《纽约公约》的目的主要是为了便于承认与执行外国仲裁裁决。因此,公约第 3 条施加了一项普遍的要求即缔约国应承认在其他国家作出的仲裁裁决。第 3 条对强制性的推定要受公约第 1 条和第 5 条所规定的一些重要限制和例外的支配。对仲裁裁决强制性的这些限制和例外将在下文予以讨论。《巴拿马公约》第 4、5 两条包含的规定在实质上与《纽约公约》类似。

在美国,《纽约公约》的第 3 条和第 5 条是通过 FAA 的第 207 条得以实行的。FAA 第 207 条规定,"除非"存在公约列明的"拒绝……承认或执行裁决的理由之一",法院对受公约支配的仲裁裁决"应予确认"。《巴拿马公约》的相关规定则是通过 FAA 第 304 条以及通过第 302 条合并进来的第 207 条予以实施的。

(三)联邦法下拒绝承认仲裁裁决的有限理由

美国法院总是不断重申,依照 FAA 第 10 条、第 207 条和第 304 条的规定,对仲裁裁决进行司法审查的范围是非常有限的。《纽约公约》第 5 条和 FAA 第 10 条所规定的例外只允许基于有限范围内的严重的程序、管辖权或公共政策方面的理由对仲裁裁决提出异议。美国法院的共识是不能审查仲裁员裁决的实质问题,即使该裁决显然是错误的。① 而且,仲裁庭有关管辖权和程序性事项的裁定可获得实质上的尊重。还有一点很重要,公约和 FAA 下执行仲裁裁决的一般义务以及这一义务的有限例外对州法院是有拘束力的;事实上,在州法对拒绝承认仲裁裁决规定了更为广泛的

---

① 惟一重要的例外是"显然漠视"规则,该规则允许对故意和实质上拒绝应适用的法律的仲裁裁决不予承认。

第七章　承认与执行仲裁裁决的基本问题　　265

实体性理由的情况下，总会优先适用公约和 FAA。①

二、《纽约公约》下国际商事仲裁裁决在美国法院的强制性

（一）在美国适用《纽约公约》的仲裁裁决的范围②

在美国，可以适用《纽约公约》的国际仲裁裁决的范围是很广泛的。不过，如前所述，公约包含了许多重要的管辖权限制（jurisdictional limitations）。就像国际仲裁协议一样，公约只在以下情况下适用于仲裁裁决，即仲裁裁决（1）产生于"商事"（commercial）和"特定法律"（defined legal）关系；（2）产生于关涉"可以仲裁解决"事项的仲裁协议；（3）符合公约所规定的"外国"（foreign）或"非内国"（non-domestic）裁决资格；（4）满足公约的互惠要求；以及（5）满足公约对裁决具有"拘束力"（binding）的要求。

1. "商事"和"特定法律"关系

《纽约公约》只适用于产生于"商事"和"特定法律"关系的仲裁协议和仲裁裁决。对此，本书第 3 章第 2 节已予介绍。一般来说，上述要求并不会对公约的适用造成重要的障碍。

2. 争议通过仲裁"能够解决"

公约第 5 条第（2）款第（a）项允许国内法院拒绝承认涉及不能以仲裁解决的事项的仲裁裁决。关于不可仲裁性问题，本书第 4 章已进行了详细的讨论。它同时也是拒绝执行仲裁协议的根据之一。

这里有一个限定非常重要。Gary B. Born 曾经指出："如果一方当事人未对其争议的可仲裁性提出异议，那么以后他就会被视为已放弃对不可仲裁性理论的援引。尽管在美国鲜有判例，但还是有这么一种看法，即当事人（无保留地）参加对其争议所进行的仲裁，可构成对仲裁现有争议

---

① 惟一潜在的例外起因于最高法院在 *Volt Information Sciences, Inc. v. Board of Trustees*, 489 U. S. 468 (1989) 一案中的判决。如果当事人的协议包含了合并州仲裁法规的法律选择条款，则它也可能合并了州法下撤销仲裁裁决的实质标准。如果是这样的话，并不清楚 FAA 是否优先于此种标准。*Cf. St. Luke's Hospital v. SMS Computer Systems, Inc.*, 785 F. Supp. 1243 (E. D. Mich. 1991)（认为 FAA 并不优先于此种标准）。

② Gary B. Born, *International Commercial Arbitration in the United States: Commentary and Materials* 466-98 (1994).

的一种同意。"① 不过，美国一些法院的判决认为，参加对不可仲裁的事项所进行的仲裁并不能产生具有强制性的仲裁裁决。② 另一方面，也有美国判例认为，当事人可以订立具有强制性的仲裁现有争议的协议——即使这些争议一般是不可仲裁的。③ 按照 Gary B. Born 的看法，后一种观点更符合美国非仲裁性理论的历史基础。他认为，在美国，非仲裁性理论与以下考虑密切相关，即担心当事人在不知情的情况下放弃有关权利以及经济势力和经验上的悬殊给当事人带来不利影响。但在当事人决定对现有争议进行仲裁的情况下，以上担心通常就不那么明显了。④

3. "外国"和"非内国"裁决

《纽约公约》只适用于所谓"外国"和"非内国"仲裁裁决，只有这类裁决才属于公约要求执行仲裁裁决的规定范围。因此，能否适用公约通常支持执行的机制就取决于对裁决"外国"或"非内国"地位的定性。也因此，仲裁裁决何时被视为"外国"裁决或"非内国"裁决就很重要。

公约第 1 条（1）款规定：公约适用于以下仲裁裁决：（1）在申请执行地国以外"作成"的仲裁裁决（即"外国"裁决），或（2）在申请执行地国"不被认为是内国裁决"的仲裁裁决（即"非内国"裁决）。美国国会在 FAA 第 202 条里规定了对公约第 1 条（1）款的实施。⑤ FAA 第 202 条规定："仲裁协议或仲裁裁决如产生于某一法律关系，无论该法律关系为契约性质与否，被视为商事性质者……均属于公约管辖范围。协议或裁决如产生于上述关系，但该关系完全系美国公民之间者，则不应视为公约管辖范围，除非该关系涉及位于国外的财产，可能在国外履行或执行，或与一个或多个外国国家有某种其他的合理联系。"最后的结果是公

---

① Gary B. Born, *International Commercial Arbitration in the United States: Commentary and Materials* 466-67（1994）.

② *Alexander v. Gardner-Denver*, 415 U. S. 36（1974），转引自 Gary B. Born, *International Commercial Arbitration in the United States: Commentary and Materials* 467（1994）.

③ *Mitsubishi Motors Corp. v. Soler Chrysler-Plymouth, Inc.*, 473 U. S. 614（1985）; *Gardner v. Shearson, Hammill & Co.*, 433 F. 2d 367, 368（5th Cir. 1970），*cert. denied*, 401 U. S. 978（1971）. 转引自 Gary B. Born, *International Commercial Arbitration in the United States: Commentary and Materials* 467（1994）.

④ *See* Gary B. Born, *International Commercial Arbitration in the United States: Commentary and Materials* 467 n. 47（1994）.

⑤ 9 U. S. C. § 202（1982）.

约适用于在美国之外作成的任何裁决;① 也适用于在美国境内作成的裁决，如果当事人中的一方是外国公民，或案件与某一外国国家有某种其他的合理的密切联系。②

4. 互惠

如前所述，《纽约公约》允许互惠保留。公约第 1 条第（3）款规定，缔约国可以声明其"将在互惠的基础上适用本公约，以承认及执行在另一缔约国领土内作成之裁决为限。"此外，公约第 14 条还规定了一个单独的、更普遍的互惠条款："除在缔约国本身有义务适用公约的范围内，缔约国无权对其他缔约国援用本公约。"如前所述，美国和公约的许多其他签约国作了互惠保留。美国的保留规定，美国将在互惠的基础上适用本公约，以承认及执行"在另一缔约国领土内作成之裁决为限"。③

如前所述，公约第 1 条第（3）款所规定的互惠以及美国的互惠保留是由进行仲裁和作出裁决的地方所决定的，而非当事人的国籍。

5. 对裁决具有"拘束力"的要求

依《纽约公约》之前的国际仲裁公约，通常只有当外国仲裁裁决具有"终局性"（final）时，才能要求对其予以执行。例如，1927 年的《日内瓦公约》就属此类情况，它只要求执行"终局"的仲裁裁决。④ 此外，证明"终局性"的责任由申请执行的一方当事人承担。结果实际上是要求申请执行外国仲裁裁决的当事人遵循所谓"双重许可"（double exequatur）制度，即（为证明仲裁裁决的"终局性"）须获得裁决作出地法院对裁决的司法确认。⑤

对所谓"双重许可"制度，普遍的观点是认为它繁琐、低效。《纽约

---

① 但要受美国"互惠保留"的限制。此外，如果两个美国公民之间的仲裁协议约定在美国之外对本质上实属美国国内争议的纠纷进行仲裁，那么该仲裁协议是否受公约支配，也有法院持否定意见。See, e, g. , Brier v. Northstar Marine Inc. ,1992 WL 350292(D. N. J. April 28,1992).

② See, e. g. , Industrial Risk Insurers v. M. A. N. Gutehoffnungshutte GmbH, 141 F. 3d 1434 (11th Cir. 1998) (公约适用于在佛罗里达作成的德国公司为胜诉方的裁决).

③ 9 U. S. C. A. § 201.

④ 《关于执行外国仲裁裁决的公约》第 1 条（2）款（d）项。美国从未加入《日内瓦公约》。

⑤ Gary B. Born, International Commercial Arbitration in the United States: Commentary and Materials 490 (1994).

公约》的主要（和审慎）的改革之一是它放弃了"双重许可"制度,①
为实现这一改革,公约将举证责任转移给反对裁决的一方当事人。② 此
外,公约明确放弃了"终局性"的要求。取而代之的是,公约第3条要
求对具有"拘束力"（binding）的裁决应予执行,同时公约第5条（1）
款（e）项允许对尚无"拘束力"或已在作出地被撤销的裁决不予承认;
同样,在裁决作出地有关撤销仲裁裁决的诉讼结果出来之前,公约第6条
允许被请求执行裁决的国内法院延期作出决定。根据以上规定,一旦仲裁
裁决具有"拘束力",它在任何缔约国都是有强制性的——即使它没有被
作出地国法院所确认。

（二）《纽约公约》下外国仲裁裁决的一般强制性③

《纽约公约》在美国法院执行国际仲裁裁决的过程中发挥着重要作
用。公约的一个主要目的就是使在一国作成的仲裁裁决能够在其他国家得
以执行,特别是能够在原告和被告的住所地国得到执行。公约的起草历
史,及其对国内法院应适用公约进行判决的要求,强调了起草者希望仲裁
裁决能够比在《日内瓦公约》下更易具有强制性以及更少受到基于国内
法或公共政策所提出的异议。④

在适用《纽约公约》的情况下,公约第3条对缔约国施加了执行仲
裁裁决的一般义务。第3条规定:"各缔约国应承认仲裁裁决具有拘束
力,并依援引裁决地之程序规则及下列各条所载条件执行之。承认或执行
适用本公约之仲裁裁决时,不得较承认或执行内国仲裁裁决附加过苛之条
件或征收过多之费用。"公约从几个方面赋予第3条的要求以特别的效力
并强调了其起草者促进仲裁裁决的跨国执行的目标。其中最重要的是,公
约推定仲裁裁决是有效的并将证明仲裁裁决无效的责任交给了反对执行仲
裁裁决的一方当事人。此外,仲裁裁决不受"双重许可"（double exequa-

---

① Gary B. Born, *International Commercial Arbitration in the United States: Commentary and Materials* 490 (1994).

② A. van den Berg, *The New York Convention of 1958* 338 (1981) ("作为裁决执行
对象的当事人必须证明裁决尚未发生拘束力"),转引自 Gary B. Born, *International
Commercial Arbitration in the United States: Commentary and Materials* 490-91 (1994).

③ Gary B. Born, *International Commercial Arbitration in the United States: Commentary and Materials* 464-65 (1994).

④ See *Bergesen v. Joseph Muller Corp.*, 710 F. 2d 928, 932 (2d Cir. 1983); *Parsons
& Whittemore Overseas Co. v. Societe Generale De L'Industrie du Papier*, 508 F. 2d 969, 973
(2d Cir. 1974).

tur）制度的支配，在国外申请执行仲裁裁决之前无需在仲裁地对仲裁裁决予以确认。还有，正如第 3 条所明确规定的，缔约国所施加的程序要求不能较适用于内国仲裁裁决的程序要求更苛刻。

最后，公约第 5 条规定了对仲裁裁决不予承认的有限理由。值得注意的是，第 5 条所规定的例外是排他的（exclusive）：在裁决作出地国之外，只能基于第 5 条所规定的理由之一对适用公约的裁决不予承认。根据所有这些特点，美国法院一再强调"充斥公约的支持执行（pro-enforcement）的一般倾向"。①

三、仲裁裁决的证明②

《纽约公约》第 4 条规定，为实施公约有关仲裁裁决强制性的规定，必须满足证明方面的要求。申请执行的当事人必须提供：（1）经正式认证的裁决正本或经正式证明的副本；以及（2）仲裁协议正本或经正式证明的副本。此外，如果裁决或协议不是用被请求承认和执行裁决地国的官方文字写成，申请承认和执行裁决的当事人应该提出这些文件的此种文字译本。译本应该由一个官方的或宣过誓的译员或一个外交或领事人员证明。上述文件必须连同承认和执行裁决的申请一起提交给签字国的"主管机关"。美国法院通常反对不必要的使上述要求复杂化的做法。③

如果上述材料被适当提交，且证明裁决受公约支配，那么就确立了一个承认裁决的初步证明的案件（prima facie case）④。证明裁决具有第 5 条所列例外情形之一的举证责任就转移到反对执行的当事人身上。⑤

与公约一样，FAA 也包含了有关仲裁裁决证明的规定。比公约的规

---

① *Parsons & Whittemore Overseas Co. v. Societe Generale de L'Industrie du Papier*, 508 F. 2d 969, 973 (2d Cir. 1974).

② Gary B. Born, *International Commercial Arbitration in the United States*: *Commentary and Materials* 504-05 (1994); Gary B. Born, *International Commercial Arbitration*: *Commentary and Materials* 783-84 (2d ed. 2001).

③ *Bergesen v. Joseph Muller Corp.*, 710 F. 2d 928, 934 (2d Cir. 1983)（不要求提供"经正式认证的正本的经正式认证的副本"；将仲裁庭主席的宣誓书视作对裁决的真实性的证明）；*Geotech Lizenz AG v. Evergreen Systems, Inc.*, 697 F. Supp. 1248, 1252-53 (E. D. N. Y. 1988).

④ Gary B. Born, *International Commercial Arbitration*: *Commentary and Materials* 783 (2d ed. 2001).

⑤ *Fertilizer Corp. of India v. IDI Mgt., Inc.*, 517 F. Supp. 948, 951 (1981).

定稍微复杂一些，FAA 第 13 条要求申请确认、修改或更正仲裁裁决的当事人提交（1）仲裁协议；（2）对任何"第三仲裁员"的任何选择或指定；（3）每一份"延长裁决期限的书面文件"；（4）裁决；以及（5）"与确认、修改或更正裁决的申请有关的"通知、宣誓书和其他诉讼文书，以及法院对上述申请作出的每一份命令。

第八章　拒绝承认与执行仲裁裁决的理由

第一节　概　　述

尽管《纽约公约》和 FAA 都确立了（国际）仲裁裁决应予承认这一一般推定，上述公约和立法依然规定在特定情况下对裁决可不予承认。公约和 FAA 对裁决的不予承认规定了相似的、非常有限的实质理由。①

一、《纽约公约》的规定②

《纽约公约》第 3 条所确立的有关强制性的推定要受一系列例外的支配，这些例外规定在公约第 5 条和第 6 条。至少在理论上，这 8 种例外是非常有限的。概括起来，有这么一些例外：

1. 第 5 条（1）款（a）项：裁决是依无效的仲裁协议作出的，而仲裁协议之所以无效，是因为依可适用的法律，当事人缺乏签订仲裁协议的能力或仲裁协议本身无效。

2. 第 5 条（1）款（b）项：败诉方"未曾得到指定仲裁员或者进行仲裁程序的适当通知，或者由于其他缘故未能提出申辩"。

3. 第 5 条（1）款（c）项：仲裁裁决"涉及仲裁协议所未曾提到的，或者不包括在仲裁协议规定之内的争执"。

4. 第 5 条（1）款（d）项：仲裁庭的组成或其程序违反当事人的协议或仲裁地法。

5. 第 5 条（1）款（e）项：仲裁裁决尚不具有"拘束力"或已"被裁决作出地国或裁决所依据法律的国家的主管机关"撤销或停止执行。

---

① See Gary B. Born, *International Commercial Arbitration: Commentary and Materials* 795（2d ed. 2001）.

② Gary B. Born, *International commercial Arbitration in the United States: Commentary and Materials* 498-99（1994）.

6. 第5条（2）款（a）项：当事人的争议事项依执行地国的法律"不可以用仲裁方式解决"。

7. 第5条（2）款（b）项：承认或执行仲裁裁决将和执行地国的公共政策相抵触。

8. 第6条：如果已向"裁决作出地国或裁决所依据法律的国家"的法院或其他主管机关提出撤销或停止执行仲裁裁决的申请，那么被请求执行裁决的法院"如果认为适当，可以延期作出关于执行裁决的决定。……"

第5条（1）款所规定的5个例外以及第6条规定的例外必须由一方当事人提出，而第5条（2）款所包含的两个例外——公共政策和不可仲裁性——可以由执行法院主动地援引。

如前所述，《纽约公约》在美国是通过 FAA 第2章予以实施的。[①] FAA 第207条重申了公约第3条所施加的执行公约下的仲裁裁决的义务，然后通过以下规定将公约第5条所规定的例外合并进来："除非法院发现有该公约中列举的拒绝或延缓承认或执行裁决的理由之一，则应确认裁决。"[②] 因此，如果在美国之外作出的仲裁裁决受公约所调整，美国法院必须承认该裁决，仅受公约第5条规定的例外的支配：反对仲裁裁决的其他理由，无论是 FAA 第10条下的理由还是普通法上的理由，都不能作为拒绝承认的依据。值得指出的是，虽然美国法院一贯遵循《纽约公约》第5条的规定，它们仍然倾向于"通过采取一种越来越国际主义的进路"显示出"支持执行的导向"，[③] 有时甚至忽略了正当程序和公共政策的考虑。

如前所述，《巴拿马公约》本质上是一份对《纽约公约》的地区性摹本，只是它适用于在西半球的缔约国境内作出的仲裁裁决。尽管如此，《纽约公约》和《巴拿马公约》对法院拒绝承认和执行成员国的仲裁裁决的规定几乎完全相同。[④]

---

① 9 U. S. C. §§ 201-208.

② 9 U. S. C. § 207（着重号为作者所加）FAA 的第2章并没有单独列举出有关承认受公约支配的仲裁裁决这一一般义务的例外。

③ Jane L. Volz & Roger S. Haydock, *Foreign Arbitral Awards: Enforcing the Award Against the Recalcitrant Loser*, 21 Wm. Mitchell L. Rev. 867, 880 (1996).

④ Pedro Menocal, *We'll Do It for You Any Time: Recognition and Enforcement of Foreign Arbitral Awards and Contracts in the United States*, 11 St. Thomas L. Rev. 317, 322 (Spring, 1999).

二、FAA 国内部分的规定①

与公约一样，FAA 的国内部分反映了支持仲裁裁决的强制性的强烈倾向。FAA 第9条规定："如果当事人在协议中已经约定应对仲裁裁决进行判决登记，并且指定了进行登记的法院，则在仲裁裁决作出后1年内，任何当事人可以随时请求指定的法院发布命令确认裁决，除非裁决依照本法第10条和第11条的规定而被撤销、修改或更正，法院必须发出确认的命令。……"② 美国法院一贯以一种支持执行的态度来对第9条进行解释："仲裁的目的是允许以相对迅速和价廉的方式解决合同上的争议，从而避免长期的法院诉讼所带来的费用和拖延。因此，对仲裁裁决的司法审查应受到非常严格的限制。"③

FAA 第9、10条对美国法院施加的应执行仲裁裁决的要求要受一系列特定的法定例外的支配。第10条对这些例外予以了规定，它为撤销仲裁裁决提供了法定依据。Gary B. Born 指出："对这些例外应予限制解释是基本的法律常识。"④ 第10条允许法院在以下情况下撤销裁决：

10（a）（1）：裁决以徇私舞弊、欺诈或者不正当方式取得。

10（a）（2）：仲裁员全体或者任何一人显然有偏袒或者徇私舞弊情形。

10（a）（3）：仲裁员有拒绝合理的展期审理的请求的不当行为，有拒绝审理与争议有关的和实质的证据的不当行为或者有损害当事人的权利的任何其他不当行为。

10（a）（4）：仲裁员超越权力，或者没有充分运用权力以致对提交的争议事项没有作成共同的、终局的和确定的裁决。

10（a）（5）：裁决已经撤销，但是协议规定的裁决的期限尚未终了，法院可以斟酌指示仲裁员重新审理。

---

① Gary B. Born, *International Commercial Arbitration in the United States: Commentary and Materials* 500-02（1994）.

② 9 U.S.C. § 9.

③ *Diapulse Corp. of Am. v. Carba, Ltd.*, 626 F.2d 1108（2d Cir. 1980），转引自 Gary B. Born, *International Commercial Arbitration in the United States: Commentary and Materials* 501（1994）.

④ Gary B. Born, *International Commercial Arbitration in the United States: Commentary and Materials* 501（1994）.

美国学者 Howard M. Holtzmann 和 Donald Francis Donovan 指出①，FAA 的措辞尚未充分反映美国法院在实践中对仲裁裁决的尊重。例如，FAA 规定，如果仲裁员"拒绝审理适当的证据"，仲裁裁决可予撤销。实际上，法院几乎总是遵从仲裁员有关证据事实上是否适当的决定。② 主导性的观点是，当事人既然约定仲裁，就"放弃了寻求通常与正式审判联系在一起的某种程序上的谨慎的权利"。③ 美国法院也不审查仲裁裁决在事实或法律上的错误。④

此外，美国法院发展了几个非成文法的、普通法上的依 FAA 第 9、10 条撤销仲裁裁决的理由。首先，尽管第 10 条并未包含明确的类似公约第 5 条（2）款（b）项的公共政策例外的规定，但违反公共政策的裁决是可以依第 10 条予以适当撤销的。⑤ 其次，大部分下级法院认为，如果仲裁裁决"显然漠视"（manifest disregard）法律，则该裁决可予撤销。⑥ 第三，如果仲裁裁决涉及不可仲裁事项，对该裁决也无需予以执行。⑦

三、FAA 国内部分与《纽约公约》的关系

（一）《纽约公约》并未限制在仲裁地撤销仲裁裁决的实质理由⑧

对《纽约公约》执行仲裁裁决的义务有一个重要的限制：按照普遍的观点，这一义务不适用于在公约允许的法院所提起的撤销（或废除）仲裁裁决之诉。

美国及其他国家的法院都认为，公约允许在仲裁地或裁决所依据法律之国家提起撤销仲裁裁决之诉。⑨ 通常认为公约允许在上述法院地——有

---

① Howard M. Holtzmann & Donald Francis Donovan, national report *United States* in Intl. Handbook on Comm. Arb. Suppl. 28 January 1999.

② *See Hoteles Condado Beach, La Concha and Convention Center v. Union de Tronquistas*, 763 F. 2d 34, 39（1st Cir. 1985）.

③ *Burton v. Bush*, 614 F. 2d 389, 390（4th Cir. 1980）.

④ *Merrill Lynch, Pierce, Fenner & Smith, Inc. v. Bobker*, 808 F. 2d 930, 933（2d Cir. 1986）.

⑤ *See Misco, Inc. v. United Paper Workers Int'l Union*, 484 U. S. 29（1987）.

⑥ *See Wilko v. Swan*, 346 U. S. 427, 436-37（1953）.

⑦ *Alexander v. Gardner-Denver Co.*, 415 U. S. 36（1974）; *Barrentine v. Arkansas-Best Freight System, Inc.*, 450 U. S. 728（1981）.

⑧ Gary B. Born, *International Commercial Arbitration in the United States: Commentary and Materials* 465-66（1994）.

⑨ New York Convention Article V（1）（e）.

时被称为仲裁裁决的"起源地国"（country of origin）——基于任何理由，包括公约第 5 条没有规定的理由撤销仲裁裁决。① 例如，在美国，即使不适用公约第 5 条所规定的例外，也可以基于 FAA 第 10 条所允许的任何理由提起撤销仲裁裁决之诉。而在其他法院，即在起源地国之外，仲裁裁决是不能被撤销的，只能在公约第 5 条所规定的例外之一得到满足的情况下对其不予承认。

（二）依公约和 FAA 对仲裁裁决不予承认通常并非强制性义务②

美国学者还认为，当存在有关仲裁裁决强制性的例外时，公约和FAA 第 10 条都没有要求法院必须拒绝承认仲裁裁决。因为公约第 5 条规定，如果存在可予适用的例外，"可以拒绝承认和执行裁决"，而 FAA 第 10 条同样规定，法院"可以"撤销仲裁裁决。不过，实际上，当美国法院发现可以援引公约或 FAA 所规定的某一例外时，它很少会仍然命令对裁决予以执行。③

（三）FAA 国内部分的有关规定对国际仲裁裁决的适用性④

国际仲裁裁决在美国的执行也可以受 FAA 国内部分（即 FAA 第 1章）的支配。主要有以下几种情形：首先，在公约不适用于某一国际仲裁裁决的情况下（例如，因为公约的互惠、商事或其他管辖权要求未获满足），通常就将适用 FAA 的国内部分。FAA 第 1 条将其适用扩及对影响州际商事或"外国商事"的裁决的执行。⑤ 由于美国法院对外国商事所给予的宽泛定义，大部分不受公约调整的国际仲裁裁决将受 FAA 第 1 章的支配，这其中就包括第 9 条和第 10 条有关确认或撤销裁决之诉的规定。

其次，即使在公约适用于某一裁决的情况下，FAA 的国内部分仍然

---

① *See* A. van den Berg, *The New York Convention of 1958* 20（1981），转引自 Gary B. Born, *International Commercial Arbitration in the United States*: *Commentary and Materials* 465-66（1994）. 但根据公约之外的理由撤销国际仲裁裁决可能会导致该撤销的裁决在其他国家获得承认和执行。参见本书第 9 章第 2 节。

② Gary B. Born, *International Commercial Arbitration in the United States*: *Commentary and Materials* 502（1994）.

③ 这方面一个引人注目的反例是美国个别法院承认和执行了已撤销的外国仲裁裁决。参见本书第 9 章第 2 节。

④ Gary B. Born, *International Commercial Arbitration in the United States*: *Commentary and Materials* 499-500（1994）.

⑤ 9 U.S.C. § 1.

可以作为寻求执行的一种途径。① 尽管公约具有"支持执行"的倾向,但仍可能出现即使公约并未要求执行裁决而 FAA 的国内部分却要求予以执行的情况。

再次,如前所述,当受公约支配的裁决是在美国"作出"的时候,FAA 第 10 条规定的撤销裁决的理由可适用于该裁决。就公约对不予承认裁决的理由所施加的限制是否适用于此类案件,美国下级法院和学者持有不同意见。

最后,在依公约执行仲裁裁决的诉讼中,FAA 作为权威性依据,具有更普遍的意义。FAA 第 208 条的规定使 FAA 第 1 章可适用于依公约所提起的诉讼,除非第 1 章与公约或 FAA 第 2 章相抵触。因此,美国法院通常将 FAA 的国内部分作为补充公约的根据,特别是在公约对某一具体问题未提供清楚的指示时。

(四)《纽约公约》与 FAA 在相关规定上的区别②

FAA 第 10 条所列举的对仲裁裁决不予承认的理由非常类似《纽约公约》第 5 条所规定的有关例外。美国下级法院总是参照 FAA 第 10 条下的判例解释公约,并提出依这两份文件拒绝执行裁决的理由并无多大不同。③不过,公约与 FAA 的有关规定毕竟不是完全相同的,一份仲裁裁决有可能在其中的一个制度下具有强制性,而在另一个制度下不具有强制性。④

在某些情况下,公约似乎对执行仲裁裁决的限制更少。FAA 第 10 条规定了有关"欺诈"(第 10 条(a)款(1)项)和仲裁员不当行为或偏袒(第 10 条(a)款(2)项)的具体例外,而公约第 5 条却无此规定。同样,"显然漠视法律"被普遍接受为依 FAA 不予执行仲裁裁决的一个理由,而它能否在公约下适用是有疑问的。一些下级法院更为概括地指出,对拒绝承认仲裁裁决的理由的陈述,公约比 FAA 限定的范围更窄。⑤

---

①　See Bergesen v. Joseph Muller Corp. , 710 F. 2d 929 (2d Cir. 1983).

②　Gary B. Born, *International Commercial Arbitration in the United States: Commentary and Materials* 502-04 (1994).

③　See *Management & Technical Consultants SA v. Parsons-Jurden Int'l Corp.* , 820 F. 2d 1531 , 1534 (9th Cir. 1987); *Biotronik Mess-und Therapiegeraete GmbH v. Medford Medical Instrument Co.* , 415 F. Supp. 133 , 137-40 (D. N. J. 1976).

④　See *Essex Cement Co. v. Italmare, SpA*, 763 F. Supp. 55 (S. D. N. Y. 1991).

⑤　*Andros Compania Maritima , SA v. Marc Rich & Co.* , 579 F. 2d 691 , 699 (2d Cir. 1978); *In re Application of Molino Fratelli Pardini, SpA*, 78 Civ. 3549 (S. D. N. Y. May 18, 1979).

　　另一方面，在一些领域 FAA 对执行仲裁裁决所包含的限制可能更少一些。例如，公约明确规定了公共政策例外，而 FAA 则未作规定。而且，公约还明确规定了不可仲裁性例外——又与 FAA 不同。

　　更为普遍的是，对公约和 FAA 的解释也可能完全不同。即使在公约和 FAA 第 10 条都规定了"相同"例外的情况下，下级法院有时仍以相互歧异的方式发展出一些重要的判例法以解释特定的抗辩理由。

　　最后，也是最重要的，公约和 FAA 国内部分有关执行机制的规定在程序上也存在着区别。如果一份仲裁裁决受《纽约公约》支配，那么可以依 FAA 第 2 章的规定提起确认仲裁裁决之诉。相较 FAA 的国内部分，该章规定了通常更有利于执行仲裁裁决的程序机制。这些有利条件包括授予联邦法院独立的事物管辖权（FAA 国内部分则无类似规定），3 年的诉讼时效（FAA 国内部分规定的时效为 1 年），以及对审判地点的不同规定。①

　　在仲裁裁决既受公约又受 FAA 支配的情况下，公约和 FAA 之间的这些差异可能导致问题的复杂化。美国法院的做法通常是，如果当事人提起确认外国仲裁裁决之诉，在公约所规定的例外不允许拒绝承认，但 FAA 允许的情况下，通常认定并无拒绝承认裁决的适当理由。② 不过，如前所述，如果依 FAA 第 10 条可对在美国境内作出的"非内国"裁决提起撤销之诉，那么公约就不能优先于 FAA 国内部分的要求。本书在前面已讨论过，这是由于公约并没有对一国撤销在其领土内作成的仲裁裁决的权力施加限制。

　　另一方面，在公约允许对仲裁裁决不予承认，而 FAA 无类似规定的情况下，答案就不是那么明确了。可以说，公约下对仲裁裁决不予承认的可能性对 FAA 第 9 条所施加的执行仲裁裁决的要求附加了条件。但一些美国学者认为，适当的观点应该是，在这种情况下，可以适用 FAA 的

---

　　①　9 U. S. C. §§ 203, 204, 207.

　　②　这是因为，依 FAA 第 208 条的规定，只有在 FAA 第 10 条与公约不相抵触的情况下才可予以适用，此外，FAA 第 207 条要求法院"应确认"受公约支配的仲裁裁决，除非存在公约所列明的不予承认的理由之一。Gary B. Born, *International Commercial Arbitration in the United States: Commentary and Materials* 503 n. 102（1994）.

"国内"（domestic）执行要求而不受公约下不能强制执行的影响。①

　　综上所述，美国法院或学者的普遍观点是，在涉及对国际商事仲裁裁决的承认与执行时，尽量采取有利于仲裁的方式予以处理。

第二节　美国法院拒绝确认仲裁裁决的理由及其运用

　　概括起来，美国法院依《纽约公约》和 FAA 所适用的有关仲裁裁决强制性的例外主要有：裁决显然漠视法律、裁决违反公共政策、当事人未能获得机会提出申辩和仲裁的进行程序不合法、不存在有效的仲裁协议、超出授权、仲裁程序不适当、缺乏独立性、偏袒与仲裁员行为不当或争议不能通过仲裁解决。

一、"显然漠视"法律②

（一）"显然漠视"法律的提出

　　《纽约公约》、《巴拿马公约》和 FAA 的国内部分都没有明确规定允许仅仅因为仲裁员的裁决错误而拒绝执行其仲裁裁决。事实上，美国法院有关司法审查的判决恰恰相反。美国法院通常公开宣布，即使仲裁员在适用法律和认定事实方面犯了严重的错误，也不能成为拒绝执行仲裁裁决的理由。早在 1855 年，美国最高法院就已认定："如果仲裁裁决所处理的事

---

　　①　Gary B. Born, *International Commercial Arbitration in the United States: Commentary and Materials* 504（1994）. 按照 Gary B. Born 的观点，依公约第 3 条和第 5 条，法院被明确授权可自主决定承认仲裁裁决，即使存在公约第 5 条所规定的不予承认的理由之一。此外，公约第 7 条特别规定维持其他国际仲裁条约的效力（《日内瓦议定书》和 1927 年《日内瓦公约》除外），并规定公约的规定"不剥夺任何利害关系人在被请求承认或执行裁决之国家的法律或条约所许可的方式和范围内，援用该仲裁裁决的任何权利。"因此，Gary B. Born 认为，我们不能得出结论，公约优先于更"支持执行"的国内仲裁制度（如 FAA 第 9、10 条）或 FAA 第 208 条排除了对 FAA 第 9 条的适用。另外，FAA 第 207 条只是将公约第 5 条所规定的例外合并进来，它并未表明在 FAA 第 9 条要求执行仲裁裁决而公约无此要求的情况下自己将优先于 FAA 第 9 条的规定。Gary B. Born, *International Commercial Arbitration in the United States: Commentary and Materials* 504 n. 104（1994）. 这也为后文将讨论的承认与执行已撤销的外国仲裁裁决提供了依据。

　　②　Gary B. Born, *International Commercial Arbitration in the United States: Commentary and Materials* 505-07（1994）；Gary B. Born, *International Commercial Arbitration: Commentary and Materials* 797-814（2d ed. 2001）.

项在仲裁协议范围之内，并且包含了仲裁员在进行充分和公正的审理后所作的诚实的决定，那么衡平法院将不会因法律或事实错误而撤销该裁决。与此相反的做法则会使衡平法院的法官所作的判决取代当事各方所选择的仲裁员的裁决，并会使仲裁裁决成为讼争的开始而非结束。"① 当代美国法院的判决在法律和事实问题上对仲裁员的裁决给予了更充分的尊重。② 下级法院在对公约和 FAA 进行解释时，总是重申二者反映了支持执行仲裁裁决的联邦政策并且不允许对仲裁裁决的实质问题进行司法审查。

虽然没有任何明确的制定法上的根据，而且联邦政策反对对仲裁裁决进行司法审查，但几乎没有法官乐意执行他们确信显然错误的仲裁裁决。这样，美国法院在司法实践中根据 FAA 第 10 条发展出一项拒绝确认某些显然错误的（obviously and demonstrably wrong）③ 仲裁裁决的普通法事由：显然漠视法律（manifest disregard of law）。显然漠视法律，是美国法院在处理国内仲裁案件过程中创造出来的概念。它起源于 *Wilko v. Swan* 一案的判决，在该案附带意见中最高法院指出："在未作限制的仲裁协议下……仲裁员对法律的解释，不同于对法律的显然漠视，不会因解释错误而受到联邦法院的司法审查。"④

（二）"显然漠视"法律在国际商事仲裁领域的适用性

显然漠视法律是美国在国内仲裁案件中创立和发展起来的制度，那么，它是否适用于国际商事仲裁领域呢？

首先，在承认和执行国际商事仲裁裁决时，显然漠视法律是否为美国法院拒绝承认和执行的事由？

---

① *Burchell v. Marsh*, 58 U. S. 344（1855）.

② 在 *United Steelworkers v. Enterprise Wheel & Car Corp.* 一案中，法院指出："对 [当事人间] 协议的解释问题是由仲裁员处理的问题。当事人期待的是仲裁员的解释。" 363 U. S. 593, 599（1960）.

③ Gary B. Born, *International Commercial Arbitration*: *Commentary and Materials* 798（2d ed. 2001）.

④ 346 U. S. at 436-37. *Wilko* 判决显然又是以 19 世纪最高法院的一份意见为依据的。*United States v. Farragut*, 89 U. S. 406, 420（1874）. *Farragut* 案判决声称，仲裁员在法律上的错误"可以为下级法院更正，也可以为本法院所更正"。*Id.* at 420. 最高法院继续指出："该裁决也可能因超出仲裁协议的授权、显然的法律错误、欺诈以及普通法法院和衡平法院据以撤销裁决的所有理由而被撤销。" 最高法院在 *Farragut* 案判决中宽泛的措辞不易与 *Burchell v. Marsh* 一案的判决调和，最高法院在 *Burchell v. Marsh* 判决中宣称，仲裁裁决不能"因错误，无论是适用法律之错误，还是认定事实之错误"而被撤销。58 U. S. 344, 349（1854）.

最高法院在 *Mitsubishi Motors Corp. v. Soler Chrysler-Plymouth, Inc.* ①
案中指出，"裁决执行阶段的实体审查［必须］保持最低限度"。这句话
的实质和对"保持"（remain）这一措辞的使用都暗示至少允许对仲裁员
裁决的实体内容进行某种程度的审查。而该案涉及的是一份公约裁决。一
些下级法院也显然承认在公约下可适用显然漠视例外。② 不过，尽管存在
Mitsubishi 判决，美国下级法院通常仍认为，公约并不允许因显然漠视法
律而拒绝承认公约裁决。③ 另外，对不受《纽约公约》支配的国际仲裁
裁决，一些法院则适用了"显然漠视"标准。④

　　无论如何，虽然显然漠视法律不是《纽约公约》规定的拒绝承认和执
行仲裁裁决的事由，在司法实践中，有的美国法院也认为显然漠视法律不
是拒绝承认和执行国际商事仲裁裁决的事由；但是，显然漠视法律与公共
秩序和仲裁员超越权限有着密切的联系，法院有可能也可以认定，仲裁员
显然漠视法律违反了公共秩序或者超越了仲裁权限，通过直接适用公共秩
序与仲裁员超越权限，间接地使显然漠视法律获得适用。⑤

　　其次，在撤销国际商事仲裁裁决时，显然漠视法律是否是一项事由？
如前所述，对于在美国作出的国际商事仲裁裁决，美国法院有权依其国内
法予以撤销，既然显然漠视法律是美国普通法上的一项抗辩事由，在撤销
这类国际商事仲裁裁决时，当然应该予以适用，也是一项独立的撤销事由。
美国第 2 司法巡回区上诉法院对 *Yusuf Ahmed Alghanim & Sons, W. L. L. v.*

---

① 473 U. S. 614, 638（1985）. 关于该案案情及判决的介绍见本书第 4 章第 2 节
之二、第 5 章第 2 节之二。

② See *Office of Supply, Government of the Republic of Korea v. New York Navigation
Co.*, 496 F. 2d 377, 379-80（2d Cir. 1972）; *American Construction Machinery & Equip-
ment Corp. v. Mechanised Construction of Pakistan Ltd*, 659 F. Supp. 426（S. D. N. Y.
1987）.

③ *M & C Corp. v. Erwin Behr GmbH*, 87 F. 3d 844, 851（6th Cir. 1996）（公约有
关救济的排他性理由 "不包括对事实的错误判断或显然漠视法律"）; *Brandeis Intsel
Ltd v. Calabrian Chem. Corp.*, 656 F. Supp. 160（S. D. N. Y. 1987）（"据我看来，在公
约第 5 条或其他情形下申请撤销外国仲裁员基于外国法作出的裁决的一方当事人不
能援引'显然漠视'抗辩。"）.

④ See *Ludwig Honold Mfg Co. v. Fletcher*, 405 F. 2d 1123（3d Cir. 1969）; *San
Martine Compagnia de Navegacion v. Saguenay Terminals, Ltd*, 293 F. 2d 796, 801（9th Cir.
1961）.

⑤ 赵健：《评美国仲裁法中的显然漠视法律》，载《仲裁与法律通讯》，1998 年
第 4 期，第 24 页。

Toys "R" Us, Inc. ① 案的判决即为一例。该案当事人分别为一家美国公司和一家科威特公司。仲裁庭依当事人的约定根据美国仲裁协会的仲裁规则在纽约作出了有利于科威特公司的裁决。因为这是一个非内国裁决，科威特公司根据《纽约公约》向纽约南部管区联邦地区法院申请执行。美国公司的抗辩认为该裁决"明显不合理、显然漠视法律、显然漠视合同条款"。地区法院驳回了美国公司的抗辩，美国公司上诉至第 2 巡回法院。第 2 巡回法院明确指出，在该案中，地区法院不仅是承认和执行该裁决的管辖法院，同时，由于该裁决在纽约作出，纽约南部管区联邦地区法院也是撤销该裁决的管辖法院。《纽约公约》第 5 条调整的只是拒绝承认和执行仲裁裁决的条件；美国联邦仲裁法才是规范撤销裁决的法律，相应地，对于撤销裁决的事由，应以该法的规定为准，对此，《纽约公约》也是承认的。②

（三）"显然漠视"法律的含义和具体适用

如前所述，美国法院根据 FAA 的国内部分发展出了"显然漠视法律"这一原则，根据该原则，如果内国仲裁裁决严重背离应适用的法律的清楚指示，则可撤销该裁决。尽管显然漠视法律是法院对仲裁的一种有限制的实体审查，且该例外看来很可能已深深确立于美国内国法之中以致不可能被放弃，③ 但其在美国法院的适用并非像一般人可能认为的那样对仲裁构成严重的制约。如前所述，美国法院总是尽量减少对仲裁裁决的司法干预，因此，事实上，法院在适用显然漠视法律这一抗辩事由时，采取的是一种严格限制的方式。

1. 某些下级法院对 FAA 下能否适用显然漠视抗辩表示质疑

一些法院甚至明确反对将显然漠视法律作为撤销仲裁裁决的一项理由。④ 尽管上述判决看来并不能超越最高法院对 *First Options of Chicago, Inc. v. Kaplan*⑤ 一案的判决，但它们至少表明了一种态度或倾向：对显然漠视法律例外的怀疑和限制。它们认为，*Wilko* 判决的有关评论"在结构上

① 　126 F. 3d 15 (2d Cir. 1997).

② 　赵健：《评美国仲裁法中的显然漠视法律》，载《仲裁与法律通讯》，1998 年第 4 期，第 25 页。

③ 　*See First Options of Chicago, Inc. v. Kaplan*, 514 U. S. 939 (1995).

④ 　*Rostad & Rostad Corp. v. Investment Management & Research, Inc.*, 923 F. 2d 694, 697 (9th Cir. 1991); *MSP Collaborative Developers v. Fidelity & Deposit Co.*, 596 F. 2d 247, 251 (7th Cir. 1979).

⑤ 　514 U. S. 938 (1995).

是不合文法的"并且"对 *Wilko* 案的判决而言是多余的",①或者认为这一标准"很难界定"。② 而且,*Wilko* 判决的主要观点已在 *Rodriguez De Quijas v. Shearson/American Express*,*Inc.* ③一案中被明确推翻,因此至少已有一个法院对显然漠视法律这一例外能否继续存在表示怀疑。④ 还有法院指出,成文法对撤销仲裁裁决的事由的列举是穷尽的,不应将显然漠视法律这一例外包括进来。⑤ 可见,即使美国法院内部对"显然漠视法律"也并非毫无保留地一致赞成,这当然也在一定程度上限制了对它的适用。

2. 显然漠视例外的界定、审查标准及适用范围

(1) 在 FAA 下由联邦法来界定显然漠视例外

"显然漠视"例外是联邦实体法上的一个规则,它界定了对 FAA 下美国内国仲裁裁决予以司法尊重的范围。上述司法尊重的水准对促进仲裁进程和 FAA 的目的是很有必要的。在涉及受公约或 FAA 支配的裁决的案件中,如果州法规则允许对仲裁裁决的实体内容进行比联邦法更严格的审查,则联邦法将优先于州法。联邦法院采取的显然就是这样一种进路,州法院几乎也都同样如此。⑥

(2) 错误的裁决不等于"显然漠视法律"

根据美国下级法院的判决,普遍的观点是对应适用的法律的错误陈述或对当事人协议的错误解释并不构成"显然漠视法律"。这方面有两个重要案例可以作为佐证。

一个是第 2 司法巡回区上诉法院对 *I/S Stavborg v. National Metal Converters*,*Inc.* ⑦一案的判决。该判决体现了美国大多数联邦法院在根据 FAA

---

① *I/S Stavborg v. National Metal Converters*,*Inc.*,500 F. 2d 424,430 n. 13 (2d Cir. 1974)。

② *San Martine Compania de Navegacion*,*SA v. Saguenay Terminals Ltd.*,293 F. 2d 796,801 n. 4 (9th Cir. 1961)。

③ 490 U. S. 477 (1989)。

④ *Rostad & Rostad Corp. v. Investment Management & Research*,*Inc.*,923 F. 2d 694, 697 (9th Cir. 1991)。

⑤ *Baravati v. Josephthal*,*Lyon & Ross*,*Inc.*,28 F. 3d 704,706 (7th Cir. 1994)。

⑥ *Victrix Steamship Co. v. Salen Dry Cargo AB*,825 F. 2d 707,712 (2d Cir. 1987); *Lee v. Dean Witter Reynolds*,*Inc.*,594 So. 2d 783 (Fla. Ct. App. 1992); *Moss v. Prudential-Bache Securities*,*Inc.*,581 A. 2d 1138 (Del. Sup. 1990); *Hilton Constr. Co. v. Martin Mechanical Contractors*,*Inc.*,308 S. E. 2d 830 (Ga. 1983)。

⑦ 500 F. 2d 424 (2d Cir. 1974)。See Gary B. Born,*International Commercial Arbitration: Commentary and Materials* 800-06 (2d ed. 2001)。

提起的撤销之诉中对显然漠视主张的态度。该案案情如下：上诉人（船舶承租人）与被上诉人（船舶所有人）签订的租船合同中有一个仲裁条款，规定因本合同引起的任何和所有争议，无论何种性质，均应在纽约市根据该地与仲裁有关的有效法律通过仲裁解决，仲裁裁决应为终局的。有关运费支付的争议发生后，双方当事人按仲裁条款的规定进行了仲裁，仲裁庭作出了有利于被上诉人的裁决。随后，上诉人根据 FAA 第9条申请地区法院修改或撤销该裁决。地区法院批准了被上诉人确认裁决的申请。上诉人随即向第 2 巡回法院提出了上诉，以仲裁裁决"显然错误"或"显然漠视"应适用的法律为由要求将其撤销。第 2 巡回法院则对裁决予以了确认。尽管法院也认为，仲裁庭对合同的解释"看起来相当反常，但假定该仲裁庭的多数裁决并未提出书面意见，我们审查该裁决的能力——撇开我们审查的权力不谈——就非常有限。"法院的判决指出

　　……事实上，AAA 显然不主张撰写书面仲裁意见的做法，以使仲裁程序免于任何司法审查。不过，在面对一份据我们看来显然在逻辑和结论上都是错误的附具理由的裁决时，我们就面临这样一个问题：根据［FAA］，我们是否仍有义务确认该裁决。

　　正如我们在 Sobel v. Hertz, Warner & Co. , 469 F. 2d 1211, 1214 (2d Cir. 1972) 一案判决中所指出的，"仲裁员解释其裁决的义务的程度必然与对其裁决的司法审查的范围有关"。但 Sobel 判决并没有称在仲裁员自愿提交书面意见的情况下，他们就将自己置于法院更彻底的审查之下；联邦法院的审查仍然受［FAA］第 10 条和第 11 条的支配。……第 10 条是该法惟一与我们的审查范围有关的规定。该条……穷尽列举了地区法院或本法院在上诉审中可以干预仲裁裁决的理由。

　　上诉人声称，如果仲裁裁决"显然漠视法律"或"不合理"，则可对其进行修改。……本法院接受"显然漠视"例外，但这是一个必须"严格限定"的例外。……

　　初级法院在"试图界定显然漠视"的过程中所遇到的困难可以以我们自己对 Sobel v. Hertz, Warner & Co. 一案的判决为例。在该案中，法院注意到"仲裁裁决不因对法律的错误解释而被撤销是一个公认的真理……"法院接着指出，"但是如果仲裁员完全将应适用的法律置之不顾，则对显然漠视标准的字面适用也许应强迫撤销裁决。"不过，或许对"显然漠视"这一名称终究不能赋予孤立的意义；仅应将它放在 FAA 第 10 条和第 11 条明确而狭窄的规定之下来加以解释。在 Amicizia

Societa Navegazione v. Chilean Nitrate & Iodine Sales Corp. , 274 F. 2d 805, 808 (2d Cir.), *cert. denied*, 363 U. S. 843 (1960) 一案中，Clark 法官指出，"对合同解释规则的错用并未上升到显然漠视法律的地步"。他还对 *Wilko* 案的附带意见——"显然漠视"目前的有效性表示了怀疑，该例外仅为随后最高法院的 *Bernhardt v. Polygraphic Co. of America*, 350 U. S. 198 (1956) 一案通过"但是比较"的引文对上述问题予以讨论。在 *Bernhardt* 案中，最高法院否定了对与我们目前处理的案件类似的案件适用非成文法的"显然漠视"标准的可能性，它称"仲裁员是否误解了合同并不受司法审查"。*Bernhardt v. Polygraphic Co. of America*, 350 U. S. at 203. n. 4.

我们在 *Marcy Lee Manufacturing Co. v. Cort ley Fabrics Co.* , 354 F. 2d 42 (1965) 案中指出，纽约法的要求是"只要仲裁员是在其管辖权内行事的，并且没有得出不合理的结论，他们就可以使法律适应他们所处理的事实，其裁决不会因为他们在对法律的决定或适用上的错误而被撤销……" 354 F. 2d at 43. 不过，即便根据这一标准，只要它事实上与联邦法"相同"，则正如 *Marcy* 判决所可能表明的，本案的结论也是相同的，因为即使存在错误，本案仲裁庭也没有达到上述"不合理"的程度。

……我们认为撤销该裁决缺乏根据，即使它显然是基于对合同的错误解释作出的。无论可对仲裁员法律上的何种错误予以更正，仅仅是对合同的错误解释并非其中之一。

另一个案件是 *Parsons & Whittemore Overseas Co. v. Societe Generale de L'Industrie du Papier*①，该案是在涉及《纽约公约》下的外国仲裁裁决时美国司法判决支持执行倾向的一个主要例证。对该案案情的介绍见下文有关公共政策抗辩部分的讨论。第 2 司法巡回区上诉法院指出：

[公约] 第 5 条的立法史和美国所颁布的实施公约的法规都是将公约规定的撤销裁决的理由视为排他性质的强有力的法律根据。另一方面，[FAA]，特别是第 10 条被解释为包括了在裁决"显然漠视"法律的情况下对执行的默示抗辩。不过，本案并不要求我们对源于 *Wilko* 判

---

① 508 F. 2d 969 (2d Cir. 1974). *See* Gary B. Born, *International Commercial Arbitration: Commentary and Materials* 789-90 (2d ed. 2001).

决附带意见的上述抗辩在国际仲裁的背景下是否适用予以决定。因为即使假定"显然漠视"抗辩在公约下也适用，我们仍不难驳回上诉人关于本案存在"显然漠视"的主张。Overseas 实际上是在请求本法院将上述抗辩解释为允许因认定事实之错误或适用法律之错误而对仲裁程序的案卷进行审查——这是我们过去强烈拒绝承担的角色，现再次拒绝接受。"广泛的司法审查破坏了仲裁的基本目的，这就是迅速解决争议及避免旷日持久的诉讼程序所带来的费用和拖延。"*Saxis Steamship Co.* [*v. Multifacs Int'l Traders*, 375 F. 2d 577, 582 (2d Cir. 1967).] 在根据公约可以识别"显然漠视"法律这一执行裁决的抗辩的范围内，该抗辩与上诉人提出的其他抗辩一样并没有提供撤销该外国仲裁裁决的充分根据。

（3）"显然漠视"例外下司法审查的标准

如前所述，就显然漠视法律的含义而言，美国多数法院认为，仲裁员显然漠视法律不同于单纯的理解或者适用法律错误，它也与适用法律的错误程度无关。① 不过，回答"显然漠视"不是什么比较容易，而回答它是什么则相对困难。不同的法院对显然漠视例外给予了不同的解释。正如一家上诉法院所指出的："在这一司法审查标准的构建上具有不同的类型和特色……"②

美国大多数法院认为，显然漠视标准要求证明仲裁员不顾应适用的法律行事，或明知应适用的法律的内容却拒绝适用之。③ 例如，在 *Merrill Lynch, Pierce, Fenner & Smith, Inc. v. Bobker*④ 一案中，法院指出，"漠视"一词暗示仲裁员意识到了显然处于主导地位的法律原则的存在但却故意忽视或置其于不顾。既然是那样，法院进一步指出，它不能因为自己在法律

---

① 赵健：《评美国仲裁法中的显然漠视法律》，载《仲裁与法律通讯》，1998 年第 4 期，第 23 页。

② *Advest, Inc. v. McCarthy*, 914 F. 2d 6, 9 (1st Cir. 1990).

③ *Folkways Music Publishers Inc. v. Weiss*, 989 F. 2d 108 (2d Cir. 1993); *San Martine Compania de Navegacion v. Saguenay Terminals, Ltd*, 293 F. 2d 796, 801 (9th Cir. 1961) （"显然漠视法律超出和不同于适用法律之错误或仲裁员未理解或适用法律"）; *Fairchild & Co. v. Richmond, F. & P. R. R.*, 516 F. Supp. 1305, 1315 (D. D. C. 1981).

④ 808 F. 2d 930 (2d Cir. 1986).

的理解或适用上可能与仲裁庭意见不同而随意撤销仲裁裁决。①

但也有少数法院至少暗示不合理的和没有事实根据的裁决可被撤销。②譬如在 *Granite Worsted Mills*, *Inc. v. Aaronson Cowen*, *Ltd*③ 案中，纽约上诉法院指出，仲裁裁决本身表明仲裁员不顾合同规定行事，合同规定了计算买方损害赔偿额的公式并明确排除了间接损害，但裁决金额却超过 3 700 美元，而总的购买价格才 984 美元。由于裁决没有阐明它为何拒绝适用上述损失限制条款，所以法院认为只能认定仲裁员超越其权限，从而推翻了下级法院确认裁决的命令，并将争议发回仲裁庭重审。

其他判决则认为，不必承认显然错误的裁决。④

但无论如何，美国法院通常拒绝对仲裁员事实结论的正确性进行审查。例如，在 *United Paperworkers Int'l Union v. Misco*, *Inc.* ⑤ 一案中，最高法院指出：

> ［当事人］并未主张存在不诚实；［他］仅仅是声称事实认定是不谨慎的甚至缺乏常识。这很难构成充分根据以否定当事人所指定的代理人对过去事件的确定。

尽管存在分歧，但可以肯定的是，美国多数法院认为只有当仲裁员明

---

① *See* Howard M. Holtzmann & Donald Francis Donovan, national report *United States* in Intl. Handbook on Comm. Arb. Suppl. 28 January 1999.

② *Ainsworth v. Kurnick*, 960 F. 2d 939 (11th Cir. 1992) （在认定不存在合理的法律理论证明仲裁员的结论为适当之后以专断和任意为由撤销了仲裁裁决）; *Storer Broadcasting Co. v. American Federation of Television & Radio Artists*, 600 F. 2d 45 (6th Cir. 1979), *cert. denied*, 454 U. S. 1099 (1981); *Swift Indus.*, *Inc. v. Botany Indus.*, *Inc.*, 466 F. 2d 1125, 1131 (3d Cir. 1972); *Shearson Lehman Brothers*, *Inc. v. Hedrich*, 639 N. E. 2d 228 (Ill. App. 1994) （因为"仲裁员不被允许的不顾合同清楚的措辞行事"而以显然漠视为由撤销了裁决）.

③ 25 N. Y. 2d 451 (1969). *See* Gary B. Born, *International Commercial Arbitration*: *Commentary and Materials* 806-08 (2d ed. 2001).

④ *Merrill Lynch*, *Pierce*, *Fenner & Smith v. Bobker*, 808 F. 2d 930, 933 (2d Cir. 1986) （在"非常明确的、明示的和显然适用的"法律主张上的错误"必须是明显的并能为可充任仲裁员的一般人所立即感知"）.

⑤ 484 U. S. 29, 39 (1987).

了并正确地陈述了法律，但是依然不顾法律行事，才构成"显然漠视法律"。① 只要仲裁庭适用了法律，不论适用法律是否正确，法院都无权撤销或者拒绝承认和执行裁决。② 因此，一般情况下，法院在防止显然漠视法律的同时总是很小心地避免对仲裁裁决进行范围广泛的实体审查。

事实上，显然漠视标准在言辞表述上的上述差异很少具有决定性的实际重要性。在任何一种表述下，美国法院都极不情愿接受以仲裁庭在推理或事实认定方面的缺陷包括严重的缺陷为由对裁决提出的异议。尽管如此，如果存在令人信服的证据表明裁决不合理和不公正，则很可能对执行造成重要障碍。

（4）对外国法律的显然漠视

当合同所适用的法律并非美国法时，"显然漠视法律"能否被适当援用也是成问题的。③ 作为一个实际问题，大多数法院都不愿专断的解释外国法并因此认定仲裁庭显然漠视外国法。④

（5）在裁决未附具理由的情况下对显然漠视的证明存在困难

即便是仍然适用这一理论的法院，在仲裁裁决未附具理由的情况下，对"显然漠视法律"的适用显然也要大打折扣了。⑤ 在 *Sobel v. Hertz, Warner & Co.* ⑥ 案中，法院指出：

　　　　显然，要求仲裁员在每个案件中都对其推理进行解释有助于发现对提交仲裁的争议未适用法律的严重情况。但此种规则会破坏仲裁的目的，即提供相对迅速、富有效率和非正式的私人争议解决方式。

---

①　赵健：《评美国仲裁法中的显然漠视法律》，载《仲裁与法律通讯》，1998 年第 4 期，第 23 页。See Jack J. Coe, Jr., *International Commercial Arbitration: American Principles and Practice in a Global Context* 304 (1997).

②　赵健：《评美国仲裁法中的显然漠视法律》，载《仲裁与法律通讯》，1998 年第 4 期，第 24 页。

③　See D. Kolkey, *Attacking Arbitral Awards: Rights of Appeal and Review in International Arbitrations*, 22 Int'l Law. 693, 698-99 (1988), 转引自 Jack J. Coe, Jr., *International Commercial Arbitration: American Principles and Practice in a Global Context* 304 (1997).

④　See *Brandeis Intsel Ltd v. Calabrian Chem. Corp.*, 656 F. Supp. 160 (S. D. N. Y. 1987).

⑤　See Jack J. Coe, Jr., *International Commercial Arbitration: American Principles and Practice in a Global Context* 305 (1997).

⑥　469 F. 2d 1211, 1214 (2d Cir. 1972).

其他法院亦持此种观点。① 在裁决未附具理由的情况下，如果可以为其假定任何合理的根据，则审查法院通常会确认裁决。②

（四）法院对审查仲裁裁决实体内容的限制

1. 对仲裁庭所命令的救济的司法审查

对仲裁员所命令的救济既可能以其显然漠视法律为由，也可能以其超出仲裁员授权为由提出异议。但无论以何种理由提出异议，美国法院通常都会尊重仲裁员所作裁决。

根据美国法，仲裁员在下令采取救济措施方面拥有广泛的裁量权。例如，在 *Avraham v. Shigur Express Ltd*③ 一案中，法院指出："仲裁员享有广泛的权力准许采取包括法院不能采取的救济。"其他法院也持类似观点。④美国法院对要求禁制令救济或衡平法上的救济的仲裁裁决已予以了确认——假如当事人的协议或其并入的机构规则为此种权力提供了某些根据。⑤下级法院尤其对下列裁决予以确认，这些裁决要求：（a）公司停止使用其名称及移转某些专利权和其他知识产权;⑥（b）通过接受对货物的交付以

---

① *Raiford v. Merrill Lynch*, *Pierce*, *Fenner & Smith*, 903 F. 2d 1410, 1413 (11th Cir. 1990)（"我们可以令人信服地撤销该裁决并将该案发回仲裁庭以令其阐明其裁决的理由。获得这样一种理由陈述后，地区法院……可以更积极的对裁决进行审查。……不过，仲裁程序本质上是简易的，以便贯彻支持仲裁的国家政策"）．

② *Robbins v. Day*, 954 F. 2d 679, 684 (11th Cir. 1992); *Koch Oil*, *SA v. Transocean Gulf Oil Co.*, 751 F. 2d 551 (2d Cir. 1985)（"我们必须接受［未附具理由的一次性的］裁决，无须分析仲裁员所称的推理过程"）; *Chasser v. Prudential-Bache Securities*, 703 F. Supp. 78, 79 (S. D. Fla. 1988).

③ 1991 U.S. Dist. Lexis 12267 (S. D. N. Y. Sept. 4, 1991).

④ *See United Steelworkers of America v. Enterprise Wheel & Car Corp.*, 363 U. S. 593, 597 (1960); *Chameleon Dental Products*, *Inc. v. Jackson*, 925 F. 2d 223, 226 (7th Cir. 1991); *Anderman/Smith Co. v. Tennessee Gas Pipeline Co.*, 918 F. 2d 1215, 1219 (5th Cir. 1990), *cert. denied*, 111 S. Ct. 2799 (1991); *Resilient Floor etc. v. Welco Mfg. Co.*, 542 F. 2d 1029 (8th Cir. 1976).

⑤ *Island Creek Coal Sales Co. v. City of Gainesville*, 729 F. 2d 1046, 1049 (6th Cir. 1984)（"本案的协议并未对仲裁员根据［AAA 规则的］规则 43（该规则授予仲裁员对'其认为公正和公平的任何救济'进行裁决的权力）所享有的权力施以任何明确限制，我们必须尊重仲裁员对该规则和该协议的解释，除非他们显然超出其授权"）; *Sperry International Trade*, *Inc. v. Israel*, 689 F. 2d 301 (2d Cir. 1982); *Staklinski v. Pyramid Elec. Co.*, 160 N. E. 2d 78, 79 (N. Y. 1959)（"从早期开始仲裁在适当的案件中命令特定履行的权力就获得了承认"）．

⑥ *Engis Corp. v. Engis Ltd*, 800 F. Supp. 627 (N. D. Ill. 1992).

对合同特定履行;① （c）通过交付货物以对合同特定履行;② （d）当事人
支取信用证收益;③ （e）对有关损害赔偿的裁决进行分期支付;④ （f）作为
最后裁决的担保而向代管账户进行临时支付;⑤ 以及 （g）对争议中的产品
在一年内固定价格，而未来的定价需获得仲裁庭的批准。⑥

2. 在 FAA 下无权要求仲裁员对其分析或动机进行证据开示

尽管《联邦民事诉讼规则》适用于 FAA 下的确认或撤销仲裁裁决之
诉，但美国下级法院一致拒绝准许当事人要求仲裁员就其在达成裁决的过
程中的推理或动机进行证据开示。⑦

3. 对仲裁员有关冲突法决定的司法尊重

美国法院通常对仲裁员的冲突法决定给予充分尊重。⑧ 例如，在 *Buques
Centroamericanos*, *SA v. Refinadora Costarricense de Petroleos SA*⑨ 案中，法院
就拒绝干涉仲裁员有关应由纽约法支配当事人协议的结论。在 *ATSA
of California*, *Inc. v. Continental Ins. Co.*⑩ 案中，第 9 司法巡回区上诉法院
撤销了地区法院的裁决，该裁决认定应适用埃及法，上诉法院的理由是仲
裁员有权确定准据法。

---

① *Island Creek Coal Sales Co. v. City of Gainesville*, 729 F. 2d 1046, 1049 (6th Cir.
1984)（以 AAA 规则的规则 43 为依据）.

② *Marion Manufacturing Co. v. Long*, 588 F. 2d 538 (6th Cir. 1978).

③ *Sperry International Trade*, *Inc. v. Israel*, 689 F. 2d 301, 306 (2d Cir. 1982).

④ *Carte Blanche* (*Singapore*) *Pte. Ltd v. Carte Blanche Int' l*, *Ltd*, 888 F. 2d 266 (2d
Cir. 1989).

⑤ *Pacific Reinsurance Mgt. Corp. v. Ohio Reinsurance Corp*, 935 F. 2d 1019 (9th Cir.
1991), but *see Swift Indus. Inc. v. Botany Indus.* , *Inc.* , 466 F. 2d 1125 (3d Cir. 1972).

⑥ *Anderman/Smith Operating Co. v. Tennessee Gas Pipeline Co.* , 918 F. 2d 1215 (5th
Cir. 1990), *cert. denied*, 111 S. Ct. 2799 (1991).

⑦ *Fukaya Trading Co. v. Eastern Maritime Corp.* , 322 F. Supp. 278, 279-80
(S. D. N. Y. 1971). *Compare Continental Materials Corp. v. Gaddis Mining Co.* , 306 F. 2d
952 (10th Cir. 1962)（在仲裁员向当事人发出的账单显示其授权第三人裁决的情况下允
许证据开示）. *See also Gearhardt v. Cadillac Plastics Group*, *Inc.* , 140 F. R. D. 349 (S. D.
Ohio 1992)（不允许对仲裁员的精神状态进行证据开示，理由是，即使仲裁员患有老年
痴呆症，也不能以此为由对其裁决提出异议）.

⑧ *See* Gary B. Born, *International Commercial Arbitration in the United States*: *Com-
mentary and Materials* 116-17 (1994).

⑨ 1989 U. S. Dist. Lexis 5429 (S. D. N. Y. 1989).

⑩ 754 F. 2d 1394, 1396 (9th Cir. 1985).

综上所述，虽然显然漠视法律是法院对仲裁的一种有限制的实体审查，但其在美国法院的适用并不像通常想象的那样表明了法院要加强对仲裁裁决实体审查的趋势。正如第 2 司法巡回区上诉法院在 *Folkways Music Publishers v. Weiss*① 一案中所指出的：“仲裁裁决仅受非常有限的审查，以避免破坏仲裁的双重目标：高效的解决争议和避免冗长和昂贵的诉讼。”

应该说，显然漠视法律的存在及其适用再次反映了美国法院在追求效率与保护当事人的权利之间所进行的平衡。前者表现为对仲裁的支持、对仲裁员裁决的尊重，后者则体现为并不完全放弃对仲裁裁决的实体审查，但如前所述，这种审查是非常有限的。在上述两种价值的平衡过程中，无论过于偏向天平的哪一端，都会违背仲裁的初衷，破坏仲裁的发展。但毫无疑问的是，我们应该将显然漠视法律这一例外放在普遍支持和鼓励仲裁的大背景下来加以研究和探讨。事实上，自 1953 年显然漠视法律出现以来，美国法院很少在具体案件中判定仲裁员显然漠视法律，法官们总能找出种种理由说明仲裁员没有漠视法律。② “在具体案件中，显然漠视法律或证据是一个较难成立和很少获得支持的撤销事由。”③ 从另一个方面来看，正如有学者所指出的：“辩证地看，显然漠视法律的存在，对保证仲裁员尊重当事人的合同、依法仲裁是有促进作用的。如果法院能够合理地掌握其适用的宽严尺度，运用得当，不一定就阻碍仲裁的发展。”④ 应该说，以上观点是很中肯的。

二、裁决违反公共政策⑤

（一）概述

拒绝执行仲裁裁决的理由中最重要且争议最大的理由之一是“公共政策”例外。《纽约公约》第 5 条（2）款（b）项明确规定了公共政策例外，

---

① 989 F. 2d 108，111（2d Cir. 1993）.

② 赵健：《评美国仲裁法中的显然漠视法律》，载《仲裁与法律通讯》，1998 年第 4 期，第 26 页。

③ Howard M. Holtzmann & Donald Francis Donovan，national report *United States* in Intl. Handbook on Comm. Arb. Suppl. 28 January 1999.

④ 赵健：《评美国仲裁法中的显然漠视法律》，载《仲裁与法律通讯》，1998 年第 4 期，第 26 页，注②。

⑤ *See* Gary B. Born，*International Commercial Arbitration in the United States：Commentary and Materials* 527-29（1994）；Gary B. Born，*International Commercial Arbitration：Commentary and Materials* 815-32（2d ed. 2001）.

它规定，如果承认和执行裁决"有违该国（即申请承认及执行地所在国——作者注）的公共政策"，那么"可以"拒绝承认和执行该裁决。《巴拿马公约》的第 5 条（2）款（b）项包含了基本相同的规定。

在仲裁裁决违反公共政策（public policy）或曰公共秩序（ordre public）、善良风俗（good morals）的情况下，各国国内的仲裁立法无一例外地允许对该仲裁裁决不予承认。准确界定公共政策例外在某一特定国家（包括美国）的含义通常是比较困难的。

FAA 的第 1 章并未明确规定公共政策例外。不过，美国法院的判例一致确认，违反公共政策的仲裁裁决将不能依 FAA 予以执行。① 根据美国最高法院的观点，上述理论"是对植根于普通法的一个更为普遍的理论的具体运用，这个理论就是法院可以拒绝执行违反法律或公共政策的合同"（着重号为本书作者所加）。②

根据公约和 FAA 的国内部分，公共政策抗辩导致了一系列值得思考的问题：

首先，在国际事项中公共政策标准的渊源是什么并不清楚。在受公约调整的案件中，下级法院和学者分别将注意力投向了国际标准、美国联邦法和美国州法，而未曾达成任何一致。

其次，即使对法律根据的出处取得了一致意见，公共政策例外也具有不可预见性和可扩张性，就像一匹难以控制的野马，驮着它的主人奔向无法预料的终点。③ 部分原因是为了应付这一可能的局面，美国最高法院甚至在国内案件中都在强调，不能从"对假定存在的公共利益的一般考虑"中推导出公共政策，公共政策必须建立在明确的和清楚界定的"法律及判例"

① See *Misco*, *Inc. v. United Paper Workers Int'l Union*, 484 U. S. 29（1987）; *Revere Copper & Brass Inc. v. Overseas Private Inv. Corp.*, 628 F. 2d 81, 83（D. C. Cir.）, *cert. denied*, 446 U. S. 983（1980）.

② *United Paperworkers Int'l Union v. Misco*, *Inc.*, 484 U. S. 29, 42（1987）. See *W. R. Grace & Co. v. Rubber Workers*, 461 U. S. 757, 766（1983）; *Hurd v. Hodges*, 334 U. S. 24, 34-35（1948）.

③ Katzenbach, *Conflicts on an Unruly Horse*: *Reciprocal Claims and Tolerances in Interstate and International Law*, 65 Yale L. J. 1087（1956）. *Cf. Antco Shipping Co. v. Sidermar SpA*, 417 F. Supp. 207（S. D. N. Y. 1976）（"国家的说话方式和发话时机不同；在必须通过对各个政府的言辞的提炼来确定'公共政策'的情况下，有关的案件就会产生"）. 转引自 Gary B. Born, *International Commercial Arbitration in the United States*: *Commentary and Materials* 528（1994）.

之上。① 而在国际案件中，美国法院通常对公共政策给予更加严格的限制。此外，一些判例将公共政策定位为在不存在其他看似合理的法定抗辩事由的情况下当事人最后的避难所（refuge）。②

　　最后，美国法院已开始考虑外国公共政策是否以及何时与美国法院对国际仲裁裁决的执行有关。随着公法请求在仲裁中变得更加普遍，以下情形时常发生：裁决允许或不处罚发生于某一外国的行为，而该行为却与该国基本公共政策和法律相抵触，此时美国法院必须对是否执行这样一份裁决予以决定。

（二）《纽约公约》下的公共政策例外

1. 对公共政策抗辩的狭义解释

这方面有两个具有代表性的案例。

一个是 *Parsons & Whittemore Overseas Co. v. Societe Generale de L' Industrie du Papier*③ 案。如前所述，该案判决突出体现了美国法院对公约裁决所采取的支持执行的倾向。在该案中，由于 1967 年中东六日战争的爆发，美国公司 Parsons & Whittemore Overseas Co., Inc.（Overseas）被迫放弃在埃及的工程；埃及公司 Societe Generale de L'Industrie du Papier（RAKTA）认为 Overseas 违约，依据合同中的仲裁条款向仲裁庭提出索赔。仲裁庭作出了有利于 RAKTA 的裁决。RAKTA 向美国地区法院申请确认该外国仲裁裁决并进行判决登记，Overseas 对此提出的抗辩全部为地区法院驳回。它又向第 2 司法巡回区上诉法院提出了上诉。在它所提出的抗辩中有一项是公共政策抗辩。它宣称，在埃及与美国断绝关系后美国官员所采取的各种行动——特别是国际开发署撤回对 Overseas-RAKTA 合同的财政援助——要求 Overseas 作为一名忠诚的美国公民应放弃该工程。执行一份取决于 Overseas 无视上述国家政策的表达而返回埃及工作的裁决将因此违背美国的公共政策。第 2 巡回法院的判决指出：

---

① 　*W. R. Grace & Co. v. Local 759, etc.*, 461 U. S. 757（1983）.

② 　*Deutsche Schachtbau-und Tiefbobrgesellschaft GmbH v. Ras Al Khaimah National Oil Co.* [1987] 2 All E. R. 769, 779（Ct. App. 1987）（" '除非其他主张不能获得支持，否则就不会提出公共政策的抗辩，' 必须证明存在某些违法因素或执行裁决显然会对公益造成损害或裁决的执行可能令国家权力的行使所代表的明智并具备足够知识的公众成员不满"）.

③ 　508 F. 2d 969（2d Cir. 1974）. *See* Gary B. Born, *International Commercial Arbitration：Commentary and Materials* 789-90 & 818-19（2d ed. 2001）.

［公约第 5 条（2）款（b）项］的立法背景并不能为其解释提供指导。……不过，或许从总体上透过公约历史所获得的暗示更具有证明性。公约充斥着支持执行的倾向，这一倾向是其取代《日内瓦公约》的原因，它表明应对公共政策抗辩进行狭义解释。对上述抗辩的扩张解释将损害公约消除原先存在的执行障碍的基本努力。……此外，互惠因素——公约本身所明确承认的考虑因素——推动法院谨慎援引公共政策抗辩以免外国法院不时将其作为拒绝执行在美国境内作出的仲裁裁决的理由。因此，我们认为，对公约的公共政策抗辩应予狭义解释。只有在执行外国仲裁裁决将违背法院地国最基本的道德和正义观念时，才可基于前述根据拒绝执行。*Cf.* 1 *Restatement（Second）Conflict of Laws* § 117 comment c, at 340（1971）; *Loucks v. Standard Oil Co.*, 224 N. Y. 99, 111（1918）.

根据对公约中公共政策条款的上述认识，Overseas 的公共政策抗辩可被轻易驳回。……上诉人把"国家"政策和美国的"公共"政策等同起来，这就完全未击中目标。将公共政策抗辩解释为保护国家政治利益的狭隘工具会严重破坏公约的作用。不能以"公共政策"的名义使上述条款依附于国际政治难以预测的变化。相反，公约的起草者接受的是一种限制性的公共政策理论且所有的迹象都显示美国在加入公约时打算对上述超国家的强调表示赞同。*Cf. Scherk v. Alberto-Culver Co.*, 417 U. S. 506（1974）. 因美国近年来与埃及交恶而拒绝执行该裁决意味着把一个原本范围狭窄的抗辩变成公约执行机制中的一个主要漏洞。因此，我们毫不犹豫的驳回 Overseas 提出的公共政策抗辩。

当"争执的事项，依据［法院地］国家的法律，不可以用仲裁方式解决"时，［公约］第 5 条第（2）款第（a）项授权法院根据被告或其自己的动议拒绝执行外国仲裁裁决。……Overseas 主张："美国的外交政策问题完全不能置于外国仲裁员的控制之下，'他们受托执行非公益信托'并且效忠于外国利益"，该主张并没有在实质上提出可仲裁性问题。仅仅是国家利益问题可能附带的介入对违约之诉的解决这一事实并不能使争议不具有可仲裁性。某些种类的争议之所以不具有可仲裁性是由于在其解决过程中所被赋予的特殊国家利益。此外，即使不可仲裁性的标准具有特别性质，Overseas 的情况也几乎肯定不能满足这一标准，因为 Overseas 夸大了在解决其特定请求的过程中所涉及的国家利益的重要性。不能仅仅由于美国政府的行为以某种方式被牵涉到某一案件中就认定美国国家与其结果有重要的利害关系。最后，最高法院在一个远比本案更具明显的公共特征的案件——*Scherk v. Alber-to-Culver Co.* 中所作的有利于可仲裁性的判决要求我们同样认定，针对 Overseas 的外国裁决涉及的事项依美国法可以仲裁。因此，我们维持地区法院对裁决的确认。

另一个案件是 *Northrop Corp. v. Triad International Marketing SA*① 案。Northrop 和 Triad 签订了一份"销售协议"，根据该协议，Triad 成为 Northrop 销售某些武器的全权代表，作为回报，它将从销售中获取佣金。Northrop 在向沙特阿拉伯销售武器的过程中根据《销售协议》向 Triad 支付了大部分应付的佣金。后来，沙特阿拉伯部长会议发布了第 1275 号法令，禁止支付与武器合同有关的佣金。Northrop 随即停止向 Triad 支付佣金，后者表示抗议并申请根据 AAA 规则进行仲裁。该《销售协议》包含了一个法律选择条款，规定："本协议的有效性和解释应由加利福尼亚州法律支配。"仲裁员以该法律选择条款为依据，驳回了 Northrop 有关沙特阿拉伯的第 1275 号法令使《销售协议》不具有强制执行力的主张。Northrop 还主张，如果沙特阿拉伯的法令不能免除根据加利福尼亚州法律对《销售协议》的履行，则协议中的法律选择条款应被撤销且应直接适用沙特的法令以使《销售协议》无效。第 9 司法巡回区上诉法院的判决如下：

> 在缺乏强有力的理由撤销国际商事合同中的法律选择与法院选择条款的情况下，应对其予以执行。我们同意仲裁员的观点，即 Northrop 所引用的冲突法的一般原则并不足以压倒 *Scherk* 与 *Bremen* 案判决中所宣称的强有力的政策考虑。……

> Northrop 主张，因《销售协议》与沙特阿拉伯在第 1275 号法令中所宣布的公共政策相冲突，法院应拒绝执行该协议，该主张无视当事人有关应由加利福尼亚州法律而非沙特阿拉伯法律决定合同有效性和解释的约定。Northrop 并未援引加利福尼亚州的条例、法规或法院判决证明执行向销售代表支付佣金的合同违背了加利福尼亚州的公共政策，无论根据某一外国的法律此种佣金是否非法。

> Northrop 最重要的主张是，第 1275 号法令所反映的公共政策也是美国国防部的政策。地区法院在其判决中指出："显然国防部希望使其

---

① 811 F. 2d 1265 (9th Cir. 1987). *See* Gary B. Born, *International Commercial Arbitration: Commentary and Materials* 822-23 (2d ed. 2001).

政策严格符合沙特阿拉伯宣布的政策。" 为证明以公共政策为由拒绝执行仲裁裁决的正当性，该政策 "必须是非常明确和具有支配力的"。国防部可能接受的沙特阿拉伯的政策不能满足上述任何一个要求。显然，国防部希望调和沙特阿拉伯的利益和情感。不过，同样清楚的是国防部对鼓励向沙特阿拉伯销售美国制造的军事装备具有利害关系，而 Triad 所作的努力对上述目的而言至关重要。…… [地区法院认为有关武器的佣金是被断然禁止的，] 但即使我们同意上述观点，我们也不能宣称国防部接受的政策是 "非常明确和具有支配力的"。因此，地区法院以仲裁员裁决与国防部政策相冲突为由而拒绝执行该裁决的决定不能得到维持。

　　上述两案判决显示了美国法院在适用《纽约公约》时的两个基本趋势。首先，基于鼓励仲裁解决国际商事争议的一般联邦政策，美国法院大力支持对国际仲裁裁决的执行。援引这一一般进路，美国许多下级法院对公约第 5 条第（2）款第（b）项的公共政策例外采取的是非常狭义的态度。① 正如有学者指出的："法院赋予公共政策抗辩如此狭义的解释以至目前它应被表述为一种无意义的抗辩。"② 对公约第 5 条第（2）款第（b）项的上述狭义解释与根据公约第 2 条对作为执行仲裁协议的抗辩之一的公共政策的限制性适用是一致的。其次，美国法院对 FAA 和公约下执行例外的解释通常与普通法和州成文法上适用于外国法院判决执行的类似例外一致。*Parsons & Whittemore* 判决和其他判决对《冲突法重述（第 2 次）》（*Restatement (Second) Conflict of Laws*）和 *Loucks v. Standard Oil* 判决的引用就是证明。

　　根据公约，国内法院是否应该更加强有力的保护国家利益和公共政策？与美国法院在面对法院选择条款、法律选择条款和对外国判决的承认与执行的背景下对公共政策抗辩的更加广义的解释相比，在国际仲裁领域之所以对公共政策采取限制态度，无疑是基于解决国际商事争议的过程中发挥仲裁优越性的需要。

---

　　①　*E. g.*，*Waterside Ocean Nav. Co. v. International Nav.*，737 F. 2d 150（2d Cir. 1984）（有关向仲裁庭作伪证的主张并未涉及公共政策抗辩）；*Konkar Indomitable Corp. v. Fritzen Schiffsagentur und Bereederungs-GmbH*，No. 80 Civ. 3230（S. D. N. Y. May 1, 1981）（未适用美国法调整争议并非对公共政策的违背）.

　　②　Comment，*The Public Policy Defense to Recognition and Enforcement of Foreign Arbitral Awards*，7 Cal. W. Int'l L. J. 228（1977），转引自 Gary B. Born，*International Commercial Arbitration: Commentary and Materials* 825（2d ed. 2001）.

2. 认定裁决违反公共政策的少数案例

尽管大多数判决获得的结论相反，仍有少数法院援引公共政策例外拒绝承认外国仲裁裁决。例如，在 *Laminoirs-Trefileries-Cableries de Lens*，*SA v. Southwire Company*① 案中，法院认为，根据法国法征收 5% 的超额利息（高于和超出其他情况下可适用的市场利率）违反了美国的公共政策。不过，美国有学者指出，该案判决并不具有说服力。它与 *Parsons & Whittemore* 和 *Triad* 案判决的精神并不一致。法国法中有关法定利率的规则没有真正违反"基本的道德和正义观念"。法国法有意对裁决后的金额课以超出市场利率的利率是为了督促对应付金额进行支付。事实上，其他国家也存在类似规定。② 无论如何，美国法院以公共政策为由拒绝执行国际仲裁裁决的案例是很少的。③ 一般而言，法院对公共政策的援引常常与正当程序有关。

3. 公约下公共政策标准的渊源

根据公约第 5 条第（2）款第（b）项，公共政策标准的法律渊源是什么？美国法院的回答并不完全相同。

（1）"国际"公共政策

美国的一些法院看来至少是部分的将视线投向了它们所称的"国际"公共政策，从而有别于"国内"公共政策。④ 上述判决所称"国际"公共政策的含义是什么尚存异议。

其中部分判决似乎要求直接适用"国际"公共政策——也就是说，适用来自国际渊源而非美国（或其他国内法）渊源的实质标准。这似乎等同于一些欧洲学者所称的"真正的国际公共政策"。

---

① 484 F. Supp. 1063（N. D. Ga. 1980）. *See* Gary B. Born, *International Commercial Arbitration*：*Commentary and Materials* 820-22（2d ed. 2001）.

② Gary B. Born, *International Commercial Arbitration*：*Commentary and Materials* 826（2d ed. 2001）.

③ *See Transmarine Seaways Corp. v. Marc Rich & Co.*，480 F. Supp. 352（S. D. N. Y. 1979）（"公共政策"例外适用于根据通过胁迫获得的仲裁协议而作出的裁决）；*Victrix S. S. Co. v. Salen Dry Cargo AB*，825 F. 2d 709（2d Cir. 1987）（不执行针对破产当事人的缺席裁决，因为通过债务人的地产对裁决进行支付会与美国承认瑞典破产程序的效力以公平分配该地产价值的公共政策相抵触）.

④ *See Parsons & Whittemore*，508 F. 2d at 974（要求汲取"国家政治利益"中"超国家的"因素而不是以"国家政治利益"为根据）；*National Oil Corp. v. Libyan Sun Oil Co.*，733 F. Supp. 800，819（D. Del. 1990）（"'公共政策'和'外交政策'并非同义词"）.

或者，"国际"公共政策可能涉及国内立法机关（或法院）意图适用于国际交易的当地的国内公共政策。*Parsons & Whittemore* 判决或许采取的就是这样一种进路。关键是必须准确理解要求某一公共政策意图具有国际适用性意味着什么。一种可能是，考虑到因允许在国际争议中通过合意安排获得确定性而产生的制衡系统的利益，某些当地公共政策可能被视为并不适用于国际争议。例如，在 *Mitsubishi Motors Corp. v. Soler Chrysler-Plymouth Inc.* ① 案中，法院认定，美国法下的反托拉斯请求在国际争议中具有可仲裁性，即使在国内争议中并非如此。或者（或此外），某一政策本应具有国际适用性这一要求可能需要进行"政策冲突"的分析，即每一政策的适当范围及任何真正的冲突均通过源自冲突法背景的"利益分析"而获得确定和解决。上述方法或许正是美国法院在涉及法院选择条款的案件中所采取的进路。例如，在 *Bremen v. Zapata Off-Shore Co.* ② 案中，法院认定，反对为过失行为开脱的美国公共政策并不适用于美国境外的行为。

又或者，"国际"公共政策意味着法院可以考虑当地的公共政策，但仅仅在它与各国承认的构成至关重要的公共政策的那些国际原则相一致的情况下才能如此。在前面介绍过的 *Ledee v. Ceramiche Ragno* ③ 案中，法院在处理涉及公约第 2 条第（3）款的案件时，援引了"可以在国际范围内中立适用的"规则。

如果国际公共政策允许采取违反基本的国内政策和法律的行为，则应如何抉择？例如，假设美国法院认定国际公共政策允许采取违背美国反种族或宗教歧视的政策的行为，那么应如何取舍？在 *Antco Shipping Co. v. Sidermar, SpA* ④ 案中，虽然当事人的协议包含了要求对以色列进行联合抵制的条款，法院仍驳回了对仲裁前中止诉讼的公共政策抗辩。

（2）"国内"公共政策

A. 接受"国内"公共政策的判决

尽管在 *Parsons & Whittemore* 案中提到了"国际"公共政策，其他一些法院（如审理 *Southwire* 案的法院）仍明确援引了"国内"公共政策。⑤ 例

---

①　473 U. S. 614 (1985).

②　407 U. S. 1 (1972).

③　684 F. 2d 184 (1st Cir. 1982). 参见本书第 2 章第 4 节。

④　417 F. Supp. 207, 215-17 (S. D. N. Y. 1976).

⑤　*See Victrix S. S. Co. v. Salen Dry Cargo AB*, 825 F. 2d 709 (2d Cir. 1987); *McDonnell Douglas Corp. v. Kingdom of Denmark*, 607 F. Supp. 1016 (E. D. Mo. 1985); *Antco Shipping Co. v. Sidermar, SpA*, 417 F. Supp. 207, 213 (S. D. N. Y. 1976).

如，在 *Waterside Ocean Nav. Co. v. International Nav.* ① 案中，法院适用了
"美国的公共政策"。

　　B. 美国公共政策的渊源——州或联邦？

　　假定公约第 5 条第（2）款规定的公共政策是指国内——而不是国
际——公共政策，那么在美国该公共政策的渊源是什么呢？是州的公共政
策还是联邦的公共政策？再具体一点，我们还可以追问：*Southwire* 判决中
适用的公共政策的法律渊源是什么？正如下文将要讨论的，在受 FAA 的国
内部分调整的案件中，应由联邦法还是州法支配公共政策问题并不十分明
了。在涉及对外国判决的承认时，法院通常诉诸州的公共政策；不过，根
据充分诚意和信任条款，某州的法院不能根据州的公共政策拒绝执行另一
州的法院判决。但在受《纽约公约》支配的案件中，是不是可以认为，联
邦在统一性和对仲裁程序不适当的干涉方面的利益应优先于州的公共政策？
在 *Mitsubishi Motors Corp. v. Soler Chrysler-Plymouth, Inc.* ② 案中，最高法院
认定，根据公约，反托拉斯请求在国际争议中是可以仲裁的，虽然它们可
能在国内争议中不具有可仲裁性。最高法院是以国际礼让观念为根据获得
上述结论的。看来同样的因素也支持对公共政策问题适用联邦法。

　　4. 外国公共政策对裁决的强制执行力的影响

　　1971 年《冲突法重述（第 2 次）》承认了某些情况下外国国内法的强
制性，并为在当事人之间存在法律选择约定的情况下适用前述法律提供了
分析根据。该重述第 187 节规定，如果当事人的法律选择协议"违反在决
定特定问题上比所选国家拥有实质上更大利益并且在当事人缺乏有效法律
选择的情况下其法律即为准据法的那个国家的基本政策"，则该协议无效。

　　上文所介绍的 *Northrop Corp. v. Triad International Marketing SA* 案提出
了美国法院是否以及何时应承认外国公共政策的效力这一难题。在该案中，
美国法院最终未承认沙特阿拉伯的公共政策的效力。与该案所采取的态度
不同，在 *Triad Financial Establishment v. Tumpane Co.* ③ 一案中，法院适用
了禁止对军火贸易收取经纪人佣金的沙特阿拉伯法律从而宣告合同无效。
而在 *Oscanyan v. Arms Co.* ④ 案中，法院则指出："向某一外国政府的官员行
贿或对其施加腐化影响的合同不能在我国法院得到执行——不是基于对该

---

　　① 　737 F. 2d 150, 152 (2d Cir. 1984).
　　② 　473 U. S. 614 (1985).
　　③ 　611 F. Supp. 157 (N. D. N. Y. 1985).
　　④ 　103 U. S. 261, 277 (1880).

政府利益的任何考虑，也不是基于对其政策的任何关注，而是基于该交易内在的不正当、它与我们的道德的矛盾以及我国法院对其予以执行将会对我国人民产生的有害的影响。"

正如 *Northrop Corp. v. Triad International Marketing SA* 判决所显示的，即使外国公共政策明显地与仲裁裁决相冲突，即使有关的外国与当事人之间的争议具有合理的密切关系，美国法院往往仍不愿撤销该裁决。① 美国法院因外国公共政策而拒绝执行国际仲裁裁决的最具合理性的案例是 *Victrix S. S. Co. v. Salen Dry Cargo AB*② 案。在该案中，法院拒绝针对一家根据瑞典法已被宣告破产的公司的资产执行一份英格兰仲裁裁决，因为这样做会与承认外国（此处是瑞典）破产程序及政策效力的美国公共政策相抵触，该公共政策的目的是公平分配破产者财产。而前述 *Northrop Corp. v. Triad International Marketing SA* 判决也显示了美国法院的类似倾向，即赋予构成美国政策的美国国防部的声明较沙特阿拉伯法律更大的支配性。

（三） FAA 国内部分下的公共政策例外

尽管 FAA 的国内部分并没有为以公共政策为由撤销或拒绝确认裁决提供成文法上的根据，但此种例外毫无疑义是存在的。不过，与依公约承认裁决的情形一样，国内公共政策例外也是非常有限的。美国法院强调，根据 FAA，公共政策例外并不"允许法院拥有宽泛的司法权撤销被认为违反公共政策的仲裁裁决"。③

1. FAA 下的公共政策必须是明确的且以法律和判例为根据

根据 FAA 的国内部分，为利用公共政策作为推翻裁决的根据，该政策就必须是"明确的"、"非常明确和具有支配力的"。公共政策只能从"法律和判例"中导出，而不是源自"对假定存在的公共利益的一般考虑"。④ 即使满足了上述标准，"如果决定不执行裁决，则对此种政策的违反还必须是获得清楚证明的"。⑤

---

① *American Construction Machinery & Equipment Corp. v. Mechanised Construction of Pakistan*, *Ltd*, 659 F. Supp. 426, 429（S. D. N. Y. 1987）（驳回下述主张："由于巴基斯坦的判决认定仲裁条款和仲裁程序是无效的，因而确认仲裁裁决将违反美国公共政策"，至少在巴基斯坦不是仲裁地的情况下应驳回该主张）.

② 825 F. 2d 709（2d Cir. 1987）.

③ *W. R. Grace & Co. v. Local Union 749 etc.*, 461 U. S. 757（1983）; *Misco, Inc. v. United Paper Workers Int'l Union*, 484 U. S. 29, 43（1987）.

④ *W. R. Grace*, 461 U. S. at 766.

⑤ *United Paperworkers*, 484 U. S. at 43.

2. FAA 下基于公共政策撤销裁决的困难

美国法院根据 FAA 的国内部分常常驳回对执行仲裁裁决的公共政策抗辩。例如，在 *United Paperworkers* 案中，最高法院认定，不存在充分的证据证明"现有法律和判例"确立了"禁止在受［非法］药物影响的情况下操作危险机器的'非常明确和具有支配力的'政策"。①

3. FAA 下基于公共政策撤销裁决的案例

尽管对证据的要求非常严格，美国仍有若干判决基于公共政策撤销了国内仲裁裁决。例如，在 *Iowa Elec. & Power Co. v. Local 204 etc.* ② 案中，法院认定存在"要求严格遵守核武器安全规则的非常明确和具有支配力的国家政策"。在 *S. D. Warren Co. v. United Paperworkers' Int'l Union etc.* ③ 案中，法院认定存在禁止危险机器的操作员使用非法药物的政策。在 *Amalgamated Meat Cutters etc. v. Great Western Food Co.* ④ 案中，法院认定存在禁止卡车司机饮用酒精的政策。其他一系列法院判决也承认了有关公共政策的存在。⑤

4. FAA 下联邦和州的公共政策各自的作用

在受 FAA 的国内部分调整的案件中，联邦和州的公共政策各自发挥何种作用，对此基本上不存在什么详细的分析。⑥ 基本原则是 FAA 显然优先于挑出仲裁裁决（就像仲裁协议一样）给予特别歧视待遇（相对司法判决）的州公共政策。因此，FAA 应优先于禁止执行有关未来争议或侵权争议的

---

① 484 U. S. at 44. See *Prudential-Bache Securities, Inc. v. Tanner*, 72 F. 3d 234（1st Cir. 1995）（以证明裁决违反所称公共政策的证据不足为由驳回公共政策异议）; *Paine Webber, Inc. v. Agron*, 49 F. 3d 347（8th Cir. 1995）（驳回对裁决的公共政策异议）; *Revere Copper & Brass Inc. v. OPIC*, 628 F. 2d 81（D. C. Cir. 1980）（"当事人设法寻求某一获得普遍接受却被裁决所违反的原则，但其并没有找到这样的原则"）, *cert. denied*, 446 U. S. 983（1980）.

② 834 F. 2d 1424, 1426-28（8th Cir. 1987）.

③ 815 F. 2d 178（1st Cir. 1987）.

④ 712 F. 2d 122（5th Cir. 1983）.

⑤ See *Broadway Cab Co-op v. Teamsters & Chauffeurs etc.*, 710 F. 2d 1379（9th Cir. 1983）（因认定裁决违反"法律和公共政策"而予撤销）; *Telephone Workers etc. v. New Jersey Bell Telephone Co.*, 450 F. Supp. 284（D. N. J. 1977）, *aff'd*, 584 F. 2d 31（3d Cir. 1978）.

⑥ Cf. *Dominick & Dominick, Inc. v. Investor Services & Savings Corp.*, 1991 U. S. Dist. Lexis 9960（S. D. N. Y. 1991）（适用州的公共政策，但未作分析，不过认定该政策未获满足）.

仲裁裁决的州公共政策。不过，美国的立法权限确实在联邦和州政府之间进行分配。许多问题，包括具有公共重要性的问题主要是由州法加以规定——包括不动产、合同、侵权和家事法。在联邦实体法并不优先于州法的领域，是否有理由不适用州的一般公共政策？例如，假定仲裁裁决影响到有关当地不动产或家事法的州政策，此时不应适用州的公共政策吗？如果仲裁员明确或隐含地驳回了以州公共政策为根据的主张，则应如何处理？必须承认，对于这些问题，美国法院都还没有一个明确的回答。

5. FAA 下的判例对公约下的外国裁决的适用性

FAA 的国内部分下有关公共政策问题的判例在实践中很可能与根据公约第 5 条第（2）款第（b）项承认外国裁决的公共政策异议相关。不过，美国国内公共政策在适用于外国裁决时显然是有限制的。

（四）与适用公共政策例外有关的两个问题

1. 公共政策例外的重心

有这么一个问题需要回答：公共政策例外的重心是裁决的执行还是基本的实体争议？可以举例说明这个问题：当事人双方签订了一份非法的或违反可适用的公共政策的合同，而合同项下的争议发生后仲裁员作出了金钱损害赔偿的裁决。我们能够认为仅仅是执行该金钱损害赔偿裁决就会涉及公共政策问题吗？对于公共政策例外是要求证明执行仲裁裁决本身会违反可适用的公共政策，还是要求证明裁决的执行会强迫采取违反公共政策的行为，美国法院还没有明确的答案。① 或者，在美国法院，更大的可能性是在裁决所依据的实体请求违反可适用的公共政策的情况下才牵扯到公共政策例外。②

2. 未附具理由的裁决

如前所述，在美国仲裁中仲裁员作出的裁决未附具理由是很普遍的。例如，针对基于联邦证券法提起的请求往往不要求对裁决附具理由。③ 上文

---

① *Widell v. Wolf*, 43 F. 3d 1150 (7th Cir. 1994)（执行有关金钱损害赔偿的裁决并不涉及基本的公共政策）.

② *United Paperworkers Int'l Union v. Misco, Inc.*, 484 U. S. 29, 45 n. 12 (1987).

③ *See Antwine v. Prudential-Bache Securities, Inc.*, 735 F. Supp. 1331 (S. D. Miss. 1989). *See also Mitsubishi Motors Corp. v. Soler Chrysler-Plymouth Inc.*, 473 U. S. 614, 638 n. 20 (1985)（特别提到将适用的机构规则要求进行庭审记录和对裁决附具理由）; *John T. Brady & Co. v. Form-Eze Systems, Inc.*, 623 F. 2d 261 (2d Cir. 1980)（以仲裁裁决未明确宣称处罚条款具有强制执行力为由驳回公共政策抗辩，尽管它所裁决的损害赔偿金的数额与该条款的规定相等）.

曾提到，*Mitsubishi Motors* 判决称，假如执行法院保留对裁决"再次审查"（second look）的权利，则反托拉斯请求是可以仲裁的。而不要求对裁决附具理由则降低了此种"再次审查"对仲裁裁决过度干预的可能。

（五）结论

总之，美国法院是将公共政策的适用严格限定在执行仲裁裁决"将违反最基本的道德和公平观念"① 的场合。正是由于采取了这一限制适用公共政策的立场，所以尽管不时有当事人提出公共政策抗辩，但通常很难获得成功。

毫无疑问，美国法院在司法实践中对公共政策例外的适用符合当今各国促进（国际）商事仲裁发展、从窄解释、从严适用公共政策的普遍趋势，体现了其鼓励和支持仲裁的一贯政策。

三、未给予当事人陈述案件的机会与仲裁程序的进行违反规定②

（一）概述

在所有发达的法律体制下，均可以程序上的不公正或违规行为为由对仲裁裁决提出异议。对仲裁裁决的推定强制性的这一例外包括严重的程序违规行为或程序不公（例如，正当程序问题）和未遵守当事人仲裁协议所规定的程序要求或未遵守支配仲裁的程序法。

1. 未给予当事人陈述案件的机会

在国际层面上，《纽约公约》规定的拒绝执行公约裁决的理由包括了"对作为裁决执行对象的当事人，未曾给予指定仲裁员或者进行仲裁程序的适当通知，或者作为裁决执行对象的当事人由于其他缘故未能提出申辩"。③《巴拿马公约》包含了类似（但并非完全相同的）例外。④ 大体上说，上述例外允许因仲裁进行过程中严重的程序不公而对裁决提出异议。在美国，此种情形被称为拒绝"正当程序"。⑤

---

① *Fotochrome Inc. v. Copal Co.*, 517 F. 2d 512, 526 (2d Cir. 1975).

② *See* Gary B. Born, *International Commercial Arbitration: Commentary and Materials* 832-49 (2d ed. 2001).

③ 《纽约公约》第 5 条第（1）款第（b）项。

④ 《巴拿马公约》第 5 条第（1）款第（b）项。

⑤ 公约的起草史还暗示上述例外可以延伸到由于类似于不可抗力的特别情形而妨碍了一方当事人陈述案件的情况。U. N. Doc. No. E/CONF. 26/SR. 23 at 15 (1958)，转引自 Gary B. Born, *International Commercial Arbitration: Commentary and Materials* 832 n. 75 (2d ed. 2001).

如前所述，任何发达的国内法律制度都要求仲裁程序满足某种最低限度的程序公正。在美国，FAA 允许因严重的和有偏见的程序缺陷而拒绝承认仲裁裁决。FAA 国内部分的第 10 条第（a）款第（3）项允许撤销裁决，如果"仲裁员有拒绝合理的展期审理的请求的不当行为，有拒绝审理与争议有关的和实质的证据的不当行为或者有损害当事人的权利的任何其他不当行为"。美国法院更普遍将 FAA 解释为要求仲裁员在进行仲裁程序时遵守正当程序和程序公正的基本原则。

2. 仲裁程序的进行违反规定

《纽约公约》和《巴拿马公约》以及发达的国内仲裁立法都规定了对仲裁的程序正当性提出异议的有关理由。根据上述公约和立法，如果仲裁程序严重偏离当事人的仲裁协议或适用于仲裁的程序法，则无需承认仲裁裁决。

《纽约公约》第 5 条第（1）款第（d）项规定在下述情况下可不执行裁决："仲裁庭的组成或仲裁程序同当事人间的协议不符，或者当事人间未订此种协议时，而又与仲裁地国的法律不符。"① 重要的是，第 5 条第（1）款第（d）项强调在当事人未对仲裁程序进行约定时适用仲裁地法。《巴拿马公约》包含了类似规定。

（二）公约下程序公正标准的准据法

这里讨论的是《纽约公约》第 5 条第（1）款第（b）项下的程序公正标准应适用什么法律。

上文多次提到的 *Parsons & Whittemore* 案也涉及程序公正的问题（下面还将对判决中与此有关的部分加以介绍），该案法院认定应适用申请执行地国（在该案中是美国）的法律确定当事人一方是否被给予了"适当"通知或"未能"提出申辩。美国其他的下级法院也采取了同样的进路。② 对美国正当程序标准的上述适用与执行外国法院判决过程中对适当通知和程序公正的要求相似。

如果根据公约第 5 条（1）款（b）项应适用美国法，那么美国的程序公正标准的渊源是什么：是 FAA、州法还是美国宪法？

---

① 《纽约公约》第 5 条第（1）款第（d）项与第 5 条第（1）款第（b）项关系密切，因为二者都涉及仲裁进行过程中的程序缺陷。不过，第 5 条第（1）款第（b）项主要集中于程序公正的基本标准（在美国，该标准源自美国法），而第 5 条第（1）款第（d）项则与违反当事人约定的程序或程序法有关。

② *Fotochrome*, *Inc.* v. *Copal Co.*, 517 F. 2d 512（2d Cir. 1975）; *Laminoirs etc.* v. *Southwire Co.*, 484 F. Supp. 1063, 1067（N. D. Ga. 1980）; *Biotronik etc.* v. *Medford Medical Instrument Co.*, 415 F. Supp. 133, 140（D. N. J. 1976）.

　　美国下级法院通常认定，受公约调整的外国仲裁裁决应根据美国宪法第五条修正案和第十四条修正案的"正当程序"标准接受审查。① 美国法院在对外国仲裁裁决适用公约第 5 条（1）款（b）项时并不考虑美国各州的程序规则。

　　此外，如前所述，FAA 第 10 条（a）款（3）项允许因仲裁员在程序上的不当行为而撤销仲裁裁决。在该规定下存在相当多的对仲裁中的程序公正标准加以界定的判例。一般认为，该规定下所适用的程序正当性标准是联邦标准，它们优先于州的程序规则。通常，根据 FAA 发展起来的程序正当性的联邦标准与正当法律程序条款的标准类似。② 在对外国裁决适用公约第 5 条（1）款（b）项时，美国法院常常以 FAA 第 10 条（a）（3）项下的判例作为根据。③

　　如果受《纽约公约》支配的裁决是在美国作出的，则 FAA 第 10 条（a）款（3）项和第 10 条的其他规定可作为撤销裁决的根据得以直接适用。

（三）对仲裁员程序决定的司法审查

1. 根据公约第 5 条（1）款（b）项对仲裁员程序决定的司法审查

　　尽管要求仲裁员遵守正当程序的基本标准，美国大多数法院仍清楚表明，根据公约第 5 条（1）款（b）项它们不会对仲裁庭的程序决定进行重新（de novo）审查。相反，法院通常赋予国际仲裁员在组织仲裁程序时以特别广泛的裁量权。在这方面一个具有代表性的案例又是 *Parsons & Whittemore Overseas Co. v. Societe Generale de L'Industrie du Papier*④ 案，该

---

　　① *Iran Aircraft Industries v. Avco Corp.*, 980 F. 2d 141（2d Cir. 1992）（"正当程序的基本要求是拥有'在有意义的时机以有意义的方式'被听审的机会"）；*Biotronik etc. v. Medford Med. Instrument Co.*, 415 F. Supp. 133, 140（D. N. J. 1976）（《纽约公约》中的正当程序要求主要由听审的通知和机会组成）.

　　② *See Robbins v. Day*, 954 F. 2d 697（11th Cir. 1992）；*Forsythe Int'l, SA v. Gibbs Oil Co.*, 915 F. 2d 1017, 1020（5th Cir. 1990）；*Catz American Co. v. Pearl Grange Fruit Exchange, Inc.*, 202 F. Supp. 549（S. D. N. Y. 1968）.

　　③ *See Parsons & Whittemore*, 508 F. 2d at 975；*Libyan Sun Oil*, 733 F. Supp. at 817；*P. T. Reasuransi Umum Indonesia v. Evanston Insurance Co.*, 1992 U. S. Dist. Lexis 19753（S. D. N. Y. 1992）；*Biotronik etc. v. Medford Medical Instrument Co.*, 415 F. Supp. 133, 137-8（D. N. J. 1976）.

　　④ 508 F. 2d 969（2d Cir. 1974）. *See* Gary B. Born, *International Commercial Arbitration: Commentary and Materials* 835-36（2d ed. 2001）.

案案情已在上文予以介绍。法院针对仲裁裁决的被执行人所提出的正当程序抗辩，在判决中指出：

> 根据公约第 5 条 (1) 款 (b) 项，如果被告能够证明他"未获得适当通知……或由于其他缘故未能提出申辩"，则可拒绝执行外国仲裁裁决。该规定本质上允许适用执行地国的正当程序标准。……因仲裁庭拒绝延期审理以配合 Overseas 的一位证人 (David Nes) 的时间安排，Overseas 以前述规定为根据寻求司法救济。上述正当程序的主张不能获得成功，主要基于以下几点理由。首先，不能向仲裁庭提交一方证人是仲裁协议内在的风险。当事人在约定将争议提交仲裁时，就放弃了他在法庭上的权利——包括传唤证人的权利——以支持"拥有一切众所周知的优点和缺点的"仲裁。*Washington-Baltimore Newspaper Guild*, *Local 35 v. The Washington Post Co.*, 442 F. 2d 1234, 1288 (1971).
>
> 其次，除非在时间上的变动是真正不可避免的，否则在确定了一个对散布各地的当事人、律师和仲裁员都方便的审理日期之后必然不允许再违反最初彼此已同意的时间表。在本案中，Overseas 所称的关键证人不能参加审理是由于事先答应到美国一所大学进行演讲——这完全不能构成其出庭的障碍，不能以此要求仲裁庭将其作为对 Overseas 的一个基本公平问题而延期审理。最后，Overseas 不能起诉仲裁庭在未考察对其抗辩至关重要且仅 Nes 先生能够提供的证据的情况下就对案件作出了裁决。事实上，Nes 先生向仲裁庭提交了一份宣誓书，其声称，他通过该宣誓书提供了"大量我原本打算证明的信息"。……仲裁庭在拒绝为方便 Overseas 的一位证人而重新安排审理时间时是在其裁量权内行事的。Overseas 在美国法下的正当程序权利——作为裁决执行的一个抗辩，根据公约该权利被赋予充分效力——绝没有被仲裁庭的决定所侵犯。

Parsons & Whittemore 判决的确称得上美国法院在仲裁裁决执行方面支持执行的一个经典判例。美国其他下级法院也采取了同样的进路。①

---

① *C. T. Shipping Ltd v. DMI* (U.S.A.) *Ltd*, 774 F. Supp. 146, 149 (S.D.N.Y. 1991); *Laminoirs etc. v. Southwire Co.*, 484 F. Supp. 1063, 1066-67 (N.D. Ga. 1980) (取消交叉询问并没有剥夺申请人获得公平审理的机会).

此外，美国大多数法院认为，程序不公的举证责任应由根据公约第 5 条宣称程序不公正的当事人一方承担。①

不过，美国法院的判决中也有极少数以正当程序为由拒绝执行仲裁裁决。*Iran Aircraft Industries v. Avco Corp.* ② 案就是其中一例。Avco 是一家美国公司，针对某些伊朗实体，它向美伊索赔仲裁庭提出了一系列权利请求。仲裁庭驳回了 Avco 的大部分请求，而对伊朗当事人的诸多请求予以了支持，并作出了不利于 Avco 的裁决。伊朗当事人向美国法院申请执行裁决，而第 2 司法巡回区上诉法院最终拒绝执行该裁决。其判决如下：

> Avco 认为地区法院依《纽约公约》第 5 条 (1) 款 (b) 项拒绝执行裁决是适当的，因为它未能向仲裁庭陈述案件。我们已经承认第 5 条 (1) 款 (b) 项所规定的抗辩"本质上允许适用执行地国的正当程序标准"，以及正当程序权利"作为裁决执行的一个抗辩，被公约赋予充分效力"。*Parsons & Whittemore*, 508 F. 2d at 975-76. 根据我们的法律，"正当程序的基本要求是拥有'在有意义的时机以有意义的方式'被听审的机会"。……因此，如果 Avco 被剥夺了在有意义的时机或以有意义的方式被听审的机会，就应依第 5 条 (1) 款 (b) 项拒绝执行裁决。
>
> 在审前会议上，Mangard 法官明确建议 Avco 不要提交"成堆的发票"以加重仲裁庭的负担。相反，Mangard 法官同意了 Avco 提出的证明方法，即 Avco 提交审计过的应收款项的分类账。后来，当 Ansari 法官质疑 Avco 的证明方法时，虽然 Avco 表示它是根据早些时候的理解行事，但 Ansari 法官并没有对 Avco 的解释进行回应。因此，Avco 并没有意识到仲裁庭现在要求提交实际的发票以证实它的主张。在通过这样的方式引导 Avco 相信它已采取了适当的方法证明其主张后，仲裁庭又以缺乏证据为由驳回了 Avco 的主张。
>
> 我们认为，如此误导 Avco，无论如何的不经心，仲裁庭都是剥夺了 Avco 以有意义的方式陈述案件的机会。因此，Avco 属于第 5 条

---

① 　*Parsons & Whittemore*, 508 F. 2d at 975；*Saxis Steamship Co. v. Multifacs Int'l Traders, Inc.*, 375 F. 2d 577, 582 (2d Cir. 1967)；*Catz American Co. v. Pearl Grange Fruit Exchange, Inc.*, 292 F. Supp. 549, 552 (S. D. N. Y. 1968).

② 　980 F. 2d 141 (2d Cir. 1992). *See* Gary B. Born, *International Commercial Arbitration: Commentary and Materials* 836-41 (2d ed. 2001).

（1）款（b）项意义上的"未能陈述案件"，所以拒绝执行裁决的决定是适当的。

不过，Cardamone 法官在反对意见中指出：

Avco 享有充分的机会陈述案件，它事先已获得警告：其证据可能存在问题，特别是考虑到 Ansari 法官在案件审理中对证据所表示的关注就更是如此。原先的合议庭当然没有说过在审理时将不接受发票本身作为证据。审前谈话也没有明确表明原先的合议庭发布了确定的裁决，认定对账单的摘要足以替代发票作为证据。Avco 在得悉 Ansari 法官的评论后并没有宣称审前谈话禁止其提交发票，它也没有打算向合议庭提交发票。Avco 不是通过提交发票本身来解除 Ansari 法官的疑虑，而是坚持其仅提交发票摘要的"选择"。它这样做就承担了预期风险。在上述情况下，Avco 不能令人信服的主张它被剥夺了向仲裁庭陈述案件的机会。

该判决与 *Parsons & Whittemore* 判决一样，都是第 2 司法巡回区上诉法院作出的，但结果却并不相同。它反映了美国法院在保护当事人基本的程序权利与强调仲裁的高效、快速之间的矛盾、徘徊和选择。但无论如何，可以得出结论，美国法院以正当程序为由拒绝承认仲裁裁决的情况是非常少的。

2. 根据 FAA 第 10 条（a）款（3）项对仲裁员程序决定的司法审查

FAA 下的判决通常强调仲裁在程序上的非正式性和灵活性。"尽管仲裁审理具有准司法的性质，仲裁的首要优点仍是它的非正式性，法院要求严格遵循程序规则是不适当的。"① 对仲裁程序特殊性的此种认可在公约第 5 条（1）款（b）项下也存在，甚至更明确。②

因此，美国法院根据 FAA 第 10 条（a）款（3）项作出的判决也反映了法院非常不愿意以仲裁员的程序错误为由推翻裁决。"仲裁员在组织

---

① *Transport Workers Union v. Philadelphia Transportation Co.*, 283 F. Supp. 597, 600（E. D. Pa. 1968）.

② *See Carte Blanche（Singapore）Pte. Ltd v. Carte Blanche Int'l, Ltd*, 888 F. 2d 260（2d Cir. 1989）; *Parsons & Whittemore*, 508 F. 2d at 976; *C. T. Shipping Ltd v. DMI（U. S. A.）Ltd*, 774 F. Supp. 146, 149（S. D. N. Y. 1991）.

仲裁审理时享有广泛的裁量权。仲裁程序并不受正式的程序或证据规则的束缚。"① 美国一些法院甚至认为，它们必须"对仲裁员有关程序事项的裁决赋予比有关实体问题的裁决更多的尊重"。② 美国法院的判决普遍表达了对仲裁员程序决定的尊重。③

在此值得指出的是，我们通常承认在现代仲裁制度下，法院对仲裁的监督主要是一种程序监督，但事实证明，即便是程序监督也是非常有限的。这主要就是考虑到仲裁本身的特性或优越性，即保持其程序的灵活与非正式才能充分发挥其解决商事争议的功效。

尽管美国法院通常尽量认定仲裁庭没有违反应适用的程序规则，仍有极少数判决以仲裁庭未遵守当事人的协议所规定的程序规则为由撤销了仲裁裁决。④ 不过，正如 Avco 案所表明的，以正当程序或程序违反规定为由提出的异议需要借助庭审记录。在 McKee v. Home Buyers Warranty Corp. II⑤ 案中，法院特别提到，缺乏庭审记录使法院在审查未附具理由的裁决时处于"不幸的境地"。如果没有关于仲裁程序的庭审记录，就只有通过当事人的宣誓书对庭审过程予以描述来提出上述异议。⑥

---

① *Hotel Condado Beach v. Union de Tronquistas Local 901*, 763 F. 2d 34, 38 (1st Cir. 1985).

② *Stroh Container Co. v. Delphi Industries, Inc.*, 783 F. 2d 743 (8th Cir. 1986). *See also United Steelworkers of America v. Ideal Cement Co.*, 762 F. 2d 837, 841 (10th Cir. 1985)（在程序问题上对仲裁员给予更多的尊重）.

③ *FDIC v. Air Florida Sys.*, 822 F. 2d 833, 842 (9th Cir. 1987)；*Pompano-Windy City Partners v. Bear Stearns & Co.*, 794 F. Supp. 1265, 1272 (S. D. N. Y. 1992), *dismissed*, 1993 U. S. Dist. Lexis 1649 (S. D. N. Y. 1993). 此外，一些法院对仲裁员的程序决定适用了"裁量权的滥用"标准。*Petroleum Transport Ltd v. Yacimientos Petroliferos Fiscales*, 419 F. Supp. 1233, 1235 (S. D. N. Y. 1976)；*Fairchild & Co. v. Richmond, Fredericksburg & Potomac RR Co.*, 516 F. Supp. 1305 (D. D. C. 1981)（如果"仲裁员不予延期的决定存在合理的根据"则应维持裁决）.

④ *Western Employers Ins. Co. v. Jefferies & Co.*, 958 F. 2d 258 (9th Cir. 1992)（仲裁庭在对事实的认定和法律结论上未遵守仲裁协议的要求，因而超越了权限，根据第10 条撤销裁决）；*Szuts v. Dean Witter Reynolds, Inc.*, 931 F. 2d 830, 831 (11th Cir. 1991)（未能保持三人仲裁庭）；*Food Handlers Local 425 etc. v. Pluss Poultry, Inc.*, 260 F. 2d 835 (8th Cir. 1958)（撤销由构成不当的仲裁庭作出的裁决）.

⑤ 45 F. 3d 981, 983 (5th Cir. 1995).

⑥ *Catz American Co. v. Pearl Grange Fruit Exchange, Inc.*, 292 F. Supp. 549 (S. D. N. Y. 1968).

（四）基于程序违规提出的异议类型

仲裁员的下述几类程序决定常常引发司法审查：

1. 允许或拒绝引进新的请求

仲裁员通常拥有允许或排除引入新请求的裁量权。在 *Carte Blanche* (*Singapore*) *Pte. Ltd v. Carte Blanche Int' l, Ltd*① 案中，法院对据称不在 ICC 审理范围书（Terms of Reference）之内的裁决予以了认可。在 *Peters Fabrics, Inc. v. Jantzen, Inc.*② 案中，仲裁员拒绝受理于审前一周所提交的反请求，而法院对裁决予以了认可。在 *Faberge Inc. v. Felsway Corp.*③ 案中，仲裁员允许当事人对仲裁申请中未提到的请求提出主张，法院认定裁决有效。

2. 延期审理④

正如 *Parsons & Whittemore* 判决所指出的，在国际仲裁中安排审理日期常常是个难题，因为仲裁员、当事人、律师和证人通常位于不同的国家并且都很繁忙。根据 FAA，仲裁员在确定审理日期及决定延期审理方面享有相当的裁量权。法院通常尊重仲裁员拒绝延期审理的决定，⑤ 因为仲裁本在追求迅速和价廉⑥。法院特别不会支持对拖延应承担责任的当事人所提出的请求。⑦

在极少数情况下，法院认定仲裁员拒绝延期的情形实属过分以至不能

---

① 888 F. 2d 260 (2d Cir. 1989).

② 582 F. Supp. 1287, 1292 (S. D. N. Y. 1984).

③ 539 N. Y. S. 2d 944 (App. Div. 1989).

④ *See* Howard M. Holtzmann & Donald Francis Donovan, national report *United States* in Intl. Handbook on Comm. Arb. Suppl. 28 January 1999.

⑤ *See Agarwal v. Agarwal*, 775 F. Supp. 588, 590 (E. D. N. Y. 1991), *aff' d*, 969 F. 2d 1041 (2d Cir. 1992); *Dan River, Inc. v. Cal-Togs, Inc.*, 451 F. Supp. 497 (S. D. N. Y. 1978)（拒绝应当事人一方的"主要证人"在审理（该日期是几个月前就已确定了的）前一周提出的要求而重新安排审理日期）; *Lee v. Dean Witter Reynolds, Inc.*, 594 So. 2d 783 (Fla. Ct. App. 1992)（拒绝准予再次延期）; *Ceseretti v. Trans-Air System*, 253 N. Y. S. 2d 409 (App. Div. 1964)（在被申请人需要参加与仲裁标的有关的谈判的情况下拒绝对几周前就确定的审理日期予以延期）。

⑥ *C. T. Shipping, Ltd. v. DMI* (*U. S. A.*) *Ltd.*, 774 F. Supp. 146, 149 (S. D. N. Y. 1991).

⑦ *See Schmidt v. Finberg*, 942 F. 2d 1571, 1574 (11th Cir. 1991); *Roche v. Local 32B-32J, Service Employees Int' l Union*, 755 F. Supp. 622, 625 (S. D. N. Y. 1991).

忽视。① 例如，在 *Allendale Nursing Home, Inc. v. Local 1115 Joint Bd.* ② 一案中，一个极重要的证人在案件审理期间因病被紧急送往医院，而仲裁庭拒绝延期审理案件。在 *Tempo Shain Corp. v. Bertek, Inc.* ③ 一案中，一位重要证人因其妻子被诊断患上癌症而暂时不能到庭，仲裁庭也拒绝延期审理案件。

更为普遍的情况是，法院发现当时的情势并不是非延期不可，例如当事人在开庭前直接更换律师,④ 或当事人一方的女儿因摔断胳膊而住院治疗。⑤ 若一方当事人诉称因仲裁庭拒绝延期导致某一证人未能作证，则该当事人必须证明该证人系重要证人⑥且该证人的缺席是不得已的。⑦

3. 仲裁庭成员内部不适当的审议

在仲裁没有得到仲裁庭全体成员有意义的参与的情况下，法院往往会撤销裁决。例如，在 *Szuts v. Dean Witter Reynolds, Inc.* ⑧ 案中，法院认定，仲裁员之一被取消资格后由另外两名仲裁员颁布的裁决无效。在 *Jones v. St. Louis-San Francisco Railway Co.* ⑨ 案中，法院指出："仲裁背景下，一般说来，在就将要作出的裁决进行审议的过程中，仲裁员全体一致的参与是非常重要的。"此外，在 *Western Canada SS Co. v. Cia de Nav. San Leonardo* ⑩ 案中，当事人指定的两名仲裁员认定他们已对实体问题达成一致，因而决定不再挑选主席（而这违反了当事人的协议）并颁布了裁决，法院最后撤销了该裁决。在 *Goeller v. Liberty Mutual Ins. Co.* ⑪ 案中，仲裁庭的两名成员排除了第三名成员对案件的审议，法院也撤销了裁决。不过，

---

① See *Naing Int'l Enterprises, Ltd v. Ellsworth Assoc., Inc.*, 961 F. Supp. 1 (D. D. C. 1997)（因为仲裁员拒绝延期审理而撤销裁决）; *Tube & Steel Corp. of America v. Chicago Carbon Steel Products*, 319 F. Supp. 1302, 1304 (S. D. N. Y. 1970)（当事人一方不能在仲裁庭安排的审理日期到庭，当事人双方之前已彼此同意另一个日期，裁决因此被撤销）.

② 377 F. Supp. 1208, 1213-1214 (S. D. N. Y. 1974).

③ 120 F. 3d 16, 17-18 (2d Cir. 1997).

④ *Agarwal*, 775 F. Supp. at 590-591.

⑤ *Berlacher v. PaineWebber Inc.*, 759 F. Supp. 21, 24 (D. D. Cir. 1991).

⑥ *Schmidt*, 942 F. 2d at 1574.

⑦ *ARW Exploration Corp. v. Aguirre*, 45 F. 3d 1455, 1463-1464 (10th Cir. 1995).

⑧ 931 F. 2d 830 (11th Cir. 1991).

⑨ 728 F. 2d 257, 263 (6th Cir. 1984).

⑩ 105 F. Supp. 452 (S. D. N. Y. 1952).

⑪ 568 A. 2d 176 (Pa. 1990).

要注意将上述判决与另一类情况区别开来。例如，在 *Apex Fountain Sales,
Inc. v. Kleinfeld*① 案中，仲裁庭主席单独对证据进行了审理并向仲裁庭的
其他成员提出了他所建议的裁决，而法院认可了仲裁裁决。在 *National
Bulk Carriers, Inc. v. Princess Mgt Co.* ② 案中，当事人一方声称，由于首席
仲裁员表示只要其同事中的任何一人首先对 1.5 百万美元到 2 百万美元之
间的数额表示同意，他就将签署裁决，因此首席仲裁员的行为不当，法院
驳回了上述主张。

4. 对证据的排除或承认③

对裁决提出异议的最普遍的理由之一是仲裁员对证据的排除或承认。
Friendly 法官在 *Bell Aerospace Co. v. Local 516*④ 案中指出，FAA 下的基本
规则是"在处理证据问题时，仲裁员无需遵循联邦法院所遵守的所有细
节。他只需要给予当事人基本的公平审理"。

正如上述标准所表明的，基于仲裁庭有关证据方面的决定所提出的异
议很少获得成功。⑤ 只有对仲裁裁决提出异议的当事人一方"证明未给予
他基本公平的审理机会并因此遭受了损害"，拒绝审查适当的证据才能成
为撤销仲裁裁决的一个理由。对于仲裁员认定证据与同一事实相重、与争
议无关或有其他不可接受的情形的决定，法院一般并不再次审查。⑥ 例
如，在 *Mutual Redevelopment Houses, Inc. v. Local 32B-32J, Service Employ-
ees Int'l Union*⑦ 一案中，法院拒绝因仲裁员对有关损失赔偿的减少的证
据不予审理而撤销仲裁裁决，因为仲裁员可能认定在该案中减少赔偿是不

---

① 　818 F. 2d 1089 (3d Cir. 1987).

② 　597 F. 2d 819 (2d Cir. 1979).

③ 　*See* Howard M. Holtzmann & Donald Francis Donovan, national report *United States*
in Intl. Handbook on Comm. Arb. Suppl. 28 January 1999.

④ 　500 F. 2d 921 (2d Cir. 1974)（认定对宣誓书的排除并非不适当）.

⑤ 　*See Forsythe Int'l SA v. Gibbs Oil Co.*, 915 F. 2d 1017 (5th Cir. 1990)（律师在
阻碍证据开示中的不当行为并不能构成推翻裁决的根据）；*Legion Ins. Co. v. Insurance
General Agency, Inc.*, 822 F. 2d 541, 543 (5th Cir. 1987)（仲裁要求"快速和简易审
理，仅对事实问题进行有限的调查"）；*Areca, Inc. v. Oppenheimer & Co.*, 960 F. Supp.
52 (S. D. N. Y. 1997)（"仲裁员拥有广泛的裁量权以决定是否审理证据"）；*Hayme,
Miller & Farmi, Inc. v. Flume*, 888 F. Supp. 949 (E. D. Wis. 1995)（"对于如果法院予
以承认则属不适当的证据，仲裁员却可予以承认。"）.

⑥ 　*Fine v. Bear Stearns & Co.*, 765 F. Supp. 824, 829 (S. D. N. Y. 1991).

⑦ 　700 F. Supp. 774, 777 (S. D. N. Y. 1988).

适当的。

当然，真正过分（egregious）的案件有时就会导致相反的结果。① 例如，在 *Gulf Coast Indus. Workers Union v. Exxon Co.* ② 一案中，法院撤销了仲裁裁决，因为在该案中，一名仲裁员向一方当事人保证某些文件无须证明即可完全采纳为证据，但随后发布的仲裁裁决却连篇累牍地猛烈抨击该传闻证据是不可靠的。

在某些国家和行业，"文件"仲裁（"documents only" arbitrations）通常无需口头审理或证人证言。美国法院一方面驳回了当事人提出的FAA第10条（a）款自动禁止上述程序的主张，另一方面也承认在现场证人证言系必需的情况下有可能会推翻裁决。③

5. 交叉询问

美国法院普遍认为，在普通法的法律传统中，交叉询问是一个基本的程序权利，④ 并且在仲裁中也应保证该项权利。事实上，看来在美国并不存在上述孤立的规则。美国下级法院通常会考虑证人证言的重要性、对其进行反驳的机会和其他因素以确定拒绝交叉询问是否使审理在根本上不公平。⑤ 不过，大多数案件仅仅是拒绝有关交叉询问的特定请求，而非总体上剥夺进行交叉询问的所有机会。

6. 对作出裁决的期限的遵守

当事人有时会提出仲裁庭未遵守机构规则有关期限的规定从而构成撤

---

① See *Prudential Securities, Inc. v. Dalton*, 929 F. Supp. 1411（N. D. Okla. 1996）（因仲裁员排除了实质性证据而撤销了裁决）；*Cofinco, Inc. v. Bakrie & Bros.*, 395 F. Supp. 613（S. D. N. Y. 1975）（对证据问题的"疏忽的漠视"剥夺了当事人提出证据的机会，因此构成第10条（a）款（3）项下的不当行为）；*Riko Enterprises, Inc. v. Seattle Supersonics Corp.*, 357 F. Supp. 521（S. D. N. Y. 1973）（拒绝审理证据或进行审理构成撤销裁决的理由）。

② 70 F. 3d 847, 849（5th Cir. 1995）。

③ *Intercarbon Bermuda, Ltd v. Caltex Trading and Transport Corp.*, 146 F. R. D. 64（S. D. N. Y. 1993）。

④ *Chambers v. Mississippi*, 410 U. S. 284（1973）。

⑤ *Fairchild & Co. v. Richmond, Fredericksburg and Potomac R. R. Co.*, 516 F. Supp. 1305, 1314-15（D. D. C. 1981）；*Laminoirs etc. v. Southwire Co.*, 484 F. Supp. 1063, 1066-67（N. D. Ga. 1980）；*Standard Tankers, etc. v. Motor Tank Vessel, AKTI*, 438 F. Supp. 153（E. D. N. C. 1977）。

销裁决的理由,美国法院对此种主张通常予以驳回。① 不过,在普通法上,如果仲裁裁决是在当事人仲裁协议规定的期限之后作出的,则该裁决无效。最近,特别是在劳动仲裁中,美国一些法院认定,如果裁决是在当事人协议规定的期限届满后一段"合理的"时间内作出的,则该裁决有效。② 不过,如果当事人的协议明确规定,在规定的期限届满后仲裁员作出裁决的权力就到期,则对该期限的规定将得到执行。③

7. 其他

(1)未附具理由的裁决

美国法院通常并不要求仲裁裁决附具理由,而仲裁庭通常享有裁量权决定是否应作出附具理由的裁决。④ 当然,如果当事人的协议或可适用的仲裁规则要求裁决附具理由,未作出这样的裁决就可构成撤销裁决的理由。

(2)对审理或其他事项的通知

一般而言,仲裁员在确保当事人收到有关审理的适当通知方面是给予合理的小心的。法院常常根据事实驳回有关不适当通知的主张。⑤ 在特殊情况下,也有少数判决认定当事人没有收到适当通知。⑥

(3)仲裁庭的询问

美国下级法院常常驳回有关仲裁员的询问或评论(即使其非常具有

---

① *Fiat SpA v. Ministry of Finance and Planning*, 1989 U. S. Dist Lexis 11995 (S. D. N. Y. 1989)(仲裁员没有遵守 AAA 有关在审理后 30 天内作出裁决的规定并不构成撤销裁决的理由); *Laminoirs etc. v. Southwire Co.*, 484 F. Supp. 1063, 1066-67 (N. D. Ga. 1980)(未遵守 ICC 要求 6 个月内作出裁决的规定并不构成撤销的理由).

② *Local Union 560 etc. v. Anchor Motor Freight, Inc.*, 415 F. 2d 220, 226 (3d Cir. 1968); *Tamczak v. Erie Ins. Exchange*, 268 F. Supp. 185, 189 (W. D. Pa. 1967).

③ *Jones v. St. Louis-San Francisco R. Co.*, 728 F. 2d 257, 265 (6th Cir. 1984); *Davis v. Ohio Barge Line, Inc.*, 697 F. 2d 549, 555-56 (3d Cir. 1983).

④ *Raytheon Co. v. Automated Business Systems, Inc.*, 882 F. 2d 6 (1st Cir. 1989)(仲裁员享有裁量权决定是否颁布附具理由的裁决).

⑤ *See Geotech Lizenz AG v. Evergreen, Systems, Inc.*, 697 F. Supp. 1248, 1353 (E. D. N. Y. 1988). *See also Avraham v. Shigur Express Ltd*, 1991 U. S. Dist. Lexis 12267 (S. D. N. Y. 1991)(根据亲自知悉驳回了有关仲裁员行为不当构成第 5 条 (1) 款 (b) 项规定的不予执行的理由的主张).

⑥ *Sesostris, SAE v. Transportes Navales, SA*, 727 F. Supp. 737, 741-43 (D. Mass. 1989); *Seldner Corp. v. W. R. Grace & Co.*, 22 F. Supp. 388 (D. Md. 1938).

干涉性）构成不当行为的主张。①

　　（五）对程序异议的弃权

　　与仲裁过程中其他类型的异议一样，大多数发达的国内法（包括美国法）要求当事人必须在仲裁程序进行的过程中对程序或证据决定提出异议以保留其权利。② 例如，在 *Avraham v. Shigur Express Ltd*③ 案中，法院指出："对仲裁庭存在异议的一方当事人有义务向仲裁员提起该异议，否则视为放弃了该异议。"在 *International Standard Elec. Corp. v. Bridas Sociedad Anonima Petrolera*④ 案中，法院认定，当事人没有就仲裁庭对"秘密"专家（未向当事人披露其身份）的指定提出异议，因而构成对正当程序和相关异议的弃权。在 *Laminoirs etc. v. Southwire Co.*⑤ 案中，法院认定，因当事人未曾对 ICC 仲裁院作出的延长颁布裁决期限的决定表示异议，所以禁止当事人再对所谓不遵守 6 个月最后期限的行为提出异议。

　　如果声称一方当事人放弃了基本的程序保护又该如何？此种弃权是否有效和具有强制性？一般而言，美国法院的回答是肯定的。例如，在 *Marino v. Writers Guild of Am.*⑥ 案中，法院认定，弃权"甚至延伸到诸如仲裁员偏袒这样的问题，一直触及仲裁公正性的核心"。在 *Babcock & Wilcox Co. v. PMAC, Ltd*⑦ 案中，法院认定，在仲裁过程中未对仲裁员的选择或其偏袒表示反对，则构成对当事人权利的放弃。

　　许多机构仲裁规则也规定当事人应及时提出程序异议，否则视为弃权。例如，美国仲裁协会 2005 年《商事仲裁规则》第 R-37 条"对规则的弃权"规定："任何当事人明知本规则的任何条款或要求未被遵守，而未提出书面异议，仍继续进行仲裁，应视为已放弃提出异议的权利。"其

---

① *Ballantine Books, Inc. v. Capital Distributing Co.*, 302 F. 2d 17（2d Cir. 1962）（"法官并不完全听任律师的摆布，如果他不参加询问以加快程序的进行并排除不相关的事项，那他就是不负责任。仲裁员更有理由正面行事以简化和加速仲裁程序。……"）.

② See *Fortune, Alsweet & Eldridge, Inc. v. Daniel*, 724 F. 2d 1355, 1357（9th Cir. 1983）（由法庭全体同意）; *Amicizia Societa Navegazione v. Chilean Nitrate & Iodine Sales Corp.*, 274 F. 2d 805, 809（2d Cir. 1960）.

③ 1991 U. S. Dist. 12267（S. D. N. Y. 1991）.

④ 745 F. Supp. 172（S. D. N. Y. 1990）.

⑤ 484 F. Supp. 1063, 1066（N. D. Ga. 1980）.

⑥ 992 F. 2d 1480, 1484（9th Cir. 1993）.

⑦ 863 S. W. 2d 225（Tex. Ct. App. 1993）.

2005 年《国际仲裁规则》第 25 条也包含了类似的规定。

（六）缺席裁决的强制执行力问题

当事人有时会拒绝或不参加某些或全部仲裁程序，尽管这样做常常很不明智。此种作为（或不作为）通常在随后执行裁决的诉讼中引起有关问题。主要的机构仲裁规则都对一方当事人拒绝参加仲裁的情况下缺席程序的进行和缺席裁决的作出作了规定。例如，美国仲裁协会 2005 年《商事仲裁规则》第 R-29 条"一方当事人或代理人缺席的情况下仲裁的进行"规定："除非法律有相反规定，如任何当事人或代理人经适当通知后在未获延期的情况下缺席，则仲裁仍可继续进行。裁决不应完全基于一方当事人的缺席而作出。仲裁员应要求出庭的当事人提交仲裁员为作出裁决而可能要求的证据。"其 2005 年《国际仲裁规则》第 23 条则规定："1. 如果仲裁庭确定一方当事人没有充分理由而未能按仲裁庭规定的时间提交答辩，仲裁庭可以继续仲裁程序。2. 如果仲裁庭确定按照本规则给予适当通知后，一方当事人没有充分理由而未能出席庭审，仲裁庭可以继续仲裁程序。3. 如果仲裁庭确定一方当事人经适当要求提供证据或在程序中采取任何其他步骤，没有充分理由而未能在仲裁庭规定的时间内按要求行事，仲裁庭可以根据已有的证据作出裁决。"

事实上，根据公约第 5 条（1）款（b）项或 FAA，仅仅是一方当事人拒绝参加仲裁程序且所作出的缺席裁决对他不利这一事实并不能构成对正当程序权利的剥夺。[1]

还有一种情况，仲裁裁决是由一方当事人挑选的仲裁员通过单方面的程序作出的，至少在当事人的仲裁协议规定仲裁员的指定无需双方当事人参与的情况下，美国法院对此种裁决也给予了确认。[2] 不过，在仲裁协议规定应由双方当事人指定仲裁员的情况下，一些法院拒绝执行由一方当事人指定的一名仲裁员作出的缺席裁决。[3]

---

[1]　*Comprehensive Accounting Corp. v. Ruddell*, 760 F. 2d 138 (7th Cir. 1985); *Kentucky River Mills v. Jackson*, 206 F. 2d 111 (6th Cir. 1953); *Biotronik etc. v. Medford Medical Instrument Co.*, 415 F. Supp. 133, 140-41 (D. N. J. 1976); *Geotech Lizenz AG v. Evergreen Systems, Inc.*, 697 F. Supp. 1248, 1253 (E. D. N. Y. 1988).

[2]　*Corallo v. Merrick Central Carburetor*, 733 F. 2d 248, 251 n. 1 (2d Cir. 1984); *Toyota of Berkeley v. Automobile Salesmen's Union*, 834 F. 2d 751 (9th Cir. 1987); *Bernstein Seawell & Kove v. Bosarge*, 813 F. 2d 726 (5th Cir. 1987).

[3]　*Sam Kane Racking Co. v. Amalgamated Meat Cutters*, 477 F. 2d 1128 (5th Cir.), *cert. denied*, 414 U. S. 1001 (1973).

四、不存在有效的仲裁协议、超越权限或者仲裁程序不适当①

(一) 概述

商事仲裁通常是合意性质的：除非当事人双方已约定对某一特定问题进行仲裁，否则仲裁庭就没有权力去解决该问题。除非存在仲裁协议，否则通常不能强迫当事人一方参加仲裁。上述基本原则包含在所有主要贸易国家的法律之中。

仲裁的这种合意性质的必然结果就是未得到有效仲裁协议支持的裁决不具有强制性。《纽约公约》和《巴拿马公约》有两个条款与对有效仲裁协议的要求有关。

首先，《纽约公约》第 5 条 (1) 款 (a) 项允许不承认裁决，如果：

> 第二条所述的协议的双方当事人，根据对他们适用的法律，当时是处于某种无行为能力的情况之下；或者根据双方当事人选定适用的法律，或在没有这种选定的时候，根据裁决作出地国的法律，上述协议是无效的。②

如前所述，对有效仲裁协议的要求与第 2 条 (1) 款和第 2 条 (3) 款的类似规定关系密切。第 2 条下有关仲裁协议的存在和有效性的判决对第 5 条 (1) 款 (a) 项的适用也具有关联性。③

其次，根据《纽约公约》和《巴拿马公约》，如果仲裁裁决超出当事人提交仲裁员仲裁的范围，则无须承认该裁决。根据《纽约公约》第 5 条 (1) 款 (c) 项，反对执行仲裁裁决的当事人一方可以胜诉，如果其证明：

> 裁决所处理之争议非为交付仲裁之标的或不在其条款之列，或裁

---

① Gary B. Born, *International Commercial Arbitration: Commentary and Materials* 849-59 (2d ed. 2001).

② 《巴拿马公约》第 5 条 (1) 款 (a) 项的规定本质上是一样的。

③ 美国法院有关第 5 条 (1) 款 (a) 项的适用的判决很少。*See Buques Centroamericanos, SA v. Refinadora Costarricense de Petroleos, SA*, 1989 U.S. Dist. Lexis 5429 (S.D.N.Y. May 18, 1989); *Transmarine Corp. v. Marc Rich & Co.*, 480 F. Supp. 352 (S.D.N.Y. 1979).

决载有关于交付仲裁范围以外事项之决定。①

各国法院对上述规定给予了狭义解释。

如果仲裁裁决不为有效仲裁协议所支持，国内仲裁立法也允许将其撤销或拒绝承认。在美国，FAA 第 10 条（a）款（4）项授权美国法院"在仲裁员超越权力的情况下"撤销裁决。②

以上规定所提出的管辖权问题导致了复杂的问题，包括国内法院与仲裁员之间管辖权的分配和法律选择问题。假定仲裁庭明确或隐含的作出一个管辖权决定（并且该决定确认其对争议事项或请求具有管辖权）。如果仲裁庭随后又就上述争议事项作出了仲裁裁决，而当事人根据公约第 5 条（1）款（c）项以"超越权限"为由对裁决提出异议，则仲裁庭的管辖权决定有何地位与作用（如果存在任何地位和作用的话）？尤其是在司法执行程序中仲裁庭的管辖权决定是否具有拘束力或受到充分尊重？就这方面而言，第 5 条（1）款（c）项下的问题与第 5 条（1）款（a）项下的问题是相同的。

（二）超越权限

1. 仲裁员裁决的事项超出仲裁协议的范围或不在当事人提交仲裁范围之内

如果仲裁裁决涉及当事人的仲裁协议所未包含的事项或仲裁员"对当事人未提交给［他们］的事项进行了裁决"，则他们将被认为超越了其权限。③ 与当事人提交仲裁的范围有关的疑问是按有利于仲裁的原则解决的。④

---

① 《巴拿马公约》第 5 条（1）款（c）项与《纽约公约》第 5 条（1）款（c）项在本质上是相同的。

② 类似的，根据 FAA 第 11 条，如果仲裁员"就未提交给他们的某一事项进行了裁决"，则可对裁决进行"更正"。

③ *Dighello v. Busconi*，673 F. Supp. 85，87（D. Conn. 1987），*aff'd mem.*，849 F. 2d 1467（2d Cir. 1988）. See *Inter-City Gas Corp. v. Boise Cascade Corp.*，845 F. 2d 184，187（8th Cir. 1988）（因仲裁员忽视了清楚的合同规定而部分撤销了裁决）；*Totem Marine Tug & Barge, Inc. v. North American Towing Inc.*，607 F. 2d 649，651（5th Cir. 1979）（因仲裁员对未要求的损害赔偿进行了裁决，法院撤销了裁决）.

④ *Kurt Orbau Co. v. Angeles Metal Systems*，573 F. 2d 739（2d Cir. 1978）；*Keystone Printed Specialties Co. v. Scranton Printing Pressmen & Assistants Union No. 119*，386 F. Supp. 416，422（M. D. Pa. 1974）；*Philippine Bulk Shipping Inc. v. International Minerals & Chemical Corp.*，376 F. Supp. 654，656（S. D. N. Y. 1973）.

（1）对仲裁庭管辖权决定的司法审查

美国诸多法院对有关仲裁庭超越当事人仲裁协议授权范围的主张进行了审理。这里值得指出的是，FAA 第 10 条（a）款（4）项的"超越权限"例外提出了一个重要问题，即对仲裁庭驳回管辖权异议的决定进行司法审查的适当范围。历史上，美国一些法院对仲裁员有关其管辖权的决定给予了高度尊重。这些法院在裁决执行阶段继续沉浸于 FAA 第 3、4 条下对仲裁协议所适用的"支持仲裁"的同一解释进路。① 例如，在 *Valentine Sugars，Inc. v. Donau Corp.* ② 案中，法院指出："在确定仲裁员是否超越其管辖权时，我们按有利于仲裁的原则解决所有疑问。"在 *Kerr-McGee Refining Corp. v. M. T. Triumph*③ 案中，法院指出："法院应对'第 10 条（a）款（4）项有关超越权限的规定'予以'最狭义的解释'。"在 *Matter of Arbitration No. AAA13-161-0511-85*④ 案中，法院认为，在面对对裁决提出的异议时，法院适用的是"支持可仲裁性的强有力的推定"。

另外一些下级法院对仲裁员管辖权决定的尊重则没有达到与适用于实体裁决或适用于强迫仲裁阶段的尊重标准同等的程度。⑤ 例如，在 *E. I. Dupont de Nemours & Co. v. Local 900*⑥ 案中，法院指出："如果法院认定仲裁员超越了协议规定的仲裁权限，则在地区法院进行的撤销裁决之诉就是适当的。"在 *Davis v. Chevy Chase Financial Ltd*⑦ 案中，法院指出："可仲裁性这一门槛问题是一个法律问题，审查法院有义务对该问题作出它自

---

① See *Sun Ship, Inc. v. Matson Navigation Co.*，785 F. 2d 59，62（3d Cir. 1986）（对管辖权问题显然适用了显然漠视标准）；*Parsons & Whittemore*，508 F. 2d at 976-77（显然对管辖权问题适用了显然漠视标准）；*Philadelphia Elec. Co. v. Nuclear Elec. Ins. Ltd*，845 F. Supp. 1026（S. D. N. Y. 1994）（在根据第 10 条（a）款（4）项提起的撤销裁决之诉中认定，"任何有关可仲裁事项范围的疑问都应按有利于仲裁的原则解决"）；*Peters Fabrics, Inc. v. Jantzen, Inc.*，582 F. Supp. 1287，1291（S. D. N. Y. 1984）（"任何疑问都应按有利于仲裁的原则解决"）.

② 981 F. 2d 210（5th Cir. 1993）.

③ 924 F. 2d 467，471（2d Cir. 1991）.

④ 867 F. 2d 130，133（2d Cir. 1989）.

⑤ See *ARW Exploration Corp. v. Aguirre*，45 F. 3d 1455，1461（10th Cir. 1995）（地区法院必须审查仲裁员对管辖权问题所作的裁决）；*Local Union 42 etc. v. Absolute Environmental Services, Inc.*，814 F. Supp. 392，403-04（D. Del. 1993）（"决定当事人是否有义务提交仲裁，这是法院而非仲裁员的职责"）.

⑥ 968 F. 2d 456，458（5th Cir. 1992）.

⑦ 667 F. 2d 160，166-7（D. C. Cir. 1985）.

己的决定";审查仲裁员的管辖权决定"显然不同于"审查有关实质问题的裁决。

美国最高法院对 *First Options v. Kaplan* 案的判决重新陈述并试图澄清 FAA 下适用于仲裁员管辖权决定的司法审查标准。

如前所述,在 *First Options* 案中,美国最高法院认定,适用于仲裁员管辖权裁决的审查标准取决于当事人的仲裁协议。根据最高法院的判决,在当事人约定将可仲裁性问题提交仲裁员的情况下,将适用 FAA 通常的尊重仲裁员决定的审查标准;不过,在当事人未约定对管辖权问题进行仲裁的情况下,对有关上述问题的仲裁裁决的司法审查就适用重新审查标准。① 最高法院对 *First Options* 案的判决指出:

> 正如争议实质问题的可仲裁性取决于双方当事人是否已约定对该争议进行仲裁,"谁享有主要权力决定可仲裁性"这一问题的关键也在于当事人对该问题的约定是什么。当事人约定将可仲裁性问题本身提交仲裁吗? 如果是的话,那么法院在审查仲裁员关于该问题的裁决时所适用的标准就不应与法院在审查当事人约定提交仲裁的任何其他事项时所适用的标准有所不同。也就是说,法院应给予仲裁员相当大的活动余地,仅在有限的条件下撤销其裁决。*See, e. g.*, 9 U. S. C. § 10. 另一方面,如果当事人没有约定将可仲裁性问题本身提交仲裁,那么法院就应该像决定当事人未曾提交仲裁的任何其他问题那样来决定前述问题,也即独立决定可仲裁性问题。上述结论源自这一事实即仲裁仅仅是一个当事人间的合同问题;它是解决争议的一种方式,但仅仅是解决这些争议——当事人已约定提交仲裁的争议。

在当事人约定对"可仲裁性问题"进行仲裁的情况下,看来 *First Options* 判决赋予了仲裁员的管辖权决定以实质上的尊重。

不过,如前所述,仲裁员通常是私人律师,其是通过提供有关服务来获取当事人的报酬的。对潜在的仲裁员而言,可能会努力提高承办案件的数量以谋求职业发展。如果仲裁员认定其缺乏管辖权,就不能再对该案进行处理,而他的费用在实质上也就减少了。这是不是会影响法院对仲裁员的管辖权决定应给予的尊重呢——即使当事人的仲裁协议包含了可仲裁性

---

①　514 U. S. at 943. 关于 *First Options* 案案情及判决介绍见本书第 2 章第 3 节。

问题?①

（2）法院对相关例外的狭义解释

A. 对公约第 5 条（1）款（c）项的狭义解释

当一个案件涉及真正的管辖权异议时——例如，对仲裁协议的存在、有效性或范围所提出的异议——美国法院总是对公约第 5 条（1）款（c）项下的"超越权限"例外予以狭义解释，并很少认定该例外获得了满足。②

前文多次讨论过的 *Parsons & Whittemore Overseas Co. v. Societe Generale de L'Industrie du Papier*③ 案的判决也表明了美国法院对待以超越权限为由对裁决提出的异议的通常进路。该案案情此处不再赘述。法院判决的相关部分指出：

> ［公约第 5 条（1）款（c）项和 FAA 第 10 条（a）款（4）项］都允许当事人一方对裁决提出异议，如果裁决涉及的标的不在提交仲裁协议范围之内。上述对外国裁决的执行抗辩，与已讨论过的其他抗辩一样，应予狭义解释。此种狭义解释再次与公约促进执行的宗旨相一致。此外，［FAA］类似规定之下的判例法也强有力的支持狭义解释。……

> 因此，在提出上述抗辩时，Overseas 必须克服仲裁庭是在其权限范围内行事的这一有力推定。Overseas 的异议主要是针对裁决中 185 000 美元的产量损失。其管辖权异议的焦点是合同中的这一规定："任何一方当事人都不应对产量损失承担任何责任。"不过，就仲裁庭的决策权所涵盖的标的而言，不能仅仅因其忽略了对该标的所谓限制就对其加以指责。事实上，仲裁庭对上述规定的解释是：该规定并

---

① *Cf. Tumey v. Ohio*, 273 U. S. 510（1927）（在法官的收入受案件结果影响的情况下，正当程序条款要求撤销确信）.

② *See Management & Tech. Consultants v. Parsons-Jurden Int'l Corp.*, 820 F. 2d 1531（9th Cir. 1987）（"我们对仲裁权限的解释是广义的，以与公约促进执行的宗旨和支持仲裁的政策相一致"）；*Fertilizer Corp. of India v. IDI Mgt*, 517 F. Supp. 948, 958-60（S. D. Ohio 1981）（第 5 条（1）款（c）项的例外并不适用于有关间接损害的裁决，即使"当事人之间的合同显然排除了间接损害"；"本法院根据授予美国法院的对仲裁裁决的有限司法审查行事，不能用它的判断代替仲裁员的判断"）.

③ 508 F. 2d 969（2d Cir. 1974）. *See* Gary B. Born, *International Commercial Arbitration：Commentary and Materials* 851-52（2d ed. 2001）.

没有排除就前述事项的管辖权。正如 *United Steelworkers of America v. Enterprise Wheel & Car Corp.*，363 U. S. 593（1960）案一样，法院允许仲裁员基于对合同的解释作出裁决，并且满足于裁决"没有明显的"超越提交仲裁的范围。363 U. S. at 598.

上诉人对裁决中 60 000 美元的起动费用所提出的异议连最粗略的审查也经不起。Overseas 将该金额定性为"间接损害"（从而为仲裁协议所禁止），实际上是再次试图通过本法院对合同进行重新解释——这与在法律和事实问题上应赋予仲裁裁决的尊重完全冲突。

尽管公约承认在裁决涉及仲裁员管辖权范围之外的标的时可不执行该裁决，但它并未许可对仲裁员就当事人协议的解释进行事后评论（second-guess）。而上诉人援引该抗辩的企图是要求法院忽视对其决策权的上述限制并侵占属于仲裁员的领地。

恰如该案所显示的，诸多案件涉及的可能是对仲裁员关于实体合同的解释的异议或对仲裁员程序决定的异议，而非纯粹的管辖权异议。在以上两种情况下，都没有真正提出公约第 5 条（1）款（c）项的抗辩。被告是试图将有关显然漠视或正当程序的主张描述为管辖权异议。美国大多数法院拒绝接受此种策略，应该说这种做法是适当的。

当然也有极少数判决认定第 5 条（1）款（c）项的规定得到了满足，在 *Fiat SpA v. Ministry of Finance and Planning*① 案中，法院认为，仲裁员超越了其权限，因为颁布的裁决所针对的对象并非仲裁协议的签署者。

B. 对 FAA 第 10 条（a）款（4）项的"超越权限"例外的狭义解释

美国下级法院根据 FAA 第 10 条（a）款（4）项对声称仲裁员"超越其权限"的案件所作的判决也对该例外采取了一种狭义的进路。② 在个

---

① 1989 U. S. Dist. Lexis 11995 (S. D. N. Y. 1989).

② See *Fahnestock & Co. v. Waltman*, 935 F. 2d 512 (2d Cir. 1991); *Elite Inc. v. Texaco Panama Inc.*, 777 F. Supp. 289, 292 (S. D. N. Y. 1991)（法院赋予"有关'超越权限'的规定以'最狭义的解释'"）; *Raytheon Co. v. Computer Distributors, Inc.*, 632 F. Supp. 553, 558 (D. Mass. 1986); *Mobil Oil Indonesia Inc. v. Asamera Oil (Indonesia) Ltd*, 487 F. Supp. 63, 65-7 (S. D. N. Y. 1980).

别情况下，法院也认定仲裁庭颁布的裁决超越了其权限。① 例如，在 *E. I. DuPont de Nemours & Co. v. Local* 900 *etc.* ②案中，法院以仲裁员在认定不存在责任后仍命令救济从而超越权限为由撤销了裁决。

（3）弃权

A. 通过仲裁中的行为放弃管辖权异议

正如 *First Options* 判决所表明的，当事人一方可以通过协议或暗示放弃对仲裁员管辖权提出异议的权利。

在各类案件中，美国下级法院对有关管辖权异议已被放弃的主张进行了审查。③ 例如，在 *Fortune, Alsweet and Eldridge, Inc. v. Daniel*④ 案中，法院指出："一方当事人不能在将某一请求提交仲裁但获得不利结果后又对仲裁员的管辖权提出异议。"在 *Exportkhleb v. Maistros Corp.* ⑤ 案中，法院指出，当事人在仲裁过程中未提出因之前的法庭命令之故不能对反请求进行仲裁，这就导致了对其管辖权异议的放弃。

如果当事人一方反对仲裁，但没有提出管辖权异议，在撤销裁决之诉中，就不能再提出上述异议。⑥

---

① See Bacardi Corp. v. Congreso de Uniones Industriales de Puerto Rico, 692 F. 2d 210（1st Cir. 1982）（因仲裁庭超越权限而撤销了裁决）；Coast Trading Co. v. Pacific Molasses Co., 681 F. 2d 1195, 1198（9th Cir. 1982）（撤销了裁决，因为其"违反了合同规定的救济并超出了提交仲裁书对仲裁员的授权"）；Milwaukee Typographical etc. v. Newspapers, Inc., 639 F. 2d 386, 394（7th Cir. 1981）（裁决要求当事人就已为"合同限制性的清楚措辞"所排除的问题进行谈判）；Stratton Oakmont, Inc. v. Nicholson, 868 F. Supp. 486（E. D. N. Y. 1994）（撤销了惩罚性损害赔偿的裁决）.

② 968 F. 2d 456（5th Cir. 1992）.

③ See American Construction Machinery & Equipment Corp. v. Mechanised Construction of Pakistan, Ltd, 659 F. Supp. 426（S. D. N. Y. 1987）（在 ICC 仲裁中签署了审理范围书就意味着弃权）；Jarrell v. Wilson Warehouse Co., 490 F. Supp. 412（M. D. La. 1980）（当事人参加对争议的仲裁而未反对仲裁庭的管辖权，就是对管辖权异议的放弃）.

④ 724 F. 2d 1355（9th Cir. 1983）.

⑤ 790 F. Supp. 70（S. D. N. Y. 1992）.

⑥ Cobec Brazilian Trading etc. v. Isbrandtsen, 524 F. Supp. 7, 9（S. D. N. Y. 1980）（"在对方当事人申请强制仲裁时本应提出异议"）. Compare A/S Ganger Rolf v. Zeeland Transp., Ltd, 191 F. Supp. 359, 363（S. D. N. Y. 1961）（在当事人的仲裁协议排除了任何在先司法异议的情况下，当事人可以在执行裁决的诉讼程序中对仲裁员的管辖权提出异议）.

B. 对仲裁员管辖权的反驳不等于放弃对仲裁员裁决管辖权问题的权力提出异议

尽管仲裁过程中的行为可以构成弃权，但仅仅是就管辖权向仲裁员提出答辩并不必然被视为 FAA 下的弃权。在 *First Options* 案中，因为 Kaplan 夫妇就仲裁员对他们的管辖权提出了答辩而未单独对仲裁员作出管辖权裁决的权力表示否认，因此 First Options 称 Kaplan 夫妇放弃了前述权利。最高法院驳回了该主张。除 *First Options* 判决外，其他判决也表达了类似的观点。① 尽管如此，保险的做法是明确声明向仲裁员提交管辖权异议不等于接受他解决上述问题的管辖权。

C. 机构仲裁规则中有关放弃管辖权异议的规定

许多机构仲裁规则都规定应及时提出管辖权异议，否则就构成弃权。例如，美国仲裁协会 2005 年《商事仲裁规则》第 R-7 条 "管辖权" 之 (c) 款规定："当事人一方对仲裁员的管辖权或者某一请求或反请求的可仲裁性提出异议，必须在不迟于对引起异议的请求或反请求提出答辩的时限内进行。仲裁员可将此种异议作为一个先决问题作出裁定，或在终局裁决中作出裁定。" 其 2005 年《国际仲裁规则》第 15 条第 3 款也包含了类似的规定。

2. 仲裁员未遵守仲裁协议规定的程序规则

根据国际公约和国内法，如果仲裁员因不遵守当事人约定的或包含在当事人选择的机构仲裁规则之中的程序规则而超越其权限，则也可撤销仲裁裁决。不过，美国法院一般认定，对当事人约定的仲裁程序在技术上的背离通常可以得到认可，除非这种背离是极端的和有损害的。② 例如，在 *Fiat SpA v. Ministry of Finance and Planning*③ 案中，法院认为，仲裁员虽未遵守 AAA 规则有关在审理后 30 天内作出裁决的要求，但并不构成撤销裁决的根据。此外，如前所述，除非当事人在应适用的仲裁程序或规则被

① *Caribbean Trading and Fidelity Corp. v. Nigerian National Petroleum Corp.*, 1990 U. S. Dist. Lexis 17198 (S. D. N. Y. 1990)（在管辖权异议未获成功之后参加仲裁并不构成弃权）. *See also Fertilizer Corp. of India v. IDI Mgt.*, *Inc.*, 517 F. Supp. 948, 958 (S. D. Ohio 1981)（附带意见）.

② *See Compagnie des Bauxites de Guinee v. Hammermills*, *Inc.*, 1992 WL 122712 (D. D. C. 1992)（拒绝因所声称的仲裁员违反 ICC 规则而撤销裁决，其理由是规则并没有被违反）; *Local 355 etc. v. Fontainebleau Hotel Corp.*, 423 F. Supp. 83 (S. D. Fla. 1976)（未遵守合同规定的 30 天内颁布裁决的要求不能成为撤销的根据）.

③ 1989 U. S. Dist. Lexis 11995 (S. D. N. Y. 1989).

违反时提出异议，否则他通常将被视为已放弃了提出异议的权利。

3. 仲裁员在救济方式上的裁量权

仲裁裁决常因仲裁员裁决了特定的损害赔偿或其他救济从而超越权限而被提出异议。*Parsons & Whittemore* 案就是一个例证。对仲裁员所裁决的救济的异议既可能以"显然漠视"为由提出也可能以"超越权限"为由提出。无论哪一种情况，美国法院通常都给予仲裁员的裁决以实质上的尊重。

在美国，法院有权裁决"惩罚性"损害赔偿。惩罚性损害赔偿并不是基于请求权人所遭受的损害，而是为了惩罚侵权人并阻止未来的不正当行为。在国际仲裁中，惩罚性损害赔偿的可能运用会导致复杂的问题。在 *Garrity v. Lyle Stuart* 案中，纽约州上诉法院认定，仲裁员不具备裁决惩罚性损害赔偿的权力，即使当事人明确约定他们可以这样做。根据 *Garrity* 判决，惩罚性损害赔偿是一种"社会的、儆戒性的救济，而不是私人补偿性的救济"："法律不允许也不应该允许平民服从保留给国家的惩罚性制裁。"在审理 *Garrity* 案的法院看来，纽约州的公共政策禁止在协议中授权仲裁员裁决惩罚性损害赔偿："合同自由并不包括惩罚自由，即使是通过合同规定的惩罚。"① 美国若干其他下级州法院接受了 *Garrity* 判决。② 但另外一些下级法院则将州法解释为允许仲裁员裁决惩罚性损害赔偿，如果当事人的仲裁协议约定他们可以这样做的话。③

大多数仲裁协议和机构规则并没有明确赋予裁决惩罚性损害赔偿的权力，不过，在大部分情况下，仲裁员被赋予了非常广泛的权力以确定救济方式。例如，美国仲裁协会 2005 年《国际仲裁规则》第 28 条第 5 款规定："除非当事人另有约定，当事人明确放弃惩罚性、儆戒性或类似性质赔偿的任何权利，但成文法要求补偿性赔偿按特定方式递加者除外。本条规定不适用于因一方当事人拖延程序或其在仲裁中的恶意行为而被裁决承担的仲裁费用。"

而在前文介绍过的 *Mastrobuono* 案④中，最高法院拒绝将仲裁条款解

---

① 40 N. Y. 2d at 360.

② *See Anderson v. Nichols*, 359 S. E. 2d 117, 121 n. 1（W. Va. 1987）；*Shaw v. Kuhnel & Assoc. , Inc. ,* 698 P. 2d 880, 882（N. M. 1985）；*School City of East Chicago, Indiana v. East Chicago Federation of Teachers*, 422 N. E. 2d 656（Ind. App. 1981）.

③ *Baker v. Sadick*, 162 Cal. App. 3d 618（4th Dist. 1984）；*Grissom v. Greener & Summer Constr. , Inc. ,* 676 S. W. 2d 709, 711（Tex. App. 1984）.

④ 关于该案介绍，见本书第 3 章第 1 节之五、第 4 章第 2 节之七。

释为排除了裁决惩罚性损害赔偿的权力。该案仲裁条款授权裁决"损害赔偿和其他救济"。最高法院因此认定仲裁庭被赋予了裁决惩罚性损害赔偿的权力，而纽约州禁止仲裁员裁决惩罚性损害赔偿的规定则被认为为FAA所优先。

（三）与仲裁协议的有效性有关的问题

1. 法律选择问题

如前所述，《纽约公约》第5条（1）款（a）项包含了对支配当事人仲裁协议有效性的法律进行选择的冲突法规则。第5条（1）款（a）项规定，如果"根据双方当事人选定适用的法律，或在没有这种选定的时候，根据裁决作出地国的法律"，当事人的仲裁协议是无效的，则无须执行裁决。一些学者将上述有关法律选择的规定称为公约的最高成就。① 不过，在实践中，在裁决执行阶段很少有司法判决对第5条（1）款（a）项进行考虑。那些考虑到了该规定的判决通常并不从事任何有意义的法律选择分析。② 例如，在 American Construction Machinery & Equipment Corp. v. Mechanised Construction of Pakistan, Ltd③ 案中，法院对依公约第5条（1）款（a）项并以当事人选择的法律为根据提出的主张予以了驳回，理由是仲裁员认定该选择无效，而仲裁员的这一裁决仅在显然漠视的情况下可被推翻。

2. 缺乏行为能力

公约第5条（1）款（a）项还允许在当事人一方缺乏签订仲裁协议的行为能力的情况下对裁决不予承认。关于适用于当事人行为能力的法律，第5条（1）款（a）项的规定是"对他们适用的法律"，但没有对如何确定这一法律加以解释。

---

① *See* A. van den Berg, *The New York Convention of 1958* 282（1981），转引自 Gary B. Born, *International Commercial Arbitration: Commentary and Materials* 856（2d ed. 2001）.

② *Buques Centroamericanos, SA v. Refinadora Costarricense de Petroleos, SA*, 1989 U. S. Dist. Lexis 5429（S. D. N. Y. 1989）（拒绝适用使哥斯达黎加国有实体订立的仲裁协议无效的哥斯达黎加法律）；*American Construction Machinery & Equipment Corp. v. Mechanised Construction of Pakistan Ltd*, 659 F. Supp. 426, 427（S. D. N. Y. 1987）（尊重仲裁员的法律选择）.

③ 659 F. Supp. 426, 428-29（S. D. N. Y. 1987）.

在 *Buques Centroamericanos*, *SA v.* *Refinadora Costarricense de Petroleos SA*① 案中，尽管作为被告的外国国有实体根据其本国法缺乏签订有拘束力的仲裁协议的行为能力，美国法院仍对裁决予以了确认。

3. 第 2 条（2）款的书面要求在承认与执行裁决之诉中的适用

如前所述，公约第 2 条要求仲裁协议应是"书面"的。那么第 2 条的"书面"要求是否可作为反对执行裁决的根据呢？在实践中，美国法院认为第 2 条（2）款的书面要求通过当事人在仲裁程序中的书面提交或签署审理范围书通常是得到满足的（假定不存在弃权）。"不过，在上述条件无法满足时，逻辑的结论应该是第 2 条（2）款在裁决执行阶段仍然适用。暂且不论弃权问题，从上述要求的目的来看，它在裁决执行阶段并不比在强制仲裁之诉中更不重要。"②

五、仲裁员缺乏独立性、偏袒和行为不当③

（一）概述

实际上，每个国家都要求仲裁程序中应遵守基本的廉洁原则。尽管如此，《纽约公约》和许多主要国家的仲裁法规并没有包含有关欺诈或仲裁员偏袒或行为不当这类事项的明确规定。

《纽约公约》第 5 条所列举的不予承认的理由没有包含任何明确涉及偏袒、仲裁员行为不当或欺诈的规定。④ 不过，如前所述，在当事人一方"未能提出申辩"的情况下，第 5 条（1）款（b）项允许对裁决不予承认，而它至少包含了某些形式的仲裁员行为不当。类似地，在"仲裁庭的组成""与仲裁地国的法律不符"的情况下，第 5 条（1）款（d）项允许对裁决不予承认，而它也包含了有关仲裁员偏袒和行为不当的标准。除此之外，美国法院还根据第 5 条（2）款（b）项下笼统的公共政策例

---

① 1989 U. S. Dist. Lexis 5429（S. D. N. Y. 1989）（拒绝以哥斯达黎加法律禁止国有公司签订仲裁协议为由而根据公约第 5 条（1）款（a）项不予确认针对哥斯达黎加国有实体的裁决）.

② Gary B. Born, *International Commercial Arbitration*: *Commentary and Materials* 856（2d ed. 2001）.

③ See Gary B. Born, *International Commercial Arbitration*: *Commentary and Materials* 859-80（2d ed. 2001）.

④ See *Andros Compania Maritima*, *SA v. Marc Rich & Co.*, 579 F. 2d 691（2d Cir. 1978）（怀疑仲裁员偏袒是不是根据《纽约公约》对裁决提出异议的一个根据）.

外对有关欺诈、偏袒和仲裁员行为不当的主张进行审查。① 《巴拿马公约》下的情形应该也是一样的。②

许多发达的国内仲裁法规也未对欺诈和仲裁员偏袒或行为不当作出明确规定。不过，针对执行仲裁裁决的一般义务，美国法律却包含了几个明确的成文法例外，而这些例外正是适用于仲裁程序未满足基本的廉洁和公正标准的场合。首先，FAA 第 10 条（a）款（1）项允许在"裁决以徇私舞弊、欺诈或者不正当方式取得"的情况下对裁决不予执行。其次，FAA 第 10 条（a）款（2）项允许对裁决不予执行，如果"仲裁员全体或者任何一人显然有偏袒或者徇私舞弊情形"。最后，如前所述，FAA 第 10 条（a）款（3）项允许对裁决不予执行，如果"仲裁员有拒绝合理的展期审理的请求的不当行为……或者有损害当事人的权利的任何其他不当行为"。③

与对仲裁裁决有效性的其他抗辩一样，美国法院通常对仲裁员不公正（或偏袒）和行为不当的例外进行狭义解释。

（二）主要案例

以下将介绍的是美国法院在处理以仲裁员缺乏独立性或偏袒为由申请对仲裁裁决不予承认的案件方面具有代表性的几个案例。后文将以这几个案例为例，对与之有关的一系列问题进行具体分析。

1. *AAOT Foreign Economic Association（VO）Technostroyexport v. International Development and Trade Services，Inc.* ④ 案

当事人 IDTS 与 Techno 之间的合同包含了仲裁条款，该条款规定，争

---

① *See，e. g.，National Oil Corp. v. Libyan Sun Oil Co.，*733 F. Supp. 800，813 n. 19（D. Del. 1990）；*Biotronik，etc. v. Medford Medical Instrument Co.，*415 F. Supp. 13，17（D. N. J. 1976）.

② 《巴拿马公约》第 5 条与《纽约公约》第 5 条相似，仅在措辞上存在一些不重要的区别。

③ 有关仲裁员存在偏袒情形的主张也常常与仲裁员有不当行为的主张连在一起。事实上，所声称的不当行为的例子往往被援引为偏袒或不公正的证据。*E. g.，Health Service Mgt. Corp. v. Hughes，*975 F. 2d 1253（7th Cir. 1992）（仲裁员在审理中对案件实质问题所发表的有关个人观点的声明既非不当行为亦非偏袒的证据）；*Sheet Metal Workers etc. v. Jason Mfg.，Inc.，*900 F. 2d 1392（9th Cir. 1990）（有利于一方当事人的各种程序决定并非偏袒的证据）.

④ 139 F. 3d 980（2d Cir. 1999）. *See* Gary B. Born，*International Commercial Arbitration：Commentary and Materials* 639-41（2d ed. 2001）.

议应提交莫斯科的俄罗斯联邦工商会国际商事仲裁院仲裁解决。争议发生后，随着仲裁程序的启动，IDTS 委派译员 Tamara Sicular 赴莫斯科提交文件等。据 IDTS 称，为检验仲裁院的廉洁，Sicular 主动问仲裁院秘书 Sergey Orlov，仲裁院可否被"贿赂"。Orlov 给予了肯定的回答并提议为 IDTS "操纵"案件以换取相当的报酬。当天晚些时候他的上级告诉 Sicular，他将私下协助 IDTS "安排"仲裁。第二天，Orlov 向 Sicular 提交了他的计划，要求支付 1 百万美元，他将对仲裁庭进行操纵。在接下来的两个月时间里 Sicular 与 Orlov 进行了一系列通信联系，Sicular 表面上试图收集进一步的证据并证实仲裁院及其官员是腐败的。他们最终并未达成任何结论，也不存在任何金钱支付。在开始任何仲裁审理前 Sicular 将以上所有信息都传递给了 IDTS 的总裁 Edith Reich。IDTS 在几名律师的代理下积极参加了仲裁院组织的审理。终局裁决对 Techno 有利。之后，Techno 根据《纽约公约》向纽约南部管区联邦地区法院申请确认裁决。IDTS 则根据公约第 5 条（2）款（b）项反对执行该裁决，并第一次公开了尝试贿赂仲裁院的事实，以支持其主张：执行由腐败的仲裁庭作出的裁决将违反美国的公共政策。地区法院驳回了 IDTS 的主张，且将确认裁决的判决进行了登记。地区法院认为，IDTS 的主张不能证实仲裁院在上述情况下不公正；仲裁的一方当事人在仲裁审理开始前自己造成了这种情况，之后充分参加了仲裁，获得一份不利的裁决，然后声称仲裁程序存在腐败以此作为逃避不利结果的方法，在这种情况下，适用公共政策例外并不适当；在 IDTS 了解事实却保持沉默直至不利裁决作出的情况下，它等于放弃了主张公共政策例外的权利。IDTS 对地区法院的判决不服，又上诉至第 2 司法巡回区上诉法院。上诉法院的判决如下：

　　　　因为我们同意地区法院的第 3 点理由，因此我们不必考虑在本案中适用公共政策例外是否适当。我们也无需考虑 IDTS 是否授权 Sicular 提议行贿。

　　　　本巡回审判区已确立的法律原则不允许根据以前知道但直至裁决作出后才提出的理由对仲裁员的资格提出异议。"在一方当事人知道可能表明仲裁员偏袒或不公正的事实的情况下，他不能保持沉默，以后才又根据上述理由对仲裁员的裁决表示异议。他的沉默构成对异议的弃权。" *Ilios Shipping & Trading Corp. v. American Anthracite & Bituminous Coal Corp.*, 148 F. Supp. 698, 700（S. D. N. Y.）, *aff'd*, 245 F. 2d 873（2d Cir. 1957）（法庭全体同意）. 这一弃权规则支配了本上诉案的结果。毫无疑问，IDTS 知悉可能表明仲裁院徇私舞弊——即，仲裁院的某些成员显然乐意接受贿赂的具体事实。尽管存在这一认知，IDTS 却保持沉默。因此，它现在就不能再基于上述事实对裁决提出异议。IDTS 声称不能认定其弃权，因为它没有自愿和有意放弃对可以随意徇私舞弊的仲裁庭的权利。它称任何寻求救济的努力都是白费力气，因为就仲裁庭而言，这是一个腐败的仲裁庭，就仲裁院而言，它的官员是腐败的，它的规则也禁止有关救济，就俄罗斯法院而言，可适用的法律不允许有关救济。我们对上述主张的有效性不作评价。但即使它们是有效的，IDTS 也有义务通知对方律师。如 IDTS 所指出的，Techno 不大可能对有关仲裁庭徇私舞弊的指控表示同意或放弃任何可预知的随之而来的好处。如果 Techno 在面对 IDTS 的指控时仍坚持按原先的安排继续进行仲裁，IDTS 就保留了其异议权并可在随后的确认程序中提出上述异议。相反，正如地区法院所适当指出的，IDTS 试图将该案置于这样一种状态："无论怎样，总不吃亏"。因此我们认为，IDTS 放弃了它原本拥有的针对仲裁庭的任何异议权，我们维持地区法院的判决。

2. *Commonwealth Coatings Corp. v. Continental Casualty Co.* ① 案

该案案情如下：作为当事人一方的分包商指定了一名仲裁员，作为当事人另一方的主承包人指定了另一名仲裁员，这两名仲裁员共同挑选了第三名仲裁员。而本应系仲裁庭中立成员的第三名仲裁员的日常客户之一就是在本案中分包商所起诉的主承包人。在仲裁进行过程中，分包商并不知道第三名仲裁员与主承包人之间存在紧密的业务联系的事实，并且该仲裁员、主承包人或任何其他人也从未向它披露这一事实，直至裁决作出后它才了解上述事实。分包商根据上述以及其他理由对裁决提出了异议，但地区法院拒绝撤销裁决。上诉法院维持了地区法院的判决。最高法院的判决如下：

> 我们不同意下级法院的判决并予撤销。FAA 第 10 条授权在裁决"以徇私舞弊、欺诈或者不正当方式取得"的情况下或"仲裁员全体或者任何一人显然有偏袒或者徇私舞弊情形的情况下"撤销裁决。

---

① 393 U. S. 145（1968）. *See* Gary B. Born, *International Commercial Arbitration*: *Commentary and Materials* 861-66（2d ed. 2001）.

上述规定表明国会不仅希望发展仲裁，而且希望发展公正的仲裁。分包商的确未向我们指控第三名仲裁员在裁决本案时实际上存在欺诈或偏袒，除开未经披露的业务关系，我们也没有理由怀疑他存有任何不适当的动机。但无论是该仲裁员还是主承包人都未就已存在于他们之间多年的密切的财政关系给予分包商一点暗示。毫无疑问，如果诉讼当事人可以证明陪审团的首席陪审员或法庭的法官在该诉讼当事人不知情的情况下存在任何这种关系，判决将受到质疑。……此外，上诉法院显然认为这一事实具有重要意义："收取的报酬仅占该仲裁员收入非常小的部分"，而我们认为它根本无关紧要。……既然在涉及法院的案件中，这是一个宪法原则，那么在支配仲裁程序并规定裁决可基于"显然偏袒"或"不正当方式"的运用而被撤销的广泛的成文法措辞中，我们认为就没有理由不认为也存在相同概念。当然，仲裁员不可能切断他们与商业界的所有联系，因为不能期待仲裁员仅仅通过裁决案件的工作获取他们的所有收入，但相较法官，我们应该更加小心谨慎地维护仲裁员的公正，因为仲裁员可以完全自由地决定事实和法律问题并且不存在上诉复审。……

仲裁员不仅必须公正，而且还要避免看起来不公正。

不过，Fortas 法官的反对意见则认为代表多数法官意见的判决是一种"形式主义"。"尽管仲裁裁决是一致裁决，并且当事人并未主张事实上存在偏见、不公正、偏袒或欺诈，但法院仍撤销了裁决。""最高法院对仲裁程序适用了适用于法官的规则。""这种形式主义并非 FAA 的初衷，在并未主张存在偏袒、不公正或任何程度的行为不当的案件中这种形式主义也无法获得支持。"

事实上，在当事人以仲裁员行为不当为由申请撤销仲裁裁决的案件中，仍然存在一个如何在保护当事人权利与促进仲裁自由发展之间进行平衡的问题，以及究竟怎样选择才真正符合对当事人权利和自由的保护以及怎样选择才能真正发挥仲裁的优越性的问题。在 *Commonwealth Coatings* 案中，美国最高法院强调"仲裁员不仅必须公正，而且还要避免看起来不公正"，甚至与法官相比，"应该更加小心谨慎地维护仲裁员的公正"。其倾向性不言而喻，但其抉择也一再受到质疑。应该说，以 Fortas 法官的反对意见为代表的观点是有一定说服力的。

3. *Fertilizer Corp. of India v. IDI Management, Inc.* ① 案

FCI 是一家完全由印度政府拥有的公司；IDI 是俄亥俄州一家公司。二者的协议中包含了提交 ICC 仲裁的条款。争议发生后，FCI 提请仲裁；仲裁是在印度进行的，仲裁庭作出了有利于 FCI 的一致裁决。IDI 拒绝履行裁决，FCI 向俄亥俄州的联邦地区法院启动了执行程序。IDI 声称，执行该裁决将违反美国的公共政策，从而违反公约第 5 条（2）款（b）项。它提出，FCI 为本案任命的仲裁员 B. Sen 先生至少在其他两个法律或仲裁程序中担任了 FCI 的律师，而上述事实并未向 IDI 披露。被申请人援引了 *Commonwealth Coatings Corp. v. Continental Casualty Co.* 判决以支持这一主张：美国的公共政策要求仲裁员不仅必须公正，而且还要避免看起来不公正。此外，它声称既然 FCI 向 B. Sen 先生支付了报酬，对该关系未予披露就严重影响到执行，尽管仲裁裁决获得了一致同意，并且不能证明存在实际的欺诈或偏袒。IDI 还声称，它并未获得有关 Sen 先生与 FCI 关系的建设性的或其他通知，尽管 IDI 聘请的印度律师可能知道上述安排。法院的判决如下：

> 我们并不认为未披露 Sen 先生与 FCI 的关系这一事实对程序的不良影响如此之大以至于使裁决无效。

> FCI 以 *Commonwealth Coatings* 判决作为根据。但在该案中，两名法官虽同意判决结果但强调不应将仲裁员置于与宪法第三条下的法官或任何法官相同的标准，三名法官则发表了反对意见，坚称在缺乏证据证明不公正或偏袒时，没有理由因未披露先前的业务关系而撤销裁决。

> 此外，*Commonwealth Coatings* 案与本案的事实有所不同。前者涉及的是所谓三人仲裁，即当事人一方指定一名仲裁员，当事人另一方指定另一名仲裁员，然后这两名仲裁员再推选第三名仲裁员。争议集中在第三名仲裁员即"本应系仲裁庭中立成员"的身上。在本案中，我们涉及的不是仲裁庭的第三名成员，而是由当事人 FCI 指定的成员，所声称的未予披露的关系存在于他们二者之间。

> 第 2 司法巡回区上诉法院已认定公约的公共政策抗辩应予狭义解

---

① 517 F. Supp. 948（S. D. Ohio 1981）. *See* Gary B. Born, *International Commercial Arbitration: Commentary and Materials* 732-33 & 866-68（2d ed. 2001）.

释。"只有在执行外国仲裁裁决将违背法院地国最基本的道德和正义观念时，才可基于前述根据拒绝执行。"*Parsons and Whittemore, supra.* 甚至在国内仲裁中，该法院也"以实用主义的态度看待 *Commonwealth Coatings* 判决，采用一种个案分析的进路而不是坚持教条的僵硬"。*Andros Compania Maritima v. Marc Rich & Co.*，579 F. 2d 691，700（2d Cir. 1978）。在最近的一个案件中，第 2 巡回审判区明确裁定，裁决不应因表面看似不公正而被撤销。*International Produce, Inc. v. A/S Rosshavet*，638 F. 2d 548（2d Cir. 1981）。该法院还主张法院"谨慎援引公共政策抗辩以免外国法院不时将其作为拒绝执行在美国境内作出的仲裁裁决的理由"，*Parsons and Whittemore, supra.* 我们认为这是一个明智的建议。

因此我们认定，承认或执行该裁决不会违反美国的公共政策，不能以此为由拒绝执行。我们认为，更强有力的公共政策是支持仲裁的公共政策，无论是国际仲裁还是国内仲裁……

（三）分析

1. 界定仲裁员独立性标准的法律

（1）仲裁地法或执行地法

如果仲裁是在国外依外国仲裁法进行的，那么在内国法院所提起的执行之诉中对仲裁员的独立性问题应适用什么中立标准呢？主要的选择是执行地法、仲裁地法和支配仲裁的程序法（在与仲裁地法不同的情况下）。

首先，如前所述，《纽约公约》第 5 条（1）款（d）项（以及《巴拿马公约》第 5 条（1）款（d）项）允许对仲裁裁决不予承认，如果"仲裁庭的组成""与仲裁地国的法律不符"。根据这一规定，仲裁员不遵守仲裁地的程序法中有关独立性的标准或许就为撤销裁决提供了一个根据。但事实上，包括美国法院在内的各国法院通常并不会去查明外国仲裁地有关独立性的标准或根据上述标准来评价仲裁员的行为。

其次，许多国家将仲裁员的独立性视作公共政策上的一个问题。如前所述，根据公约，执行地的公共政策标准往往提供了一个单独的拒绝确认裁决的理由。由于将仲裁员偏袒作为公共政策的一个问题（以及将国内正当程序标准适用于程序问题），美国法院一律将美国的仲裁员独立性标准，特别是源自 FAA 第 10 条（a）款（2）项和 *Commonwealth Coatings*

判决的仲裁员独立性标准适用于《纽约公约》和《巴拿马公约》下的裁决。① 前面所介绍的 *Fertilizer Corporation* 案就是一个例子。尽管如此，正如 *Fertilizer Corporation* 案所暗示的，美国的中立标准很可能受仲裁地法律和道德标准的影响。在 *Fertilizer Corporation* 案中，法院将适用于 Sen 先生的印度的有关职业标准视为依据之一。

因此，在审查以缺乏独立性为由对承认国际仲裁裁决提出的异议时，美国法院可能会（a）适用仲裁地有关仲裁员独立性的标准，但仅仅是在显然违法以及由于某种原因当地司法审查不充分的情况下才作此选择；以及（b）也适用 FAA 第 10 条（a）款（2）项下美国有关仲裁员独立性的基本标准，但会考虑当事人明示或暗示的期望（包括他们的协议、可适用的机构规则、惯例和程序法）。②

那么，美国有关仲裁员独立性的一般规则究竟是什么？除前述几个主要案例外，在 *Morelite Construction Corp. v. N. Y. C. District Council Carpenters' Benefit Funds*③ 案中，法院采纳了这样一种标准即"一位通情达理的人会认为仲裁员偏向仲裁的一方当事人"。在 *Sheet Metal Workers etc. v. Kinney Air Conditioning Co.*④ 案中，法院则认定在存在"有关偏袒的合理印象"的情况下，裁决将被撤销。

（2）州法或联邦法

美国的什么法律——州法或联邦法——适用于 FAA 下的仲裁员独立性问题？

正如 *Commonwealth Coatings* 判决所表明的，受 FAA 支配的裁决只能基于 FAA 第 10 条（a）款（2）项所规定的仲裁员缺乏独立性的理由而被撤销。美国法院通常采用该规定并认为其优先于州的仲裁员偏袒标准，但往往对此不加分析。⑤ 少数案例直接对上述问题进行了讨论并认定 FAA

---

①　*See Andros Compania Maritima v. Marc Rich & Co.*，579 F. 2d 691（2d Cir. 1978）；*Transmarine Seaways Corp. v. Marc Rich & Co.*，480 F. Supp. 352（S. D. N. Y. 1979）（"最高法院在 *Commonwealth Coatings* 判决中对仲裁适当性的阐明是对公共政策的宣布。"）。

②　*E. g.*，*National Shipping Co. of Saudi Arabia v. Transamerican Shipping Corp.*，1992 U. S. Dist. Lexis 18725（S. D. N. Y. 1992）。

③　748 F. 2d 79（2d Cir. 1984）。

④　756 F. 2d 742，745-46（9th Cir. 1988）。

⑤　*See Health Services Mgt. Corp. v. Hughes*，975 F. 2d 1253（7th Cir. 1992）；*Apperson v. Fleet Carrier Corp.*，879 F. 2d 1344（6th Cir. 1989）。

优先于州法。① 不过，根据 *Volt Information* 判决，法律选择条款是否包含了与 FAA 的规定不一致的州的仲裁员偏袒或行为标准呢？② 对这一问题尚存疑义。

2. 法官独立性标准与国际仲裁员的关系

在 *Commonwealth Coatings* 案中，White 法官和 Fortas 法官都认为，适用于仲裁员的道德标准应比法官为低。也有学者提出，与法官不同，仲裁员不受上诉复审的监督，不承担政府披露的义务，也不要求民主任命或确认，等等。同时，仲裁员可以（并且的确）对重要的公法请求予以裁决，而他们常常无需对裁决附具理由。这是否意味着仲裁员应适用比法官更高或至少相等的道德标准？假定当事人明确或暗示的同意其仲裁员应适用比宪法第 3 条下的法官更严格的道德标准，上述协议难道不应该获得尊重吗？③ 以上可以说代表了在仲裁员道德标准方面可能存在的通常疑虑。

但就现实而言，对仲裁员施加严格的道德标准的确存在不利之处。以下这段论述不无道理：

> 仲裁员的专门知识来自其所在领域的丰富经验，他的独特作用导致其职业知识和技能的获得有时是以看上去不那么绝对公正为代价的。④

在 *Morelite Construction Corp. v. N. Y. C. District Council Carpenters' Benefit Funds*⑤ 案中，法院则指出：

> 对规则的熟悉常常是以牺牲绝对的公正为代价的。某些商业领域非常狭窄，某位专家可能对某些问题已确立了强有力的观点，在该领域已发表了有关文章等等。此外，具体领域容易产生紧密的职业团

---

① *See Standard Tankers（Bahamas）Co. v. Motor Tank Vessel*, *AKTI*, 438 F. Supp. 153, 159（E. D. N. Y. 1977）.

② 对 *Volt Information* 案案情及判决的介绍见本书第 3 章第 1 节之五。*See Metropolitan Property and Casualty Ins. Co. v. J. C. Penney Casualty Ins. Co.*, 780 F. Supp. 885（D. Conn. 1991）（显然适用州法）.

③ Gary B. Born, *International Commercial Arbitration: Commentary and Materials* 870（2d ed. 2001）.

④ *Pitta v. Hotel Ass'n of New York City, Inc.*, 806 F. 2d 419, 423（2d Cir. 1986）.

⑤ 748 F. 2d 79（2d Cir. 1984）.

体。主要成员彼此熟悉，并且事实上可能常在一起工作或为对方工作。

其他判决也表达了类似观点。①

而波斯纳法官（Judge Posner）在 *Merit Ins. Co. v. Leatherby Ins. Co.* ② 案中指出：

> 如果 Leatherby 希望它与 Merit 之间的争议由宪法第 3 条所规定的法官解决……它就不会在合同中加入仲裁条款，或不顾 Merit 的愿望提出仲裁申请。Leatherby 需要的是不同于争议的司法解决的某样东西。它希望由保险业的专家解决争议，这些专家由于以前的职业经历必然比宪法第 3 条下的法官或陪审团更熟悉当事人。……因此，毫不奇怪，AAA 的《商事仲裁规则》和《仲裁员道德准则》中的不合格标准没有联邦成文法中有关法官的标准那么严格。……（事实上前述仲裁规则和准则并未明确规定任何有关不合格的标准，只是上述 AAA 规则和 AAA-ABA 准则中有关披露的要求暗含了此种标准。）
>
> 在提供具有吸引力的争议解决形式上，AAA 不仅要与其他私人仲裁机构竞争，而且还要与法院竞争——在有关私人服务、销售的案件中。它可以按照自己所认为的顾客的需要来确定标准的高低。FAA 拥有不同的目的——为那些促进州际贸易或具有其他联邦重要性的仲裁裁决提供联邦法院的强制力，从而使仲裁更加有效。……该法规并没有规定争议解决机制；而是促进了私人争议的解决。因此对司法干预的标准予以了严格限制，就是为了在确保仲裁程序的基本廉洁的同时不至于对它造成不必要的干预。第 10 条充斥着诸如徇私舞弊、不当行为和欺诈这样的措辞。它所确立的标准是最低标准。……虽然 AAA 在起草它自己的道德准则时超出了该成文法标准，但并没有降低司法干预的门槛。

应该说，以上论述是很有说服力的。在 *Andros Compania Maritima, SA v.*

---

① *Andros Compania Maritima, SA v. Marc Rich & Co.*, 579 F. 2d 691, 701 (2d Cir. 1978).

② 714 F. 2d 673 (7th Cir. 1983), *cert. denied*, 464 U. S. 1009 (1983).

Marc Rich & Co. ① 案中，法院则指出："更基本的是，司法程序中的当事人并不像在仲裁中那样对他们的法官进行选择。"在当事人不能选择的情况下，为维护其权益，对法官的要求自然更高。而在仲裁程序中，当事人享有充分的自主，可依其意思指定有关仲裁员，而当事人指定的仲裁员自然是当事人信得过的人，这一自由选择的能力为当事人维护自身权益提供了最好的保障。所以对仲裁员的要求就不一定像对法官那样严格。

此外，对因仲裁员偏袒而不应承认仲裁裁决的证明责任应由反对执行的当事人承担。一般而言，这是一个很难履行的责任。

3. 仲裁员缺乏独立性的通常根据

在实践中，当事人在声称仲裁员偏袒时所提出的根据常常可归入相同的类型。下文将逐一进行讨论。重要的是，应将这些根据理解为推定意义上的根据，也就是说，在当事人之间不存在有关仲裁员道德行为标准的协议以及当事人并未弃权的情况下才能最充分的适用上述根据。如后所述，如果当事人同意，质疑仲裁员公正性的大多数依据都是可以放弃的。

（1）概述

在 *Toyota of Berkeley v. Automobile Salesman's Union Local 1095* ② 案中，法院指出：

> 偏袒包括仲裁员对仲裁结果具有经济上的利害关系、仲裁员对争议的裁决直接关系到他自己在相当长时间内所从事的营利性职业、所存在的家庭关系使仲裁员的公正性受到怀疑、仲裁员以前曾被一方当事人雇佣以及仲裁员正为一方当事人的律师事务所所代理的公司所雇佣。

在 *Hobet Mining, Inc. v. International Union, United Mine Workers* ③ 案中，法院具体指出决定仲裁员偏袒问题要考虑 4 个因素："（1）仲裁员对仲裁程序所具有的任何个人利益，无论是金钱上的还是其他方面的利益；（2）仲裁员与被指其所支持的那一方当事人之间的关系的直接性，该关系必须是'实质性的'，而非'不重要的'……（3）该关系与仲裁之间的联系；以及（4）该关系与仲裁程序在时间上的接近。"

---

① 579 F. 2d 691, 699 (2d Cir. 1978).

② 834 F. 2d 751, 756 (9th Cir. 1987), *cert. denied*, 486 U. S. 1043 (1988).

③ 877 F. Supp. 1011 (S. D. W. Va. 1994).

（2）对仲裁结果所具有的经济利益

有关偏袒的最明显的根据就是仲裁员对仲裁结果所具有的重要而未经披露的经济上的利害关系。① 美国法院已因仲裁员在仲裁期间向一方当事人借款而撤销裁决；② 因仲裁员也是潜在的权利请求人而撤销裁决；③ 因胜诉当事人系仲裁员的债务人且所获款项被用来保证偿还仲裁员的支付请求而撤销裁决。④ 不过，在仲裁员拥有一方当事人少许股份的情况下，法院通常拒绝撤销裁决。⑤

（3）之前卷入当事人争议

有关偏袒的另一个明显的根据是仲裁员之前曾以律师身份或决策者身份或证人身份卷入当事人争议。但也有判决认为在当事人指定的仲裁员以前曾就仲裁中的某一问题向当事人提供法律建议的情况下并不存在偏袒。⑥

（4）被一方当事人雇佣

仲裁员目前正为一方当事人所雇佣这一事实本质上构成认定偏袒的根据。但仲裁员过去曾在无关事项上作为律师受雇于一方当事人是否足以认定偏袒，对此并不那么清楚。⑦ 正如 *Fertilizer Corporation* 判决所表明的，如果仲裁员对其与当事人之间过去存在的职业关系未予披露，法院一般认为是可以容忍的。

---

① *Middlesex Mutual Ins. Co. v. Levine*, 675 F. 2d 1197 (11th Cir. 1982)；*Knicker-bocker Textile Corp. v. Sheila-Lynn, Inc.*, 16 N. Y. S. 2d 435, *aff'd*, 20 N. Y. S. 2d 985 (App. Div. 1939)；*Shirley Silk Co. v. American Silk Mills, Inc.*, 23 N. Y. S. 2d 254 (App. Div. 1940).

② *In re Friedman*, 213 N. Y. S. 369 (App. Div. 1925).

③ *Hyman v. Pottberg's Ex'rs*, 101 F. 2d 262 (2d Cir. 1939).

④ *Rand v. Readington*, 13 N. H. 72 (1842).

⑤ *Standard Tankers (Bahamas) Co. v. Motor Tank Vessel, AKTI*, 438 F. Supp. 153, 160 (E. D. N. Y. 1977).

⑥ *Employers Ins. of Wausau v. National Union Fire Ins. Co.*, 933 F. 2d 1481, 1488-89 (9th Cir. 1991). *See also Modern Brokerage Corp. v. Massachusetts Bonding & Ins. Co.*, 56 F. Supp. 696 (S. D. N. Y. 1944).

⑦ *See Imperial Ethiopian Government v. Baruch-Foster Corp.*, 535 F. 2d 334, 337 (5th Cir. 1976)（中立仲裁员以前曾就无关事项为当事人提供咨询）；*Austin South I, Ltd v. Barton-Malow Co.*, 799 F. Supp. 1135 (M. D. Fla. 1992)（仲裁员 5 年前曾在不同的工作中与当事人有过短暂的合作，这一事实并不构成认定偏袒的根据）。

（5）直接的、实质性的商业或私人关系

如果仲裁员与一方当事人之间存在实质性的未经披露的商业交易或密切的私人关系，则可推定存在偏袒。① 例如，在仲裁员未披露其雇主与一方当事人之间正存在商业往来的情况下，美国法院撤销了裁决；② 在仲裁员与当事人及其律师之间存在商业关系的情况下，法院将案件发回进行事实调查。③ 而在仲裁员与当事人间存在的经济上的关系已予披露的情况下，法院则驳回了有关存在偏袒的主张；④ 在仲裁员系与当事人有重要商业交易的公司的雇员的情况下，法院仍对裁决予以支持；⑤ 法院还认为，仲裁员系某银行的官员，而该银行又雇佣了当事人的律师，这一事实并不构成撤销裁决的理由。⑥

（6）家庭关系

仲裁员与一方当事人之间的家庭关系、仲裁员与一方当事人的负责人之间的家庭关系或仲裁员与主要证人之间的家庭关系也可以作为认定偏袒的根据。⑦

（7）律师事务所"冲突"

仲裁员常常是律师事务所的成员。尽管仲裁员自己不能代理当事人中的任何一方，他的合伙人或其他同事却可以代理。在出现这种情况时，在偏袒问题的认定上就会产生困难。看来一般情况下将推定仲裁员的律师事务所冲突与其公正性评价有关。不过，在仲裁员并未亲自卷入与仲裁完全

---

① *Middlesex Mutual Ins. Co. v. Levine*, 675 F. 2d 1197 (11th Cir. 1982); *Petroleum Cargo Carriers Ltd v. Unitas, Inc.*, 220 N. Y. S. 2d 724, *aff'd*, 224 N. Y. S. 2d 654 (1961) (因为仲裁员的公司从当事人处收取了 350 000 美元的佣金，所以撤销了裁决).

② *Olson v. Merrill Lynch, Pierce, Fenner & Smith, Inc.*, 51 F. 3d 157 (8th Cir. 1995).

③ *Sanko S. S. Co. v. Cook Industries, Inc.*, 495 F. 2d 1260 (2d Cir. 1973).

④ *Woods v. Saturn Dist. Corp.*, 78 F. 3d 424 (9th Cir. 1996).

⑤ *Cook Industries, Inc. v. C. Itoh & Co. (America) Inc.*, 449 F. 2d 106 (2d Cir. 1971), *cert. denied*, 405 U. S. 921 (1972).

⑥ *Texas Eastern Transmission Corp. v. Barnard*, 177 F. Supp. 123 (D. Ky.), *rev'd on other grounds*, 285 F. 2d 536 (6th Cir. 1959).

⑦ *See Merit Ins. Co. v. Leatherby Ins. Co.*, 763 F. 2d 673 (7th Cir. 1983).

无关的代理的情况下，美国法院通常并不愿意撤销裁决。① 例如，在 *Reed & Martin*，*Inc. v. Westinghouse Electric Corp.* ② 案中，尽管仲裁员所在的律师事务所所代理的某一客户在法律争点上的利害关系与仲裁的一方当事人相同，裁决仍获得了法院的支持。

（8）仲裁程序中可作为偏袒的证据的仲裁员行为

仲裁员在仲裁程序进行过程中的行为和评论既可能构成行为不当又可能构成偏袒的证据。不过，在实践中，美国法院通常对仲裁员行为构成偏袒的证据的主张予以驳回。③ 例如，在 *Fort Hill Builders*，*Inc. v. National Grange Mutual Ins. Co.* ④ 案中，尽管仲裁员怀有敌意的反复打断一方当事人的律师的陈述，法院仍对裁决予以维持。在 *Areca*，*Inc. v. Oppenheimer & Co.* ⑤ 案中，法院指出："所声称的程序或证据上的错误、推动案件进展的合法努力或未能遵守证据规则都不能证明存在明显的偏袒。"判例还表明，当事人以仲裁员对当事人提交的证据未予充分重视、在陈述或询问证人时偏向另一方当事人、有种族或性别歧视的言论或仲裁裁决不适当为由申请撤销仲裁裁决，法院均予以了拒绝。⑥

（9）被提名前对实质问题进行讨论

仲裁员在被指定前已与一方当事人讨论过案件的实体问题并表明其观点的，也应推定缺乏独立性。⑦

（10）单方面接触

除 IBA 与 AAA/ABA 道德准则外，大部分机构仲裁规则也都禁止仲裁庭与当事人就仲裁的实质进行单方面接触。即使在缺乏机构规则的情况

---

① *Hunt v. Mobil Oil Corp.* , 654 F. Supp. 1487 (S. D. N. Y. 1987); *Standard Tankers (Bahamas) Co. v. Motor Tank Vessel*, *AKTI*, 438 F. Supp. 153 (E. D. N. Y. 1977) （"Smith 的律师事务所共有 20 名以上的律师，而他并没有直接参与有关上述大多数诉讼的法律决定（在上述诉讼中 Smith 的律师事务所代理了一方当事人），这一事实证明上述'关系'并不满足成文法上的先决条件"）.

② 439 F. 2d 1268 (2d Cir. 1971).

③ *Fairchild & Co. v. Richmond*, *Fredericksburg & Potomac RR Co.* , 516 F. Supp. 1305 (D. D. C. 1981).

④ 866 F. 2d 11, 13-4 (1st Cir. 1989).

⑤ 960 F. Supp. 52 (S. D. N. Y. 1997).

⑥ See Howard M. Holtzmann & Donald Francis Donovan, national report *United States* in Intl. Handbook on Comm. Arb. Suppl. 28 January 1999.

⑦ *Metropolitan Property and Casualty Ins. Co. v. J. C. Penney Casualty Ins. Co.* , 780 F. Supp. 885 (D. Conn. 1991).

下，未经披露的与当事人争议的实质问题有关的单方面接触也被推定为不适当。下级法院因单方面接触而撤销裁决的情况有：仲裁员与一方当事人的律师进行单方面的通信联系而未通知对方当事人；① 仲裁员单方面检查财产；② 等等。③

大多数判决要求有证据表明单方面接触对控告方的权利造成了重要的不利影响。④ 例如，在 *Glass, Molders, Pottery, Plastics and Allied Workers International Union v. Excelsior Foundry Co.* ⑤ 案中，法院就指出："单方面接触并不是撤销仲裁裁决的一个自动的理由。"此外，在 *Remmey v. Paine Webber, Inc.* ⑥ 案中，法院以所主张的单方面接触并未获得证明且无论如何并不重要为由，驳回了有关行为不当的主张。在 *National Bulk Carriers, Inc. v. Princess Mgt Co.* ⑦ 案中，法院则认定，即使假定结算信息是单方面递交给仲裁庭的，也无证据表明这对评议造成了影响。在 *Spector v. Torenberg* ⑧ 案中，法院指出，要以单方面接触为由撤销裁决，"当事人一方必须证明前述谈话剥夺了他获得审理的机会并影响了仲裁的结果。"

如果当事人约定允许当事人指定的仲裁员与当事人之间进行单方面接触，美国大部分法院对此不会予以禁止。⑨

(11) 其他

美国法院还对就仲裁员的中立性所提出的各种其他异议进行了审查并

---

① *See Totem Marine Tug & Barge, Inc. v. North American Towing, Inc.*, 607 F. 2d 649 (5th Cir. 1979).

② *Carolina-Virginia Fashion Exhibitors, Inc. v. Gunter*, 230 S. E. 2d 380 (N. C. 1976).

③ *MacNeal v. Rotfeld*, 1990 U. S. Dist. Lexis 4371 (E. D. Pa. 1990).

④ *Austin South I, Ltd v. Barton-Malow Co.*, 799 F. Supp. 1135 (M. D. Fla. 1992) ("仅仅是仲裁员在仲裁期间就某些问题与一方当事人进行了交谈这一事实并不足以证明存在'明显的偏袒'"); *Drexel Burnham Lambert, Inc. v. Pyles*, 701 F. Supp. 217, 220 (N. D. Ga. 1988) (在审理暂停时仲裁员与当事人之间的谈话不能证明存在偏袒).

⑤ 56 F. 3d 844 (7th Cir. 1995).

⑥ 32 F. 3d 143 (4th Cir. 1994).

⑦ 597 F. 2d 819 (2d Cir. 1979).

⑧ 852 F. Supp. 201 (S. D. N. Y. 1994).

⑨ *See Employers Ins. of Wausau v. National Union Fire Ins. Co.*, 933 F. 2d 1481, 1490-91 (9th Cir. 1991) (在仲裁庭允许（且双方当事人参与了）当事人指定的仲裁员与当事人之间的单方面接触的情况下并不存在行为不当).

通常予以了驳回。例如，在 *Remmey v. Paine Webber, Inc.* ① 案中，法院驳回了仲裁员缺乏仲裁协议所要求的资格的主张。在 *International Produce, Inc. v. A/S Rosshavet* ② 案中，法院认定，在仲裁员曾系另一涉及同一律师事务所的案件中的证人的情况下并不存在偏袒。

4. "看似" 不公正

根据 FAA 或其他法律，仲裁员 "看似" 不公正是否足以撤销裁决？对于这一问题尚无明确答案。与 *Fertilizer Corporation* 判决相仿，一些法院认为看起来不公正并不构成 "偏袒"。③ 例如，在 *Hunt v. Mobil Oil Corp.* ④ 案中，法院指出："'明显偏袒'不仅仅意味着看起来偏袒。" 另一方面，*Commonwealth Coatings* 判决也并非全无道理。因为真正的 "偏袒" 实际上可能永远也无法证明，至少在它包含的是仲裁员主观的精神状态的情况下是这样的。在 *Morelite Construction Corp. v. N. Y. C. District Council Carpenters' Benefit Funds* ⑤ 案中，法院指出：

> 要 "证明" 存在偏袒总是很困难，实际上常常是不可能的。除非仲裁员公开宣布他的偏袒，或其在某一私下承认的场合被偶然听到，否则很难设想如何获取 "证据"。

此种偏袒通常只能通过外部关系、声明或行为（即 "看起来"）予以推断。所以笼统的宣称仅仅 "看起来" 不公正不构成撤销裁决的理由可能有些武断，但它表明了一种取向或态度，即尽量对 "偏袒" 例外的满足予以严格要求，不随便以此为由撤销裁决。

5. 适用于 "当事人指定的" 仲裁员和 "中立" 仲裁员的不同标准

审理 *Fertilizer Corporation* 案的法院强调了该案与 *Commonwealth Coatings* 案在事实上的不同：在 *Commonwealth Coatings* 案中不合格的仲裁员是三人仲裁庭中 "中立的" 仲裁长，而该案被质疑的仲裁员是当事人指定

---

① 　32 F. 3d 143 (4th Cir. 1994).

② 　638 F. 2d 548 (2d Cir. 1981).

③ 　*See Apperson v. Fleet Carrier Corp.* , 879 F. 2d 1344, 1358 (6th Cir. 1989) （对根据 FAA 第 10 条（a）款（2）项以 "看起来不公正" 为由对裁决提出异议的申请予以驳回），*cert. denied*, 110 S. Ct. 2206 (1990)；*Dominick & Dominick, Inc. v. Investor Services & Savings Corp.* , 1991 U. S. Dist. Lexis 9960 (S. D. N. Y. 1991).

④ 　654 F. Supp. 1487, 1497-98 (S. D. N. Y. 1987).

⑤ 　748 F. 2d 79 (2d Cir. 1984).

的仲裁员。换言之，法院对当事人指定的仲裁员和"中立"仲裁员适用了不同的中立性标准。不过，由于 FAA 第 10 条（a）款（2）项并未对适用于当事人指定的仲裁员和"中立"仲裁员的公正标准作出任何明确的区分，而是允许因"仲裁员全体或者任何一人显然有偏袒……情形"而撤销裁决，因此一些联邦法院也认为，该规定暗示对所有仲裁员适用相同的公正标准。①

另一方面，在美国，传统上往往认为当事人指定的仲裁员对指定他们的当事人存在一定程度的偏袒。上述观点在根据 FAA 撤销仲裁裁决的诉讼中扮演了重要的角色，特别是在有迹象表明当事人在进行仲裁时抱有此种想法的情况下更是如此——当事人的前述意愿主要通过行业惯例或其明确合并的机构规则允许当事人指定的仲裁员有所偏袒得以体现。② 因此，美国下级法院常常驳回以职业关系为由声称存在偏袒的主张，如果此系当事人约定的任命机制原本所计划的或当事人原本就打算让当事人指定的仲裁员以律师身份行事。③ 例如，在 *Petrol Corp. v. Groupement D'Achat des Carburants*④ 案中，法院指出："没有理由不允许当事人彼此同意让一名仲裁员对有关问题进行裁决，即视其为独立仲裁人，而将其他仲裁员视为指定他们的当事人的律师和代理人。"在 *Modern Brokerage Corp. v. Massachusetts B. & I. Co.*⑤ 案中，法院认定，当事人一方可以同意由一名偏袒的仲裁员进行仲裁，只要此种偏袒已予披露。

但需指出的是，即便法院允许当事人指定的仲裁员为非中立的仲裁员，美国普通法和 FAA 第 10 条（a）款（2）项仍施加了最低公正标准：

他可以是支持者，但不能不诚实。与所有的仲裁员一样，当事人

---

① *Standard Tankers (Bahamas) Co. v. Motor Tank Vessel AKTI*, 438 F. Supp. 153, 159 (E. D. N. Y. 1977).

② See *Stef Shipping Corp. v. Norris Grain Co.*, 209 F. Supp. 249 (S. D. N. Y. 1962)（一旦将当事人指定的仲裁员从实际争议中去除，他们就是支持者）. 当然，即便在传统的美国进路和 AAA/ABA 准则下，对当事人指定的仲裁员的"偏袒"程度也是存在限制的。

③ *Catz American Co. v. Pearl Grange Fruit Exchange, Inc.*, 292 F. Supp. 549 (S. D. N. Y. 1968); *Astoria Medical Group v. Health Ins. Plan*, 227 N. Y. S. 2d 401 (Ct. App. 1962).

④ 84 F. Supp. 446, 448 (S. D. N. Y. 1949).

⑤ 56 F. Supp. 696, 697 (S. D. N. Y. 1944).

一方指定的仲裁员必须（除非该要求被放弃）按规定宣誓：他将"忠实地和公正地……审理和审查争议中的问题并……根据其最好的理解作出公正的裁决"。此外，如果当事人指定的仲裁员中的任何一方未根据上述誓言行事，则可以以裁决是"明显的偏袒或者徇私舞弊"的产物为由对其提出异议。①

事实上，对当事人指定的仲裁员和第三仲裁员适用不同的要求是完全可以理解的。因为按照通常的理解，即使当事人指定的仲裁员不可避免的在心理上对指定自己的那一方当事人有所偏向，但双方当事人各自均可指定"自己的"仲裁员，二者之间实际上就形成了一种制衡，而作为中立仲裁员的第三仲裁员则依自己的判断独立的居中决定（当然对他的中立性要求与另两名仲裁员就有所不同），这样一种机制就完全可以免除人们对"当事人的"仲裁员缺乏公正性可能招致的后果的担心。承认并允许这种差异的存在才是一种真正现实的态度，并有利于发挥仲裁作为非正式的争议解决方式的优势。特别是在当事人同意仲裁员具有倾向性的情况下，更加没有理由不尊重他们的安排，因为仲裁本质上是一个合同问题，在很多情况下，充分尊重当事人的意志往往最能有效的保障他们的权益。

6. 弃权

（1）放弃对任命机构的有关决定申请司法审查的权利

一些机构规则明确或隐含的要求当事人放弃申请对任命机构有关仲裁员异议问题的决定进行司法审查的权利。美国法院通常认为，就 FAA 和《纽约公约》所规定的对终局仲裁裁决提出异议的理由而言，上述对异议权利的预期放弃无效。原则上，机构的异议程序不能完全使仲裁裁决免受司法审查。虽然当事人可以有效地直接同意接受偏袒的仲裁员，但存在程度上的限制。同样的，对于因机构异议程序而引起的弃权的执行力也必须存在限制。尽管如此，当事人对明确规定机构决定系"终局"决定的机构规则的接受还是会（且应该）在相当大的程度上影响美国法院的分析，这主要是由于 FAA 第 10 条（a）款（2）项没有精确界定有关标准。

相反，包含在机构规则中的公正标准能否在国内法（如 FAA）下适

---

① *Astoria Medical Group v. Health Ins. Plan*, 227 N. Y. S. 2d 401 (App. Div. 1962). *See Aetna Casualty and Surety Co. v. Grabbert*, 590 A. 2d 88, 93-94 (R. I. 1991)（要求承担"善意、廉洁和公正行事的道德义务"）。

用？例如，仲裁员违反了当事人仲裁协议或可适用的机构规则的有关要求，但裁决作出后这一切才为众人所知。在这种情况下，美国法院已认定，AAA 原本可能支持对仲裁员的异议这一事实与 FAA "最低标准"的适用无关。①

（2）放弃对仲裁员偏袒的权利请求

实际上根据所有国家的法律，有关仲裁员偏袒或缺乏独立性的主张必须及时提出，否则就视为弃权。美国诸多下级法院的判决也要求：在构成上述主张之基础的事实已为当事人知晓或从情理上讲应为当事人知晓时，应及时向仲裁庭本身或向任命机构提出有关偏袒的异议。② 例如，在 *Health Services Management Corp. v. Hughes*③ 案中，法院认为，当事人未根据 AAA 规则行使对仲裁员提出异议的权利构成在裁决确认阶段对以偏袒为由提出异议的弃权。在 *American Construction Machinery & Equipment Corp. v. Mechanised Construction of Pakistan Ltd*④ 案中，法院认为，签署 ICC 审理范围书就意味着放弃了就 ICC 对仲裁员的指定提出异议的权利。在 *Garfield & Co. v. Wiest*⑤ 案中，法院认定，一方当事人虽然对仲裁员的偏袒表示质疑，但未正式提出异议，从而构成弃权。

（3）单方任命的仲裁员

如果一方当事人拒绝参加仲裁程序，某些仲裁协议允许另一方当事人指定三人仲裁庭中的所有成员或指定两名仲裁员（由这两名仲裁员再指定仲裁长）或指定独任仲裁员。本质上而言，并不存在禁止此类协议的规则。而不参加仲裁的一方当事人在此情况下就构成了对有关仲裁员异议的弃权。

---

① *Merit Ins. Co. v. Leatherby Ins. Co.*, 714 F. 2d 673, 679 (7th Cir. 1983), *cert. denied*, 464 U. S. 1009 (1983).

② *Remmey v. Paine Webber, Inc.*, 32 F. 3d 143, 146 (4th Cir. 1994)（当事人在裁决后对仲裁员的公正性提出的异议中声称之前未能发现所主张的事实，这实际上是试图保留"得到某物的第二次机会"，而这是不被允许的）; *Marino v. Writers Guild of Am.*, 992 F. 2d 1480, 1484 (9th Cir. 1993)（弃权"甚至包括诸如仲裁员偏袒这样的问题，而该问题触及了仲裁公正的核心"）。

③ 975 F. 2d 1253 (7th Cir. 1992).

④ 659 F. Supp. 426 (S. D. N. Y. 1987).

⑤ 308 F. Supp. 1107 (S. D. N. Y. 1970), *aff'd on other grounds*, 432 F. 2d 849 (2d Cir. 1970).

7. 欺诈

FAA 第 10 条（a）款（1）项允许以"欺诈"为由对仲裁裁决不予执行。这通常指蓄意欺骗仲裁庭和对方当事人。即使在国内仲裁案件中，要证明欺诈也是非常困难的。① *Bonar v. Dean Witter Reynolds, Inc.* ② 判决对 FAA 下的证明要求作了一番陈述：

> 首先，申请人必须通过清楚而令人信服的证据证明欺诈的存在。其次，欺诈必须是在仲裁前或仲裁过程中以适当的注意所不能发现的。第三，申请撤销裁决的当事人必须证明该欺诈与仲裁中的某一争议点有实质上的关系。

其他法院也接受了类似的进路。③

第 10 条（a）款（1）项的欺诈例外常常在有关声称作伪证或捏造证据的案件中被援引。"在仲裁程序中有意制造虚假的证人证言将构成欺诈。"④ 有关欺诈例外的极端案件之一是 *Bonar v. Dean Witter Reynolds, Inc.* ⑤ 案，在该案中，一位"专家证人"被认定"就他的一切资格撒谎——他在何处上学、他获得的学位以及他曾从事的职业"。一些法院还认为，扣留实质性证据也类似于提供虚假的证人证言。⑥

即使证明存在虚假的证人证言或类似情形，如果控告方"在仲裁审

---

① *See Dogherra v. Safeway Stores, Inc.*, 679 F. 2d 1293, 1297（9th Cir. 1982）（"在以欺诈为由撤销仲裁裁决上，法院必须慎重"）; *Washington-Baltimore Newspaper Guild Local 35 v. Washington Post Co.*, 442 F. 2d 1234, 1238-39（D. C. Cir. 1971）.

② 835 F. 2d 1378, 1383（11th Cir. 1988）.

③ *Foster v. Turley*, 808 F. 2d 38, 42（10th Cir. 1986）; *Dogherra v. Safeway Stores, Inc.*, 679 F. 2d 1293, 1297（9th Cir. 1982）（"欺诈必须是在仲裁前经适当的注意所不能发现的。……欺诈必须与仲裁中的某一争议点有实质上的关系……且必须通过清楚而令人信服的证据证明"）.

④ *National Oil Corp. v. Libyan Sun Oil Co.*, 733 F. Supp. 800, 814（D. Del. 1990）. *See Dogherra v. Safeway Stores, Inc.*, 679 F. 2d 1293, 1297（9th Cir.）, *cert. denied*, 459 U. S. 990（1982）.

⑤ 835 F. 2d 1378（11th Cir. 1988）.

⑥ *Biotronik etc. v. Medford Medical Instrument Co.*, 415 F. Supp. 133（D. N. J. 1976）.

理中原本有机会反驳对方当事人的主张",则裁决也不会因欺诈而被撤销。① 美国法院通常还对以仲裁中对事实的错误陈述为由声称存在欺诈的主张予以驳回。②

根据《纽约公约》欺诈是不是对执行的一种抗辩,对此并不是很明确。不过,一般而言,美国下级法院对声称公约的公共政策例外包含了欺诈抗辩的主张总是予以慎重对待。③

六、争议不能通过仲裁方式解决④

《纽约公约》第 5 条 (2) 款 (a) 项免除了各国执行公约裁决的义务,如果根据执行地国的法律"争执的事项不可以用仲裁方式解决"。如前所述,公约第 2 条 (1) 款包含了类似措辞(该条是关于仲裁协议的)。大多数权威著作认为,第 2 条 (1) 款和第 5 条 (2) 款 (a) 项的"可仲裁性问题"是"一样"的。⑤ 也就是说,如果根据第 2 条 (1) 款,某种请求由于不具有可仲裁性而不能强制对其进行仲裁,则根据第 5 条 (2) 款 (a) 项,对该请求进行处置的仲裁裁决也不具有强制执行力,除非存在弃权。

如果当事人一方参与了对有关争议的仲裁,而该争议根据第 2 条 (1) 款原本不具有可仲裁性,那么参加仲裁可能使第 5 条 (2) 款 (a) 项不能适用,因为此种参加可能构成对仲裁现有争议的同意。如前所述,在美国,在仲裁未来争议的协议下不具有可仲裁性的请求在仲裁现有争议的协议下可能受仲裁的有效支配。

---

① *Biotronik etc. v. Medford Medical Instrument Co.*, 415 F. Supp. 133, 137 (D. N. J. 1976). See also *A. G. Edwards & Sons, Inc. v. McCollough*, 967 F. 2d 1401 (9th Cir. 1992)(在地区法院的法官认定胜诉当事人向仲裁员提交两份无价值的论据构成第 10 条 (a) 款 (1) 项所谓"不正当方式"的情况下,上诉法院推翻了地区法院撤销仲裁裁决的判决).

② *Local 261 v. Great Northern Paper Co.*, 118 L. R. R. M. 2317 (D. Me. 1984); *Newark Stereotypers' Union No. 18 v. Newark Morning Ledger Co.*, 397 F. 2d 594, 600 (3d Cir.), cert. denied, 393 U. S. 954 (1968).

③ *National Oil Corp. v. Libyan Sun Oil Co.*, 733 F. Supp. 800, 813 n. 19 (D. Del. 1990); *Biotronik etc. v. Medford Medical Instrument Co.*, 415 F. Supp. 133, 137 (D. N. J. 1976).

④ See Gary B. Born, *International Commercial Arbitration: Commentary and Materials* 880, 830-31 (2d ed. 2001).

⑤ A. van den Berg, *The New York Convention of 1958* 359 (1981),转引自 Gary B. Born, *International Commercial Arbitration: Commentary and Materials* 830 (2d ed. 2001).

这里需要指出的是，"近几十年来美国最高法院的判决对不可仲裁性例外的调整已使其成为仅仅是学理上的依据"。① 事实上，一些学者甚至主张，美国法院在裁决执行阶段应完全拒绝不可仲裁性抗辩。② 因为不可仲裁性例外在这里的提出仅仅是试图就可仲裁性问题重开诉讼，而就该问题提起的诉讼应在仲裁开始前进行，当然在此种诉讼中，美国最高法院一贯对仲裁予以了支持。③

第三节　结　　论

在法院对仲裁裁决的司法审查问题上，主要应从两个方面来加以把握。一是司法审查的必要性，一是司法审查的有限性。

对仲裁裁决进行司法审查的必要性在于两种不同的公共政策之间的冲突：支持仲裁的公共政策和获得可以接受的仲裁程序的一般公共利益。例如，在仲裁员接受一方当事人行贿的情况下，执行裁决就违反了这种公共利益。

对仲裁裁决的司法审查范围必然决定了仲裁程序的功效。如果法律规定对实体问题进行广泛的审查，仲裁就会成为通向诉讼的前奏，成为非强制性的程序或仅仅是裁决将受到上诉审查的私人审判法庭。④ 相反，如果

---

① Kenneth M. Curtin, *Contractual Expansion & Limitation of Judicial Review of Arbitral Awards（Part I）*, Dispute Resolution Journal 56, 58（Nov. 2000/Jan. 2001）.

② Heather R. Evans, *The Nonarbitrability of Subject Matter Defense to Enforcement of Foreign Judicial Arbitral Awards in the United States Federal Courts*, 21 N. Y. U. J. Int'l. L. & Pol. 329, 352（1989），转引自 Kenneth M. Curtin, *Contractual Expansion & Limitation of Judicial Review of Arbitral Awards（Part I）*, Dispute Resolution Journal 56, 58（Nov. 2000/Jan. 2001）.

③ Kenneth M. Curtin, *Contractual Expansion & Limitation of Judicial Review of Arbitral Awards（Part I）*, Dispute Resolution Journal 56, 58（Nov. 2000/Jan. 2001）.

④ 对仲裁裁决进行实体审查之所以不可取还在于，作为正义表现形式之一的实体正义在一个个具体的案件中很难有一个统一的标准。由于几乎所有案件在事实和情节上都不完全相同，所涉及的法律问题也互有差异，而案件在裁判结论形成之前，多多少少都具有一定的不可预测性或不确定性，因此，要想给所有案件的裁判活动确定一个统一适用的公正结果，确实是十分困难，甚至是不现实的。特别是在国际仲裁中，如果要求对仲裁裁决进行实体审查，就必然要求各国的法官和仲裁员都要具有统一的或至少是基本一致的价值观和法律观，而这显然是不现实的。此外，对一国法官而言，为审查仲裁裁决的实体结论是否正确而去适用法律（尤其是不熟悉的外国法律）和认定事实的过程也是相当繁琐甚至困难的。

法律并未规定对仲裁裁决的司法审查,该程序就会被视为某种"低等的正义体系",在这个体系中,例如,当事人可能要受偏袒的仲裁员支配。① 因此必须在纯粹的效率与抽象的正义之间寻找一条"中间道路"。

走出上述困境的最有效的途径就是对仲裁裁决进行有限的审查并尽量避免对裁决的无益诉讼。美国法院采取的就是这样一种进路。除了对成文法和非成文法上的审查根据进行非常严格的解释外,美国法院还确立了适用于所有审查根据的一般原则。首先,裁决被推定为是有效的,证明其无效的责任由对裁决提出异议的当事人一方承担。其次,通常对认定事实或适用法律之错误或曲解不予审查。② 同样,仲裁程序不会因为适用于法院审判的证据或程序规则未获适用而被宣告无效。③ 最后,法院将适用"无害错误"(harmless error)原则来决定是否撤销裁决;换言之,仅仅在所主张的事实对质疑裁决的当事人造成损害时才予撤销。④ 总之,支持执行是美国法院处理这类问题的一般倾向。

美国法院一向认为,仲裁是一种可以接受和值得鼓励的争议解决形式。⑤ 当事人既然选择以仲裁方式解决他们之间发生的争议,法院就应该尊重当事人的这种选择。而仲裁裁决是当事人所选择和寄以信赖的仲裁员就其纷争所作的决定,当事人选择仲裁方式解决争议也就表明了其接受仲裁裁决对他的拘束,因此法院承认和执行仲裁裁决既是对当事人意思的尊重,又符合其一贯鼓励仲裁的政策。而过度的司法审查一方面违背了当事人排除法院管辖的初衷,使原本有限的司法审查变成了对仲裁的事实上的上诉审,另一方面也降低了仲裁的优越性,增加了法院的负担,与支持仲裁的政策背道而驰,其后果必将是阻碍仲裁的发展。

---

① 必要的程序监督一方面是为了确保仲裁程序具有最基本的公平性和公正性,另一方面也由于程序正义是一种"看得见的正义",具有明确、具体且可操作的道德标准,这些标准基本上得到了各国的公认,因此法院主要从程序问题上来监督仲裁既能保证监督的有效性和公正性,又能防止法官个人的任意和专断。

② 不过,该规则的一个值得注意的例外是"显然漠视法律"标准。

③ See, e.g., Bernhardt v. Polygraphic Co., 350 U.S. 198, 100 L. Ed. 199, 76 S. Ct. 273 (1956)(法院拒绝因诸如"缺乏合理的证据支持裁决"这样的异议撤销裁决)。

④ Olivier Antoine, *Judicial Review of Arbitral Awards*, Dispute Resolution Journal 23, 24-25 (Aug. 1999)。

⑤ See Georgios Zekos, *Courts' Intervention in Commercial and Maritime Arbitration under U.S. Law*, 14 J. Int'l Arb. 99, 102 (1997)。

当然，由于可以理解的原因，对败诉的一方当事人而言，有限的司法审查可能往往令其沮丧。不过正如一位学者所指出的：

> 仲裁员的任务是根据提交给仲裁庭的陈述意见和证据及通过向所有有关人员提供陈述案件的公平机会而在当事人之间实现正义。结果可能并不完全令当事人一方满意，但从当事人的观点看，或许正如 Garrison Keiller 所言，结论是："幸运不在于获得你原以为你想要的东西，而在于获得你拥有的东西，这是一种你一旦拥有它，你就会足够聪明地发现它正是在你事先了解的情况下你会想要的东西。"①

这种想要的东西是什么呢？效率、自主、确定以及仲裁所能带来的其他一切好处。

同样由于可以理解的原因，法院恐怕也常常难以抵制对仲裁裁决进行彻底审查的诱惑，不过正如 Breitel 法官在 *Granite Worsted Mills*, *Inc.* *v.* *Aaronson Cowen*, *Ltd*② 案的反对意见中所指出的：

> 当然，法院很难抵制对仲裁员进行监视的诱惑，就像一个人通常很难接受与他自己的理解体系不一致的体系。尽管如此，仲裁是一种替代争议解决方式，在很大程度上是由它自己的原则来加以支配的，它并不受证据规则、法律原则甚至解释规则的局限。……"在当事人同意仲裁的情况下，他们就是同意放弃证据规则以及对实体规则的严格适用。这可能并不总是明智的，但它属于缔约当事人的权限范围，并且正是仲裁协议的意义和本质所在。"

---

① John Beechey, *International Commercial Arbitration*：*A Process Under Review and Change*, Dispute Resolution Journal 32, 34（Aug. /Oct. 2000）.

② 25 N. Y. 2d 451（1969）. 对该案的介绍见本章第 2 节第一部分。

第九章　承认与执行仲裁裁决的特殊问题

第一节　当事人对仲裁裁决司法
审查范围的合意变更①

一、概述

（一）各国的成文法规定

一些国家的仲裁成文立法明确授权当事人可以变更通常适用的对仲裁裁决的司法审查标准。不过，上述规定大多有其特定背景，这就是这些国家往往允许当事人对仲裁裁决的实体问题向法院提出上诉。②

1. 对仲裁裁决向法院提起的上诉

尽管仲裁的"一裁终局"制度已成为仲裁的主流，然而在个别情况下仍存在对仲裁裁决提起上诉的情况。对仲裁裁决的上诉包括向第二审仲裁庭提出上诉和向法院提出上诉两种情况。向法院提出上诉又分为完全上

---

① See James B. Hamlin, *Contractual Alteration of the Scope of Judicial Review：The US Experience*, 15 J. Int'l Arb. 47（1998）; Stephen K. Huber & E. Wendy Trachte-Huber, *Top Ten Developments in Arbitration in the 1990s*, Dispute Resolution Journal 26（Nov. 2000/Jan. 2001）; Kenneth M. Curtin, *Contractual Expansion & Limitation of Judicial Review of Arbitral Awards（Part I）*, Dispute Resolution Journal 56（Nov. 2000/Jan. 2001）; Kenneth M. Curtin, *Contractual Expansion & Limitation of Judicial review of Arbitral Awards（Part II）*, Dispute Resolution Journal 74（Feb. /Apr. 2001）; Laurence Franc, *Contractual Modification of Judicial Review of Arbitral Awards：The French Position*, 10 Am. Rev. Int'l Arb. 215（1999）; Robert T. Greig and Inna Reznik, *Current developments in Enforcement of Arbitration Awards in the United States*, 68 ARBITRATION 120（2002）; Carlos J. Bianchi, *Significant recent Developments in U. S. Arbitration Law*, 19 J. Int'l Arb. 349（2002）; Olivier antoine, *Judicial Review of Arbitral Awards*, Dispute resolution Joournal 23（Aug. 1999）.

② 相关内容参见宋连斌主编：《仲裁理论与实务》，湖南大学出版社 2005 年版，第 269～272、285～287 页。

诉和不完全上诉。

（1）完全上诉（Full Appeal）

完全上诉是当事人就仲裁裁决的实体问题，不管是事实上的问题还是法律上的问题，向法院提起上诉，由法院进行全面审查，也就是二审。少数国家允许当事人提起此种完全上诉，但往往施加了严格的限制。例如，法国《新民事诉讼法典》第1482条规定，当事人可以对国内仲裁裁决向法院提起完全上诉，除非当事人在仲裁协议中放弃了他们的上诉权，或仲裁员被授权以友好仲裁员的身份行事。不过，对国际仲裁裁决则不能提起此种上诉。秘鲁的《普通仲裁法》则规定，在国内仲裁中，当事各方可约定可对仲裁裁决向法院提出上诉，除非仲裁裁决是依公允和善良原则作出的。对于国际仲裁裁决则不能向法院上诉。此外，葡萄牙、突尼斯以及加拿大适用普通法的各省（例如，安大略省）等亦有类似规定。①

通过考察这些国家或地区的规定，可发现：（1）此种上诉一般仅针对非涉外仲裁裁决，对于国际仲裁裁决则不允许提起此种上诉。（2）赋予当事人意思自治的权利，具体体现为两种形式：有的国家规定除非当事各方已放弃上诉的权利，否则可对仲裁裁决提起上诉，即当事人可以在仲裁协议中放弃上诉权；有的国家则规定须当事人同意或约定，才能对仲裁裁决提起完全上诉。（3）对当事人授权仲裁员以友好仲裁员的身份作出的裁决则不能提起上诉。

（2）就法律问题上诉（Appeal on a Question of Law）

此种上诉不是一种完全上诉，而仅限于就法律问题上诉，并仅见于普通法国家。② 例如，英国《1996年仲裁法》为在英国作出的仲裁裁决规定了可向法院提出的3种补救方法，其中之一是第69条所规定的对英国法问题的上诉。但该规定属该法的非强制性规定，当事人可约定排除上诉的权利。当事人约定仲裁裁决不附具理由的，应视为约定排除此种上诉。此外，其他普通法国家或地区如澳大利亚、百慕大、中国香港、加拿大的不列颠哥伦比亚省、亚伯达省和新加坡的立法亦有类似规定。由于所有这些国家或地区都采纳了《联合国国际贸易法委员会国际商事仲裁示范

---

① 　See Pieter Sanders, *Quo Vadis Arbitration? - Sixty Years of Arbitration Practice - A Comparative Study* 320-22（1999）.

② 　但也有少数例外。如意大利仲裁法规定：如果仲裁员未根据法律规则进行裁决，则可提起撤销之诉，除非当事人已授权仲裁员依公允和善良进行裁决或当事人已声明对仲裁裁决不可提起上诉。但该规定不适用于国际仲裁，除非当事人另有约定。

法》，而该法并未包含此种救济，因此上述法律所规定的此种司法审查仅适用于国内仲裁。①

2. 对仲裁裁决司法审查范围的合意变更

综上所述，关于当事人合意变更对仲裁裁决的司法审查范围的权利，在立法上对此作出规定的国家分为两种情况：

（1）关于当事人约定扩大对仲裁裁决司法审查范围的情形

对此种权利予以肯定的立法通常限于这种情况，即立法规定：一般情况下对仲裁裁决的司法审查不包括实体问题，如当事人约定可以就仲裁裁决的实体问题提起异议，则予准许。例如秘鲁的规定。而在立法没有规定当事人可以约定就裁决的实质问题提起上诉的情况下，有些国家的法院将认定作此约定的仲裁协议为无效。如依照法国立法，在国际仲裁领域是不能就裁决的实体问题向法院提起上诉的，其立法也未规定当事人可以约定扩大对国际仲裁裁决的司法审查范围，如果仲裁协议仍规定可向法院上诉，它将被视作是无效的。

（2）关于当事人约定缩小对仲裁裁决司法审查范围的情形

对此种权利予以肯定的立法通常限于这种情况，即法律允许对裁决的实质问题提起异议，但当事人可以在仲裁协议中放弃此种上诉权。例如英国《1996 年仲裁法》的规定。对此种权利予以否定的立法通常规定，当事人不能排除有关程序审查的理由，往往体现为不能排除申请撤销仲裁裁决的权利。例如，葡萄牙仲裁法第 28 条规定："不能排除申请撤销仲裁裁决的权利。"但也有例外，如《瑞士国际私法法规》第 192 条第（1）款规定："如果双方当事人在瑞士既无住所亦无惯常居所或营业所，则可以通过仲裁协议中的明示声明或事后达成的书面协议，排除一切撤销仲裁裁决的程序，或者将该程序限制于第 190 条第（2）款所列的一种或数种理由。"不过其适用受到严格限制：必须是国际仲裁中双方当事人在瑞士既无住所亦无惯常居所或营业所的那种情况。秘鲁《普通仲裁法》第 126 条、突尼斯《仲裁法典》第 78 条第 6 款也有类似《瑞士国际私法法规》的规定。

（二）美国的司法实践

美国的成文法并未明确授权当事人可对仲裁裁决的司法审查范围加以约定，但实践中一些当事人通过合同对通常适用的司法审查标准予以了变

---

① *See* Pieter Sanders, *Quo Vadis Arbitration? - Sixty Years of Arbitration Practice - A Comparative Study* 323 (1999).

更。美国一部分下级法院断定，根据支持仲裁的强有力的政策，应允许当事人协议扩大在 FAA 下原本具有的司法审查范围。但也有法院持相反意见。另外一些案件则暗示当事人不能限制撤销仲裁裁决的法定理由。

美国法院是否会将同样的推论适用于《纽约公约》或《巴拿马公约》尚拭目以待。这个问题主要发生在裁决于美国之外作出但需对位于美国境内的财产进行执行的情况。目前，尚未发现当事人试图扩大公约规定的拒绝执行的理由的案例。另一方面，一些案件显示公约有关执行的抗辩不能通过当事人的约定排除。

总之，在缺乏最高法院最终判决的情况下，当事人在美国进行仲裁时能否合意变更尤其是合意扩大仲裁裁决的司法审查范围存在相当大的不确定性。但另一方面，恰恰是美国下级法院对这一问题所持的不同立场及其依据，以及目前这一尚无定论的动态发展过程为我们提供了从不同角度进行思考的空间和启示，使得我们对该问题能够进行比较全面的考虑，而不致失之偏颇。

二、在 FAA 下对裁决的执行

FAA 并未明确授权当事人可以修改有关仲裁裁决的司法审查标准。该法第 9 条规定，任何一方当事人可请求法院发布命令确认裁决，"除非裁决依照本法第 10 条和第 11 条的规定而被撤销、修改或更正，法院必须发出确认的命令"。而第 10 条仅允许法院基于明确列举的 4 个理由之一撤销裁决。第 11 条则规定了对裁决予以修改或更正的 3 个理由。① 按照前述规定，法院对裁决的审查仅限于程序事项，不包括实体问题。上述规定也并未表明当事人可以更改法院行事的依据。但如前所述，实践中部分当事人通过合同对法院的审查范围予以了变更，此种变更又分为对审查范围的扩大和缩小两种情形。

（一）当事人对司法审查范围的扩大

1. 肯定立场

（1）*Fils et Câbles d'Acier de Lens v. Midland Metals Corp.* 案

遭遇这一问题的早期案例之一是 *Fils et Câbles d'Acier de Lens v. Mid-*

---

① 该条规定：根据一方当事人的请求，法院可以发布命令修改或更正仲裁裁决，如果（1）裁决中显然有数字计算的错误，或者对任何人、事或者财产的叙述有明显错误；（2）仲裁员基于并未提交的事项进行了裁决，除非该事项并不影响就提交事项所作之决定的实质；或（3）裁决在对争议实质没有影响的形式方面不完备。

land Metals Corp. ① 案。该案合同规定应提交 AAA 仲裁，同时包含了有关司法审查的一个特殊规定：

> 在当事人向法院申请确认上述裁决时，法院应有权审查（1）根据对上述仲裁程序的完整记录，仲裁员对争议事实的认定是否为实质性证据所支持，以及（2）根据上述对争议事实的认定，作为一个法律问题，裁决是否应予维持、修改或撤销。

地区法院对这一规定予以了确认并依当事人选择的更宽泛的标准而非 FAA 所规定的标准对仲裁裁决进行了审查。法院的理论基础是由于其管辖权并不取决于 FAA，因此它不受 FAA 司法审查条款的约束。尽管法院的前提是正确的，但得出的结论却似乎有问题。正如本书前面所指出的，FAA 的确未赋予美国联邦法院以事物管辖权（subject-matter jurisdiction）。除非存在联邦管辖权的某些其他基础，申请确认或撤销仲裁裁决的一方当事人必须在州法院起诉。在 *Fils et Câbles* 一案中，法院（即联邦法院）是基于当事人州籍的不同行使管辖权的。但那并不意味着法院可以置 FAA 于不顾。最高法院已清楚表明即使是在地区法院行使州籍不同案件管辖权的情况下，它也"必须适用用以调整其所处理的问题的联邦法规"。② 特别是关于 FAA，最高法院认为，法院应受其约束。③ 无论其管辖权的来源是什么，*Fils et Câbles* 一案中地区法院仍须适用国会在 FAA 中规定的标准。④

地区法院还担心，当事人或许仅仅基于这样一种假定即裁决将受到合同所规定的更严格的司法审查才同意仲裁。如果没有这一因素，在法院看来，整个仲裁条款可能就是不具有强制性的。⑤ 法院的上述担心具有一定的道理。有些当事人可能只有在确保相当严格的司法监督的条件下才愿意接受仲裁。不过，正如美国一位学者所指出的，似乎不能通过允许用当事

---

① 　584 F. Supp. 240（S. D. N. Y. 1984）.

② 　*Stewart Organization*, *Inc. v. Ricoh Corp.*, 487 U. S. 22, 27（1988）.

③ 　*Prima Paint Corp. v. Flood & Conklin Mfg. Co.*, 388 U. S. 395, 405（1967）.

④ 　佐治亚州的一家法院在适用 FAA 时遵循了 *Fils et Câbles* 判决并对这样一个仲裁协议予以了支持，该仲裁协议要求法院"在法律结论违法或对事实的认定不能为事实所支持（取决于是否存在任何适当的和实质性证据以支持前述认定）时撤销、修改或更正裁决"。*Primerica Financial Services*, *Inc. v. Wise*, 456 S. E. 2d 631, 633（Ga. Ct. App. 1995）.

⑤ 　584 F. Supp. at 244.

人的审查标准取代国会确定的标准来解决这个问题。因为在美国很久以来就确定了这样一种观点，诉讼当事人不能支配或指定法院适用的法律原则或获得的法律结论。① 没有明显的理由表明在涉及仲裁协议的情况下这一规则就不起作用。②

(2) *Gateway Technologies，Inc. v. MCI Telecommunications Corp.* 案

10 年后第 5 司法巡回区上诉法院在 *Gateway Technologies，Inc. v. MCI Telecommunications Corp.* ③ 一案中得出了与 *Fils et Câbles* 案类似的结论。在 *Gateway* 案中，当事人的合同规定："除对法律错误提起上诉外，仲裁裁决对当事人双方应系终局的和有拘束力的"。法院认为，在依 FAA 第 10 条对撤销裁决的申请作出决定时，应适用上述审查标准。④ 在获得这一结论的过程中，法院强调仲裁是一个合意而非强迫的问题，FAA 的宗旨是确保私人仲裁协议依其规定得到执行。法院因此总结，就像当事人"可以通过契约对其提交仲裁的事项予以限定一样，他们也可以通过契约对管理仲裁所应依据的规则予以确定"。⑤

美国有学者指出："第 5 巡回法院显然没有意识到当事人控制私人任命的仲裁员的行为的能力与控制国会依美国宪法创设的联邦法院作为政府的司法部门履行职责的能力之间的差异。毫无疑问，当事人可以确定仲裁员应裁决的事项、他们必须适用法律以及仲裁所依据的程序。但并不必然得出结论，当事人可以控制由法院系统所履行的政府职能。法院是国会而非当事人创设的，必须适用国会通过的法规。"⑥ 当第 5 巡回法院提出第 10 条是 "FAA 的缺省审查标准" 时或许提出了某种具有实质意义的依

---

① See *Swift & Co. v. Hocking Valley Ry.*, 243 U.S. 281 (1917)；*Compagnie de Réassurance d'Ile de France v. New England Reinsurance Corp.*, 57 F. 3d 56, 72 n. 17 (1st Cir. 1995)；*U.S. Aluminum Corp. v. Alumax, Inc.*, 831 F. 2d 878, 880 (9th Cir. 1987).

② James B. Hamlin, *Contractual Alteration of the Scope of Judicial Review: The US Experience*, 15 J. Int'l Arb. 47, 50 (1998).

③ 64 F. 3d 993 (5th Cir. 1995).

④ 适用这一标准，法院认定，仲裁员误解了弗吉尼亚州有关惩罚性损害赔偿的法律。因此，法院撤销了裁决中有关惩罚性损害赔偿的部分。

⑤ 64 F. 3d at 996, quoting *Mastrobuono v. Shearson Lehman Hutton, Inc.*, 115 S. Ct. 1212, 1216 (1995).

⑥ James B. Hamlin, *Contractual Alteration of the Scope of Judicial Review: The US Experience*, 15 J. Int'l Arb. 47, 50-51 (1998).

据。① 不过，该法规原文并无支持上述定性的规定，也无规定可以表明第 10 条仅仅在当事人没有在其合同中确立某种其他审查标准时才予适用。

（3） *Syncor International Corp. v. McLeland* 案

两年后，第 4 巡回法院在 *Syncor International Corp. v. McLeland*② 一案中遵循了 *Gateway* 一案的判决。*Syncor* 案中的仲裁条款规定，裁决可因任何适用法律之错误或法律推理之错误而被撤销或更正。法院详尽引用了第 5 巡回法院在 *Gateway* 案中的主张和理由。③ 不过，第 4 巡回法院没有提供任何它自己的法律分析，甚至似乎也未意识到它正面临一个重要的法律问题。

（4） *LaPine Technology Corp. v. Kyocera Corp.* 案

在第 9 巡回法院判决 *LaPine Technology Corp. v. Kyocera Corp.*④ 一案时，前述问题所带来的困难才变得明显起来。该案涉及一份设计、制造和销售电脑磁盘驱动器的合同。该合同包含一个仲裁条款，其部分规定如下：

> 仲裁员应颁布书面裁决，阐明裁决的根据，包括详细的事实认定及法律结论。美国加利福尼亚北部管区联邦地区法院可通过确认裁决或撤销、修改或更正裁决对任何裁决进行判决登记。在下列情况下，法院应撤销、修改或更正裁决：（ⅰ）根据《联邦仲裁法》规定的理由，（ⅱ）仲裁员对事实的认定没有实质证据支持，或者（ⅲ）仲裁员的法律结论是错误的。

在对合同争议进行仲裁后，仲裁员颁布了有利于 LaPine Technology 的裁决，随后 LaPine Technology 在地区法院申请依 FAA 确认裁决。Kyocera 则请求撤销该裁决并要求法院适用当事人在仲裁条款中确定的审查范围和标准。

地区法院对该裁决予以了确认，并断定它有义务适用国会在 FAA 第 9 条和第 10 条中所确立的有关司法审查的限制性规定。⑤ 法院指出，FAA

---

① 64 F. 3d at 997.

② 1997 U. S. App. LEXIS 21248（4th Cir. 11 August 1997），*cert. denied*，118 S. Ct. 1039（1998）.

③ 上诉法院自己进行了重新审查并认定仲裁员没有任何错误。

④ 130 F. 3d 884（9th Cir. 1997）.

⑤ *LaPine Technology Corp. v. Kyocera Corp.*，909 F. Supp. 697（N. D. Cal. 1995）.

并未授权法院仅仅因为裁决包含了法律错误或对事实的认定没有实质证据支持就撤销该裁决。法院认为，它不能适用当事人所约定的更宽泛的审查范围，因为成文法赋予法院的审判权"不能为当事人的协议所改变或变更。联邦法院的职能不能因合同当事人的一时兴起而遭到破坏以服务于私人利益"。① 法院还认定，如果它按当事人的设想进行彻底的审查，就会违反公共政策。因为此种司法审查相当于"重新进行事实认定程序，而该程序耗费了约 4 年时间，并产生了大量卷宗，包括几百份证据"，这种司法审查损害了支持仲裁的政策。②

在上诉阶段，第 9 巡回法院推翻了地区法院的判决。Fernandez 法官撰写的多数意见主要以 Gateway 案及支持仲裁的强硬联邦政策为依据并断定"FAA 的主要目的是确保依照私人仲裁协议的措辞对其予以执行。"③法院注意到当事人在确定仲裁事项和仲裁员遵循的程序方面拥有很大的自由。它认为"没有足够的理由表明与当事人乐于签订的众多其他协议相比，我们应较少重视审查条款。"法院因此指出，当当事人选择了比 FAA 规定的审查标准更严格的审查标准时，地区法院必须尊重当事人的协议并适用其选择的标准。④

Kozinski 法官同意多数意见，但他单独撰述表达了有关疑虑和担心。他认为本案是封闭型的，并指出最高法院从未认为"私人当事人可以告诉联邦法院如何行事"。最高法院只是说，当事人可以指示仲裁员应如何行事。不过，Kozinski 法官决定投票支持多数意见，因为本案的当事人选择了联邦法院所熟悉的审查标准——类似在针对行政机构的上诉中所适用

---

① 909 F. Supp. at 703.

② 909 F. Supp. at 706.

③ 130 F. 3d at 888.

④ 有学者认为，关于 Lapine 案有几个有趣的问题值得指出。首先，当事人不仅像 Gateway 一案一样约定重新审查法律结论，他们还约定以实质证据标准对仲裁员的事实认定进行司法审查。这一规定使得对仲裁裁决的司法审查成为一个更复杂的过程，并赋予法院又一个撤销裁决的理由。其次，该案当时是依 ICC 规则仲裁的，当事人在合同中同意适用第 24 条，而当时该条系有关仲裁裁决终局性和放弃司法审查的规定（现为 ICC 规则（1998 年版）第 28 条第（6）款）。既然当事人适用了国际仲裁程序，在该案中需要解决的问题就不仅仅是解释美国仲裁法。相关的最后一个问题是该案涉及一家美国公司和一家日本公司之间的货物买卖。因此，FAA 和《纽约公约》在该案中都应予适用。法院未提及《纽约公约》也许表明它并未意识到其判决对国际仲裁的影响。Robert T. Greig and Inna Reznik, *Current Developments in Enforcement of Arbitration Awards in the United States*, 68 ARBITRATION 120, 123 (2002).

的标准。因此他认为"国会没有理由反对执行此种协议"。① 无论如何，Kozinski 法官警告道，如果当事人选择了非正式的审查标准，那么他就会投反对票了。他没有详细阐述如何为上述非正式审查标准和通常审查行政行为的标准定界限。

Mayer 法官表示反对。他指出："是否仲裁，仲裁的事项，如何仲裁，以及何时仲裁是当事人可以以合同约定的内容……不过，Kyocera 没有提及有何权威根据明确允许诉讼当事人指示宪法第 3 条规定的法院应如何审查仲裁裁决。在缺乏此种根据的情况下，当事人就无权作出上述指示。"②

（5）*New England Utilities v. Hydro-Quebec* 案

另一个值得关注的案例是 *New England Utilities v. Hydro-Quebec* 案。在该案中，仲裁条款规定："除了任何一方当事人可向有合法管辖权的法院请求审查法律错误之外，仲裁员的裁决对各方当事人应系终局的和有拘束力的"。③ 波士顿的地区法院遵循了 *Gateway*，*Syncor* 和 *LaPine* 案的判决。因此它对仲裁裁决的法律错误进行了审查，结果证明这一合同解释和适用魁北克法律的过程相当艰难。法院无疑对扩大司法审查范围的合理性是有疑虑的。这种更加严格的审查范围损害了仲裁程序的效率并可能将仲裁"由商业上有用的替代争议解决方式改变为通向法院系统的过程中麻烦而累赘的一步。"④ 法院还担心决策质量的问题，在必须适用外国法的情况下尤甚。精心挑选的仲裁员通常比美国联邦法官更有能力适用外国法，后者是在案件起诉到地区法院时由秘书办公室随意挑选的。

2. 否定立场

另一方面，*Gateway* 等一系列案例并不代表美国法院的一致观点。仍有法院对此持不同看法。

（1）*Chicago Typographical Union No. 16 v. Chicago Sun-Times, Inc.* 案

---

① 有学者针对其观点指出："联邦法院可以背离国会的指示这一结论是否可基于国会不会反对此种背离的假设尚有疑问。" James B. Hamlin, *Contractual Alteration of the Scope of Judicial Review: The US Experience*, 15 J. Int'l Arb. 47, 52 (1998).

② 联邦法院的权力来自美国宪法第 3 条第 1 款，该款规定："合众国的司法权，属于最高法院和国会随时规定和设立的下级法院。"从根本上讲，第 3 条不仅规定在国会授权的情况下应提供救济，而且在国会禁止的情况下，应拒绝给予救济。*Dalton v. Specter*, 511 U. S. 462, 477 (1994).

③ 10 F. Supp. 2d 53 (D. Mass. 1998).

④ 10 F. Supp. 2d at 64, quoting *Flexible Mfg. Systems Ltd. v. Super Products Corp.*, 86 F. 3d 96, 100 (7th Cir. 1996).

在 *Chicago Typographical Union No. 16 v. Chicago Sun-Times, Inc.* ① 一案中，第 7 司法巡回区上诉法院指出：

> 当事人约定因解释劳动合同或其他合同而引起的争议应提交仲裁，就是在合同上承诺将遵守仲裁员的解释。如果当事人愿意，他们可以约定由一个上诉仲裁庭来审查仲裁员的裁决。但他们不能就该裁决的司法审查订立合同；联邦管辖权不能经由合同创设。②

严格说来，上述论断对判决而言并不必要，因为在该案中据称仲裁条款并未扩大正常的司法审查范围。因此，该声明具有宣言意味，理论上第 7 巡回审判区的地区法院不必将其视作有拘束力的先例。不过，它明显暗示了法院的态度，不会轻易受到忽视。③ 事实上，*LaPine* 案中持反对意见的法官认为它是很有说服力的。

（2）*UHC Management Co. v. Computer Sciences Corp.* 案

此外，第 8 司法巡回区上诉法院在 *UHC Management Co. v. Computer Sciences Corp.* ④ 一案中分析了这个问题。在该案中，仲裁条款规定，仲裁员应"受应予适用的法律的支配"。败诉当事人认为，这就授权法院可对法律错误重新进行司法审查。法院对当事人改变审查标准的能力表示怀疑：

> 无论如何，在国会已对此种审查应如何进行规定了明确的、自我限制的程序的情况下，当事人对于联邦法院应如何审查仲裁裁决是否有发言权尚不清楚。FAA 第 9 条规定，"除非裁决依照本编第 10 条和第 11 条的规定而被撤销、修改或更正"，联邦法院"必须颁发"确认仲裁裁决的命令。国会并未授权重新审查此种裁决的实质问题；

---

① 935 F. 2d 1501, 1505（7th Cir. 1991）.

② 波斯纳法官认为，既然法院的管辖权不能通过契约创设，当事人就不能在合同上对裁决的司法审查进行约定。此外，法院（特别是）按照 FAA 和《纽约公约》对仲裁背后的公共政策予以尊重表明了维护仲裁程序完整性的意图，因为允许当事人合意扩大司法审查而违背成文法规定的有限的审查，将贬抑商事仲裁作为 ADR 的一种有效形式的声望。See Kenneth M. Curtin, *Contractual Expansion & Limitation of Judicial Review of Arbitral Awards（Part II）*, Dispute Resolution Journal 74, 76（Feb. /Apr. 2001）.

③ *See United States v. Foxworth*, 8 F. 3d 540, 545（7th Cir. 1993）（尽管不具有拘束力，附带意见可以为随后的案件提供"指导"）.

④ 148 F. 3d 992（8th Cir. 1998）.

它要求当例外不能适用时，联邦法院除了遵守指示别无选择。①

法院考虑了 *LaPine*、*Gateway* 和 *Fils et Cables* 案的判决，但指出，"虽然存在上述案件，我们并不认为下述观点已成为必然的结论，即当事人可以有效地通过约定来迫使联邦法院抛弃 FAA 第 9、10 和 11 条的规定"。法院接着完整引用了 *Lapine* 案中的不同意见。不过，法院最后通过断定仲裁条款表述不够清楚以致未能明确当事人是否打算扩大司法审查从而回避了这一问题。因此，法院适用了通常所适用的 FAA 的审查标准。②

（3）*Bowen v. Amoco Pipeline Co.* 案

在 *Bowen v. Amoco Pipeline Co.* ③ 案中，当事人明确约定，如果并无证据支持仲裁裁决，则可就裁决向法院提起上诉。通过仔细分析，第 10 司法巡回区上诉法院认定，当事人不能合意扩大法院的审查权限。法院特别关注的是通过避免仲裁裁决受到超出成文法和（某种程度上）判例法所允许的异议来保护仲裁程序。如果允许当事人扩大审查范围并因此增加对裁决提出异议的可能性、期间和费用，就会破坏 FAA 将仲裁确立为一种迅速的和经济的诉讼替代方式的政策，这是法院所不愿看到的。

3. 总结

这样，上述案例就导致了某种不确定和混乱的状态。希望在美国仲裁并希望扩大司法审查的当事人对于此种扩大审查的协议的强制性将承担很大风险。在目前法律状态下，如果仲裁地在第 5 巡回审判区（例如，达拉斯）、第 9 巡回审判区（例如，洛杉矶）或第 4 巡回审判区（例如，里士满），扩大审查的规定就可能会获得支持，但如果仲裁地是在第 7 巡回审判区（例如，芝加哥）、第 8 巡回审判区（例如，圣路易斯）或第 10 巡回审判区（例如，丹佛），则可能不会获得支持。在其他地区仲裁结果则不可预见。直到最高法院最后着手解决这一问题，才会有真正的确定性

---

① 148 F. 3d at 997.

② 一家州法院在适用类似于 FAA 的州成文法的情况下，认定当事人不能扩大成文法所规定的司法审查的范围。*Dick v. Dick*，534 N. W. 2d 185（Mich. Ct. App. 1995）. 密歇根州最高法院后来予以认同，并认定当事人在选择替代争议解决方式时通常有权对他们所选择的任何方式进行设计，不过，当事人不能订立为公共机构指定任务的私人协议。*Brucker v. McKinlay Transport*，*Inc.*，557 N. W. 2d 536, 540（Mich. 1997）.

③ 254 F. 3d 925（10th Cir. 2001）.

或可预见性。①

（二）当事人对司法审查范围的限制

与 *Gateway* 和 *LaPine* 等案件相反，法院对当事人排除或限制司法审查的企图就不那么支持了。在这个问题上法院似乎不存在分歧。几乎每一个涉及这一问题的案件都认为，即使当事人的协议有相反的规定，也可援引和适用 FAA 有关撤销裁决的理由。

例如，在第 2 司法巡回区上诉法院审理的 *International Telepassport Corp. v. USFI, Inc.* ② 一案中，仲裁条款规定："仲裁裁决应是终局的且不能上诉。"法院认为，该规定并未排除 FAA 第 10 条规定的司法审查："作为一个法律问题，我们认为，当事人是不希望对仲裁员的裁决进行超出《联邦仲裁法》规定之外的审查。"③

第 7 巡回法院在 *Dean v. Sullivan*④ 一案中获得了类似的结论。在该案中，法院认为"终局和有拘束力的"（final and binding）仲裁并不完全排除司法审查。尽管其范围"非常狭窄"，但有限的司法审查形式还是必要的，因为它可以"防止仲裁员失控的危险"。

一家地区法院也认为，即便当事人约定裁决应系终局的、有拘束力的以及不能上诉的，根据 FAA 所进行的司法审查也是适当的：

　　仲裁协议可以界定仲裁员的权力，一些法院甚至允许仲裁协议确

---

①　Robert T. Greig 与 Inna Reznik 就曾指出："无论法学上的争论的结果如何，对当事人和律师的实用建议清楚而简单：不要同意扩大对仲裁裁决的司法审查。无论认为这样的一个条款具有什么实际好处，在目前美国法律如此不确定的状态下，在能够进行司法审查之前，很可能发生针对这类条款的强制性而提起的上诉，甚至可能一直打到美国最高法院。当然，如果你很年轻并且你的委托人同样年轻，而且他或她的主要愿望就是在最高法院判例汇编中留下大名且愿意支付你的费用，那么接受这一条款也无妨。"Robert T. Greig and Inna Reznik, *Current Developments in Enforcement of Arbitration Awards in the United States*, 68 ARBITRATION 120, 126（2002）.

②　89 F. 3d 82, 86（2d Cir. 1996）.

③　89 F. 3d at 86. 在同一家法院早些时候审理的一个案件中，仲裁条款规定，仲裁员的裁决"应是终局的"。法院仍然根据 FAA 对裁决进行了审查，指出"终局（final）"这一措辞表达了"当事人不希望仲裁所处理和解决的问题为任何法院（无论是州法院还是联邦法院）所重新审理（tried de novo）"。*I/S Stavborg v. National Metal Converters, Inc.* , 500 F. 2d 424, 427（2d Cir. 1974）. 法院没有解释它是怎样识别此种意图的。

④　118 F. 3d 1170（7th Cir. 1997）.

定审查标准。例如 *Lapine Tech. Corp. v. Kyocera Corp.* , 130 F. 3d 884 (9th Cir. 1997). 一案。不过，有关"终局的"、"有拘束力的"以及"不能上诉的"仲裁裁决的约定并不禁止基于仲裁员滥用权力或偏袒而提起的上诉，这是久已确立的观点。……应认定当事人是意图放弃他们对争议实质问题进行上诉的权利而非对因仲裁员滥用权力或偏袒而作出的仲裁裁决提起上诉的权利。因此，根据 FAA 规定的理由对仲裁员的裁决进行司法审查就是可以允许的。①

稍有不同的是，在 *Roadway Package Systems, Inc. v. Kayser*② 一案中，第 3 巡回法院在未对该问题予以解决的情况下，表达了这样一种看法，即法律的确允许当事人通过采用州法确立的审查标准来变更 FAA 所确立的标准，而州法的标准有时没有 FAA 那么严格。不过，法院接着指出，纯粹的法律选择条款不能单独被解释为构成对有关州的审查标准的接受。③在这里，*Roadway* 一案与 *UHC Management* 案一致。

在仲裁协议规定根据《国际商会仲裁规则》仲裁的情况下也出现过这个问题。该规则原第 24 条（2）款规定："当事人提交争议于国际商会仲裁，应视作……在能有效放弃的范围内放弃了提起任何形式的上诉的权利。"④ 这就可能提出，当事人同意 ICC 仲裁，就是默示同意放弃对仲裁裁决任何形式的上诉或救济，包括根据 FAA 撤销裁决的任何企图。在 *Lander Co. v. Mmp Investments, Inc.* 一案中遇到了这个问题，该案涉及对一份 ICC 裁决的执行。⑤ 法院承认甚至引用了 ICC 规则第 24 条，但接着又考虑能否根据 FAA 对裁决提出异议。尽管法院未明确提到放弃问题，但其暗示第 24 条并不阻止败诉当事人请求撤销裁决。⑥

根据前述案例，可以得出适当的结论，即 FAA 有关撤销裁决的法定

---

①　*Team Scandia, Inc. v. Greco*, 6 F. Supp. 2d 795, 798 (S. D. Ind. 1998).

②　257 F. 3d 287 (3d Cir. 2001).

③　*Roadway* at 292-6.

④　该规定被移到 ICC1998 年的新规则第 28 条（6）款，同时"上诉"（appeal）一词被换成了"救济"（recourse）。看来上述修改并不是要对该规则的实质内容作重大变更。《伦敦国际仲裁院仲裁规则》第 26 条（9）款亦作了类似规定。

⑤　107 F. 3d 476 (7th Cir.), *cert. denied*, 118 S. Ct. 55 (1997).

⑥　一家地区法院也指出，第 24 条并不限制或影响根据 FAA 可进行的司法审查。*Bay Networks Group, Inc. v. Willemijn Houdstermaatschappij*, B. V., U. S. Dist. LEXIS 14827, at＊5 n. 3 (S. D. N. Y. 22 September 1998).

理由不能为当事人的协议所限制或排除。无论合同如何规定，如果败诉当事人能够证明存在 FAA 第 10 条列举的理由之一，则他仍然可以去法院申请撤销裁决。

三、在国际公约下对裁决的执行

在很多情况下《纽约公约》和《巴拿马公约》规定了可能优于 FAA 的替代执行机制。在适用公约的情况下，根据公约执行裁决更加容易，而留给司法审查的空间则较小。《纽约公约》在美国是通过 FAA 第 201-208 条予以实施的。FAA 第 203 条将确认公约裁决的管辖权赋予了美国联邦法院。在当事人提出确认申请时，公约的实施法规并未赋予法院任意决定权，而是命令"法院应该确认裁决，除非发现有该公约列举的拒绝或延缓承认或执行裁决的理由之一"（FAA 第 207 条）。拒绝执行的理由规定在公约第 5 条，并且上述理由是排他的。法院不能创造任何新的或附加的理由以拒绝执行。①

《巴拿马公约》所规定的执行机制与《纽约公约》相似，不过较少引起争讼。《巴拿马公约》是通过 FAA 第 301-307 条予以实施的，但它通过第 302 条将实施《纽约公约》的法规中的主要操作性规定合并了进来。②两公约规定的拒绝执行裁决的理由在实质上是相同的。如果两个公约都可以适用，那么将按 FAA 第 305 条的规定对此种重叠加以解决。它规定，如果仲裁协议的大多数当事人是已加入《巴拿马公约》且为美洲国家组织成员的国家的公民，则《巴拿马公约》应予适用。否则，应当适用《纽约公约》。考虑到其相似性，很难设想会有案件仅仅因适用的公约不同而导致结局相异。③

各法院已表明，当事人不能通过协议排除适用《纽约公约》第 5 条规定

---

① See Industrial Risk Insurers v. M. A. N. Gutehoffnungshutte GmbH, 141 F. 3d 1434, 1446（11th Cir. 1998）（"公约对抗辩理由的列举是排他的"）；Yusuf Ahmed Alghanim & Sons, W. L. L. v. Toys "R" Us, Inc., 126 F. 3d 15, 20（2d Cir. 1997）（拒绝将公约解释为包含任何"暗示的拒绝确认的理由"）；M & C Corp. v. Erwin Behr GmbH, 87 F. 3d 844, 851（6th Cir. 1996）（法院无权考虑超出公约所列范围之外的任何抗辩理由）。

② 第 302 条规定："除为本章目的'公约'应指《美洲国家间公约》外，本编第 202、203、204、205 和 207 条应被视为本章之特别规定而适用于本章。"

③ See Progressive Casualty Ins. Co. v. C. A. Reaseguradora Nacional de Venezuela, 802 F. Supp. 1069, 1073-75（S. D. N. Y. 1992）（认为两公约之间的差异对案件并无实际影响），rev'd on other grounds, 991 F. 2d（2d Cir. 1993）。

的抗辩理由。无论合同是怎样规定的，仲裁的败诉方仍可以基于第 5 条规定的任何理由反对执行。在这方面，有关 FAA 和公约的案例是一致的。

　　例如，在 *Iran Aircraft Industries v. Avco Corp.* ① 一案中，仲裁胜诉方提出，不应援引公约的抗辩理由，因为当事人约定仲裁是"终局的和有拘束力的"。第 2 巡回法院没有支持这种主张，而是指出：

> "终局"和"拘束力"这样的措辞仅仅反映了不能由任何法院对仲裁已解决的问题重新审理的合同意图。……此外，我们认为，甚至一份"终局的"和"有拘束力的"仲裁裁决也要受《纽约公约》所规定的执行抗辩的支配。……因此，协议中"终局的"和"有拘束力的"这种措辞并不妨碍对《纽约公约》所规定的执行抗辩的考虑。②

　　此外，在 *M & C Corp. v. Erwin Behr GmbH*③ 案中，第 6 司法巡回区上诉法院拒绝执行在伦敦作出的一份 ICC 裁决，并指出，当事人接受包括第 24 条在内的 ICC 规则并未排除其基于《纽约公约》规定的理由反对执行。法院认为，"绝对遵守仲裁裁决终局性的原则会导致甚至在涉及欺诈、程序上的不当行为或对仲裁员施加不适当的影响的情况下仍将前述裁决与司法审查隔绝开来"。④ 据法院看来，放弃上诉仅仅反映了仲裁已解决的问题不应由法院重新审查的合同意图。公约有关执行的抗辩对不满裁决的当事人而言仍可适用。对当事人合同意图的推定看来是前述判决的惟一依据。但当事人在谈判其合同时似乎不大可能特别关注司法审查和 ICC 规则第 24 条的含义。当然，法院认为当事人并未打算完全排除司法审查很可能是正确的。不过当事人特别打算排除重新审查而允许《纽约公约》所规定的有限的审查范围则同样不大可能。更可能的情况是他们并未考虑这个问题。"*M & C* 判决更适当的根据应该是公共政策要求法院在将政府执行机制交给私人争议解决程序中的胜诉方支配之前履行至少某种最低的

---

① 　980 F. 2d 141 (2d Cir. 1992).

② 　*See also International Standard Electric Corp. v Bridas Sociedad Anonima Petrolera Industrial y Commercial*, 745 F. Supp. 172 (S. D. N. Y. 1990) （尽管争议应由 ICC 仲裁予以"终局"解决，公约抗辩仍予适用）; *Sesostris, S. A. E. v. Transportes Navales, S. A.*, 727 F. Supp. 737 (D. Mass. 1989) （根据第 5 条拒绝确认"终局"裁决）.

③ 　87 F. 3d 844 (6th Cir. 1996).

④ 　87 F. 3d at 847.

质量控制职能。"①

根据以上案例似乎可以得出结论，当事人不能排除或限制根据国际仲裁公约所进行的司法审查。至于当事人是否可以扩大司法审查目前尚不明确。事实上，尚未发现法院处理这一问题的任何案例。或许法院将仅仅遵循有关 FAA 的案例中所确立的先例。另一方面，一些迹象表明，某些法院可能会更严格地适用公约，不太能忍受通过"司法暗示"创设的新的抗辩理由。

四、分析与评价

概括美国法院的立场，首先，美国法院总体上反对当事人将司法审查缩减到小于法规和国际仲裁公约明确规定的范围。无论当事人是如何约定的，败诉方很可能仍可根据 FAA 第 10 条规定的任何理由请求撤销裁决以及根据公约规定的任何理由反对执行。其次，当事人是否可以扩大 FAA 所规定的司法审查范围尚不确定，至少目前这取决于由哪一个法院最终审理案件。最后，尚未发现当事人试图扩大公约规定的拒绝执行的理由的案例。

（一）协议缩小审查范围

如上所述，如果说美国法院对是否允许当事人扩大对仲裁裁决司法审查的范围还存在分歧的话，那么在当事人缩小司法审查范围的问题上，则普遍持否定态度。因为 FAA 和《纽约公约》等成文法所规定的对仲裁裁决提出异议的理由是一种最低保护标准，基于对当事人的保护，对社会公共利益的维护以及仲裁健康发展的需要，对上述权利的预先放弃就是不能允许的。Park 教授指出："在仲裁过程中当仲裁员漠视其职责或基本的正当程序时，仲裁地必须赋予仲裁的败诉当事人对裁决提出异议的权利，并且这是一种不可放弃的权利。"②

---

① James B. Hamlin, *Contractual Alteration of the Scope of Judicial Review: The US Experience*, 15 J. Int'l Arb. 47, 60 (1998).

② W. W. Park, *National Law and Commercial Justice: Safeguarding Procedural Integrity in International Arbitration*, 63 Tulane L. R. 647 (1989), reprinted in Craig, Park and Paulsson, *International Chamber of Commerce Arbitration* App. Ⅵ, at 89, 93 (December 1994). 而 James B. Hamlin 则指出："法院对其质量控制的职能和抑制'失控仲裁员'的能力非常谨慎。因此缔约方在进行仲裁程序时应意识到所有的仲裁裁决都可能受到司法审查，至少在 FAA 所规定的有限范围内如此。"James B. Hamlin, *Contractual Alteration of the Scope of Judicial Review: The US Experience*, 15 J. Int'l Arb. 47, 57 (1998).

（二）协议扩大审查范围

争论的焦点主要在于对当事人合意扩大司法审查范围的约定应赋予何种效力。如前所述，在这个问题上，美国下级法院存在很大分歧，远未达成一致意见。根据前面的介绍，持肯定态度的法院主要基于以下几点理由：首先，仲裁是一个合意而非强迫的问题，FAA 的宗旨是确保私人仲裁协议依其规定得到执行，当事人有权约定仲裁事项和仲裁程序，也应有权约定司法审查的标准。其次，当事人或许仅仅基于这样一种假定即裁决将受到合同所规定的更严格的司法审查才同意仲裁。如果没有这一因素，整个仲裁条款可能就是不具有强制性的。再次，FAA 第 10 条所规定的撤销裁决的理由是一种缺省审查标准，即仅仅在当事人没有在其合同中确立某种其他审查标准时才予适用。最后，带有一定程度的保留的理由是，无论是对法律结论上的错误还是事实认定上的错误的审查，都属于联邦法院所熟悉的审查标准，所以可以接受，换言之，如果当事人约定的是其他非正式的审查标准，就不能获得承认了。

反对当事人合意扩大司法审查范围的法院或法官则认为，首先，成文法赋予法院的审判权"不能为当事人的协议所改变或变更。联邦法院的职能不能因合同当事人的一时兴起而遭到破坏以服务于私人利益"。最高法院从未认为"私人当事人可以告诉联邦法院如何行事"。联邦法院的权力来自美国宪法第 3 条，从根本上讲，第 3 条不仅规定在国会授权的情况下应提供救济，而且在国会禁止的情况下，应拒绝给予救济。其次，如果法院按当事人的设想进行彻底的审查，就会违反公共政策。这种更加严格的审查范围损害了仲裁程序的效率并可能将仲裁"由商业上有用的替代争议解决方式改变为通向法院系统的过程中麻烦而累赘的一步。"最后，扩大的司法审查可能会带来决策质量的问题，特别是在适用外国法的情况下更是如此，因为精心挑选的仲裁员通常比美国联邦法官更有能力适用外国法。

有趣的是，对立的双方均将"支持仲裁"的政策作为其主张的依据，也即认为自己这一派的观点才是对"支持仲裁"政策的真正贯彻。

学者们对这一问题同样存在不同主张。他们在法院判决意见的基础上，进一步探讨了各自主张的根据。

支持赋予当事人协议扩大审查范围之权利的学者认为，尽管反对者声称根据上述审查，当事人几乎可以重新向法官提起案件，所以仲裁将变得缺乏效率、更加昂贵而且不再具有保密性，但反过来看，在合同中规定扩大司法审查的条款可以对仲裁员和当事人施加更大的责任，以至于他们可能更乐意参加仲裁，因为这样他们就不会受到不属于 FAA 所规定的失当行为标准范畴的仲裁错误的困扰。这就回答了成本和效率的问题。至于保密性，似乎当事人仍然有权不对裁决提出异议，从而维持争议的保密性。① 此外，根据最高法院的解释，FAA 的首要目标是根据当事人的措辞执行其协议，而对争议的迅速解决则是第二位的。② 支持者还指出，如果法院有权因"显然漠视法律"而对仲裁裁决进行审查，那么就没有理由认为（在当事人同意的情况下）法院以裁决包含法律错误为由对其进行审查是不适当的。③ 他们认为，关于合意审查标准的判例的发展，可能仅仅代表了这样一种观念，即我们所需要的不再是作为一种统一的和一成不变的制度的仲裁以及其他替代争议解决机制。对这种制度予以特殊化适应了其使用者是利益各异的不同当事人这一事实。④

这里值得一提的是得克萨斯大学法学院教授 Alan Scott Rau 为扩大司法审查的判决所进行的辩护。⑤ 他认为，既然 FAA 规定的是缺省（default）规则，那么当事人就可以通过明确的协议修改这些规则。⑥ "我认为，如果仲裁涉及任何'公共政策'，那么它应体现为在当事人希望利用仲裁的情况下为当事人提供'迅速的、非正式的和相对低廉的'争议解决程序……而不在于违背当事人的愿望把有关仲裁的特定形象强加给他们。"⑦ Rau 教授还拿其他类型的协议进行了类比，这些协议并未引起人

① Olivier Antoine, *Judicial Review of Arbitral Awards*, Dispute Resolution Journal 23, 29 (Aug. 1999).

② *Volt Information Sciences, Inc. v. Board of Trustees of Leland Stanford Junior University*, 489 U. S. 468, 478 (1989); *Dean Witter Reynolds, Inc. v. Byrd*, 470 U. S. 213, 218-221 (1985).

③ Carlos J. Bianchi, *Significant Recent Developments in U. S. Arbitration Law*, 19 J. Int'l Arb. 349, 357 (2002).

④ Olivier Antoine, *Judicial Review of Arbitral Awards*, Dispute Resolution Journal 23, 30 (Aug. 1999).

⑤ Alan Scott Rau, *Contracting Out of the Arbitration Act*, 8 Am. Rev. Int'l Arb. 225, 228-30 (1997).

⑥ See Alan Scott Rau, *Contracting Out of the Arbitration Act*, 8 Am. Rev. Int'l Arb. 231, 236 (1997) (引用了 *First Options of Chicago*, 514 U. S. 938 (1995) 案).

⑦ Alan Scott Rau, *Contracting Out of the Arbitration Act*, 8 Am. Rev. Int'l Arb. 240 (1997); *see also* Alan Scott Rau, *Contracting Out of the Arbitration Act*, 8 Am. Rev. Int'l Arb. 245 (1997) ("最高法院经常提醒我们效率并非仲裁的最终价值：在最高法院看来，FAA 的首要目标不是促进对争议的迅速解决，而是严格的执行仲裁协议——即使这样确实妨碍我们对迅速而富有效率的决策的追求。").

们的争议，但事实上与扩大司法审查的协议很相似。① Rau 承认 *Lapine* 案比 *Gateway* 案更困难，因为地区法院还负有根据实质证据标准审查仲裁员对事实的认定的艰难任务。但他指出，地区法院在行政法案件中已习惯于适用此种标准，而且上述审查仍然比法院在当事人决定完全放弃仲裁的情况下所需要做的要轻松。不过，Rau 确也承认，当事人不能创设异常的审查标准，例如，试图完全绕过地区法院或赋予上诉法院比普通案件更彻底的审查。②

反对当事人合意扩大司法审查范围的学者则同样提出了一系列具有说服力的依据以支持其主张。首先，如果当事人可以要求地区法院审查仲裁员对事实的认定和所作的法律结论，那么对此种审查条款的广泛接受则显然会增加地区法院的工作量。这就违反了通常所称的仲裁的一个主要优点——减轻法院负担。更严重的是司法审查的时间控制。FAA 规定了对仲裁裁决的快速而扼要的审查。"FAA 及其他现代仲裁法规所确立的效率化程序"的基本原则要求此种审查非常有限。FAA 规定，依 FAA 提出的"任何申请（application）都应按法律规定的提出和审理动议（motions）的方式提出和审理……"而对动议的审理是比较迅速的。③ 此外，拒绝执行扩大司法审查的协议也并非不尊重当事人意思自治。因为就司法审查进行约定是非常特别的，不同于对适用于仲裁程序的法律的约定或对进行仲裁应采取的方式的约定。其特殊性在于它在裁决作出后对法院的权力施加了影响。此种司法审查是在法院几乎不予干涉的仲裁程序结束后并且一方当事人不自动履行裁决的情况下才会发生。因此，就仲裁的这一部分进行约定就不再是就仲裁本身进行约定，而是试图将当事人的自由扩大到仲裁程序自身之外而及于司法程序。司法审查协议的上述特殊性解释了为何必须在广泛接受的当事人意思自治观念与将此种自由扩大到前述协议之间划出一条分界线。而且，扩大司法审查范围的约定不可避免的将导致一个司

---

① 例如，如果当事人为了达成和解而同意进行仅导致咨询意见的无拘束力的仲裁而和解又失败了，那么他们可以以通常的方式诉诸法院吗？或者如果当事人将仲裁用作就事实问题取得一致意见的方式而后将上述事实提交法院以对法律问题作出司法决定，那又如何？*See* Alan Scott Rau, *Contracting Out of the Arbitration Act*, 8 Am. Rev. Int'l Arb. 245-46（1997）.

② *See* Alan Scott Rau, *Contracting Out of the Arbitration Act*, 8 Am. Rev. Int'l Arb. 248-252（1997）.

③ Stephen K. Huber & E. Wendy Trachte-Huber, *Top Ten Developments in Arbitration in the 1990s*, Dispute Resolution Journal 26, 34-35（Nov. 2000/Jan. 2001）.

法体系对另一个必然不同的体系进行裁判。① 人们可能会质疑前述结果的合理性，特别是在仲裁员适用的不是法院地法的情况下更是如此。在国际或州际仲裁中，上述法律错误条款就可能导致尴尬的结果。② 同时，当事人也无权通过合同授予法院与仲裁裁决有关的扩大的事物管辖权。至于 FAA 第 10 条的性质，并无规定可以表明第 10 条提供的是一种缺省标准。③ 最后，如果由于扩大司法审查而使国际仲裁裁决因法律或事实错误被撤销，就会增加产生类似 Chromalloy 案那样的问题的可能性。④ 不难设想，在美国因所谓的法律或事实错误而被撤销的裁决很可能会根据《纽约公约》在法国（或欧洲其他国家）获得执行，这就会导致判决的国际冲突。⑤

那么究竟应如何看待这一问题？事实上，在当事人合意扩大对仲裁裁决的司法审查范围上的争论突出体现了不同法院和学者对如何认识契约自由原则与支持仲裁政策之间关系的不同立场。前文曾经提到，前述两者之间的关系贯穿仲裁制度的各个方面，构成其发展的基础，美国法院有关仲裁问题的判决也主要是围绕这二者之间的关系展开的。一般而言，二者是统一的，充分尊重当事人的意思往往能够最大限度的发挥仲裁的优越性，从而贯彻支持仲裁的联邦政策。因为实现效益最大化常常也是当事人所追求的目标。所以美国法院特别强调仲裁中的契约自由，要求尊重当事人的

---

① See *City of Parkersburg*, *W. Va. v. Turner Const. Co.*, 612 F. 2d 155, 314 (4th Cir. 1980).

② Olivier Antoine, *Judicial Review of Arbitral Awards*, Dispute Resolution Journal 23, 29-30 (Aug. 1999).

③ 如果 FAA 有关司法审查的规定仅仅是缺省规定，那么根据对称性原理和支持仲裁的公共政策，契约自由也应允许当事人合意缩小司法审查。但尚无法院接受上述做法。似乎合理的替换是将 FAA 视作确立了必需的司法审查的最低标准，但不禁止当事人约定更严格的审查。此种不对称对立法机关而言是可以采取的一种合理做法，但对法院而言则无理由断言国会有此意图。Stephen K. Huber & E. Wendy Trachte-Huber, *Top Ten Developments in Arbitration in the 1990s*, Dispute Resolution Journal 26, 35 (Nov. 2000/Jan. 2001).

④ 在 *Chromalloy Gas Turbine Corp. v. Arab. Republic of Egypt*, 939 F. Supp. 907 (D. D. C. 1996). 案中，哥伦比亚特区联邦地区法院对一份在埃及作出的不利于阿拉伯埃及共和国的仲裁裁决予以了承认——尽管埃及法院已以仲裁庭应当适用埃及行政法而非埃及民法为由撤销了该裁决。对 *Chromalloy* 案的介绍和讨论见本章第 2 节。

⑤ See James B. Hamlin, *Contractual Alteration of the Scope of Judicial Review: The US Experience*, 15 J. Int'l Arb. 47, 55 (1998).

合同安排。但二者之间也可能存在矛盾，个人的意思有时未必符合效益原则和社会的整体利益，此时应如何抉择？对此很难立刻给出一个答案。在这个问题上，透过一系列判例，我们可以看到，美国法院，包括最高法院，也有犹疑、摇摆和不确定，毕竟这一抉择和取舍的过程并非那么容易。而当事人协议扩大对仲裁裁决的司法审查范围这一问题可以说是上述二者矛盾关系的最好写照。

对当事人扩大司法审查的合同安排予以支持的法官和学者认为，FAA 的首要目标是确保对当事人签订的协议的执行，而非实现和促进仲裁的优势；支持仲裁的本质是尊重当事人的意思，所以承认当事人的上述约定就是对支持仲裁政策的真正贯彻。而反对者则认为，扩大后的司法审查会破坏仲裁作为一种替代争议解决方法的种种优点，仲裁的目的将无法得到实现，毫无疑问，这是对支持仲裁政策的违背："在允许扩大司法审查问题上严格固守契约自由的观念也许仅仅是重演 FAA 试图纠正的曾经存在的对仲裁的司法敌意。"①

在这一问题上，应该说，笔者更赞同后者的观点。合意扩大的支持者实际上主张自由的目的就是自由本身，将契约自由原则看成了一种先验的、毋庸置疑的标准和概念，这不免有法律形式主义之嫌，这种形式主义反过来也会损害契约自由本身甚至损害当事人的利益。仲裁是适应当事人追求更快速和简易的争议解决方式的要求而产生和发展起来的，在这一过程中由于它一方面满足了当事人的需要，另一方面促进了社会整体效益并减轻了法院负担，因而获得了国家的认同和支持。这种支持不仅在立法中得到充分体现（如 FAA 和《纽约公约》），也构成包括美国法院在内的各国司法机关的一贯立场。这种支持的一个重要表现就是国际公约、大多数国家的国内立法和司法实践均将仲裁裁决司法审查的范围主要限于程序性事项，原则上不要求对仲裁裁决的实体内容进行监督。因为各国认识到，对仲裁裁决进行实体审查既违背了当事人排除法院管辖的初衷，又降低了仲裁的优越性，与支持仲裁的政策背道而驰。如果承认当事人扩大审查范围的约定的法律效力，可以想见，败诉的一方当事人往往总会行使相关权利，无论他自己是否真的相信裁决在认定事实或适用法律上存在问题。这

---

① Kenneth M. Curtin, *Contractual Expansion & Limitation of Judicial Review of Arbitral Awards (Part II)*, Dispute Resolution Journal 74, 80 (Feb. /Apr. 2001).

样必然破坏有关立法使仲裁效率化和增强仲裁裁决终局性的意图,① 既不符合发挥仲裁优越性的需要，不符合成本效益分析，又将加重法院的负担，并且最终还会损害当事人的利益，因为它不但可能在实际中增加费用和导致拖延，还会阻碍仲裁员形成富有创造性的但却可能不具有严格的法律根据的解决方案，使仲裁员从商业立场转向律师的立场。② 这无疑不仅破坏了仲裁的目的，也违背了当事人利用仲裁的初衷，其结果"与我们所认识的仲裁的本质完全不相符合"。③ 如前所述，在仲裁程序中之所以强调契约自由，是因为充分尊重当事人意愿往往能够最大限度地发挥仲裁的优越性。当结果与此相反并可能损害当事人利益时，过分坚持形式上的契约自由就不是明智的选择。④

此外，虽然美国最高法院承认当事人拥有更改仲裁范围和仲裁程序的自由，但前述自由显然并不等同于更改诸如对仲裁裁决的司法执行这样的

---

① See Robert T. Greig and Inna Reznik, *Current Developments in Enforcement of Arbitration Awards in the United States*, 68 ARBITRATION 120, 124 (2002) ("我认为美国大多数律师都会承认，扩大的司法审查将损害仲裁的大部分宗旨，包括终局性和低廉的费用。").

② See Hans Smit, *contractual Modification of the Scope of Judicial Review of Arbitral Awards*, 8 Am. Rev. Int'l Arb. 147 (1997); Stanley McDermott III, *Expanded Judicial Review of Arbitration Awards is a Mixed Blessing that Raises Serious Questions*, 5 No. 1 Disp. Resol. Mag. 18, 21 (Fall 1998).

③ Hans Smit, *Contractual Modification of the Scope of Judicial Review of Arbitral Awards*, 8 Am. Rev. Int'l Arb. 147 (1997).

④ 当然，从法理上讲，当事人也无权通过扩大司法审查来为美国法院创设管辖权。尽管当事人拥有构建其仲裁的自由，但除非成文法有明文规定，否则当事人并不具有更改司法程序的权力。正如有法院和学者已经指出的，法院的管辖权是由立法加以界定的，而不能由当事人予以变更。在缺乏成文法授权的情况下，当事人行使上述权力就缺乏法律依据。换言之，当事人扩大审查的合同约定欠缺合法性。对此就是合意扩大的支持者也没有从根本上给予反驳，只是试图将 FAA 第 10 条解释为缺省规则。

不过笔者之所以反对承认当事人对司法审查范围的合意扩大，最主要的根据并非上述法律理由，虽然作为法官可能首先要考虑的正是法律上的依据，但毕竟美国法院对 FAA 的解释早已远远超出了该成文法原有的规定，美国的商事仲裁制度也正是在法院适应现实需要，不断对成文立法进行解释和补充的过程当中发展起来的。此外，如前所述，如将 FAA 第 10 条规定的撤销裁决的理由视为一种缺省标准，在一定程度上似乎也能回应上述质疑。因此，笔者的观点是，是否赋予当事人扩大司法审查范围的权利，更应从政策上进行考量。

实质问题的自由。事实上，第 5 和第 9 巡回法院在 *Gateway* 和 *LaPine* 案中所依据的美国最高法院的几份判决均是关于支持当事人选择仲裁程序规则的判决，而上述两案涉及的却是对相应裁决的司法执行。第 5 和第 9 巡回法院都未意识到程序方面的契约自由与实体方面的契约自由之间的差异。当事人对仲裁程序享有极大的自主权，但并不必然有权就裁决或仲裁协议的实体执行缔约。① 最高法院对 *Volt Information Sciences*，*Inc. v. Board of Trustees*② 案的判决重申的也是当事人享有对仲裁程序规则缔结合同的权利，而不是指示法院应如何行事的权利。当然究其实质，仍然是因为前者不会妨碍 FAA 的政策，而允许当事人就实质执行缔结合同将会危及仲裁程序的完整性并妨碍作为 ADR 的一种方式的仲裁的有效性，从而对 FAA 的政策造成损害。当仲裁具有国际因素时，上述担忧尤甚。③

　　所以需要指出的是，尤其不应允许当事人对《纽约公约》等国际仲裁公约下的司法审查标准予以扩大。④ 按照部分学者的观点，在国际背景下，仲裁更是一种优先选择的争议解决方式，而不仅仅是一种替代方式，因为一方当事人往往不愿到对方当事人所在国家的国内法院进行诉讼。⑤ 因此，特别不能允许当事人通过合同破坏国际仲裁体系。而且，根据美国最高法院的解释，《纽约公约》的目标是"统一在缔约国内遵守仲裁协议和执行仲裁裁决的标准，"⑥ 而 FAA 首要关注的是确保仲裁协议的执行。⑦ 由于上述不同目标，即使有人将 FAA 解释成允许对仲裁裁决的司法审查予以合意扩大，仍应将《纽约公约》解释为禁止此种扩大。正如一位法律实务专家所指出的："在国际仲裁中，统一、确定和可预见的目

---

① Kenneth M. Curtin, *Contractual Expansion & Limitation of Judicial Review of Arbitral Awards* (*Part II*), Dispute Resolution Journal 74, 78 (Feb. /Apr. 2001).

② 489 U. S. 468 (1989). 详见本书第 3 章第 1 节之五。

③ *See* Kenneth M. Curtin, *Contractual Expansion & Limitation of Judicial Review of Arbitral Awards* (*Part II*), Dispute Resolution Journal 74, 79 (Feb. /Apr. 2001).

④ *See* Robert T. Greig and Inna Reznik, *Current Developments in Enforcement of Arbitration Awards in the United States*, 68 ARBITRATION 120, 126 (2002).

⑤ *See* Thomas J. Brewer, *Challenging Awards Is No Simple Task*, Nat'l L. J., Oct. 29, 2001, at B13.

⑥ *Scherk v. Alberto-Culver Co.*, 417 U. S. 506, 520 n. 15 (1974); *see also* Thomas J. Brewer, *Challenging Awards Is No Simple Task*, Nat'l L. J., Oct. 29, 2001, at B22 (阐明《纽约公约》的目标是"提供在缔约国内对仲裁裁决的富有效率和可靠的国际执行"）。

⑦ *Dean Witter Reynolds Inc. v. Byrd*, 470 U. S. 213 (1985).

标应比合同自由更重要，否则就会危害对国际仲裁的运用。"①

综上所述，允许当事人合意扩大司法审查虽可扩大当事人的契约自由，但也会危及 FAA 和《纽约公约》确保仲裁裁决执行过程中的确定性和可预见性的目标，并妨碍当事人签订仲裁协议的一个主要目的，即避免司法程序以及在国际争议中避免接受对方当事人所在国家法院的管辖。

当然，这里还有一个问题需要解决。一些法院和学者担心，如果对有关扩大审查的约定不予承认，就会提出什么样的补救措施才是适当的这样一个问题。对此，一方面，许多合同含有关于分割问题的条款，该条款规定，即使合同中的某一条款被认定为不能执行，合同的其余部分仍应依照其规定予以执行。法院可以根据该条款在排除扩大审查的规定后对仲裁协议的其余部分予以执行进而按照正常标准对仲裁裁决进行审查。另一方面，败诉当事人也可能会提出，扩大司法审查是当事人仲裁计划的重要特征，否则他就不会同意仲裁，而排除有关司法审查的约定损害了他的同意。如果法院确实认定该方当事人在此情况下不会同意仲裁，则很可能无法避免这样一种结果，即除了撤销仲裁裁决外别无选择。② 虽然这是最不幸的一种后果，但它反过来也提醒当事人及其律师应尽量避免在合同中约定上述扩大司法审查的条款，否则将承担因此导致的不利后果。如果当事人更看重的是法院系统所提供的完整的司法保护和严格的程序规定，那么就放弃仲裁，选择诉讼。关键是当事人（在律师的协助下）应认真权衡并自问：我需要的究竟是什么。事实上，承认扩大司法审查的条款的效力反倒很可能会引起某种负面效应，即该条款很容易成为标准条款，因为未规定此种审查条款的律师将面临来自仲裁败诉当事人的质问。③

最后，尽管美国最高法院的最终判决有助于澄清问题并促进统一性，但如前所述，要回答上述问题并不容易，对于一个争议如此之大的问题，与其在时机尚未成熟以前贸然作出决定，不如暂时搁置，等待实践发展到一定阶段后再适时予以解决，这大概是美国最高法院在这一问题上一直保

---

① Kenneth M. Curtin, *Contractual Expansion & Limitation of Judicial Review of Arbitral Awards (Part II)*, Disp. Resol. J. 81 (Feb./Apr. 2001).

② See *MCI Telecommunications Corp. v. Exalon Industries, Inc.*, 138 F. 3d 426, 428-29 (1st Cir. 1998)（如果当事人未同意仲裁，则不能根据 FAA 确认裁决）. See James B. Hamlin, *Contractual Alteration of the Scope of Judicial Review: The US Experience*, 15 J. Int'l Arb. 47, 54-55 (1998).

③ Stephen K. Huber & E. Wendy Trachte-Huber, *Top Ten Developments in Arbitration in the 1990s*, Dispute Resolution Journal 26, 35 (Nov. 2000/Jan. 2001).

持沉默的一个主要原因吧。

第二节　已撤销的国际商事仲裁裁决的承认与执行①

如果国际仲裁裁决被撤销，无论在理论还是实践层面都会面临这样一个问题：撤销该裁决的国内法院判决的后果如何以及该裁决本身的持续法律效力如何。尤其可能需要回答：外国法院是否必须承认撤销裁决的判决或被撤销的裁决？或者外国法院是否可以承认上述判决或裁决？

在 *Chromalloy Gas Turbine Corp. v. Arab. Republic of Egypt*② 案中，哥伦比亚特区联邦地区法院对一份在埃及作出的不利于阿拉伯埃及共和国的仲裁裁决予以了承认——尽管埃及法院已撤销了该裁决。正如 Gary B. Born 所言："虽然美国法院的分析并不见得非常充分，但其得出的结论可能是正确的。至少，该判决显示了在国际仲裁裁决为国内法院所撤销时可能产生的一些问题。"

一、*Chromalloy Gas Turbine Corp. v. Arab. Republic of Egypt* 案③介绍

1988 年 6 月 16 日，美国公司 Chromalloy Aeroservices, Inc. （CAS）与埃及签订合同，由 CAS 向埃及空军提供直升机零部件、维修保养服务。双方当事人在合同中约定，当事人之间因合同引起的所有争议应提交仲裁解决，仲裁地在开罗，适用的法律为埃及法律。1991 年 12 月，埃及通知 CAS 终止合同，CAS 表示反对，并根据合同中的仲裁条款申请仲裁。1994 年 8 月 24 日，仲裁庭作出了有利于申请人 CAS 的裁决。1994 年 10 月 28 日，CAS 向哥伦比亚地区法院申请执行该裁决。1994 年 11 月 13 日，埃及政府向埃及上诉法院提出上诉，申请撤销该裁决。1995 年 12 月 5 日，开罗上诉法院以仲裁庭应当适用埃及行政法而非埃及民法为由撤销了该裁决。埃及政府提出，哥伦比亚地区法院应拒绝 CAS 承认和执行仲裁裁决的申请以尊重埃及法院的判决。CAS 则主张，哥伦比亚地区法院应确认该裁决，因为埃及政府"没有提供任何重要的理由证明其法院有关撤销的

---

①　See Gary B. Born, *International Commercial Arbitration：Commentary and Materials* 769-77 （2d ed. 2001）.

②　939 F. Supp. 907 （D. D. C. 1996）.

③　See Gary B. Born, *International Commercial Arbitration：Commentary and Materials* 769-74 （2d ed. 2001）.

判决与《纽约公约》或美国仲裁法相一致"。哥伦比亚地区法院首先指出，该案是一个"无先例可循的案件"（case of first impression）。综合各方面的考虑，它满足了 CAS 承认和执行仲裁裁决的申请，拒绝了埃及政府的请求，"因为该仲裁裁决是有效的，还因为埃及政府反对执行的理由不足以允许本法院对裁决进行干预"。其判决的具体内容如下：

法院首先分析指出，CAS 的申请符合 FAA 第 207 条的时效要求，并满足《纽约公约》第 4 条规定的证明方面的要求。"CAS 适当的向本法院提出了申请。"

其次，法院对《纽约公约》第 5 条的措辞进行了分析。根据公约，如果埃及政府向法院提供"证据证明……裁决……已被裁决作出地国或裁决所依据法律的国家的主管机关撤销……"，才"可以拒绝承认和执行裁决"。"因此，[本]法院可以根据自己的裁量权拒绝执行该裁决。"

接着，法院着重讨论了《纽约公约》第 7 条的规定。法院指出：

> 尽管第 5 条规定的是一种任意标准，但公约第 7 条却要求，"本公约的规定不……剥夺任何利害关系人在被请求承认或执行裁决之国家的法律……所许可的方式和范围内，援用该仲裁裁决的任何权利。"换言之，根据公约，CAS 拥有在公约不存在的情况下原本拥有的执行该仲裁裁决的一切权利。因此，法院发现，如果公约并不存在，[FAA]允许 CAS 提出执行上述仲裁裁决的合法请求。
>
> 根据美国的法律，仲裁裁决被推定为具有拘束力，只有在[FAA 第 10 条规定的]非常有限的情况下才能被法院予以撤销。……[此外，]如果仲裁裁决的作出"'显然漠视'法律"，该裁决也将被撤销。"如果仲裁员理解并正确陈述了法律却仍不顾该法律而行事，则可认为存在对法律的显然漠视。"
>
> ……
>
> [本案仲裁裁决]最多构成法律上的错误，因此不受法院的审查。

之后，地区法院对埃及法院的判决是否应作为一个有效的外国判决而予以承认进行了分析。地区法院引用了最高法院在 *Scherk v. Alberto-Culver Co.* ① 案中对《纽约公约》目的的评价，指出上述评价对本案具有同样的

---

① 关于该案介绍，请参见本书第 4 章第 2 节之一。

说服力，在这里埃及政府也是试图违反其所作的遵守仲裁结果的神圣承诺。

　　　　埃及政府与 CAS 之间的仲裁协议排除了向埃及法院的上诉。……支持通过终局的和有拘束力的仲裁解决商事争议的美国公共政策非常清楚，且为条约、法规和判例法所支持。[FAA]"和同年以《联邦仲裁法》修正案的形式通过的对公约的实施立法"表明存在"支持争议的仲裁解决的强有力的联邦政策"，特别是"在国际商事领域"。本法院若承认埃及法院的判决，将违反美国的上述公共政策。

　　针对埃及政府主张 CAS 因选择埃及法和选择开罗作为仲裁地而放弃了它在公约和美国法下的权利，地区法院指出上述主张是不能接受的。当 CAS 同意法律选择和审判地选择条款时，它仅仅是放弃了对埃及政府违反合同的行为向美国法院起诉的权利，从而确保根据公约对上述争议进行终局的和有拘束力的仲裁。在选定的审判地根据选定的法律胜诉后，CAS 向本法院申请承认和执行该裁决。公约正是为此目的而制定的。声称 CAS 依公约选择仲裁就是放弃了公约所明确保证的权利是站不住脚的。

　　最后，埃及政府宣称，"Chromalloy 通过援引公约第 7 条以适用 FAA 的做法与公约明确的措辞相矛盾，并导致 FAA 第 208 条下所不允许的冲突"，因为这样做排除了公约第 5 条的所有因素。不过，正如地区法院已解释的那样，公约第 5 条规定的是一种自由标准，根据该标准，"本法院可以拒绝执行裁决。另一方面，第 7 条则要求本法院必须考虑 CAS 根据可适用的美国法提出的请求。第 7 条并没有排除第 5 条的所有因素；它仅仅要求本法院保护 CAS 根据美国的内国法所享有的任何权利。CAS 为适用 FAA 而援引第 7 条并未与公约的措辞相冲突。"

二、分析

Chromalloy 案判决作出后，在国内外引发了激烈的讨论。支持者对哥伦比亚地区法院的做法大加赞赏并为其寻找进一步的根据，反对者则对其发起了猛烈抨击。

　　此案之所以成为关注和争论的焦点，毫无疑问，是因为按照普遍观点和实践，如果仲裁裁决被裁决地国法院撤销，该裁决就丧失了其所具有的法律效力，以后也不能再获得其他法院包括外国法院的承认与执行。《纽约公约》规定的执行例外中，也将裁决已被撤销作为被申请执行地国可以援引的拒绝执行的理由之一。而在 Chromalloy 案中美国法院却颠覆了前述固有观念和通常做法，自然会带来一定震荡。①

　　考察哥伦比亚地区法院的上述判决，可以发现其主要依据是《纽约公约》第 7 条的"更优惠权利条款"（the more favorable-right provision）。该条规定如下："1. 本公约的规定不影响缔约国订立的有关承认和执行仲裁裁决的多边或双边协定的效力，也不剥夺任何利害关系人在被请求承认或执行裁决之国家的法律或条约所许可的方式和范围内，援用该仲裁裁决的任何权利。2. ……"据此，如果作为承认或执行国的美国的国内法（如 FAA）比公约本身更有利于对外国仲裁裁决的承认和执行，则可优先适用 FAA。也就是说，在本案中，Chromalloy 享有在美国法下原本拥有的执行裁决的一切权利。② 而 FAA 并未规定仲裁裁决被其本国撤销，则不得予以承认与执行，所以法院可以满足 Chromalloy 根据 FAA 提出的执行裁决的合法请求。应该说，上述推论无论从法律依据，还是逻辑推理的角度都是言之成理的。公约第 7 条的规定确实为这类判决提供了比较有力的支持，对此即便是反对此类判决的学者也很难予以反驳，事实上，就现有的资料来看，反对者们一般都避开了对第 7 条的分析论证。但无论如何，至少公约第 7 条在各缔约国的适用曾经一直是很平静的，直到近几年法国和美国根据第 7 条承认和执行了已被裁决作出国法院撤销的仲裁裁决，特别是 Chromalloy 判决后才在国际范围内引起广泛关注。③ 这一事实本身值得我们加以重视和思考。

　　其次，哥伦比亚地区法院还提到了公约第 5 条的措辞。这也是很多赞成 Chromalloy 判决的学者常常列举的一个根据。《纽约公约》第 5 条规定："1. 被请求承认和执行裁决的主管机关只有在作为裁决执行对象的当事人提出有关下列情况的证明的时候，才可以（may）根据该当事人的请

---

①　事实上，在此之前，已有其他一些国家承认和执行了已撤销的外国仲裁裁决。特别是法国，不但在立法上未将外国仲裁裁决被撤销作为不予执行的事由，且在司法实践中，其法院已多次承认并执行了已被外国法院撤销的仲裁裁决，包括此处讨论的 Chromalloy 案中的同一份仲裁裁决。参见赵健：《国际商事仲裁的司法监督》，法律出版社 2000 年版，第 250~254 页。

②　Pedro Menocal, *We'll Do It for You Any Time: Recognition and Enforcement of Foreign Arbitral Awards and Contracts in the United States*, 11 St. Thomas L. Rev. 317, 326-27 (Spring, 1999).

③　参见费佳：《〈纽约公约〉关键条文剖析（下）》，载《仲裁与法律》，2000 年 8 月，第 35 页。

求，拒绝承认和执行该项裁决：……（e）……裁决已经由裁决作出地国
或裁决所依据法律的国家的主管机关撤销……可见，对仲裁地国或裁决所
依据法律国家的法院撤销了的仲裁裁决，能否承认与执行，承认及执行地
法院拥有自由裁量权。① 但这里有一个问题，也是反对派常常据以攻击上
述主张的一个理由，即公约第 5 条（1）款的英文本和法文本有所不同。
认为公约禁止对已撤销的仲裁裁决予以承认的主张将公约的法文本作为根
据之一，称其表明如果可以适用第 5 条（1）款的例外之一，则必须拒绝
承认裁决。法文本的规定若译成英文，就是 "不得拒绝承认和执行裁决
……除非"（recognition and enforcement of the award will not be refused...
unless）。两种文本具有同等效力。② 也因为对该条措辞有不同的表述和理
解，我们可以发现，哥伦比亚地区法院实际上并不很强调对第 5 条的利
用，只是含糊带过，作为其法律依据的重点仍然是公约第 7 条。但反过
来，我们仍然可以讨论一下究竟应如何解释公约第 5 条的问题。正如 Gary
B. Born 所指出的：

> 正确的观点是，公约促进了对外国仲裁裁决的承认，即使在公约
> 并不要求各国承认裁决以及其他国家选择不承认裁决的情况下也不阻
> 止各国承认裁决。因此，第 5 条的例外允许但不要求不予承认。公约
> 第 7 条对此予以了确认。③

实际上，就像美国法院在处理涉及国际商事仲裁的其他事项时一样，
Chromalloy 判决只是其支持仲裁、支持执行倾向的众多例子之一。④ 如前
所述，对美国法院的判决，有时纯粹从法理上加以探讨、解释或反对可能
并无必要，实事求是地说，也不一定能够自圆其说。就 *Chromalloy* 判决而
言，究其实质，法院的决定仍然是基于一种政策上的考量：pro-arbitra-
tion。当然，因为存在公约第 7 条的规定，所以上述判决从法律推理上看

---

① 赵健：《国际商事仲裁的司法监督》，法律出版社 2000 年版，第 253 页。

② Gary B. Born, *International Commercial Arbitration: Commentary and Materials*
775（2d ed. 2001）.

③ Gary B. Born, *International Commercial Arbitration: Commentary and Materials*
776（2d ed. 2001）.

④ Pedro Menocal, *We'll Do It for You Any Time: Recognition and Enforcement of For-
eign Arbitral Awards and Contracts in the United States*, 11 St. Thomas L. Rev. 317, 327
（Spring, 1999）.

也并非全无道理，而且还很有说服力。但支撑其后更多的还是前述政策，此种政策反对对仲裁裁决的实体问题进行司法审查。这也是为什么多年来公约第 7 条的适用一直如此平静，直到 *Chromalloy* 判决，才掀起这么大的波澜。事实上是先有支持仲裁的观念，才有哥伦比亚地区法院对第 7 条的援引，它本来也可以不援引该条。正如哥伦比亚地区法院在判决中所指出的："这是一个无先例可循的案件。在已经报道的案件中美国法院还没有遇到过这样的情形，即在适用公约的情况下，外国法院撤销了本应有效的仲裁裁决。"而基于最高法院长期以来一再强调的支持仲裁的政策，哥伦比亚地区法院作出了承认因未遵守埃及法律而被撤销的国际仲裁裁决的决定。因此，支持该判决的法律界人士会高呼美国法院的判决是"有约束力的国际仲裁的支持者们的重大胜利"，证明了某些国家作出的武断的撤销决定在海外是不会受到尊重的；① 以及执行被裁决地撤销的裁决是推动仲裁作为一种解决国际争端的有效途径的有益的发展。② 可以大胆假设，即使没有公约第 7 条的规定，受支持仲裁政策指引的哥伦比亚地区法院在面对这样一份有利于美国公司却因所谓的法律适用问题而被埃及法院带有偏见的撤销的仲裁裁决时，很有可能仍会寻其他法律上的依据或理由对其予以承认和执行，因为真正支撑其决断的是对有关政策的考虑，是其一贯采取的支持仲裁解决国际商事争议的实用主义进路。

最后，即便确如 *Chromalloy* 判决所认定的，《纽约公约》既不禁止也不要求承认已在仲裁地被撤销的仲裁裁决，各国法院是不是就可以基于自身的利益无视其他国家撤销仲裁裁决的适当决定？对各国承认和执行已撤销的外国仲裁裁决的裁量权还是应该施以恰当的限制。那么国内法院在决定是否承认已撤销的裁决时应适用什么样的标准呢？在以下几种情形下，国内法院执行已为裁决地法院撤销的仲裁裁决显然是合理的。③ 首先，双边或其他条约可能施加了执行裁决的义务。例如，1961 年《欧洲国际商事仲裁公约》虽然没有断然否定仲裁裁决的本国法院撤销裁决的效力，

---

① Gary H. Sampliner, *Enforcement of Foreign Arbitral Awards after Annulment in their Country of Origin*, 11 Mealeys International Arbitration Report, Sept. 1996, 转引自费佳:《〈纽约公约〉关键条文剖析（下）》, 载《仲裁与法律》, 2000 年 8 月, 第 36 页。

② David W. Rivkin, *The Enforcement of Awards Nullified in the Country of Origin: The American Experience*, paper presented at ICCA Paris 1998 Congress, 转引自费佳:《〈纽约公约〉关键条文剖析（下）》, 载《仲裁与法律》, 2000 年 8 月, 第 36 页。

③ Gary B. Born, *International Commercial Arbitration: Commentary and Materials* 776-77（2d ed. 2001）.

但已给予了相当的限制。该公约规定了撤销仲裁裁决的理由。根据公约第9条，一项公约裁决，只有由裁决作出地公约国法院或仲裁程序法所属公约国法院，依照公约规定的事由予以撤销，才构成在其他公约国不予执行的理由；若非依公约列明的事由撤销，其他公约国可以执行裁决。① 其他条约（包括双边协定）也可能施加类似的义务。其次，撤销仲裁裁决的仲裁地法院可能显然存在腐败、偏袒或专断（尽管要对此加以证明非常困难）。在上述情形下，执行已撤销的裁决就是完全适当的。最后，假定仲裁地的法院是完全中立的，但地方法允许不受拘束的对仲裁裁决的实质问题进行司法审查；地方法院对仲裁员裁决的实质问题进行了审查并就法律和事实得出了截然不同的结论。当然，在这种情况下是否可以断然拒绝承认外国法院有关撤销仲裁裁决的判决并不那么肯定。

但无论如何，Jan Paulsson 的观点是值得借鉴的。他认为，那些所谓"国际标准撤销"裁定，即基于《纽约公约》第 5 条第（1）款第（a）——（d）项的国际认可的拒绝执行的理由作出的撤销裁定，应受到执行地法院的尊重；反之，执行地法院应毫不理会所谓"地方标准撤销"裁定，即撤销裁决是基于其他由地方法律规定的原因。他建议，执行法院在按公约第 5 条第（1）款第（e）项行使自由裁量权，决定是否承认和执行已被撤销的裁决时，要考察的核心问题是该外国裁定是"地方标准"或是"国际标准"。②

之所以强调"国际"标准，究其原因，还是因为诸如 *Chromalloy* 案等涉及的都是国际商事仲裁裁决，而非纯粹的内国裁决（相对于仲裁地国而言）。与国际仲裁裁决相比，纯粹的内国裁决对他国影响不大，依据什么样的标准予以撤销，仲裁地国可以享有较大的自主决定权。当然，这种纯粹的内国裁决也不大可能到国外去申请承认与执行，而且即使到国外申请承认与执行，由于上述原因，仲裁地国的撤销决定往往也能够得到他国的尊重。但国际仲裁裁决则不然，它不仅牵涉仲裁地国，③ 还涉及其他国家及其国民，如果仲裁地法院仅仅基于维护本国狭隘利益的考虑或其他偏见或基于本国法律中的地方标准撤销了根据普遍认可的国际标准原本应

---

① 赵健：《国际商事仲裁的司法监督》，法律出版社 2000 年版，第 250 页。

② Jan Paulsson, *Rediscovering the New York Convention: Further Reflections on Chromalloy*, Mealey's International Arbitration Report, April 1997, p. 29, 转引自费佳：《〈纽约公约〉关键条文剖析（下）》，载《仲裁与法律》，2000 年 8 月，第 36 页。

③ 当然，在国际仲裁实践中仲裁地国本身也可能与当事人之间的争议没有什么实质联系，进而对仲裁裁决并不存在利害关系。

为有效的仲裁裁决，自然很难获得他国的认可，而且此种做法也破坏了作为争议解决方式的仲裁本身的优势和目的。这也是很多国家赋予内国裁决和国际裁决以不同的待遇，对后者给予更优惠待遇的原因之一。

需要补充的是，虽然对 *Chromalloy* 判决的讨论相当热烈，但该判决在美国法院并不像我们想象的那样已完全受到热烈的拥护。除非上级法院对该问题发表进一步的意见，否则很难说该判决就构成了一个先例。① 了解这一点，我们就不至于得出一些偏颇的结论。

---

① Carlos J. Bianchi, *Significant Recent Developments in U. S. Arbitration Law*, 19 J. Int'l Arb. 349, 361 (2002).

第十章　美国商事仲裁之理念

第一节　契约自由的原则

一、仲裁的性质

仲裁的性质不仅是仲裁法理论不能回避且较复杂的问题，而且与仲裁实务息息相关。① 可以说，一国对仲裁的态度在很大程度上取决于该国对仲裁性质的认识，这种认识直接决定着该国仲裁制度的各个方面，如仲裁机构的性质、当事人自治权的大小、仲裁协议的效力、仲裁裁决的终局性等。所以，尽管这似乎是一个老生常谈的问题，但此处仍不能不从仲裁的性质开始讨论。此外，讨论得多并不等于已获得了一致的结论，迄今关于仲裁的性质问题仍然没有一个统一的答案，分歧一直存在。本书试图对此问题再作一次梳理和探寻。

（一）不同观点

围绕着仲裁的性质，国内外主要有 4 种观点：契约论（contractual theory）、司法权论（jurisdictional theory）、混合论（mixed or hybrid theory）和自治论（autonomous theory）。②

1. 契约论

契约论强调仲裁的契约性质。契约论者认为，仲裁员的管辖权和职权

---

① 宋连斌：《国际商事仲裁管辖权研究》，法律出版社 2000 年版，第 11 页。

② 有关 4 种理论的介绍，参见韩健：《现代国际商事仲裁法的理论与实践》（修订本），法律出版社 2000 年版，第 34 ~ 41 页；宋连斌：《仲裁的契约性新探——以国际商事仲裁为例》，载《仲裁与法律》，2000 年第 4 期，第 19 页；［英］朱利安 D·M·刘：《国际商事仲裁的法律适用》之第 2 章《仲裁的法律性质》，苏敏译（中译文冠名为《国际商事仲裁的法律性质》），载《法学译丛》，1987 年第 6 期，第 53 页。See Okezie Chukwumerije, *Choice of Law in International Commercial Arbitration* 9-15 (1994).

范围均取决于当事人协议中所体现出来的共同意愿，如果没有当事人的协议就不会有有效的仲裁。通过协议，当事人对解决其争议的程序予以设计：

> 仲裁在性质上完全是自愿的。含有仲裁条款的合同是一项自愿协议。没有法律要求当事人去订立这样一项合同，也没有法律赋予一方当事人把合同强加于另一方当事人的权力。在订立作为主合同的一部分的仲裁协议时，当事人便自愿放弃了固有的权利以支持他们所认为的有关仲裁的更大优势。①

将仲裁的性质归结为契约性的契约论又可分为传统契约论和现代契约论。现代契约论对传统观点进行了扬弃，从而更具有说服力。现代契约论与传统契约论最大的区别在于，前者摈弃了仲裁员是当事人的代理人的说法。② A. Samuel 指出③，仲裁员因以下原因不能被视为当事人的代理人。首先，与代理人不同，仲裁员的权力是不可撤销的，并且仲裁员的义务是作出一份公正和公平的裁决，这也与代理人遵从被代理人愿望的义务不相一致。其次，既然代理人不能为被代理人所不能为之事，则仲裁员在进行仲裁时就不可能是在代表当事人行事，因为当事人并不处于公正审理其争议的立场。现代契约论除否认仲裁员是当事人在代理法意义上的代理人外，还否认裁决主要是一份合同文件。不过，它仍强调仲裁的契约性质；它强调仲裁是当事人合意的产物以及当事人应有权使仲裁程序适应其特定的需要这一事实。

现代契约论者认为，仲裁属私法或债法而非民事诉讼法范畴，本质上仍是私权、合同性质的。Balladore-Pallieri 认为，仲裁员是私人，即使在发挥其功用时也不比别的私人多享有权力，仲裁裁决是"私署文件"，仲裁本质上是私人机制，不是国家行为。Bernard 和 Klein 则把仲裁与合同的

---

① F. Kellor, *Arbitration in Action* (New York: Harper and Brothers, 1941) at 8, 转引自 Okezie Chukwumerije, *Choice of Law in International Commercial Arbitration* 10 (1994).

② 宋连斌：《仲裁的契约性新探——以国际商事仲裁为例》，载《仲裁与法律》，2000 年第 4 期，第 20 页。

③ A. Samuel, *Jurisdictional Problems in International Commercial Arbitration: A Study of Belgian, Dutch, English, French, Swedish, Swiss, U. S. and West German Law* (Zurich: Schulthess Polygraphischer Verlag, 1989) at 36 et seq, 转引自 Okezie Chukwumerije, *Choice of Law in International Commercial Arbitration* 10 (1994).

理念联系起来，认为裁决是合同关系的直接后果，但仲裁员不是当事人的代理人，而像一个法官，其任务是决定当事人的权利、义务，目的在于改变后者的法律地位；仲裁庭与当事人之间的协议是自成一类的合同，适用于它的规范既要考虑一般性调整合同的原理，也要考虑仲裁员发挥功用的特别性质。Klein 还认为，当事人之采用仲裁程序，只要不违背公共政策即对当事人的权利的终局决定是以公正的方式取得的观念即可，从这个意义上讲，采用仲裁程序的协议与别的合同一样可被强制执行，只要其没有超出法律许可的范围；仲裁协议是当事人完成的，仲裁裁决是仲裁员完成的，而仲裁员的指定则是当事人和仲裁员共同完成的，裁决的执行或履行仅仅是当事人信守彼此将遵守仲裁员作出的裁决的承诺，只要裁决合乎其应适用的法律。①

2. 司法权论

司法权论关注的焦点是国家对在其领域内进行的所有仲裁予以调整的权力。该理论断言，仲裁协议的有效性、仲裁员的权力以及仲裁裁决的执行均源自特定的国内法律制度。在这个意义上，没有国内法律制度的调整，就不可能进行仲裁。

该理论最著名的支持者之一是 F. A. Mann，他认为，每一个国家都有权监督和调整发生在其领域内的任何活动。② 因此，仲裁地国将对仲裁程序及其功效进行调整。仲裁协议对当事人具有拘束力，不是因为他们的合意，而是因为国内法律制度决定赋予其协议某种法律后果。因此，当事人通过其协议所体现出来的意思只有在获得仲裁地法认可的范围内才具有拘束力。正如 Mann 所指出的：

> 没有人可以在任何时候或任何地方指出有任何规定或法律原则允许个人在国内法范围之外行事；甚至当事人自治的理念也仅经由已知

---

① *See* A. Samuel, *Jurisdictional Problems in International Commercial Arbitration: A Study of Belgian, Dutch, English, French, Swedish, U. S. and West German Law* 33 (1989)，转引自宋连斌：《仲裁的契约性新探——以国际商事仲裁为例》，载《仲裁与法律》，2000 年第 4 期，第 20 页。

② F. A. Mann, "Lex Facit Arbitrum" in P. Sanders (ed.) *International Arbitration: Liber Amicorum for Martin Domke* (The Hague: Martinus Nijhoff, 1967) 157 at 162，转引自 Okezie Chukwumerije, *Choice of Law in International Commercial Arbitration* 11 (1994).

的国内法体系而存在，且在不同的体系下可能具有不同的特征和影响。①

他进一步主张，"国际仲裁"一词是一种误称，因为所有的私人仲裁在性质上都是国内的。在他看来，任何私法体系都是国内法体系。因此，作为一种私法体系，仲裁的合法性必然来自国内法律制度。调整仲裁的国际公约也仅仅通过并入国内法而获得适用。②

上述理论暗示仲裁员在选择适用于仲裁程序和争议实质的法律时必须遵守仲裁地的冲突法规则。如果仲裁未遵循仲裁地法，裁决将被撤销。正如 A. Hirsch 所指出的，"毫无疑问，当事人和仲裁员应受仲裁法（lex arbitri）支配。如果他们采用了仲裁法所不允许的解决方案，裁决就可被撤销。"③

显然，该理论对当事人协议的作用没有给予应有的重视。事实上，除强制仲裁的情形外，如果没有当事人的约定，仲裁根本就不可能进行。正是由于承认当事人协议的重要性并认识到需要尊重当事人在国内司法系统之外以私人方式解决争议的愿望，才导致了当前对仲裁程序进行有限司法干预的趋向。因此，忽视仲裁当事人意思的重要性的司法权理论无疑是不能令人满意的。

3. 混合论

混合论承认仲裁兼具契约性和司法性。该理论的主要观点恰如其创始人 G. Sauser-Hall 所指出的，"尽管仲裁的效力来自当事人的协议，在涉及对程序规则的适用上，它仍具有一种司法性质。"他表示，仲裁不可能不受束缚，换言之，不可能在任何国内法律制度的调控之外运作，并声称仲裁应服从仲裁地法的管辖。他认为，对仲裁地法的适用以及对其法院的利用在大多数情况下都运行得非常有效和公正。不过，该理论的支持者承

---

① F. A. Mann, "Lex Facit Arbitrum" in P. Sanders (ed.) *International Arbitration*: *Liber Amicorum for Martin Domke* (The Hague: Martinus Nijhoff, 1967) 157 at 160, 转引自 Okezie Chukwumerije, *Choice of Law in International Commercial Arbitration* 11-12 (1994).

② F. A. Mann, "Lex Facit Arbitrum" in P. Sanders (ed.) *International Arbitration*: *Liber Amicorum for Martin Domke* (The Hague: Martinus Nijhoff, 1967) 157 at 159, 转引自 Okezie Chukwumerije, *Choice of Law in International Commercial Arbitration* 12 (1994).

③ A. Hirsch, "The Place of Arbitration and the Lex Arbitri" (1979) 34: 3 *Arb. J.* 43 at 45, 转引自 Okezie Chukwumerije, *Choice of Law in International Commercial Arbitration* 12 (1994).

认，当事人的意愿需要获得尊重并不受不正当的破坏。①

4. 自治论

有关仲裁的自治论坚持应将仲裁放在一个广泛的背景下来认识：不是强调该制度的结构，而是强调其目的和目标。只有通过考察仲裁的效用和目的以及它对工商界的需要进行回应的方式才能对仲裁予以完整的勾画。② 自治论摆脱了将注意力集中在仲裁的契约性或司法性上的倾向，而是审查仲裁程序自身——其作用、目标和方法。

自治论还认为，不受妨碍的当事人自治对仲裁的充分发展至关重要。该理论坚持，对当事人选择自由的尊重将有助于实现利用仲裁的当事人的愿望并对仲裁作为一种制度得以发展有所裨益。③

该观点实质上主张仲裁应系非当地化的或不受仲裁地法约束的。它暗示，当事人的意思在决定应适用于仲裁程序和争议实质的法律时应占主导地位。

对仲裁目的和目标的思考对理解仲裁的性质的确是有益的。自治论者认识到同意仲裁的当事人有意选择退出国内法院对争议的司法解决以追求另一种私人的和灵活的争议解决方式，因此，自治论者更希望将仲裁程序的司法干预控制在最小限度。仲裁当事人的确不希望因不受约束的司法侵入而破坏仲裁程序。不过，自治论过于忽视国内法对仲裁进行某种形式的调整的必要，哪怕仅仅是最基本的调整。没有国内法对仲裁的这种调整，程序的正当性如何保证？事实上，又如何确保仲裁员尊重当事人所表达的意愿？恰如有学者所言：

> 要求仲裁非仲裁地化，使其具有超国家的特性，这或许反映了商业界的愿望和某种非仲裁地化现象，但和当前大多数国际商事仲裁实践不符。法院介入仲裁，有时可能对自由而宽松的仲裁环境造成一些

---

① See Okezie Chukwumerije, *Choice of Law in International Commercial Arbitration* 13 (1994).

② J. Lew, *Applicable Law in International Commercial Arbitration: A Study in Commercial Arbitration Awards* (Dobbs Ferry, NY: Oceana Publications, 1978) at 59, 转引自 Okezie Chukwumerije, *Choice of Law in International Commercial Arbitration* 13 (1994).

③ A. Samuel, *Jurisdictional Problems in International Commercial Arbitration: A Study of Belgian, Dutch, English, French, Swedish, Swiss, U. S. and West German Law* (Zurich: Schulthess Polygraphischer Verlag, 1989) at 72, 转引自 Okezie Chukwumerije, *Choice of Law in International Commercial Arbitration* 13 (1994).

威胁，有时却是必要的，如法院强制执行仲裁协议、代指定仲裁员、采取保全措施、指示合并审理等，而缺少这些环节，仲裁程序有时无法有效进行，或者对当事人的权益保护不够。不断改进仲裁地法使其更适合仲裁的发展是必须的，但因此全面否定仲裁地法的作用总体上尚不可行。①

（二）仲裁的契约性本质

如前所述，对仲裁性质的定位问题是一个非常重要的问题。因为对仲裁进行定性的方式对如何确定仲裁中可适用的规则及界定其范围具有重要影响。② 国内法院对仲裁的态度也取决于其对仲裁的性质及仲裁与国内法律制度的关系的认识。③ 在大多数情况下，有关仲裁员权限的司法判决都可以通过特定国家对仲裁性质的认识予以预测。④ 契约论者必然强调当事人自治，而司法权论者则会力主对仲裁进行实质性的司法监督。混合论看似客观，但通过前面的介绍不难看出，"在混合论者眼里，契约性只是点燃仲裁程序之炉的'引火柴'，真正起作用的还是司法性，所以混合论也偏于强调仲裁地法的作用，和司法权论是五十步和百步。"⑤ 事实上，无论如何，"兼顾"总是很难做到的，在处理实际问题时，难免需要有所选择，这时取舍和偏向就不可避免，在相对强大的"司法"权力面前，可能往往会牺牲相对弱小的"契约"权利。自治论者关注的是如何确保仲裁能够满足当事人的需要和目的，并要求仲裁摆脱国内法的控制。

上述各种观点都有各自的支持者，但也无一例外都受到其他主张的批

---

① 宋连斌：《仲裁的契约性新探——以国际商事仲裁为例》，载《仲裁与法律》，2000 年第 4 期，第 23 页。

② R. David, *Arbitration in International Trade* (Deventer, The Netherlands: Kluwer Law and Taxation Publishers, 1985) at 77，转引自 Okezie Chukwumerije, *Choice of Law in International Commercial Arbitration* 9 (1994).

③ I. Wilner, "Determining the Law Governing Performance in International Commercial Arbitration: A Comparative Study" (1965) *Rutgers L. Rev.* 646 at 650. 转引自 Okezie Chukwumerije, *Choice of Law in International Commercial Arbitration* 9 (1994).

④ *See* A. Samuel, *Jurisdictional Problems in International Commercial Arbitration: A Study of Belgian, Dutch, English, French, Swedish, Swiss, U. S. and West German Law* (Zurich: Schulthess Polygraphischer Verlag, 1989) at 32. 转引自 Okezie Chukwumerije, *Choice of Law in International Commercial Arbitration* 9 (1994).

⑤ 宋连斌：《仲裁的契约性新探——以国际商事仲裁为例》，载《仲裁与法律》，2000 年第 4 期，第 22 页。

判。笔者认为，其中，尽管契约论也受到其他派别的批评，并且其在论证上有时还不是那么尽善尽美，但无论如何，在诸种理论中，至少契约论真正抓住了仲裁的根本属性，也就是说，不论从仲裁法理还是仲裁实践来看，契约性都应该是仲裁的本质属性。

所谓契约，也称合同，是指双方或多方当事人合意自愿为某种行为并受行为后果约束的意思表示。契约的本质在于其自愿性和合意性。商事仲裁正是争议各方自愿将争议提交中立的第三方裁决并受裁决约束的一种制度，同样具有自愿性和合意性的特点。① 具体来说，现代商事仲裁的契约性表现在以下几个方面：

1. 从商事仲裁的起源看，通过约定遵守争议各方所信任的第三方的决定来解决争议，这在法律形成之前或建立法院之前或法官制定法律原则之前就已存在了。② 而就国际商事仲裁而言，它是 14 世纪地中海沿岸商人社会发展起来的一种自治制度，以当事人之间的约定为基础。③ 换言之，从起源上看，商事仲裁是商人社会自律的产物。在此基础上诞生的现代商事仲裁制度，天生就具有契约性。④

2. 商事仲裁是基于双方当事人之间的协议而设定的。当事人之间如果无仲裁协议，则无仲裁可言，任何一方当事人不能强迫另一方当事人参与仲裁；⑤ 同时，仲裁机构和仲裁员之所以取得对案件的管辖权，完全是当事人通过仲裁条款或协议授权的结果，没有仲裁协议，仲裁员就无权对当事人之间的有关争议进行审理，即使存在仲裁协议，仲裁员也不能对仲裁协议范围之外的事项进行处理。可见，仲裁员的权利来源于当事人，权

---

① 刘秀风：《商事仲裁与诉讼》，人民法院出版社 1999 年版，第 7 页。

② Kellor F., American Arbitration, Its History, Functions and Achievements 1 (1948)，转引自 Henry P. de Vries, *International Commercial Arbitration*: *A Transnational View*, 1 J. Int'l Arb. 7 (1984)。

③ 当时各国的封建法制极不一致，从事国际贸易的商人们为了更好地解决他们之间的争端，往往不愿诉诸繁琐、僵硬、拖沓且昂贵的诉讼程序，而愿意将争议提交双方信任的有名望的商人或其他人士任仲裁员进行仲裁，并约定履行仲裁裁决，这种制度因其优点而为国际社会所接受。宋连斌：《国际商事仲裁管辖权研究》，法律出版社 2000 年版，第 16 ~ 17 页。

④ 宋连斌：《国际商事仲裁管辖权研究》，法律出版社 2000 年版，第 16 ~ 17 页。

⑤ 参见韩健：《现代国际商事仲裁法的理论与实践》（修订本），法律出版社 2000 年版，第 36 页。

利的大小受制于当事人。

3. 商事仲裁的组成体系是双方当事人通过协议自己确定的，例如，仲裁庭的组织形式、仲裁员的人选以及仲裁的时间和地点，双方当事人均可作出合意选择。双方当事人还可在协议中约定仲裁所依循的程序等。①

4. 仲裁协议和依其作出的裁决的效力都直接来自当事人利用仲裁机制的约定和暗含的将裁决作为有关他们之间争议的终局决定来予以尊重的承诺。② 依法成立的仲裁协议与其他普通合同一样，对当事人具有法律约束力。正因为如此，当事人之间一旦达成了有效的仲裁协议，就可以排除法院的司法管辖权，当事人不能再向法院提起诉讼，法院也不能再受理该项争议。同时，"当事人同意将其争议交由仲裁员解决，他们就被假定知道其裁决将是终局的和结论性的"，③ 当事人应遵守自己在仲裁协议中的承诺，承认并自动履行仲裁裁决，否则，应一方当事人申请，法院可对有关仲裁裁决予以强制执行，换言之，对仲裁裁决的履行或执行正是仲裁协议约束力的体现。目前的国际实践也印证了这一点。承认和执行仲裁裁决的《纽约公约》之所以能够得到那么多国家的批准，从而使得国际商事仲裁裁决在各国的承认与执行已非难事，正是因为仲裁裁决不同于法院判决，它是作为私人的仲裁员所作的裁定，其基础是当事人的意志（自愿通过仲裁解决争端）。而各国的普遍认识是，当事人的意志在一定的条件下和范围内应该获得充分尊重，其必然后果就是反映这一意志的仲裁裁决的约束力和强制性理应获得承认。

5. 仲裁具有民间性。仲裁作为一种解决争议的方式起源于民间，它是适应社会实践中解决纠纷的需要而自发产生和发展起来的"私力救济手段"，与司法解决、行政解决具有本质上的区别。即使到了现代社会，各国均为仲裁立法，但基本上仍是以仲裁是"私力救济手段"为认识论基础确立其立法模式的。故也有人认为，仲裁制度是私力救济的否定之否定。具体体现为：仲裁机构是民间性的；仲裁员是来自民间的；仲裁费用的来源和收取方式是民间性的；仲裁机构的权限具有民间性，不能采取强制措施或强制执行，等等。仲裁的民间性与其契约性密切相联，正是由于

---

① 参见韩健：《现代国际商事仲裁法的理论与实践》（修订本），法律出版社2000年版，第36页。

② Okezie Chukwumerije, *Choice of Law in International Commercial Arbitration* 11 (1994).

③ *Montifiori v. Engles*, 3 Cal. 431, 435 (1853).

仲裁的民间性才使其契约性得以更加充分地体现出来。①

　　这里值得指出的是契约论与自治论的区别。自治论和契约论都主张尊重当事人意思，强调当事人自治，但二者最大的不同在于前者倾向于无限制的意思自治，并力图摆脱国内法体系（包括国内法院）对仲裁的控制，这显然是不现实的，而后者则承认与其他契约一样，仲裁必须接受法律对它的调整以及国内法院对它的监督，虽然强调尽量减少对仲裁的司法干预，但它并不认为当事人享有无限的自治，这与当前大多数国家的仲裁实践是一致的。当然，从强调仲裁的目的和功用这个角度而言，自治论有合理的元素，②为我们的思考提供了新的有益的启示，不过其所包含的合理成分完全可以为契约论所吸纳或本身就已为契约论所涵盖，因此事实上并没有太大的必要于合同或司法体系之外再专门创设一个容纳仲裁的自治体系，这种自成一体对仲裁的发展未必有益。

　　与美国人的思维习惯有关，美国学者对仲裁的性质专门集中予以讨论的并不多。③ 不过，美国人虽然不注重哲学，但他们确实在用同样的方法指导他们的头脑。从美国学者的评述中，仍能发现，大多将仲裁视做一种契约行为。如 M. Domke 指出："双方当事人明确表示要订立仲裁协议的意向是仲裁协议成立的根本基础"。④ Gary B. Born 则称："商事仲裁有几个明显的特征：首先，仲裁是合意产生的（consensual）——当事各方必须同意对他们的纠纷进行仲裁；其次，仲裁是由非政府的裁判者（non-governmental decision-makers）决定的——仲裁员并不是作为政府的代理人行事，而是当事人挑选的私人（private persons）；再次，仲裁产生了确定的和有拘束力的仲裁裁决（definitive and binding award），该裁决可以经由国内法院予以执行。"⑤ Howard M. Holtzmann 和 Donald Francis Donovan 也

---

　　① 刘秀凤：《商事仲裁与诉讼》，人民法院出版社 1999 年版，第 8～9 页。

　　② 宋连斌：《仲裁的契约性新探——以国际商事仲裁为例》，载《仲裁与法律》，2000 年第 4 期，第 23 页。

　　③ 有关仲裁性质的讨论主要在欧洲大陆占主导地位。See R. David, *Arbitration in International Trade* (Deventer, The Netherlands: Kluwer Law and Taxation Publishers, 1985) at 76. 转引自 Okezie Chukwumerije, *Choice of Law in International Commercial Arbitration* 24 n. 49 (1994).

　　④ M. Domke, *Commercial Arbitration* 2 (1965)，转引自韩健：《现代国际商事仲裁法的理论与实践》（修订本），法律出版社 2000 年版，第 37 页。

　　⑤ Gary B. Born, *International Commercial Arbitration in the United States: Commentary and Materials* 1 (1994).

曾提到"在美国……仲裁是一个合同问题"。① Georgios Zekos 认为，"签订合同的当事人一方可在仲裁和司法诉讼之间自由选择。FAA 对将涉及商事和海事交易的争议提交仲裁的权利作了规定，但仲裁仍然是一个合意而非强制的问题。……仲裁是合同的创造物。"② Bernard G. Poznanski 曾对"仲裁员权力的私人性和契约性起源"进行讨论。③ Shulman 宣称："对仲裁员的职责下一个适当的定义是一个基本问题。他并不是通过当事人必须接受的超级权力而强加于当事人之上的公共法庭。他并未获得为超越当事人的社会管理司法的一般许可。他更是自治体制之一部分，由当事人创造并在当事人授权范围内行事。他仅仅为实现他们的意志而尽其职责，以管理经当事人的共同协议建立起来的法律规则。"④

而美国法院则在其判决中多次提及"仲裁是合同问题"。⑤ 毫无疑问，这代表了美国法院对仲裁的普遍认识，本书前面各章的讨论也证明了这一点。对此，后文还将予以探讨。

目前中国学者在仲裁性质的认定上，仍倾向于接受混合论的观点，即认为仲裁具有司法和契约双重性质。⑥ 当然，也有人提出，在仲裁的司法性与契约性中，契约性是占主导地位的，二者不可等量齐观。其中，不少学者持这样一种观点，仲裁在最初开始出现时是在法律之外行事，只具有契约性，自从仲裁为法律确认和调整后，仲裁就已不再是纯契约性的了，

---

① Howard M. Holtzmann & Donald Francis Donovan, national report *United States* in Intl. Handbook on Comm. Arb. Suppl. 28 January 1999.

② Georgios Zekos, *Courts' Intervention in Commercial and Maritime Arbitration under U. S. Law*, 14 J. Int'l Arb. 99, 99 (1997).

③ Bernard G. Poznanski, *The Nature and Extent of an Arbitrator's Powers in International Commercial Arbitration*, 4 J. Int'l Arb. 71, 73 (1987).

④ Shulman, *Reason, Contract, and Law in Labor Relations*, 68 Harv. L. Rev. 999, 1016 (1955).

⑤ 例如："仲裁是合同问题，不能要求一方当事人将任何他未曾同意提交仲裁的争议交付仲裁解决"。*United Steelworkers of America v. Warrior and Gulf Navigation Co.*, 363 U. S. 574, 582 (1960). *See AT & T Technologies, Inc. v. Communications Workers of America*, 475 U. S. 643, 648-9 (1986).

⑥ 杨荣新主编：《仲裁法理论与适用》，中国经济出版社 1998 年版，第 3 页；唐厚志：《谈谈国际商事仲裁的基本原理和实践——在法官学院院长培训班上的讲话》，载《仲裁与法律》，2001 年合订本，第 450 页。目前中国仅少数学者明确宣称仲裁的本质属性就是契约性，如宋连斌：《仲裁的契约性新探——以国际商事仲裁为例》，载《仲裁与法律》，2000 年第 4 期，第 19~25 页。

兼具契约性和司法性，但契约性是仲裁的本质属性，司法性则处于从属地位，而非本质性属性，目前，仲裁制度已明显呈现出契约性日益增强、司法性日渐弱化的发展趋势。①

应该说，以上种种观点都承认仲裁的契约性并大多将其视为整个仲裁制度的基础，较之司法权论是认识上的一大进步。但遗憾的是，这种观点仍然是不够令人满意的。其实，作为仲裁法基础理论经典学说之一的混合论历来就受到国内外不少学者的批判，尽管其看起来似乎更全面、公允、中庸。Mustill J. 认为混合论导致法律适用复杂化，② 而鲁贝林·德维丝则认为两种对立的因素实际无法调和，混合理论太不确切，不可接受。③ 中国也早有学者指出，这种貌似公允，实则模糊的理论很不确定、很不准确，没有回答从整体上看仲裁究竟是什么性质的问题，同时，司法权理论与契约理论是自相矛盾的，二者不可能融合在一起。④ 更有中国学者针对国内的混合论调一针见血地指出，既称本质是事物的根本性质，而契约性是仲裁性质的主导方面，又断定仲裁是混合性的，显然和其立论的哲学基础相矛盾。仲裁的性质受制于其从属的非本质因素，难以让人理解。⑤

问题的关键在于如何看待法律或法院对仲裁的规制。众多学者之所以主张仲裁的某些方面反映了司法性，不外乎因为仲裁协议的合法性和有效性取决于有关国家的法律和法院；在仲裁程序问题和实质问题的法律适用上，当事人的意思自治要受到各国仲裁立法的司法限制；仲裁裁决的可否强制执行完全取决于法院；在外国仲裁裁决的承认和执行上，仲裁裁决执行地法和执行地法院具有很大的权威，等等。⑥ 其实，诚如某些学者所

---

① 赵健：《论仲裁的性质》，载《国际私法与国际商事仲裁》，武汉大学出版社1994年版；陈治东：《国际商事仲裁法》，法律出版社1998年版，第9～10页；宋航：《国际商事仲裁裁决的承认与执行》，法律出版社2000年版，第16～17页。

② 宋连斌：《仲裁的契约性新探——以国际商事仲裁为例》，载《仲裁与法律》，2000年第4期，第22页。

③ 参见韩健：《现代国际商事仲裁法的理论与实践》（修订本），法律出版社2000年版，第40页。

④ 薛德明：《论仲裁的法律性质》，载《国际私法与国际商事仲裁》，武汉大学出版社1994年版。

⑤ 宋连斌：《仲裁的契约性新探——以国际商事仲裁为例》，载《仲裁与法律》，2000年第4期，第23页。

⑥ 参见赵健：《论仲裁的性质》，载《国际私法与国际商事仲裁》，武汉大学出版社1994年版。

言，除了现代法律禁止的原始自立救济，任何救济方式都离不开法律的制约，不能因此认为所有的救济方式均有司法性。① 法律对仲裁的规制与法律对其他任何契约的调整在本质上并无二致。契约自由本身就不是绝对的，就是有限制的。真正的契约论也从未主张当事人享有绝对的自由，其承认国内法对仲裁程序和仲裁裁决是有影响的。例如，法院不会允许执行一项依法院地法其争议标的属法院专属管辖的仲裁协议，也不会承认和执行一项违反其公共政策的仲裁裁决。② 仅仅因为受到法律的规制就认为其具有司法性，那又有哪一种契约不受到国家法律的制约呢？难道它们都具有司法性？在当事人违反或不履行依法成立的合同的情况下，另一方有权请求法院强制对方履行合同或采取其他惩罚措施，这正是合同拘束力的表现，不能因此认为合同就具有了司法性。一种社会现象在刚开始出现时，因为其尚未对社会产生重要影响，国家往往认为没有必要加以干预、过问，如果说那个时候的仲裁是纯粹的契约，那么当它发展到一定阶段，对社会生活的影响已不容忽视而被纳入法律的调整范围，成为法律调整对象的时候，难道它就不再是纯粹的合同，而具有了司法性吗？如果这就是对司法性的理解，那岂不是要承认所有经历了从法律不调整到调整过程的社会关系都具有司法性？法院对仲裁的支持和监督也是一样，与其说是因为"司法管辖权不容剥夺"，不如说是在私法范围内，承认并保障当事人在不违背强行法及公共政策的情况下适当地行使选择争议解决方式的自由。法院对仲裁的干预，就如同国家对任何合同的规制，并不改变合同的性质，其目的只是保障当事人关于仲裁的契约在法律许可范围内发生效用，限制当事人的意思表示不朝背离法律基本准则、社会公共利益的方向倾斜，和以行使国家权力为特征的司法性没有必然联系。③ 正因为仲裁不具有司法性，系属一"私的审判制度"，④ 所以无论是仲裁庭，还是仲裁机构，都不具有强制执行的职能，对仲裁协议或仲裁裁决的强制执行最终还得依靠国家，也就是法院，这本身正说明了仲裁的私人性质，而非所谓司法性的体现。

---

① 宋连斌：《仲裁的契约性新探——以国际商事仲裁为例》，载《仲裁与法律》，2000 年第 4 期，第 23 页。

② 参见韩健：《现代国际商事仲裁法的理论与实践》（修订本），法律出版社 2000 年版，第 37 ~ 38 页。

③ 宋连斌：《仲裁的契约性新探——以国际商事仲裁为例》，载《仲裁与法律》，2000 年第 4 期，第 22、23、24 页。

④ 陈焕文：《国际仲裁法专论》，台湾五南图书出版有限公司 1994 年版，第 6 页。

总之，仲裁的本质属性是契约性，但与其他的普通商事合同一样，它并不是在法律之外行事的，为了保护社会利益，对其予以适当的国家干预或曰规制也是顺理成章的。二战后，正是随着对仲裁契约性本质的认识的深化，包括美国在内的仲裁发达国家在仲裁立法和实践中形成了引人注目的自由主义趋势，从而促进了仲裁特别是国际商事仲裁的长足发展。而任何偏离前述基本立场，否认或削弱仲裁契约性的认识和做法，都将对仲裁的发展产生有害影响，以此为基础建立起来的仲裁制度远不能称之为真正现代意义上的先进、成功的仲裁制度，尤其对国际商事仲裁而言，将很难发挥其促进国际民商事争议的解决进而推动国际民商事交往的作用。

二、美国商事仲裁制度的基本原则：契约自由

既然仲裁的本质属性是契约性，那么"作为一项合同安排，仲裁应当受当事人意思自治原则的支配，至少理论上是这样。"① 这是因为意思自治或契约自由正是合同法的一项最基本的原则。② 美国最高法院也宣布："在 FAA 下的仲裁是一个合意问题，而非胁迫问题，当事人通常可自由依其认为合适的方式对仲裁协议进行约定。"③ 可以说，契约自由原则贯穿了美国商事仲裁制度的各个方面，并成为确立相关规则的一个主要依据或主要论证依据。

（一）契约自由原则概述

合同法上的契约自由原则主要包含以下内容：④

1. 缔约自由，即当事人可以自由决定是否与他人缔结合同。

2. 选择相对人自由，即当事人可以自由决定与何人缔结合同。

3. 契约内容自由，即双方当事人可以自由决定合同的内容。

---

① ［英］施米托夫：《国际贸易法文选》，赵秀文选译，中国大百科全书出版社1993 年版，第 674 页。

② 作为私法基本原则的意思自治体现在契约领域，也被称为"契约自由"。谓合同领域的意思自治，实际上就是在讲契约自由。

③ *Volt Information Sciences, Inc. v. Board of Trustees of Leland Stanford Junior University*, 489 U. S. 468 (U. S. Supreme Court 1989).

④ 参见余延满：《合同法原论》，武汉大学出版社 1999 年版，第 17～18 页；尹田：《法国现代合同法》，法律出版社 1995 年版，第 14～17 页；崔建远：《合同法》，法律出版社 1998 年版，第 20～21 页；苏号朋：《论契约自由兴起的历史背景及其价值》，载《法律科学》，1999 年第 5 期，第 87～93 页；姚新华：《契约自由论》，载《比较法研究》，1997 年第 1 期，第 19～32 页。

4. 变更或解除的自由，即当事人有权通过协商，在合同成立以后变更合同的内容或者解除合同。

5. 选择合同方式的自由，即当事人有权自由选择意思表示的方式。

6. 同时，契约自由原则必然意味着符合法定条件的合意将产生法律上的拘束力。

7. 合同的相对效力原则，即合同成立所产生的法律效力具有相对性，合同只能约束合同当事人。

8. 选择解决合同纠纷方式的自由。

契约自由思想最早起源于罗马法。在查士丁尼《国法大全》有关诺成契约的规定中基本上包括了现代契约自由的思想。① 但契约自由作为一项法律原则却是迟至近代民法才得以确立。以亚当·斯密为代表的自由主义经济思想是其经济理论的根据，18 世纪至 19 世纪的理性哲学是其哲学基础，代议制民主政体是其兴起的政治保障，而决定这一切并最终决定契约自由成为近代民法基本原则的经济基础则是资本主义市场经济的确立。市场经济就是契约经济。市场经济的竞争属性决定了契约在本质上应是自由的。近代西方工业文明的历程表明：培育和发展市场经济，必须倡导契约自由，离开契约自由，不可能建成繁荣的市场经济。② 有学者曾这样评价契约自由，认为它体现了"对社会深切的人文关怀，成为评价法律的价值尺度和新的立法所追求的境界，推动着人类社会'从身份到契约'的进步运动"。③ 当然，契约自由从来都不是绝对的。资本主义进入垄断阶段以后，随着国家干预经济的加强，契约自由原则受到了一些限制：如各国立法对诚实信用、禁止权利滥用、遵守公序良俗等原则的承认；制定了一些强制性规范，禁止当事人排斥这些规范的适用，等等，其目的都是为了更好地维护社会的公平与正义。不过，国家对契约自由的干预并不是对契约自由的根本否定，契约自由作为契约法上的基本原则，其重要地位并未动摇，事实上也是不能动摇的，因为契约自由并非法学家或立法者的

---

① 参见马俊驹、陈本寒：《罗马法契约自由思想的形成及对后世法律的影响》，载《武汉大学学报（哲学社会科学版）》，1995 年第 1 期，第 65 页。

② 参见余延满：《合同法原论》，武汉大学出版社 1999 年版，第 18～20 页；崔建远：《合同法》，法律出版社 1998 年版，第 19 页；苏号朋：《论契约自由兴起的历史背景及其价值》，载《法律科学》，1999 年第 5 期，第 87～93 页；姚新华：《契约自由论》，载《比较法研究》，1997 年第 1 期，第 19～32 页；卢文道：《试论契约自由及立法干预》，载《南京社会科学》，1996 年第 9 期，第 57～62 页。

③ 姚新华：《契约自由论》，载《比较法研究》，1997 年第 1 期，第 32 页。

凭空臆造，而是生产力不断发展的内在要求和必然结果，如前所述，市场经济离不开契约自由。国家对契约自由的干预，从根本上说是为了克服无限制的契约自由所带来的弊端，弥补契约自由之不足，使契约自由精神真正发扬光大。因此，契约自由只是从无限制的变成了有限制的，契约自由依然是契约法的基本原则。①

同样，契约自由原则也已被我国合同立法所确认，这是我国经济体制改革和市场经济发展的必然产物。没有契约自由，交易就无法顺利进行，整个市场经济的运行将会受到严重的阻碍。因此，我国合同法适应市场经济不断发展的迫切要求，已将契约自由作为其基本原则加以确立。我国《合同法》第4条规定："当事人依法享有自愿订立合同的权利，任何单位和个人不得非法干预。"

实行意思自治是市场经济的必然要求，美国是比较典型的自由市场经济国家，在法律上表现出了对个人意思自治从未有过的重视。在美国，契约自由被看作是受正当司法程序保护的自由的基本组成部分，法律的目标旨在提供法律手段、法律程序和法律强制力，以创立一个保护合理愿望的结构。深受古典自然法思想和自由主义哲学思潮影响的美国的法官们认为，前者意味着人人都具有缔结契约的不可剥夺的权利，而后者则意指每个人都应有完全的自由订立反映其自由意志的契约。因此，法律应给予人们缔约的自由，政府的惟一合法职能是使由私人契约创设的义务得到强制的执行，即法律只有在契约一方当事人不履行契约致使另一方受到损害时，才能以强制手段保护受害一方。契约自由组成了公法和私法的连接点，这一原则甚至被认为是宪法所规定的公民自由原则的一个重要组成部分。总之，在美国，契约自由支配了全部的法律，法律的存在不仅是为了保证自由缔约权不受其他人的侵害，更重要的是保证不受来自社会和政府的侵害。法律不能对缔约的能力加以限制，因为这种能力是自然本身所赋予的。②

（二）契约自由原则在美国商事仲裁制度中的体现

现在我们再来重新审视美国的商事仲裁制度，不能不承认，这个国家在商事仲裁领域确实将契约自由原则发挥得淋漓尽致，可以说，当事人意

---

① 金健：《契约自由、国家干预与中国合同法》，载《法学评论》，1998 年第 6 期，第 62～63 页。

② 苏号朋：《论契约自由兴起的历史背景及其价值》，载《法律科学》，1999 年第 5 期，第 92 页。

思自治是美国商事仲裁制度的基础和核心。

在仲裁领域，尊重当事人的意思，首先必然体现为尊重当事人选择仲裁作为争议解决方式的意愿，从而也就深刻地体现为美国"支持仲裁"的联邦政策。可以说，无论是对仲裁范围的不断扩大，还是对仲裁协议和仲裁裁决采取支持执行的态度，其直接后果都是尽量实现当事人通过仲裁解决争议的意思。

对契约自由的这种强调贯穿了美国商事仲裁制度的各个方面。

例如，法院总是尽量承认仲裁协议的效力，不会轻易允许一方当事人以某种借口为由背弃该契约而诉诸法院。美国最高法院承认"仲裁是合同问题，不能要求一方当事人将任何他未曾同意提交仲裁的争议交付仲裁解决"，[1] 但"对当事人仲裁意图的最细微的迹象都应赋予充分的效力。"[2] 一个明显的例证是，对于存在缺陷的仲裁协议，如法院断定该规定的精髓就是约定仲裁，则尽管存在缺陷，法院仍将对该协议予以执行，以尽可能满足当事人将争议提交仲裁解决的愿望。此外，由于法院确认"当事人有权约定将来发生争议时由仲裁员决定的事项之一是当事人一方是否被欺诈性地诱导而订立了有关商品交付的主合同"，[3] 从而肯定了仲裁条款的独立性。美国最高法院还认定："谁享有主要权力决定可仲裁性的问题应取决于当事人对该问题的约定"，[4] 从而在以当事人意思为根据的基础上将管辖权/管辖权原则拓展到了最宽泛的含义。除是否仲裁以及仲裁的事项取决于当事人的意思外，法院还认定当事人"也可以通过合同具体指定进行仲裁所依据的规则"。此外，联邦法院还确立了 FAA 下的联邦法优先原则，即 FAA 优先于干涉当事人签订仲裁协议的合同权利的州法。在承认与执行仲裁裁决的问题上，法院同样强调了对当事人意思的尊重。法院总是尽量减少对仲裁裁决的司法审查，尤其是不涉及对仲裁裁决实质部分的审查，其原因正如 *United Paperworkers Int'l Union v. Misco, Inc.* [5] 一案中法院所指出的那样："因为当事人已经通过合同约定由他们选择的仲裁员而非法官解决他们之间的争议，那么他们同意接受的就是仲

---

① *United Steelworkers of America v. Warrior and Gulf Navigation Co.*, 363 U. S. 574, 582 (1960).

② *Republic of Nicaragua v. Standard Fruit Co.*, 937 F. 2d 469 (9th Cir. 1991).

③ *Robert Lawrence Co. v. Devonshire Fabrics, Inc.*, 271 F. 2d 402 (2d Cir. 1959).

④ *First Options of Chicago, Inc. v. Kaplan*, 514 U. S. 938 (U. S. Supreme Court 1995).

⑤ 484 U. S. 29, 38 (1987).

裁员对合同事实及含义的看法……只要仲裁员解释或适用了合同并在授权范围内行事，那么即使法院确信仲裁员犯了严重的错误也不能推翻其裁决。"法院"不能像上诉法院审查下级法院的判决那样开庭审理对仲裁员事实或法律错误所提出的诉求"。

对契约自由的这种强调还体现在其他种种具体规则和制度上。例如，仲裁员是否有权作出惩罚性裁决取决于仲裁条款的规定；① 在合同授权的情况下，仲裁员有权弥补合同里的漏缺或修改合同以适应发生根本变化的环境；大部分联邦法院还认为，在当事人的仲裁协议都作了授权的情况下，可准许合并仲裁，② 等等。如此种种，无不体现了对当事人意思的尊重。

总之，正如最高法院多次强调的，法院应该像执行其他合同一样，依当事人的规定执行私人谈判达成的仲裁协议。③ 对仲裁领域契约自由原则的这一表述在美国商事仲裁制度的各个方面获得了充分体现，契约自由是美国商事仲裁制度的基本原则。

第二节　支持仲裁的联邦政策

一、仲裁的优越性

毫无疑问，包括美国在内的仲裁发达国家之所以确立"支持仲裁"的政策，与作为争议解决方式的仲裁本身的特点和优点是分不开的。而如何认识仲裁的优越性，无疑也是我们在认识仲裁并确立有关原则和政策时必须首先解决的一个问题。因此，尽管关于仲裁优越性的讨论同样已经很多，此处仍将对其予以总结和归纳，它是我们进行后续讨论的前提。

（一）仲裁程序的公正性

公正具有两个不太明确的标准，一是"实体的正义"或"实质的正义"，一是"程序的正义"，或称为"程序的公正"。程序公正所强调的不是程序的道德性侧面，而是程序所具有的独特的道德内容。其实质是排除

---

① *Mastrobuono v. Shearson Lehman Hutton, Inc.*, 115 S. Ct. 1212 (1995).

② See Jack J. Coe, Jr., *International Commercial Arbitration: American Principles and Practice in a Global Context* 195 (1997).

③ *Prima Paint Corp. v. Flood & Conklin Manufacturing Co.*, 388 U.S. 395, 404 n. 12 (1967).

恣意因素，保证决定的客观正确。因此，程序公正总是与通过程序而达到的结果公正联系在一起的，为实现实质正义，需要程序正义来保障。同时，通过公正程序得到的结果也获得了"正当化"。为实现仲裁的程序公正，需建立两个目标模式。一为理性化的公正，这是程序公正的最高形式，其基本涵义为，在诉讼中，把正义的法律和法律所应有的正义精神现实地用于冲突的解决。对于仲裁程序而言，仲裁庭对于法律的适用有很大的灵活性，这为实现理性化的公正模式奠定了基础。程序公正的另一目标模式是程序过程的公正，意味着在整个程序过程中公正地对待作为当事人的冲突主体，保证冲突主体有足够和充分地表达自己愿望、主张和请求的手段和行为的空间。仲裁程序的上述第一种目标模式反映了仲裁程序不同于司法程序的独特之处，也就是说，仲裁程序之所以成为当事人协议选择的纠纷解决程序，是因为它更有可能实现理性化的公正模式；第二种目标模式反映了仲裁程序与司法程序的相似之处，即追求过程的正当化，保证程序主体在程序活动中应当受到和实际受到公正的对待。①

　　无论是理性化的公正也好，程序过程的公正也罢，仲裁所体现出来的极大的自主性或者说对当事人合法意愿的充分尊重正有助于实现仲裁程序的公正。仲裁协议是仲裁机构获得管辖权的基础。从仲裁程序的发生直至终结，都体现着对当事人合法意愿的满足和尊重。仲裁程序的许多方面都是根据当事人的约定或选择而进行的。例如仲裁规则和实体规范的适用、仲裁庭的组成、仲裁审理的方式、是否接受调解等，概由当事人决定。可以说，仲裁程序具有司法程序不可比拟的优势就是冲突主体解决冲突的合法的实体处理意向与程序设置能够最大限度地得到立法的承认，冲突主体对于冲突事实的真实感受和自认正当的权益要求与裁决结果能够最大限度地达到一致，从而使当事人对仲裁公正产生肯定的主观评价。②

　　当然，进入仲裁程序的双方当事人往往具有不同的事实感受和权益要求，这是正常的。由于程序是一个动态的过程，在动态过程中让双方当事人都得到公平的对待是其认同裁判结果的前提条件。同时，在动态过程中，保持形式上单一的公平标准也是不可能的。因此，仲裁程序公正的惟一出路就是"衡平"。衡平意味着某种程序上的调和或妥协，即用妥协的

---

　　①　参见杨荣新主编：《仲裁法理论与适用》，中国经济出版社 1998 年版，第 18～22 页。

　　②　参见杨荣新主编：《仲裁法理论与适用》，中国经济出版社 1998 年版，第 26～27 页。

办法来减少适用这种或那种标准的意见之间的差异。加强当事人之间的联系有助于达成一定的妥协。这就要求在动态的程序中给当事人创造对话和交流的情境，参与对事实证明和法律运用或公平处理等问题的讨论和辩论。当然，这并不意味着仲裁权的式微，相反，尊重程序主体在程序中意思自治，有助于实现理性化的公正，也为一次终局裁决获得更为充分的正当资源。因此，从这个意义上说，尊重仲裁主体的合法意愿是仲裁程序公正实现的有力保障。①

仲裁的其他优点如非正式性和灵活性无不基于此点考虑而来。

也正是由于以上原因，在仲裁过程中更易形成一种友好和谐的气氛，有助于双方当事人对争议事项达成和解或同意采取友好仲裁方式解决争议，② 从而获得能够使当事各方都较满意的结果，又不伤和气，为双方继续合作留下可能。即使当事人无法达成和解，如前所述，由于仲裁过程所体现出的对当事人意愿的充分尊重，导致当事人对仲裁程序公正性最大程度的认同，由此作出的仲裁裁决较之法院判决也更易得到当事人的遵守。③

此外，相较诉讼程序，仲裁因上述原因更易实现个案的公正。在充分尊重当事人意愿的基础上，仲裁程序的灵活性、非正规性和针对性等等使得仲裁过程中所追求的"公平"、"正义"理念更适合于特定社会关系、特定主体和特定纠纷的解决，并且使对弱势群体的保护成为可能。④

（二）仲裁程序的效益性

仲裁本身是市场经济不断发展的产物。市场经济作为一种对社会资源

---

① 参见杨荣新主编：《仲裁法理论与适用》，中国经济出版社 1998 年版，第 27～28 页。

② 友好仲裁是指仲裁庭经双方当事人授权，在认为适用严格的法律规则会导致不公平结果的情况下，不依据严格的法律规则，而是依据它所认为的公平的标准作出对双方当事人有约束力的裁决。参见韩健：《现代国际商事仲裁法的理论与实践》（修订本），法律出版社 2000 年版，第 26～28 页。

③ 事实上，大部分仲裁裁决都获得了自动遵守。例如，据统计，ICC 裁决获得自愿遵守的超过 90%。Lalive, *Enforcing Awards*, in ICC, *60 Years of ICC Arbitration* 317, 319 (1984).

④ 一位学者曾指出，仲裁的优越性之一是保护文化弱势群体"免受代表一般大众的法院在程序和实体方面的文化偏见，并可为程序改革提供一个实验室，使文化弱势群体可以寻求塑造比大多数所制定的所谓'均码号'规则更适于支配其生活的规则"。E. Gary Spitko, *Judge Not: In Defense of Minority - Culture Arbitration*, 77 Wash. U. L. Q. 1065 (1999).

进行高效、合理配置的经济模式，要求快速解决纠纷，以提高资源优化配置的水平。仲裁直接作用于市场交往行为，以平等主体之间的合同纠纷和其他财产权益纠纷为裁决对象，市场经济为仲裁追求效益提出了客观要求。① 从根本上讲，仲裁之所以存在并发扬光大，是因为它以效益为价值准则，即它通过当事人自愿选择的私人中介，在不违背社会公共利益和尽量不动用公共权威、不花费公帑的情况下解决纷争，从而实现市场的有序运转及社会资源的合理配置，使当事人和社会都能得到较大收益或避免较大损失。② 仲裁程序的效益性主要体现在以下几个方面：

仲裁实行一裁终局，绝大多数情况下都不存在所谓上诉和申诉之说（包括仲裁二审上诉和向法院提起的上诉），各国法院虽保留对仲裁裁决的司法审查，但这种审查非常有限，而一般国家的诉讼都是二审终审制或三审终审制。"纠正司法错误的（上诉）程序缓慢且耗资巨大。在商业界看来，仲裁的最大好处之一就是取消了这一纠正司法错误的上诉程序。……喜欢仲裁而不愿意涉诉的当事人至少期待着尽快了结他们之间的争议，避免上诉程序中金钱与时间的耗费。"③ "在现代社会中，时间就是金钱，一个缠讼经年，以获得最高赔偿额的判决，就运转中的企业而言，通常是不及一个迅速而立即的和解来的有利。"④

仲裁专业性强。民商事争议特别是国际民商事争议常常涉及较复杂的法律、经贸和技术问题，而法官可能是法律专家但缺少其他领域的专业知识，从而使判决缺乏权威性和说服力。由于仲裁具有当事人自治的特点，针对一些专业性很强的争议，可以选择该专业领域的专家作为仲裁员，为正确合理的解决争议，加快争议解决的速度提供了保障。

仲裁的保密性。对案件不公开审理、裁决是仲裁的原则，可以说是国际性的习惯做法。而诉讼则以公开审理为原则，即使案件因涉及国家机密或当事人隐私不公开审理，判决也是公开的。仲裁的这一特性有利于当事人保护自己的商业信誉和商业秘密，既不会因泄密而为商场上的竞争对手加以利用打击，也不会因某些事实的公开而影响其声誉和日后的经营。同

---

① 赵健：《国际商事仲裁的司法监督》，法律出版社 2000 年版，第 5~6 页。

② 宋连斌：《国际商事仲裁管辖权研究》，法律出版社 2000 年版，第 30 页。

③ ［英］施米托夫：《国际贸易法文选》，赵秀文选译，中国大百科全书出版社 1993 年版，第 674~675 页。

④ Widiss, *Arbitration: Commercial Disputes, Insurance and Torts Claims* 14 (1979)，转引自陈焕文：《国际仲裁法专论》，台湾五南图书出版有限公司 1994 年版，第 7 页。

时，公众干扰和刺激的减少也有利于争议解决。显然，仲裁的这一优越性也是诉讼所不及的，对当事人隐私及秘密的尊重和保护是仲裁广受商业界人士青睐的重要原因之一。

仲裁速度较快。这固然与仲裁的一裁终局有关，同时仲裁程序的非正式性、灵活性也使其较诉讼更有效率。比如，在美国，仲裁过程中要求证据开示（discovery）的范围就不像诉讼中所要求的那么广泛。这对当事人而言显然很有吸引力，因为它节省时间和金钱，并减少了对商业秘密的泄露。① 另外，仲裁裁决可以在不附具理由和不作完整记录的情况下作出，而法院判决则不可以这样。并且各国仲裁法或仲裁规则无不对当事人和仲裁庭进行仲裁行为规定明确的期间，以促使程序主体尽早为某一特定的程序行为。而反观世界各国的民事诉讼，则几乎无一例外地存在着迟延的问题，尽管迟延的程度不同，导致诉讼迟延的原因也是多方面的。迟延被称为诉讼的顽症。各国在克服这一顽症时采用的措施各有不同，但迄今为止，除我国在民事诉讼法中明确规定了诉讼的审限外，用法律规定审限来解决迟延问题的似不多见。以美国为例，美国普通民事案件一般耗时约14 个月（产品责任案件平均处理期间为 25 个月强），在积案的情况下则耗时 2 ~ 10 年不等。② "延迟是美国法院审理案件中的一个严重问题，特别是民事案件。每一个联邦法院和州法院都经历了审理前诉讼的延迟。延迟连续 3 年的情况对于许多类型的民事案件来说并非鲜见"。③ 国际商事争议的诉讼拖延的时间更长。旷日持久的诉讼耗时耗力，不但在较长时间内置当事人权利于不确定的状态中，而且花费也大。"正义的第二种涵义——也许是最普通的涵义——是效率"，尽管"正义并不仅仅具有效率的涵义"。④ 又如英谚所云："迟到的公正无异于抹杀公正。"在这种情况下，仲裁存在的价值又一次充分地体现出来。当然，仲裁程序要有效率，也有一定的前提条件。一般而言，只要仲裁员接受指定后付出当事人合理

---

① See Gary B. Born, *International Commercial Arbitration in the United States: Commentary and Materials* 7 (1994).

② 范愉：《非诉讼纠纷解决机制研究》，中国人民大学出版社 2000 年版，第116 ~ 118 页。

③ ［美］彼得·G·伦斯特洛姆编：《美国法律辞典》，贺卫方、樊翠华、刘茂林、谢鹏程译，中国政法大学出版社 1998 年版，第 241 页，转引自范愉：《非诉讼纠纷解决机制研究》，中国人民大学出版社 2000 年版，第 116 页。

④ ［美］理查德·A·波斯纳：《法律的经济分析》，蒋兆康译，中国大百科全书出版社 1997 年版，第 31 ~ 32 页。

期望的时间、精力，不做不必要的延宕，依照程序及时作出裁决，① 仲裁高效的优越性通常是能够得以发挥的。不过，我们也要看到，由于各种复杂的主客观原因，仲裁中有时也可能出现一些不必要的拖延，这需要通过不断完善仲裁制度，包括加强对仲裁员的管理来予以改变。总的来说，采用仲裁方式解决争议比诉诸法院更节省时间，这是一个不争的事实。

　　费用低也是常被提及的仲裁的优势。不过在国际商事仲裁中，由于情况的复杂性，这一优点是相对的。有时可能的确如此，但有时也不尽然。比如发展中国家的当事人到斯德哥尔摩、伦敦、巴黎等地去仲裁，会发现成本比在其本国诉讼昂贵得多。当然，任何争议的处理都有一定的成本，费用低不必然是国际商事仲裁的优点，准确的提法应是不花费不必要的费用。② 毕竟，一裁终局、程序简便在节省时间的同时往往也节省了费用的支出。何况仲裁庭对仲裁程序的处理及所作裁决相较法院诉讼具有一定的灵活性，可在一定情况下尽量减少当事人蒙受的损失，并考虑到其未来收益。加之仲裁所具有的其他优点，如保密性等当然会给当事人潜在的经济利益带来好处，虽然其并不表现为即时的费用支付。正如有学者指出的那样："与其他纠纷解决方式相比较而言，诉讼永远是一种成本最高的救济方式。"③

　　（三）仲裁程序的主体性④

　　把程序主体性作为程序的价值目标，是现代程序法的一个重要价值取向。程序主体性原则有3项基本要求：（1）司法裁判程序的构成及运作须以保障受裁判者之程序主体权即程序上基本人权为必要内容；（2）不论立法者或法院均应致力于充实诸项程序制度，巩固诉讼程序上当事人及利害关系人之程序主体地位；（3）在司法裁判上，其裁判所涉之当事人及利害关系人应受尊重为程序之主体，而不应仅被当成程序之客体来处理或支配。在诉讼程序中，当事人的程序主体地位是相对的。刑事诉讼自不必说，即使在民事诉讼中，国家审判权也处于当事人诉讼权利之上的公

---

　　①　参见宋连斌：《国际商事仲裁管辖权研究》，法律出版社2000年版，第33页。

　　②　宋连斌：《国际商事仲裁管辖权研究》，法律出版社2000年版，第24、34页。

　　③　范愉：《非诉讼纠纷解决机制研究》，中国人民大学出版社2000年版，第114页。

　　④　参见杨荣新主编：《仲裁法理论与适用》，中国经济出版社1998年版，第31～34页。

权地位，程序主体性的实现仍然受到公权救济方式及诉讼结构等因素的制约。在仲裁程序中，程序主体性原则得到了充分体现。仲裁契约性的本质特征，使充分的主体性成为仲裁制度设计和运行的价值目标，使现代法制的民主精神以及市场经济主体"人格主体性"在程序法中得到充分展现，使"司法程序与私法秩序结合起来了"。

在现代仲裁法中，充分的程序主体性对防止裁判者的恣意和限制自由裁量权起到了重要作用。防止恣意和限制自由裁量的措施可以在纵向的审级中寻找（即由上级法院对下级法院的审判进行复审），也可以在横向的合意中去寻求。诉讼解决纠纷的方式侧重于前者，而仲裁则偏重于后者。也就是说，仲裁程序主体性实现的途径主要是通过当事人之间的合意来达到仲裁程序的推进及纠纷解决的目的。它的优点是不言而喻的。一些国家已经出现了从仲裁中借鉴当事人合意改进诉讼程序的做法。

显然，仲裁程序主体性目标实现的关键是充分肯定当事人意思自治在仲裁程序中的作用，即：1. 确认当事人在不违反法律基本原则的限度内有为自己设定仲裁方式、从事程序上的法律行为的意思自由，并赋予其效力性。2. 意思自治原则确认依法成立的仲裁协议具有优先于仲裁法的任意性规范或推定条款而适用的效力。当然，意思自治和合意并不能违背强制性法律规范和法律的基本原则。

（四）仲裁程序的中立性

人们通常将国际商事仲裁视为一种可以寻求真正中立的裁判者的方法。在发生国际商事争议时，商人们往往担心对方国家的国内法院可能对外方当事人利益有所歧视或对所涉争议之领域不够熟悉，以致无法获得公正的裁决，而国际商事仲裁则提供了能够使当事人满意的至少在理论上是合格的裁判者。原则上，仲裁员不附属于任何一方当事人或任何国内国际管制机构，其可来自不同的国家，既可能与当事人是同一国籍，也可能是不同国籍，当事人在选择仲裁员上享有较大自由，这样的裁判者自然更能获得当事人的信任。加之仲裁员是以私人身份作出裁决的，并不代表任何政府当局，因此其在作出判断时较少受到狭隘的国家利益的影响。因而，在当事人看来，仲裁的公正性更有保障，所以更愿意选择仲裁为解决争议的方式。

（五）仲裁程序的国际性

正是因为具有以上优点，仲裁遂成为各国普遍接受的解决国际民商事争议的重要方式，并通过以《纽约公约》为代表的国际条约使其具有了另一个优点：国际性。

1. 管辖权的确定性

就国际商事争议而言，在国内法院涉诉具有很大的不确定性。当事人在订立跨国合同时很难预料如出现争议哪个国家法院有管辖权，且对对方国家的法院缺乏信任，难以达成协议管辖。这样一旦发生争议就容易产生管辖权冲突问题。这是因为对一个国际性商业合约，往往几个国家的法院都有管辖权。而国与国之间的法律常会有较大的差异，"一出了事，在哪一国的法院受理，适用该国法律会有重大甚至生死的分别。"① 这就会导致常见的"挑选法院"（forum shopping）的作法，即原告选择对他最为有利的法院提起诉讼。这种作法对被告而言当然是不公平的，为了变被动为主动，被告往往又会就同一争议在另一法院提起诉讼，这就产生了一事两诉。一事两诉带来了一系列问题，如司法资源的浪费、当事人不便以及因判决的抵触而给承认与执行造成困难等。而当事人如在合同中加入仲裁条款或订立仲裁协议，则可较好地解决这一问题，即通过规定单一的、排他的争议解决机制使管辖权恒定，避免了因管辖权冲突带来的诸多麻烦。当然，能够做到这一点，与《纽约公约》等国际性条约对缔约国法院施加了执行仲裁协议、中止有关诉讼的义务是分不开的。

2. 裁决执行的普遍性

由于《纽约公约》及区域性国际商事仲裁条约、大量包含仲裁合作的双边司法协助协定的存在以及仲裁的民间性，仲裁裁决相较法院判决更容易获得外国法院的承认与执行。特别是《纽约公约》有100多个参加国，涵盖了所有在仲裁和国际经济交往上重要的国家，而《纽约公约》对缔约国执行仲裁裁决的义务只规定了非常有限的例外。因此仲裁裁决在国际上的执行是比较容易的。但在执行外国法院判决的问题上，则没有如此众多国家参加的国际公约。鉴于各国在政治、经济制度和意识形态上的差异，而法院又作为各国国家机器的组成部分，服务于特定国家的统治阶级的利益，所以，具有不同社会制度和意识形态国家的法院，往往对其他国家法院作出的判决抱有不信任态度，因而在承认与执行外国法院判决所要求的条件及其审查上，往往附以苛刻的条件。② 因此，国内法院的判决，"往往出不了国门，无法在外国执行"。③ 而判决若不能得到执行，

① 杨良宜：《国际商务仲裁》，中国政法大学出版社1997年版，第26页。

② 郭寿康、赵秀文主编：《国际经济贸易仲裁法》（修订本），中国法制出版社1999年版，第8页。

③ 杨良宜：《国际商务仲裁》，中国政法大学出版社1997年版，第34页。

当事人的权益就落空，有关争议也因此没有真正地得到解决。毫无疑问，仲裁裁决在执行上的国际性优势，是国际商界人士大多倾向选择仲裁解决纠纷的重要原因。事实上，仲裁裁决在执行上的便利也有助于促使当事人自觉履行裁决。

（六）支持仲裁的其他原因

当然，之所以形成支持仲裁的这种大趋势、大潮流，还有许多其他原因，譬如：

1. 诉讼量的激增与积案问题。①　一般而言，近现代以来，世界各国的诉讼量都是在逐年递增的，而且，这种增长的速度常常快于人口和国民经济的增长率。尤其是在美国，更出现了所谓"诉讼爆炸"。关于其中的原因，众说纷纭，由于篇幅所限，这里对此就不加以详细讨论了。以美国为例，一方面是诉讼大量激增，另一方面出于保证法院的权威和法官的素质、避免进一步诱发滥诉，以及节约司法资源等多方面的考虑，美国的法院规模仍然基本保持不变，这就不可避免地导致诉讼与审判之间的比例失调。于是，积案如山就成为今天美国法院的真实写照。据说，"在芝加哥法院审理的是八年前起诉的案事，在纽约，如果要及时审结所有案件，每个案子只能审理十七分钟。另外，由于刑事案件的增加，民事案件只能暂放一边，在过去几年里，有十个州的法院不得不暂时停止审理民事案件，更造成民事案件的冗积"。②　而积案问题又与诉讼的迟延相互作用，可以说，诉讼的迟延既是积案的原因所在，又因积案的继续累积而加重。因此，对仲裁及其他 ADR 形式的利用对于美国社会来说就成为一种必然的选择，是通过分担纠纷解决的压力保护法院、保护司法的重要措施。当前，在其他西方国家，尽管情况没有这样严重，但也出现了同样的忧虑和利用仲裁等 ADR 方式作为对策的趋势。而且，即使法院面临的压力还没有达到超负荷的境地，未雨绸缪也不失为明智之举。

2. 仲裁的产业化。随着仲裁制度的不断发展，以及各国对仲裁功能认识的进一步深入，仲裁已步入产业化（industry）阶段。③　作为一门

---

① 参见范愉：《非诉讼纠纷解决机制研究》，中国人民大学出版社 2000 年版，第 110 ~ 112 页。

② 岑雅衍、金一波：《ADR 的法律探析》，载《宁波大学学报》，1995 年第 3 期，转引自范愉：《非诉讼纠纷解决机制研究》，中国人民大学出版社 2000 年版，第 111 页。

③ See Michael John Mustill, *Arbitration: History and Background*, 6 J. Int'l Arb. 43 (1989)（"仲裁是一个成长中的产业"）.

"生意"（business），当今世界各国都在竞相争取仲裁特别是国际商事仲裁这个大市场。① 尤其是以美国为代表的几个仲裁大国更是展开了成为国际仲裁中心的激烈竞争。为吸引更多的国际商界人士在发生争议时选择到本国来进行仲裁，就需要不断改进和完善仲裁立法，为仲裁提供更加宽松、自由的环境。因此，支持、鼓励仲裁已成为一种世界性的趋势。

3. 对外贸易发展的需要。经济全球化的背景下，各国对外经贸交往频繁。有交往就有纠纷，这些纠纷如不能通过适当的方式予以及时、合理地化解，就会严重阻碍国际民商事交往，进而影响一国的经济发展。如前所述，仲裁作为解决国际民商事争议的重要方式具有很大的优越性，因此大力完善、发展仲裁也就成为各国必然的选择。美国法院在处理涉及国际商事仲裁的案件时，虽然也常常提到"国际礼让"等具有道德色彩的字眼，但它们更特别指出，事先在合同中明确规定审判地和法律适用条款几乎是赢得国际商事交易所必需的有序性和可预见性所必不可少的前提条件，如果美国法院狭隘地以本国法需要为由拒绝执行国际仲裁协议，则不但摧毁订立仲裁协议的目的，而且引起当事人为保证其战略诉讼优势而采取的不适当的破坏性欺诈，这种投机气氛将肯定破坏国际商业和贸易秩序，并且危害商人达成国际商事合同的愿望和能力。这最终不利于美国在世界市场享有贸易和商业。② 可见，作为国际贸易大国的美国是将仲裁这一争议解决机制作为促进其对外经贸发展的保障之一的。

（七）仲裁与其他 ADR 的比较优势

此外，值得一提的是仲裁与其他替代争议解决方式的比较优势。虽然针对目前仲裁领域出现的一些现象，有学者撰文指出，作为争议解决方式的仲裁已受到来自调解等其他 ADR 的巨大冲击和挑战，但正如后文所述，这些学者所特别抨击的仲裁实际上是"诉讼化"了的仲裁，仲裁的这种诉讼化本来就偏离了仲裁原有的特质，正是我们在实践中应加以防止和摒弃的。对此下文将进一步予以探讨。事实上，特别是"在解决国际商事争端中，诉讼、调解等解决争议方式不大可能对仲裁产生大的冲击，仲裁依然是首选方式。……和调解等其他 ADR 方式相比较，由于调解等方式的终局性问题、效率低的难题难以解决，当事人就可能更容易倾向于选择

---

① *See* Errol P. Mendes, *Canada: A New Forum to Develop the Cultural Psychology of International Commercial Arbitration*, 3 J. Int'l Arb. 71 (1986).

② *Scherk v. Alberto-Culver Co.*, 417 U.S. 506 (1974).

仲裁。"① 此外，还有一个现实问题，即在涉及其他替代争议解决方法时，《纽约公约》和国内仲裁立法中"支持仲裁"的机制都不一定适用。无论如何，当主要考虑因素是获得一份具有强制执行力的裁决时，仲裁的优越性就是其他争议解决方式所无法企及的。② 所以，最近对《财富》杂志1000家公司的调查显示，仲裁依然是商事交易中最主要的争议解决方式。③

当然，与任何一种争议解决方式一样，仲裁也不是十全十美的，或者按照某些学者的说法，仲裁并非"万灵丹"，④ 它的利用有时不得不以当事人牺牲或放弃一部分实体权利和诉讼权利为代价；结果也并非尽如人意。⑤ 但事物的性质总是如此，一种价值的获得可能往往意味着另一种价值的丧失，关键是你的选择是什么以及为你提供选择的机会。

二、支持仲裁政策的确立与贯彻

(一) 支持仲裁政策的提出

在人类社会的历史长河中，社会冲突的解决方式大概经历了从"私力救济"到"公力救济"的发展过程。"以牙还牙"、自决、和解等就是最原始、最简单的"私力救济"方式。随着社会矛盾的复杂化，私力救济方式便显得力不从心，社会主体对冲突的解决转而求助于社会公力，诉讼就是"公力救济"最重要的形式。诉讼的本质特征在于凭借国家强制力而非依靠争议主体自身的力量来解决争议和冲突。但是，随着社会经济与科技的进一步发展，社会成员的主体意识不断增强，对争议解决机制的要求也越来越高。当争议发生时，争议主体多希望以一种既能尊重当事人意愿，又经济、迅速的方式来解决之。仲裁制度正是适应这种社会需要而

---

① 赵健：《中国国际商事仲裁的回顾与展望》，载《中国国际私法与比较法年刊》第 4 卷，法律出版社 2001 年版，第 630 页。

② 如前所述，就国际争议而言，在这一点上，司法判决亦不如仲裁裁决。

③ David B. Lipsky & Ronald L. Seeber, Cornell/PERC Institute on Conflict Resolution, The Appropriate Resolution of Corporate Disputes: A Report on the Growing Use of ADR by U. S. Corporations (1998). 转引自 Thomas J. Stipanowich, Contracts Symposium, *Contract and Conflict Management*, 2001 Wis. L. Rev. 831, 840 (2001).

④ Steven C. Bennett, Esq., *Arbitration: Essential Concepts* 8-9 (2002).

⑤ 参见范愉：《非诉讼纠纷解决机制研究》，中国人民大学出版社 2000 年版，第 45 页。

产生和发展起来的一种争议处理机制，或称权利救济方式。①

考虑到仲裁的种种优势，我们不难理解为什么会有那么多拥护仲裁的支持者。"在国际商事交易中，仲裁已成为最受欢迎的争议解决方式。仲裁之所以比争议的司法解决方式更受到青睐，是因为当事人在仲裁中拥有很大的自由和灵活性以选择仲裁员、仲裁地、仲裁的程序规则和调整他们之间的关系及权利的实体法律。"② 正如 Gary B. Born 所言："实际上，如果定要归纳一番的话，国际仲裁与民主并无多大不同；它当然不是完美无缺的，但总的来说它比其替代品更好。对那些有过相关经历的人而言，在国内法院对复杂的国际争议提起诉讼通常显得毫无吸引力。尽管可能还存在这样或那样的缺陷，但无论如何，当国际交易发生问题而不可避免地产生纠纷时，仲裁往往提供了最有效的终局解决方法。"③

美国法院在早期对作为一种争议解决机制的仲裁是持怀疑态度的。法院将仲裁视作司法审判的竞争者，对其缺乏信任。特别是，法院不承认仲裁协议的强制性，在一方当事人拒绝仲裁的情况下并不要求对仲裁协议予以特别执行。因此，商事仲裁的作用受到严格的限制。直到 20 世纪，商业界对诉讼质量、诉讼速度和诉讼费用的普遍不满导致美国上下一致努力以改革普通法对待仲裁的态度。最终，美国国会于 1925 年颁布了《联邦仲裁法》（FAA），最高法院确认，该法"通过将仲裁协议置于'与其他合同同等的地位'推翻了几个世纪以来对仲裁协议的司法敌意……"④ 体现了"大力支持争议的仲裁解决的联邦政策"。⑤ 美国法院还强调："任何有关 FAA 解释的疑问都应按该法支持仲裁的自由主义政策解决，以符合当事人的初衷并协助减轻法院目前过重的工作负担。"⑥ 支持仲裁的

---

① 刘秀凤：《商事仲裁与诉讼》，人民法院出版社 1999 年版，第 1～2 页。

② Buchanan, *Public Policy and International Commercial Arbitration*, 26 Am. Bus. L. J. 511, 512 (1988); Aksen, *The Need to Utilize International Arbitration*, 17 Vand. J. Trans. L. 11, 11 (1984). 转引自 Gary B. Born, *International Commercial Arbitration in the United States: Commentary and Materials* 8-9 (1994).

③ Gary B. Born, *International Commercial Arbitration in the United States: Commentary and Materials* 9 (1994).

④ *Shearson/American Express, Inc. v. McMahon*, 482 U. S. 220, 226 (1987) (quoting *Scherk v. Alberto-Culver Co.*, 417 U. S. 506; 510-11 (1974)).

⑤ *Quackenbush v. Allstate Ins. Co.*, 116 S. Ct. 1712, 1727 (1996) (quoting *Mitsubishi Motors Corp. v. Soler Chrysler-Plymouth, Inc.*, 473 U. S. 614, 631 (1985)).

⑥ *Robert Lawrence Co. v. Devonshire Fabrics, Inc.*, 271 F. 2d 402 (2d Cir. 1959).

联邦政策由此确立。各级法院充分认识到仲裁的优势，认为它不仅是一种
有效率的争议解决方式，而且减轻了法院的压力和负担：

> 较法院完整的诉讼而言，仲裁通常是一种更低廉的争议解决方
> 式，认识这一点很重要。由于仲裁协议避免了法院诉讼，仲裁不仅为
> 仲裁协议的当事人节省了费用，而且为纳税人节省了费用——纳税人
> 必须承担维持司法系统运作的负担。①

法院还特别强调支持仲裁的政策在适用于国际交易中的仲裁协议时
"具有特别的动力"②：

> 事先在合同中明确规定审判地和法律适用选择条款几乎是赢得国
> 际商事交易所必需的有序性和可预见性所必不可少的前提条件。此
> 外，这样的约定避免了这样一种危险，即合同争议可能被提交给对一
> 方当事人利益敌视或不熟悉争议事项领域问题的法院。③

美国法院对仲裁优势的上述认识在有关执行仲裁协议或仲裁裁决的一
系列判例中随处可见。而"仲裁审判的有效性直接取决于法律制度承认
仲裁满足了社会需要。"④ 在充分认识到仲裁优越性的基础上，美国法院
对仲裁的支持和发展达到了几乎令人叹为观止的地步。正如一位美国学者
所指出的：

> 我们看到的是一个对仲裁相当友好的法律体制。商事仲裁作为缓
> 解美国法官部分工作量的一种方式受到了他们的欢迎，而非被其视作
> 对其特权的侵犯而予以拒绝。
> 现在我们的替代争议解决系统伴随我们的法院系统运转得自如且

---

① 116 Cong. Rec. 22, 732-33 (daily ed. July 24, 1970) (Hamilton Fish). *See also Id.* At 22, 731 (Andrew Jacobs); *Fuller Co. v. Compagnie des Bauxites Guiness*, 421 F. Supp. 938, 947 (W. D. Pa. 1976).

② *Mitsubishi Motors Corp. v. Soler Chrysler-Plymouth, Inc.*, 473 U. S. 631 (1985).

③ *Scherk v. Alberto-Culver Co.*, 417 U. S. 506 (1974).

④ J. Robert and T. Carbunneau, *The French Law of Arbitration* (New York: Matthew Bender, 1983) at 1: 1-6. 转引自 Okezie Chukwumerije, *Choice of Law in International Commercial Arbitration* 14-15 (1994).

有效，二者的关系非常和谐。当有关仲裁条款或裁决的执行问题被提出时，上述问题更多的是与在我们的联邦制下应于何处解决上述问题所带来的复杂性有关，而很少与怀疑仲裁是一种受到信任和高度评价的商事争议解决方式有关。①

最后，需要指出的是对"支持仲裁"的理解：一方面正因为仲裁的上述种种优势而提出了支持仲裁的政策，另一方面支持仲裁意味着应充分发挥仲裁的优越性。

（二）仲裁诉讼化之克服：支持仲裁政策的贯彻

1. 何谓"仲裁的诉讼化"

仲裁的诉讼化（judicialization 或 juridization 或 juridicalisation）是近些年来新出现的一个名词，它反映了目前仲裁领域的某种迹象。仲裁的诉讼化是指仲裁在程序运作上与诉讼程序越来越像，即仲裁程序日趋复杂和正式，如适用于法院诉讼的证据规则、证据开示等被引入仲裁，在某些案件中，仲裁员就像法官一样被成堆的文件所包围，同时，仲裁的诉讼化还意味着仲裁面临更多的司法干预和控制。这就提出了一个问题，仲裁是否已成为"与其司法对应物没有区别的审判引擎"。② 应该说，仲裁的诉讼化与当事人对仲裁的期望背道而驰，使仲裁作为替代诉讼的争议解决方式失去了其固有的优势，并因其优越性的丧失而面临来自其他替代争议解决方式的挑战。

ICC 国际仲裁院的荣誉主席 M. Michel Gaudet 曾指出："……仲裁的主要特征就是相互理解从而使已发生的冲突得以解决。仲裁的目标不是从可适用的法律中引出对有关当事人不利的结论，而是和当事人一道澄清在特定情况下应如何通过合作获得正义。这就是我对仲裁的期望，无论是商事仲裁还是外交仲裁，国内仲裁还是国际仲裁。实现这一过程需要所有的参与者自始至终为'仲裁的精神'（l'esprit de l'arbitrage）所指引。"③ 毫无疑问，仲裁的诉讼化正是对 Gaudet 所称的仲裁的精神的违背。仲裁之

---

① John M. Townsend, *Commercial Arbitration in the United States: the Legal Structure*, *in* COMMERCIAL MEDIATION AND ARBITRATION 49, 58-59.

② Pieter Sanders, *Quo Vadis Arbitration? - Sixty Years of Arbitration Practice - A Comparative Study* 22 (1999); Richard B. Lillich & Charles N. Brower Editors, *International Arbitration in the 21st Century: Towards "Judicialization" and Uniformity?* ix (1994).

③ Fali S. Nariman, *The Spirit of Arbitration*, 16 Arb. Int'l 261, 261 (2000).

所以得以发展正是基于它与诉讼的不同和由此带来的比较优势，人们对仲裁的期待是"快速、灵活、非正式、私人性、相对花费不多以及有助于终局性"，① 仲裁的诉讼化使得原本期望避免的与诉讼联系在一起的拖延和费用也成为了仲裁的标志。

对仲裁领域这种不容乐观的诉讼化现象，国际商事仲裁委员会（IC-CA）主席 Fali S. Nariman 曾有一番生动的描绘：

> 有太多的法律包袱被带到了国际商事仲裁这艘船上——因此，它移动得缓慢而沉重，并且难以承受海上的巨变。国际商事仲裁已经变得几乎跟诉讼没什么区别了，而诉讼正是它一度试图取代的。这些包袱还在增加——随着法律、更多的法律、法律术语、更多的法律术语以及关于"准据法"、"多方当事人仲裁"、"书面协议"、"外国仲裁中的证据开示"、"商法"等的大量争论而增加。同时仲裁的磨坊在各种仲裁杂志、期刊和通讯的高效运作下一直保持研磨。国际商事仲裁方面的书籍这些年来也在激增，重量和篇幅都在增加。……我怀疑私人性质的仲裁裁决是否具备发展国际法律体系的功能。真正重要的应该是仲裁庭能够在特定案件中得出一个公平的结果。仲裁的私人性质与任何造法功能都不相容。……所谓精神或特质已远离国际商事仲裁。它已变成 Michael Kerr 爵士所称的"国际争议学"。②

2. 仲裁诉讼化的表现

目前仲裁发展进程中的诉讼化趋势主要体现在如下几个方面：

（1）对仲裁裁决形式和内容的严格要求

关于仲裁的诉讼化，一个明显的特征是要求仲裁裁决应像法院判决一样严谨，特别是要求仲裁员对裁决的理由予以说明。正如 Fali S. Nariman 所指出的：

> 仲裁已失去了作为其早期表现之特征的那种笔法的轻盈：目前表明动机或推理的裁决（包括多数意见、同意意见和反对意见）正越来越长、越来越膨胀，而且充满着法律教义。此外，一份裁决常常去引用或例证其他据称于类似事实或情况下作出的裁决。事实上，如果

---

① Fali S. Nariman, *The Spirit of Arbitration*, 16 Arb. Int'l 261, 264 (2000).
② Fali S. Nariman, *The Spirit of Arbitration*, 16 Arb. Int'l 261, 262 & 264 (2000).

私人裁决仅仅是针对当事人的（正如它们应该的那样），那么相对说来它们就会比较短，结论和主要理由都会以一种简洁的形式呈现出来。①

波斯纳也曾指出："由于国家没有支付任何仲裁费用，所以仲裁员也就很少以书面方式提出自己的观点和仲裁理由、评价。仲裁理由的价值主要就是使仲裁对当事人之外的人们产生影响，而那些人并没有像纳税人对公共法院作出资助那样对仲裁的支出有所资助。"② 一位著名的美国海事仲裁员 Cedric Barclay 曾就现代商事仲裁所呈现出来的一些令人不安的特征发表尖锐评论，其中就谈到仲裁裁决的内容与形式问题。他指出：

> 仲裁员不必模仿法院。商事正义的分配无需上诉法院才需要的措辞和逻辑。AAA 并不阐明理由但仍得以存在。迄今为止我们所作出的短小简明的裁决比 ICC 及其他机构推崇的法学论文更优越。我们的职责是裁决，而非教导。认为裁决的出版将教给其他人某些东西是一种错误的看法。更多的时候它导致的是困惑和含糊其辞。看看这 1 500 份含有理由的裁决。我们从中学到了多少东西？……简明扼要是智慧的精髓；正义无需装饰。③

这一论述可谓一语中的。此外，要求仲裁员对其推理予以详细说明的倾向还导致出现了一股所谓"仲裁的法"（arbitral law）的浪潮。仲裁变得越来越为先例所束缚，仲裁裁决常常包含对其他仲裁裁决的引用，发展出所谓商法。而这还不是跨国仲裁中出现的惟一的法律。④ 上述现象并不是一种正常现象，如前所述，仲裁的私人性质决定了它并不具备造法功能。

（2）要求仲裁员严格依法仲裁

仲裁诉讼化的另一个表现是要求仲裁员严格适用有关实体法的规定以解决当事人之间的争议和确定当事人的权利与义务。这一做法显然违反了

---

① Fali S. Nariman, *The Spirit of Arbitration*, 16 Arb. Int'l 261, 262 (2000).

② ［美］理查德·A·波斯纳：《法律的经济分析》，蒋兆康译，中国大百科全书出版社 1997 年版，第 680 页。

③ Cited in (1989) 5 Arbitration International 2 at p. 105. 转引自 Fali S. Nariman, *The Spirit of Arbitration*, 16 Arb. Int'l 261, 263 (2000).

④ Fali S. Nariman, *The Spirit of Arbitration*, 16 Arb. Int'l 261, 263 (2000).

仲裁原本优于诉讼之处：通过适当的衡平和妥协获得个案的公正。据此，仲裁员富有创造性但不具有严格的法律依据的裁决很可能难逃被仲裁地法院撤销的命运。事实上，由于私人裁决针对的对象是当事人个人，该裁决就不像法院判决那样必须有助于法律的确定性，因为这并不是私人裁决的职责。私人裁决的一个重要功能是衡平，即在法律因其普遍性而产生缺陷时对法律予以"纠正"。实体法没有也不可能就每一种情形作出规定，在遇到实体法未作规定的场合根据衡平和正义的观念提供相应的解决方案并不是破坏法律而是履行法律。英国的 Devlin 法官曾指出："公众所称道的司法品质是常识和人性……"① 如果这是法官的正确态度，那么它更应该成为国内或国际仲裁中的仲裁员应遵循的理想的进路。因为最初对仲裁的采用就是为了使其成为一种"将法制与案件的正义相结合的手段"。而当仲裁变得墨守法规时，那些被视为允许偏离实体法的更加非正式的方式就获得了人们的青睐。

（3）仲裁程序缺乏灵活性

仲裁的诉讼化尤其体现在仲裁程序的繁琐上，适用于诉讼程序的大量规则被引入仲裁，仲裁与诉讼越来越相像，以致获得了一个贬义的绰号：仲裁诉讼（arbitigation）。"这正是现代国际商事仲裁中所发生的事情——'虚礼'在增多，'手续'在增加，大量时间被花在改造诉讼技巧上，因此常常错过了真正的追求：'对正义的探寻'。"② 仲裁的保密性、及时性等也因此遭到破坏，仲裁曾经希望避免的诉讼中有关拖延和费用的噩梦在它自己这里重现。由此导致的结果就是产生了一种倾向其他争议解决方式例如调解和小型审判的引人注意的趋势。

（4）过度的司法监督

与上述问题相关的，也是仲裁诉讼化中最基本的问题是法院在撤销或拒绝执行仲裁裁决的程序中对裁决所施加的司法"控制"。可以设想，在要求仲裁像诉讼那样运作的情况下，法院就会对仲裁裁决进行严格的程序审查和实体审查，在仲裁庭的程序运作或实体决定不符合法院标准的情况下撤销或拒绝执行原本有效的仲裁裁决。如前述 Chromalloy 案中埃及法院的做法就是一例。其结果是商事仲裁的目的最终无法实现，当事人希望迅速、及时解决争议的合理愿望落空，仲裁的效益性被破坏，社会资源遭到

① Lord Devlin, *The Judge* (Oxford University Press, 1979). 转引自 Fali S. Nariman, *The Spirit of Arbitration*, 16 Arb. Int'l 261, 276 (2000)。

② Fali S. Nariman, *The Spirit of Arbitration*, 16 Arb. Int'l 261, 263&264 (2000)。

浪费。

3. 美国法院的态度

15 年前，Howard Holtzmann 法官对国际商事仲裁界的忠告是避免"恐龙的命运"。在世纪之交，"恐龙的命运"不再是一个遥远的威胁，而是一个突出的现实。仲裁作为争议解决的一种形式因其自身的重负和规模而承受着巨大的压力，以至于它正为其他更快、更富成效、更有价值的方法所取代。① 诚如 Roy Goode 教授所言："有一件事是确定的：与过去一样，今后商法仍将为商人团体的合理需要和实践所推动和塑造；因为商法首先是使用者的法律，且与商人和金融业者在设计新工具和新的交易方式中所体现出来的创造性密切相关。"② 对仲裁而言，一个不太好的消息就是：以 ADR 的形式出现的新工具已获得发展且正被越来越多地使用。这些 ADR 的特点是迅速、便宜，而且大部分尝试都是成功的，并以达成某种协议的形式告终。此外，这些 ADR 并不受严格的法定权利的限制，能促进非法定救济方式的发展，例如向受害方提供可替代的合同或恢复法律上已终止的协议。③ 但是正如 Fali S. Nariman 所指出的

> ADR 与仲裁并非不相容：ADR 应该不仅"补充"或"促进"仲裁，而且正如其过去那样，**还应继续构成仲裁不可欠缺的一部分**。仲裁的传统目标是变通、妥协、第三人帮助当事人公平地解决他们之间的争议。但因相信调解是其他什么人的工作，而非仲裁员的职责，前述目标在国际商事仲裁中都被抛弃了。因此，仲裁失去了它最好的盟友：除非以和解方式解决争议再次被视作仲裁的功能之一，否则 ADR 作为一种实用和可行的替代方式将取代仲裁。……决不能将经仲裁员引导从而以和解方式解决争议从"仲裁"的范围中排除出去：因为这是仲裁精神的本质。④

所以现在的当务之急不是否定仲裁的优越性，而是明确应如何认识仲

---

① Fali S. Nariman, *The Spirit of Arbitration*, 16 Arb. Int'l 261, 264 (2000).

② Commercial Law in the Next Millennium (Hamlyn Lectures 1997) (London, Sweet & Maxwell)，转引自 Fali S. Nariman, *The Spirit of Arbitration*, 16 Arb. Int'l 261, 264-65 (2000).

③ Fali S. Nariman, *The Spirit of Arbitration*, 16 Arb. Int'l 261, 266 (2000).

④ Fali S. Nariman, *The Spirit of Arbitration*, 16 Arb. Int'l 261, 266-67 (2000).

裁的优越性和怎样发挥仲裁的优越性，是在还原仲裁本来面目的情况下使之与包括诉讼、调解在内的其他各种争议解决方式互补协调，共同构成多元化纠纷解决机制的有机组成部分，更好的为解决当事人纠纷并促进民商事交往服务。

按照美国大多数学者的观点，仲裁的诉讼化是一个需要认真对待和加以避免的问题。他们强调："仲裁的未来取决于通过提供更为快捷和更符合成本效益分析的争议解决方法而将其自身与诉讼进一步区别开来，取决于程序的革新以及富有创造性的从业者，这些从业者必须能够将仲裁塑造为不同于诉讼的争议解决程序。"①

而我们在这里要强调的是，由于法院基于对仲裁所享有的监督权而可能卷入整个仲裁过程，其对仲裁的态度就在很大程度上决定了仲裁发展的方向。总的来说，由于美国法院对支持仲裁政策的大力贯彻，在美国，仲裁的上述诉讼化倾向似乎并不明显。例如，美国法院并未强加给仲裁员说明裁决理由的义务。在它们看来，"要求仲裁员在每个案件中都对其推理进行解释虽然有助于发现对提交仲裁的争议未适用法律的严重情况，但此种规则会破坏仲裁的目的，即提供相对迅速、富有效率和非正式的私人争议解决方式。"它们指出："仲裁员解释其裁决的义务的程度必然与对其裁决的司法审查的范围有关"。②　即使在仲裁员自愿提交书面意见的情况下，法院对仲裁裁决的司法审查也仍然主要限于程序审查。因为"广泛的司法审查破坏了仲裁的基本目的，这就是迅速解决争议及避免旷日持久的诉讼程序所带来的费用和拖延。"③　同时，即便是程序监督，这种监督在美国法院也是非常有限的。这主要就是考虑到仲裁本身的特性或优越性，即保持其程序的灵活与非正式才能充分发挥其解决商事争议的功效，因此，美国法院并不要求仲裁程序必须遵循法院的诉讼程序标准。事实上，为了进一步发挥仲裁快捷、简单和经济的优势，AAA 等仲裁机构近年来也在不断对其仲裁规则进行修订，如尽量将意见陈述及证人证言限于书面并因此缩短口头审理等，而法院并不会撤销依此作出的裁决。美国法院之所以对仲裁采取这样一种充分支持和尊重的自由主义立场，无疑是基于现实的考虑：既然承认仲裁"有用"，那么法院关注的就是怎样做才能

---

① Michael Pryles, *Assessing Dispute Resolution Procedures*, 7 Am. Rev. Int'l Arb. 267, 287（1996）.

② *Sobel v. Hertz, Warner & Co.*, 469 F. 2d 1211, 1214（2d Cir. 1972）.

③ *Saxis Steamship Co. v. Multifacs Int'l Traders*, 375 F. 2d 577, 582（2d Cir. 1967）.

最大限度地发挥其效用。19 世纪初期来自纽约的一份判决抓住了关键的精神：

> 如果要求每一份裁决都必须做的与本法院在本案中可能作出的判决一致，那就会使仲裁成为无用而令人烦恼的事物，成为庞大诉讼的源头；因为当事人双方都满意的情况很少发生。仲裁裁决是当事人自己选择的裁判庭所作的裁决。这是一种大众的、便宜的、方便的和私人的审判方式，法院总是以自由主义的宽容对待此种审判方式；它们从不强求上述仲裁庭遵守专门规则和拘泥形式。它们仅仅注意仲裁程序是否诚实公正地进行，如果事实看来如此，它们就会全体一致地拒绝干扰仲裁员的决定。①

目前仲裁领域的诉讼化倾向，往往与缺乏对仲裁的正确认识有关。如前所述，仲裁之所以得以产生和发展，就是因为作为与诉讼相区别的争议解决方式，它具有自身独特的优势。当事人之所以选择仲裁，是因为他们希望从仲裁那里获得诉讼无法提供的东西，为此他们自愿放弃了原本在诉讼中可能获得的另一些东西，即一部分程序权利和实体权利，在当事人作此选择的时候，他必定认为这样的选择是值得的。如果当事人的选择对社会、对他人并无损害，相反还促进了社会整体效益的提高，那么就没有理由不支持他的这种选择，就不应将他所不需要的另一种形式的"诉讼"强加给他。如果要让仲裁继续成为解决争议的优先选择方式，就必须向潜在的用户证明仲裁仍然适合他们的需要。

最后需要指出的是，虽然目前仲裁领域存在某种诉讼化的迹象，但并不能因此断然否定仲裁自身特有的优势。用一些富有经验的仲裁员的话来说就是，"非正式的气氛始终占据主导。将无疑是存在的例外予以一般化是一件危险的事。"② 所以我们一方面要认真对待仲裁领域出现的诉讼化现象，采取措施避免仲裁优越性的发挥受到限制，还仲裁以本来面目，另一方面要承认作为一种应商人自身需要而产生的争议解决方式，仲裁始终在当事人的推动下不断得以发展和改造，"有效果和有效率的实践总是被

---

① Underhill v. Van Cortlandt, 2 Johns. Ch. 339, 361 (1817). 转引自 Ian R. Macneil, American Arbitration Law: Reformation, Nationalization, Internationalization 19 (1992).

② Pieter Sanders, Quo Vadis Arbitration? - Sixty Years of Arbitration Practice - A Comparative Study 23 (1999).

并入国际仲裁之中,而有缺陷、效率低下或偏颇的试验很可能被抛弃。当国际仲裁在能力上的缺口被确认后,仲裁实践就会通过发展去填补它,其结果就是使得国际仲裁成为替代国内法院所存在的问题的最经济的选择。近年来上述演变进程正以加速度在运作。"① 因此,我们有理由宣称,恢复自身本来面目并充分发挥其优越性的仲裁是通过有拘束力的程序解决商事争议特别是国际商事争议的最可取的方式。

第三节　契约自由原则与支持仲裁政策的关系

一、契约自由原则与支持仲裁政策的一致性

仲裁领域为何特别强调契约自由?或者说,契约自由原则为何成为了美国商事仲裁制度的基本原则?如前所述,契约自由是契约应有的语境,两者之间犹如"心"与"体"的关系,没有了"自由",契约就成了没有灵魂的"行尸走肉",这样的契约必然是"强制"和"命令"的同义语。所谓的"契约"也不再是契约。② 而仲裁在本质上属于契约性质,毋庸置疑,契约自由成为合同领域重要原则的基本原因对同样具有契约性质的仲裁也是适用的。不过,这样的分析仍未回答问题的全部。既然契约自由与契约性是合为一体的,也就是说,承认了仲裁的契约性,就必然要承认契约自由的原则,甚至在某种程度上仲裁领域所体现出来的对当事人意思自治的空前重视可以作为仲裁具有契约性的进一步证明,那么,仅仅在契约性与契约自由之间进行论证是不够的,显然,这里我们对仲裁制度之确立契约自由原则的必要性的探讨,在某种意义上也是对将仲裁定位为契约性质的必要性的探讨,换言之,我们还要进一步探讨,为什么要将仲裁定位为契约性?仅仅是一种理论的推演吗?还是因为这种定位本身于实践有益?或者说,将契约自由确立为商事仲裁的基本原则有何实际效用?以上问题反映了一种实用主义的思维进路。

如前所述,仲裁作为解决民商事争议的方式具有极大的优越性,而不容否认的是,仲裁优越性的发挥很大程度上正取决于对当事人意思的充分尊重,这是在仲裁领域强调契约自由的最根本的原因。

---

① Edward R. Leahy and Carlos J. Bianchi, *The Changing Face of International Arbitration*, 17 J. Int'l Arb. 19, 19 (2000).

② 姚新华:《契约自由论》,载《比较法研究》,1997年第1期,第20页。

例如，对《财富》杂志 1 000 家公司的前述调查显示，超过 2/3 的公司代表将仲裁相对诉讼所带来的金钱和时间的节约作为选择通过仲裁解决争议的理由。其他提及较多的优势有"更令人满意的程序"、有限的证据开示、中立决策者的专门知识、对商业关系的维系、避免适用法律先例、对更令人满意的和解的鼓励以及结果的持久性。不过，上述目标显然因公司、交易类型和争议性质的不同而有所不同。但正如一家国内商事仲裁机构所总结的，"最终，利用仲裁的商人将对仲裁程序的控制——使仲裁如自己希望的那样运作——视作有拘束力的仲裁的惟一最重要的优势。"①此外，一位学者也曾指出，仲裁作为私人的、超国家的裁判体系，其基础是仲裁程序中的当事人自治。而当事人自治背后的主要动机则在于：1. 对仲裁庭中立与尽可能公正的渴望；2. 渴望仲裁庭理解各方当事人对商务、法律和争议解决的文化态度或者至少对他们在上述领域的态度采取一种文化上的多元主义；3. 渴望在摆脱某一外国法律体系及其法院的实质干预的情况下启动并继续仲裁，同时仍确保一种多元主义概念上的程序公正；4. 渴望仲裁程序能够保密且不那么具有对抗性，以便尽管存在争议，当事人还能继续保持他们的商业关系；5. 当事人渴望通过诉诸国际商事仲裁而非在特定外国法律体系下的诉讼来节约时间和成本；6. 渴望限制对仲裁裁决的司法审查（如果存在司法审查的话）以及迅速执行上述裁决。② 可见，契约自由原则本身不是仲裁的目的，实现仲裁解决争议的上述优势才是大力支持仲裁的原因所在，而契约自由则是实现上述优势的最有力的手段。

这里特别值得强调的是仲裁的效益性优势的实现。像任何社会一样，在市场经济的运作中，利益冲突导致的纠纷是不可避免的，但是市场经济要求尽可能以最小的代价解决纠纷、实现效益的最大化。仲裁的效益性是仲裁的一个重要优势，而要实现仲裁解决纠纷的效益优势，就必须充分尊

---

① *See* CPR Inst. for Dispute Resolution Comm'n on the Future of Arbitration, Commercial Arbitration at Its Best: Successful Strategies for Business Users, ch. 1 (Thomas J. Stipanowich & Peter Kaskell eds. , 2000). 转引自 Thomas J. Stipanowich, Contracts Symposium, *Contract and Conflict Management*, 2001 Wis. L. Rev. 831, 840 -41 (2001)。

② Errol P. Mendes, *Canada: A New Forum to Develop the Cultural Psychology of International Commercial Arbitration*, 3 J. Int'l Arb. 71 (1986).

重当事人的意思，至少在大多数情况下是这样的。① 这是因为"人在各个生活领域都是自己满足度的理性最大化者"。② 他们总是希望"以最小可能的资源花费来达就预期目标的理性选择，从而将省下的资源用于经济系统的其他领域"。③ 对于纠纷当事人而言，纠纷解决的效益，即成本和效率方面的考虑，是促成其做出合理选择的主要动机，因而在面对若干可供选择的可能性时，当事人自己的理性选择往往是最合乎效益原则的，例如灵活而非正式的程序设计、对仲裁员专业性和保密性的要求、对仲裁裁决终局性的认同等等。而当事人在纠纷解决中成本的降低，同时也相应地导致社会公共成本的节约，这意味着整个社会调整和纠纷解决的成本降低和效益优化，也意味着社会秩序的相对稳定和有序发展。因此，作为争议解决方式的仲裁应将当事人意思自治作为其最基本的原则，这与市场经济下对契约自由原则的总体强调在本质上其实是相同的，因为自愿的安排和交易往往能够促进效益的最大化。④

因此，在大多数情况下，最大限度地发挥仲裁的优越性往往就体现为对当事人意愿的充分尊重，换言之，在通常情况下，契约自由的原则与支持仲裁的政策所欲达到的目标是一致的。美国商事仲裁制度对契约自由原则的贯彻并进而体现出来的对仲裁的大力支持，上文已有介绍。不过，需要指出的是，完全或绝对的契约自由则不一定能够实现效益的最大化，或者有可能与支持仲裁的政策背道而驰，此时应如何选择，这是我们接下来将要讨论的问题。

二、契约自由原则与支持仲裁政策的冲突

如前所述，仲裁优越性的发挥很大程度上取决于对当事人意思的充分

---

① 这里要指出的是，对效益的追求并未抹煞对最基本的公正的要求，事实上，上文在论述仲裁的公正性时，已指出，仲裁要实现其公正解决争议的目标，也往往取决于对当事人意思的充分尊重。何况公正与效率之间并非截然对立，恰如西谚所云："迟来的正义为非正义。"

② ［美］理查德·A·波斯纳：《正义/司法的经济学》，苏力译，中国政法大学出版社 2002 年版，第 13 页。

③ ［美］理查德·A·波斯纳：《法律的经济分析》，蒋兆康译，中国大百科全书出版社 1997 年版，第 1 页。

④ 波斯纳曾反复论证，财富最大化之交易的例证大都是自愿的交易。参见［美］理查德·A·波斯纳：《法理学问题》，苏力译，中国政法大学出版社 2002 年版，第 446 页。

尊重。商事仲裁制度的发展表明：重视、适应并满足当事人的需求是至关重要的。如果当事人不需要仲裁，或者对仲裁不满意，仲裁就将失去存在的价值。相反，只有当事人喜欢仲裁，愿意采用这种争议解决方式，仲裁才具有存在的意义，才具有生命力。① 在这一点上，美国商事仲裁制度的发展就是一个证明。正如美国最高法院所指出的："如果不考虑合同当事人的愿望，则 FAA 支持仲裁的政策就无法发挥作用。"②

但如前所述，契约自由并非在任何时候都能够促进仲裁优势的发挥，实现效益的最大化。契约自由与支持仲裁，个人利益与社会目标之间也可能存在冲突，当事人基于各种原因所作的合同安排未必总是有效益的。这个时候应如何抉择呢？

答案有时很容易。比如，即使当事人拒绝仲裁可能会导致无效率的后果，但是否约定仲裁这一问题显然只能由当事人自行决定。正如美国学者所指出的："现在法院大力支持仲裁但并没有任何人被迫仲裁"。③

> 事实上，当事人意思自治的原则和对仲裁的契约性的尊重意味着在当事人未同意仲裁的情况下不能强迫其参加仲裁，即使部分（partial）仲裁可能产生重复的、无效率的决定。尽管人们常常提到仲裁的目标是迅速、价廉的解决争议，但不能强迫当事人接受上述目标。
>
> 即使集团诉讼、参加诉讼和第三人诉讼可能被认为是可取的和有效率的，但在没有得到所有当事人同意的情况下，仲裁权的契约性往往排除了仲裁。④

美国最高法院也指出："在当事人未同意仲裁的情况下，FAA 并不要求当事人进行仲裁，它也不阻止确已约定仲裁的当事人将某些争议排除在其仲

---

① 陈建：《国际商事调解和仲裁发展的新动向——联合国贸法会仲裁工作组第32届会议简况及其他》，载《仲裁与法律》，2000 年 6 月，第 52 页。

② *Mastrobuono v. Shearson Lehman Hutton, Inc.*, 514 U. S. 52（1995）.

③ *Conlux USA Corp. v. Dixie-Narco Inc.*,（1996）929 F. Sup. 269；*International BHD of Electrical Workers v. Toshiba America Inc.*, 879 F. 2d 208. 转引自 Georgios Zekos, *Courts' Intervention in Commercial and Maritime Arbitration under U. S. Law*, 14 J. Int'l Arb. 99, 99（1997）.

④ Steven C. Bennett, Esq., *Arbitration: Essential Concepts* 61, 63（2002）.

裁协议的范围之外。"① "仲裁仅仅是一个当事人间的合同问题；它是解决争议的一种方式，但仅仅是解决这些争议——当事人已约定提交仲裁的争议。"② "法院有义务根据当事人所表示的意愿对合同进行解释——即使此种意愿的后果是对仲裁的限制。"③ 类似地，尽管接受仲裁条款独立性原则符合支持仲裁的政策，有利于促进商事交往的发展，但法院也尊重当事人将有关合同无效、终止的主张排除在仲裁范围之外而留待司法解决的意愿，特别强调仲裁协议独立性理论适用的前提是宽泛的仲裁条款。在上述及其他一些情况下，对当事人自主意思的保护明显超越了对效益的追求，当然从更广义的角度来看，此种抉择最终也是对社会整体利益的维护。④

　　不过，这里要讨论的不是那些答案显而易见的情形。有必要讨论的是所谓"困难"案件，即当自由与效率发生冲突时，（至少在提出有关问题的最初）在抉择上难以获得普遍共识的情况。事实上，此处涉及的是学者们时常争论不休的原则与政策的关系问题，具体到这里就是契约自由原则与支持仲裁政策的关系。其实，仲裁实践中涌现出的种种问题常常都与上述原则和政策的关系有关，它贯穿于仲裁制度的各个方面，而仲裁的发展正是在对这二者进行选择和平衡的过程中得以实现的。按照德沃金的观点，原则是表述各种权利的命题，以保护个人权利为宗旨；政策是表述各

---

① *Volt Information Sciences, Inc. v. Board of Trustees of Leland Stanford Junior University*, 489 U. S. 468 (U. S. Supreme Court 1989).

② *First Options of Chicago, Inc. v. Kaplan*, 514 U. S. 938 (U. S. Supreme Court 1995).

③ *Mastrobuono v. Shearson Lehman Hutton, Inc.*, 514 U. S. 52 (1995).

④ 波斯纳曾经对自由与效率之间的这种冲突作过分析，他指出："我们的自由直觉和我们的功利直觉同样深厚，没有什么智识性程序会迫使或应迫使我们放弃这种直觉。""在某些问题上，哪怕你非常信奉法律经济学方法，也还是不得不在政治哲学和道德哲学问题上表明立场。"[美] 理查德·A·波斯纳：《超越法律》，苏力译，中国政法大学出版社 2001 年版，第 28 页。这些行为"都不是明显地无效率的。但是，所有这些都冒犯了现代美国人的正义观，而且所有这些在或大或小的程度上（通常在更大程度上）是非法的。经济学后面还有正义。然而，经济学总是可以通过向社会表明为取得非经济的正义理想所应作的让步而阐明各种价值。对正义的要求绝不能独立于这种要求所应付出的代价。"[美] 理查德·A·波斯纳：《法律的经济分析》，蒋兆康译，中国大百科全书出版社 1997 年版，第 32 页。

种目标的命题,以促进社会利益为目的。① 在这里,契约自由就是一种个人权利,而支持仲裁则是美国法院从社会整体利益出发所确认的联邦法律的一项重要政策。法官究竟以保护个人权利为主抑或优先照顾社会利益,是 20 世纪 70 年代后,英美法学界争论不休的焦点之一。波斯纳认为,法官判案的主要根据是政策而非原则,是为了增进最大限度的社会效益而保障个人权利。② 应该说,这一具有浓厚实用主义色彩的论断代表了美国法官的普遍共识,这一论断与美国法院有关仲裁问题的判决似乎也不谋而合。

当然,在这个过程中,美国法院不是没有过摇摆和犹疑。③ 例如,在引起广泛困惑的 *Volt Information Sciences, Inc. v. Board of Trustees of Leland Stanford Junior University*④ 案中,最高法院接受了加利福尼亚州法院对当事人的法律选择条款的解释,将该条款理解为也选择了加利福尼亚州的仲裁法规,并认为此时 FAA 不能优先于州法。最高法院特别强调:

> [支持仲裁的] 联邦政策仅仅是为了确保私人仲裁协议根据其规定所具有的强制执行力。虽然国会无疑意识到 FAA 会促进对争议的迅速解决,但"促使国会通过该法的首要动机是希望执行当事人签订的协议"。FAA 仅仅要求法院像执行其他合同一样,根据其本身的规定,对私人谈判达成的仲裁协议予以执行。正如当事人可以通过合同限制他们将提交仲裁的事项一样,他们也可以通过合同具体指定进行仲裁所依据的规则。在当事人约定遵守州的仲裁规则的情况下,根据协议的规定执行上述规则与 FAA 的目标完全一致,即使其结果是仲裁被中止而依 FAA 却本可继续进行。通过允许法院依上述协议的规定"严格执行"该协议,我们承认了当事人的合同权利和期望,而并不损害 FAA 背后的政策。

---

① 张乃根:《西方法哲学史纲》(增补本),中国政法大学出版社 2002 年版,第 496 页。

② 同上书,第 496 页。

③ 在 *Dean Witter Reynolds, Inc. v. Byrd*, 470 U. S. 213 (1984) 案中,美国最高法院认为,国会在通过 FAA 时首要关注的是确保对当事人签订的协议的执行,而非实现和促进仲裁的优势。第 9 巡回法院在 *LaPine Technology Corp. v. Kyocera Corp.*, 130 F. 3d 884 (9th Cir. 1997) 案中也曾指出,FAA 的目的并非减轻法院过重的审判负担,而仅仅是防止对当事人合同权利的司法干涉。

④ 489 U. S. 468 (U. S. Supreme Court 1989). 参见本书第 3 章第 1 节之五。

又如，在当事人合意扩大对仲裁裁决的司法审查问题上，美国一些下级法院也以 FAA 的宗旨是确保私人仲裁协议依其规定得到执行为由，对当事人扩大司法审查范围的约定予以了承认，对仲裁裁决进行了更广泛的审查，虽然这一审查过程显然损害了仲裁程序的效率，加重了法院的负担，并带来了决策质量的问题。

最高法院之所以对 *Volt* 案作出上述判决以及部分下级法院之所以判决支持当事人合意扩大对仲裁裁决的司法审查，或许正如波斯纳所言，"至少在目前我们社会相对自在的条件下，对个人自由的尊重似乎是超越了工具性的考虑因素。自由似乎是因其自身而不仅仅是由于其促进繁荣而受到珍重。"① 当然，在诸如合意扩大对仲裁裁决的司法审查这类问题上，当仲裁作为合同的产物与鼓励仲裁成为诉讼替代方式的成文法政策之间发生矛盾时，法院要作出抉择本来亦非易事，无论作出什么选择，支持的理由与反对的理由都是旗鼓相当的。

不过，综观美国法院在仲裁问题上的一系列判决，更多的时候，可能答案并非如此。当出现上文所称困难案件时，美国法院在契约自由和支持仲裁两者之间进行权衡的过程中，总体来看，它们似乎更偏向政策这一端，也即更看重发挥仲裁的优越性，促进社会效益的最大化。对美国法院的这一抉择过程，我们将在下一节予以详细讨论。

事实上，如前所述，即便是在 *Volt* 判决中，最高法院也强调了当事人所选择的加利福尼亚州的仲裁规则是支持仲裁的。而之后的 *Mastrobuono v. Shearson Lehman Hutton, Inc.* ② 判决和 *Doctor's Associates Inc. v. Casarotto*③ 判决则在事实上对 *Volt* 判决的适用范围进行了限制。*Mastrobuono* 判决在面对与支持仲裁的政策相冲突的纽约仲裁法中的有关规则时，认定当事人指定适用纽约法的法律选择协议并没有合并纽约的"仲裁法"。而最高法院在 *Doctor's Associates* 案中的分析则将 *Volt* 判决的适用限制在了对仲裁程序显然持支持态度的州法规则上。至于对合意扩大司法审查的仲裁协议，同样也有许多法院持否定态度。正如有学者指出的："对契约自由原则的严格的、无限制的坚持需要与对仲裁程序和 FAA 与《纽约公约》的目标的尊重相调和。""在所有情况下严格固守契约自由观念，只会破坏

---

① ［美］理查德·A·波斯纳：《法理学问题》，苏力译，中国政法大学出版社 2002 年版，第 473 页。

② 514 U. S. 52（1995）. 参见本书第 3 章第 1 节之五。

③ 517 U. S. 681（1996）. 参见本书第 3 章第 1 节之五。

仲裁程序的完整性并重现过去对仲裁的司法敌意。"①

第四节　实用主义：美国法的精神

在面对相关案件进行抉择的过程中，我们可以清楚地看到指导美国法官的是一种体现美国精神的实用主义哲学或实用主义思维方法。② 这种实用主义的方法，"首先是指一种处理问题的进路，它是实践的和工具性的，而不是本质主义的；它感兴趣的是，什么东西有效和有用，而不是这'究竟'是什么东西。因此，它是向前看的，它珍视与昔日保持连续性，但仅限于这种连续性有助于我们处理目前和未来的问题。"③ 这种实用主义哲学深深影响了美国的法律研究以及法官断案。在仲裁问题上，在对原则和政策予以平衡的过程中，美国法院同样体现了这种美国法精神。

首先，很多规则的确定，与其说是逻辑推理的结果，毋宁说是因为确立这样的规则"有用"。例如美国学者也承认，仲裁协议独立性理论看起来违反直觉。在最高法院对 *Prima Paint Corp. v. Flood & Conklin Mfg. Co.*④ 案的判决中，持反对意见的法官就曾指出，最高法院对仲裁条款独立性原则的采纳，不是因为 FAA 对此作了明确规定，也不是因为对当事人意愿的考察，而是因为最高法院认为独立性规则可以促进支持仲裁的自由主义政策。但恰恰是这一点已足以促使一贯奉行实用主义进路的美国法院接受独立性理论。⑤ 又如对管辖权/管辖权原则的采纳，从逻辑上看，

---

①　Kenneth M. Curtin, *Contractual Expansion & Limitation of Judicial Review of Arbitral Awards（Part II）*, Dispute Resolution Journal 74, 81（Feb./Apr. 2001）.

②　托克维尔 1840 年在谈到美国人的哲学方法时，指出："在文明世界里没有一个国家像美国那样最不注重哲学了。……但是，我们又不难发现，几乎所有的美国公民，都在用同样的方法指导他们的头脑，根据同样的准则运用他们的头脑。也就是说，美国人虽然从未下功夫界说他们的准则，但他们却有一个大家共通的确定的哲学方法。"[法] 托克维尔：《论美国的民主》，商务印书馆 1991 年版，第 518 页，转引自张乃根：《西方法哲学史纲》（增补本），中国政法大学出版社 2002 年版，第 315 页。

③　[美] 理查德·A·波斯纳：《超越法律》，苏力译，中国政法大学出版社 2001 年版，第 4 页。

④　388 U. S. 395（1967）. 见本书第 2 章第 2 节。

⑤　其实，如前所述，仲裁协议独立性理论原本也可用来反对仲裁的。而美国法院之所以接受仲裁协议独立性理论，其出发点显然是为了贯彻支持仲裁的公共政策。参见本书第 2 章第 2 节。

该理论确有难以克服的障碍，恰如一些反对者指出的："当问题涉及到决定其自身利益的大小时，甚至是最公正的仲裁员也难以做到客观公正。""那是典型的靠拉自己的拔靴带将自己拔高的做法。"① 但"当事人的意愿和有效仲裁的要求相结合导致了对管辖权/管辖权原则的接受。"此外，在国际商事仲裁协议的法律适用上，美国法院为贯彻其支持执行的政策，总是尽量适用能够使仲裁协议生效的法律，而为达到这一目的，其所采取的方法、提出的根据和理由也是多种多样的，若从纯粹法律推理的角度来看，其分析未必前后一致，而如果考察其背后的政策，则又体现了高度的一致。又如，通过 *Scherk*② 案和 *Mitsubishi*③ 案，最高法院分别确认了国际案件中的证券争议和反托拉斯争议可以提交仲裁解决（虽然在国内案件中还不行），但上述结论的得出并非基于法理上的分析，而是政策考量的结果：法院对国际交易中仲裁条款的重要性予以了详细分析，从而断定支持仲裁的政策"在国际商事领域的适用具有特别的动力"，因此要求确认将上述争议提交仲裁的协议是具有强制性的。如此种种，无不表明法律疑难案件的决定经常是一种政策分析的产物，而不是一种独特的法律推理方法的产物。④ 的确，"法的生命不在于逻辑：它在于经验"。⑤ 人们接受或不接受一种理论或实践，并不取决于理论的逻辑，而取决于事物的逻辑，不取决于论证是否有力，而取决于运用起来是否有力。⑥

此外，以上例证也表明，尽管"许多传统的法律学者并不认为法官应该与社会目标发生任何关系；他们只认为法官应运用正义原则。但通过观察可以看到，这些原则往往被证明为具有实用或工具主义性质：事实

---

① 参见本书第 2 章第 3 节。

② 417 U. S. 506（1974）. 参见本书第 4 章第 2 节。

③ 473 U. S. 614（1985）. 参见本书第 4 章第 2 节。

④ ［美］理查德·A·波斯纳：《法理学问题》，苏力译，中国政法大学出版社 2002 年版，第 169 页。

⑤ Oliver Wendell Holmes, *The Common Law*, Harvard University Press, 1963. P. 5. 转引自张乃根：《西方法哲学史纲》（增补本），中国政法大学出版社 2002 年版，第 318 页。

⑥ 苏力：《思想的组织形式——〈正义/司法的经济学〉译序》，见［美］理查德·A·波斯纳：《正义/司法的经济学》，苏力译，中国政法大学出版社 2002 年版，第 IV 页。

上，它是效率或重新分配政策的变异体。"① 就原则所代表的权利而言，它们"都不是跨越时空的，或其本身不是目的。无论这些权利是何等绝对，都有道理把这些权利作为实现保护这些权利之外的某些目的的工具。"② 这就很好地解读了美国法院在契约自由原则与支持仲裁政策关系问题上所持的立场。自由并不仅仅因其本身而受到尊重，它更具有其自身之外的价值，它往往能够最大限度地发挥仲裁的优越性，促进整个社会效益的最大化，这是在仲裁领域确立契约自由原则的重要原因，"对自由主义来说，这种状况就是实用主义的"。③ 法院真正看重的则是仲裁本身的优势，是支持仲裁政策所体现出来的社会效益。事实上，美国法院有关仲裁协议或仲裁裁决效力问题的一系列判决均体现出强烈的倾向性：基于支持仲裁的联邦政策，对仲裁协议或仲裁裁决提出的异议往往很难获得法院的承认，从而事实上对主张仲裁的一方当事人给予了更有力的支持。这一倾向性还体现在对仲裁协议的解释问题上。最高法院公开宣称："解决可仲裁性问题必须充分考虑支持仲裁的联邦政策。……任何有关可仲裁事项范围的疑问都要按有利于仲裁的原则解决，无论所处理的问题是对合同措辞本身的解释，还是有关弃权、拖延的主张或对可仲裁性的其他类似抗辩。"④ 无可否认，根据上述合同解释原则对当事人的仲裁协议进行解释，某些情况下确有可能超出当事人原有意图，本书所介绍的有关判例对此也有所显示。虽然"当事人的意图是至关重要的，但就可仲裁性问题而言，上述意图应予宽松解释。"⑤ 因此，在确定当事人的真实意图相对困难时，

---

① ［美］理查德·A·波斯纳：《法律的经济分析》，蒋兆康译，中国大百科全书出版社 1997 年版，第 334 页。

② ［美］理查德·A·波斯纳：《正义／司法的经济学》，苏力译，中国政法大学出版社 2002 年版，第 71 页。

③ 契约自由被确立为更广泛领域的基本原则的原因也在此。"通过创设一个不可侵犯的、很大的私人活动领域，并且通过便利自由市场的运作，自由主义创设了一些对于个人自由和经济繁荣不可或缺的条件。并且……在现今时代，最强大的国家，无论从国内还是从国际上看，都一直是自由主义的国家。自由主义促进科学技术进步所必需的信息交换、争取无强制的公民支持，它最大化生产产出、鼓励并奖励个人能力，它防止决策的过分集中、削弱对家庭和氏族的忠诚竞争、平息宗派争斗。对自由主义来说，这种状况就是实用主义的。"［美］理查德·A·波斯纳：《超越法律》，苏力译，中国政法大学出版社 2001 年版，第 29～30 页。

④ *Mitsubishi Motors Corp. v. Soler Chrysler-Plymouth, Inc.*, 473 U.S. 614, 626 (1985) (quoting *Moses H. Cone Memorial Hospital*, 460 U.S. at 24-25).

⑤ *Mitsubishi Motors Corp. v. Soler chrysler-Plymouth, Inc.*, 473 U.S. 614 (1985).

美国法院注重的显然仍是政策因素的考虑：鼓励以仲裁方式解决各种争议。① 总之，这种强烈的政策倾向在美国法院有关仲裁的判决中无疑占据了明显的支配地位，以至在大部分情况下几乎可以事先预见判决的结果。但另一方面，"区分政策和原则，并将权利与后者联系，而不同前者相联系，这种做法是专断的。在确定法律权利之范围时排除集体的目标，这没有根据。"② 换言之，支持仲裁政策的确立和贯彻在符合社会整体利益的同时，最终也使当事人个人受益。在实用主义者的眼中，效率本身就是一个足够的正义概念。③ 例如，违反公共政策的仲裁协议之所以不可实施，是因为其中的大部分都对第三人产生了成本。用波斯纳的话来说，"财富最大化也许是实现各种道德目的的最直接的路径。"④ "各种各样的'公正'和'正义'观念都不过是财富最大化或有利于强利益集团的再分配的不同说法而已"。⑤

通过美国法院有关仲裁问题的一系列判例，我们还可以发现，美国法院在仲裁问题上，再次体现了其长期以来形成的富有特色的美国法精神，即理性的风格所包含的精神——法官在尊重传统的同时，根据具体情况及时改变已有规则，或确定新的规则，简言之，奉行灵活的遵循先例原则。⑥ 这方面的例证很多，突出的如美国法院在争议事项可仲裁性问题上的一系列判决。这里要强调的不是美国法律体制下法官造法的特点，而是面对仲裁这样一种基于自身特有的优势而获得产生和发展的实践，我们不能不充分考虑其优势是什么以及如何最大限度地发挥其优势，我们对仲裁制度的各种原则和规则的确立都应以适应上述需要为前提，在这一过程

---

① 也因此，尽管如前所述，法院强调仲裁条款独立性原则的适用前提是宽泛的仲裁条款，但大部分判决认定，在仲裁条款解释问题上的"支持仲裁"规则足以将基本协议受到欺诈性诱导等主张包括到可仲裁事项的范围中来。所以在大多数情况下，仲裁协议独立性原则总是能够获得适用的。

② ［美］理查德·A·波斯纳：《法理学问题》，苏力译，中国政法大学出版社2002年版，第301页。

③ ［美］理查德·A·波斯纳：《正义/司法的经济学》，苏力译，中国政法大学出版社2002年版，第6页。

④ ［美］理查德·A·波斯纳：《法理学问题》，苏力译，中国政法大学出版社2002年版，第477页。

⑤ ［美］理查德·A·波斯纳：《法理学问题》，苏力译，中国政法大学出版社2002年版，第450页。

⑥ 张乃根：《西方法哲学史纲》（增补本），中国政法大学出版社2002年版，第364页。

中，就必须接受或至少借鉴这样一种不因循守旧的实用主义进路。

这里我们还要谈一谈美国法院对 FAA 的解释问题。FAA 第 1 章仅 16 个条文，但自 1925 年颁布至今，基本上未作修改，那美国作为一个仲裁发达国家是如何应对八十年来时代的巨大变化和需要的呢？其实这其中最重要的因素就是它的法官能够不断根据现实需要，对 FAA 作出合乎时宜的解释，这种解释包括了对它的补充甚至在一些学者眼中实质上是对其进行了某些修改，而在这一解释过程中，美国法院遵循的就是前述一系列实用主义的方法。一位美国学者曾就美国法院对 FAA 的解释发表评论："对仲裁作为一种普遍的争议解决方法的合法化可能已远远超出了 1925 年国会原来的意图，这种合法化实际上排除了公共政策抗辩。"① 在对美国最高法院有关 *Southland Corp. v. Keating*② 案的判决进行评论时，该学者指出：

> 最高法院的判决是在运用 FAA 的历史这一人工制品对其主张进行建构，就像石匠用石头修筑石墙——将这些材料中有用的挑选进来，不理会无用的，丢弃棘手的，剔除原本有用的那一部分上令人讨厌的毛刺，扭曲和转动每一块石头直至完全合适，特别是用语言的砂浆掩饰裂缝和缺陷。总之，在 *Southland* 案中，立法史是典型的司法法律"史"；它是辩护，而非历史。其结果是病态的历史。该病变的渊源在于写下的"历史"主要是为了用来证明在观点截然对立的情况下其中一派的观点，而不是像历史学家那样找到真相。③

> 在面对仲裁案件时，往往不能不得出结论，驱使最高法院作出上述判决的动力之一是减轻其解决纠纷的巨大负担。这意味着可能不顾 FAA 的合意原则，④ 意味着放弃执行规制性立法的司法职责，意味着将一部调整在联邦法院进行的诉讼程序的法规转变为优先于州法的实

---

① Ian R. Macneil, *American Arbitration Law: Reformation, Nationalization, Internationalization* 169 (1992).

② 465 U. S. 1 (1984). 关于本案案情及判决介绍见本书第 3 章第 1 节之三。

③ Ian R. Macneil, *American Arbitration Law: Reformation, Nationalization, Internationalization* 170 (1992).

④ FAA 的制定者的意图是将仲裁协议与其他合同同等对待。最高法院将其变为一部支持仲裁的法规，作出有利于仲裁的推定，它就是放弃了合意原则。除了渴望减轻法院自身负担外，很难设想还有别的什么理由导致最高法院采取此种立场。

体规制性法规。①

的确，正如本书第 3 章所介绍的，最高法院对 FAA 下的联邦法优先原则的确立很可能是突破了立法者本来的意图，但考察构成 FAA 立法动机的基本因素，即通过鼓励仲裁以减轻联邦法院的负担②并促进更有效率的争议解决机制的发展，又不难得出结论：有必要对 FAA 予以广义解释，特别是需要获得这样一种认识：第 2 条包含了对州和联邦法院都具有拘束力的实体联邦法规则。

事实上，对一部多年前制定的仅十几个条文的仲裁法，美国法院所采取的态度是非常明智的。③ 司法决定本来更多的就是政策判断的结果，而非文本解释的结果。包括 *Southland Corp. v. Keating* 判决在内的一系列有关仲裁问题的判决，很多都体现了对原有立法的突破，甚至法院判决本身也在不断的推陈出新，其目的就是为了适应现实的需要。同时，美国法院通过在充分尊重历史传统的基础上根据具体情况及时改变已有规则，或确定新的规则，就使得美国社会不需要频繁修订包括仲裁法在内的成文法就可以应付现实需要，而对成文法进行修改的成本往往是比较高的。④ 不过，这里要强调的也还不仅止于此，值得我们注意和借鉴的是美国法院对 FAA 的解释再次证明了前述实用主义论断：在法律决定中，很经常的情况是，其正确在于其政治而不在于其认识力，在于其实用主义而不在于其

---

① Ian R. Macneil, *American Arbitration Law*: *Reformation*, *Nationalization*, *Internationalization* 172 (1992).

② 节约司法资源对于一个社会而言，永远都是有意义的。范愉：《非诉讼纠纷解决机制研究》，中国人民大学出版社 2000 年版，第 112 页。

③ 波斯纳在论述对成文法的解释时曾指出："作者和读者之间在想像上完全吻合，这种浪漫理想，当带到法律中来的时候，也许不仅会费力不讨好，而且也不必要。要想理解并遵循某个立法中的命令，也许无需'进入'立法者的'心智'。然而，也许有必要想像一下对该法作其他解释的后果；并且在考虑了这所有的因素之后，那些后果更好的解释也许仅仅因为其后果更好就是'正确的'解释。"［美］理查德·A·波斯纳：《法理学问题》，苏力译，中国政法大学出版社 2002 年版，第 132～133 页。

④ 波斯纳曾指出："目前的立法者会希望取消其前辈的交易，但又不能通过撤销交易的方法达到这一目的，因为以立法（无论是原始立法还是修正立法）方式撤销费用会太高，因此，他们就可能期望法院作出一个撤销性的'解释'"。［美］理查德·A·波斯纳：《法理学问题》，苏力译，中国政法大学出版社 2002 年版，第 443 页。

逻辑。① "社会利益就是最高的法律。不论这句话如何曾被滥用并还在每日滥用，这句话却仍然是真的。不论我们是否喜欢，世界都在运动，没有任何人可能逆其时代潮流而动。法律必须理解为那些有利于社会的东西。如果恰当的权力机构不废除过时的法律，实际生活本身，即人们，就会而且一定会废除这些法律，或者在他们的适用中改变这些法律。"② 而这一点在仲裁领域显得非常重要。实际的需要导致了仲裁的产生、发展和法院最终对仲裁的接受和支持。而仲裁也只有在满足实际需要的情况下才是"有用"的。对于这样一种特别强调灵活性和适应性的争议解决方式，美国国会在相关的法律之中仅以有限的条文对最基本的问题予以规定，实际上体现了极富价值的洞见：一方面将很多相关的程序问题留给当事人或仲裁员来决定，从而充分发挥当事人的自主性和仲裁员的创造性，并因此真正实现仲裁的精神，另一方面故意留下立法的空白或在某些条文的表达上采用含糊的措辞，从而使得法院有可能根据仲裁实践的需要，不断确立、补充、修改和完善有关规则，这一点特别符合仲裁本身的特性。Allan Scott Rau 曾将美国最高法院在仲裁领域制作判决的速度称为"令人头晕目眩"，③ 而仲裁案件也确实一直是美国最高法院关注的焦点，这一切都与仲裁在当今社会生活中所发挥的作用紧密相关。

不过，仍需强调的是，虽然法院一贯对支持仲裁的政策予以坚决贯彻，并且其"创造的法律展现了一种令人赞叹的实质一贯性。就好像是法官都希望采用一些会使社会财富最大化的规则、程序和案件结果"，④ 但在特定情况下，法院又认定，效率应让位于当事人自由。例如，美国最高法院在 *First Options of Chicago*, *Inc.* *v.* *Kaplan*⑤ 案中确定，尽管在当事人同意的情况下，仲裁员对管辖权问题可作出终局的裁决，法院只能对该裁决进行有限的审查，但与判断某一实质争议是否因其属于有效仲裁协议

---

① ［美］理查德・A・波斯纳：《法理学问题》，苏力译，中国政法大学出版社2002 年版，第 380 页。

② *Legal and Political Hermeneutics* 135（enlarged ed.，1839）. 转引自［美］理查德・A・波斯纳：《法理学问题》，苏力译，中国政法大学出版社 2002 年版，第 374 ~ 375 页。

③ Allan Scott Rau, *The Arbitrability Question Itself*, 10 Am. Rev. Int'l Arb. 287, 287-88（1999）.

④ ［美］理查德・A・波斯纳：《法理学问题》，苏力译，中国政法大学出版社2002 年版，第 444 页。

⑤ 514 U. S. 938（U. S. Supreme Court 1995）.

的范围而具有可仲裁性不同，法院在判断当事人一方是否同意由仲裁员决定可仲裁性问题时不应假定当事人同意对可仲裁性问题进行仲裁，除非存在"清楚和明显的"证据表明他们有此意愿。因为与前一个问题相比，后一个问题比较不好把握。当事人一方通常可能不太注意这一问题或不关注让仲裁员决定自身权力范围的重要性。因此，为避免强迫不情愿的当事人将其原本合理期望应由法官而非仲裁员决定的事项提交仲裁，法院在将管辖权/管辖权原则拓展到最宽泛含义的同时，也设定了严格的条件以保护当事人的合法权益和意思自主。正如美国最高法院所指出的："毕竟，这一领域的基本目标并非仅以最快方式解决争议，而无论当事人的愿望是什么。"① "国会不仅希望发展仲裁，而且希望发展公正的仲裁。"② 这方面的例子还有很多。例如，在雇佣争议、消费者争议等争议的可仲裁性获得确认的同时，法院又施加了一些程序上的限制以确保作为弱方当事人的雇员和消费者的基本权利不受侵犯；基于仲裁程序在经济方面给当事人带来的不便，美国部分法院作出了仲裁协议不具有强制执行力的认定③，等等。

应该说，事实上，美国法官一直在努力做的事情就是尽量平衡效率与自主的关系，而在这一过程中，指导其对问题的解决的正是前述实用主义的进路。当然，在这一过程中，无论其作出的选择是什么——政策与效益或权利与自由，透过本书前面各章的讨论，我们会发现，都不可能获得所有人一致的同意：哪怕是已经获得普遍共识的问题，也常常会有不同的声音；在那些争论较大、最高法院又还没有明确表态的问题上，各下级法院更是往往处于不同的立场；何况最高法院的判决也还常常存在多数意见之外的反对意见。

然而，最后值得一提的也正是这样一个事实，与美国法所体现的实用主义思维方法相伴的，是长期以来西方法律文化中平衡性的自我反省对美国仲裁制度的发展所起到的不可忽视的推动作用。为了实现各种不同甚至可能冲突的正义之间的最佳平衡，保持清醒的批判和怀疑意识，从而不拘

---

① *First Options of Chicago*, *Inc. v. Kaplan*, 514 U. S. 938（U. S. Supreme Court 1995）.

② *Commonwealth Coatings Corp. v. Continental Casualty Co.*, 393 U. S. 145（1968）.

③ *Brower v. Gateway 2000*, *Inc.*, 676 N. Y. S. 2d 569（App. Div. 1998）. 参见本书第 3 章第 1 节之四。

泥于成规和定势思维是至关重要的。① 美国的商事仲裁制度也就在上述平衡与反省中获得了令人叹为观止的发展。

---

① 参见一正:《西窗法雨》,花城出版社 1998 年版,第 211～213 页。

中外文参考文献

一、中文部分

（一）著作、教材

1. 韩德培主编：《国际私法新论》，武汉大学出版社 1997 年版。

2. 韩德培主编：《国际私法》，高等教育出版社 2000 年版。

3. 黄进主编：《国际私法》，法律出版社 1999 年版。

4. 黄进主编：《国际私法》（第 2 版），法律出版社 2005 年版。

5. 肖永平：《国际私法原理》，法律出版社 2003 年版。

6. 韩健：《现代国际商事仲裁法的理论与实践》（修订本），法律出版社 2000 年版。

7. 黄进、宋连斌、徐前权：《仲裁法学》，中国政法大学出版社 2002 年修订版。

8. 赵健：《国际商事仲裁的司法监督》，法律出版社 2000 年版。

9. 朱克鹏：《国际商事仲裁的法律适用》，法律出版社 1999 年版。

10. 宋航：《国际商事仲裁裁决的承认与执行》，法律出版社 2000 年版。

11. 宋连斌：《国际商事仲裁管辖权研究》，法律出版社 2000 年版。

12. 宋连斌主编：《仲裁理论与实务》，湖南大学出版社 2005 年版。

13. 杨良宜：《国际商务仲裁》，中国政法大学出版社 1997 年版。

14. 陈治东：《国际商事仲裁法》，法律出版社 1998 年版。

15. 郭寿康、赵秀文主编：《国际经济贸易仲裁法》（修订本），中国法制出版社 1999 年版。

16. 刘秀凤：《商事仲裁与诉讼》，人民法院出版社 1999 年版。

17. 范愉：《非诉讼纠纷解决机制研究》，中国人民大学出版社 2000 年版。

18. 张斌生主编：《仲裁法新论》，厦门大学出版社 2002 年版。

19. 谢石松主编：《商事仲裁法学》，高等教育出版社 2003 年版。

20. 李井杓：《仲裁协议与裁决法理研究》，中国政法大学出版社 2000 年版。

21. 乔欣：《仲裁权研究——仲裁之程序公正与权利保障》，法律出版社 2001 年版。

22. 陈焕文：《国际仲裁法专论》，台湾五南图书出版有限公司 1994 年版。

23. 赵秀文：《国际商事仲裁及其适用法律研究》，北京大学出版社 2002 年版。

24. 范愉：《非诉讼纠纷解决机制研究》，中国人民大学出版社 2000 年版。

25. 杨荣新主编：《仲裁法理论与适用》，中国经济出版社 1998 年版。

26. 蔡彦敏、洪浩：《正当程序法律分析——当代美国民事诉讼制度研究》，中国政法大学出版社 2000 年版。

27. 潘华仿：《英美法论》，中国政法大学出版社 1997 年版。

28. 徐罡、宋岳、覃宇：《美国合同判例法》，法律出版社 1999 年版。

29. 余延满：《合同法原论》，武汉大学出版社 1999 年版。

30. 邢颖：《违约责任》，中国法制出版社 1999 年版。

31. 苏号朋：《合同的订立与效力》，中国法制出版社 1999 年版。

32. 尹田：《法国现代合同法》，法律出版社 1995 年版。

33. 崔建远：《合同法》，法律出版社 1998 年版。

34. 张乃根：《西方法哲学史纲》（增补本），中国政法大学出版社 2002 年版。

35. 陈桂明：《程序理念与程序规则》，中国法制出版社 1999 年版。

36. 陈瑞华：《看得见的正义》，中国法制出版社 2000 年版。

37. 梁治平：《法辨：中国法的过去、现在与未来》，中国政法大学出版社 2002 年版。

38. 刘星：《古律寻义——中国法律文化漫笔》，中国法制出版社 2000 年版。

39. 一正：《西窗法雨》，花城出版社 1998 年版。

40. ［英］施米托夫：《国际贸易法文选》，赵秀文选译，中国大百科全书出版社 1993 年版。

41. ［美］理查德·A·波斯纳：《正义/司法的经济学》，苏力译，中国政法大学出版社 2002 年版。

42. ［美］理查德·A·波斯纳：《超越法律》，苏力译，中国政法大学出版社 2001 年版。

43. ［美］理查德·A·波斯纳：《法律的经济分析》，蒋兆康译，中国大百科全书出版社 1997 年版。

44. ［美］理查德·A·波斯纳：《法理学问题》，苏力译，中国政法大学出版社 2002 年版。

45. ［美］E·博登海默：《法理学：法律哲学与法律方法》，邓正来译，中国政法大学出版社 1999 年版。

46. ［美］伯纳德·施瓦茨：《美国法律史》，王军、洪德、杨静辉译，中国政法大学出版社 1990 年版。

（二）资料及辞书

1. 赵秀文主编：《国际经济贸易仲裁法教学参考资料》，中国法制出版社 1999 年版。

2. 高菲编译：《仲裁法和惯例辞典》，中国政法大学出版社 2000 年版。

3. 宋连斌、林一飞译编：《国际商事仲裁新资料选编》，武汉出版社 2001 年版。

4. 宋连斌、林一飞译编：《国际商事仲裁资料精选》，知识产权出版社 2004 年版。

5. 李双元、欧福永、熊之才编：《国际私法教学参考资料选编（中册）》，北京大学出版社 2002 年版。

6. 赵秀文主编：《国际商事仲裁案例评析》，中国法制出版社 1999 年版。

7. ［美］彼得·G·伦斯特洛姆编：《美国法律辞典》，贺卫方、樊翠华、刘茂林、谢鹏程译，中国政法大学出版社 1998 年版。

8. 薛波主编：《元照英美法词典》，法律出版社 2003 年版。

（三）论文

1. 康明：《临时仲裁及其在我国的现状和发展（上）》，载《仲裁与法律》，2000 年 6 月。

2. 康明：《临时仲裁及其在我国的现状和发展（下）》，载《仲裁与法律》，2000 年 8 月。

3. 唐厚志：《谈谈国际商事仲裁的基本原理和实践——在法官学院院长培训班上的讲话》，载《仲裁与法律》，2001 年合订本。

4. 王文英：《争议解决协议及其可执行性》，载《仲裁与法律》，2002 年第 2 期。

5. ［美］大卫·普朗特：《美国的知识产权争议仲裁问题研究》，江波译，载《仲裁与法律通讯》，1996 年第 5 期。

6. 费佳：《〈纽约公约〉关键条文剖析（上）》，载《仲裁与法律》，2000 年 6 月。

7. 费佳：《〈纽约公约〉关键条文剖析（下）》，载《仲裁与法律》，2000 年 8 月。

8. 赵健：《评美国仲裁法中的显然漠视法律》，载《仲裁与法律通讯》，1998 年第 4 期。

9. 宋连斌：《刍议国际商事仲裁的价值取向》，载《中国国际私法与比较法年刊》第 3 卷，法律出版社 2000 年版。

10. 宋连斌，黄进：《〈中华人民共和国仲裁法〉（建议修改稿）》，载《法学评论》，2003 年第 4 期。

11. 宋连斌：《比照适用抑或特别规定：从国际商事仲裁的法律适用谈起》，载《武汉大学学报（哲学社会科学版)》，2004 年第 6 期。

12. 赵健：《中国国际商事仲裁的回顾与展望》，载《中国国际私法与比较法年刊》第 4 卷，法律出版社 2001 年版。

13. 苏号朋：《论契约自由兴起的历史背景及其价值》，载《法律科学》，1999 年第 5 期。

14. 陈建：《国际商事调解和仲裁发展的新动向——联合国贸法会仲裁工作组第 32 届会议简况及其他》，载《仲裁与法律》，2000 年 6 月号。

15. 纪刚：《读懂英美案例法》，载《仲裁与法律》，2003 年第 1 期。

16. 郭玉军：《美国国际商事仲裁中的显然漠视法律》，载《法学评论》，2001 年第 2 期。

17. 丁颖：《论美国国际商事仲裁中的可仲裁性问题：历史演变》，载《中国国际私法与比较法年刊》第 5 卷，法律出版社 2002 年版。

18. 丁颖：《论仲裁的诉讼化及对策》，载《社会科学》，2006 年第 6 期。

19. 丁颖：《美国仲裁制度中的管辖权/管辖权原则及对中国的启示》，载《北京邮电大学学报（社会科学版)》，2006 年第 3 期。

20. 丁颖：《论当事人对仲裁裁决司法审查范围的合意变更》，载《法学评论》，2006 年第 5 期。

21. 李晶：《试论已撤销的外国仲裁裁决的承认与执行——从对 Chromalloy 案的分析谈起》，载《仲裁与法律》2001 年合订本。

22. 陈忠谦：《论仲裁裁决的撤销与不予执行——兼谈中国〈仲裁法〉的修改》，载《仲裁研究》，2006 年第 2 期。

23. 李梦园，宋连斌：《论社会公共利益与商事仲裁的司法监督——对我国法院若干司法实践的分析》，载《北京仲裁》，2006 年第 1 期。

24. 邱冬梅，宋连斌：《从一起撤销仲裁裁决案看仲裁中的送达问题》，载《北京仲裁》，2006 年第 1 期。

25. 倪静：《〈中华人民共和国仲裁法〉修改暨中国仲裁协会章程起草研究工作座谈会综述》，载《仲裁研究》，2006 年第 2 期。

26. 苏力：《什么是法理学？——〈法理学问题〉译后》，载《法治及其本土资源》，中国政法大学出版社 1996 年版。

27. 赵健：《论仲裁的性质》，载《国际私法与国际商事仲裁》，武汉大学出版社 1994 年版。

28. 薛德明：《论仲裁的法律性质》，载《国际私法与国际商事仲裁》，武汉大学出版社 1994 年版。

29. 陶杰译：《纽约州法院维持惩罚性赔偿的仲裁裁决》，载《仲裁与法律通讯》，1997 年第 2 期。

30. 陈安：《论中国涉外仲裁的监督机制及其与国际惯例的接轨》，载《比较法研究》，1995 年第 4 期。

31. 陈安：《中国涉外仲裁监督机制评析》，载《中国社会科学》，1995 年第 4 期。

32. 陈安：《英、美、德、法等国涉外仲裁监督机制辨析》，载《法学评论》，1998 年第 5 期。

33. 肖永平：《也谈我国法院对仲裁的监督范围》，载《法学评论》，1998 年第 1 期。

34. 陈治东：《论我国涉外仲裁的可仲裁性问题》，载《法学》，1997 年第 6 期。

35. 朱克鹏：《论国际商事仲裁中的法院干预》，载《法学评论》，1995 年第 4 期。

36. 宋连斌：《仲裁的契约性新探——以国际商事仲裁为例》，载《仲裁与法律》，2000 年第 4 期。

37. ［英］朱利安 D·M·刘：《国际商事仲裁的法律适用》之第 2 章《仲裁的法律性质》，苏敏译（中译文冠名为《国际商事仲裁的法律性质》），载《法学译丛》，1987 年第 6 期。

38. 姚新华：《契约自由论》，载《比较法研究》，1997 年第 1 期。

39. 马俊驹、陈本寒：《罗马法契约自由思想的形成及对后世法律的影响》，载《武汉大学学报（哲学社会科学版）》，1995 年第 1 期。

40. 卢文道：《试论契约自由及立法干预》，载《南京社会科学》，1996 年第 9 期。

41. 金健：《契约自由、国家干预与中国合同法》，载《法学评论》，1998 年第 6 期。

42. 韩健：《仲裁协议中关于仲裁机构的约定——兼评我国仲裁法中有关条款的规定》，载《法学评论》，1997 年第 4 期。

43. 韩健、宋连斌：《论我国国际商事仲裁机构和法院的关系》，载《仲裁与法律通讯》，1997 年第 4 期。

44. 冯克非：《管辖权/管辖权理论及其在我国的实践》，载《仲裁与法律》，2002 年第 1 期。

45. 赵秀文：《论经济全球化条件下国际商事仲裁立法与实践的发展趋势》，载《仲裁与法律》，2002 年第 4 期。

46. 霍文丽：《试论仲裁诉讼化的利弊》，载《江西科技师范学院学报》，2004 年第 4 期。

47. 蔡鸿达：《中国海事仲裁发展有关问题的探讨》，载《中国仲裁咨询》，2005 年第 1 期。

48. 蔡鸿达：《海运合同中"北京仲裁条款"问题的探讨》，载《法学杂志》，1998 年第 3 期。

49. 葛行军：《关于仲裁裁决在执行中存在的有关问题》，见 http：//www. cietac. org. cn/chengguo/readbookcontent. asp？cgid = 124。

50. 冯惠民：《涉外仲裁裁决在中国的执行》，见 http：//www. colaw. cn/wenku/susong/enforce1. htm。

51. 王小莉：《论仲裁制度的诉讼化》，见 http：//218. 19. 189. 121/study-content. jsp？did = 20051027141005671。

二、英文部分

（一）著作

1. Ian R. Macneil, *American Arbitration Law*: *Reformation*, *Nationalization*, *Internationalization*, Oxford University Press, 1992.

2. Steven C. Bennett, Esq. , *Arbitration*: *Essential Concepts*, ALM Publishing, 2002.

3. Gary B. Born, *International Commercial Arbitration*: *Commentary and Materials*, Kluwer Law International, 2d ed. 2001.

4. Gary B. Born, *International Commercial Arbitration in the United States*: *Commentary and Materials*, Kluwer Law and Taxation Publishers, 1994.

5. Jack J. Coe, Jr. , *International Commercial Arbitration*: *American Principles and Practice in a Global Context*, Transnational Publishers, Inc. , 1997.

6. Okezie Chukwumerije, *Choice of Law in International Commercial Arbitration*, Quorum Books, 1994.

7. Pieter Sanders, *Quo Vadis Arbitration? - Sixty Years of Arbitration Practice - A*

Comparative Study, Kluwer Law International, 1999.

8. Richard B. Lillich & Charles N. Brower Editors, *International Arbitration in the 21st Century: Towards "Judicialization" and Uniformity?*, Transnational Publishers, Inc., 1994.

9. Lucille M. Ponte & Thomas D. Cavenagh, *Alternative Dispute Resolution in Business*, West Educational Publishing Company, 1999.

10. Stefan N. Frommel & Barry A. K. Rider (eds.), *Conflicting Legal Cultures in Commercial Arbitration: Old Issues and New Trends*, Kluwer Law International, 1999.

11. Albert Jan Van Den Berg ed., *International Dispute Resolution: Towards an International Arbitration Culture*, Kluwer Law International, 1998.

12. Albert Jan Van Den Berg ed., *International Arbitration and National Courts: The Never Ending Story*, Kluwer Law International, 2001.

13. F. Kellor, *Arbitration in Action*, Harper and Brothers, 1941.

14. A. Samuel, *Jurisdictional Problems in International Commercial Arbitration: A Study of Belgian, Dutch, English, French, Swedish, Swiss, U. S. and West German Law*, Schulthess Polygraphischer Verlag, 1989.

15. P. Sanders ed., *International Arbitration: Liber Amicorum for Martin Domke*, Martinus Nijhoff, 1967.

16. J. Lew, *Applicable Law in International Commercial Arbitration: A Study in Commercial Arbitration Awards*, Oceana Publications, 1978.

17. R. David, *Arbitration in International Trade*, Kluwer Law and Taxation Publishers, 1985.

18. Albert Jan Van Den Berg genl ed., *Yearbook: Commercial Arbitration, Vol XX-1995*, Kluwer Law International, 1995.

19. Albert Jan Van Den Berg genl ed., *Yearbook: Commercial Arbitration, Vol XXII-1997*, Kluwer Law International, 1997.

20. Alan Redfern and Martin Hunter, *Law and Practice of International Commercial Arbitration*, Sweet & Maxwell, 1999.

21. John P. Bowman, *The Panama Convention and Its Implementation under the Federal Arbitration Act*, Kluwer Law International, 2002.

(二) 论文

1. Pedro Menocal, *We'll Do It for You Any Time: Recognition and Enforcement of Foreign Arbitral Awards and Contracts in the United States*, 11 St. Thomas

L. Rev. 317 (Spring, 1999).

2. James H. Carter, *Ad-hoc*, *Institutional and Hybrid Procedures*: *Differences*, *Advantages and Disadvantages*, *in* COMMERCIAL MEDIATION AND ARBITRATION 95.

3. John M. Townsend, *Commercial Arbitration in the United States*: *the Legal Structure*, *in* COMMERCIAL MEDIATION AND ARBITRATION 49.

4. Julian D. M. Lew, *Arbitration Agreements*: *Form and Character*, *in* ESSAYS ON INTERNATIONAL COMMERCIAL ARBITRATION 51 (edit. by Petar Šarcevic, 1989).

5. John Beechey, *International Commercial Arbitration*: *A Process Under Review and Change*, Dispute Resolution Journal 32 (Aug. /Oct. 2000).

6. Dr. Julian D. M. Lew & Laurence Shore, *International Commercial Arbitration*: *Harmonizing Cultural Differences*, Dispute Resolution Journal 33 (Aug. 1999).

7. Bernard G. Poznanski, *The Nature and Extent of an Arbitrator's Powers in International Commercial Arbitration*, 4 J. Int'l Arb. 71 (1987).

8. Margaret M. Harding, *The Redefinition of Arbitration By Those With Superior Bargaining Power*, 1999 Utah L. Rev. 857.

9. Todd Baker, *Arbitration*: *Arbitration in the 21st Century*: *Where We've Been*, *Where We're Going*, 53 Okla. L. Rev. 653 (2000).

10. Ronald C. Peterson, *International Arbitration Agreements in United States Courts*, Dispute Resolution Journal 44 (Feb. 2000).

11. Mahir Jalili, *Kompetenz-Kompetenz*: *Recent U. S. and U. K. Developments*, 13 J. Int'l Arb. 169 (1996).

12. Edward R. Leahy and Carlos J. Bianchi, *The Changing Face of International Arbitration*, 17 J. Int'l Arb. 19 (2000).

13. William W. Park, *Determining Arbitral Jurisdiction*: *Allocation of Tasks between Courts and Arbitrators*, 8 Am. Rev. Int'l Arb. 133 (1997).

14. Carlos E. Alfaro Flavia Guimarey, *Who Should Determine Arbitrability? Arbitration in a Changing Economic and Political Environment*, 12 Arb. Int'l 415 (1996).

15. Georgios Zekos, *Courts' Intervention in Commercial and Maritime Arbitration under U. S. Law*, 14 J. Int'l Arb. 99 (1997).

16. Bernard Hanotiau , *What Law Governs the Issue of Arbitrability?*, 12 Arb.

Int'l 391 (1996).

17. Susan L. Karamanian, *The Road to the Tribunal and beyond: International Commercial Arbitration and United States Courts*, 34 Geo. Wash. Int'l L. Rev. 17 (2002).

18. Gerald Aksen, *U. S. Court Defers Antitrust Issues to Swiss Arbitral Tribunal*, 12 J. Int'l Arb. 173 (1995).

19. M. Scott Donahey, *On the Case Kotam Electronics, Inc. v. JBL Consumer Products, Inc*, 14 J. Int'l Arb. 145 (1997).

20. Joseph T. McLaughlin, *Arbitrability: Current Trends in the United States*, 12 Arb. Int'l 113 (1996).

21. Stephen K. Huber, Esq. and E. Wendy Trachte-Huber, Esq., *International ADR in the 1990's: The Top Ten Developments*, 1 Hous. Bus. & Tax L. J. 184 (2001).

22. Howard M. Holtzmann & Donald Francis Donovan, national report *United States* in Intl. Handbook on Comm. Arb. Suppl. 28 January 1999.

23. Howard M. Holtzmann, national report *United States* in Intl. Handbook on Comm. Arb. Suppl. 13 September 1992.

24. Stephen K. Huber & E. Wendy Trachte-Huber, *Top Ten Developments in Arbitration in the 1990s*, Dispute Resolution Journal 26 (Nov. 2000/Jan. 2001).

25. Susan C. Zuckerman, *Supreme Court Decides Employment Case in Favor of Arbitration*, Dispute Resolution Journal 5 (May/Jul. 2001).

26. Carlos J. Bianchi, *Significant Recent Developments in U. S. Arbitration Law*, 19 J. Int'l Arb. 349 (2002).

27. James B. Hamlin, *Contractual Alteration of the Scope of Judicial Review: The US Experience*, 15 J. Int'l Arb. 47 (1998).

28. Kenneth M. Curtin, *Contractual Expansion & Limitation of Judicial Review of Arbitral Awards (Part I)*, Dispute Resolution Journal 56 (Nov. 2000/Jan. 2001).

29. Kenneth M. Curtin, *Contractual Expansion & Limitation of Judicial Review of Arbitral Awards (Part II)*, Dispute Resolution Journal 74 (Feb. /Apr. 2001).

30. Laurence Franc, *Contractual Modification of Judicial Review of Arbitral Awards: The French Position*, 10 Am. Rev. Int'l Arb. 215 (1999).

31. Robert T. Greig and Inna Reznik, *Current Developments in Enforcement of Arbitration Awards in the United States*, 68 ARBITRATION 120 (2002).

32. Olivier Antoine, *Judicial Review of Arbitral Awards*, Dispute Resolution Journal 23 (Aug. 1999).

33. Hans Smit, *Contractual Modification of the Scope of Judicial Review of Arbitral Awards*, 8 Am. Rev. Int'l Arb. 147 (1997).

34. Henry P. de Vries, *International Commercial Arbitration: A Transnational View*, 1 J. Int'l Arb. 7 (1984).

35. Shulman, *Reason, Contract, and Law in Labor Relations*, 68 Harv. L. Rev. 999 (1955).

36. E. Gary Spitko, *Judge Not: In Defense of Minority - Culture Arbitration*, 77 Wash. U. L. Q. 1065 (1999).

37. Michael John Mustill, *Arbitration: History and Background*, 6 J. Int'l Arb. 43 (1989).

38. Errol P. Mendes, *Canada: A New Forum to Develop the Cultural Psychology of International Commercial Arbitration*, 3 J. Int'l Arb. 71 (1986).

39. Thomas J. Stipanowich, Contracts Symposium, *Contract and Conflict Management*, 2001 Wis. L. Rev. 831 (2001).

40. Allan Scott Rau, *The Arbitrability Question Itself*, 10 Am. Rev. Int'l Arb. 287 (1999).

41. Fali S. Nariman, *The Spirit of Arbitration*, 16 Arb. Int'l 261 (2000).

42. Michael Pryles, *Assessing Dispute Resolution Procedures*, 7 Am. Rev. Int'l Arb. 267 (1996).

43. Robert B. von Mehren, *An International Arbitrator's Point of View*, 10 Am. Rev. Int'l Arb. 203 (1999).

44. Timothy J. Heinsz, *The Revised Uniform Arbitration Act: An Overview*, Dispute Resolution Journal 28 (May/July 2001).

45. Paul M. Lurie. Esq., *Recent Revisions to the Uniform Arbitration Act in the United States*, 18 J. Int'l Arb. 223 (2001).

46. Earl Mclaren, *Effective Use of International Commercial Arbitration: A Primer for In-house Counsel*, 19 J. Int'l Arb. 473 (2002).

47. Andrew T. Guzman, *Arbitrator Liability: Reconciling Arbitration and Mandatory Rules*, 49 Duke L. J. 1279 (2000).

48. Amanda Stallard, Note, *Joining the Culture Club: Examining Cultural*

Context When Implementing International Dispute Resolution, 17 Ohio St. J. on Disp. Resol. 463（2002）.

49. Thomas E. Carbonneau, *The Ballad of Transborder Arbitration*, 56 U. Miami L. Rev. 773（2002）.

50. Jean R. Sternlight, *Is Binding Arbitration a Form of ADR?*: *An Argument That the Term "ADR" Has Begun to Outlive its Usefulness*, 2000 J. Disp. Resol. 97.

51. Daniel E. Murray, *A Potpourri of Recent Federal Arbitration Cases*, 13 BYU J. Pub. L. 293（1999）.

52. Stephen J. *Ware*, *Money*, *Politics and Judicial Decisions*: *A Case Study of Arbitration Law in Alabama*, 15 J. L. & Politics 645（1999）.

53. Stephen J. Ware, *Default Rules from Mandatory Rules*: *Privatizing Law Through Arbitration*, 83 Minn. L. Rev. 703（1999）.

54. Mark Augenblick and Michael Stern, *U. S. Supreme Court Upholds Arbitral Authority to Award Punitive Damages*, 12 J. Int'l Arb. 149（1995）.

55. Alan Scott Rau, *Contracting Out of the Arbitration Act*, 8 Am. Rev. Int'l Arb. 225（1997）.

56. William W. Park, Colloquium, *The Internationalization of Law and Legal Practice*: *National Law and Commercial Justice*: *Safeguarding Procedural Integrity in International Arbitration*, 63 Tul. L. Rev. 647（1989）.

57. David W. Plant, *Arbitrability of Intellectual Property Issues in the United States*（visited August 15, 2006）< http://www.arbiter.wipo.int/events/conferences/1994/plant.html >.

三、主要因特网网址

1. 美国仲裁协会（American Arbitration Association, AAA）：http://www.adr.org/index2.1.jsp

2. 统一州法全国委员会（National Conference of Commissioners on Uniform State Laws, NCCUSL）:http://www.nccusl.org/nccusl/DesktopDefault.aspx

3. CPR争议解决协会（CPR Institute for Dispute Resolution）：http://www.cpradr.org/

4. 美伊索赔仲裁庭（Iran-United States Claims Tribunal, IUSCT）：http://www.iusct.org/index-english.html

5. KluwerArbitration.com：　http://www.kluwerarbitration.com/arbitration/

arb/default. asp

6. 联合国国际贸易法委员会（United Nations Commission on International Trade Law，UNCITRAL）：http：//www. uncitral. org/

7. adrworld. com：http：//www. adrworld. com/

8. 中国仲裁：http：//www. arbitration. org. cn/

9. 中国国际经济贸易仲裁委员会：http：//www. cietac. org. cn/

10. 法律思想网：http：//www. law-thinker. com/default. asp

11. 北大法律信息网：http：//211. 100. 18. 62/